Carmine Chiellino

Am Ufer der Fremde

Literatur
und Arbeitsmigration
1870 – 1991

Verlag J. B. Metzler
Stuttgart · Weimar

Gedruckt mit Unterstützung
des Förderungs- und Beihilfefonds Wissenschaft der VG Wort

Die Deutsche Bibliothek – CIP-Einheitsaufnahme

Chiellino, Carmine:
Am Ufer der Fremde : Literatur und Arbeitsmigration (1870-1991) / Carmine
Chiellino. – Stuttgart ; Weimar : Metzler, 1995

ISBN 3-476-01317-0

Gedruckt auf säure- und chlorfreiem, alterungsbeständigem Papier

ISBN 3-476-01317-0

© 1995 J.B. Metzlersche Verlagsbuchhandlung
und Carl Ernst Poeschel Verlag GmbH in Stuttgart
Einbandgestaltung: Willy Löffelhardt unter Verwendung einer Abbildung von
Alexander Krasznicza, Hörbranz (Österreich)
Satz: Gisela Fischer, Weimar
Druck und Bindung: Franz Spiegel Buch GmbH, Ulm
Printed in Germany

Verlag J.B. Metzler Stuttgart · Weimar

EIN VERLAG DER   *SPEKTRUM FACHVERLAGE GMBH*

Inhaltsverzeichnis

III. Literatur und Auswanderung am Wendepunkt

IV. Ein neuer Anfang

ZWEITER TEIL

Die Gastarbeiter
in der bundesdeutschen Literatur
zwischen 1965–1975

DRITTER TEIL

Literatur ausländischer Autoren
in der Bundesrepublik

Die Fremde wohnt in der Sprache. Drei Beispiele

Die Fremde als Ort der Emanzipation der Frau.
Von Vera Kamenko (1978) bis Aysel Özakin (1982-1991)

Vorwort

Ziel der vorliegenden Arbeit war das Heranführen des Faches Vergleichende Literaturwissenschaft an das Forschungsgebiet: Literatur und Arbeitsmigration, das per se Bestandteil seiner primären Interessen ist. Nach zehn Jahren Forschungsarbeit (1982-1992) glaube ich, mein Vorhaben realisiert zu haben, indem ich die interkulturelle Komplexität des neuen Gebiets dargelegt und dessen Kernfragen herausgearbeitet habe.

Die Durchführung des Projektes ist mir dadurch ermöglicht worden, daß Disziplinen wie Geschichte, Wirtschaft, Soziologie, Psychologie, Anthropologie, Ethnographie und Kulturgeschichte sehr früh, und in jedem Fall vor der Literaturwissenschaft, die Arbeitsmigration als Gegenstand ihrer Forschung erkannt haben.

Im Bereich der Literaturwissenschaft sind mir besonders hilfreich gewesen: die Ergebnisse der Exilliteratur-, der Reiseliteratur und der Frauenliteraturforschung der achtziger Jahre sowie die vielfältigen Bestrebungen, Interkulturalität und Literaturwissenschaft zu verbinden. Die rege Auseinandersetzung mit den ersten Werken der Literatur der Ausländer hat bei mir zur Ermittlung und Klärung einiger Kernfragen beigetragen.

Als informativ, jedoch als weniger ertragreich haben sich dagegen jene Beiträge aus der Italianistik, Germanistik oder Amerikanistik erwiesen, die gezielt die Arbeitsmigration als Thema eines bestimmten Werkes oder Autors angehen, die dann allerdings Werk und Autor nur unter dem Blickwinkel der Abfahrt- oder der Ankunftgesellschaft betrachten. Dadurch wird gerade die Vielfalt der Spannungen zwischen den Kulturen außer acht gelassen, die zur Entstehung des Werkes geführt hat.

Während der bibliographische Apparat mir die Möglichkeit bietet, Respekt und Dank den Autoren und den Forschern zu erweisen, ist es mir nicht gegeben, mich bei all denjenigen namentlich zu bedanken, die im Lauf der zehn Jahre, auf verschiedenste und genau so positive Art, die vorliegende Arbeit gefördert haben. Um so herzlicher ist mein Dank an sie alle.

Augsburg, den 1. 3. 1995

Carmine Chiellino

ERSTER TEIL

I. Spätromantische Anzeige

1. Raffaele Martire.
Ein literarisches Projekt im Geist des *Postrisorgimento*

a) Die eingeschobene Ankündigung

»Es war am 30. Februar des Jahres 1869, an einem Samstag, ein Handelsdampfer legte am Strand von Paola an. Sechsundzwanzig junge Kalabresen, die aus der Neuen Welt kamen, gingen an Land, glücklich ihren Geburtsorten jetzt so nahe gekommen zu sein. Fünf waren aus Rogliano und die übrigen aus den kleinen Dörfern des Spezzano Grande, Pedace, Figline, Celico, Piane und Malito, außer einem, der aus Cosenza war, oder genau gesagt aus Vallo: Ihr habt es bereits erraten: dies war unser Pietro, der nach einer nicht kurzen Abwesenheit von vier Jahren nach Kalabrien zurückkehrte.
Und was tat Pietro all diese Zeit in Amerika? Er arbeitete und er verdiente nicht nur sein tägliches Brot, sondern auch soviel, daß er ein Leben mit geachtetem Wohlstand führen konnte. Die Neue Welt hat ihn von seiner lasterhaften Lebensführung befreit, die er von Zuhause mitgebracht hatte, seine angeborene Faulheit hat sie in unermüdlichem Fleiß verändert und aus ihm einen *galantuomo* gemacht.« (S. 87-88)

Das Zitat stammt aus der Erzählung *Accanto a Cosenza* von Raffaele Martire.[1] Literarhistorisch betrachtet ist das Zitat deswegen von Interesse, weil dieser knappe Einschub[2] des Themas Auswanderung in die leidenschaftliche Liebesgeschichte von Rosinella und Pietro vielleicht der erste literarische Beleg über die Anfänge der italienischen Auswanderung ist, in dem die anlaufende Diskussion über Ursachen, Notwendigkeit und Ziele der Auswanderung mit einer Fülle von Hinweisen wiedergegeben wird. Dies ist um so überraschender, weil Martire in seiner Erzählung nirgendwo ausdrücklich erkennen läßt, daß er von einem thematischen Interesse an der Auswanderung bewegt ist. Die Erzählung bleibt bis zum Schluß einem linearen Vorgehen treu: die Liebesgeschichte von Pietro und Rosinella stellt den Erzählstrang dar, an dem entlang der Leser in das unbekannte Kalabrien eingeführt wird.[3]

---

1   Raffaele Martire, *Racconti popolari calabresi*, Bologna 1984 (Cosenza 1871). Im Text und in den Anmerkungen wird nach dieser Ausgabe fortlaufend zitiert.
2   Neben diesem eine Seite langen Einschub, mit dem der Schluß der Erzählung eingeleitet wird, findet man in der Erzählung eine indirekte Ankündigung der Abfahrt von Pietro (S. 72-73), ein Gespräch zwischen Pietro und Rosinella über seine Entscheidung, Brigant in Amerika werden zu wollen (S. 79-80) und einen 15-zeiligen Brief (S. 86-87) von Pietro, mit dem er vor seiner Rückkehr sein Recht auf Rosinella ankündigt. Die gesamte Liebesgeschichte umfaßt 59 Seiten.
3   Raffaele Martire zeigt sich sehr um sein Ziel bemüht und geht in der Erzählung (S. 33-92) auf folgende kalabresische Verhalten, Traditionen und Bräuche ein: Volksreligio-

Die Erzählung *Accanto a Cosenza* ist der literarischen Richtung zuzuordnen, die sich einer historisierenden und spätromantischen Darstellung des traditionellen Lebens in den einzelnen Regionen Italiens zur Förderung eines gegenseitigen Kennenlernens unter den Einwohnern des jungen Königreiches verschrieben hat.[4] Martire unterstreicht seine Absichten als Kulturvermittler, indem er Informationen über das Land mit einem Landesbild verbindet, in dem Schönheit der Landschaft und Fruchtbarkeit der Erde einen gesicherten Alltag im Leben der Bauern bei Cosenza garantieren (S. 39, S. 48). Die moralische Beständigkeit dieser Bauernwelt wird kontrastiv dadurch betont, daß der Protagonist kein positiver Vertreter der kalabresischen Bauerngesellschaft ist. An ihm soll gezeigt werden, wie die Gemeinschaft mit sozial abweichendem Verhalten durch ihr traditionelles Wertesystem erfolgreich umgehen kann.

Ein weiterer Hinweis auf die konstitutive Funktion der Vermittlung liegt in den sprachlichen Ebenen der Erzählung. Im Dialekt wird das Kulturgut der Bauerngesellschaft wiedergegeben, das in Liebesliedern, Spottliedern, Trinksprüchen, Fachterminologie und Redewendungen überliefert wird. Die Dialoge zwischen den Protagonisten finden mit einer einzigen Ausnahme in einem Italienisch statt, das ein starkes Dialektsubstrat aufweist.[5] Obwohl Martire durch Zitate von Liebesversen kalabrescher Autoren wie Biagio Miraglia und Vincenzo Padula (S. 39 und S. 73) sich zu der italienischen Literaturtradition in Kalabrien bekennt, ist es auch wahr, daß sein sprachliches Modell eher in *I Promessi Sposi* von Alessandro Manzoni zu suchen ist. Trotz ihrer strukturellen Einfachheit kann die Sprache der Erzählung von Interesse sein, wenn man sie als Modell für einen dreistufigen Übergang vom Dialekt über eine Mischform zur nationalen Sprache betrachtet.

Insofern trifft auf Martire folgende Definition des volkstümlichen Schriftstellers zu, die Alberto Asor Rosa für den Kalabresen Nicola Misasi und Martires Zeitgenossen formuliert hat: »Die thematischen Motive einer populistischen Ordnung werden in einer Form und Sprache übermittelt, die auch volkstümlich sein möchte.«[6]

---

sität (S. 35-37, S. 39, S. 43-44, S. 49-51, S. 63-64 u. S. 66-67), Kinderspiele (S. 42), Aberglaube (S. 5-46), Tanz und Musik (S. 44 u. S. 90), Feiern und Essen (S. 44, S. 64 u. S. 90), typische Bekleidung (S. 47-48 u. S. 76), Liebeslieder im Dialekt (S. 66, S. 72-73, S. 86 u. S. 88), Handanhalten (S. 76-78), Bräutigamsauswahl (S. 83-84) und Hochzeitsfeier (S. 89-91).

4 Die Erzählung wurde von Angelo De Gubernatis in der Zeitschrift *Rivista Europea*, Firenze 1870, mit der Begründung aufgenommen, daß sie »wegen der Wiedergabe mancher Bräuche und Charakterzüge Kalabriens interessiere«, *Racconti*, ebd., Vorwort, S. 22 u. S. 92.

5 Vgl. das Lied, mit dem die Erzählung eröffnet wird (S. 35), und der Brief von Pietro aus der Fremde (S. 86), mit dem das Ende der Erzählung eingeleitet wird.

6 Alberto Asor Rosa, *Scrittori e popolo. Il populismo nella letteratura italiana contemporanea*, Roma [4]1972 (1965), S. 63.

Daß Martire in *Accanto a Cosenza* nur ansatzweise zu der Einlösung seiner Absichten kommt, hat mit den Inhalten seines Vermittlungsvorhabens zu tun. Die Erzählung findet dann zur angestrebten Funktion zurück, wenn der Autor sich über die Ziele der aufkommenden Auswanderung und über den Weg Kalabriens zur nationalen Identität von der kodifizierten Darstellung Kalabriens und seiner Einwohner absetzt. Als Beleg dafür wird hier der Einschub auf inhaltliche Kohärenz geprüft.

Einen 30. Februar hat es auch im Jahre 1869 genauso wenig gegeben, wie einen Handelsdampfer, der vor Paola 26 junge Kalabresen an Land gehen läßt.[7] Sei es, weil es in Paola keinen Hafen für Handelsdampfer gab,[8] sei es weil die Auswanderung nach Amerika über die italienischen Hafenstädte Palermo, Neapel und Genua, sowie über fremde Häfen wie Triest (sic), Marseille, Le Havre und Bremen vor sich ging.[9]

Die zeitlich-räumliche Unmöglichkeit, die hier im Einklang mit dem Phantastischen aus der Tradition der kalabresischen volkstümlichen Erzählung zu zeigen ist, wonach Raum und Zeit keiner physikalischen Gesetzmäßigkeit unterworfen sind,[10] deutet zuerst auf einen Bruch gegenüber der historisierenden Ausgangsposition der Erzählung hin, die lautet:»Die Sitten unseres Volkes so getreu wie möglich wiedergeben, denn je besser man sich kennt, desto überlegter fällt ein Urteil aus.« (S. 27)

Trotz seiner strukturellen Einfalt scheint der Bruch in einem größeren Kontext verankert zu sein. Dem Inhalt nach läßt sich die Stelle als Versuch auslegen, Position für die Auswanderung zu beziehen.[11] Martire, der für die Aus-

---

7 Daß es sich hier um einen ungewollten Datumsfehler handeln könnte, ist deswegen auszuschließen, weil in der Erzählung weitere Jahresdaten mit Tagesangaben vorkommen, z. B. der 12. Februar 1854 als Datum des Erdebebens von Cosenza (S. 36) und der 3. Mai 1865 als Feier des *Ecce Homo in Cosenza* (S. 44), die aufgrund ihrer historischen oder religiösen Bedeutung vom Leser überprüfbar sind.

8 Zur Paolas Lage als zukünftiger Hafen im Jahre 1863 vgl. Vincenzo Padula (Hg.), *Il Bruzio. Giornale politico-letterario,* Cosenza 1864, Anno 1 Nr. 9, S. 4.

9 Erst am Anfang des 20. Jh. wird Messina als dritter Auswanderungshafen zwischen Palermo und Neapel dazukommen. Vgl. *Messina porto d'imbarco per gli immigrati,* in: *La Stella degli Emigranti,* Polistena (CZ) 1904, Anno 1 Nr. 1, S. 19.

10 Zur anthropologischen Darstellung sozialer Zusammenhänge in kalabresischen volkstümlichen Erzählungen vgl. Luigi M. Lombardi Satriani/Mariano Meligrana, *Un villaggio nella memoria,* Roma/Reggio Calabria 1983, S. 269-305.

11 Fernando Manzotti, *La polemica sull'emigrazione nell'Italia unita,* Milano 1962, S. 9. Die erste statistische Abhandlung über die Anfänge der Auswanderung – Leone Carpi, *Dell'emigrazione italiana all'estero* – erscheint 1871 in Florenz, die staatliche *Statistica dell'emigrazione all'estero. Anno 1876,* des Ministero di Agricoltura Industria e Commercio. Divisione di statistica, wird 1877 in Rom folgen. Laut Leone Carpi waren 1869 – 22.201, 1870 – 16.427 und 1871 – 15.027 Italiener ausgewandert. Nach Fernando Manzotti (S. 13) sind Carpis Zahlen durch folgende Angaben mit Dunkelziffern zu integrieren: 1869 – 14.040, 1870 – 11.444 und 1871 – 11.068. Gegenüber einer gesamten Bevölkerung von 27.303.000 (1871) ergibt ihre Summe eine bescheidene Größe. Auf Regionen verteilt würde sie noch kleiner ausfallen.

wanderung eintreten will, kündigt seine Entscheidung mit Stilmitteln der volkstümlichen Erzählung an, fast als ob er besorgt wäre, daß die Auswanderung in
seiner Liebeserzählung zu scharfe Konturen gewinnen könnten. Die ambivalente Haltung des Autors zu seinem Vorhaben läßt über weitere Absichten spe-
kulieren, die in die Gestaltung seiner Position Eingang gefunden haben.

In der Tat sind der nicht existierende 30. Februar des Jahres 1869, die Ankunft des Handelsdampfers und die Ortschaft ohne Hafen als zeitliche und
räumliche Koordinaten so herausgestellt, daß aus dem Bruch eine allegorische
Wende wird, die die Erzählung in die damalige sozio-historische Aktualität
überführt. Auf diese Weise gewinnt die Erzählung an Aussagekraft, die aus ihr
ein vielfältiges Dokument in Sinne der vorliegenden Arbeit macht.

b) Auswanderung als soziale Wirklichkeit –
Amerika als volkstümlicher Topos

Die Entscheidung des Autors, Pietro nach Amerika auswandern zu lassen,
weil Rosinellas Vater ihre Liebe verhindert, ist im Rahmen einer spätromantischen Liebesgeschichte um so stimmiger, weil der Liebende somit die Möglichkeit erhält, die Gefahren auf sich zu nehmen, die er braucht, um erfolg-
und beutereich zu der Geliebten zurückzukehren: »Ich fahre in ein Land, das
sogar weit, sehr weit liegt, vielleicht noch weiter als die Sonne und die Sterne:
Amerika! [...] Ich fahre nach Amerika, in eine andere Welt, wie das Paradies,
voll Gold, mit Wäldern, mit Tigern und mit Löwen.« (S. 80)

Aus der Gegenüberstellung dieses topoisierten Zielortes mit den konkreten
Angaben über die Ziele, die Pietro in der Fremde erreicht hat, ergibt sich, daß
Martire in Pietros Auswanderung ein konkretes Modell für die finanzielle und
sozio-kulturelle Emanzipation der unteren Sozialschichten des jungen Nationalstaates im Hinblick auf eine für Kalabrien zu bildende nationale Identität
gesehen hat.

Nach vier Jahren in der Fremde darf sich Pietro als finanziell erfolgreich betrachten und die Rückkehr antreten. Er hat alle seine angeborenen Laster und
seine naturgegebene Faulheit überwunden, und aus ihm ist ein unermüdlicher,
arbeitsamer Mensch geworden. Dadurch ist er zu Wohlstand gekommen, und
aus ihm ist ein *galantuomo*, eine ehrenwerte Person, geworden.[12] Aus ihm ist
jemand geworden, der in der Kulturtradition der südlichen Regionen Italiens

---

Für Kalabrien ergibt sich für das erste statistisch erfaßte Jahrzehnt (1876-1886) folgende Entwicklung: 1876 – 902, 1877 – 1.266, 1878 – 2.143, 1879 – 3.777, 1880 –2.952,
1881 – 4.551, 1882 – 10.552, 1883 – 9.546, 1884 – 4.723, 1885 – 10.908, vgl. Gianfausto
Rosoli (Hg.) *Un secolo di emigrazione italiana (1876-1976)*, Roma 1978, S. 362.

12 Zur Macht und sozialen Rolle des *galantuomo*, bzw. zu Abhängigkeit der Bauern
von dem *galantuomo* vgl. Leopoldo Franchetti, *Condizioni economiche e amministrative delle provincie napoletane. Appunti di viaggio – Diario del viaggio*, Antonio Jannazzo (Hg.), Bari 1985 (Firenze, 1875) S. 19. Mehr als 30 Jahre später wird ein
Bauer aus Amantea folgendes Francesco Saverio Nitti anvertrauen: »Wenn ich nicht

das Gegenteil des *tamarro*, des Landarbeiters und des Tagelöhners darstellt. Er hat das emanzipatorische Ziel der Angehörigen der unteren Sozialschichten im Notfall und mit Hilfe der Fremde erreichen können, und nun darf er als *galantuomo* auf die Aufnahme in die führende Schicht der Gemeinschaft hoffen.

Eine so enge Einbindung von wirtschaftlichen und sozialen Zielsetzungen zeigt, wie Martire bemüht war, den Gang in die Fremde nicht als Bewährungsprobe, sondern als *Lehrjahre* zu begründen, auch wenn er sich dessen bewußt war, daß die Ursachen der historischen Auswanderung primär in einer wirtschaftlichen Notlage des Landes zu suchen waren und weniger mit dem Wunsch nach sozialem Aufstieg und sicherlich gar nichts mit dem Wunsch nach Weiterbildung zu tun hatten, wie es in einer engeren Bestimmung des Begriffs *Lehrjahre* enthalten ist.

In der Tat war die Auswanderung aus dem Süden und aus den nord-östlichen Regionen Italiens durch eine tiefgreifende Krise der italienischen Landwirtschaft[13] ausgelöst worden, die dazu geführt hatte, daß das Verhältnis zwischen Arbeit und Lohn unter das Erträgliche abgesackt war. Martire gibt sein Wissen über die reale Lage der betroffenen Bauern mit folgender elliptischer Formulierung wieder »Er arbeitete und er verdiente.«

Mit dem Hinweis auf eine solche Selbstverständlichkeit, die allerdings für die Auswanderer nur in der Fremde zu erreichen war, stellt der Autor unmißverständlich fest, daß die Hauptursache der Auswanderung im Fehlen eines gerechten Lohnes für Landarbeiter und Tagelöhner[14] lag und die Ver-

---

alt wäre, würde auch ich nach Amerika gehen; die Jungen, die dort hingehen, kommen als *galantuomini* zurück und kaufen sich die Felder der früheren Besitzer«. Francesco Saverio Nitti, *Scritti sulla questione meridionale. Inchiesta sulle condizioni dei contadini in Basilicata e in Calabria (1910)*, Bd. IV, Teil I, Pasquale Villani/Angelo Massafra (Hgg.), Bari 1968, S. 176. Auf den Gegensatz des *galantuomo* und des *tamarro* (Landarbeiter) geht Raffaele Martire ausführlicher in seiner zweiten Erzählung *La moncherina calabrese* (S. 130) ein. Zur ironischen Umkehrung des Begriffs *galantuomo*, mit der der *tamarro* seine Mißachtung und seine Ambivalenz zum *galantuomo* zum Ausdruck brachte, siehe S. 70. Zur Klärung der historischen Rolle des *galantuomo* bzw. des ambivalenten Verhältnisses der Bauern zum *galantuomo* siehe Antonio Gramsci, *Alcuni temi della quistione meridionale (1927)*, nachzulesen in: *La questione meridionale*, Franco De Felice/Valentino Parlato (Hgg.), Roma 31973 (1966), S. 151. Zur Emanzipation des *tamarro* vom örtlichen *galantuomo* durch die Auswanderung siehe erneut bei Francesco Saverio Nitti, *Scritti sulla questione meridionale*, Bd. I, Saggi sulla storia del Mezzogiorno. Emigrazione e lavoro, Armando Saitta (Hg.), Bari 1958, S. 199.

13 Vgl. Grazia Dore, *La democrazia italiana e l'emigrazione in America*, Brescia 1964: »Nur in einem Punkt waren sie alle dennoch, derselben Meinung: die Ursachen der Auswanderung in der unglaublichen Rückständigkeit unserer Landwirtschaft und in den erschreckend niedrigen Löhnen zu sehen, die in jeder Region die gesamte Wirtschaft auf dem Land erdrückten«, S. 32.

14 Da Raffaele Martire den Lohn nicht quantifiziert, der Pietro zu Wohlstand geführt hat, läßt sich mit folgender Festellung Abhilfe schaffen: »Dreißig Carlini in der Woche! Mehr als vier Carlini am Tag! Das ist ja ein fürstliches Vermögen, sagte Maria« (S. 84). Nach weiterer Angabe (S. 45) entsprachen 30 Carlini 12,90 Lire pro

antwortung nicht bei den Auswanderern zu suchen war. Als Vorbeugung vor
der Auswanderung stellt der Autor sich einen Lohn vor, der genauso wie in
der Fremde den Bauern und den Tagelöhnern etwas mehr als das »tägliche
Brot« garantiert. Ein Lohn, der dem Auswanderer Pietro »den Zugang zu einem
ehrenhaften Wohlstand« ermöglicht.

Auf diesem Weg erhält Amerika bei Martire eine Komponente von emanzipierender sozialer Gerechtigkeit, die es von dem literarischen Modell absetzt,
das sich infolge der gescheiterten 48er Revolution, einer neuen Auflage er-
freute.[15] Zugleich ist aber festzustellen, daß in der Erzählung der Leser keine
sichere Auskunft erhält, ob Pietro nach Nord- oder nach Südamerika auswandern will. In der Tat entspringt das dortige Bild von Amerika einer Erzähltradition, die sehr mit Volkskultur und wenig mit dem geographischen Amerika
zu hat.

Einen ersten Hinweis hierzu erhält der Leser in Rosinellas sprachlicher Formulierung, wonach Amerika ein Land sei: »Wo Wilde leben, die sich gegenseitig umbringen.« (S. 80). Wenn man die italienische Formulierung: »dove ci
sono gli uomini selvaggi, che si ammazzano« aus dem Mund einer Bauern-
tochter mit einem entsprechenden Modell aus dem Kalabresischen vergleicht
wie: »i puorci ki s'ammazzano a frevaru« (die Schweine, die im Februar umgebracht werden*), dann kann man als zweite Bedeutungsvariante in der Aussage
von Rosinella nicht mehr ausschließen, daß es sich hier um Wilde handelt, die
umgebracht werden. Die Formulierung an sich wird vom Autor als vage »memoria« (S. 80) ausgewiesen, die ein Wissen über die Fremde ausmacht, das nah
an schulische und volkstümliche Verarbeitung[16] von blutigen Kämpfen bei
der Eroberung von Süd- und Nordamerika herankommt.[17]

Woche, die aus sieben Arbeitstagen bestand, weil er mehr als 4 Carlini, d. h. 1,84 Lire
am Tag verdiente. In der Tat war dies ein besserer Tagelohn, wenn man bedenkt,
daß für ca. 1,50 Lire pro Tag kalabresische Tagelöhner samt ihren Familien bereit
waren, jährlich zwischen Oktober und Dezember als Saisonarbeiter nach Sizilien
auszuwandern. Vgl. Leopoldo Franchetti/Sidney Sonnino, *La Sicilia nel 1876*, Bd. II
»I Contadini«, Firenze 1925 (1876), S. 47-48.

15   Vgl. Giuseppe Massara, *Americani. L'immagine letteraria degli Stati Uniti in Italia*,
     Palermo 1984.

16   Zur von den Schulen geprägten Wahrnehmung der Neuen Welt, die sich in der ita-
     lienischen Literatur lange erhalten hat, vgl. Luigi Capuana, *Gli »americani« di Ràb-
     bato*, Torino 1974 (1912): »Einmal, als Menu nicht da war, hatte sie [die Mamma]
     seine Schulbücher durchgeblättert und die Bilder dort betrachtet. Sie, die nicht
     lesen konnte, hatte große Mühe, klug zu werden, was das für seltsamen Gestalten
     dort waren, halbnackt, mit Lanzen bewaffnet, mit diesen wilden Tieren, die aussa-
     hen wie häßliche Menschen mit einem Schwanz.« (S. 45) Und zur Funktion der
     wilden Tiere in bezug auf die Einwanderer: »Sie bringen uns mit der Eisenbahn
     dorthin, in entlegene, einsame Gegenden. Wenn jemand hätte fliehen wollen, hätte
     er sich verirrt, und die wilden Tiere hätten ihn verschlungen.« (S. 46).

17   Vgl. Emilio Morpurgo, *Gli emigranti*. In: *Annuario delle scienze giuridiche e politi-
     che*, H. IV Mailand 1883: »Der Einwanderer muß gegen das Klima ankämpfen und
     gegen die Einheimischen; aber bei diesem Kampf nehmen seine Kräfte zu, er ist der

In diesem Kulturkontext scheint es höchst unwahrscheinlich zu sein, daß Martire sich auf die philosophische und literarische Rezeption des Mythos des amerikanischen Wilden in Italien beziehen könnte.[18] Unwahrscheinlich ist auch, daß er an das literarische Amerikabild der italienischen Klassiker wie Giuseppe Parini mit *Il Mattino* (1763), Vittorio Alfieri mit *L'America libera* (1781) oder Giacomo Leopardi mit *Inno ai patriarchi* (1882) anknüpfen will.

Aus dem im Text erklärten Wunsch des Autors, von seinen Protagonisten gelesen zu werden, läßt sich schließen, daß der Auslöser von Rosinellas sprachlicher Formulierung mit der volkstümlichen Rezeption der Entdeckung Amerikas zu tun haben muß.[19] Eine Rezeption durch Erzählen, die bis in die unteren Schichten der italienischen Gesellschaft reichte und die mit dem Gedicht *La scoperta dell'America* (1893) des Dialektdichters Cesare Pascarella ihren Höhepunkt erreichen wird, bevor Amerika durch Auswanderung und durch Literatur im der ersten Hälfte des 20. Jahrunderts enttopoisiert wird.

Von besonderer Bedeutung im Hinblick auf das Amerikabild von Martire ist die doppelte Fusion von christlichen und biblischen Topoi, wie auch der Malerei, mit der Erzählung, so wie sie in folgender Warnung vor Amerika von Gustafo Strafforello schon vor 1856 vorkommt: »Märchenhafte Eldorados, Verheißungen unendlichen Reichtums, goldene Äpfel (sic) [...] Wer sich in solch trügerischen Bildern [pitture] gefällt, weiß nicht, welch verhängisvollen Samen er in diese einfache und grausame Natur legt!«[20]

Gegen jede geographische Festlegung des Amerikabildes bei Martire könnte man die Tatsache anführen, daß sich, wie schon bei Gustafo Strafforello, auch bei ihm auch um die Überlagerung eines Motives christlicher Volksikonographie mit dem der Fremde an sich handelt, und zwar eher als Anlehnung an die volkstümliche Erzähl- und Darstellungstradition, wo die andere Welt als zeitlich und räumlich ferne Gemeinschaft zwischen Menschen, Raubtieren und Natur dargestellt wird und das Gold in seiner Eigenschaft als Edelmetall mit alltäglicher Verwertbarkeit nicht fehlen darf.

Im Kontext der Kontinuität des volkstümlichen Topos ist anzumerken, daß in der später entstandenen Erzählsprache der Amerikaner aus Kalabrien keine

---

Stärkere; unendlich zahlreiche Beweise bezeugen dies.« (S. 581-82) Hiermit wird der italienische Einwanderer der zweiten Hälfte des 19. Jh. als legitimer Nachfahre der »erfolgreichen« Eroberungszüge der Neuen Welt definiert. Noch vor Raffaele Martire hatte Giacomo Zanella in *Il Lavoro* (1865) den gerechten Kampf der Siedler gegen die Eingeborenen als Thema der Auswanderung aufgegriffen.

18 Antonello Gerbi, *La disputa del nuovo mondo. Storia di una polemica 1750-1900*, Milano-Napoli 1983 (1955) sowie Sergio Landucci, *I filosofi e i selvaggi 1580-1780*, Bari 1972. Zur Exotik der amerikanischen Wilden vgl. A. Castoldi, *Il fascino del colibrì*, Firenze 1972. Zum literarischen Bild der USA in der italienischen Literatur vgl. Giuseppe Massara, *Americani. L'immagine letteraria degli Stati Uniti in Italia*, ebd..

19 Zur literarischen Umsetzung der Entdeckung Amerikas durch Cristoforo Colombo vgl. Giuseppe Massara, *Americani*, ebd., S. 23-26.

20 Gustavo Strafforello, *Il nuovo Monte-Cristo*, Firenze 1856, S. 254.

paradiesische Benennung Amerikas vorkommt. Sie werden später von *a Merica grande, a Merica piccola* und von *a Merica e d'u scuordu*[21] sprechen. Und daß in den ersten zwanzig Jahren der italienischen Auswanderung tatsächlich die *a Merica e d'u scuordu* d. h. Südamerika als Auswanderungsziel bevorzugt worden ist,[22] würde als Beweis a posteriori gegen die Tatsache sprechen, daß für Pietro Amerika gar kein *a Merica e d'u scuordu* gewesen ist, da der Leser von seiner Auswanderung erst bei seinem Landgang bei Paola erfahren wird.

c) Progammatische Abweichung von einem Topos

Aus der Unmöglichkeit, Amerika textintern geographisch einwandfrei festzulegen, wächst die Vermutung, daß Martire den Entwurf eines paradiesischen Bildes von Amerika nicht als literarischen Versuch unternimmt, um die hoffnungsvollen bis naiven Vorstellungen der Auswanderer nachzuzeichnen, sondern weil Amerika ein Sozialmodell für Italien in einem spezifischen historischen Kontext sein soll.

Angesichts der Aktualität der politischen Auswanderung nach 1848 und der florierenden Berichtliteratur über Amerika[23] ist anzunehmen, daß Martire die Arbeitsauswanderung als eine neuartige Anwärterschaft auf die volle Wiedereingliederung in das soziale und politische Leben einstuft, so wie es für politisch Exilierte galt, sobald die Ursachen des Exils hinfällig waren.

Für die Annahme, daß Martire in seiner Erzählung an den Entwurf eines Sozialmodells für die Zukunft Italiens dachte, spricht die Tatsache, daß er in der Darstellung einer zeitbegrenzten Auswanderung mit historischen Elementen

---

21 Mit *a Merica grande* bzw. *America bona*, dem guten bzw. großen Amerika, oder mit *a Merica e d'u scuordu*, Amerika des Vergessens, weil kaum jemand zurückkam, (vgl. nächste Anm.) war Südamerika gemeint, mit *a Merica piccola*, dem kleinen Amerika, Nordamerika. Die Bezeichnungen, die zu Beginn der *Grande emigrazione* (1861-1915) entstanden sind, werden noch heute beim Erzählen von der Zeit verwendet. Vgl. Fortunata Piselli, *Parentela ed emigrazione. Mutamenti e continuità in una comunità calabrese*, Torino 1981, S. 85-86. Der Ausruf *à trovata a Merica! – Hast du ein Amerika gefunden!-* spricht eine zwiespältige Beziehung zur Auswanderung an, die nur pars pro toto mit Amerika zu tun hat.

22 Zwischen 1876-1900 wanderten 5.257.830 Italiener aus, davon 1.829.530 nach Südamerika und 785.118 nach Nordamerika. An der ersten Gesamtzahl war Kalabrien mit 191.433 offiziellen Auswanderern beteiligt. Zwischen 1901-1915 waren es 8.769.680, davon gingen 3.520.350 nach Nordamerika und 1.487.690 nach Südamerika. Kalabrien war mit 603.105 Auswanderern beteiligt. Da die Rückwanderer, und zwar nur die aus Nord- und Südamerika, statistisch erst ab 1905 erfaßt worden sind, stehen für diesen ersten Teil der Arbeit folgende Vergleichszahlen zur Verfügung: 1905-1915: Gesamte Rückkehrerzahl 1.964.630, davon 1.322.010 aus Nordamerika und 642.637 aus Südamerika, davon 181.411 nach Kalabrien, vgl. Gianfausto Rosoli (Hg.) *Un secolo di emigrazione italiana (1876-1976)*, Roma 1978, S. 22, S. 26 u. S. 28.

23 Giuseppe Massara, *Viaggiatori Italiani in America (1860-1970)*, Roma 1976.

und weitsichtigen Sozialvorschlägen arbeitet. Pietros Auswanderung stimmt weitgehend mit der damals praktizierten Auswanderung unter den Bauern aus dem Umland von Cosenza überein. Dagegen soll die Sozialgerechtigkeit, die Pietro in Amerika in Form von Wohlstand und von sozialer Emanzipation erreicht hat, als weitsichtiges und utopisches Moment verstanden werden. Auf dem Weg zum Nationalstaat kann die Integration der Italiener in einer zu bildenden Nationalidentität nur dann gelingen, wenn auf die wirtschaftliche Krise auch als Sozialfrage zur Emanzipation der unteren Schichten eingegangen wird.

Vor allem die Polyvalenz der Figur des *galantuomo*, wie sie in der Erzählung vorkommt und auf die unten eingegangen wird, spricht dafür, daß bei Martire Auswanderung und nationale Integration der Italiener als übergreifende Sozialfrage zusammengehören. Weitsichtig und seiner Zeit voraus ist Martire auch deswegen, weil zur Entstehungszeit der Erzählung sogar die Vertreter der *Sinistra storica* weit entfernt von der Vorstellung einer Sozialfrage beim Aufbau des Nationalstaates waren, die durch die Auswanderung auf die Tagesordnung gestellt wird.[24]

Die Einfalt der Argumente und die Perspektivelosigkeit, mit der die Volksvertreter sich für oder gegen die Auswanderung im Parlament und in der Öffentlichkeit aussprachen,[25] sowie die legislativen Maßnahmen zielten darauf ab, die Auswanderung auf eine administrative und polizeiliche Angelegenheit zu reduzieren,[26] und keineswegs darauf, sie als die Kernfrage eines Staates aufzufassen, die bis heute ungelöst geblieben ist.[27]

Wenn man nun in diesem Kontext das Eingangszitat aus der Erzählung *Accanto a Cosenza* auf seinen sozio-historischen Gehalt prüft, lassen sich landesspezifische Hinweise auf die sozialen Gegebenheiten der Auswanderung aus dem Kalabrien seiner Zeit erarbeiten, wie z. B. anhand der Verteilung der Rückkehrer auf die Ortschaften um Cosenza. Keiner der 26 jungen Kalabresen, die aus der Neuen Welt zurückkehren, stammt aus der Stadt Cosenza; selbst Pietro ist aus Vallo bei Cosenza. Die weiteren 25 kommen aus umliegenden Ortschaften, die ein einheitliches Auswanderungsgebiet bildeten, das aufgrund seiner sozio-ökonomischen Besonderheiten und seiner historischen Entwicklung von dem Soziologen Pino Arlacchi hundert Jahre später als Fallgebiet für seine Untersuchungen über das Verhältnis zwischen Landwirtschaftsstrukturen und Auswanderung untersucht worden ist.[28] Dabei fällt auf, daß die erwähnte Vorstellung und Funktion einer zeitbegrenzten Auswanderung, so wie sie von Martire formuliert wurde, sich mit folgender zen-

---

24 Vgl. Ercole Sori, *L'emigrazione italiana dall'Unità alla seconda guerra mondiale*, Bologna 1979, vor allem Kap. VII, »Emigrazione e lotta di classe«, S. 217-92.

25 Fernando Manzotti, *La polemica sull'emigrazione nell'Italia unita*, Milano 1962.

26 Grazia Dore, *La Democrazia italiana e l'emigrazione in America*, Brescia 1964.

27 Francesco Alberoni/Guido Baglioni, *L'integrazione dell'immigrato nella società industriale*, Bologna 1965.

28 Vgl. Pino Arlacchi, *Mafia contadini e latifondo nella Calabria tradizionale*, Bologna 1980, S. 19-79, insbesonders S. 70-79. Für die Bestimmung des Gebietes bei Pino Arlacchi vgl. S. 19, Anm. 1, bzw. die Karte auf S. 10.

traler Feststellung aus den Untersuchungen von Pino Arlacchi deckt: »Die Auswanderung aus der Bauerngemeinschaft des Cosentino ist nichts anderes als ein Mittel, ein Gleichgewicht zwischen den wirtschaftlichen und den sozialen Grundlagen einer traditionell bedrohten Gesellschaft zu schaffen.«[29]

Die Auswanderung wird von Pino Arlacchi als eine Art kollektive Reaktion auf die Wirtschaftslage verstanden, in die die gesamte Bauerngemeinschaft infolge der Einigung des Landes und der darauffolgenden Landwirtschaftskrise geraten ist.

Die Forschungsergebnisse von Pino Arlacchi weisen darauf hin, daß das einzelne Gemeinschaftsmitglied mit einem definierten Auftrag in die Fremde fährt, dessen Erfüllung ihm bei der Rückkehr eine Wiederaufnahme in die Gemeinschaft sichert. Daher ergibt sich die Begrenzung des Aufenthaltes in der Fremde, sowie ein wirtschaftliches und gesellschaftliches Ziel für die Auswanderer nach ihrer Rückkehr, das meistens in der Sanierung des Familienhofes oder in der Heirat des Rückwanderers besteht, so wie es bei Raffaele Martire der Fall ist.

Ein unmittelbarer Zusammenhang zwischen Auswanderung und Heiratsplänen ist durch empirische Untersuchungen schon am Anfang des 20. Jahrhundertes erkannt und hergestellt worden, wenn auch nicht unter den außergewöhnlichen Umständen, die aus literarischen Überlegungen heraus in der Erzählung von Martire den Zusammenhang bilden. Hierzu schreibt Leonello de Nobili: »Die Männer, die mehr oder weniger spontan beschlossen haben, nach Amerika zu gehen, und vorwiegend 20 – 25 Jahre alt sind, geben der Frau ihrer Gedanken den Verlobungsring ein oder zwei Monate oder auch erst 14 Tage, bevor sie den Ozean überqueren.«[30]

Nach Leonello de Nobili geschieht dies, sei es, um durch die kurzfristige Verlobung ein Anrecht auf die vereinbarte Aussteuer der zukünftigen Frau offiziell zu begründen und somit die Auswanderung des Verlobten finanzieren zu können, sei es, um am Geburtsort eine Vertrauensperson zu haben, der der Verlobte das Ersparte für den gemeinsamen Heiratsplan schicken kann. Daß Pietros Unterfangen sich mit dem Modell von Leonello de Nobili nur im Bereich der Ergebnisse deckt, ist eher durch die Komplexität der gesamten Metaphorik der Erzählung zu begründen, denn als Abweichung von dem Modell zu verstehen.

d) Das Motiv der sozialen Devianz

Aufgrund der Übereinstimmung zwischen der Vorstellung einer zeitbegrenzten Auswanderung mit den Auswanderungszielen der Bauern aus dem Umland von Cosenza soll nun versucht werden, zwei weitere zentrale Stellen aus der Erzählung als Hinweise auf historische Gegebenheiten zu erschließen. Es

---

29 Pino Arlacchi, ebd., S. 73.
30 Vgl. Leonello De Nobili, *Cenni Demografici*, in: Dino Taruffi/Leonello De Nobili/ Cesare Lori, *La questione agraria e l'emigrazione in Calabria*, Firenze 1908, S. 125-26.

soll überprüft werden, inwieweit die moralisch begründete Ablehnung des ehemaligen Sträflings Pietro[31] durch die Gemeinschaft, sowie das Fehlen einer formalen Eheeinwilligung durch Rosinellas Eltern nach Pietros Rückkehr aus Amerika kodifizierte sozio-ökonomische Vorgänge einer Bauerngemeinschaft widerspiegeln und auf welche Weise sie sich im Bezug zur Auswanderung verändert haben.

Die erste Ablehnung durch Rosinellas Vater war mit dem schlechten Ruf von Pietro begründet worden, und zwar vor dem Hintergrund des verpflichtenden Sozialverhaltens eines Vaters, der dafür sorgen muß, daß die Tochter einem »arbeitsamen und ehrlichen jungen Mann« (S. 62) heiratet. Mit einer solchen Erklärung war Pietro abgelehnt und gleichzeitig auf die Probe gestellt worden. Da Pietro straffällig wird, verliert Rosinellas Vater die Entscheidungskompetenz über ihn als zukünftigen Schwiegersohn. Nach der Entlassung aus dem Gefängnis fällt jede Kompetenz allein der Gemeinschaft zu, die durch das eigene Sozialverhalten für die Wiedereingliederung des ehemaligen Sträflings sorgen muß. Nur vor diesem Hintergrund ist zu verstehen, wieso der wohlhabende Bauer Beppe sich weigern muß, den ehemaligen Sträfling Pietro zu resozialisieren und ihn als Schwiegersohn in spe auf seinem Hof arbeiten zu lassen.[32]

Aufgrund dieses Konsenses ist verständlich, wieso Pietros Entscheidung wegzugehen in der Erzählung schon vor der Ablehnung durch Rosinellas Vater fallen muß und wieso die spätere Ablehnung des Vaters nichts anderes ist als der offizielle Vollzug dessen, was Pietro aus Einsicht in die eigene Lage schon beschlossen hat.

Als zusätzliche Bestätigung dieses sozialkodifizierten Konsenses ist die Tatsache anzusehen, daß sogar Rosinella sich von der Notwendigkeit der Entscheidung des Geliebten, unabhängig von Pietro, noch vor der Antwort ihres Vaters überzeugt zeigt. Als Beleg dafür wird hier auf die nächtliche Gefängnisszene hingewiesen, als der Sträfling Pietro ein Lied über seine und die Zukunft seiner Liebe mit folgendem Vers anstimmt:»Ich sah mein Glück mitten im Meer« (S. 72), wobei in der Nähe von Glück (*fortuna*) zu Meer die Grundsituation der Reise in die Fremde auf kodifizierte Weise in die Erzählung eingeführt wird.

Das Meer, das im Gedicht das Glück von Pietro auf einem Felsen gefangenhält, stellt die erste Gefahr dar, die überwunden werden muß, um das eigene Glück in der Fremde zu suchen.[33] Die Tatsache, daß Rosinella, die nicht weit

---

31 Vgl. Pietros negative Vermutungen, nach der Entlassung aus dem Gefängnis und auf dem Weg zu Rosinellas Eltern (S. 75), die durch die Antwort von Rosinellas Vater mit vier Nein bestätigt werden, S. 77.

32 *Racconti*, ebd., S. 72.

33 *Racconti*, ebd., S. 72. Tragische Schiffbrüche wie die der Passagierdampfer Nord America (1883) und Sud America (1888) haben Eingang in Auswandererlieder wie das populärste *Il tragico affondamento del bastimento* »*Sirio*« gefunden, vgl. A. Virgilio Savona/Michele L. Straniero (Hgg.), *Canti dell'emigrazione*, Milano 1976, S. 95-97. In seinem Roman *Verso l'ignoto. Il romanzo dell'emigrante*, Napoli 1903, hat A. Salzano das Herumirren eines Auswandererdampfers, den Schiffbruch und die Unmöglickeit, Amerika zu erreichen, in den Mittelpunkt gestellt.

von dem Gefängnis wohnt, gerade in dieser Nacht nicht durch das Lied des Geliebten wach wird, und die Tatsache, daß sie im Traum mit ihm spricht, wird vom Autor mit der Feststellung begründet:»Und die schwesterlichen Seelen verstanden einander durch die Süße des Liedes« (S. 73), mit der Martire den Übergang von der Entscheidung Pietros zu jener von Rosinella einleitet, die kurz danach mit dem Schrei wach wird: »er ist abgefahren!« (S. 73)

Abgesehen von der Anmut eines Liebesliedes als Verständigungsform zwischen den Liebenden darf man annehmen, daß beide über soziale Verhaltenserfahrungen verfügen und daß sie von gesellschaftlichen Spielregeln wissen, die es ihnen als Liebenden nahelegen, daß ihre Liebe nur durch Pietros Auswanderung gesellschaftlich zu rehabilitieren ist.[34]

Da nun Pietro durch den Gang in die Fremde zu finanziellem Erfolg gekommen ist, wird jedes gesellschaftliche Bedenken, die eigene Tochter dem *galantuomo* Pietro anzuvertrauen, gegenstandslos. Aber nach dem Modell von Pino Arlacchi heißt es auch, daß die Gemeinschaft dazu verpflichtet ist, den Rückkehrenden aufzunehmen, wenn er seinen finanziellen Auftrag zugunsten der Gemeinschaft in der Fremde erfüllt, es zu Wohlstand gebracht und somit jegliche Gefahr von der alten oder von der neuzugründenden Familie abgewendet hat. So gesehen stellt das Fehlen einer offiziellen Eheeinwilligung von seiten der Eltern in der Erzählung keinen Bruch der geltenden Konventionen dar. Auch in diesem Fall hält sich Pietro zusammen mit Beppe konsequent an das Sozialverhalten seiner Gemeinschaft. Im Bewußtsein, daß er sich durch seinen finanziellen Erfolg wieder auf der Seite des Rechts befindet, formuliert er seinen Anspruch auf Rosinella brieflich:»Rosamelilla gehört mir, habt Ihr [Beppe, Maria und Rosamelilla] mich verstanden? Ich mache Euch [den Vater] reich, und ich werde bald zurückkommen« (S. 86).

Da Pietro mit dem Brief seine Ankunft in Vallo ankündigt, erhält der Brief den Charakter einer Erneuerung des Heiratsantrags, der keiner Antwort bedarf, weil aus seinem freiwilligen und erfolgreichen Gang in die Fremde ein Anrecht auf die Heirat mit Rosinella als Wiederaufnahme in die Gemeinschaft entstanden ist.

Die Überlagerung der sozialen Ansprüche der traditionellen Gemeinschaft gegenüber ihren Mitgliedern durch den nachgewiesenen finanziellen Erfolg

---

34   Fortunata Piselli, die mit ihren Fallstudien (Herbst 1975 – Sommer 1978) zum ersten Mal für die italienische Auswanderungsforschung die Zusammenhänge zwischen Auswanderung und gesellschaftlicher Veränderung am Beispiel einer kalabresischen Gemeinde ausschließlich aus der Perspektive der Verwandtschaft als tragender Struktur der Gemeinde untersucht hat, stellt hierzu in ihrem Werk *Parentela ed emigrazione*, ebd., fest: »Die Auswanderung, die diejenigen eliminierte, die durch ihr Verhalten nicht die vorgeschriebenen Modelle bestätigten, absorbierte den Konflikt bemerkenswert leicht und war ein Mechanismus, durch den die Familiendisziplin und die hierarchische Ordnung verstärkt wurden. Entsprechend war die Auswanderung ein Mechanismus, diejenigen auszuweisen, die sich weigerten, sich den vorgeschriebenen Verhaltensmustern anzupassen und dadurch eine Bedrohung des geltenden Systems darstellten.« S. 63.

des ehemaligen Konfliktträgers, ist kein Akt sozialer Heuchelei, denn sie stellt den historischen Schnittpunkt zwischen dem Wertesystem einer traditionellen Gesellschaft und den Veränderungen dar, mit denen sie durch die aufkommende Auswanderung in Berührung gebracht worden ist. Während ohne die Möglichkeit der Auswanderung die Bewährung sich unter der unmittelbaren Aufsicht der Gemeinschaft hätte vollziehen müssen, fällt nun jeglicher Kontrollmechanismus weg, nachdem der Konfliktträger aus der Gemeinschaft ausgestoßen ist. Ob und wann er wieder eingliederungswürdig wird, kann nur am nachweisbaren finanziellen Erfolg festgestellt werden. Und dennoch handelt es sich um einen moralischen Nachweis, da an der Spitze des Wertesystems einer traditionellen Gemeinschaft die Arbeitsamkeit ihrer Mitglieder steht. Arbeitsamkeit schützt Bauern, Tagelöhner und Auswanderer vor Laster, sorgt für Rendite für die Grundbesitzer und sichert den unteren Gesellschaftsschichten ein Minimum an Lebensunterhalt und sozialer Unabhängigkeit, wie sie Pietro als Schutz vor dem Gang in die Fremde, vergeblich erkannt hatte:

>Arbeit, Arbeit, mit der Arbeit wirst du gut sein können, bei allen willkommen und gern gesehen: Das Geld, das dir das Hacken einbringt und das du in den Acker eines anderen gegeben hättest, wird zu Schweiß auf deiner Stirn werden, und du wirst frei und ungebunden leben, ohne einem anderen zur Last zu fallen.« (S. 56)

e)   Von Raffaele Martire (1870) bis Pino Arlacchi (1980)

Aufgrund der erweiterten Leseart der Erzählung gewinnt die Gestalt des Briganten Michele Lancetta an historischer Substanz.[35] Martire entwickelt seine Brigantengestalt in drei Anläufen. Im Vorwort ist der Brigant programmatisch als zentrale Figur der Literatur in Kalabrien definiert, und er war als Volksheld mit allen Merkmalen des volkstümlichen Erzählens angekündigt, denn er sollte die Phantasie zukünftiger fremder Leser bis hin zur Identifikation anregen, genau wie er dies in der eigenen sozialen Umwelt längst tat.[36] Wie und inwieweit diese Identifikation vor sich gehen kann, wird vom Autor gezielt an den Spiel-

---

35 *Racconti*, ebd., S. 69. Zum *brigantaggio* nach der Einigung Italiens vgl. Franco Molfese, *Storia del brigantaggio dopo l'Unità*, Milano 1964; Mino Milani, *La repressione dell'ultimo brigantaggio nelle Calabrie* (1868-1869), Pavia 1952, sowie Antonino Basile, *Moti contadini in Calabria dal 1848 al 1870*. In: *Archivio storico per la Calabria e la Lucania*, XXVII, Roma 1958, S. 67-108.

36 Zu Raffaele Martires Vorläufern vgl. Biagio Miraglia, *Il brigante, novella in quattro canti*, Napoli 1844, und Carlo Massinissa-Presterà, *Il Bizzarro, ossia i masnadieri e i francesi in Calabria*, Napoli 1861, beide berichten über die ersten zwei Wellen des *brigantaggio* in Kalabrien gegen die Franzosen. Am 17.August 1864 hatte Vincenzo Padula, Verfasser von *Antonello, capobrigante calabrese. Dramma in cinque atti*, Cosenza 1865, in seiner Zeitung *Il Bruzio* einen Brief des Briganten Pietro Bianco beantwortet und ihn als historischen Verlierer in direkten Bezug zum Gewinner Giuseppe Garibaldi gebracht, dort S. 1-2. Nachzulesen in: *Vincenzo Padula. Persone in Calabria*, Carlo Muscetta (Hg.), Roma 1950, S. 506-08. Mit *Giosafatte Tallarico*,

zeugen von Rosinella und an dem Erscheinen von Pietro vorgeführt. Rosinella
z. B. liebt es, mit folgenden Puppen aus Pappe zu spielen: »der Gevatterin, der
Braut, der feinen Dame und dem Briganten« (S. 42), als einzigem männlichen
Mitglied dieser Spielgesellschaft. Von Pietro, der zum Vater von Rosinella geht,
um um die Hand der Tochter anzuhalten, erfährt der Leser, daß »er ein schöner
Brigant zu sein schien, wenn ein Brigant überhaupt schön sein konnte« (S. 76).

Die dritte Stufe in der volkstümlichen Darstellung des Briganten wird von
Rosinella eingeleitet, als sie die Entscheidung von Pietro, nach Amerika auswandern zu wollen, mit der abschließenden Feststellung kommentiert: »Ich
habe schon verstanden, du willst in Amerika zum Briganten werden!« (S. 80).
Hiermit vollzieht Martire fast auf scherzhafte Weise den Übergang von der
volkstümlichen Erzähltradition zur historischen Realität, indem er zu einer ersten bedeutsamen Synthese von historischen Gegebenheiten gelangt, und zwar
als präzise Auskunft über einen sozio-politischen Teilaspekt im Anfangsstadium
der Auswanderung aus Kalabrien. Von nun an beginnt die volkstümliche Aura
des grauenvollen Briganten Michele Lancetta zu verblassen, um so mehr wird
sich seine revidierte Gestalt als sozialgeschichtliches Element in die Erzählung
einfügen, denn sein Handeln war keineswegs ein Akt von revoltierendem und
befreiendem Übermut, es ist eher als ein erstes Anzeichen der endgültigen Ausrottung des *brigantaggio postunitario* (1861-1865) in Kalabrien zu deuten.[37]

Erst im Jahr 1907 wird L. A. Caputo für *Il Giornale degli Economisti* herausarbeiten, was sich bei Martire über die witzige Anmerkung von Rosinella angekündigt hat. In seiner Abhandlung über wirtschaftliche Zusammenhänge,

---

1889, wird sein Zeitgenosse Nicola Misasi aus Cosenza aus der Lebensgeschichte
des *brigante* Giosafatte Tallarico eine erfolgreiche ethno-folkloristische Volkserzählung machen, die das Ende der ersten Phase der Brigantenliteratur in Kalabrien
beschließt. Daß Raffaele Martire, Biagio Miraglia, Vincenzo Padula und Carlo Massinissa-Presterà bekannt waren, geht aus dem Band *Racconti* hervor (S. 39 u. S. 73).
Für die damalige Darstellung der Briganten in Balladen und Volksliedern der *Can-
tastorie* vgl. Benedetto Croce, *Angiolillo (Angelo Duca) capo di briganti* (1891, bzw.
1896), nachzulesen als *Appendice* in: Benedetto Croce *La rivoluzione napoletana
del 1799*, Bari 3̸1912, S. 425-52, sowie Antonio Piromalli/Domenico Scafoglio, *Terre
e briganti. Il brigantaggio cantato dalle classi subalterne*, Messina/Firenze 1977.

37 Nach den drei Grundmustern eines Sozialbanditen von Eric J. Hobsbawm, *Die Ban-
diten*, Frankfurt 1972 (1969), ist Michele Lancetta weder ein edler Räuber, noch ein
Haudegen, noch ein Rächer, »den man überall dort findet, wo eine Gesellschaft auf
Landwirtschaft basiert (Viehwirtschaft inbegriffen) und der hauptsächlich Bauern
und Landarbeiter mit oder ohne eigenen Grund und Boden angehören, die von anderen beherrscht, ausgebeutet und unterdrückt werden – von Gutsherren, Städten,
Regierungen, Juristen und sogar Banken.« (S. 14) Er könnte zu den gewöhnlichen
Geächteten zählen, die nicht einmal als selbständige Anführer auftreten. Michele
Lancetta sowie der spätere Bizzaro aus der Erzählung *La moncherina calabrese*
stellen Volkshelden dar, die als Übergangsstadium zur ethno-folkloristischen Gestalt des Briganten an das volkstümliche Erzählen über die Briganten angeglichen
sind. Dadurch wird um so eindeutiger, daß Raffaele Martire an Verlierergestalten interessiert ist. Vgl. auch Eric J. Hobsbawm, *Sozialrebellen. Archaische Sozialbewegungen im 19. und 20. Jahrhundert*, Gießen 1979 (Manchester 1959), S. 18 u. S. 28-49.

die Sozialfrage und die Auswanderung in Kalabrien zur Zeit des *Postrisorgimento* wird das Ende des *brigantaggio* in folgender Weise gedeutet:

>»Diejenigen, die zuerst auswanderten, waren die verwegensten, die zu anderen Zeiten als Briganten die Sila durchstreift hätten, so daß man mit Recht gesagt hat, daß das Brigantentum eher von Amerika als durch die Bersaglieri ausgerottet worden ist, um so mehr als die pausenlose und schreckliche Jagd auf die letzten Könige der Sila davon überzeugte, daß es beim Abwägen von Gefahr und Vorteil günstiger war, sein Abenteuer in Amerika als in den Wäldern zu suchen.«[38]

Obwohl an der inhaltlichen Kontinuität zwischen der Ankündigung von Martire und der Aussage von L.A. Caputo kein Zweifel aufkommt,[39] muß darauf hingewiesen werden, daß sich Martire mit seinem schriftstellerischen Interesse für die Briganten im Sog einer eindeutigen literarischen Tradition befand und daß zu dem von ihm formulierten Zusammenhang zwischen *brigantaggio* und Auswanderung literarische Vorläufer vorhanden waren.

Als Vorstufe zu seiner Synthese ist ein Artikel von Vincenzo Padula aus dem Jahr 1867 anzusehen.[40] Dort unterzieht der Führende unter den kalabresischen Intellektuellen den *brigantaggio postunitario* einer detaillierten Analyse innerhalb der damaligen sozio-politischen Lage in Kalabrien und kommt zu folgender Feststellung:

>»So begann ein neuer Krieg, als der alte noch nicht beendet war, ein Krieg der Reichen, die in jedem Jahr ihre Verteidigung erweitern, gegen die Armen; ein Krieg der Armen, die Briganten werden und die ungesetzlich erworbene Felder der Reichen verwüsten; und ein Krieg gegen die Reichen und gegen die Armen von seiten der Regierung, die den Besitz der Reichen nicht durch ein ordnungsgemäßes Urteil oder eine Übereignung legitimiert und die berechtigten Stimmen der Armen nicht zufriedenstellt, denen das Stück Erde fehlt, auf das sie ihre Füße stellen könnten.«[41]

---

38 Luigi Agostino Caputo, *Di alcune quistioni economiche della Calabria. L'emigrazione dalla provincia di Cosenza.* In: *Il Giornale degli Economisti*, Nr. 2 Bologna 1907, S. 1175.

39 Die Kontinuität wird zusätzlich durch die Übereinstimmung sprachlicher Merkmale bei der Darstellung von Brigant und Auswanderer bei beiden Autoren bestätigt. z.B. gehört die in L.A. Caputo verwandte Anrede *Re della Sila* (König des Sila-Gebirges) zur ambivalenten, volkstümlichen Sprache, mit der eine Identifikation mit dem Briganten als Volksheld gesucht wurde. Als *Re della Sila* wird bei Raffaele Martire sogar der ehemalige Schmied Giovanni angeredet, der aus Liebe zu der Weberin Stella in *La moncherina calabrese* (S. 183) zu einem neuen Bizzarro hätte werden wollen. Und selbst hier läßt sich der Autor nicht nehmen, eine Verbindung zwischen *brigantaggio* und Auswanderung herzustellen, die deswegen rätselhaft ausfällt, weil Stella erst infolge Bizzarros Tod auswandert, d.h. als sie weder durch ihn oder durch ihre Liebe zu ihm bedroht ist.

40 Daß Raffaele Martire Vincenzo Padula kannte, steht außer Zweifel, sei es weil er aus dessen Gedichten in der Erzählung *Accanto a Cosenza* (S. 73) zitierte, sei es weil Vincenzo Padula als der Führende der kalabresischen Intellektuellen vom 1. März 1864 – 28. Juli 1865 in Cosenza seine Zeitung *Il Bruzio. Giornale politico-letterario* herausgegeben hat.

41 Zuerst in: *Il Diritto*, Firenze vom 21. März 1867, hier zitiert nach *Vincenzo Padula. Persone in Calabria*, Carlo Muscetta (Hg.), ebd., S. 589.

Der *brigantaggio postunitario* in Kalabrien hat seine national-historische Dimension verloren und geht seiner endgültigen Niederlage entgegen. Der Brigant kämpft nicht mehr für die Wiederherstellung der sozio-politischen Ordnung vor der Einigung Italiens, sondern er kämpft um das Recht, dort zu bleiben, wo er als Bauer geboren ist.

Eine unmittelbare Verbindung zwischen Auswanderung und *brigantaggio* existiert noch nicht, aber die Beschreibung der Niederlage der Bauern-Briganten als Vorstufe zur Auswanderung ist um so deutlicher. Mit der Formulierung, daß den Bauern das Land fehlte, auf das sie ihre Füße hätten stellen können, wird kein Zweifel daran gelassen, daß die ständige Ländereienerweiterung der Großgrundbesitzer die Vertreibung der Bauern aus ihren Höfen zur Folge hatte. Dagegen vermeidet Martire in seiner Erzählung *Accanto a Cosenza* mit bewußter Sorgfalt jeden Hinweis auf die sozio-historische Konfliktlage zwischen Großgrundbesitzern und Bauern im Kalabrien des *Postrisorgimento*.

In Martires Erzählung wird der Leser mit dem Kalabrienbild der ersten Jahrzehnte des Königreichs Italien (1860 – 1871) konfrontiert, das aufgrund seiner sozialen Kultur und seines traditionellen Wertesystems ohne weiteres in der Lage ist, sich in die Gemeinschaft der Regionen Italiens konfliktlos einzufügen.[42] Und dennoch läßt er es sich nicht nehmen, die historische Kontinuität zwischen Briganten und Auswanderern durch die Antwort von Rosinella in den Vordergrund zu rücken.

Im Jahr 1897, zwanzig Jahre nach dem Essay von Vincenzo Padula, als sich die Auswanderung aus Kalabrien mit ihrer jährlich steigenden Quote als dauerhaft erwiesen hatte, entwirft der Schriftsteller und Journalist Nicola Misasi ein Bild des grauen Alltags der Auswanderung in direktem Kontrast zu vergangenen Zeiten, als der Brigant »grausam« genug war, seine Braut, die Sila, in Schutz zu nehmen. Für Nicola Misasi ist die Niederlage längst vollzogen und sie ist von den Verlierern gesenkten Hauptes angenommen worden. Die soziohistorische Kontinuität zwischen Briganten und Auswanderern ist längst aufgehoben, denn beide werden nur noch durch den gemeinsamen Geburtsort miteinander in Verbindung gebracht:

> »Jetzt ist der Brigant tot, getötet von der neuen Zeit: Der schreckliche Bräutigam hat die Sila zur Witwe gemacht; das Dorf, das den Briganten hervorgebracht hat, bringt jetzt den gewöhnlichen, armseligen, kränklichen Auswanderer hervor, der Feld und Haus im Stich läßt und fortgeht, um das gleiche mühselige und elende Leben wieder in Amerika oder in Afrika zu führen.«[43]

---

42 Dies ist um so aufschlußreicher, da Raffaele Martire seine Erzählung höchstwahrscheinlich im Jahre 1869/70 (vgl. Anm. 4) schreibt, als die Kämpfe um das Land der kalabresischen Landarbeiter, von deren Leben in der Erzählung die Rede ist, an der Tagesordung waren. Hierzu vgl. Antonino Basile, *Moti contadini in Calabria dal 1848 al 1870*, ebd..

43 Nicola Misasi in: *Cosenza. Le cento città d'Italia*. Supplemento mensile illustrato del *Secolo*, Milano 31 Maggio 1897, S. 39.

Im Jahre 1905, als die Auswanderung aus Kalabrien ihren historischen Höhepunkt mit einer jährlichen Quote von 62.290 Auswanderern überschritten hatte,[44] wagte sich der Ökonom L. A. Caputo daran, einen Weg aus der verklärenden Lagebeschreibung à la Nicola Misasi aufzuzeigen und näher zu Martires Ankündigung zu rücken. Die Grundposition von L. A. Caputo ist 1975 vom Pino Arlacchi weiter entwickelt worden.

Für ihn steht außer Zweifel, daß der Aufbau des nationalen Wirtschaftssystems und die Anfänge der Auswanderung aus Kalabrien in einem kausalen Zusammenhang zu sehen sind, in dem die Rolle des *brigantaggio postunitario* in Kalabrien berücksichtigt werden muß. Die Ausrottung der Briganten durch die nationale Armee ist nach Pino Arlacchi der endgültige Beweis dafür, daß in Kalabrien:»eine Wiederherstellung der Integrität der traditionellen Gesellschaft mit politischen und militärischen Mitteln gescheitert war, weshalb die ersten Auswanderungsversuche unternommen wurden, deren Protagonisten für eine gewisse Zeit dieselben Mitglieder des politischen Brigantentums waren.«[45]

Wenn man nun die Zeitangabe von Martire mit dem historischen Datum vergleicht, auf das hier von Pino Arlacchi hingewiesen wird, dann ergibt sich übereinstimmend für beide das Jahr 1865. Wenn man das Rückkehrdatum 1869 als Wendepunkt der Geschichte nimmt und davon Pietros vier Jahre in der Fremde abzieht, kommt man auf 1865 als das Jahr, in dem Pietro abgefahren ist, aber auch als das Jahr, in dem die militärische Ausrottung des *brigantaggio postunitario* als beendet erklärt wurde.

Die historische Gleichstellung des Briganten mit dem Emigranten am Anfang der süditalienischen Auswanderung ist dann verständlich, wenn man sie in die wiederkehrende Dynamik einordnet, wonach auf jede gescheiterte sozial-politische Erneuerung eine Welle der Auswanderung unter den exponierten Beteiligten folgt, wie sie z.B. in Europa nach der 48er Revolution eingetreten war. Insofern handelt es sich zunächst um einen Auslöser von Auswanderung, denn um eine Ursache der Auswanderung aus den südlichen Regionen Italiens. Dennoch ist es Pino Arlacchi gelungen, mit seiner These der Auswanderung als begrenztes Unterfangen zur Konsolidierung der traditionellen Gesellschaft, eine wissenschaftliche Begründung für den angekündigten Übergang vom *brigantaggio* zur Auswanderung bei Martire zu liefern.

---

44 Es geht hier um die Auswandererwelle zwischen 1896-1905: Im Jahre 1896 waren 18.965 Auswanderer aus Kalabrien gezählt worden; 1905 war die Zahl auf 62.290 angestiegen, mit einem Jahresdurchschnitt von 29.284. Obwohl dieser Jahresdurchschnitt im Zeitraum 1906-1915 und 1956-1965 mit 40.097 bzw. 31.584 überschritten wird, bleibt die Jahresrate von 1905 als historischer Höhepunkt der Auswanderung bestehen. Im Jahr 1901 zählte die gesamte Region 1.370.208 Einwohner. Vgl. Gianfausto Rosoli (Hg.), *Un secolo di emigrazione italiana (1876-1976)*, Roma 1978, S. 362 ff..

45 Pino Arlacchi, *Mafia contadini e latifondo nella Calabria tradizionale*, ebd., S. 71.

f) Der Brigant als historischer Verlierer

Und erst jetzt wird die Natur der Provokation von Pietro durch Michele Lancetta und die daraus resultierende Haltung des Michele Lancetta in ihrer Komplexität schlüssig. Nach dem volkstümlichen Standardmodell ist in jeder Liebesgeschichte mit einem Kampf um die Liebe der Frau zu rechnen. Wenn Michele Lancetta um Rosinellas Liebe Pietro provoziert hätte, wäre die Provokation nicht anders verlaufen. Der Konflikt zwischen den beiden entzündet sich, weil Lancetta Pietros Gewehr fordert, um sich zu den Briganten in die Berge zu schlagen. Aus Pietros Weigerung entsteht der Streit, in dem Lancetta von Pietro verletzt wird. Aus dem Konfliktausgang leiten sich zwei Fragen ab: Wieso hat sich gerade Pietro gegen einen Vertrauten der Briganten behaupten können, der schon andere ehrenvolle Bürger kompromittiert hat? Und wieso wird der spätere Brigant Lancetta gemäß seinem Ehrenkodex keine Rache an Pietro ausüben, wie er es in anderen Fällen auch tut?

Für Martire stellen der Brigant Michele Lancetta und der Auswanderer Pietro mit ihren parallelen Lebensläufen den nicht schmerzlosen Übergang zum Nationalstaat dar. In der sozio-politischen Entwicklung Süditaliens nach der Einigung muß der Brigant Lancetta Pietro unterlegen sein, weil er der historische Verlierer ist und weil sein Widersacher Pietro auf dem Weg zur nationalen Integration ihn als erfolgreicher Auswanderer ersetzen muß.[46] Dies wird um so deutlicher, weil sich der Streit zwischen den beiden um eine Waffe zu einem ganz bestimmten Zeitpunkt entzündet.[47] Aus der Erzählung geht hervor, daß Pietro sofort nach der Entlassung, d. h. im Jahr 1865 ausgewandert war. Lancetta als Hauptschuldiger war zu zehn Jahren Haft verurteilt. Man kann davon ausgehen, daß Pietro, dessen nicht »gerechte Gefängnisstrafe« (S. 74) zeitlich undefiniert bleibt, mit weniger als der Häfte davongekommen ist. Der Streit fällt somit in die Mitte des Zeitraums des *brigantaggio postunitario*. Angesichts des Zeitpunktes nimmt der Streit um Pietros Gewehr Loyalitätszüge an, da Pietro die Bewaffnung eines potentiellen Kämpfers gegen das Königreich vereitelt hat.[48]

Aber Pietro lehnt Gewalt an sich ab. Nach der Entlassung aus dem Gefängnis greift Pietro nicht auf die Entführung[49] der Geliebten Rosinella als Lösung

---

46 Zur Fortführung der kausal-historischen Verbindung zwischen *brigantaggio* und Auswanderern in der italienschen Literatur vgl. Carlo Levi, *Cristo si è fermato a Eboli*, Torino 1945, und Raffaele Nigro, *I fuochi del Basento*, Milano 1987.

47 Zur erotischen Symbolik eines Gewehrs siehe Sigmund Freud, *Die Symbolik im Traum*, 10. Vorlesung, in: *Vorlesungen zur Einführung in die Psychoanalyse und Neue Folge*, Bd. I, Frankfurt 1969, S. 159-77. Die zweckgebundene Absicht, die Waffe sollte zu einer Missetat benutzt werden, läßt dennoch die einfache Bedeutung vorziehen.

48 *Racconti*, ebd., »Und Lancetta hatte Pietro [durch eine Ohrfeige] nur deshalb provoziert, weil dieser ihm nicht seinen Karabiner geben wollte, und dabei wußte der unglückselige junge Mann sehr wohl, wozu Lancetta ihn brauchen wollte.« S. 69.

49 Es gehörte zu kodifizierter gesellschaftlicher Tradition, den Widerstand der Eltern und/oder der Frau entweder durch die Entführung der verweigerten Braut oder

seines Liebeskonfliktes mit ihren Eltern zurück. Er zieht es vor, als Auswanderer die Voraussetzungen zur Lösung des Konfliktes in der Fremde zu erfüllen. Über Lancetta erfährt der Leser, daß er sich nach dem Racheakt an einer jungen Frau endgültig auf die Seite der Bande des Geächteten Palma schlägt, dessen Schicksal er bis zur Ausrottung der Bande durch die königliche Armee geteilt haben muß.[50]

Aber während Martire sich bei der Formulierung von Ursachen und Zielen für eine zeitbegrenzte Auswanderung im Rahmen von historischen Gegebenheiten bewegt, gerät seine sozio-kulturelle Vorstellung von der Auswanderung bei der Zuordnung der unmittelbaren Verantwortung vorerst in einen unlösbaren Widerspruch. Anstatt auf Fehlentwicklungen bei dem Aufbau einer Nationalökonomie als Ursache der Auswanderung einzugehen, zieht Martire es vor, Ursachen mit Schuld zu vertauschen und die Schuld bei dem Opfer zu suchen, möglicherweise weil die sozial-geschichtliche Aktualität der Problematik seine Vorstellung von Volkserzählung gesprengt hätte. So wird z.B. in der Person von Pietro aufgrund leichter und gefährlicher Reizbarkeit, naturgegebener Faulheit und Lasterhaftigkeit eine atavistische Haltung der unteren Sozialschichten ausgemacht, die bei der Zuweisung der Verantwortung keinen Zweifel aufkommen läßt.[51]

Die Tatsache, daß gerade die Triebhaften und Faulen diejenigen sind, die sich der Gefahr aussetzen, um eine Arbeit in einem fremden Land zu finden, kann nicht als Gegenargument geltend gemacht werden, weil der Auslöser der Reise in die Fremde ein höher gestelltes Ziel ist, nämlich eine Liebesbewährung. Gerade diese kontinuierliche Interferenz der sozio-historischen mit den persönlichen Beweggründen vermag das Widersprüchliche in der Zuordnung der Verantwortung bei Martire unlösbar zu machen, gleichzeitig aber stellt das Festhalten an dieser Interferenz, auch in ihrer Bedürftigkeit, einen ersten und bedeutsamen Hinweis auf die Ursachenkomplexität der Auswanderung als Sozialphänomen dar.

---

durch die *fuiuta* zu brechen. Hierzu vgl. Fortunata Piselli, *Parentela ed emigrazione*, ebd., »Die *fuiuta*, das gemeinsame Weggehen der beiden jungen Leute, ein Mittel, um die Zustimmung der Eltern zu einer unerwünschten Heirat zu erzwingen, konnte die Auswanderung zur Folge haben.« S. 140.

50 Da Palma alias Domenico Scarface am 13. Juli 1869 gefallen war, ergibt sich, daß Raffaele Martire zu einem Zeitpunkt schreibt, als die besiegten Briganten, die nicht sofort hingerichtet worden waren, entweder im Gefängnis saßen oder ausgewandert waren, vgl. Franco Molfese, *Elenco delle bande brigantesche attive fra il 1861 e il 1870*, in: *Storia del brigantaggio dopo l'Unità*, ebd., S. 438-61, hier S. 458. Von Nicola Misasi erfährt man, daß der letzte Brigantenanführer, der bei Cosenza im Jahre 1874 enthauptet wurde, niemand anders als jener Pietro Bianchi war, den Vincenzo Padula 1864 mit einem offenen Brief (vgl. Anm. 36) zur Aufgabe seines sinnlosen Kampfes aufgefordert hatte. Vgl. *Cosenza. Le cento città d'Italia*. Supplemento mensile illustrato del *Secolo*, Milano 31 Maggio 1897, S. 39.

51 Die Tatsache, daß diese Angaben (S. 54) in klarem Widerspruch zu der ersten Darstellung von Pietro (S. 48), stehen, wo der Leser erfahren hatte, daß er ein glau-

Dagegen achtet Martire im Lauf der gesamten Erzählung sehr darauf, daß weder die Hauptgeschichte noch irgendeiner der Nebenstränge mit einem formal oder inhaltlich ungelösten Ende abbricht. Um dies in einer umfassenden und abschließenden Form zu gewährleisten, führt der Autor kurz vor Ende der Hauptgeschichte eine allegorische Wende in die Erzählung ein. Sie soll dazu dienen, die große Hoffnung der Bauern und Tagelöhner, auf eigenem Boden leben zu können, einzulösen, denn diese hatte sie bis dato in die Fremde geführt. Es geht hier um die Allegorie, die dem Leser durch die Ankunft eines Handelsdampfers im nichtexistierenden Hafen von Paola nahegelegt wird, die darüber hinaus am nichtexistierenden Samstag den 30. Februar stattfindet.

g) Der *galantuomo* auf dem Handelsdampfer

Als weiterführender Hinweis auf die allegorische Bedeutung dieses Teils der Erzählung sind die Farben der Taschentücher hinzuzuziehen, die einen Monat nach der Landung »aus den Gewehrläufen flattern« und bei der Hochzeitsfeier von Pietro und Rosinella die Gäste mit fröhlichem Knallen belustigen. Es sind die Farben Weiß, Rot und Grün und sie entsprechen den Farben der Trikolore des jungen Königreiches Italien. Und wer soll der *galantuomo* aus der Fremde gewesen sein, der am 30. Februar 1869 vor Paola von einem Handelsdampfer an Land gegangen war und in Begleitung eines fröhlichen Gefolges Rosinella aufgesucht hat, um sie zu seiner Frau zu machen? Von ihm, von seinem Freund und von den begleitenden Bauern wird in der Erzählung auch gesagt, daß sie am Hochzeitstag: »siegessicher wie bei einer Eroberung und mit Flinten und Messern mit glänzenden Griffen bewaffnet« (S. 89) erschienen, obwohl die Braut bei der Ankunft sie mit einem »kleinen weißen Tuch« (S. 88) begrüßt hat.

Hier werden Anspielungen auf Ereignisse aus der jüngsten Einigungsgeschichte Italiens mit den großen Hoffnungen auf die Zeit danach zusammengeführt. In dem Handelsdampfer, der die *Eroberer* an Land gehen läßt, könnte sich eine Erinnerung an den *Zug der Tausend* von Giuseppe Garibaldi verstecken, der mit zwei Holzdampfern bei Marsala (Sizilien) am 11. Mai 1859

---

bensfester, wohlhabender, eleganter, schöner junger Mann ist, zeigt auf, daß der Autor an einer gefährdeten Figur interessiert war, die in Versuchung geraten könnte, durch Gewaltanwendung die eigene Lage ändern zu wollen und deswegen zu den Briganten zu wechseln. Hierzu vgl. Eric J. Hobsbawm, *Die Banditen,* ebd., »Sogar in einer Bauerngesellschaft bedeutet Jugend eine Phase der Unabhängigkeit und latenten Rebellion.« (S. 35). Zugleich riskiert es Raffaele Martire, mit Begriffen wie »lasterhaftes Verhalten« (S. 87) und »angeborene Faulheit« (S. 88) nicht weit entfernt von den Thesen des Anthropologen Cesare Lombroso über das soziokulturelle Abstumpfen der unteren Schichten der kalabresischen Gesellschaft zu liegen, wie er dies in seinem Aufsatz *Tre mesi in Calabria* für die *Rivista contemporanea,* Milano 1863, dargestellt hatte.

gelandet war,[52] eine noch lebendige Erinnerung an den«Nationalhelden, dem sich nach der Landung viele Ortschaften feierlich ergaben,·und den die Landbewohner mit großer Hoffnung aufnahmen. Darauf weist die Stelle im Text hin, wo von »jubelnden Stimmen einer ganzen Brigade« (S. 88) die Rede ist, von einer Art feierlichem Einmarsch, wie streckenweise auch das Vorankommen des »Zuges der Tausend« von Giuseppe Garibaldi durch Süditalien erlebt wurde.[53] Das erwähnte »kleine weiße Tuch« als Begrüßungs- und Kapitulationsmittel ist nicht frei von Assoziationen an die weißen Fahnen der Bauern während Garibaldis Siegeszug gegen die Bourbonen. Da aber die Waffen bei der Hochzeitsfeier zweckentfremdet werden – aus den Gewehrläufen flattern dreifarbige Taschentücher, und bei den Kampfmessern glänzen nicht die Klingen sondern die Halterungen – ist zu erkennen, daß nach der militärischen Einnahme von Rom, 1870, neue Zeiten angebrochen sind.

Wenn man in Betracht zieht, daß Martire seine Erzählung *Accanto a Cosenza* vor dem April 1870 geschrieben hat,[54] zu einem Zeitpunkt, als der König Italiens aus Turin weggezogen (1865) und dabei ist, Florenz zu verlassen, um in Rom am 1. Juli 1871[55] feierlich Einzug zu halten, kann die Frage nach der Landung vor Paola anders gestellt werden, und nicht nur nach demjenigen, der in der Erzählung tatsächlich an Land gegangen ist, sondern nach demjenigen, der am Strand von Paola erwartet wird. Obwohl die Deutung des ersten Teils der Allegorie auf den *Zug der Tausend* zutrifft, kommt der Nationalheld als Bräutigam nicht in Frage, weil der Autor in seiner Tat eine Vor-

---

52 Zu den bedeutenden und tragischen Landungen in Kalabrien in einem historischen Abschnitt, deren Erinnerung in der kalabresischen Gesellschaft zur Martires Zeit noch lebendig waren, gehören die Landung von Sir John Stuart zur siegreichen Schlacht von Maida gegen die Franzosen (4.Juli 1806), die Landung von Gioacchino Murat vor Pizzo Calabro (8.Oktober 1815) und seine standrechtliche Erschießung (13.Oktober 1815), die Landung der Patrioten Gebrüder Attilio und Emilio Bandiera (16.Juni 1844) bei Crotone gegen die Bourbonen und ihre Erschießung bei Cosenza (25.Juli 1844), die Landung des spanischen Generals José Borjés vor Brancaleone am 13.September 1861 mit dem Ziel, im Auftrag des ehemaligen Königs Francesco II Kalabrien, bzw. Süditalien mit Hilfe von Brigantenführern gegen das Königreich Italien zum Widerstand zu führen. Vgl. *L'intero giornale di Borjés*, in: Marco Monnier, *Brigantaggio nelle provincie Napoletane*, Firenze 21862, S. 112-57.

53 In einem Brief vom 6.Oktober 1860 an Luigi Carlo Farini, einem der ersten Ministerpräsidenten des Königreiches Italiens, berichtet der neapolitanische Arzt Salvatore de Renzi, daß »die gemeinsame Begeisterung des Volkes den General im Triumph von tiefstem Kalabrien nach Neapel getragen hat.« Jetzt in: Gianpaolo Fissore/Giancarlo Meinardi, *La questione meridionale. Documenti della storia*, 17, Torino 1977 (1976), S. 30 ff. Hierzu vgl. auch die Novelle *La libertà* von Giovanni Verga, sowie Leonardo Sciascias Anmerkung zur Novelle *Verga e la libertà*, in: Leonardo Sciascia, *La corda pazza*, Torino 1982 (1970), S. 79-94.

54 Vgl. Anm. 5

55 Ist es nur eine zeitliche Zufälligkeit, daß Raffaele Martire das Vorwort zu seinem Sammelband *Racconti popolari calabresi* mit der Angabe *Cosenza Luglio 1871* versehen hat?

aussetzung für die Ankunft desjenigen sieht, der Kalabrien durch Heirat in die
Gemeinschaft der anderen italienischen Regionen führen werde.Wenn man sich
in diesem Kontext daran erinnert, daß Pietro Kalabrien im Jahre 1865 verlassen
hat und daß der König Italiens Vittorio Emanuele II im Jahr 1865 seine Heimatstadt Turin auf dem Weg nach Rom verließ, und wenn man sich daran erinnert,
daß dieser König *Re galantuomo* genannt wurde, wird deutlicher, welche allegorische und verbindliche Polyvalenz den Jahresdaten 1865 und 1869, sowie
dem Begriff *galantuomo* von Martire beigemessen wird.[56] Daß von Cosenza aus
der *Re galantuomo* nur auf dem Seeweg erwartet wird, findet seine Plausibilität
in dem Zustand der *Strada nazionale delle Calabrie*, die in Kalabrien wegen des
Pollino-Gebirges »sich zwischen Felsen und Abgründen verliert.«[57]

Aus Pietros gesamtem Lebenslauf läßt sich schließen, daß er die erfüllte
Voraussetzung und die Ankündigung ist, daß der *galantuomo* kommen
werde, um das treue Kalabrien als seine Braut ins Reich zu führen,[58] nachdem
der grauenvolle *brigante* durch den friedfertigen, tüchtigen, ehrenvollen *mi-
grante* ersetzt worden ist.[59]

h) Auswanderung als Anwartschaft auf nationale Identität

Die moralisierende politische Hoffnung, mit der die Erzählung von Martire zu
Ende geführt wird, entspricht durchaus der damals in allen Sozialschichten des
Landes vorkommenden Erwartungshaltung, mit der man auf das Königreich Italien blickte. Von ihm erwartete man Handlungen und Impulse, die zu einer wirtschaftlichen, kulturellen und sozialen Integration der Regionen des Königreiches führen sollten.[60] Martire, der sich dieser Erwartung angeschlossen hat, leitet daraus folgendes Programm für die Literatur des *Postrisorgimento* ab:

> »Die eigenen Traditionen zu durchforschen, seinen eigenen Erinnerungen nachzu-
> gehen, den Grad der intellektuellen Kultur, die literarischen Dokumente aufzu-
> decken, die Eigenarten des Dorfes, seine Gewohnheiten, seine Dichtung, seine Spra-
> che, seinen Glauben, seine Vorurteile.« (S. 7)

---

56   Als konstitutive Voraussetzungen für den Nationalstaat waren 1865 die administra-
     tive (20.März) und die legislative Einigung (2.April) des Landes vollzogen worden.
57   E. Arnoni, *La Calabria illustrata*, Bd. I, Catanzaro, Cosenza 1874, S. 316, zitiert nach
     Piero Bevilacqua, *Uomini, terre, economie*, in: *La Calabria*, Piero Bevilacqua/Au-
     gusto Placanica (Hgg.), Torino 1985, S. 134.
58   Treu wie Rosinella, die abgelehnt hatte, den wohlhabenden Schuster Antonio zu
     heiraten (S. 83-86). Zu den sozialen Hintergründen von Rosinellas Weigerung, als
     Tochter eines wohlhabenden Bauern einen Handwerker zu heiraten, siehe Fortu-
     nata Piselli, *Parentela ed emigrazione*, ebd., S. 42.
59   »O migranti o briganti« wird der Spruch, mit dem diese Phase der Geschichte Kala-
     briens in das volkstümliche Erzählen eingegangen ist. Hierzu vgl. Oreste Grossi/
     Gianfausto Rosoli, *Il pane duro. Elementi fotografici per una storia dell'emigra-
     zione italiana di massa (1861-1915)*, Roma 1976, S. 6.
60   Zur Reaktion der unteren Schichten und der Intellektuellen Kalabriens nach der Ei-
     nigung vgl. Antonio Piromalli, *La letteratura calabrese*, Napoli 1977, ebd., S. 158.

Es trifft sicher zu, daß sich die Literatur an der Definition der ausstehenden nationalen Identität der Italiener durch literarische Erforschung und durch gegenseitige Darstellung der einzelnen Regionen beteiligen kann. Aber Martires
Programm war paradoxerweise nur bedingt geeignet, die Auswanderung als
Vorboten einer nationalen Sozialfrage zu erfassen, die darauf drang, auf die Tagesordnung der nationalstaatlichen Entwicklung gestellt zu werden. Es war deswegen wenig geeignet, weil das literarische Vorhaben von Martire nicht weit
genug von den Zielsetzungen der hohen Literatur des *Postrisorgimento* lag, die
eine nationale Integration mit dem Blick nach höheren Idealen und unter der
Führung des Bürgertums anstrebte, und zwar ohne Beteiligung der unteren Gesellschaftsschichten, aus denen sich die Auswanderer zusammensetzten.[61]

Den letzteren werden von den damaligen Autoren deshalb lediglich entsprechende Rollen am Rand der Haupthandlung, und damit am Rande der Gesellschaft, zugestanden, während die Geschichte von Protagonisten aus höheren Gesellschaftsschichten vorangetrieben wird.[62] Die einzige selbständige
Funktion, die solche Autoren bereit waren, den Tagelöhnern und den Bauern
zuzugestehen, war der Kampf um das Land gegen die Großgrundbesitzer, der
zur Auswanderung und nicht zur nationalen Integration der Landbevölke-
rung geführt hat.

Trotz der literarischen Zielverschiebung ist es Martire gelungen, zentrale
Ursachen und wichtige Bestandteile der kalabresischen Auswanderung in seiner Erzählung aufzunehmen. In *Accanto a Cosenza* geht es um die allererste
Betrachtungsweise der Auswanderung, die nichts von ihrer zweckmäßigen
Immanenz in der kalabresischen Gesellschaft verloren hat, da die Entscheidung nur aufgrund gesellschaftsinterner Faktoren zustandekam. Diese Anfangsphase dauert allgemein bis zu dem Zeitpunkt, als die Steuerung der Auswanderung durch Angebot und Nachfrage von Arbeitskräften abgelöst wird.
Für Kalabrien hielt sie bis zur Agrarkrise des Jahres 1882 an, als den Bauern-
familien unmöglich wurde, die Auswanderung einzelner Mitglieder als rettende Investition zu finanzieren.[63]

Daß in der Erzählung von Martire die Auswanderung nur unter der Perspektive ihrer zweckmäßigen Immanenz innerhalb der Ursprungsgemein-
schaft betrachtet wird, geht auch aus ihrem formal und inhaltlich dargestellten doppelten Charakter deutlich hervor. Während die Abfahrt als Sozialver-

---

61 Zur Verdeutlichung der politischen Kultur in der Zeit des *Postrisorgimento* sei auf
    die Wahlreform aus dem Jahr 1882 verwiesen. Nach Alberto Caracciolo, *Stato e so-
    cietà civile. Problemi dell'unificazione italiana*, Torino ³1971 (1960) »Die Wahlre-
    form aus dem Jahr 1882 legt mit Deutlichkeit die Existenz zweier Italien auf der
    Basis der politischen Rechte fest: Mezzogiorno und ländliche Gebiete stellten infol-
    gedessen eine untere Klasse dar.« S. 143.

62 Alberto Asor Rosa, *Scrittori e popolo. Il populismo nella letteratura italiana con-
    temporanea*, Roma ⁴1972 (1965), sowie Renzo Paris, *Il mito del proletariato nel ro-
    manzo italiano*, Milano 1977.

63 Vgl. Pino Arlacchi, *Mafia contadini e latifondo nella Calabria tradizionale*, ebd.,
    S. 70-79.

bannung vom Autor vorbereitet und in aller Stille vollzogen wird – in der Erzählung fehlen explizite Angaben über wirtschaftliche Ziele und die Ab-
fahrtsvorbereitung, es wird sogar auf die Schilderung einer symbolträchtigen
Abfahrtsszene verzichtet – wird die Rückkehrszene dank ihrer Bedeutungs-
vielfalt zur zentralen Stelle der Erzählung.

Inwieweit Martire sich dessen bewußt war, daß er sich mit seinem ambivalenten Standpunkt an eines der heikelsten Themen der aufkommenden Sozialfrage gewagt hatte, läßt sich in der Erzählung nicht klären. Um doch ist es ihm
dadurch gelungen, den Schnittpunkt zu orten, wo sich die soziale Frage im vereinten Italien in kürze entzünden würde, was auch durch den Werdegang des
Protagonisten Pietro bestätigt wird, der wiederum unter eine nationale Priorität gestellt wird.

Das früh verwaiste Kind von wohlhabenden Eltern wächst als sozial gefährdeter Jüngling heran. Seine Kindheit fällt mit unsicheren Zeiten eines Landes zusammen, das mit Volksaufständen und einem militärischem Kampf (ab
1848) für die eigene nationale Unabhängigkeit eintritt. In Kampf gegen die
Gegner der nationalen Einheit wird aus dem verliebten jungen Mann ein Sträfling, aus dem Sträfling ein Auswanderer, der in der Fremde zum *galantuomo*
heranwächst. Von nun an darf er den Beinamen seines Königs tragen und als
neuer Bürger des vereinten Italien zeigt er sich loyal, indem er für männlichen
Nachwuchs sorgt, der am 12. Februar 1870 in den Armen seiner Mutter an der
Prozession zu Ehren der *Madonna del Pilerio* teilnimmt.

Die Prozession war wiederum »ein wogendes Meer, und mittendrin
schwamm der kleine Sohn von Rosinella, aber er hatte keine Angst, denn er
war glücklich über das ständige Lächeln seiner Mutter, die ihn an ihre Brust
drückte.« (S. 37). Das Meer stellt für den jungen Bürger des vereinten Italien
keine Gefahr mehr dar, denn die nationale Identität besteht nun und ist für
alte und neue Untertanen greifbar: Die Religion sorgt für mütterliche Geborgenheit, das Vaterland verspricht ihnen ein Recht auf Heimat, und eine heile
Familie sichert ihnen den sozialen Schutz.[64]

Der fehlende Hinweis auf eine gemeinsame Sprache als Vollendung einer
nationalen Identität und das Festhalten am kalabresischen Dialekt als Ausdruck der eigenen Kultur entsprechen zunächst der historischen Kultur-
lage der Region.[65] Die Haltung von Martire, wie sie in der Erzählung zum Vor-

---

64 Die Tatsache, daß gerade der frühverwaiste Pietro mit Hilfe der Auswanderung
    dazu kommt, eine eigene Familie zu gründen, betont noch einmal das nationale Vor-
    haben von Raffaele Martire, wonach die zeitbegrenzte Auswanderung keine Gefahr
    für die Ursprungsgesellschaft darstellen kann. Dies ist um so aufschlußreicher, weil
    es in den darauffolgenden Beiträgen keine Rettung der Familie durch die Auswan-
    derung mehr geben wird. Hierzu vgl. Giovanni Verga, *I Malavoglia* (1881), Luigi Pi-
    randello, *L'altro figlio* (1905), Enrico Corradini, *La patria lontana* (1910), Luigi Ca-
    puana, *Gli Americani di Ràbbato* (1912), Francesco Perri, *Emigranti* (1928) und
    Corrado Alvaros Novelle *Il marito* aus *L'amata alla finestra* (1929).
65 Im Jahre 1864 waren lediglich 2,4% der Bevölkerung Italiens des Italienischen als
    Nationalsprache mächtig.

schein kommt, setzt sich aus einer doppelten Absicht zusammen, die sie als Vorschlag für eine Übergangssituation ausweist. Das Volk hat im Dialekt eine naturgegebene Möglichkeit, seine Kultur auch in literarisch anspruchsvollen Formen wie Liedern ausdrücken zu können; einige seiner Vertreter sehen sich schon in der Lage, in dürftigem Italienisch Lieder und Briefe zu verfassen.[66] Die Gebildeten vor Ort sollen dagegen durch ihre literarischen Arbeiten den unteren Schichten den Weg zu einer nationalen Sprache öffnen. In der Erzählung selbst wird diese Rolle der Literatur durch Hinweise auf die Lesegewohnheiten der Bauern um Cosenza und bei Beppe bestätigt.

Die Schlußthese, daß trotz der sich konstituierenden gemeinsamen Identität der Weg in die nationale Eingliederung für die südlichen Regionen Italiens über eine nicht mehr zeitbegrenzte Auswanderung eines Teils ihrer Einwohner in die Fremde führen wird, hat die Geschichte der Auswanderung längst bestätigt. Was allerdings Martire zu diesem Zeitpunkt nicht ahnen konnte, war die Tatsache, daß die Auswanderung bald ihre zweckmäßige Immanenz dadurch verlieren wird, daß sie dem Prinzip von Angebot und Nachfrage an Arbeitskräften unterstellt wird. Dies sollte eine Vervielfältigung von Ursachen und von Entscheidungsvorgängen bei der Abfahrt wie auch bei der Rückkehr mit sich bringen.

Die Frage, ob nun der erwartete piemontesische *Re galantuomo* an Land gegangen sei, um Kalabrien feierlich ins Königreich Italien zu führen, läßt sich aus historischer Sicht nur mit einem Nein beantworten. Daß es dennoch der Literatur des *Postrisorgimento* gelungen ist, eine Begegnung zwischen Piemont und Kalabrien zu bewerkstelligen, geht aus der Episode *Il ragazzo calabrese* aus dem Buch *Cuore* von Edmondo de Amicis hervor. Dort findet im Jahr 1883 die national berühmt gewordene »Umarmung der Söhne Piemonts mit den Söhnen Kalabriens« statt. Zu erwähnen ist, daß auch hier der Sohn kalabresischer Emigranten in Turin als Prototyp der Auswanderungsgeschichte seines Landes vorerst kein Recht auf eine eigene Identität hat. Unter dem doppelten Hinweis, daß er als »junger Italiener« und als »Bruder« durch die piemontesischen Mitschüler in die Gemeinschaft der Nation aufgenommen wird, darf der Kalabrese, im Gegensatz zu Ernesto Derossi, der ihn umarmen wird, keinen Namen tragen.[67]

2. Giacomo Zanella. Der Vermittler

a) Das Vorhaben

Der Abt, Universitätsprofessor und Dichter Giacomo Zanella gehört mit Raffaele Martire zu den Schriftstellern, die frühzeitig ein spezifisch italienisches Sozialphänomen in der damaligen europäischen Auswanderung nach Ame-

---

66 Vgl. Anm. 3 u. 5

67 Edmondo De Amicis, *Cuore*, Milano 45 1887 (1886), *Il ragazzo calabrese*, S. 6-8, dort S. 7. Hierzu vgl. *La Calabria*, Piero Bevilacqua/Augusto Placanica (Hgg.), ebd., S. 629-30.

rika erkannt und thematisiert haben.[68] Dadurch ist es ihm gelungen, den
Übergang von der Amerika- und Reiseliteratur zu einer Literatur um die italienische Auswanderung einzuleiten.

Der Anfang dieser Entwicklung läßt sich in drei Oden aus den Jahren 1865
bis 1869 ausmachen, wo das Interesse des angehenden Dichters jedoch an den
gängigen Argumenten und Bildern aus der Literatur über die Kolonialisierung
Amerikas scheitern muß.

In der siebten Strophe von *A Dante Alighieri* (1865) wird die Vorstellung
kundgetan, daß Europa nun so dicht bevölkert ist, daß der Emigrant unter dem
Schutz seiner arbeitsamen Laren Europa verlassen muß, um sich in die Fremde
zu begeben, wo ein unschuldiges Land mit unbefleckten Altären auf ihn wartet.

Die im selben Jahr entstandene erste Fassung von *Il lavoro* liest sich mit
ihren 92 Versen wie eine Ausführung der Grundidee aus der siebten Strophe
der Ode *A Dante Alighieri*. Die Schlußszene stellt die erfolgreiche Rückkehr
all derjenigen dar, die einst den Hafen der Heimat nackt verlassen hatten, und
die nun mit goldbeladenen Segelschiffen zurückgekehrt sind, um auf den antiken Plätzen der Heimat mit den armen Brüdern in Eintracht das zu teilen,
was der Welt gehört:

> Ritornano al porto con aurei vascelli,
> Al porto cui nudi ier démmo il saluto;
> Ne' fòri vetusti co' grami fratelli
> Dividon concordi d'un mondo il tributo. (II, S. 10)[69]

(Sie kehren in den Hafen mit goldenen Segelschiffen / in den Hafen von dem wir ge-
stern uns nackt verabschiedet hatten / auf den antiken Plätzen und mit den armen
Brüdern / teilen sie sich einträchtig den Tribut jener Welt.)

Die Abholzung des Waldes von Montegaldella, der dem Dichter als Sommerfri-
sche vertraut war, gibt ihm Anlaß, über die möglichen Zielorte der Schiffe nach-
zudenken, die aus den gefällten Stämmen gebaut werden. Mit diesem assoziati-
ven Verfahren kommt Zanella in der fünfzehnten Strophe der Ode *Per il taglio
di un bosco* (1869) zu der Auffassung, daß Amerika als ein Land der Freiheit
dazu prädestiniert ist, ein Ort glücklichen Lebens für alle im Exil befindlichen
Kinder Europas zu sein, denen die geizige Heimat das Brot verweigert:

> O fortunati esigli
> Nelle libere lande americane
> Preparate a' figli,
> A cui contenda avara Europa il pane. (I, S. 92)

(Glückliche Behausungen / in den freien Regionen Amerikas / bereitet ihr doch den
Söhnen, / denen das geizige Europa das Brot streitig macht.)

---

68 Als einführende Erschließung der Auswanderungsthematik in Zanellas Werken vgl.
    Stelio Fongaro, *Giacomo Zanella. Poeta antico della nuova Italia*, Firenze 1988,
    S. 166-82.

69 *Opere di Giacomo Zanella*, Bd. I *Le poesie*, Bd. II *Poesie Rifiutate, Disperse, Inedite*.
    Ginetta Auzzas/Manilio Pastore Stocchi (Hgg.), Vicenza 1988/1991. Nach dieser Aus-
    gabe wird fortlaufend im Text zitiert.

Was hier auffällt, wenn man die drei Oden im Kontext der Lyrik von Zanella liest, ist die Tatsache, daß sich der Dichter bei der ersten Annäherung an die europäische Auswanderung nach Amerika im Einklang mit dem befindet, was er zum selben Zeitpunkt als Auftrag Gottes an den Menschen in der Ode *A Fedele Lampertico* definiert hat. Hier argumentiert Zanella damit, daß Gott den Menschen nicht mit

> Or tanta luce di scoperte e tanta
> Fiamma di brame indefinite, immense (I, S. 58)

> (Einem solchen Licht aus Entdeckungen und mit einem solchen / Aufflammen unbegrenzter und unendlicher Begierde)

begnadet hätte, wenn dieser dafür vorgesehen wäre, sich mit dem »Korn seiner Heimat und mit der Wolle seines heimatlichen Schaffens zufriedenzugeben« (I, S. 58).

Aufgrund dieses ursprünglichen Gottesauftrages an den Menschen ist auch verständlich, wieso Zanella in der Ode *Il Lavoro* (1865) eine der damals gängigen Auffassungen über die Kolonialisierung Amerikas zu begründen versucht. Seiner Vorstellung nach mußte der Wilde vor dem weißen Siedler weichen, da seine Heimat »als Erbschaft für würdigere Volksstämme« von Gott vorgesehen war. Anders gesagt, der Wilde mußte weichen, weil er »als unwissender Wilder« (II, S. 8) keinen Auftrag von Gott erhalten hatte, um sich sein Land untertan zu machen.

Kurz danach, mit *Il piccolo calabrese* (1871), gibt Zanella das Thema Auswanderung als allgemeines europäisches Sozialphänomen auf und konzentriert sich auf die Aktualität des Phänomens im Italien des *Postrisorgimento*. Aufgrund konkreter Begebenheiten richtet er seine Aufmerksamkeit auf die Verschleppung von Kindern als Beispiel für eine besonders tragische Art der Auswanderung aus Italien.[70] In den 241 Stanzen der Erzählung *Il piccolo calabrese* wird die Geschichte eines neunjährigen Jungen aus Kalabrien dargestellt, der von seinem Vater an einen Griechen verdingt wird, der ihn als Sänger und Bettler nach London verschleppt, wo er unter grausamen Bedingungen leben wird, bis er von einer jungen Engländerin entdeckt, befreit und nach Hause begleitet wird.

Von jetzt an darf die italienische Auswanderung zu einem festen Bestandteil im Werk von Zanella gerechnet werden. Gleichzeitig wird seine anfänglich unkritische und positive Auffassung einer bemerkenswerten Wandlung unterworfen. War Zanella anfangs für die irische Auswanderung, da er sie als Gottesauftrag und als notwendige Antwort auf das »geizige Europa« sah, warnt er in dem Gedicht *Ad Elena e Vittoria Aganoor* aus dem Jahre 1876 in aller Offenheit vor »den bitteren Abfahrten für andere Himmel,« die keinen Gottes-

---

70   Zum politischen Anlaß für die Verserzählung vgl. den Beitrag des Abgeordneten
     Carlo Arrivabene Valenti Gonzaga über die Lage italienischer Kinder in England. In
     Atti Parlamentari Camera dei Deputati, Roma 30. Januar 1868, S. 3862 ff., zitiert
     nach Fernando Manzotti, *La polemica sull'emigrazione nell'Italia unita*, Milano
     1962, S. 10, ferner vgl. die Anmerkung in: *Poesie di Giacomo Zanella*, (Hg.) Arturo
     Graf, 2 Bde., Firenze 1910, Bd. 2, S. 406-07.

auftrag mehr erfüllten, sondern nun als schmerzhafte Ergebnisse »einer merkantilistischen Welt« eingestuft werden, im dem der Pilger durch ein irre-
führendes Abbild (I, S. 232) verführt wird.

Ein Jahr später spricht er sich in der Ode *Per un augellino d'America detto il
cardinale* entschieden gegen die Auswanderung aus und führt dem Leser vor,
welchen Gefahren und Schmerzen sich die Auswanderer aussetzen und welche
wirtschaftlichen Nachteile für das verlassene Land entstehen, wenn die fruchtbaren Täler des Veneto oder von Sizilien nicht mehr bestellt werden können,
weil keiner seiner Einwohner mehr da sein wird (I, S. 67-71). In der Ode *Risposta d'un contadino che emigra* werden die Gegenargumente aus der Sicht
eines auswandernden Bauern zugelassen. Hier werden die Agrarpolitik des jungen Staates und die Haltung der Großgrundbesitzer als die Ursachen der Armut
dargestellt, die die Bauern zur Auswanderung zwingen (I, S. 72-76).

Diese Pro- und Contra-Haltung wird in *Edvige* (1881, I, S. 294-333) und in
La posta in campagna (1882, II, S. 69-73) wiederholt. Während in Teil III der
Verserzählung *Edvige* den Leser mit den erfolgreichen Geschäften ihres Vaters konfrontiert, der auf dem Plata und Parana Warenlager und Wechselstu-
ben hatte (I, S. 310-318), wird in *La posta in campagna* über die tragischen Ereignisse als Preis für das Leben in der Fremde berichtet.

In dem *Sonetto* LXXX des *Astichello-Zyklus* (1880-1887) wird die Auswanderung aus dem Veneto nach Amerika, die sich inzwischen stabilisiert hatte
und nicht mehr als eine zeitbegrenzte Erfahrung angesehen werden konnte,
abgelehnt, so daß der Dichter keine Hemmungen mehr hat, sein Sonett im
Zorn gegen die Auswanderer zu beenden (I, S. 573).

Mit dem einfachen Pro- und Contra- Erklärungsmodell ließe sich leicht
nachweisen, daß sich Zanella im Laufe der zwanzig Jahre zwischen *A Dante
Alighieri* (1865) und dem *Sonetto* LXXX die Position der Großgrundbesitzer
und der politischen Gegner der Auswanderung zu eigen gemacht hat.[71] Nach
einer Phase persönlicher Begeisterung für die zivilisatorische Aufgabe der
Auswanderung und für die dadurch möglich gewordene wirtschaftliche
Emanzipation der verarmten Bauern Europas, hat sich der Autor zuerst davon
abgewandt und dann, unter dem Einfluß der Gegner der Auswanderung,
seine Position revidiert.[72]

---

71 Vgl. A. Caccianiga in: *Italia Agricola*, Bd. IX, Bologna, 1877, »Außerhalb unseres Hauses, fern von dem Dorf, das uns das Leben gab und das oft unser Unrecht verzeiht,
werden wir weder Erbarmen noch Mitleid am Tag des Unglücks erfahren; und die
roheste Indifferenz wird nur noch der Mißachtung weichen, die dem zusteht, der
sein Land verlassen hat, ohne zu wissen wohin und ohne für die Mittel für die Rückkehr vorzusorgen, und der dabei seine ganze armselige Familie ins Unglück gestürzt
hat.« (S. 171-72). Darstellungen wie diese waren mit Regelmäßigkeit aus der Fach-
und Tagespresse zu entnehmen, hierzu vgl. Fernando Manzotti, *La polemica sull'
emigrazione nell'Italia unita*, ebd., S. 23-28.

72 Vgl. Fernando Manzotti, *La polemica sull'emigrazione nell'Italia unita*, ebd., vor
allem Kap. III »Avversari e fautori«, S. 29-48, sowie als Dokument der Zeit danach
Francesco Saverio Nitti, *L'emigrazione italiana e i suoi avversari*, Torino 1888.

Bei einer eingehenden Überprüfung des inneren Zusammenhanges dieser Entwicklung stellt sich aber heraus, daß die Revision keines besonderen Druckes von außen bedurft hat. Die Revision erweist sich als Konzequenz seiner geänderten Auffassung über das Verhältnis zwischen Schöpfer, Natur und dem Menschen.

b) Die Revision

Zanella hatte 1864 in seiner Ode *Sopra una conchiglia fossile* (I, S. 26-29) den Gottesauftrag an den Menschen und die Begeisterung des Menschen für den Auftrag mit kriegerischen Tönen folgendermaßen besungen:

Eccelsa, segreta
Nel buio degli anni
Dio pose la mèta
De' nobili affanni.
Con brando e con fiaccola
Sull'erta fatale
Ascendi, mortale! (I, S. 29)

(Erhaben, abgelegen / im Dunkel der Jahre / setzte Gott das Lohn (Ziel) / für edle Mühe. / Mit Schwert und Fackel / den schicksalhaften Aufstieg / besteige, oh Sterblicher!)

Zanella muß sich nun eingestehen, daß sich der Mensch von dem »schicksalhaften Aufstieg« abgewandt hat, und daß er seine *mèta* (Ziel) in eine »merkantilistische Welt« gesetzt hat.

Ein Vergleich mit der ersten Fassung der Ode *Il Lavoro*, die 1865 entstanden ist und die sich auf die Grundthese der Ode *Sopra una conchiglia fossile* stützt, in der endgültigen Bearbeitung aus dem Jahre 1885 zeigt, daß die in der ersten Fassung vertretene Grundthese über die biblisch-historische Rolle der Auswanderung im 19. Jahrhundert, in der zweiten Fassung aufgehoben wird.

Während das biblische Gebot *Macht Euch die Erde untertan* (Gen. 1,2) in der ersten Fassung folgende Darstellung angenommen hat:

Rivale del Sole, dell'uomo la mano
Nel pigro elemento transfonde la vita;
D'ascosa ragione strumento sovrano,
L'inerte materia coll'Util marita. (II, S. 7)

(Als Gegner der Sonne, die menschliche Hand / Führt Leben in das untätige Element hinein / Souveränes Instrument für geheime Absichten / Verbindet die starre Materie mit dem Nützlichen,)

wird es in der letzten Fassung folgender Differenzierung unterworfen:

Del raggio vivifico
Industre rivale
La rude materia
Trasforma il mortale;

La mano che docile
Consente all'idea,
Seconda ne' secoli
La man di Chi crea. (I, S. 150)

(Des lebensbringenden Strahls / Arbeitsamer Gegner / Die rohe Materie / Verändert der Sterbliche; / Die Hand, die sanft / Sich der Idee fügt, / unterstützt in den Jahrhunderten / die Hand des Schöpfers.)

War in der ersten Fassung das biblische Gebot aufgrund der Formulierung »Verbindet die starre Materie mit dem Nützlichen« utilitaristisch genug ausgefallen, so daß der Dichter die Auswanderung der Iren auf Kosten der Indianer ohne moralische Bedenken begründen und begrüßen konnte, wird in der letzten Fassung dem Menschen keine Entscheidungsbefugnis über die Natur mehr zugestanden. Er hat sich nicht mehr nach der Nützlichkeit seiner Handlung gegenüber der Natur zu richten, sondern er ist erneut zum fügsamen Instrument göttlicher Vorsehung geworden. Die Entscheidung des Menschen wird von Zanella nicht mehr als Fortsetzung der Schöpfung angesehen. Laut der letzten Fassung äußert sich der Schöpfer selbst unmittelbar und stets durch die »fügsame Hand« des Menschen als Ausführungsorgan des Schöpfers und somit ist sie, bzw. der Mensch, stets an der Schöpfung beteiligt.

In dieser Revision hat Benedetto Croce folgenden Standort des Dichters ausgemacht: »Die Wissenschaft bedarf keiner Berechtigung (sagte Zanella); sie aber neigt leicht zu Entgleisungen und deswegen muß man zu ihr die Weisheit als Aufpasser gesellen.«[73]

Der Gott aus der Ode *Sopra una conchiglia fossile* traut dem Menschen nicht mehr. Er greift auf den Dichter als Wegweiser und Vermittler zurück, weil dieser von der merkantilistischen Welt unberührt lebt und seine Aufgabe darin sieht, Schaden, – wie zum Beispiel das Verlassen des eigenen Geburtsortes – von den Menschen abzuwenden. Insofern fällt es schwer zu glauben, daß der Abt seine Vorstellung von der göttlichen Schöpfung ändert, um die Position der Großgrundbesitzer einnehmen zu können, bzw. nach Giorgio Bertone »psychologischen Terrorismus«[74] auf die Bauern auszuüben. Und dennoch kann Stelio Fongaro mit Recht behaupten, daß trotz Zanellas Unabhängigkeit seiner moralischen Position eine objektive Nähe zur wirtschaftlichen Position der Gegner der Auswanderung feststellbar sei. Nach Fongaro ist Zanella »Vertreter der Religion der Familie und als Verfechter einer Hauswirtschaft auf der Basis christlicher Tradition anzusehen, da er Träger einer ziemlich erstarrten Religion war, die typisch für den Klerus aus dem Veneto und der katholischen Presse« war.[75] Wobei mit katholischer Presse gerade die

---

73 Benedetto Croce, *Giacomo Zanella*, in: *La letteratura della Nuova Italia*, Bd. I, Bari 1973 (1914), S. 281.

74 Giorgio Bertone, *La partenza, il viaggio, la patria. Appunti su lettertura e emigrazione tra Otto e Novecento*. In: *Movimento operaio e socialista*, Nr. 1/2 1981, Roma 1981, S. 93.

75 Stelio Fongaro, *Giacomo Zanella*, ebd., S. 170.

Presseorgane aus dem Veneto gemeint sind, die am deutlichsten Position gegen die Auswanderung bezogen.[76]

Eingezwängt zwischen der Vorstellung vom Gehorsam des Menschen gegenüber dem Schöpfer in seinem Umgang mit der Natur[77] und seiner Sympathie für die aufkommenden sozialen Bewegungen in Italien,[78] schlägt Zanella am Schluß seiner langjährigen Überlegungen ein gemeinsames Vorgehen von Großgrundbesitzern und Bauern als Ausweg aus dem ethisch-kulturellen und wirtschaftlichen Konflikt vor. Sein Vorschlag gegen die Auswanderung aus dem Veneto und gegen die Ursache der Auswanderung in anderen Regionen Italiens sah vor, daß die Großgrundbesitzer vorübergehend einen Teil ihrer brachliegenden Ländereien an die Bauern verpachten sollten. Somit hätten die Bauern keinen Anlaß mehr, das Land zu verlassen. Das Land würde nicht verwildern, und den Großgrundbesitzern würde dadurch kein zusätzlicher Verlust entstehen, wie dies »englische noble und nachzuahmende Beispiele bewiesen.«[79]

Das Neue an dem Vorschlag von Zanella sind nicht die in den Oden enthaltenen Argumente, mit denen der Vorschlag begründet wird. Sie waren damals im Parlament zu hören und in der Fach- sowie in der Tagespresse zu lesen.[80] Das Neue bestand darin, daß Zanella die Gegenargumente nicht als unversöhnliche Gegensätze betrachtete, sondern sie als Standortbeschreibungen für einen Kompromiß auffaßte. Dies wird in der Tatsache ersichtlich, daß er, wie schon erwähnt, die Argumente für die eine oder die andere Partei immer in getrennten Gedichten formuliert hat. Die Notwendigkeit eines Kompromisses wird von Zanella jedoch von einer moralischen Instanz abgeleitet, um damit außerhalb der Polemik um die Auswanderung eine neutrale Position beziehen zu können. Dies mag ihm um so notwendiger erschienen sein, weil der Vermittler eine Glaubwürdigkeit braucht, die von keinem der Kontrahenten angezweifelt werden kann.

---

76 Vgl. Angelo Filipuzzi, *Il dibattito sull'emigrazione. Polemiche nazionali e stampa veneta (1861-1914)*, Firenze 1976.

77 Zur Kontroverse über Zanellas Standort zwischen Glauben und Wissenschaft vgl. *Giacomo Zanella*, in: *Dizionario enciclopedico della letteratura italiana*. Bd.V, Bari 1968, S. 508 und Silvio Pasquazi, *Giacomo Zanella* in: *Letteratura Italiana*, Bd. 4 »I Minori«, Milano 1969, S. 2786.

78 Ausgehend von der Ode *Risposta d' un contadino che emigra* (1, S. 72-76) läßt sich Arturo Graf in seinem Vorwort zu *Poesie di Giacomo Zanella*, ebd., zu der Festellung hinreißen, daß »Giacomo Zanella ein entschiedenerer Sozialist als Alessandro Manzoni« war (1, S. XXI-XXII). Hierzu vgl. auch Rosa Maria Monastra, *Il classicismo eclettico dei moderati. Giacomo Zanella e seguaci*, in: *Letteratura italiana storia e testi*, Carlo Muscetta (Hg.), Bd. 9, Hbd. II, Bari 1975, S. 29-30.

79 Vgl. Anmerkung zu den Oden *Per un augellino d'America detto il cardinale* und *Risposta d' un contadino che emigra* in: *Poesie di Giacomo Zanella*, ebd., 2, S. 391-92, sowie *Il piccolo calabrese*, wo der Vorschlag noch einmal am Beispiel des Sir Arturo unterbreitet wird, ebd., 1, S. 243.

80 Vgl. Antonio Lazzarini, *Campagne venete ed emigrazione di massa (1866-1900)*, Vicenza 1981, S. 25-75.

Die Unrealisierbarkeit seines Modells als nationale Lösung liegt primär in dem Zeitpunkt, in dem es vorgeschlagen wird. Der Vorschlag kommt zu einem Moment, als die Auswanderung aus dem Veneto nach Südamerika eine steigende Tendenz aufwies,[81] und die Bauern selbst damit begonnen hatten, die Auswanderung durchaus als Kampf gegen die Großgrundbesitzer zu verstehen. Belege für diese Haltung unter den auswandernden Bauern finden sich in den Volksliedern aus dieser Zeit, wo die Auswanderung deutlich als Kampfmittel zur Emanzipation gegenüber den *Signorini* und den *Siori* (Kleine und große Herrschaften) gesungen wird und auch als Druckmittel, um die Herrschaften eines Besseren zu belehren, denn nun müssen sie die Sonnenschirme und Handschuhe wegwerfen und selbst die liegengebliebene Arbeit verrichten:

> Prendi quel sasso,
> butta quel pan,
> paga la macina,
> porco villan.
> Su bravi, o signorini,
> buttate gli ombrellini,
> gettate i vostri guanti,
> lavoratevi i campi,
> noi andiamo in America![82]

(Hebe den Stein, / weg mit dem Brot, / Zahlt die Mahlsteuer, / Schweinebauern. / Nun gut, ihr Herren, / weg mit den Sonnenschirmen, / weg mit den Handschuhen, / bestellt ihr selbst die Felder, / wir fahren nach Amerika!)

Das Wiederkehren derselben herausfordernden Haltung in weiteren Volksliedern wie *I siori porta sassi* und in *Andaremo te la Merica*[83] zeigt, daß es sich um eine ältere und durchaus verbreitete Position unter den Bauern aus den nördlichen Regionen des Königreiches Italien handelte,[84] die um so interessanter erscheint, weil sie einen grundlegenden Unterschied zur Haltung der Auswanderer aus dem Süden offenbart, die in der Auswanderung an sich schon eine wirtschaftliche Emanzipation von den Großgrundbesitzern sahen,

---

81 Vgl. Luigi Favero/Graziano Tassello, *Cent'anni di emigrazione italiana: 1876-1976*, in: *Un secolo di emigrazione italiana (1876-1976)*, Gianfausto Rosoli (Hg.), Roma 1978, S. 9-64, insbesondere S. 19-21.

82 Das Lied ist in der Mantuaner Zeitung *La Favilla* vom 1. November 1877 erschienen, zitiert nach *Canti dell'emigrazione*, A. Virgilio Savona/Michele L. Straniero (Hgg.), Milano 1976, S. 36.

83 Die schriftliche Veröffentlichung beider Volkslieder stammt aus dem Jahr 1891, vgl. *Canti dell'emigrazione*, A. Virgilio Savona/Michele L. Straniero (Hgg.), ebd., S. 42 u. S. 47.

84 Vgl. die Regierungsanfrage des Abgeordneten Ercole Lualdi aus Busto Arsizio (Lombardei) vom 30. Januar 1868, wo festgestellt wird: »Diese Leute gehen weinend fort, und dabei fluchen sie auf ihre Herren und auf die Regierung. Es sind schreckliche Flüche, die jeden schmerzen, der sie lobt.« In: *Atti Parlamentari della Camera*, Sitzung vom 30. Januar 1868, Roma 1868, S. 2391-92, zitiert nach Fernando Manzotti, *La polemica sull'emigrazione nell'Italia unita*, ebd., S. 10.

jedoch nicht schon vor der Abfahrt mit ihren Volksliedern eine offene Konfrontation suchten.[85]

Trotz der deutlichen Sprache der Bauern aus dem Veneto[86] konnte es Zanella nicht gelingen, seine Haltung aus »Schmerz und Scham, daß die Kinder Italiens gezwungen sind, anderswo zu betteln, was sie in Italien reichlich und (nun) ohne Ertrag zu Hause haben« (2, S. 392), gegen die Auswanderung in eine Solidarität mit den Auswanderern umzusetzen. Dies hat damit zu tun, daß er als Vertreter des katholischen Liberalismus des *Risorgimento*,[87] die gesamte Tragweite der sozialen Konflikte seiner Zeit verstanden hatte, aber nicht wahrhaben wollte. Für ihn war der *Risorgimento* immer noch die löbliche Zeit:

[Lode all'età] che migliorando il vitto,
E la veste e l'albergo all'umil volgo,
L'alme ancor ne migliora,
[...]
Gl'insegna abbominar bische e taverne. (I, S. 58)

([Lob dem Zeitalter,] das das Essen verbessert, / Die Kleider und die Behausung des niedrigen Volkes, / Um so mehr seine Seele erhebt, [...] / Das ihn lehrt, Spielhölle und Weinschenke zu verachten.)

Für ihn war es unmöglich, die wirtschaftliche und gesellschaftliche Umwälzung, die infolge der beginnenden Industrialisierung das ganze Land erfaßt hatte, als konflikthafte Konsequenz jener »löblichen Zeit« hinzunehmen. Und dort, wo er davor gewarnt hat

Pria che l'ascoso incendio
Sterminator divampi,
E di rapina e cenere
Funesti io vegga i campi. (I, S. 75)

(Noch bevor der versteckte Brand / Zerstörerisch aufflammt / Und noch bevor ich die Felder / Mit Raub und Asche übersäht sehe,)

---

85 Vgl. *Chiantu de l'emigranti (Calabria)* und *Vaju nni l'America (Sicilia)* aus derselben Auswanderungswelle in: *Canti dell'emigrazione*, A. Virgilio Savona/Michele L. Straniero (Hgg.), ebd., S. 72 u. S. 76.

86 Als späterer Beleg der realistischen Sprache der Bauern aus dem Veneto vgl. das Gedicht *I va in Merica* von Berto Barbarani aus der Sammlung *I Pitochi*. Die im Gedicht dargestellten Gegensätze lassen keinen Zweifel mehr zu, daß die Annahme von Zanellas Vorschlag als Versöhnung zwischen Bauern und Großgrundbesitzern nicht zustandekommen kann, denn die Bauern sind inzwischen sehr wohl in der Lage, die gemeinsame Haltung der Verantwortlichen gegen sie deutlich zu erkennen. Hierzu vgl. auch Mario Isneghi, *Il Veneto nella »Merica«. Tracce di una letteratura popolare in emigrazione*, in: *Un altro Veneto*, Emilio Franzina (Hg.), Abano Terme 1983, S. 461-81.

87 Vgl. Rosa Maria Monastra, *Il classicismo eclettico dei moderati. Giacomo Zanella e seguaci*, ebd., »Seine Haltung kann nur im Kontext jenes liberalen Katholizismus verdeutlicht werden, der im Veneto während der Jahre österreichischer Unterdrückung heranreifte und sich nach 1866 als die Ideologie der führenden Klasse durchsetzte.« S. 28.

hoffte er dennoch, daß die »löbliche Zeit« jede Not des »niedrigen Volkes« so mindern würde, daß sie keine Gefahr mehr für die moralische Gesundheit des Volkes zu sein brauchte.

Daß sich Zanella trotz seiner Wahrnehmung der aufkommenden Sozialfrage im vereinten Italien dafür entschieden hatte, die Rolle des unbeteiligten Vermittlers beizubehalten, konnte leicht mit einer Konzession an die Großgrundbesitzer mißverstanden werden.[88] Seine Stellungnahme gegen die Auswanderung offenbart in der Tat eine noch größere Sorge um die Zukunft des Landes.

Sein Vorschlag, die Auswanderung durch Verpachtung brachliegender Ländereien[89] an die Bauern zu stoppen, ist zugleich ein Appell an die Verantwortlichen des neugegründeten Königreiches Italien zur Rettung des sozialen Friedens, der notwendig ist, um die Umsetzung der Ideale des *Risorgimento* zu realisieren. Die wiedererlangte geographische Integrität des Landes ist ein Grundwert an sich, der dazu verpflichtet, die nationale Identität mit Hilfe der gemeinsamen Geschichte und Religion so abzusichern, daß sie keinem Italiener streitig gemacht werden sollte, indem er dazu getrieben wird, das Land zu verlassen. Dies ließ sich jedoch nicht über wirtschaftliche oder gesellschaftliche Modelle erreichen, sondern am ehesten durch die gemeinsame Verantwortung und die gemeinsame Arbeit aller Einwohner des Landes als »fügsame Hand« wie in der jüngsten Formulierung der Ode *Il lavoro* aus dem Jahre 1885 zu lesen ist. Wenn das Land seine ursprüngliche Fruchtbarkeit, mit der Gott es reichlich bedacht hat, zum Wohle der Einwohner in allen seinen Regionen wiedererhalten hat, dann wird kein Bauer mehr mit seiner Familie in die Fremde fliehen.[90]

Auf der Suche nach einer Erklärung, wieso Zanella doch nicht bis zum Letzten an seiner Vermittlerrolle festgehalten hat bzw. wieso er in seinem *Sonetto LXXX* Position gegen die Auswanderer bezogen hat, erweist sich gerade die Verbindung zwischen der Auswanderung und den Zielen des *Risorgimento*, so wie er sie schon 1871 in *Il piccolo calabrese* angegangen hat, von besonderer Bedeutung.

Aus Angst, Italien könnte aufgrund der »nationalen Schande« (I, S. 76) der Auswanderung die angestrebte vollwertige Aufnahme in der Gemeinschaft der Großnationen als Krönung seiner staatlichen Souveränität verwehrt bleiben, hatte er es in *Il piccolo calabrese* vorgezogen, die Ursachen der Auswan-

---

88   Dies konnte um so mehr mißverstanden werden, weil Zanella Sozialmetaphern aus der Sprache um die *Sinistra storica* verwendete. Hierzu vgl. Giustino Fortunato, *La emigrazione delle campagne (1879)*, jetzt in: *Scritti vari*, Firenze 1928, »überall scheint mir unter einen niedrigsten Sozialschichten einen dunklen Donner zu vernehmen, wie ein herankommendes Erdbeben, ein stummer Donner eines hereinbrechenden Sturmes.« S. 222.

89   *Poesie di Giacomo Zanella*, ebd., 2, S. 391-392.

90   Noch vor Giacomo Zanella hatte Erminia Fuà-Fusinato 1874 eine solche Position gegen die Auswanderung in ihrem Gedicht *Canto dell'emigrante* zusammengefaßt. *Versi di Erminia Fuà-Fusinato*, Milano 21879, S. 320-321.

derung zu manipulieren, anstatt Position gegen die Nutznießer der Auswanderung zu beziehen.

Die Grundtendenz der Erzählung als Werk gegen die nationale Schande läßt sich zuerst an folgenden Merkmalen der Struktur seiner 241 Stanzen festmachen. Die eigentliche Geschichte des *piccolo calabrese* Cirillo dient als Auslöser für eine überproportionale Darstellung der Kulturgeschichte Italiens und des zeitgenössischen *Risorgimento*,[91] in der selbst Cirillo als Protagonist untergeht.[92] Seinem Schicksal wird im Werk sogar weniger Platz als der Darstellung der Kindheit und Jugend seiner englischen Retterin Elena eingeräumt.[93] Während Cirillos Anwesenheit in London dem Ansehen Italiens schadet, und die guten Beziehungen zwischen den Ländern stört,[94] sorgt der Tod des Bruders von Elena im Krimkrieg, wo »England das heranwachsende Italien bei sich hatte«[95] dafür die Nähe zwischen Italien und Großbritannien historisch so zu begründen, daß sie durch Cirillos Rettung bestätigt wird.

Um den jungen Nationalstaat vor jeder Verantwortung gegenüber der Ausbeutung seiner Einwohner vor der internationalen Öffentlichkeit in Schutz nehmen zu können, vertritt Zanella die historisch unhaltbare These, daß der *brigantaggio* als Ursache der Auswanderung aus den südlichen Regionen anzusehen sei. Die These wird am Lebenslauf von Cirillos Vater verdeutlicht. Der ehemalige Schmied, der zum Säufer und Taugenichts geworden ist, kann nichts anderes tun, als zum Anhänger des Briganten Crocco gegen Vittorio Emanuele II, den König des vereinten Italiens, zu werden, nachdem er seinen Sohn an einen Menschenhändler verdingt hat. Aber der Vater wird elendig enden, und zwar genau zu dem Zeitpunkt, als der gerette Cirillo seine Mutter und Schwester an seinem Geburtsort erreicht.

---

91 Vgl. *Opere di Giacomo Zanella*, ebd., die 87 Stanzen von Teil III (I, S. 419-445), wo Elenas Reise mit Cirillo nach Calabria als Gegenstück zur Auswanderung aufgebaut wird. Durch den Blick der Engländerin läßt der Autor die Spuren der griechischen und römischen Vergangenheit der Region dem Leser vorführen. Erinnerungen an die Vergangenheit finden sich als Gegenargumente auch in Teil I (I, S. 394-419), und in Teil II (I, S. 373-393) verstreut.

92 Vgl. Benedetto Croce, *Giacomo Zanella*, ebd., S. 288, sowie Francesco Coletti, *Cinquanta anni di storia italiana, 1860-1910*, 3 Bde., Bd. III »Dell'emigrazione italiana«, Milano 1911, S. 187-88. Daß ein junger Kalabrese namens Cirillo, ein Name, der eher für Kampanien typisch ist, auf einem Londoner Platz Harfe spielt, wobei bekannt ist, daß die Harfespieler aus Viggiano (Basilikata) auswandern (vgl. Ercole Sori *L'emigrazione italiana dall'Unità alla seconda guerra mondiale*, Bologna 1979, S. 12), entspricht Zanellas Wunsch, das kollektive Schicksal der Kinder aus dem Süden des Königreiches Italien darzustellen.

93 Von den 66 Stanzen von Teil I sind die Stanzen 11-20 (I, S. 376-379) Cirillos Leben in London gewidmet, für die Begegnung zwischen Cirillo und Elena auf einem Londoner Platz reichen die letzten 4 Stanzen aus (I, S. 392-393). Der Rest behandelt die Geschichte von Elenas Familie.

94 Vgl. die Begegnung von Sir Arturo mit dem Vertreter des jungen Nationalstaates in London, um die Lage von Cirillo zu klären, Teil III Stanzen 11-18 (I, S. 422-424).

95 Vgl. Teil I, Stanze 47, Vers. 8 (I, S. 387).

Die Vorstellung, daß die Auswanderung dem internationalen Ansehen Italiens schaden könnte, in Verbindung mit der unhaltbaren Darstellung der inneren Lage des Landes anhand des *brigantaggio* in Süditalien, verdeutlicht, welchen Schwankungen die Position Zanellas als Vermittler ausgesetzt war.

Eine Vermittlerposition, die an der sozialen Geschichte des Landes scheitern mußte, weil sie angesichts der fortschreitenden Auswanderung kaum einzulösen war und deswegen in eine Verklärung der Gegenwart des Italiens des *Postrisorgimento* münden mußte. Bezeichnenderweise wird eine solche Verklärung der historischen Lage von Zanella im *Sonetto* LXXIX dargeboten. Dort wird der Tag des Hl. Lukas als Anlaß genommen, um eine Dorfidylle entstehen zu lassen (I, S. 572), die sich anhand der Anordnung innerhalb des Zyklus wie ein kontrastierender und vorbereitender Übergang zu dem *Sonetto* LXXX liest, wo der Zorn des gescheiterten Vermittlers gegen den Auswanderer auf folgende unverblümte Weise abgeführt wird

> Cupido, illuso per un suol che ignora,
> Italico villan lascia contento
> Il certo pane e la natal dimora. (I, S. 573)

> (Gierig und eingebildet auf einem unbekannten Land / verläßt der italische Bauer zufrieden / das sichere Brot und das Geburtshaus.)

Ein Zorn, der durchaus verständlich ist, wenn man bedenkt, daß sich der Autor über zwanzig Jahre bemüht hat, einen gemeinsamen Weg aus der Notsituation der jungen Nation aufzuzeigen, und nun zusehen muß, wie er durch die historische Entwicklung um seine geliebte Hoffnung betrogen wird. Dennoch handelt es sich um einen parteiischen und deswegen ungerechten Zorn, weil damit nur diejenigen bedacht werden, die bereit waren, die Konsequenz ihrer Entscheidung auf sich zu nehmen.

II. Verismus und Auswanderung

3. Giovanni Verga:
'Ntoni, der verkannte Prototyp

a) 'Ntonis Polyvalenz in Vergas Kritik

»Aber der Fall Verga zeigt, daß eine streng künstlerische Wahrheit auch eine tiefe historische Wahrheit sein kann, wenn man von dieser historischen Wahrheit eine Vision hat, die weniger restriktiv ist als die gegenwärtige.«[1] Alberto Asor Rosas Feststellung zu Vergas gesamtem Werk eignet sich als Leitfaden für das Kapitel »Verismus und Auswanderung«, weil es hier um die Frage geht, wieso Giovanni Verga die Auswanderung so thematisiert hat, daß daraus keine Wiedergabe einer »historischen Wahrheit« hervorgegangen ist, so wie man es von einem der »bedeutendsten Interpreten«[2] des französischen Naturalismus erwartet hätte? Oder trifft für Vergas Rezeption in diesem Fall zu, daß sie deswegen im Roman an keine »tiefe historische Wahrheit« herangekommen ist, da sie Ursachen und Trageweite der Auswanderung nicht gebührend beachtet hat. Diese Fragen bilden den Kern einer zielorientierten Untersuchung des Romans *I Malavoglia*, die von der Zentralität des XI. Kapitels ausgeht: »Der Roman ist klar in zwei Teile geteilt: die elf Kapitel bis zum Weggehen 'Ntonis und die verbleibenden vier, die von seiner Verirrung handeln, ausgenommen das letzte, das als Epilog dient.«[3]

Es geht hier nicht darum, aus *I Malavoglia* den gesuchten oder ausstehenden Roman über die italienische Auswanderung zu machen,[4] sondern darum ein Erzählmotiv des Romans ans Licht zu bringen, das wenig Beachtung gefunden hat, obwohl Luigi Capuana sehr früh für eine Pluralität der Inhalte im Roman plädiert hat: »Einen Roman wie diesen kann man nicht zusammenfassen. Er ist ein Gefüge von kleinen Einzelteilen, gleichzeitig des Lebens, die organisch miteinander verknüpft sind.«[5]

---

1 Alberto Asor Rosa, »*Amor del vero*«. *Sperimentalismo e verismo*, in: *Storia d'Italia*, Bd. IV, Hbd. 2, Torino 1975, S. 977.
2 Ebd., S. 972.
3 Vittorio Spinazzola, *Verismo e positivismo*, Milano 1977, S. 180.
4 Fernando Manzotti, *La polemica sull'emigrazione nell'Italia unita*, Milano 1962, »Es fehlt ein großer Roman, ein Roman, der sich mit Mabel Vaughan von Cummins vergleichen läßt.« S. 19; Grazia Dore, *La democrazia italiana e l'emigrazione in America*, Brescia 1964, S. 91, und Giorgio Bertone (Hg.), *Edmondo De Amicis. Sull'Oceano*, Genova/Ivrea 1983, S. XV.
5 Luigi Capuana, *Studi di letteratura contemporanea*, Catania 1892, nachzulesen in: *Luigi Capuana Verga e D'Annunzio*, (Hg.) Mario Pomilio, Bologna, 1972, S. 88.

In seinen *Appunti per una sceneggiatura dei »Malavoglia«*[6] weist Mario Alicata darauf hin, daß

> »der wahre Erzählknoten, der gar nicht leicht zu lösen ist, in Ntonis Charakter liegt, der aufgrund von Erzählton und Stimmung im Roman etwas aufgelöst erscheint... Meiner Meinung nach besteht nach wie vor die Notwendigkeit, das Haus bei dem Mispelbaum zu verlassen um 'Ntonis Taten vor Ort zu entdecken, die zwei Krisen bei ihm ausgelöst haben, nämlich der Militärdienst, von dem er jene Aufregung, eine gewisse Unruhe und Unzufriedenheit nach Hause trägt, die ihn letztendlich zur Abfahrt zwingt, und dann die Zeit des unglücklichen Herumirrens, das ihn nach Hause zurückführt, jedoch verändert: Dieses Mal ist er bereit, sich dem Trinken hinzugeben, und so endet er als Schmuggler und wird Don Michele angreifen und verletzen.«[7]

Mario Alicata nimmt direkten Bezug auf folgende Stelle der Novelle *Fantasticheria* von Verga, wo der Erzählknoten als Ankündigung des späteren Romans *I Malavoglia* in nuce herausgearbeitet ist:

> »Ein Drama, das ich euch einmal erzählen werde, dessen ganzer Erzählknoten in folgendem bestehen wird: wenn einer dieser Kleinen, vielleicht der Schwächere oder der Unvorsichtigere, oder der Egoistischste von allen, sich von seiner Gruppe trennt, sei es wegen Lust auf das Unbekannte, sei es aus Gier nach Besserem, sei es aus Neugier auf die Welt; verschlingt ihn die Welt, ein gieriger Fisch, und mit ihm seine nächsten Verwandten.«[8]

Aus der Ankündigung ist ein Interpretationsmodell[9] und ein unverrückbarer Beleg dafür geworden, daß die Hauptfiguren aus dem *Zyklus der Verlierer* als Verlierer dastehen sollen und nach Mario Paolo Sipala wird vor allem »'Ntoni der Verlierer der Verlierer sein [...] denn nicht unsonst ist die Bezeichung von «Verlierer» aus dem Darstellungsentwurf der Hauptfiguren nur für ihn vorgesehen.«[10]

Dagegen hat Mario Alicata jede Form von naturalistischem Determinismus nach dem *Ideal der Auster*[11] vermieden, indem er die Aufmerksamkeit auf die im Roman ausgesparten Erfahrungen 'Ntonis außerhalb von Trezza verlagert hat, die 'Ntonis Leben auf eine neue Basis gestellt haben.

Vittorio Spinazzola, der sich in seinem Aufsatz *Legge del lavoro e legge dell'onore nei »Malavoglia«* die Frage von Mario Alicata angenommen

---

6   Mario Alicata, *Appunti per una sceneggiatura dei »Malavoglia«*, aus einem Gefängnisbrief (1943) an seine Frau, zitiert nach Enrico Ghidetti, *Verga. Guida storico-critica*, Roma 1979, S. 241.

7   Vgl. auch Francesco Torraca, *Saggi e rassegne*, Livorno 1885, Besprechung von *I Malavoglia* vom 9.Mai 1881, S. 223.

8   Giovanni Verga, *Le novelle*, Nicola Merola (Hg.), 2 Bde., Milano 1983 (1980), Bd. 1, S. 140-41.

9   Benedetto Croce, *Giovanni Verga*, in: *La letteratura della Nuova Italia*, Bd. 3, Bari 1973 (1915) hat zuerst auf diese Stelle von *Fantasticheria* als Ankündigung von *I Malavoglia* hingewiesen, S. 25, Anm. 1.

10 Mario Paolo Sipala, *Il romanzo di 'Ntoni Malavoglia e altri saggi sulla narrativa italiana da Verga a Bonaviri*, Bologna 1983, S. 10-11 sowie S. 13.

11 Giovanni Verga, *Le novelle*, Nicola Merola (Hg.), ebd., S. 140.

hat,[12] vermutet die Klärung »der intellektuellen Motivation des Menschen 'Ntoni [sei ...] in der tatsächlichen Realität eines Umfeldes zu suchen, das unabwendbar zu einer Auswanderung hindrängt.«[13]

Die Termini *Ausreise, Erfahrung, Leben in der Stadt, Auswanderung, Vagabundieren in der Stadt, Flucht und Urbanisierung*[14] mit denen Vittorio Spinazzola 'Ntonis »Aufenthalt weit weg von Trezza«[15] beschreibt, verdeutlichen, daß die geographische Qualität der Ziele als Teilauslöser der Entscheidung nicht von besonderer Bedeutung zu sein braucht. Zumindest hält Vittorio Spinazzola es nicht für zwingend, 'Ntonis Mißerfolg im Hinblick auf den Fremdheitsgrad zwischen persönlichem Vorhaben und fremdem Aufenthaltsort zu problematisieren. Für ihn kann 'Ntoni also auch im Sog der historischen Auswanderung aus dem Land gegangen sein oder sich lediglich in einer fremden Stadt innerhalb des damaligen Königsreichs Italien aufgehalten haben. Im Hinblick auf eine Klärung der »intellektuellen Motivation des Menschen 'Ntoni« sind für Vittorio Spinazzola die Folgen seines Aufenthaltes außerhalb von Trezza aufschlußreicher als die Fremdheit des Aufenthaltes selbst, obwohl Verga bewußt danach gehandelt hat.

Im Entwurf des Romans hatte sich Verga für Trieste als 'Ntonis Auswanderungsort entschieden.[16] Im Roman wird der Zielort nicht namentlich erwähnt, so daß Vittorio Spinazzola annimmt, daß sich 'Ntoni aller Wahrscheinlichkeit nach in den Grenzen des damaligen Italien aufgehalten hat. Das Schweigen von Verga über 'Ntonis konfliktreichen Aufenthalt außerhalb von Trezza wird von Vittorio Spinazzola dadurch begründet, daß es für 'Ntoni und für seinen Verfasser vorteilhaft ist, denn: »Dadurch vermeidet er, daß seine Würde immer mehr schwindet, die man bei seiner Rückkehr noch wiedererkennen kann.« Und später »Durch das Aussparen wird auch vermieden, daß die Methoden und Formen des Klassenkampfes direkt dargestellt werden.«[17]

Da bis jetzt in der Rezeption keine Arbeit in dieser spezifischen Fragestellung weitergegangen ist als die Auslegung Vittorio Spinazzolas, lautet die Frage, die hier gestellt werden muß: Weshalb ist die Emigration als Interpretationsmotiv zur Klärung der »intellektuellen Motivation des Menschen 'Ntoni« ausgespart worden?[18] Ausgespart von einer so diversifizierten Rezep-

12 Vittorio Spinazzola, *Verismo e positivismo*, ebd., S. 126-212, hier S. 208.

13 Ebd., S. 129.

14 Ebd., vgl. *esperienza* und *vita cittadina* S. 129 u. S. 209; *espatrio* S. 155, S. 158, S. 169, S. 180, S. 181 u. S. 192; *emigrazione* S. 156, S. 168 u. S. 181; *fuga* S. 191 u. S. 195; *vagabbondaggio cittadino* S. 192 und *urbanizzazione* S. 202 u. S. 209.

15 Ebd., S. 192.

16 *I Malavoglia. Personaggi, carattere, fisico, e principali azioni*, in: Enrico Ghidetti, *Verga. Guida storico-critica*, Roma 1979, S. 64.

17 Vittorio Spinazzola, *Verismo e positivismo*, ebd., S.129 u. S. 209.

18 Abgesehen von Luigi Capuanas Position, vgl. *Luigi Capuana Verga e D'Annunzio*, Mario Pomilio (Hg.), ebd., war bei Urtexten der Verga-Kritik die Aussparung schon gegeben. Vgl. Benedetto Croce, *Giovanni Verga*, in: *La letteratura della Nuova Italia*, ebd., S. 26, sowie Luigi Russo, *Giovanni Verga*, Napoli 1920, S. 151.

tion, die auf der Suche nach Erklärungsmodellen in jeder literarischen Richtung ihrer Zeit und in jedem gesellschaftlichen Bereich mit Recht fündig geworden ist.

Gaetano Trombatore ist es in seinem Interpretationsversuch gelungen, die *Risorgimento*-Literatur mit dem Verismus exemplarisch zusammenfließen zu lassen, denn für ihn kann »mit seiner Unruhe, seinem Drang, herauszukommen und etwas anderes zu tun, mit diesem dunklen Instinkt, der ihn dazu treibt, sich auf die Suche nach einem weiteren Lebensbereich zu machen,« nichts anderes als ein »Motiv aus dem *Risorgimento*« gemeint sein. Die Verlagerung der Handlung von einem nationalstaatlichen auf einen regional-gesellschaftlichen Bereich wird darin deutlich, daß »sich in ihm ein erster schwacher Schimmer eines neuen Bewußtseins auftut, in dem sich, noch schemenhafte Wunschträume abzeichnen, die aus der neuen ethisch-politischen Situation aufsteigen.«[19] Das Wegfallen der vorformulierten Ideale und Zielsetzungen des *Risorgimento* zwingt den Verismus erstmals mit »schwachem Schimmer« und »Wunschträumen« zu arbeiten, empirisch vorzugehen, um Figuren wie 'Ntoni den Weg durch die neu entstandene ethisch-politische Realität zu bahnen.

Giuseppe Antonio Borgese, der zu seiner Zeit auf die familiale Komponente des Konflikts bei 'Ntoni als Auslöser tragischer Ereignisse in Roman hingewiesen hat, plädiert für einen engeren Raum des Konflikts. Er hält die nationalstaaliche Sphäre der italienischen Gesellschaft als Ort des Konflikts für zu weitläufig oder zu offen. Für ihn konzentriert sich der Konflikt in der moralischen Frage nach der Fortsetzung der Tradition als Schutz der Familie und der Gemeinschaft in der Übergangzeit des *Postrisorgimento*, die reich an Hoffnungen, objektiven Möglichkeiten und selbstgefährdenden Versuchungen ist. »Das ganze Werk dreht sich um die Entscheidung des jungen 'Ntoni. Beugt er sich dem unbeweglichen Gesetz der Tradition? Oder wird er neue Wege gehen? Er geht neue Wege und gerät auf Abwege, und das Haus bricht zusammen.«[20]

Für Vitilio Masiello ist 'Ntoni ein Vorläufer von *Mastro Don Gesualdo*. In 'Ntoni wären Charakterzüge wie »Unruhe, das Nichtakzeptieren seiner Ausgangssituation, das Fieber, sein Leben verbessern zu wollen, die Angst vor dem Aufstieg« schon zu erkennen; jedoch will Mastro Don Gesualdo nicht »entgegen den Regeln« aus der »Ausgangssituation« ausbrechen, denn er bricht mit der Vergangenheit mit dem Ziel, eine »gesellschaftlich höhere Stellung« zu erobern.[21]

Aber selbst dort, wo in jüngster Zeit die historische Auswanderung als Interpretationsversuch ins Spiel gebracht worden ist, werden Argumente und

---

19 Gaetano Trombatore, *Riflessi letterari del Risorgimento in Sicilia*, Palermo ³1967 (1960) zitiert nach Romano Luperini, *Interpretazioni di Verga*, Roma 1976, S. 99-100.
20 Giuseppe Antonio Borgese, *Tempo da edificare*, Milano 1923, zitiert nach Enrico Ghidetti, *Verga. Guida storico-critica*, ebd., S. 203.
21 Vitilio Masiello, *Verga tra ideologia e realtà*, Bari ⁴1975 (1970), S. 101.

Belege für die eigene Kritik an dem Autor außerhalb des Romans gesucht. Dominique Fernandez z. B., der in seiner Arbeit *Mère Mediterranée* Verga »eine sonderbare historische Fehleinschätzung«[22] bei der Einschätzung der aufkommenden Auswanderung vorwirft, beschränkt sich auf allgemeine Feststellungen über den Beitrag der Sizilianer zur Auswanderung um die Jahrhundertwende und über ihre Erfolge in den USA. Für die Annahme, daß Verga es nicht vermocht hat, 'Ntonis in »seiner vernünftigen Entscheidung zu ermuntern,«[23] werden von Dominique Fernandez keine soziohistorischen Belege angeführt, die in der Handlungs- oder in der Entstehungszeit von *I Malavoglia* fallen würden.

Dominique Fernandez fügt folgenden Hinweis auf die Rolle der Mutter im Mittelmeerraum hinzu:»Die Italiener leiden zu sehr unter dem Joch der *Mère Méditerranée*, daß sie in der Lage wären, sich jenes der *Mère Patrie* zuzugestehen.«[24]

Aber er unternimmt keine Analyse des XI. Kapitels des Romans *I Malavoglia*, wo in der Tat *la Mère Mediterranée* und *la Mère Sicilie* Entscheidendes zur Entstehung von 'Ntonis' »knoten-quälender Frage« in bezug auf sein Auswanderungsvorhaben beigetragen haben.[25] Dominique Fernandez' nicht konkretisierte Kritik an Verga bestätigt die Tendenz zur Verdrändung der Auswanderung in *I Malavoglia*, wenn auch auf eine andere Art und Weise als diejenigen Arbeiten, in denen die Auswanderung nicht als Arbeitshypothese in Erwägung gezogen worden ist.

Ein flüchtiger Blick auf eine Tabelle der historischen Auswanderung aus Sizilien genügt, um von der Aufstellung einer solchen linearen Arbeitshypothese abzuraten. Denn es steht fest, daß die sizilianische Auswanderung mit ihren 1.143 Auswanderern im Erscheinungsjahr der *I Malavoglia* (1881) als Sozialphänomen kaum irgendeine demographische Relevanz erreicht hat. Eine völlig andere Konsistenz weist der Zusammenhang zwischen Auswanderung und literarischer Arbeit von Verga auf, wenn die Lombardei als der andere Lebenspol im Leben von Verga in Betracht gezogen wird. Dort hatte die Auswanderung zwischen 1876 und 1885 einen konstanten jährlichen Durchschnitt von 19.792 Auswanderern erreicht, und die nord-westlichen Regionen (Lombardei mit Piemont und Ligurien zusammen) waren bei 55.769 jährlichen Auswanderern angelangt, dazu kamen die 37.026 aus den östlichen Regionen, Veneto und Friaul,[26] von denen ging ein Teil über Mailand in die Schweiz, nach Frankreich, England, oder fuhr auch nach Genua, um sich von dort aus nach Amerika einschiffen zu lassen.[27]

---

22 Dominique Fernandez, *Mère Mediterranée*, Paris 1965, S. 214.

23 Ebd., S. 214.

24 Ebd., S. 215.

25 Zu *Mère Mediterranée – Mère Sicilie* und Auswanderung vgl. Roberto Alonge, *Pirandello tra realismo e mistificazione*, Napoli 1977 (1972), Kap. I »La Terra Madre: mistificazione e dialettica di classe«, besonders S. 35-38.

26 Gianfausto Rosoli (Hg.), *Un secolo di emigrazione italiana (1876-1976)*, CSER, Roma 1978, S. 356-64.

27 Vgl. *Illustrazione Italiana* vom 30.November 1884, Milano 1884.

Abgesehen von der unterschiedlichen Konsistenz in den einzelnen regionalen Auswanderungsströmungen, die zur Zeit der Entstehung des Romans sehr deutlich wahrzunehmen war, wird sich zeigen, daß in *I Malavoglia* das Auswanderungsmotiv dreidimensional dargestellt wird:

a. *retrospektiv*, jedoch *handlungslos* am Beispiel der Auswanderung des Padron Cipolla und des Vaters von Nunziata;

b. als *gegenwärtige unmittelbare* Romanhandlung am Beispiel der regionalen Auswanderung von Alfio Mosca;

c. als *antizipatorisch* und *handlungslos* am Beispiel der Reise der zwei Matrosen in fremde Städte aus dem XI. Kapitel.

Die Komplexität der Handlung um 'Ntoni erlaubt dagegen keine klare Anordnung innerhalb dieser drei Auswanderungsfälle. An 'Ntonis Beispiel wird eine Auswanderung gezeigt, die ihrer Tendenz nach *antizipatorisch* aber nicht *handlungslos* ist, gerade weil die Entscheidungsprozesse, die zur ersten und zweiten Abfahrt Ntonis führen werden, als tragende Handlungen in dem zweiten Teil des Romans eingegangen sind. Sie stellen somit die Verbindung zur aufkommenden Auswanderung her und dürfen als solche der Handlungszeit des Romans (1865-1875) zugeordnet werden.

Vor allem in dem Entscheidungsvorgang, der zur Wiederholung der Abfahrt führen wird, steckt eine Verlagerung von Erfahrungen des Autors auf seine Figuren. Mit deren Hilfe ist es Verga möglich geworden, Siziliens Auswanderung als Teil der Sozialgeschichte von Trezza vorwegzunehmen. Über 'Ntonis Lebenslauf wird die Auswanderung aus anderen Regionen des Königreiches Italien zum warnenden Modell für die Einwohner von Trezza und Sizilien und somit als ausstehende kollektive Erfahrung im Roman vorweggenommen. Dies geschieht mittels des Bewußtseins eines sizilianischen Autors, der von Mailand aus zusehen konnte, wie die wirtschaftlich stärkeren Regionen Italiens und Europas mit demselben Sozialphänomen zu kämpfen hatten, so daß es sich als Illusion erwiesen hätte, annehmen zu wollen, daß Sizilien, wo es bereits eine alte Auswanderungstradition nach Nordafrika gab,[28] dieses Phänomen erspart bleiben könnte.

Anhand einer solchen Arbeitshypothese kann nicht erwartet werden, daß die Auswanderung als historische Wahrheit bei Verga zu einer Widerspiegelung sozioökonomischer Faktoren und Gegebenheiten geführt hat, wie es von Dominique Fernandez und von seinen italienischen Mitstreitern erwartet wird.[29] Die literarische Umsetzung der »Wahrheit der Dinge« ist bekanntlich

---

28 Vgl. Ercole Sori, *L'emigrazione italiana dall'Unità alla seconda guerra mondiale*, Bologna 1979, S. 64.

29 In seinem Vorwort zu Stefano Vilardo, *Tutti dicono Germania Germania. Poesie dell'emigrazione*, Milano 1975, S. 6-7, hat Leonardo Sciascia Dominique Fernandez' negatives Urteil über Giovanni Vergas Haltung zu Auswanderung soweit akkreditiert, daß es Eingang in die Sekundärliteratur gefunden hat. Vgl. Pasquino Crupi, *Un popolo in fuga*, Cosenza 1982, der Giovanni Verga bei Padron 'Ntoni vermutet (S. 19-28). Ferner Elio Fongaro, *Lo straniero*, Basel 1985, *Verga antimigrazionista*, S. 240-41.

bei Verga über die »Unpersönlichkeit« (*impersonalità*), die »Entpersönlichung« (*spersonalizzazione*) oder das »Zurücktreten« (*eclissi*) des Autors verlaufen, von dem hier die Rede sein wird. Zugleich muß festgehalten werden, daß es der Kampf um den Fortschritt ist, der einige Figuren der Romane von Verga zu »Verlierern« macht, der Fortschritt an sich ist von ihm im Hintergrund gehalten worden.

Das Grundmodell von Vergas Ästhetik kann so verstanden werden, daß der Auslöser der Lebensläufe seiner Verlierer niemals als unmittelbarer Inhalt thematisiert werden darf. Wenn man hier den Auslöser Fortschritt durch den Auslöser Auswanderung ersetzt, dann aus dem Grund, weil der Austausch als Arbeitshypothese sich vielversprechend ankündigt, wie dies von Francesco Torraca in einer der allerersten Besprechungen von *I Malavoglia* aus dem Jahr 1881 erkannt wurde: »Die Malavoglia ... werden, wie die Schriften eines Franchetti und eines Sonnino, dazu beitragen, die sozialen Bedingungen Siziliens kennenzulernen. Aber Verga hat uns keine Betrachtungen, keine statistischen Daten an die Hand gegeben, er hat keine These aufgestellt; diese sind die Voraussetzung, sicher nicht der Roman.«[30]

b) Das XI. Kapitel von *I Malavoglia*

Der Konflikt

Als unmittelbarer Anhaltspunkt des aufflammenden Konflikts zwischen 'Ntoni und seiner Mutter la Longa werden von Verga zwei junge fremde Matrosen vorgeführt,

> »die sich ein paar Jahre früher in Riposto eingeschifft hatten, um ihr Glück zu suchen. Jetzt kamen sie zurück, von Triest oder von Alexandria in Ägypten, jedenfalls von sehr weit her, und sie gaben das Geld in der Schenke mit vollen Händen aus, mehr noch als Gevatter Naso oder Patron Cipolla. Sie setzten sich rittlings auf den Tisch, machten Witze vor den Mädchen, und in jeder Jackentasche hatten sie ein seidenes Taschentuch. Das ganze Dorf geriet darüber in Aufruhr.« (S. 564)[31]

Daß Verga hier Matrosen als Anwerber für die Auswanderung dargestellt hat, deutet auf die Polyvalenz der Figuren hin, um den Übergang von der Abenteuer- und Reiseliteratur zur beginnenden Emigrationsliteratur zu markieren. Der Übergang besteht darin, daß die Matrosen als Gestalten der Reise- und Abenteuerliteratur ein Verhalten an den Tag legen, das sich aus Handlungen und Requisiten zusammensetzt, die typisch für die Darstellung des Verhaltens

---

30 Francesco Torraca, *Saggi e rassegne*, ebd., S. 218.

31 Giovanni Verga, *I Malavoglia*, zitiert wird nach Giovanni Verga, *Tutti i romanzi*, Enrico Ghidetti (Hg.), 3 Bde., Bd. II, Firenze 1983, S. 427-673. Nach dieser Ausgabe wird fortlaufend im Text und in den Anmerkungen zitiert. Die deutsche Übertragung der Zitate wird aus Giovanni Verga, *Die Malavoglia*, (Übers.) René König, Frankfurt 1988, entnommen. Persönliche Abweichungen sind in Klammern gesetzt.

zurückgekehrter Auswanderer, bzw. der Besucher aus der Fremde im Heimatort, sind.[32] Hierzu gehören echte oder vorgetäuschte sexuelle Erfahrenheit, echter oder vorgetäuschter Wohlstand, Genuß von Freizeit, selbst in rudimentärer Form wie in der Festlegung der täglichen Arbeitszeit oder in der geregelten Unterbrechungen der Arbeit, sei es als Sonntag oder als Besuchszeit in der Heimat.

Diese Erfahrungen als Soldat in der Fremde werden in 'Ntoni wach, nachdem die Matrosen Trezza verlassen haben und er mit Mühe und Not dabei ist, sich wieder in den Arbeitsalltag eines Fischers zu finden.

> »Nachdem sie die Netze ausgeworfen hatten, ließ er Alessi das Ruder führen, ganz langsam, damit das Boot nicht aus der Richtung kam, und er saß mit gekreuzten Armen, die Hände unter den Achseln, und schaute ins Weite, bis an die Grenzen des Meeres, wo die großen Städte waren, in denen man immer nur spazierenging, ohne einen Finger zu rühren. Er dachte auch an die beiden Seeleute, die von da unten zurückgekehrt waren, aber jetzt waren sie schon eine ganze Zeit wieder fort. Und es schien ihm, als hätten sie gar nichts weiter zu tun, als so durch die Welt zu bummeln, von einer Schenke zur anderen, und das Geld fortzuwerfen, das sie in der Tasche trugen.« (S. 570)

Angesichts solch exotischer Wunschvorstellungen liegt der Verdacht nahe, daß eine Akzentuierung auf 'Ntonis Faulheit als Auslöser der »Katastrophe«[33] einer gesamten Familie von der Verga-Kritik deswegen vorgenommen worden ist, weil diese sich eher in Einklang mit der Tatsache bringen läßt, daß Verga oft genug 'Ntonis Faulheit betont hat. Dagegen bedarf es einer anderen Betrachtungsweise, um gerade 'Ntoni, »dem Hohlkopf, dem Leichtfertigen, Faulen, Schwachen und Gierigen, der aber im Grunde seines Herzens gut ist«,[34] positive Erfahrungen, bzw. Lernprozesse in Berührung mit fortschrittlichen Lebensformen wie einsetzender Freizeit in einer industrialisierten Gesellschaft, zugestehen zu können.[35]

Alleingelassen mit seinen Erfahrungen aus der fremden Stadt Neapel sieht 'Ntoni sich durch die wirtschaftliche Lage der Familie und die Krise der Fischerei,[36] unter der die Malavoglia wie alle Fischer in Trezza leiden, genötigt, an andere Lösungen zu denken. Daß Ntoni es wagt, die Erfahrungen der fremden Matrosen in den Städten, wo »die Leute den ganzen Tag verbringen, indem sie sich's gut gehen lassen, statt die Sardellen einzusalzen« (S. 565), gegenüber dem Großvater, Initiator des Lupinengeschäfts und Widersacher in

---

32 Vgl. der Müller aus Edmondo De Amicis, *Sull'Oceano*, Giorgio Bertone (Hg.), Genova/Ivrea 1983 (1889), S. 35-37; Coda-Pelata aus Luigi Capuana *Gli »Americani« di Ràbbato*, Torino 1974 (1912), S. 12-20 und der Friseur Nino Sperlí aus Francesco Perri, *Emigranti*, Cosenza 1976 (1928), S. 34-43.

33 Luigi Russo, *Giovanni Verga*, Napoli 1920, S. 175.

34 Vgl. *I Malavoglia. Personaggi, carattere, fisico e principali azioni*, jetzt in: Enrico Ghidetti, *Verga.*, ebd., S. 64.

35 Vgl. Rosario Romeo, *Il Risorgimento in Sicilia*, Bari 1982 (1950), S. 252.

36 Romano Luperini, *Pessimismo e verismo in Giovanni Verga*, Padova 1971 (1968), S. 89-91.

Sachen Auswanderung darzustellen, deutet auf einen tiefgreifenden Konflikt mit dem Großvater, der in den Augen des jungen 'Ntoni für die Fehlentscheidung, die die Familie in Bedrängnis gebracht hat, verantwortlich ist.

Erinnert man sich daran, daß der Auslöser des Unglücks der Familie Malavoglia ein Geschäft mit Lupinen gewesen ist, »die Patron 'Ntoni auf Kredit nehmen wollte, um sie in Riposto wieder zu verkaufen, wo ein Schiff aus Triest Ladung suchte, wie Gevatter Cinghialenta versichert hatte« (S. 439),[37] dann tut sich eine Reihe von Parallelen auf, die zusammen auf eine kaum zu leugnende Übereinstimmung zwischen »der guten Geschichte« der fremden Matrosen und dem Unglück des Lupinengeschäfts als »schlechte Geschichte« verweisen.

Die Entsprechung der Zeitangaben und der Hafennamen Riposto und Trieste läßt darauf schließen, daß »die gute und die schlechte Geschichte« sich zur selben Zeit abgespielt haben; daß die zwei Matrosen sich höchstwahrscheinlich vom selben Schiff haben anheuern lassen, das auch die Lupinen der Malavoglia hätte laden sollen. Der nicht ausgesprochene Vorwurf gegenüber dem Großvater ist nicht so sehr, daß er unfähig gewesen sei, zwischen zwei Angeboten für seinen Sohn Bastianazzo richtig zu wählen, und daß er sich für das risikoreichere Unterfangen der »verfaulten Lupinen« entschieden habe, sondern, daß er angesichts der »guten Geschichte« immer noch gegen den Wunsch des Enkels sein konnte, die Lage der Familie durch die Auswanderung zu wenden. Der Enkel, der in anderen Situationen mit seiner Kritik an der Haltung des Großvaters gegen die Auswanderung nicht zurückgehalten hat,[38] kann hier aufgrund seines Respekts vor dem Großvater und wegen des tragischen Ausgangs des Geschäfts den Konflikt nicht offen austragen, daher greift er auf Anspielungen zurück, die vom Großvater wohl verstanden werden.

Der Großvater vermeidet die offene Aussprache über seinen gescheiterten Versuch, mittels eines Berufswechsels in der Familie[39] die kritische Lage in den Griff zu bekommen. Er greift aber das Gespräch über die »gute Geschichte« so auf, daß er auf der einen Seite die Möglichkeit des Erfolges der Matrosen durch die Erwähnung des Erfolges des Compare Cipolla bejaht, auf der

---

37 Zur geringfügigen Schuldenlast der Familie Malavoglia vgl. Mario Paolo Sipala, *Il romanzo di 'Ntoni Malavoglia*, ebd., S. 33-44.

38 Während 'Ntoni eine objektive Verbindung zwischen wirtschaftlicher Lage der Familie und Auswanderung erkannt hat, ist der Großvater nach wie vor der Meinung (S. 481), daß die Malavoglia niemals mit dem Gerichtsvollzieher zu tun gehabt haben. Hierzu vgl. Ercole Sori, *L'emigrazione italiana dall'Unità alla seconda guerra mondiale*, ebd., »Der Geldmangel, der die italienischen ländlichen Regionen quälte und zu Binnen- und Auslandsauswanderung zwang, um dort das Geld zu holen, das die Hände der Bauern nie erreichen könnte, hieß Grund-, Register- und Erbschaftssteuer, Hypotheken, Pacht und Wucherzinsen, sowie etliche Belastungen bei der Erbschaft.« S. 82.

39 Hierzu vgl. Padron Fortunato Cipolla, Sohn eines Auswanderers, »Alle wollen sie jetzt Kaufmann spielen, um reich zu werden!« S. 454.

anderen Seite vermeidet er nicht, auf die Gefahren in der Fremde hinzuweisen: »Der Großvater von Cipolla ist auch dort gewesen«, fügte Patron 'Ntoni hinzu, »dort, in den Städten, da ist er reich geworden. Aber er ist niemals nach Trezza zurückgekehrt, er schickte nur Geld an seine Söhne.« (S.465)[40]

Erst jetzt, und nachdem die Gegenargumente des Großvaters sich auf der Ebene einer versöhnenden Vernunft zum Teil erschöpft haben und zum Teil von dem Enkel abgelehnt worden sind,[41] greift die Mutter ein und zwar auf der Ebene der Gefühle und mit dem Appell an die moralische Verantwortung eines Erstgeborenen gegenüber der Familie. Diese Verantwortung ist durch den Tod des Vaters und angesichts des fortgeschrittenen Alters des Großvaters noch größer geworden.

Aus dem Schweigen des Sohnes entwickelt sich ein Konflikt zwischen den beiden, der sich als Mutter-Sohn-Ablösungskonflikt entpuppt und einen so klassichen Verlauf hat, daß man versucht ist zu behaupten, daß der Autor einen mustergültigen Fall hat darstellen wollen, zumal Verga schon im Roman *Una peccatrice* (1866) an einem solchen Fall gearbeitet hatte. Nur ist dort Pietro Brusio wegen seiner Karriere und einer anderen Frau von der Mutter weggegangen und findet doch am Schluß, einen Monat nach dem Tod der Geliebten, zu seiner Mutter zurück.[42]

Die Modelle

Nach den Typen von familiären Charakterneurosen, wie sie von Horst-Eberhard Richter erarbeitet worden sind, hätte man es in dem Fall der *I Malavoglia* mit einer Familie zu tun, die »ihr ganzes Leben auf ein gemeinsames Thema hin« ausgerichtet hat.[43] In der Tat ist leicht festzustellen, daß im Roman ein »Thema« in doppelter Ausführung auftritt. Zuerst ist der gemeinsame Kampf, den die Familie Malavoglia »wie eine geschlossene Hand« auszuhalten hat, gerade weil »die Stürme die anderen Malavoglia hierhin und dorthin vertrieben

---

40   Zu Abgrenzung der positiven und negativen Seiten der Auswanderung durch den Übergang von *passato prossimo* zum *passato remoto* vgl. Leo Spitzer, *L'originalità della narrazione nei »Malavoglia«*. In: *Belfagor*, (Hg.) Luigi Russo, Band XI., Messina/Firenze 1956, S. 37-53 und Helmut Meter, *Figur und Erzählauffassung im veristischen Roman. Studien zu Verga, De Roberto und Capuana vor dem Hintergrund der französischen Realisten und Naturalisten*, Frankfurt 1986, S. 29-34.

41   Vgl. z. B. 'Ntonis Ablehnung des Naturdeterminismus des Großvaters (S. 569), in der Giovanni Vergas Unbehagen an der alltäglichen Rhetorik der Argumente gegen die Auswanderung zum Ausdruck kommt, wie sie vor ihm Eingang in die Literatur gefunden hat.

42   Zur objektiven psychologischen Analyse in Giovanni Vergas Werken siehe Natalino Sapegno, *Ritratto di Manzoni*, Bari 1961, S. 264, und Vittorio Spinazzola, *Verismo e positivismo*, ebd., S. 148 u. S. 165.

43   Horst-Eberhard Richter, *Patient Familie*, Hamburg 1970, S. 74. Ferner Rainer Döbert/Jürgen Habermas/Gertrud Nunner-Winkler (Hgg.), *Entwicklung des Ichs*, Köln 1977, vor allem zur Einführung und die Beiträge aus Teil I »Familie und Ich-Identität«, S. 9-88.

haben« (S.433). Später wendet sich das gemeinsame Interesse dem Rückkauf des Hauses bei dem Mispelbaum zu.

Nach Horst-Eberhard Richter gestalten sich die internen Verhältnisse in einer solchen Familie auf so prägnante Weise, daß Parallelen zur Geschichte der Familie Malavoglia kaum zu übersehen sind:

»Jedes heranwachsende Kind [wie 'Ntoni von Padron 'Ntoni] muß sich von vornherein in dieses starre thematische Konzept [der geschlossenen Hand] einfügen. Es darf sich nur eine Rolle suchen, die streng in die dramaturgische Vorschrift hineinpaßt. ['Ntoni muß die Rolle des ältesten Sohnes ausfüllen.] Jeder Verstoß gegen diese Vorschrift [wie die Auswanderung] bedroht das mühsam errichtete kollektive Abwehrsystem der Familie [die auf dem Weg war, sich von den Folgen des Todes von Bastianazzo zu erholen]. Er perforiert die in der Familie etablierte spezifische Schutzmauer gegen Angst und Verzweiflung. Infolgedessen kann sich diese Familie keinen Außenseiter leisten.«[44]

Noch prägnanter ist die Klärung der Gefahrenquelle für eine nach Horst-Eberhard Richter »charakterneurotische Familiensolidarität,« denn sie kann unter bestimmten Umständen zusammenbrechen. »Etwa dann wenn eine induzierende Figur ausfällt, ohne welche das kollektive neurotische Abwehrsystem instabil wird. Oder wenn ein heranwachsendes Kind sich standfest gegen die aufgezwungene Rolle wehrt, durch die es sich in das kollektive neurotische System einfügen soll.«[45]

Beide Beispiele aus Horst-Eberhard Richters Modell treten in der Familie der Malavoglia auf: Zuerst stirbt Bastianazzo als induzierende Figur und dann weigert sich 'Ntonis, die Tradition fortzusetzen, wie Antonio Giuseppe Borgese mit Recht festgestellt hat. Dabei war der Tod des Sohnes Bastianazzo von Padron 'Ntoni eher als ein natürlicher Verlust hingenommen worden, gemäß seiner Vorstellung von Lebensaufgaben, wonach man »den guten Steuermann bei einem Sturm erkennt« (S. 569). Mit diesem wiederkehrenden Spruch versucht der Großvater, den Enkel 'Ntoni an die Familientradition und an seine Pflicht als Erstgeborener zu binden.

'Ntoni selbst kann innerhalb der Struktur der Familie in der Tat als ein heranwachsendes Kind betrachtet werden, denn Verga bietet genügend Querverweise auf sein unreifes Verhalten.[46] Am ehesten wird dies durch die Metapher »des abgestillten Kalbes« (S. 595) wiedergegeben, mit der 'Ntoni bedacht wird. Alberto M. Cirese hat den Metapherngebrauch analysiert und erkannt, daß es Verga gelungen ist, Psychologie und Sozialgeschichte auf einen Nenner zu bringen, weil er per Metapher die Grundvoraussetzung der sprachlichen Verschmelzung einzulösen vermag, die darin besteht, daß »sich in dieser

---

44 Ebd., S. 74.
45 Ebd., S. 74.
46 'Ntoni wird von Anfang an als kindische Gestalt eingeführt: »'Ntoni, der Älteste, ein Taugenichts von zwanzig Jahren, der sich immerfort einen Nasenstüber vom Großvater holte oder einen Fußtritt weiter unten, damit das Gleichgewicht wiederhergestellt war, wenn der Nasenstüber zu stark gewesen war.« S. 434.

psychologischen Dimension die historische Erfahrung erst in einer Formel wiedererkennen kann.«[47]

Wie gefährlich die Situation für die Familie aufgrund 'Ntonis unreifer Einstellung und seines abweichenden Verhaltens geworden ist, wird von Verga zusätzlich an der Tatsache gezeigt, daß die jüngste Tochter Lia infolge der Entscheidung des Bruders 'Ntoni für das Abwehrsystem der Familie verlorengeht. Sie stellt eine zusätzliche Schwächung der Familiensolidarität dar, denn seit sie Prostituierte geworden ist, ist die Schwester Mena nicht mehr heiratswürdig. Was wiederum besagt, daß Mena in der Familie bleiben muß und zwar als dauerhafte Erinnerung an den Verstoß gegen den Moralkodex der Dorfgemeinschaft.

Nach Horst-Eberhard Richter hat man es im XI. Kapitel des Romans *I Malavoglia* mit einer Familiensituation zu tun, in der sich der Konflikt um 'Ntonis Weigerung nicht mehr hinausschieben läßt, und deswegen muß der Konflikt von der Mutter als Rettungsversuch der Kohäsion der Familie ausgetragen werden. Zum selben Schluß kommt Vittorio Spinazzola, wenn er einen Teil der Ergebnisse seiner Untersuchung folgendermaßen zusammenfaßt: »*I Malavoglia* ist der Bericht über eine Krise, die die Institution der vorbürgerlichen Familie erfaßt hat, die bisher eine wirtschaftliche Einheit bildete, die sich auf die Arbeit aller ihrer Mitglieder gründete und durch eine Solidarität zusammengehalten wurde, deren Garant die Autorität des ›pater‹ war.«[48]

Warum eine solche Situation als spezifisch für die Zeit der Auswanderung anzusehen ist und wieso ein solcher Konflikt einen beispielhaften Auslöser von Auswanderung darstellt, ergibt sich aus folgendem Konfliktmodell, das der Emigrationshistoriker Ercole Sori, mit Hilfe empirischer Daten zusammengestellt hat:

»Diese Sisyphusarbeit, unentwegt wieder zu versuchen, die Grundlagen für eine wirtschaftliche Unabhängigkeit zu schaffen, die niemals erreicht und immer in Frage gestellt wurde, führte oft bis an die Grenze eines inneren Bruchs des Familienverbandes. Ein Beweis dafür sind das häufige Auftreten von Streitigkeiten über Eigen-

---

47 Alberto M. Cirese, *Il mondo popolare nei Malavoglia*, in: *Letteratura*, Bd. III, Roma 1955, S. 79. Giovanni Verga gelingt dies, indem er auf Modelle sprachlicher Kommunikation bei Fischern, Bauern und Handwerkern zurückgreift. Da sie über keine Abstraktion verfügen, entstehen dort Metaphern, um komplexe psychische und gesellschaftlich-historische Vorgänge zu erfassen, wie z.B. *nu ci aggiuva l'aria* (ihm/ihr tut die dortige Luft nicht gut) als zentrale Metapher der Auswanderersprache; vgl. Francesco Perri, *Emigranti*, Cosenza 1976 (1928), S. 138. Mit Begriffen wie *aria* und *aggiuvare* wird psychosomatisches Unbehagen an einer fremden Kultur so ausgedrückt, daß auch für diejenigen, denen die Erfahrung fehlt, das Nichtbenennbare erfahrbar wird. Bei Giovanni Verga kehrt das Kommunikationsverfahren in der zentralen Metapher der Welt als *stallatico* (vgl. Anm. 116) zurück, mit der Alfio Mosca die aufkommende gesellschaftliche Mobilität seiner Zeit mit erfahrbarer Genauigkeit erfaßt.

48 Vittorio Spinazzola, *Verismo e positivismo*, ebd., S. 132.

tumsfragen und eine innere Instabilität und ›Amoralität‹ innerhalb des Familien-Er-
zeugerverbandes, wenn in ihn Beziehungen von gegenseitiger Ausnutzung eindringen oder auch die Spannung, die entsteht, wenn jemand nicht heiraten darf.«[49]

Wie es bei 'Ntoni der Fall ist, der nicht heiraten darf, weil die Familie zuerst das
Haus zurückkaufen und die Aussteuer von Mena erwirtschaften muß und bei
der Schwester, die als sprichwörtlich fleißige Weberin dazu beigetragen hat,
daß die Familie bis zu diesem Zeitpunkt vor der Auswanderung verschont geblieben ist.[50]

Der Pakt, der Bruch und die Sühne

Nachdem es der Mutter nicht gelingen will, den ältesten Sohn von seinem Ab-
fahrtsvorhaben, d. h. von seiner Ablösungsstrategie von der Familie und von
ihr, abzubringen, entscheidet sie sich dafür, ihm den Weg frei zu machen,
indem sie sich mit Cholera infiziert und innerhalb von 24 Stunden stirbt.[51]
Der Sohn nimmt den Tod der Mutter als Anlaß, um festzustellen, daß für ihn
nun wirklich kein Grund mehr vorhanden ist, in Trezza zu bleiben, zumal der
Großvater als letztes Gegenargument den Trennungsschmerz der Mutter angeführt hatte. Seinem Verständnis nach darf 'Ntoni jetzt auswandern und er
wandert aus.
Die Tatsache, daß er in der Fremde scheitern wird, deutet darauf hin, daß
ihm die Loslösung von der Mutter nicht gelingen kann, weil diese unter
falschen Voraussetzungen gesucht wird. In der Tat hat 'Ntoni mit seiner sofortigen Abfahrt den Pakt mit der Mutter nicht respektiert. Der Pakt war von
der Mutter folgendermaßen in drei Anläufen als ein nachgebendes Crescendo
formuliert worden:
– als Erpressung:»Höre, sagte sie schließlich, du sollst gehen, wenn du gehen
willst, aber mich wirst du dann nicht mehr finden.«

---

49 Ercole Sori, *L'emigrazione italiana dall'Unità alla seconda guerra mondiale*, ebd.,
     S. 86.
50 Vgl. u. a.»In der Kommode liegen noch fünf Unzen aus Menas Webarbeit.« (S. 494,
     Übers. CC.) Zur Funktion des Webstuhls in Sizilien siehe Leopoldo Franchetti/Sid-
     ney Sonnino, *La Sicilia nel 1876*, Bd. II »I Contadini«, Firenze 1925, S. 77; Rosario
     Romeo, *Il Risorgimento in Sicilia*, ebd., Kap. VII »La società e l'economia siciliana«,
     S. 233-42 sowie Ercole Sori, *L'emigrazione italiana dall'Unità alla seconda guerra
     mondiale*, ebd.»Es sind gerade die Regionen mit einer niedrigen Auswanderungs-
     rate in der Zeit zwischen 1876-80, die die höchste Anzahl an Hauswebstühlen aus-
     weisen: Emilien, Marken, Apulien, Sizilien und Sardinien.« S. 99. In diesem Kontext
     wird plausibel, warum die Mena des Romans anders ausgefallen ist als die Mena des
     Entwurfs, die ursprünglich wie Lia aus dem Roman als Konfliktträgerin auftreten
     sollte. Vgl. Enrico Ghidetti, *Verga*, ebd., S. 64-65.
51 Vgl. Infizierungsvorgang und Erzählerkommentar (S. 573), sowie Francesco Tor-
     raca, *Saggi e rassegne*, ebd., »Longa gehört zu jenem Frauentyp [...], der sich dem
     Tod aussetzen. um ihrer Pflicht als Frau und Mutter nachzukommen, [...] sie kann
     nicht anders tun als sich sterben lassen.« S. 216. Zur diesbezüglichen Kasuistik der
     Familientherapie vgl. Horst-Eberhard Richter, *Patient Familie*, ebd., S. 70-71.

– als Angebot: »Geh du nur, wenn du willst; aber laß mich erst einmal die Augen schließen.«

– als Pakt: »Wenn ich erst unter der Erde bin und auch der arme Alte da tot ist und wenn dann Alessi sein Brot selber verdienen kann, dann geh, wohin du willst« (S. 570-572)

Nach dem Pakt mit der Mutter, den sie mit ihrem sofortigen Tod für bindend erklärt hat, hätte 'Ntoni auf den Tod des Großvaters und auf die ökonomische Selbständigkeit des jüngsten Bruders warten sollen. Und gerade dies hat er nicht getan.

In der Fremde verschärft sich bei 'Ntoni das Schuldgefühl am Tod der Mutter, wie es sich am Sterbebett der Mutter angekündigt hat: »Mutter, warum seid Ihr nur vor mir gegangen?! Und ich wollte Euch verlassen!« (S. 574)[52] so weit, daß für ihn als Sühne für die Schuld am Tod der Mutter eine Selbstbestrafung herbeizuführen ist. Sowie das Trauern um den Tod der Mutter in der Isolation einer fremden Stadt unmöglich wird, ist genauso wenig eine Selbstbestrafung als Sühne in der Fremde gegeben, denn dort fehlt die soziale Kontrollinstanz, die sie 'Ntoni abnehmen kann. Dort fehlt ihm die Gemeinde, mit der er sich über die Trauer und die Sühne versöhnen muß, um von ihr nach christlichem und gesellschaftlichem Gebot wieder aufgenommen zu werden. Aus der Auswegslosigkeit leitet sich die Notwendigkeit ab, auf eine strafbare Art und Weise zurückzukehren. Die Rückkehr muß ohne den Erfolg der beiden Matrosen stattfinden und der Mißerfolg außerhalb jedes Zweifels stehen:

> »... Erfuhr man plötzlich, daß 'Ntoni, der Enkel von Patron 'Ntoni, heimgekehrt war. Des Nachts war er dahergekommen mit einem Schiff aus Catania, und er schämte sich, sich ohne Schuhe blicken zu lassen. Wenn es wahr sein sollte, daß er reich zurückgekehrt war, dann hätte er wahrscheinlich nicht gewußt, wo er das Geld hinstecken sollte, so abgerissen und verwahrlost war er.« (S. 586)

Dabei liest sich stilistisch betrachtet der bruchlose Übergang von der Ankündigung der Rückkehr in dem ätzenden Kommentar des Erzählers über den desolaten Zustand des Heimkehrers wie die Begründung einer gerechten Strafe.

Der Mißerfolg mußte deswegen so vollkommen ausfallen, da nur der geringste Schimmer eines Erfolges den Tod der Mutter hätte rechtfertigen können. Insofern ist 'Ntonis Scheitern in der Fremde kein unmittelbares Ergebnis seines »unglücklichen Herumirrens«, wie dies von Mario Alicata u. a. angenommen wird; kein wirtschaftliches Versagen eines Taugenichts, sondern der einzige Weg, der 'Ntoni offen bleibt, um zur Sühne für den Tod der Mutter zu gelangen, um die eigene Schuld durch öffentliche Demütigung abzutragen:

> »Aber 'Ntoni fand acht Tage lang den Mut nicht, den Fuß auf die Straße zu setzen. Als sie ihn sahen, lachten ihm alle ins Gesicht, und Piedipapera schwatzte herum: ›Habt ihr die Reichtümer gesehen, die 'Ntoni mitgebracht hat, 'Ntoni, der Enkel des Patrons

---

52 Giovanni Verga hat Tod und Abfahrt/Auswanderung wiederholt in Verbindung mit den Städtenamen Trieste und Alessandria d'Egitto gleichgesetzt (S. 526 u. S. 644).

'Ntoni?‹ Und die anderen, die ihre Zeit damit vertrödelt hatten, das Bündel mit den Hemden und den Schuhen zurechtzumachen, bevor sie eine solche Torheit begingen, das Dorf zu verlassen, die hielten sich die Bäuche vor Lachen. 2 (S. 587)

Die steigende Konfliktbereitschaft nach der ersten Phase der Demütigung, die von Vittorio Spinazzola erkannt, jedoch auf folgende Weise aus anderen Voraussetzungen abgeleitet wird, steht in keiner Weise in Widerspruch zu seinem Sühnevorhaben: »Jetzt wird er wirklich verantwortlich für seine Schuld: Er bricht das Gesetz der Arbeit und gibt sich dem Nichtstun hin, und damit begibt er sich unvermeidlich nicht nur aus dem Familienverband, sondern auch aus dem sozialen Organismus.«[53]

'Ntoni zeigt keinerlei Betrübnis über sein wirtschaftliches Scheitern in der Fremde und keinerlei Achtung mehr gegenüber Autoritätsinstanzen weder in der Familie, noch in der Öffentlichkeit, selbst wenn die ganze Familie der sozialen Verachtung der Gemeinde ausgesetzt wird. (S. 596).

Gleichzeitg läßt er sich in seiner höchsten Not für keinen sozialen Protest einspannen (S. 596) und steuert immer mehr auf Provokation und Konflikt zu. Das »Verrohen«[54] des 'Ntoni als Trinker, als Taugenichts auf Kosten seiner Mätresse Santuzza, sowie als Raufbold ist nur als Vorstufe zum Konflikt mit dem Gesetz zu verstehen und nicht mit einer arbeitsethischen Verwahrlosung gleichzustellen.[55] Denn auf diesem Weg kann es 'Ntoni möglich werden, den von ihm gesuchten Konflikt als sozialer Konfliktträger auszutragen. Er will den Konflikt auf eine Art und Weise austragen, die ihm die Möglichkeit offenhält, sich gegenüber dem Familien-Ehrenkodex konform zu verhalten,[56] denn nur so wird es ihm erlaubt, sich trotz der Straftat und noch vor dem Gerichtsurteil als Opfer zu verstehen. Mit dieser Grundhaltung bestätigt sich 'Ntoni als eminenter Vertreter: »aller urwüchsigen Gestalten, die bei Verga im Besitz eines bedrohlichen Bewußtseins ihrer Opferlage sind.«[57]

Und trotz seiner bewiesenen Straftat bestätigt ihn der Prozeßverlauf in seiner Rolle als Opfer. Da 'Ntonis Rechtsanwalt, um einen günstigen Ausgang des Prozesses zu erzielen, das Dorfgerücht im Gerichtssaal als Beweis anführt, daß Lia »etwas mit Don Michele hatte und daß 'Ntoni um seine Ehre wiederherzustellen, ihn hat umbringen wollen« (S. 627), wird 'Ntoni de facto für einen straf-

---

53 Vittorio Spinazzola, *Verismo e positivismo*, ebd., S. 129.

54 Francesco Torraca, *Saggi e rassegne*, ebd., S. 216.

55 Francesco Torracas These wird über Luigi Russo, *Giovanni Verga*, 1920, ebd., S. 174, von Vittorio Spinazzola, *Verismo e positivismo*, ebd., als *traviamento* und *incanaglimento* umgesetzt, S. 136 u. S. 181. Noch vor Giovanni Verga hatte Napoleone Colajanni, *La delinquenza della Sicilia e le sue cause*, Palermo 1865, auf die soziale Konfliktbereitschaft der heimkehrenden Soldaten und Emigranten hingewiesen, S. 60, ferner vgl. Giuseppe Scalise, *L'emigrazione dalla Calabria*, Napoli 1905, S. 76.

56 Im Kontext der von Giovanni Verga oft dargestellten Tragik um den Kodex der Familien- und Mannesehre vgl. den Schlußsatz aus der Novelle *Jeli il Pastore* in: *Le novelle*, Nicola Merola (Hg.), ebd., Bd. I, S. 179.

57 Dino Garrone, *Giovanni Verga*, Firenze 1941, zitiert als *L'umorismo verghiano nella rappresentazione dei primitivi* nach Enrico Ghidetti, *Verga*, ebd., S. 209.

baran Vorgang verurteilt, den er de jure niemals hätte begehen können, da Lia sich bis dahin nichts hat zuschulden kommen lassen.

Die kodexkonforme Verbindung von objektiver Straftat und subjektivem Unschuldsgefühl bei 'Ntoni macht ihm den Weg zur Sühne frei. Aufgrund eines juristischen Racheakts, d. h. wegen einer Attacke mit einem Messer auf den Dorfgendarmen Don Michele, kommt 'Ntoni für fünf Jahre ins Gefängnis. Nun kann er durch die ungerechte Strafe seine Schuld am Tod der Mutter büßen. Die Strafe wird insofern als ungerecht von ihm empfunden, weil er als Schmuggler weder in seinen Augen, noch im Urteil der Gemeinde das geltende Recht verletzt hat (S. 617) und weil er dem Konkurrenten um die Gunst der Santuzza (S. 610), der gleichzeitig de jure als Verführer seiner jüngsten Schwester galt, nach den geltenden Ehrenkodexregeln begegnet war. Er kann sich daher im Einklang mit den Erwartungen der Gemeinde als Opfer der Obrigkeit verstehen. Ohne es zu wissen, ist er in der Tat ein wirkliches Opfer der korrupten Obrigkeit, da seine Mätresse und Wirtin Santuzza ihn hat fallen lassen müssen, nachdem Massaro Fortunato ihr angedroht hatte, keinen Wein mehr zu liefern, weil sie den Gendarmen abweist, der immer dafür gesorgt hat, daß sein Wein ins Dorf geschmuggelt worden ist.

Nach fünf Jahren Gefängnis fühlt sich 'Ntoni von der Schuld am Tod der Mutter insoweit befreit, als daß er nach der Rückkehr ins Dorf zu der Feststellung kommt: »Damals wußte ich ja von gar nichts, und ich wollte hier nicht bleiben aber heute, wo ich alles weiß, muß ich gehen.« (S. 647)

Da dieser Satz kurz danach folgendermaßen wiederholt wird: »Als fände er den Mut nicht mehr, sich loszureißen, jetzt, wo er alles vom Leben wußte« (S.647), darf man annehmen, daß ein schmerzhafter Erkenntnisprozeß zu Ende geführt worden ist und daß nach der vollzogenen Sühne auch die Trauer um den Tod der Mutter abgeschlossen werden kann, selbst wenn ihm der Schmerz durch die bevorstehende Trennung vom Geburtshaus erneut bewußt wird.[58]

Der Gang durch das Geburtshaus vor der Abfahrt gleicht der Feststellung der erreichten, jedoch bitteren Emanzipation von 'Ntoni zum Erwachsenen,[59] denn nach dem Tod des Großvaters ist es dem jüngsten Bruder mit seiner Frau Nunziata gelungen, das Haus bei dem Mispelbaum mit neuem Leben und bescheidenem Wohlstand zu füllen, und nun gäbe es wirklich keinen Grund mehr zur Auswanderung bzw. nun sind für 'Ntoni die mit der Mutter ausge-

---

58   Die Sekundärliteratur, die die Emigration ausgespart hat, greift auf biblisch-klassische Erklärungsmodelle zurück: Luigi Russo, *Giovanni Verga*, 1974, ebd., S. 167-68; Massimo Bontempelli, *Giovanni Verga. Discorso tenuto per il centenario della nascita*. Reale Accademia d'Italia, Nr. 36, Roma 1940, S. 11; Pio Fontana, *Coscienza storico-esistenziale e mito nei »Malavoglia«*. In: *Italianistica*, Jg. V, H. 1, Milano 1976, S. 45; Paolo Mario Sipala, *Il romanzo di 'Ntoni Malavoglia*, ebd., S. 32. u. Enrico Ghidetti (Hg.), *Giovanni Verga. Tutti i romanzi*, 3 Bde., Firenze 1983, Bd. I, S. XXXII.

59   Vgl. Emerico Giachery, *Verga e D'Annunzio*, Milano 1968, S. 172 oder Giuseppe Petronio, *I »Malavoglia« fra storia, ideologia e arte*. In: *Problemi*, Giuseppe Petronio (Hg.), Nr. 6 Sept./Dez. 1981, Palermo 1981, S. 217.

handelten Voraussetzungen so zutreffend und auch innerhalb der Hauswirtschaft inzwischen so stimmig, daß er den Akt der Auswanderung noch einmal
vollziehen kann.

In diesem Zusammenhang moniert Vittorio Spinazzola »einen schwerwie-
genden Bruch des Gesetzes des Wahrscheinlichen, das dem Verismus eigen
war«,[60] da seiner Meinung nach nicht ersichtlich ist, wieso gerade jetzt dem
jüngsten Bruder und seiner Frau die Wiederherstellung der anfänglichen Lage
der Familie Malavoglia gelungen ist.

Literarhistorisch gesehen könnte die Suche nach einem Happy-End à la
Manzoni hier genauso wie das Märchenprinzip eine Rolle gespielt haben, wonach der jüngste Sohn dort erfolgreich sein wird, wo beide älteren Brüder gescheitert sind.[61] Pino Arlacchis Studien über die italienische Auswanderung
belegen, daß gerade die Abwesenheit akuter Armut »in der Familie als Wirt-
schaftsunternehmen« häufig die stimmige Voraussetzung für die Auswanderung war:

> »Das Vorhandensein eines sozioökonomischen Geflechtes und einer Kultur, die sich
> beide auf die Familie als Wirtschaftsunternehmen und auf eine Gegenseitigkeit stüt-
> zen – auch wenn sie durch die herrschenden Kräfte des Marktes in eine schwere
> Krise geraten sind –, dies bleibt der ausschließliche Bezugspunkt der sozialen Aktio-
> nen des Einzelnen und macht in der Folge einer großen Anzahl von Menschen die
> Auswanderung erst möglich, indem sie wirtschaftlicher Not und anderen Schwie-
> rigkeiten, die der Auswanderung an sich im Wege stehen, abhilft.«[62]

Und genau diese Tatsache hatte Verga bei der ersten Abfahrt von 'Ntoni schon
einmal betont, denn dieser war zu einem Zeitpunkt abgereist, als das »Unternehmen Malavoglia«, wie es zu Recht von Vittorio Spinazzola hervorgehoben
wird, sich »in einer Erholungsphase«[63] befand, die erst durch den Tod der Mutter beendet wird. Insofern kann die These von Pieter de Meijer aus dem Jahr
1969, daß »'Ntoni nicht für die jungen Sizilianer steht, die zu jener Zeit in ferne
Länder auswanderten, um ihr Glück zu suchen«, verständlich und einleuchtend erscheinen, solange man sie als Ausdruck eines unspezifischen Gegen-
satzes zwischen Trezza und der weiten Welt betrachtet.

> »Verga hat sich nicht für jemanden entschieden, der keine Möglichkeit sieht, in sei-
> nem eigenen Dorf Arbeit zu finden, und auch nicht für einen jungen Mann, der
> wegen der armseligen Verhältnisse der Familie, in der er geboren ist, fortgehen muß,
> sondern für einen Menschen, der weggehen will, wenn auch aus Gründen, die teil-
> weise durchaus wirtschaftlicher Natur sind.«[64]

Angesichts der jüngsten Ergebnisse aus der soziohistorischen Forschung über
die wirtschaftliche Lage der Auswanderer vor der Abfahrt ist die Darstellung

---

60 Vittorio Spinazzola, *Verismo e positivismo*, ebd., S. 196.
61 Vgl. Erster Teil: II,4,a.
62 Pino Arlacchi, *Mafia contadini e latifondo nella Calabria tradizionale*, Bologna
    1980, S. 71.
63 Vittorio Spinazzola, *Verismo e positivismo*, ebd., S. 181.
54 Pieter De Meijer, *Costanti del mondo verghiano*, Caltanissetta/Roma 1969, S. 214,
    aber auch S. 218.

von Pieter de Meijer als hinfällig zu betrachten. Dies wird um so notwendiger, wenn seine Vorstellung von Auswanderung anhand des historischen Verlaufs und der Ziele der sizilianischen Auswanderung zur Zeit von *I Malavoglia* überprüft wird:

> »Man stellte die Rechnung auf, daß 1871 nur 3,36% der Italiener im Ausland Sizilianer waren, und Bodio glaubt, daß auf 100 Bewohner Siziliens nicht mehr als 0,54% Auswanderer fielen. Ferner schätzt er, daß von 100 ausgewanderten Sizilianern 26,46% in Europa geblieben sind, 8,4% nach Amerika, 3,26% nach Asien, 61,12% nach Afrika und 0,76% nach Ozeanien gegangen sind.«[65]

An diesem Wendepunkt in 'Ntonis Leben erfährt Alberto Asor Rosas Eingangsthese eine erste Bestätigung. Dank der Fähigkeit des Autors, sein ästhetisches Vorhaben jenseits jeder »populistischen Hoffnung und sozialistischen Verlockung«[66] anzuwenden, ist es nach Asor Rosa Verga offensichtlich gelungen, an die »tiefe historische Wahrheit« der Auswanderung heranzukommen, die sich der Rezeption seiner Werke versperrt hat.

c) Verschmelzung der Erzählperspektiven

Das Zurücktreten des Autors

Wenn bis hier die sozial-psychologische Dimension des XI. Kapitels bewußt in den Mittelpunkt gerückt worden ist, dann deswegen, weil sie als Übergang zwischen autobiographischen Elementen aus dem Leben des Autors und sozio-ökonomischen Komponenten der damaligen Gesellschaft dazu beiträgt, 'Ntonis gesellschaftliche Konfliktsituation zu erfassen und zu erhellen. Ohne hier verschweigen zu wollen, daß Ergebnisse der Psychoanalyse in sozialen Bereichen wie Ehe und Familie helfen können, wichtige Aspekte der literarischen Verarbeitung eines Sozialphänomens wie der Auswanderung zu erfassen, die mit den groben Rastern der Geschichte, der Soziologie und der Wirtschaft allein kaum zu erfassen sind.[67]

Wenn nun hier die Ausgangsposition der literarischen Vorlage auf Überlagerungen mit Zeugnissen aus dem Lebenslauf des Autors überprüft werden soll, geschieht dies nicht, um auf einige entscheidende Ereignisse aus der Biographie des Autors hinzuweisen, die in das XI. Kapitel des Romans eingegangen sind, sondern weil schon Giacomo Debenedetti in diesem Kontext mit Recht festgestellt hat, daß »wenn es einen Künstler gibt, der sich ganz dem strengen Gesetz unterworfen hat, hinter sein Werk zurückzutreten, dies Giovanni Verga sei.«[68]

---

65 Leopoldo Franchetti/Sidney Sonnino, *La Sicilia nel 1876*, ebd., S. 330.

66 Alberto Asor Rosa in: *Scrittori e popolo*, ebd., S. 61.

67 Ercole Sori, *L'emigrazione italiana dall'Unità alla seconda guerra mondiale*, ebd., S. 5.

68 Giacomo Debenedetti, *Saggi*, Franco Contorbia (Hg.), Milano 1982, Abschnitt »Presagi del Verga«, S. 208.

Was wiederum besagt, daß die Spuren dieses »Zurücktretens« im Roman erfaßbar sind, d. h. aufgedeckt werden müssen. Hierzu gehören und sind kaum
zu übersehen:

– die bedrängenden Probleme des erstgeborenen Sohnes Giovanni, der als
angehender Schriftsteller seinen immer länger werdenden Aufenthalt erst in
Florenz (1869) und dann in Mailand (1872-1893) gegenüber der Mutter von
Anfang an rechtfertigen mußte.[69]

– der frühzeitige Tod des Vaters (1863) und die daraus resultierende persönliche Verpflichtung und finanzielle Verantwortung des Autors gegenüber
den jüngeren Geschwistern.[70]

– der Tod der Mutter (Ende 1878) mitten in der letzten Phase der Niederschrift des Romans *I Malavoglia* und die daraus entstandene zeitweise Unfähigkeit, an dem Roman weiter zu arbeiten.[71]

Die Verga-Kritik hat frühzeitig auf die Übereinstimmung zwischen der konfliktreichen Mutter-Sohn-Beziehung und einigen Figuren aus den Werken von
Verga hingewiesen.[72] Zuletzt hat P. Guarino im Jahre 1967 folgende Synthese
geliefert:

> »Vieles in den Malavoglia, vor allem die Gestalt der Longa, das Verhältnis 'Ntonis zu
> seiner Mutter, der Tod der Mutter und 'Ntonis Fortgehen, das als «Frevel« und »ver-
> hängnisvoll« hingestellt wird, läßt sich sicher ohne diese schmerzliche persönliche
> Erfahrung [Vergas] nicht erklären; aber auch ganz allgemein muß man als charakte-
> ristisches Beispiel einer historischen Situation das intuitive Erfassen des Verhältnis-
> ses zwischen seinem unsteten und wurzellosen Leben in einer verständnislosen Welt
> und der unaufhaltsamen Auflösung seiner Familie auf dieses elementare Ereignis
> zurückführen.«[73]

Ungeachtet dieser externen Anhaltspunkte läßt sich eine verbindliche textuelle Übereinstimmung zwischen Biographie und Roman anhand eines Vergleiches des Entwurfs zu *I Malavoglia* mit der endgültigen Fassung des XI. Ka-

---

69 Vgl. Brief an die Mutter vom 2. Juli 1869 aus Florenz, in: Nino Cappellani, *Vita di Giovanni Verga*, 2 Bde., Firenze 1940, Bd. I, S. 83-85, und Federico De Roberto *Casa,
   Verga e altri saggi*, Carmelo Musumarra (Hg.), Firenze 1964, S. 140-41.

70 Vgl. den Brief vom 7. Mai 1960 aus Florenz an den Bruder in: Lina Perroni, *Lettere di
   Giovanni Verga*, Bd. II. *Per Firenze, Via dell'Alloro*. In: *L'Italia letteraria*, Jg. VI,
   20. Juli 1930, Roma 1930, S. 1-2.

71 Vgl. Gino Raya, *Carteggio Verga-Capuana*, Roma 1984, S. 70, sowie Giulio Cattaneo,
   Giovanni Verga, Torino 1963, S. 164.

72 Anhand der Briefe an die Mutter hat Lina Perroni Giovanni Vergas unmittelbaren
   Bezug zu den Protagonisten aus den Romanen unterstrichen, die vor *I Malavoglia*
   entstanden sind, was nicht ausschließt, daß Giovanni Verga in *I Malavoglia* ein
   zweites Mal auf die Erfahrungen aus seiner ersten und zweiten Abfahrt nach Florenz bzw. nach Mailand zurückgreift. Vgl. Lina Perroni, *Lettere di Giovanni Verga a
   sua madre*. In: *L'Italia letteraria*, Jg. VI, Roma 1930, Brief vom 20. und 27. Juli 1930
   S. 1-2 und vom 3., 10., 17. und 24. August 1930 S. 3.

73 P. Guarino, *A proposito della conversione del Verga*. In: *Belfagor*, Jg. XXII Nr. 2, Firenze 1967, S. 191-92.

pitels feststellen. Es geht hier um die Umkehrung in der Abfolge zwischen dem Tod der Mutter und der Abfahrt von 'Ntoni aus dem XI. Kapitel, so wie sie der Autor bei der Niederschrift des Kapitels gegen seinen festgelegten Entwurf vollzogen hat. Denn während im Entwurf die Kette der Ereignisse folgendermaßen festgelegt ist »Januar 1867: Abfahrt 'Ntonis – Cholera – Tod der Mutter – Don Michele,«[74] hat sich der Autor bei der letzten Fassung des Romans, für den gegenteiligen Ablauf der Ereignisse entschieden.

Insofern kann die geplante Abfolge aus dem Entwurf nicht anders als die naheliegende Wiederaufnahme des gescheiterten Versuches von Pietro Brusio aus *Una peccatrice* verstanden werden, die in *I Malavoglia* durch die geänderte Fassung des XI. Kapitels restlos übersprungen worden ist.

Giuseppe Antonio Borgese verdankt man die Aufdeckung dieser Folgeumkehrung als Beweis eines vollzogenen »Zurücktretens«[75] des Autors bei der Verarbeitung eines autobiographischen Motivs. Dort wo Giuseppe Antonio Borgese schreibt, daß die Übernahme der Cholera durchaus nach Manzonis Vorbild als regulatives Instrument, »das die Bösen vernichtet und die Guten rettet,«[76] zu verstehen sei, setzt er seine Argumentation in einer Art und Weise fort, die Anlaß zu der Annahme gibt, daß seine Erklärung nicht frei von psychoanalytischen Implikationen ist: »Auch der ›Verist‹ Verga greift ein, und sein Eingreifen ist so intelligent wie weitsichtig, aber von einer Weitsichtigkeit, die etwas von Leopardis Heimtücke (sic!) hat. Die Cholera rafft die Longa dahin, verschont aber den grausamen Crocifisso.«[77]

Die Umkehrung der Abfolge zusammen mit der Umkehrung des Vorbildes Manzoni gibt Anlaß genug, den Tod der Mutter im Roman vielschichtig zu verstehen.[78] Die Verarbeitung tiefgreifender Konflikte zwischen dem Autor und seiner Mutter in *I Malavoglia* lassen sich kaum leugnen, wie die Niederschrift dieser Teile des Romans selbst beweist:

> »Es ist bemerkenswert, daß bei all den Korrekturen, Unschlüssigkeiten und Überarbeitungen des Werkes die Seiten, wo die Mutter oder der Großvater voller Kummer mit 'Ntoni, der fortgehen möchte, ein Gespräch führen, fast von der ersten Niederschrift an ihre endgültige Form behalten haben.«[79]

Es handelt sich um Konflikte, die bis in die letzte Fassung des Romans hineinreichen, d. h. die den Autor dazu verleitet haben, die ursprüngliche Lösung des

---

74   Enrico Ghidetti, *Verga*, ebd., S. 63.
75   Vgl. Giacomo Debenedetti, *Saggi*, Franco Contorbia (Hg.), ebd., S. 208.
76   Giuseppe Antonio Borgese, *Tempo da edificare*, Milano 1923. Zitiert nach Enrico Ghidetti, *Verga. Guida storico-critica*, ebd., S. 202.
77   Ebd., S. 202.
78   Vgl. Bernard Chandler, *La storicità del mondo primitivo de I Malavoglia*. In: *Giornale Storico della letteratura italiana*, E. Bigi u.a. (Hgg.), Torino 1978, Bd. 155, S. 261.
79   Lina Perroni/Vito Perroni, *Storia de »I Malavoglia«*. In: *Nuova Antologia*, Roma 1940, Jg. LXXV, S. 110.

Entwurfs so zu ändern, daß Verga der Zugang zu einem der zentralen Bereiche der Emigrationsliteratur möglich geworden ist.

Im XI. Kapitel von *I Malavoglia* wird, abgesehen von den zaghaften Anfängen in Raffaele Martires Erzählung *Accanto a Cosenza*, zum ersten Mal festgelegt, daß eines der zentralen Themen der Emigrationsliteratur in dem Konflikt der Trennung von jener *Mère Méditerranée* und *Mère Patrie* bestehen soll, auf die schon Dominique Fernandez hingewiesen und zwar mit allen Nebenvarianten, die sich aus der Verbindungsmetapher *madre-madrepatria* ergeben können.

Eine Abfahrt 'Ntonis vor dem Tod der Mutter hätte eine andere Ausgangssituation für seinen Aufenthalt in der Fremde geschaffen. Eine solche Abfahrt wäre eher einem Akt der Emanzipation 'Ntonis in dem Ablösungkonflikt mit der Mutter gleichgekommen. Der darauffolgende Tod der Mutter wäre dann eine symbolische Bestrafung, jedoch eine Bestätigung der eingetretenen Trennung von der *madre-madrepatria* geworden.

Durch die geänderte Reihenfolge erhält das Scheitern 'Ntonis in der Fremde somit eine zweite Deutungsvariante, eine zusätzliche erzählerische Dimension. 'Ntoni muß scheitern, weil es ihm nicht gelungen ist, sich noch vor dem Tod der Mutter zur Abfahrt zu entschließen:»Er verzichtete auf die Abfahrt« (S. 572). Denn die Mutter hat ihm durch ihren Tod die emanzipierende Ablösung vereitelt, ihn zum»abgestillten Kalb« gemacht.

Wie wichtig diese Änderung für den ganzen Roman ist, zeigt sich an einer weiteren Änderung, die auf den Fahnen stattgefunden hat.[80] Damit ist der Romanschluß selbst gemeint, von dem noch zu sprechen sein wird. Hier sei nur auf die Übereinstimmung oder Parallelität der Entscheidung bei Verga hingewiesen und zwar immer als Beweis dafür, daß er sich auf der Suche nach einem Modell befindet, mit dem ihm die Möglichkeit geboten wird, die ganze Komplexität der Trennung von *madre-madrepatria* aufzunehmen, ohne in die Gefahr einer verkürzten Darstellung der Gegebenheiten zu geraten. In der Verknüpfung von ökonomischer Notwendigkeit und Entwicklungskonflikt in der Figur 'Ntoni kündigt sich ein Modell an, das konstitutiv für die Literatur der Auswanderung werden sollte. Daß zeitgenössische Autoren wie Edmondo De Amicis, Luigi Capuana und Giovanni Pascoli, die Emigration weiterhin als rein ökonomische Notwendigkeit und kaum als Flucht vor persönlichen und familieninternen Konflikten behandeln, daß diese Komplexität nur von Autoren jüngster Zeit, wie Saverio Strati, erkannt worden ist, bezeugt, wie frühzeitig und wie tief Verga kraft seiner künstlerischen Vorstellung in diese Problematik eingedrungen ist, ohne sie jemals beim Namen zu nennen.

Insofern muß als Zwischenbilanz festgehalten werden, daß, obwohl die Verbindungen zwischen der Kunstfigur 'Ntoni und der historischen Dimension der Auswanderung durch die autobiographischen Motive des Autors deutlich überlagert sind, diese Gegebenheit keineswegs dazu führen soll, die

---

80 Vgl. Enrico Ghidetti, *Verga*, ebd., S. 64, und Paolo Mario Sipala, *Il romanzo di 'Ntoni Malavogia*, ebd., S. 32.

Thematik der Auswanderung im gesamten Roman mit Elementen aus dem Lebenslauf des Autors zu belegen oder zu erklären.[81]

Die von Verga nicht angestrebte Verdrängung seines Status als emigrierter
Intellktueller[82] oder die Verschmelzung der eigenen Erfahrungen mit den
kulturellen und sozio-ökonomischen Lebensbedingungen der sizilianischen
Gesellschaft seiner Zeit,[83] erweisen sich bei Verga lediglich als »Schlachtfeld«,
(S. 431) als vetrauter Ort, wo die Suche nach »Unpersönlichkeit«[84] am besten
vollzogen werden kann.

Impersonalità – Spersonalizzazione

Laut Alberto Asor Rosa ist Verga, um sein Ziel zu erreichen, sehr darum
bemüht, die eigene »große Entdeckung, daß nur Verlierer Verlierer darstellen
können«, einzulösen:

> »Aber diese Darstellung kann nur verwirklicht werden durch eine vollkommene In-
> trojektion des Dramas seiner Romanfiguren in das Innerste des Schriftstellers, d.h.
> sie ist erst dann möglich, wenn der Schriftsteller in seinem Innersten bereits selbst
> die Tiefen die Erfahrung der Niederlage durchgemacht hat, d. h. wenn in ihm, in der
> wohl einzig möglichen Art, die Voraussetzungen für eine«gewissenhafte Beobach-
> tung« herangereift sind.«[85]

So gesehen könnte sich in der Suche nach einem solch schwierigen Standort
der Auslöser verbergen, der zu der dargestellten ständigen Überprüfung von
wichtigen Übergangsstellen im Verlauf von 'Ntonis Geschichte und von jenen
anderen Stellen geführt hat, die im Roman in einem unmittelbaren Bezug zur
Thematik der Auswanderung stehen. Denn ausgehend von der angekündigten Überzeugung des Autors, daß »es schon viel bedeutet, wenn es [dem Be-
obachter] gelingt, sich für einen Augenblick aus dem Kampfschauplatz her-
auszuhalten, um den Kampf leidenschaftslos zu beobachten« (S. 431),[86]
konnte es ihm in dem spezifischen Kontext kaum um die Herstellung einer
endgültigen und beruhigenden »vollkommenen Introjektion des Dramas seiner Romanfiguren« gehen. Vielmehr offenbart sich hier der grundsätzliche
Zweifel eines Schriftstellers, der sich durch die eigene *conditio humana* und
die eigene Exponiertheit in Sachen Auswanderung zusätzlich Fehleinschätzungen bei der Herstellung der Realität des Kampfes ausgesetzt sieht und
sich deswegen um eine um so notwendiger gewordene »Entpersönlichung«[87]

81   Alberto Asor Rosa, »*Amor del vero*«. *Sperimentalismo e verismo*, ebd., S. 972.
82   Riccardo Bacchelli, *Confessioni letterarie*, Milano 1932, »L'ammirabile Verga«,
     S. 220.
83   Vgl. Paolo Mario Sipala, *Il romanzo di 'Ntoni Malavoglia*, ebd., S. 32.
84   Vgl. Natalino Sapegno, *Ritratto di Manzoni*, Bari 1961 S. 246.
85   Alberto Asor Rosa, *Il punto di vista dell'ottica verghiana*, in: *Letteratura e critica.
     Studi in onore di Natalino Sapegno*, (Hgg.) Walter Binni u.a., Roma 1975, Bd. II,
     S. 767.
86   Zitiert aus Giovanni Vergas Vorwort zu *I Malavoglia*, ebd., S. 431.
87   Vgl. Alberto Asor Rosa, *Il punto di vista dell'ottica verghiana*, ebd., S. 770.

bemühen muß. Angesichts der festgelegten Priorität seines Zieles spürte Verga um so mehr, daß ihm der Weg aus dem Schlachtfeld, der Weg aus der eigenen Leidenschaft, keineswegs sicher war.

Daß es ihm trotzdem und dank der Unmittelbarkeit der eigenen Erfahrungen gelungen ist, die »Unpersönlichkeit« der Ereignisse auch im Bereich der Auswanderung durch »Entpersönlichung« und mittels schriftstellerischer »Fähigkeit zur ausdrucksgebenden Umwandlung und Verdichtung«[88] herzustellen, hat mit der konkreten und präzisen Vorstellung dessen zu tun, was die Auswanderung als Sozialphänomen an sich gewesen ist, aber auch mit der persönlichen Vorstellung von Verga, wie sie zu vollziehen sei, damit sie sich ihrem Wesen nach als erfolgreich erweisen kann.

Der Schriftsteller, der den Kampf ohne Leidenschaft erforschen will, um eine Darstellung der Realität vorzunehmen, »so wie sie gewesen ist, oder so wie sie hätte sein können,«[89] hält gerade in diesem Kontext an der gewesenen Realität sowie an der möglichen Variante der Realität fest und läßt 'Ntonis Abfahrt zweimal stattfinden.

d) Modelle für eine Emigrationsliteratur

Die Erzählpole in der Emigrationsliteratur

Daß Verga von vornherein an die historische Auswanderung außerhalb Italiens gedacht hat, geht aus den zwei Städtenamen Trieste und Alessandria d'Egitto hervor, die er am Anfang des XI. Kapitels von *I Malavoglia* als geo-historische Gegenpole zu Trezza, als die Zielorte der Auswanderung seiner Zeit bekanntgibt. Obwohl die Verga-Kritik mit Alberto M. Cirese[90] und mit Wido Hempel[91] ihre Aufmerksamkeit ausschließlich auf die erste Funktion der Städtenamen gerichtet hat, steht Trieste hier stellvertretend für die damalige Einwanderung in die Länder der österreich-ungarischen Monarchie, so wie es in einer Arbeit von A. V. Pigafetta aus dem Erscheinungsjahr von *I Malavoglia* belegt wird. Hier die bevorzugten Auswanderungsländer der letzten drei Jahre:

---

88 Benjamin Crémieux zu *L'arte epica del Verga*, zitiert nach Enrico Ghidetti, *Verga*, ebd., S. 208.

89 Es handelt sich hier um den Schlußsatz aus dem Vorwort zu *I Malavoglia*, Giovanni Verga, *I Malavoglia*, ebd., S. 431.

90 Alberto M. Cirese, *Il mondo popolare nei Malavoglia*, ebd., S. 85.

91 Wido Hempel, *Giovanni Vergas Roman I Malavoglia und die Wiederholung als erzählerisches Kunstmittel*, Köln/Graz 1959, S. 159-60. Ferner Giovanni Sinicropi, *La natura nelle opere di Giovanni Verga*. In: *Italica*, XXXVIII 1960, S. 89-108. Zu weit geht Dorothe Böhm, *Zeitlosigkeit und entgleitende Zeit als konstitutive Dialetik im Werke von Giovanni Verga*, Münster 1967, wenn sie schreibt, daß Trieste und Alessandria d'Egitto eine symbolische Funktion übernehmen, »weil niemand weiß, wo sie liegen.« S. 84, ferner S. Bernard Chandler, *La storicità del mondo primitivo de I Malavoglia*, ebd., S. 260-61.

	1877	1878	1879
Österreich-Ungarn	17.944	18.391	18.617
Frankreich	33.333	33.552	39.713
Schweiz	13.498	10.782	10.401[92]

Alessandria d'Egitto dagegen gehörte zu den Hafenstädten, die sich als Zielorte einer jahrhundertelangen Handels- und Auswanderungtradition aus ganz Italien im Mittelmeerraum konstituiert hatten, welche die Kolonialpolitik des faschistischen Italien nicht überdauern werden:[93] »Die Auswanderung aus Sizilien in die östlichen Mittelmeerländer und nach Ägypten erfolgt besonders vom Hafen von Messina aus, nach Tunesien und Algerien von Trapani und nach Nordamerika von Palermo und Messina.«[94]

Die historische Genauigkeit der Zielorte Trieste und Alessandria d'Egitto korrespondiert mit einer genauso korrekten Darstellung der Notlage der Fischer, Bauern und Handwerker, die sie dazu zwingt, das Land zu verlassen. Dies wird in 'Ntonis Argumenten gegenüber dem Großvater und der Mutter im XI. Kapitel des Romans dargestellt, wie auch am Beispiel des Verhaltens des Vaters von Nunziata und des in der Fremde reich gewordenen Compare Cipolla an anderen Stellen des Romans. In der Darstellung aller Auswanderungsfälle hält sich Verga an das sich damals abzeichnende Grundmodell in der Emigrationsliteratur, wonach weder die Reise noch das Leben in der Fremde beschrieben wird.[95] Die Pole des Erzählens sind die Zeit vor der Abfahrt, die Zeit der konfliktuellen Entscheidung und der Vorbereitung zur Aus-

---

92 A.V. Pigafetta, *Alcune considerazioni sull'emigrazione italiana*. In: *La rassegna nazionale*, Bd. 5, 3.Jg., Firenze 1881, S. 473. Schon davor hatte Giacomo Zanella in dem Gedicht *La posta in campagna* (1882) den Brief von Andrea dall'Ungheria erwähnt. *Poesie di Giacomo Zanella. Prima edizione completa con un saggio sul Poeta di Arturo Graf*, Firenze 1928, S. 512-15. – Francesco Coletti, *Cinquanta anni di storia italiana 1860-1910*, 3 Bde., Bd. III, »Dell'emigrazione italiana«, Milano 1911, S. 64 u. S. 134, sowie Ercole Sori, *L'emigrazione italiana dall'Unità alla seconda guerra mondiale*, ebd., S. 28-32.

93 Vgl. Francesco Coletti, *Cinquanta anni di storia italiana 1860-1910*, Bd. III, S. 81 u. S. 94-95.

94 Leopoldo Franchetti/Sidney Sonnino, *La Sicilia nel 1876*, ebd., S. 330; Antonio Gramsci, *Quaderni del carcere*, Valentino Gerratana (Hg.), Bd. I-IV, Bd. I, Torino 1975, Quaderno 2, 1929-1933, 63 »Italia e Egitto«, S. 218-19; Francesco Renda, *L'emigrazione in Sicilia*, Palermo 1963, besonders Kap. II, »Sviluppo Demografico ed emigrazione all'estero nei primi cinquanta anni di vita unitaria (1861-1911)«, sowie Robert Paris, *L'Italia fuori d'Italia*, in: *Storia d'Italia*, Bd. 4, Hbd. I, Torino 1975, S. 507-818, dort Kap. II »L'Emigrazione«, Abschnitt 6, »Gli italiani in Egitto«, S. 553-57. Literarische Belege der italienischen Einwanderung in Ägypten finden sich im gesamten Werk von Giuseppe Ungaretti sowie in dem späteren Roman von Enrico Pea, *Rosalía*, Roma 1943, vgl. Gaetano Trombatore, *Un lucchese in Egitto*, in: *Scrittori del nostro tempo*, Palermo 1959, S. 29-34.

95 Zur Anknüpfung an vorhandene Modelle vgl. S. Bernard Chandler, *La forma e il significato dei Malavoglia*. In: *Esperienze letterarie*, Jg. V Nr. 1, Jan./März 1980, Napoli 1980, S. 47-50, besonders S. 54.

wanderung sowie die Heimkehr, d. h. der Moment der Sozialkontrolle über die erbrachten Leistungen.

Die Prägnanz, mit der dieses Vorhaben von Verga vollzogen wird, hat z. B. dazu geführt, daß Wido Hempel beide Pole, wenn auch in entgegengesetzter Richtung und außerhalb der Thematik der historischen Auswanderung als konstitutive Hauptthemen besonders hervorgehoben hat: »So drängt sich die Frage auf, ob das Thema der Rückkehr nicht ein Gegenthema zu dem bisher betrachteten, dem des Auszugs in die Ferne bilde; womöglich gar ein optimistisches Gegenthema zu dem pessimistischen Hauptthema.«[96]

Dagegen beschränkt sich Vittorio Spinazzola im Gefolge von Mario Alicata darauf, auf das Aussparen von 'Ntonis Leben in der Fremde hinzuweisen. Er vermag daran kein konstitutives Merkmal für eine Literatur der Emigration auszumachen. Die Tatsache, daß er diesen strukturellen Hinweis als irrelevant eingestuft hat, könnte erklären, wieso in seiner Arbeit auf die Auswanderung als Interpretationsmotiv bei Verga nicht deutlicher eingegangen wird, obwohl es ihm gelungen ist, aufgrund von 'Ntonis Konflikten mit Recht eine Vor-Auswanderungssituation in Trezza auszumachen.[97] Auf der einen Seite erkennt Spinazzola 'Ntonis vorläufigen Zwang zum Zölibat als Bestandteil der Konflikte mit dem Großvater, auf der anderen Seite negiert er ihn als Auslöser der Auswanderung, denn seiner Meinung nach entscheidet sich 'Ntoni, das Dorf zu verlassen, weil Barbara nichts mehr von ihm wissen will.[98]

Ein weiterer gravierender Deutungsunterschied sei noch erwähnt. Wenn man 'Ntonis Wunsch, genau wie die Leute in der Stadt nichts zu tun,[99] außerhalb einer Auswanderungsoptik zu deuten versucht, ließe sich diese von 'Ntoni praktizierte Haltung leicht als Arbeitsverweigerung, als »genießerisches Hingeben an den Müßiggang« und als »Verirrung« mit Luigi Russo,[100] oder sogar als »Zum-Schurken-Werden« mit Vittorio Spinazzola mißverstehen.[101]

Ausgehend von einer externen Fragestellung gerät die Kritik von Francesco Torraca[102] bis Vittorio Spinazzola mit ihrem Urteil über 'Ntonis Arbeitsverweigerung in eine gewiß nicht gewollte, aber verhängisvolle Nähe zu einem gängigen Vorurteil der Gegner der Auswanderung aus der Zeit, in der Verga an *I Malavoglia* arbeitete. Nach Antonio Caccianiga waren »der Müßiggang, die Unwissenheit, die Starrköpfigkeit, der Neid, der Geiz und alle jene Laster, die das Land unter dem Deckmantel des Unglücks, der Not und des Hungers zugrunde richteten,« Ursache der Auswanderung und sogar bei A. V. Pigafetta, der kein Gegner der Auswanderung war, kann man lesen: »Ohne die Emigra-

---

96 Wido Hempel, *Giovanni Vergas Roman I Malavoglia und die Wiederholung als erzählerisches Kunstmittel*, ebd., S. 207-08.

97 Vgl. Vittorio Spinazzola, *Verismo e positivismo*, ebd., S. 129.

98 Ebd., S. 191.

99 Ebd., S. 174.

100 Luigi Russo, *Giovanni Verga*, Bari 1974 (1955), S. 166.

101 Vittorio Spinazzola, *Verismo e positivismo*, ebd., S. 181.

102 Vgl. Francesco Torraca, *Saggi e rassegne*, ebd., S. 215-16.

tion würde sich die Zahl der Unzufriedenen, der Müßiggänger und vielleicht auch der Rebellen erhöhen.«[103]

Im Konflikt des Weggehen-Wollens und Nicht-Dürfens, bzw. im »Bruch zwischen Denken und Handeln«,[104] spiegelt sich die Unmöglichkeit wider, in die der Abfahrtswillige sich verstrickt hat. Eine Unmöglichkeit, die aus dem Unbehagen an der kodifizierten Soziallage am Auswanderungsort besteht, das letztendlich den Konfliktträger in die Fremde verschlagen wird und nicht vor Ort gelöst werden kann, wie es auch bei dem erfolgreichen Alfio Mosca der Fall gewesen ist. Das Grunddilemma lautet: Am Geburtsort läßt sich niemals das erreichen, was einen in die Fremde zieht oder zwingt.

Da die Arbeitsverweigerung von der Öffentlichkeit weder als Ausdruck von Unbehagen verstanden werden kann, noch als Kritik an der bestehenden gesellschaftlichen Ordnung zugelassen werden darf, wird ihr mit der offenen Anschuldigung der Faulheit begegnet. Ein Vor-Urteil im wahrsten Sinne des Wortes, das in der Erzählung *Accanto a Cosenza* von Raffaele Martire auftritt und das kaum mit dem Nachweis aus der Welt geschafft werden kann, daß der Abfahrende aus Arbeitsgründen seinen Gerburtsort verlassen wird. Insofern hat man es bei Verga eher mit einem typischen Konfliktmerkmal zu tun, das mit der aufkommenden Literatur um die Auswanderung zusammenhängt, als mit einer Haltung, die allein auf 'Ntonis Charakter zurückzuführen ist.

Daß selbst Vittorio Spinazzola es nicht vermocht hat, diese einengende Rezeptionshaltung der Konflikte in 'Ntonis Verhalten zu sprengen, hat auch damit zu tun, daß in seinem Beitrag, wie auch in der übrigen Rezeption, nicht gebührend berücksichtigt worden ist, daß Verga mit einer nicht zu übersehenden Obsession 'Ntonis Unbehagen, Konflikte und Entscheidung in einen größeren Kontext eingebettet hat.

Mobilität ohne Rückkehr

Diese Obsession findet sich in der Hauptthese, mit der Verga betont, daß von der Auswanderung keine Rückkehr möglich ist. Diese Unmöglichkeit wird von ihm in allen fünf Auswanderungsfällen, die im Roman geschildert werden, wiederholt. Schon auf der ersten Seite des Romans kündigt Verga an, daß die Unmöglichkeit der Rückkehr für seine Vorstellung der Auswanderung kein unwesentliches Element ist: »Die Stürme, die die anderen Malavoglia hierhin und dorthin vertrieben hatten« (S. 433).[105] Der Leser, der über die Tragweite dieser Metapher keinen Zugang zur historischen Auswanderung und zur Unmöglichkeit der Rückkehr gefunden hat, erhält von Verga einen nicht

---

103   A.V. Pigafetta, *Alcune considerazioni sull'emigrazione italiana*, ebd., S. 468. Widerspruch kam u.a. von Benedetto Croce, *Storia del Regno di Napoli*, Bari 1925, S. 271.

104   Vgl. Helmut Meter, *Figur und Erzählauffassung im veristischen Roman*, ebd., S. 34-37 u. S. 36.

105   Vgl. Francesco Coletti, *Cinquanta anni di storia italiana 1860-1910*, ebd., Bd. III, »Dell'emigrazione italiana«, S. 270.

zu übersehenden Hinweis im II. Kapitel, wo Nunziata mit dem Satz eingeführt wird: »Das arme Kind! wie konnte man es nur bestehlen, wo es doch so schwer arbeitete, um alle die Brüderchen durchzubringen, die ihm der Vater auf den Hals geladen, als er es hatte sitzen lassen, um in Alexandria sein Glück zu suchen.« (S. 445)

Und im XI. Kapitel erfährt der Leser, daß der erfolgreiche Großvater Cipolla genauso wenig zurückgekommen ist wie der nicht so erfolgreiche Vater von Nunziata. Die erfolgreichen Matrosen, die durch ihr Auftreten das Dorf in Unruhe versetzt hatten, sind wieder abgefahren.

Alfio Mosca, der nach seiner Rückkehr den Satz wiederholt: »wenn einer sein Dorf verläßt, dann ist es besser, er kehrt niemals zurück« (S. 632, 640, 641), muß erfahren, daß die eingetretene Rückkehr nicht stattfinden kann. Er hat das erreicht, was er sich vorgenommen hatte. Er hat seinen Esel durch ein Maultier ersetzen können; dennoch wird er die geliebte Mena nicht heiraten dürfen, obwohl sie ihn nach wie vor liebt und es ihm in der Fremde gelungen ist, sich von seinem sozialen Status als Habenichts zu befreien. Mena ist in der Zwischenzeit aufgrund der falschen Entscheidung eines anderen Auswanderers nicht mehr heiratswürdig, denn sie ist Schwester einer Prostituierten geworden.

An Alfio Moscas Auswanderungsfall wird zusätzlich deutlich, was für Verga Auswandern bedeutet. Wenn man den Entwurf des Romans mit der endgültigen Ausarbeitung vergleicht, entdeckt man, daß im Fall von Alfio Mosca eine durchgehende Unsicherheit bei der Festlegung des Zielortes seiner Auswanderung vorliegt. Laut Entwurf sollte er ursprünglich und zwar nach dem Mißerfolg der Malavoglia, nach Alessandria d'Egitto auswandern.[106] Später ist vorgesehen, daß er nach Augusta (Sizilien)[107] auswandert bzw. daß er nach seiner Rückkehr aus Alessandria d'Egitto Mena heiratet und wieder auswandert, aber nach Augusta.[108] Im Roman ist weder von Alessandria d'Egitto noch von Augusta die Rede. Alfio Mosca wandert nach Bicocca aus: »wo die Leute wie die Fliegen an der Malaria sterben« (S. 516). Die Ironie aus der phonetischen Identität »Mosca come le mosche« dient als Vorwegnahme der Lebensgefahr, der sich Alfio Mosca durch seinen Weggang aus Trezza aussetzen wird. In der Tat wird er dort an Malaria erkranken, aber nicht sterben und er kommt mit einem »wohlgenährten Maultier zurück, das ein glänzendes Fell hat« (S. 631), als Symbol für Alfios Erfolg. Da er nach gelungener Bewältigung der Gefahr, Mena nicht heiraten kann, wird aus dem wirtschaftlichen Erfolg letztendlich eine bestrafende Niederlage.[109] Aber wieso oder wofür wird er bestraft?

---

106 Enrico Ghidetti, *Verga. Guida storico-critica*, ebd., Partenza di Alfio per Alessandria, S. 63.
107 Ebd., S. 67.
108 Ebd., S. 69.
109 Zu Alfio Mosca »als einem eindrucksvollen Symbol« des Verlangens nach Aufstieg durch Auswanderung vgl. René König, *Nachwort* zu Giovanni Verga, *Die Malavoglia*, ebd., S. 313.

Man kann vermuten, daß Verga sowohl Alessandria d'Egitto als auch Augusta als Auswanderungsorte für Alfio Mosca hat fallen lassen, weil sie für die Einwohner von Trezza nicht als Orte einer solch akuten Lebensgefahr vorstellbar waren, anders als Bicocca, von dem die Leute im Ort vor Alfio Moscas Abfahrt wissen, daß dort die Menschen wie Fliegen an Malaria sterben. Da Alfio Mosca lebend und erfolgreich zurückkommt, zeigt Verga, daß Alfio unfähig ist, eine Trennung zwischen Einsicht in die Realität und Wunschvorstellung zu ziehen, die die Auswanderung zu einem dauerhaften Erfolg machen kann. Denn es war Alfio Mosca gewesen, der die Abreise gegenüber der geliebten Mena als Lebensform neuer Zeiten folgendermaßen begründet hat »Die Welt ist wie ein großer Stall [*stallatico*], der eine kommt, der andere geht, und bald haben alle gewechselt, daß nichts mehr so wie früher ist«. (S. 516)

Diese Aussage von Alfio Mosca ist als Hinweis auf die neue Lebensform des *Postrisorgimento* zu deuten, weil damit die Möglichkeit der Bewegungsfreiheit für alle Untertanen des Königreichs Italien zu verstehen ist, die sich in Italien infolge der Einigung (1860) eingestellt hat. Und es sei hier daran erinnert, daß laut dem Entwurf die Handlung des Romans das Jahrzehnt 1865-1875 umschließt.[110] Diese Bewegungsfreiheit oder notwendige Mobilität hat sofort eine vielfältige Gestalt angenommen, um dem Land zu einer Nation zu verhelfen:

Als integrierende Funktion durch Ortswechsel für die oberen Schichten und für die Bürokratie beim Aufbau des Staates. Ausgehend von Turin, der ehemaligen Hauptstadt des Königreiches Piemont-Sardinien, hat sie sich über das ganze Land gezogen. Im Roman erfährt der Leser, daß sogar Trezza von dem nationalstaatlichen Aufbau nicht verschont geblieben ist:

> »Früher einmal hat man besser im Dorf gelebt, als noch nicht die Leute von draußen da waren und einem auf Papier die Bissen nachgerechnet (haben) wie don Silvestro ... und die Grundstücke [d. h. Felder] gehörten denen, die auf ihnen geboren waren, und die Fische ließen sich auch nicht von irgendeinem Hergelaufenen fangen. Damals zerstreuten sich auch die Leute nicht in alle Welt, und sie starben nicht im Spital.« (S. 642)

Obwohl die Stelle in ihrer Gesamtheit stark zur »Dorfidylle«[111] tendiert bzw. als »Ablehnung des Neuen«[112] verstanden werden kann, deuten ihre einzelnen Elemente stark darauf hin, daß die Auswanderung längst Teil jener zentrifugalen Kraft geworden ist, die dafür sorgt, daß die Felder nicht mehr denjenigen gehören, die auf ihnen geboren sind,[113] und daß die Leute sich hier und dort verstreuen müssen, als Opfer und als Verursacher einer wachsenden Offenheit, die das Leben in Trezza in zunehmendem Maße bedroht.

– in Form von Bildungsaufenthalten in Städten wie Roma, Firenze und Milano für die Intellektuellen aus dem Süden wie Luigi Capuana, Giovanni Verga u. a.

---

110   Enrico Ghidetti, *Verga. Guida storico-critica*, ebd., S. 60-64.
111   Nino Borsellino, *Storia di Verga*, Bari 1982, S. 130.
112   Paolo Mario Sipala, *Il romanzo di 'Ntoni Malavoglia*, ebd., S. 31, Anm. 36.
113   Zu Landbesitzverhältnissen und Auswanderung vgl. Erster Teil: II,4,d.

– als Militärdienst in ganz Italien für die Wehrdienst leistenden jungen Italiener, die dadurch fremde Städte und fremdes Leben kennenlernen konnten, wie im Fall von 'Ntoni.

– als Bildung eines nationalen Arbeits- und Absatzmarktes, wie er im Auftreten der Eisenbahn bei Trezza und der fremden Dampfer vor Trezza deutlich dargestellt wird: »Auf einer Seite die Eisenbahn, auf der anderen Seite die Dampfer. In Trezza kann man einfach nicht mehr leben, auf mein Wort.« (S. 495)

– als regionale, interregionale und Auslandsauswanderung, von der die unteren Schichten der italienischen Gesellschaft erfaßt worden sind,[114] so daß sogar der Maultiertreiber Alfio Mosca in die Lage versetzt wird, diese ihm bis dahin unbekannte Menschenmobilität bzw. die zentrifugale Kraft der Trezza, infolge der nationalen Einigung ausgesetzt wurde,[115] mit dem *stallatico* als Einrichtung aus dem Nomandenleben der Hirten zu vergleichen.[116]

Ein deutlicher Beweis dafür, daß die Auswanderung als Teil der zentrifugalen Kraft dabei ist, Trezza zu erfassen, ist in der Tatsache zu sehen, daß im Roman keine einzige Familie oder Liebesbeziehung als intakt dargestellt wird.[117] Jede Familie ist in den sozialen Lebenskampf und in einen Krieg der Geschlechter eingespannt, so daß es kaum zu leugnen ist, daß die Familien aus Trezza von einem Verschleißphänomen erfaßt worden sind, das in der Auswanderung gipfeln wird. Maria de las Nieves Muniz Muniz kommt mit Recht zum Schluß, daß in *I Malavoglia* »man von der *Kohäsion* zur *Dispersion* gekommen ist.«[118]

Insofern besteht das Fehlurteil, das Alfio Mosca zum Verhängnis wird, darin, daß er in der Wahrnehmung der Mobilität der neuen Zeit so weit ist, daß er sie erfassen und sprachlich formen kann, jedoch unterliegt er selbst dem Versuch, sie unterlaufen zu wollen.

e) Der erfolgreiche Verlierer vor der letzten Hürde

Dort wo Alfio Mosca gescheitert ist, setzt 'Ntoni zu einem zweiten Anlauf an. Daß dieser anders verlaufen wird, zeigt sich an dem unterschiedlichen Ablauf der dritten Abfahrt. Beim zweiten Mal hatte sie sich nach altbekannten Ritua-

---

114 Giuseppe Barone, *Egemonie urbane e potere locale* (1882-1913), in: *La Sicilia*, Maurice Aymard/Giuseppe Giarrizzo (Hgg.), Torino 1987, S. 191-370, vor allem Kap. I »Un modello policentrico di mobilità territoriale« S. 197 ff.. Zuvor Leopoldo Franchetti/Sidney Sonnino, *La Sicilia nel 1876*, Bd. II »I Contadini«, ebd., S. 47.

115 Vgl. Enrico Ghidetti (Hg.) in: *Giovanni Verga Tutti i romanzi*, ebd., Bd. I, S. XXXII.

116 Es handelt sich um Holzzäune zum Zusammenhalten der Tiere, die die Hirten morgens abbauen und abends dort wieder aufbauen, wo sie mit der weidenden Herde angekommen sind. Vgl. auch Enrico Ghidetti (Hg.), *Giovanni Verga. Tutti i romanzi*, ebd., Bd. II, S. 669.

117 N. Jonard, *Le temps dans l'oeuvre de Verga*. In: *Revue des études italiennes*, Jg. 19 Nr. 1-2, Paris 1973, S. 97.

118 Maria de las Nieves Muniz Muniz, *La struttura dei »Malavoglia«*. In: *Problemi*, Giuseppe Petronio (Hg.), ebd., S. 246.

len einer konfliktreichen Trennung vollzogen. Abfahrender und Zurückgelassene standen sich in einem Spannungsfeld aus Erpressungen und Hoffnungen auf einen Abfahrtsverzicht, aus Ratschlägen auf den Weg in die Fremde, aus Versprechungen für die Wiederkehr und aus Perspektiven für eine bessere gemeinsame Zukunft gegenüber. Die zweite Abfahrt war durch rituelle Handlungen und »hochpathetische Gefühlsausbrüche«[119] so exemplarisch wie möglich dargestellt worden, so daß sie niemals als 'Ntonis persönliche Abfahrt verstanden werden kann, wie es auch am Ende des XI. Kapitels von Annunziata zusammenfassend betont wird: »Genau so ist mein Vater davongegangen.« (S. 578)[120]

Nichts von alledem ist bei der dritten Abfahrt zu merken. Sie nimmt sofort die Züge einer endgültigen Trennung an, da sich diesmal 'Ntoni vom Geburtshaus trennt und nicht von dem Haus, wo die Familie zur Zeit der zweiten Abfahrt vorübergehend wohnte. Und sie gestaltet sich für 'Ntoni immer mehr als unausweichliche Notwendigkeit: »Außerdem kann ich hier nicht bleiben, wo mich doch alle kennen, darum bin ich auch am Abend gekommen. Ich werde weit fort gehen, wo ich mir mein Brot verdienen kann, und keiner wird wissen, wer ich bin.« (S. 645)

Die vollzogene Einsicht in die Notwendigkeit des Konfliktträgers als Opfer seiner Unwissenheit erlaubt keine Rückkehr, nicht einmal als Gast, denn sein Ziel, »sich sein Brot zu verdienen«, ist für niemanden mehr ein Versprechen. Es läßt sich die Behauptung aufstellen, daß sich Verga, gerade weil er sich der historischen Dimension der Auswanderung als Konsequenz der wirtschaftlichen und gesellschaftlichen Veränderungen im Italien des *Postrisorgimento* bewußt war, auf die Seite der Auswanderer stellt und zwar mit der Vorstellung, sie sollen die Auswanderung als eine endgültige gesellschaftliche und wirtschaftliche Trennung von ihrer Vergangenheit vollziehen und sich schon bei der Abfahrt nicht mehr durch falsche Versprechungen als erpreßbar zeigen. Denn für den Erfolg in der Fremde ist nach Verga nicht die Notwendigkeit der Auswanderung an sich ausschlaggebend – es sei hier daran erinnert, daß in beiden Fällen 'Ntoni es nicht nötig hatte auszuwandern – sondern eine klare Vorstellung und die Fähigkeit, die Auswanderung als eine nicht reversible gesellschaftliche und wirtschaftliche Entscheidung zu treffen.

Die Intensität der Methaphern mit der 'Ntonis dritte Abfahrt (S. 647-648) begleitet wird,[121] welche bei der zweiten Abfahrt völlig ausgefallen waren,

---

119   Vittorio Spinazzola, *Verismo e positivismo*, ebd., S. 169.

120   Ntonis erste Abfahrt als Soldat hatte sich mit den Blicken der Verliebten, mit Liedern und lauten Adieus abgespielt, S. 435-36.

121   Giovanni Verga, *I Malavoglia*, ebd., S. 271-72. Die Fülle an Metaphern ist um so aufschlußreicher, weil man es hier mit der letzten Ergänzung des Romanschlusses zu tun hat, die der Autor direkt auf den Druckfahnen vorgenommen hat. Vgl. Paolo Mario Sipala, *Il romanzo di 'Ntoni Malavoglia*, ebd., S. 32. Die ergänzende Änderung gegenüber dem Schluß aus der Planung Februar [1875] »'Ntoni auf der Flucht, versteckt sich im Haus der Malavoglia und hört dort vom Tod der Schwester und des Großvaters«, (Enrico Ghidetti, *Verga. Guida storico-critica*, ebd., S. 64) setzt dieselbe Änderungslogik fort, die in 'Ntonis Fall damit begonnen hatte, daß er erst nach dem Tod der Mutter ausgewandert war.

zeigt noch einmal, wie radikal und exemplarisch 'Ntonis Entscheidung dieses Mal ausgefallen ist und somit vom Autor auch anders geformt wird: »Und er ging mit seinem Korb unterm Arm davon.« (S. 647)

Er nimmt nichts von Zuhause mit. In die Fremde nimmt er nur das mit, was er schon im Gefängnis bei sich hatte. Dagegen hatte ihm der Großfvater bei der zweiten Abfahrt seinen Mantel als Schutz gegen die Gefahren in der Fremde vermacht. Hier wird überprüft, ob die Zurückgebliebenen ihn in seiner Entscheidung endgültig verstanden haben und ob sie bereit sind, die Trennung zu akzeptieren: »...Hielt er an und lauschte, ob sie die Türe in dem Haus mit dem Mispelbaum schlossen.« (S. 647). »Der Hund, der ihm mit seinem Bellen sagte, daß er ganz allein war mitten in seinem Dorfe,« (S. 647) teilt ihm mit, allein in seinem Geburtsort zu sein und bestätigt ihm, daß die Trennung angenommen worden ist.

»Einzig das Meer murmelte da unten seine alte Weise,« (S. 647) aber nicht wie immer, denn ab jetzt entsteht eine bis dahin nicht dagewesene Solidarität zwischen 'Ntoni und dem Meer von Trezza. Denn »das Meer hat keine Heimat« (S. 647) und gehört als Verbindung zwischen fremden Ländern all den Menschen, die diesseits und jenseits des Meeres wohnen. Das Meer, das von 'Ntoni immer als Gefahr – der Vater war »im Maul der Haifische« (S. 647) verendet – und Ort der Schinderei betrachtet worden war, scheint nun die Stimme eines Freundes (S. 647) zu haben. Gerade diese Umkehrung in der Wahrnehmung des Meeres kündigt am deutlichsten die geplante Trennung als endgültig an.

Zwischen dem dunklen Dorf und dem Meer, das unter den strahlenden Konstellationen *Tre re* und *Puddara* immer heller wird, »blieb er eine lange Weile und dachte an so vieles, während er über das dunkle Dorf schaute und das Meer da unten murmeln hörte.« (S. 647) Daß 'Ntoni das Dorf verläßt, sobald die Menschen aus den Häusern kommen, hat mit der Tatsache zu tun, daß er in seinem Zustand nicht gesehen werden will. Aber es hat sicherlich auch damit zu tun, daß die Zeit der Trennung identisch ist mit der Geburtszeit der Erinnerung an eine Heimat ohne Konflikte, d. h. ohne die spezifischen Träger der ausgrenzenden Konflikte, so wie sie der Abfahrende als Schutz in die Fremde mitnehmen möchte:

> »Auch hier sucht die Unruhe seiner Gefühle Ruhe zu finden, indem die Unruhe sich an die Gegebenheiten des Dorfes klammert; aber in Wirklichkeit bringt sie dies dazu, zu sich selbst zurückzufinden, indem sie sich zwar noch zögernd, aber gut wahrnehmbar den herrschenden Gedanken eingesteht.«[122]

Der Satz, der von Vittorio Spinazzola in einem ähnlichen Kontext über Mena gesprochen wird, eignet sich bestens für die Definition, wie und wovon sich 'Ntoni trennen will, wenn man sich darüber einigen kann, daß der »herrschende Gedanke« in der Erkenntnis wiedergegeben wird, daß für ihn ein Bleiben in Trezza ausgeschlossen ist.

---

122   Vittorio Spinazzola, *Verismo e positivismo,* ebd., S. 148.

Ohne sich von seinem Geburtsort trennen zu wollen, trennt er sich von einer Gemeinschaft, zu der er sich nicht mehr zugehörig fühlt bzw. fühlen kann, da ihre Ideale nicht mehr die seinen sein können,[123] eine Gemeinschaft, die ihm als Opfer der Obrigkeit Trauer und Sühne für den Tod der Mutter ermöglicht hat und sich deswegen für ihn in ihrer Funktion erschöpft hat. Denn nun weiß 'Ntoni »alles vom Leben«, er weiß, daß Roccu Spatu seinen nächtlichen Arbeitstag als Schmuggler vor allen anderen Einwohnern von Trezza angefangen und wohl auch beendet hat.[124] Er weiß, daß eine solche Gemeinschaft für ihn kein Aufnahmeort sein kann. So trennt er sich von den Geschwistern, mit denen er als ältester Bruder zwar hätte weiterleben können, will er sich doch von allen trennen, mit denen er nicht mehr zusammenleben kann: »Wenn du willst, kannst auch du hier dein Haus haben. Dort steht schon ein Bett für dich bereit. Nein! antwortete 'Ntoni. Ich muß gehen. Dort stand das Bett der Mutter, das sie mit ihren Tränen benetzte, als ich gehen wollte.« (S. 646-647)

Aber auf den Weg in die Fremde nimmt er seinen Geburtsort und seine Vergangenheit als Fischer mit. Beide werden sich in der Fremde als »im Gedächtnis lebendiges Dorf« konstituieren, so wie es der Anthropologe Ernesto de Martino auch für die Wissenschaft und die Poesie in zutreffender Weise definiert hat:

> »Die keine Wurzeln haben und Kosmopoliten sind, laufen Gefahr, daß in ihnen Leidenschaft und Menschliches verkümmern. Um nicht provinziell zu werden, bedarf man eines lebendigen Dorfes im Gedächtnis, zu dem Phantasie und Herz stets zurückkehren können, und das die Wissenschaft und die Poesie als universelle Stimme formt.«[125]

Bei der Berührung mit der Fremde werden Geburtsort und Vergangenheit ihm helfen, seine Identität zu stabilisieren und das »im Gedächtnis lebendige Dorf« wird ihm in der Fremde Geborgenheit spenden.[126] Aber mit den Jahren

---

123 Vgl. Leo Spitzer, *L'originalità della narrazione nei »Malavoglia«*, ebd., S. 46, Anm. 12.

124 Gegen die Vorstellung, Rocco Spatu habe legal gearbeitet siehe Vittorio Spinazzola, *Verismo e positivismo*, ebd., S. 165; Romano Luperini, *Giovanni Verga*, in: *La letteratura italiana. Storia e testi*, Carlo Muscetta (Hg.), Bd. II, Bd. VII, Hbd. II, Bari 1975, S. 189-326, dort Anm. 11, S. 257; Giacomo Devoto, *I piani del racconto in due capitoli dei »Malavoglia«*, (1954) zitiert nach Romano Luperini, *Interpretazioni di Verga*, ebd., S. 115; Leo Spitzer, *L'originalità della narrazione nei »Malavoglia«*, ebd., der in dem »perfetto (è stato)« aus der letzten Anmerkung zu Rocco Spatu »einen Geniestreich« des Erzählers sieht, S. 46 Anm. 12.

125 Zitiert nach Luigi M. Lombardi Satriani/Mariano Meligrana, *Un villaggio nella memoria*, Roma/Reggio Calabria 1983, S. V.

126 Zu Trezza als Dorf in Giovanni Vergas Gedächtnis vgl. Dorothe Böhm, *Zeitlosigkeit und entgleitende Zeit als konstitutive Dialektik im Werke von Giovanni Verga*, ebd., »Aber da das Ziel der Darstellung ist, in Trezza alle räumlichen Grenzen aufzuheben, würde eine genaue Fixierung der örtlichen Verhältnisse diesem Eindruck im Wege stehen.« (S. 214) Die Aufhebung konkreter Örtlichkeit entspricht dem Verlust örtlicher Koordinaten, den die Erinnerung an vergangene Orte nicht mehr auffangen kann. Nach Luigi Russo, *Giovanni Verga*, 1920, beginnt die Erinnerung, als »'Ntoni hin und her schaute, um sich das Haus und das Dorf, alles einzuprägen«, (S. 151), er prägt sich jedoch keine Personen ein, da diese den Konflikt darstellen, vor dem er sich in die Fremde retten will.

und nach der vollzogenen Trennung werden Geburtsort und Vergangenheit einem Prozeß der Verklärung unterworfen,[127] so wie es der letzte Blick auf das Meer deutlich vorwegnimmt. Ein Meer, das nirgendwo im Roman so idyllisch dargestellt worden ist[128] wie an diesem anbrechenden Tag, ein Meer »das amarantfarben geworden war und es war ganz besät mit Booten, die ebenfalls ihr Tagewerk begonnen hatten.« (S. 648)

Hier werden erneut Vergas Lebenspole erörtert, denn nach Carlo A. Madrignani:»Ist es gerade die Gegenüberstellung, die Verknüpfung Mailand – Sizilien, welche die Geburt des Verismus ermöglicht hat, und nicht ein mythisches Wiedereintauchen in das antike Geburtsland fern von Zeit und Raum.«[129] Und nach Riccardo Bacchelli hat sich Verga gegen diese Gefahr der Verklärung ein Leben lang schützen müssen, da er »als ausgewanderter Intellektueller in seine Heimat zurückkehrt, und nicht, weil ihn die Neugierde dazu treibt, sondern aus einer tiefen Intuition heraus.«[130]

Diese »tiefe Intuition« ist ihm bei der Fortsetzung seiner literarischen Tätigkeit stets von Nutzen gewesen und erlaubte es ihm gleichzeitig, das eigene »im Gedächtnis lebendige Dorf« nicht außerhalb der geschichtlichen Entwicklung des damaligen Italien geraten zu lassen: »Daher habe ich daran gedacht, aufs Land zu gehen, an das Meer, zu den Fischern, um sie so lebendig, wie sie Gott geschaffen hat, zu erfassen. Aber vielleicht ist es andererseits nicht schlecht, wenn ich sie aus einer gewissen Distanz betrachte, aus dem Treiben einer Stadt wie Mailand oder Florenz heraus.«[131]

Daß für 'Ntoni alias Verga, die Anstrengung, sich stets gegen die Gefährdung einer trostspendenden Verklärung des eigenen Trezza zur Wehr zu setzen, nicht immer gelingen wird, ist in der Leichtigkeit angedeutet, mit der die ursprüngliche phonetische Identität *mare amaro* durch eine neue Identität aus *mare amaranto* abgelöst wird, wenn man bedenkt, daß es um denselben *mare amaro* geht, mit dem Padron 'Ntoni am Ende des II. Kapitel den Tod von Bastianazzo vorweggenommen hat: »Noch zwei-, dreimal schaute der Großvater von der Galerie hinaus, bevor er das Tor schloß; er sah die Sterne heller

---

127 Vgl. Giuseppe Petronio, *I »Malavoglia« tra storia, ideologia e arte,* 1981, zuletzt in: Giuseppe Petronio, *Restauri letterari. Da Verga a Pirandello,* Bari 1990, S. 120-121.

128 Vgl. Leo Spitzer, *L'originalità della narrazione nei »Malavoglia«,* ebd., S. 46.

129 Carlo A. Madrignani, *Ideologia e narrativa dopo l'Unificazione. Ricerche e discussioni,* Roma 1974, S. 18.

130 Riccardo Bacchelli, *Confessioni letterarie,* ebd., S. 220. Nach Enrico Ghidetti, *Verga. Guida storico-critica,* ebd., ist Giovanni Verga 20 Jahre zwischen Mailand und Sizilien hin- und hergependelt (S. 25). Ferner Rosario Romeo, *Il Risorgimento in Sicilia,* Bari 1982 (1950), S. 350. Giuseppe Petronio, *La narrativa in Italia nel secondo Ottocento tra Romanticismo e Decadentismo,* 1988, zuletzt in: Giuseppe Petronio, *Restauri letterari,* ebd., S. 75. Eine entgegengesetzte Vorstellung wird z. B. von Vittorio Spinazzola, *Verismo e positivismo,* ebd., vertreten, da dieser in der Schlußszene hinter dem Erzähler nicht Giovanni Verga aus Mailand sehen kann, S. 165.

131 Gino Raya, *Carteggio Verga-Capuana,* ebd., S. 80.

leuchten, heller als es recht war. Dann murmelte er: »Bitteres und böses Meer!« (S. 453) [132]

Dieselbe phonetische Identität war von Mena im V. Kapitel wiederholt worden, als sie im Gespräch mit Alfio Mosca über das Los der Matrosenfamilie Malavoglia feststellen muß: »Bitteres und böses Meer«, sagte sie, »Leben und Tod für den Seemann« (S. 472), sei es als Fischer, sei es als Soldat. So zusammengefaßt steckt in »mare amaro« eine Identität, die 'Ntoni nie bereit war, auf sich zu nehmen: weder als berufliches Erbe der Fischer Malavoglia, noch als »religione della casa«, (Religion der Familie)[133] noch als *conditio humana* einer gesamten Gesellschaftsschicht.

Daß der Erzähler sie ihm schon vor der Abfahrt in die Gutes verheißende Identität[134] eines *mare amaranto* auflöst, zeugt davon, daß dieses Mal »die Welt« für 'Ntoni kein »gieriger Fisch« sein kann, der darauf wartet, ihn aufzufressen. Weder Erlösung noch Umkehrung, nur eine Intuition im letzten Moment: 'Ntoni, der niemals ein Malavoglia sein wollte, kann kaum ein Verlierer bleiben. Er kann sich zu einer neuen Identität durchringen.[135] Dazu braucht er für seinen Lebenslauf einen Ort, der außerhalb der alten einengenden gesellschaftlichen Ordnung liegt und dies kann zuerst nur die Anonymität der Fremde sein, wenn man nicht mit Luchino Visconti annehmen will, daß »'Ntoni nun stark und im Bewußtsein eines neu eroberten Klassenbewußtseins in seinem Boot hin zu einer besseren Gesellschaft rudert.«[136]

So gelesen kann das Werk von Verga weder als der ausstehende Roman über die italienische Auswanderung noch als Absage an die historische Auswanderung betrachtet werden. Dies hat primär damit zu tun, daß aufgrund des inhaltlichen Einklangs mit dem Zeitraum des Romans (1865-1876) die Auswanderung aus Sizilien nur angekündigt werden konnte. Die Ansiedlung der Handlung an der Übergangsstelle zwischen *Risorgimento* und *Postrisorgimento* fällt zeitlich und gesellschaftlich mit dem Vorabend eines Durchbruchs der *Grande emigrazione* (1861-1915) zusammen, woran der Ministerpräsident Giovanni Lanza, ein weiterer Sizilianer, mit seinem Anti-Auswanderungserlaß vom 18. Januar 1873 scheitern wird.[137]

---

132 Zur Übereinstimmung dieses Satzes im Romans vgl. Leo Spitzer, *L'originalità della narrazione nei »Malavoglia«*, ebd., S. 42-44.

133 Vgl. Luigi Russo, *Giovanni Verga*, 1920, S. 174.

134 Für *mare amaranto* als positive Erweiterung der Identität spricht die Tatsache, daß die Farbe *amaranto* bis zum Schluß nicht bei den Farben zu finden ist, die zuvor die Sprache des Meeres gebildet haben, S. 539.

135 Zu künstlerischer Glaubwürdigkeit 'Ntonis vgl. Luigi Russo, *Giovanni Verga*, 1974, ebd., S. 166.

136 Paolo Mario Sipala, *Il romanzo di 'Ntoni Malavoglia*, ebd., S. 29; mit dieser ironischen Anmerkung zur Schlußszene der Verfilmung von *I Malavoglia* setzt sich Paolo Mario Sipala von dem Optimismus ab, mit dem Luchino Visconti seinen Film *La terra trema* (1948) zu Ende führt. Vgl. Pio Baldelli, *Luchino Visconti*, Milano 1973, S. 59-100.

137 Vgl. Grazia Dore, *La democrazia italiana e l'emigrazione in America*, ebd., S. 55.

Daß sich Verga im letzten Augenblick, bei der Lektüre der Fahnen, dafür entschieden hat, 'Ntoni eine zweite Abfahrt »nicht schicksalhaft, sondern aus freien Stücken«[138] zuzugestehen, als unmittelbare Vorwegnahme dessen, was Trezza und Sizilien noch bevorstand, kann als Hinweis dafür gewertet werden, daß der Autor diese letzte antizipatorische Entscheidung seiner Figur als tief im Roman verankert und begründet angesehen hat. Ein Hauptgrund für diese Annahme ist bei Verga in der Tatsache zu sehen, daß der Roman mit einem vielschichtigen sozialen Konflikt überzogen ist, der überdeutlich auf eine Zeit des Ausbruchs aus stagnierenden gesellschaftlichen Verhältnissen hinweist. Aber innerhalb einer solchen sozialen Konfliktsphäre kann die Auswanderung weder als Ursache noch als Antwort einen Anspruch auf eine führende Rolle erheben, denn ihrem Wesen nach kann sie nur eine unverrückbare Ablehnungsreaktion auf die Perspektivelosigkeit sein, die vor Ort kaum als wirksame Antwort verstanden und umgesetzt werden kann, um so mehr als sie als Entscheidung eines Einzelgängers erlebt oder abgetan werden kann. Und dies geschieht zwangsläufig, solange die Auswanderung in ihren Anfängen steckt und wenn der Autor sie als aufkommendes Sozialphänomen darstellen möchte.

4. Luigi Capuana: *Gli »americani« di Ràbbato*

a) Am Reißbrett

Die Erzählung *Gli »americani« di Ràbbato*[139] gehört zu den literarischen Werken von Luigi Capuana, die vom Anstoß bis zur Niederschrift von einer kontrollierten Planung durchdrungen sind. Insofern trifft hier Carlo Alberto Madrignanis Empfehlung zu, »dem Gewirr der Optionen jenseits der anscheinend eindeutigen und klaren Form«[140] des Werkes Aufmerksamkeit zu schenken, weil möglicherweise im Lauf der Geschichte das rigide Festhalten am Konzept Abweichungen unterbunden hat. Gerade weil nach Vittorio Spinazzola »die neue und weitgehend noch unveröffentlichte Materie dem Schriftsteller gestattete, in völliger Freiheit und als Künstler, der stolz auf seine Ent-

---

138 Vittorio Spinazzola, *Verismo e positivismo*, ebd., S. 169, jedoch davor Romano Luperini, *Pessimismo e verismo in Giovanni Verga*, ebd., S. 103.

139 Luigi Capuana, *Gli »americani« di Ràbbato. Racconto illustrato da Alfredo Terzi*, Palermo 1912, S. 352, zuletzt Capuana *Gli »americani« di Ràbbato*, Torino 1974. Aus dieser Ausgabe wird fortlaufen im Text und in der Anmerkungen zitiert. Für das Wort Ràbbato aus dem Arabischen »Il Rhabato (le fornaci) in Mineo«, vgl. Gino Raya, *Carteggio Verga-Capuana*, Roma 1984, S. 138.

140 Carlo Alberto Madrignani, *Tortura. Da Fumando a Le Appassionate* S. 169-84 in: Emanuella Scorano et. A., *Novelliere impenitente. Studi su Capuana*, Pisa 1985, S. 184.

deckung ist, zu arbeiten,«[141] muß überprüft werden ob »inhaltliche Zweifel«[142] an dem ursprünglichen Vorhaben dem Gebot der Linearität aufklärender Information untergeordnet worden sind.

Es wird hier um die Spannung am Reißbrett gehen und nicht um das Festhalten an dem veristischen Hauptgebot, wonach »der Kult des Realen wichtiger ist als die Bewunderung des Volkes«,[143] wie es in der Novelle *Scurpiddu* und in dem Roman *Il Marchese di Roccaverdina* von Capuana mit weniger Intensität praktiziert wurde als in Giovanni Vergas *I Malavoglia*.[144] Auch wenn für die Erzählung *Scurpiddu* einschränkend festgestellt werden muß, daß der junge Truthahnhüter *Scurpiddu* sich der Anteilnahme des Autors an seinem Schicksal sicher sein kann,[145] und zwar in einem Maße wie noch Giovanni Verga in seiner Novelle *Nedda* die *Wahrheit* seiner *Sympathie* für die Olivenpflückerin unterordnete. Der Unterschied zwischen den Autoren liegt darin, daß Giovanni Verga mit der Novelle *Nedda* (1874) den Übergang zur »Poetik der Unpersönlichkeit« begründet hatte,[146] während Capuana mit *Scurpiddu* (1898) und mit dem Roman *Il Marchese di Roccaverdina* (1901) seinen Beitrag zum Verismus formuliert hat, als der Verismus durch *I Malavoglia* (1881) seinen Höhepunkt erreicht hatte. Damit wird Giovanni Verga keine veristische Priorität zugeschrieben. Es wird auf die unterschiedliche Verlagerung des Verhältnisses zwischen *Wahrheit* und *Sympathie* bei Capuana aufmerksam gemacht, weil sie bei der Untersuchung von *Gli »americani« di Ràbbato* zu berücksichtigen sind.

Bei der Lektüre der Erzählung kann man sich kaum des Eindrucks erwehren, daß Capuana aufgrund der dramatischen Zuspitzung der Auswanderung aus Sizilien[147] eine Verbindung zwischen dem Prinzip der unbewegten Zurückhaltung bei der Darstellung der *Wahrheit* und der Notwendigkeit sozialer Aufklärung *Sympathie* gewagt hat.

---

141 Vittorio Spinazzola, *Verismo e positivismo.* Milano 1977, S. 12. Vgl. die handschriftliche Widmung des Werkes an den Freund:»Für Giovanni Verga, diesem letzten Aufflammen von Intellekt von seinem alten Freund Luigi Capuana«, Gino Raya, *Carteggio Verga-Capuana,* ebd., S. 150.

142 Carlo Alberto Madrignani, *Tortura. Da Fumando a Le Appassionate,* ebd., 184.

143 Alberto Asor Rosa, *Scrittori e popolo. Il populismo nella letteratura italiana,* Roma 41972, S. 14.

144 Alberto Asor Rosa, *Scrittori e popolo,* ebd., »Vielleicht kommen nur Capuana und De Roberto dem Gefühl Vergas für ein universelles Gesetz nahe, das man daher nicht bei dieser oder jener Schicht, bei dieser oder jener Klasse anwenden kann.« S. 61.

145 Zu autobiographischen Elementen in *Scurpiddu* vgl. Capuana, *Scurpiddu,* mit Vorwort von Giuseppe Bonaviri, Milano 1981 (1980), S. 5-12.

146 Nicola Merola in: Giovanni Verga, *Le novelle* (Hg.) Nicola Merola, Milano 1983 (1980), 2 Bde., Bd. 1, S. LXI

147 Zur Zeit der Entstehung der Erzählung, 1906-1915, hat die Auswanderung aus Sizilien sich auf 81.983 Abfahrten pro Jahr verdoppelt, während die Rückwanderungsquote für das Jahrzehnt 1905-1914 bei 26.291 jährlich lag. Vgl. *Un secolo di emigrazione italiana (1876-1976),* Gianfausto Rosoli (Hg.), Roma 1978, S. 362-63 u. S. 369.

Der Autor, der durch seine Tätigkeiten als Schulinspektor im Jahr 1870 und Bürgermeister (1870-72 und 1873-75) in seiner Geburtsstadt Mineo amtlich mit der Auswanderung konfrontiert wurde,[148] fühlt sich nach der Rückkehr nach Sizilien[149] als Autor für Jugendliteratur dafür verantwortlich, die jüngere Generation über Ursachen, Ziele, Erfolge und Mißerfolge der Auswanderung aufzuklären.

Daß die veristische Unpersönlichkeit mit der gesellschaftlichen Verantwortung und Absicht des Autors in Konflikt treten mußte, war unausweichlich, sobald der Autor in das Geschehen seiner Erzählung eingreifen mußte, um durch Argumente und Fragestellungen zu aufklärenden Positionen und Synthesen auf die Rezeption der Erzählung zu steuern.[150] Dies geschieht, wenn die Aufmerksamkeit des Lesers auf die historische Notwendigkeit und auf die unmittelbaren Ziele der Auswanderung gelenkt wird, dort, wo der Autor hinter den Figuren an den wiederkehrenden Haltungen der Gesprächspartner erkennbar wird: traditionsgebunden und skeptisch der Großvater, fortschrittsgläubig und optmistisch der Arzt.

Der Autor hält sich von der Erzählhandlung strikt fern; er läßt seine Position durch den Großvater und durch den Arzt stellvertretend besetzen, so daß es ihm auf vermittelte Weise gelingt, die Erzählperspektive für den Leser so

---

148 Vgl. Corrado di Blasi, *Capuana. Vita – Amicizie – Relazioni letterarie,* Edizioni »Biblioteca Capuana«, Mineo 1954, S. 130 u. S. 133-38; Enzo Petrini, *Capuana,* Firenze 2¹966 (1954), S. 91-92; Aldo Borlenghi, *Capuana,* S. 283-376 in: *Narratori dell'Ottocento e del primo Novecento. La letteratura italiana storia e testi,* Bd. 64, Hbd. 2, Aldo Borlenghi (Hg), Milano-Napoli 1962, hier S. 286-88 und Enrico Ghidetti, *Capuana, Luigi,* in: *Dizionario biografico degli Italiani,* XIX, Roma 1976, S. 248.

149 Vgl. den Brief an den Neffen Guglielmo: »Ich schreibe gerade an einer langen Erzählung mit dem Titel *Gli americani di Ràbbato;* Ràbbato ist Mineo. Sobald ich den ersten Teil fertig habe, fahre ich schnellstens in eineinhalb Tagen nach Mineo, um mir ein paar Dinge anzuschauen und um ein paar Auskünfte, die ich brauche, direkt aus dem Mund dieser Americani zu holen.« Zitiert nach Pietro Vetro, *Capuana. La vita e le opere,* Catania 1922, S. 151 auch in: Corrado di Blasi, *Capuana. Vita – Amicizie -Relazioni letterarie,* ebd., S. 416. Ferner vgl. die Mitteilung des Autors an den Leser: »Diese Erzählung ist vor drei Jahre geschrieben worden und spiegelte damals genau die Auswanderung nach Amerika der Kleinbauern und Arbeiter eines kleinen Zentrums mitten in Sizilien wider.« *Gli »americani« di Ràbbato,* Milano/Palermo/Napoli 1912, S. 7.

150 Vgl. Cesare Segre, *Testo letterario, interpretazione, storia: linee concettuali e categorie critiche,* in: *Letteratura Italiana* (Hg.) Alberto Asor Rosa, Bd. 4, »L'interpretazione«, Torino 1985, »Die Schriftsteller müssen hinter der Unpersönlichkeit dieser Ich-Erzähler eine Art Unmenschlichkeit gespürt haben; sicher haben sie gespürt, daß der Kreislauf der Mitteilung, der durch die Entfernung des Absenders nicht mehr greifbar war, wenigstens symbolisch durch die Leistungsfähigkeit des Empfängers wieder aktiviert werden mußte.« S. 32. Benedetto Croce, *La letteratura della Nuova Italia,* Bd. 3, Bari 1973 (1913-1915), hatte zuvor Natur und Unmöglichkeit der Umsetzung der Unpersönlichkeit bei Verga und Capuana herausgestellt und zu Capuana angemerkt »Bei ihm entspringt die Unpersönlichkeit einer geistigen Bereitschaft, die der der Naturwissenschaftler ähnlich ist.« S. 100-01.

festzulegen als ob eine Trennung zwischen Wahrheit und Sympathie schon stattgefunden hätte und das Problem sich nicht immer von neuem stellen würde: ein Konflikt innerhalb des Autors als nicht dargestellter Erzähler,[151] der in der Erzählung zu keiner neuartigen ästhetischen Lösung finden wird und der dem Werk eine bemerkenswerte Brüchigkeit bei der Feststellung der Wahrheit und bei der Kundgebung der Sympathie verleiht.

Die Brüchigkeit zeigt sich vordergründig an der Funktion der einzelnen Personen als Ausdruck ungelöster Ambivalenz, die dort zu erkennen ist, wo Grundfrage und Verantwortung der Auswanderung als wirtschaftliches und soziales Problem buchstäblich als Mittelpunkt der Erzählung erörtert werden,[152] und wenn der Autor es zum ersten Mal wagen wird, »ein großes soziales Problem in den bäuerlichen Kontext hineinzubringen.«[153]

Aber hier wird es zuerst um die Natur und um die Funktion der Spannung am Reißbrett gehen, und dann um die Frage, inwieweit die Erzählung nach ihrer Absicht als Wiederholung der gescheiterten Erzählung *Il mulo di Rosa* (Bastard wie ein Maultier, d.h. Rosas unehelicher Sohn) betrachtet werden kann.[154]

Da bis jetzt kein Hinweis auf die Spannung am Reißbrett für die Erzählung in Capuanas Schriften und Archiven gefunden worden ist, wird es hier kaum möglich sein, diese These durch eine Überprüfung der Umsetzung einer postulierten Planung zu belegen. Das erste Kapitel bietet sich als Beleg dafür an, daß Capuana mit detaillierten Vorstellungen an der Botschaft seines Werks gearbeitet hat. Der Aufbau des Kapitels I und die Tatsache, daß dort sämtliche Inhalte der Erzählung angekündigt sind, machen aus ihm eine Einleitung zum Werk und einen Arbeitsplan. Diese Annahme wird vom Vorgehen bei der Verteilung der Inhalte auf die Kapitel II–XXIII und dem formalen Aufbau der Erzählung in zwei Teilen und deren Gegenüberstellung bestätigt.

Aufbau und Gegenüberstellung sehen folgendermaßen aus: Zuerst werden konkrete Erfahrung und abstraktes Wissen als Prinzipien sozialer Aufklärung, von »Il Nonno« im Kapitel I und »Il dottor Liardo« im Kapitel XIV noch getrennt einander gegenübergestellt; dann werden in den jeweiligen darauffolgenden Kapiteln II-XIII bzw. XV-XXII die Argumente, d.h. »die greifbare Wahrheit der Handlungen«,[155] für das eine oder das andere Prinzip durch für den Leser

---

151   Ebd., S. 28.
152   Vgl. Capuana, *Gli »americani« di Ràbbato*, ebd., S. 3-116, dort Kap. XIII »Il Dottor Liardo«, S. 69-72.
153   Gianni Oliva, *Capuana in archivio*, Caltanissetta/Roma 1979, S. 214.
154   Zur Sozialproblematik des *mulo di Rosa* vgl. Vittorio Frosini, *Capuana. Il mulo di Rosa. Scene siciliane*, Catania 1976, S. 7-20 und Leonardo Sciascia, *La corda pazza. Scrittori e cose della Sicilia*, Torino 1970. Daß Capuana als *galantuomo* hierzu sein Scherflein beigetragen hat, geht aus jeder seiner Biographien hervor, vgl. Aldo Borlenghi in: *Narratori dell'Ottocento e del primo Novecento*, ebd., S. 286-87; Gino Raya, *Carteggio Verga – Capuana*, ebd., S. 13-14; Geno Pampaloni *Vorwort* zu Capuana, *Il Marchese di Roccaverdina*, Novara 1982, S. II und Enrico Ghidetti, *L'ipotesi del Realismo. (Capuana, Verga, Valera e altri)*, Padova 1982, S. 69 u. S. 114.
155   Vittorio Spinazzola, *Verismo e positivismo*, ebd., S. 6.

nachvollziehbare Erfahrungen in Ràbbato oder in der Fremde dargestellt, um am Schluß, im Kapitel XXII »Oh! la Patria«, eine Synthese beider Prinzipien in dem übergeordneten Ziel, dem Vaterland, vollziehen zu können. Für die Veristen hat das Vaterland, d. h. der Staat, wie Vittorio Spinazzola mit Recht festgestellt hat, »eine innere natürliche Bestätigung seiner selbst; so wie die Mitglieder eines Familienverbandes miteinander verbunden sind, bilden die Staatsbürger einen festen Bezugspunkt füreinander.«[156]

Für die Spannung am Reißbrett spricht folgendes. Während in den Kapiteln II bis XIII das patriarchale Erfahrungsprinzip des Großvaters in Frage gestellt und durch das Recht auf eigene Erfahrung von allen drei Neffen durchbrochen wird, leitet im Kapitel XIV »Il Dottor Liardo« die endgültige Rückkehr der Brüder aus der Fremde ein, eine Entscheidung, die dann in den Kapiteln XV- XXI mit der Darstellung der positiven und negativen Erfahrungen der Rabbatani in Amerika für den Leser begründet wird. Aufschlußreich ist die zweifache Funktion des Kapitels XIV. Es stellt die inhaltliche Bestätigung der Erfolge der Auswanderung so dar, daß schon am Ende des Kapitels Großvater Lamanna Menus Abfahrt als unwiderruflich beschließt. Dem Aufbau nach ist Kapitel XIV der Wendepunkt, denn ab jetzt werden die Erfahrungen der drei Brüder Lamanna in der Fremde allein im Hinblick auf die endgültige Rückkehr eingehen. Aufgrund der Planung gerät der Autor in den Zwang, die positive Einstellung des Arztes Liardo zur Auswanderung und zur Fremde durch Erfahrungen in der Fremde so bestätigen zu lassen, daß sie niemals zu selbständigen Handlungen werden können, die den Großvater als Hüter patriarchalischer Erfahrung desavouieren könnten.

Es darf nicht geschehen, weil die patriarchalische Erfahrung die einzige ist, durch welche die angestrebte Synthese mit dem aufklärerischen Wissen des Arztes Liardo als oberstes Ziel des Vaterlandes eingehen muß. Deshalb werden den drei Brüdern Lamanna Erfolge und Fehlentscheidungen, aber keine Selbstbestimmung vom Autor eingeräumt, da sie in Verlegenheit kommen könnten, wenn sie anders als vorgesehen mit ihren Erfahrungen in der Fremde umgehen wollen.

Insofern wundert es nicht, daß sich die aufklärende Information zu Ursachen, Zielen und Konsequenzen der Auswanderung im Kapitel I sofort, als vertikal verlaufend ankündigt, und daß sie im Lauf der Erzählung nur von oben nach unten weitergegeben wird. Da sie von Alltagserfahrungen als glaubhaft bestätigt werden muß, sieht sich der aufklärende Autor dazu verpflichtet, die Botschaft an den Leser als nachvollziehbare Erfahrungen als »greifbare Wahrheit der Handlungen«, aus der Umgebung seiner Adressaten darzustellen und belegen zu lassen.

Insofern hat es seine Berechtigung, daß das erste Kapitel dem Großvater Lamanna gewidmet ist, dem, der durch Lebenserfahrung zur patriarchalischen Urteilsinstanz geworden ist (S. 7). Das Wort wird ihm jedoch von seinem gesellschaftlichen Gegner und Gesprächspartner erteilt. Aufgrund seines Wis-

---

156   Ebd., S. 20.

sens ist der vorsorgliche Arzt in der Lage, einzelne Erfahrungen und Änderungen im Leben der Gemeinde auf einer weiterführenden Rationalitätsebene zu bündeln. Daher bestätigt der Arzt was Vittorio Spinazzola für den gesamten Verismus postuliert hat: »In diesem Sinn ist der Fortschritt unvermeidlich, denn er formt sich aus den wachsenden Mächten der Vernunft, er ist irreversibel, denn in dem Maß, wie der Intellekt allmählich die Oberhand gewinnt und beim praktischen Handeln unbestritten die Führung übernimmt, gewinnt er seinerseits immer mehr an Leidenschaft und entzieht sich jeder kritischen Kontrolle«.[157]

Der um 1820 geborene Großvater Lamanna stellt das Italien des *Risorgimento* dar,[158] welches nun dem zukunftsorientierten Wissen und den Erwartungen des Arztes Liardo endgültig Platz machen muß, weil die Hoffnungen oder die Zukunftsvorstellungen des *Postrisorgimento* von der historischen Entwicklung in Italien um die Jahrhundertwende restlos eingeholt worden sind.[159]

Nachdem gesellschaftliche und patriarchale Autorität, d. h. Wissen und Erfahrung im Dienste der Aufklärung, als Rahmenbedingungen festgelegt worden sind, kann der Autor, erneut im Kapitel I, sämtliche Bestandteile seines Vorhabens einführen, und zwar streng hierarchisch geordnet. Zuerst werden die drei Enkel als weitere Hauptfiguren des Werkes eingeführt (S. 3), dann das Haus der Familie Lamanna als Ort der geschichtlichen Kontinuität (S. 6), dem folgt eine erste Darstellung der sozialen Struktur und der wirtschaftlichen und politischen Lage in der Gemeinde Ràbbato (S.7). Erst dann tritt die Mutter der drei Enkel, die Gnà Maricchia, auf, und zwar von Anfang an in der Rolle der rechtlosen Friedensstifterin (S. 7).[160] Auf diesem Weg entsteht im erstem

Kapitel sehr rasch ein Mikrokosmos aus sozialer Geborgenheit für alle und aus wirtschaftlicher Not für Landarbeiter, Bauern und Handwerker.

---

157 Ebd., S. 21.

158 Zur emblematischer Übereinstimmung zwischen dem Italien des *Risorgimento* und dem Großvater läßt sich sein Geburtsjahr um 1820 (S. 3) als Anhaltspunkt für das Jahr 1820 errechnen, mit dem das *Risorgimento* begonnen hat. Ferner die Tatsache, daß er sein Haus um das Jahr 1848 vergrößert (S. 6) und daß er so viel Unglück in der Familie überstanden hat (S. 7) als Naturereignisse, wie sie Giovanni Verga in *I Malavoglia* dargestellt hatte als Verelendung der Bauern und Handwerker durch Dürrezeiten (S. 7) oder als Steuern des *Postrisorgimento*, S. 7.

159 Hierzu vgl. das Aufkommen der Auswanderung, die blutig unterdrückten Bauernrevolten wie in Sizilien (1893-94) und Volksaufstände wie in Mailand (1898), sowie die Gründung der politischen Bauern- und Arbeiterparteien in Emilio Sereni, *Il capitalismo nelle campagne (1860-1900)*, Torino 1974 (1968), S. 81-131. Inzwischen war die Parteienpolitisierung der unteren Schichten so weit, daß Ràbbatos Einwohner einen Landwirteverein gegründeten (S. 7) und die Hymne der Arbeiter (S. 27) singen konnten.

160 Zur Rolle der Frau in der sizilianischen Gesellschaft vor der Jahrhundertwende vgl. Leopoldo Franchetti/Sidney Sonnino, *La Sicilia nel 1876*, Bd. II »I Contadini«, Firenze 1925 (1876), S. 76-77, S. 107, S. 133-34 u. S. 148-49, sowie Emilio Sereni, *Il capitalismo nelle campagne (1860-1900)*, ebd., S. 153-56.

Eingeleitet durch die Metapher der Schwalben (S. 6), die als Ankündigung und Bestätigung eines positiven Ausgangs der Erfahrung in der Fremde im Werk bis zum Schluß immer wieder auftauchen (S. 36 u. S. 102), werden historische Hintergründe, soziale und persönliche Grundkonflikte, die zur Auswanderung der drei Enkel führen als Hauptthema im Werk deutlich gemacht (S. 7-11). Es folgt: das ambivalente Verhältnis zum Einwanderungsland als Paradies für Raubzüge[161] (S. 8) oder Todesgefahr (S. 8). Das Bild der Fremde wird jedoch in der Gemeinde am positiv veränderten Sozialverhalten der Auswanderer festgemacht (S. 8). Der Besuch aus der Fremde nimmt die Funktion der Briefe aus der Fremde im Werk vorweg und ersetzt sie zugleich durch die Reisereportage über die Auswanderung und durch die persönlichen Berichte der Auswanderer (S. 8-9). Weitere angekündigte Themen sind: Die wirtschaftlichen und sozialen Auswirkungen der Arbeitsemigration auf die Herkunftsgemeinde (S. 10), die historischen Hintergründe, die zur Auswanderung führen (S. 4), sowie eine grundlegende Zurückhaltung des Autors bei der Aufdeckung der wirtschaftlichen Gründe der Auswanderung: (S. 11), auch die Auswanderung an sich als unerwartete Weltöffentlichkeit für Italien und als Herausforderung für die italienische Literatur (S. 8) fehlt als übergreifendes Thema im ersten Kapitel nicht.[162]

Ein weiteres Indiz für die Spannung am Reißbrett verbirgt sich in einer handschriftlichen Widmung der Erzählung für Giovanni Verga, wo die Erzählung als »jüngstes Aufflammen von Intelligenz«[163] gepriesen wird, und Capuana sich deshalb dem Freund gegenüber höchst beglückt zeigt. Ein Aufflammen der Intelligenz, das nachvollziehbar erscheint, wenn man bedenkt, daß die nacherzählten Erfahrungen (S. 62) aus der Fremde,[164] die persönli-

---

161 Vgl. hierzu Francesco Alberoni/Guido Baglioni, *L'integrazione dell'immigrato nella società industriale*, Bologna 1965,»Im ersten Fall war das Schema, an einen anderen Ort zu gehen und dort zu plündern, dadurch konnte man bei der Heimkehr reich und angesehen sein. Diese Art Migration ersetzt in unseren zivilen Zeiten die Raubkriege.« S. 213.

162 Vgl.»diejenigen, die Bücher schreiben, haben Amerika nicht einmal im Schlaf gesehen.« S. 18.

163 Vgl. Capuana, *Scritti critici*, (Hg.) Ermanno Scuderi, Catania 1972,»Per l'arte. Sul romanzo italiano«, datiert Mineo, 20. Januar 1885, S. 127-49,»Da wendeten wir uns notgedrungen den unteren Gesellschaftsschichten zu, wo die Auswirkungen der Nivellierung noch nicht spürbar waren, und wir brachten den Roman, die Provinznovelle heraus, mehr Novelle als Roman, um unsere Hand geschmeidig zu machen, um zu üben, nach der Natur zu malen, um uns darauf vorzubereiten, die Farben zu treffen, den Geruch der Dinge, die genauen Empfindungen, die außergewöhnlichen Gefühle, das Leben eines kleinen Städtchens, eines Dörfchens, einer Familie.« S. 130. Durch die vertikale Systematik der Elemente des Erzählungsmodells kann die Stelle als Grundriß für *Gli »americani« di Ràbbato* gelesen werden.

164 Vgl. mitgebrachte Sprachspiele (*stritte* S. 18 und *Boy/Boia* S. 79) und Gegenstände (S. 57), die Vorliebe von Miss Mary für das mündliche Erzählen von Märchen (S. 92) und der Hinweis aus dem Brief an den Neffen (Anm. 149).

chen Erfahrungen des Autors außerhalb von Sizilien[165] sowie sein Fachwissen über die Auswanderung und Gesetzgebung[166] als Quellen für ein zügiges Vorankommen bei der Niederschrift der Erzählung gesorgt haben. Und, daß die Übernahme eines Erzählmodells für Volksmärchen als zyklisches Aufbauschema für Teil 1 und für Teil 2 der Erzählung gewählt wurde, mag dem Autor tatsächlich als ein »Aufflammen seiner Intelligenz« vorgekommen sein.

Das Aufbauschema eines solchen Standardmodells funktioniert wie folgt: Dort, wo der älteste und der zweitälteste Bruder scheitern, wird der jüngste erfolgreich sein, um ihm einen Ausgleich für seine alltägliche schwache Stellung gegenüber den älteren Brüdern zu verschaffen. Während im Teil 1 die Brüder Lamanna in der Fremde weder einen Sieg noch eine Niederlage davongetragen haben, wird nun Menu hinfahren müssen, um einen eindeutigen Erfolg zu erzielen.[167] Auf der Basis eines solchen Standard-Schemas waren nur noch die Grundelemente der Erzählung über die Emigration zusammenzutragen, und hier standen dem Autor fremde und eigene Erfahrungen zur Verfügung.

Aufschlußreich für die kontrollierte Spannung am Reißbrett ist die Verteilungstechnik von Erfolg und Niederlage, die an den Kapitelüberschriften erkennbar ist. Nach der Darstellung des Ortes der Geschichte (Kap. I) wird durch Coda-pelata (Kap. II) und durch seine »Propaganda« (Kap. III) die Auswanderungskette[168] als Gefahr oder Chance für die gesamte Gemeinde eingeführt. »Preparativi« und »La Partenza«: Vorbereitung und Abfahrt in Kap. IV und V, müssen als Probestart folgen. Der Besuch »Alla Nicchiara« (Kap. VI) nach der Abfahrt der zwei älteren Brüder Lamanna dient dazu, den Leser auf die doppelte Gefahr der beruflichen und sozialen Entwurzelung der abgefahrenen Brüder und der zurückgebliebenen Mitglieder der Familie Lamanna aufmerksam zu machen. »La prima lettera« (Kap VII), der erste Brief, lenkt ein wenig von der Gefahr ab. »Inquietudini« (Kap. VIII), die Unruhe, dient zur Steigerung der Spannung und zur Vorbereitung. »Menu fantastica!« (Kap. IX) stellt das Warten des jüngsten Bruders vor seinem Eintreten dar; »Riscatto« (Kap. X),

---

165   Vgl. die Veränderungen im Verhalten ehemaliger Auswanderer (S. 62, S. 63, S. 72 u. S. 94). Das umgekehrte Phänomen (Verlangsamung im Sozialverhalten durch Entwurzelung in eigenem Land) bestätigt Erik H. Erikson, *Einsicht und Verantwortung. Die Rolle des Ethischen in der Psychoanalyse*, Frankfurt 1974, S. 73-74.

166   Als Querverweise auf Fachwissen beim Autor vgl. u.a. die Erwähnung der Fahrt in der 3. Klasse (S. 28), denn nach dem Auswanderungsgesetz vom 31.Januar 1901 galten die Auswanderer als »Staatsbürger, die in der dritten oder einer ihr vergleichbaren Klasse reis[t]en.« Nach Salvatore Mignozzi, *Movimento migratorio con l'estero*, in: *Le rilevazioni statistiche in Italia dal 1861 al 1956. Statistiche demografiche e sociali. In: Annali di statistica*, Anno 86, Serie VIII – Vol. 6, ISTAT (Hg.), Roma 1957, S. 137.

167   Vgl. Capuana *C'era una volta. Fiabe*, Milano 1882, die Märchen *Spera di sole* und *I tre anelli*, sowie Dina Aristodemo/Pieter der Meijer, *Capuana Fiabe*, Palermo 1980, S. XX-XXI.

168   Emilio Reyneri, *La catena emigratoria. Il ruolo dell'emigrazione nel mercato del lavoro di arrivo e di esodo*, Bologna 1979.

die Erlösung von der akuten Gefahr der Entwurzelung, leitet die sofortige Danksagung bei dem Schutzpatron ein: »La festa del Patrono« (Kap. XI). Da inzwischen neuartige Gefährdungen eingetreten sind, muß »La pazza« (Kap. XII) – die verrücktgewordene junge Ehefrau – folgen, dagegen bestärkt der gelungene Erfolg des zweiten Bruders Menu in seinem Wunsch auszuwandern: »Menu vuol partire« (Kap. III) Menu will auswandern.

Nach einer ersten Bilanz durch die drei Schiedsrichter (Kap. XIV) den Arzt, den Pfarrer und den Großvater, kommt der jüngste Bruder an die Reihe, weil die ersten zwei parallelgelaufenen Leistungen unentschieden ausgegangen sind. Ab jetzt werden die Hürden mit festgelegter und vom Leser erwarteter Leichtigkeit von Menu genommen. Die Reise nach New York verläuft wie erwartet, darüber erfährt der Leser kaum etwas. Die fremde Stadt New York erschreckt ihn zwar, stellt jedoch keine Gefahr für ihn dar (Kap. XV); »I due fratelli« (Kap XVI) führen vor, wie man Gefahren widerstehen bzw. deren Opfer werden kann. In La »Mano nera« (Kap. XVII) und »Miss Mary« (Kap. XVIII) werden Gefahr und Verführung für Menu noch einmal gegenübergestellt und von ihm glänzend gemeistert. Insofern kann es nur um die Rückkehr in die Heimat gehen, »L'arrivo delle rondini« (Kap. XX) als Bestätigung des Erfolges des jüngsten Bruders: »Finalmente!« (Kap. XXI) Dazwischen wird das Kapitel XIX »Lo zi' Carta« eingeschoben, mit dem das soziale Umfeld der Brüder Lamanna definiert wird, um die Auswanderung in der Dimension eines Sozialphänomens durch parallele Lebensläufe zu bestätigen. »Oh, la Patria!« (Kap. XXII) als Apotheose der Erzählung ist die Belohnung für Menu und für alle Beteiligten nach seinem erfolgreichen Probelauf.[169]

b) Die Wahrheit der Sympathie

Es ist kaum möglich in *Gli »americani« di Ràbbato* eine Stelle zu finden, wo der Autor frei von Sympathie für seine Figuren vorgeht. Man könnte sagen, das Buch ist deswegen möglich gewesen, weil Capuana uneingeschränkte Sympathie zu seiner Geburtsstadt Mineo zu einem Zeitpunkt öffentlich kundgeben wollte als das Leben in der Stadt einer akuten Gefährdung durch die drastische Zunahme der Auswanderung seiner Einwohner ausgesetzt war. Insofern darf der Leser nicht erwarten, daß Capuana auf der Suche nach der Wahrheit, die das Leben in der Stadt gefährdet, einen Balanceakt zwischen der eigenen Sympathie als Stadteinwohner und der kritischen Solidarität des Schriftstellers mit seiner Heimatstadt vollzieht. Verständlich ist auch, daß der Autor niemanden aus seiner Sympathie ausschließt, nicht einmal die für die Auswanderung historisch Verantwortlichen.

---

169 Sogar die Lebensgeschichte des Bruders von Großvater Lamanna bestätigt, daß selbst wenn man auf ungerechte Weise von der Heimat ferngehalten wird, am Ende der Auswanderungszeit eine erlösende Synthese nicht ausgeschlossen ist.

Unverständlich ist aber, daß in diesem Entscheidungskontext gerade die Andersartigkeit der Fremde als Ziel der Ironie des Autors über das ganze Buch hinweg fungieren muß. Dies ist deswegen unverständlich, weil am Ende, wie es nun dargelegt wird, der Leser nicht mit einer neuen Wahrheit, sondern mit einem bemerkenswerten Schiffbruch des Autors konfrontiert wird. Es wird hier um die Ironie in den Sprachspielen als ambivalente Annäherung an die Fremde gehen, weil damit vom Autor eine Klimax der Ironie über die ganze Erzählung angestrebt wird, die am Ende in ihr Gegenteil umkippt. Es wird um eine Ironie auf Kosten der Andersartigkeit der Fremde gehen, die stets in krassem Widerspruch zur Begeisterung für die amerikanische Produktionstechnologie und ihren Lebensrhythmus steht, und die in *Gli »americani« di Ràbbato* auf unterschiedliche Art und Weise dargestellt wird.[170]

Am Anfang greift der Autor ein Sprachspiel auf, das in seiner psychologischen Notwendigkeit und in seiner Funktion als Entlastungsakt für die Einwanderer durch die Tatsache bestätigt wird, daß solche Sprachspiele mit Regelmäßigkeit in jedem Sprachraum auftreten, wo Einwanderer leben.[171] Sie werden unter den Auswanderern während des Erzählens vollzogen,[172] weil das erzielte Lachen etwas von dem Druck wegnimmt, der sich aus der alltäglichen Notwendigkeit ergibt, sich einer fremden Sprache als Mittel der Kommunikation anvertrauen zu müssen oder sich ihr als Ausdruck von Machtstruktur, ausgeliefert zu sehen, denn dadurch wird auf sonderbare Weise eine Erkenntnisbresche in die fremde Sprache geschlagen.

Entstehungsvorgang und Funktion solcher Sprachspiele in einer veränderten Lebenssituation sind in der These von Sigmund Freud über die Notwendigkeit des Umdisponierens von psychischer Energie als Quelle des Lachens wiederzuerkennen, dort wo er den Witz als sozialen Vorgang beschreibt: »Das Lachen entstehe, wenn ein früher zur Besetzung gewisser psychischer Wege

---

170 Vgl. »Eisenbahnen über den Häusern und der Aufzug« (S. 8), »Fleischextrakt« (S. 17), »Streß« (S. 38), »Medizinische Behandlung« (S. 47), »Nähmaschinen« (S. 47), »New Yorker Album« (S. 57), Heirat bzw. Ehescheidung (S. 58), »Aufnahmegerät« (S. 65), »Berufsschule für Mechanik« (S. 66), »Straßenbahnen, Fahrräder, Autos und Waggons« (S. 74), »Mode« (S. 83), »Frauen auf dem Rad« (S. 89), »Fleiß der Amerikaner« (S. 96), »ich werde ein wenig Amerikanismus verbreiten.« S. 114.

171 Im deutschen Sprachraum findet man deftigere und umso bezeichendere Beispiele:»Die Katze in der Küche«, die sich phonetisch mit »u kazzu ntre kosche« (der Penis zwischen den Beinen) überlappt, so wie »s'a pigliatu na bella trippa« bedeuten soll, er hat sich einen tollen Tripper geholt, wobei *trippa* das Pendant zu einem Bierbauch ist.

172 Vgl. Sigmund Freud, *Studienausgabe*, Alexander Mitscherlich/Angela Richards/ James Strachey (Hgg.), Psychologische Schriften, Bd. IV, hier »Der Witz und seine Beziehung zum Unbewußten« (1905), Frankfurt 1970, S. 9-219, »Der psychische Vorgang der Witzbildung scheint mit dem Einfallen des Witzes nicht abgeschlossen, es bleibt etwas übrig, das durch die Mitteilung des Einfalles den unbekannten Vorgang der Witzbildung zum Abschlusse bringen will.« S. 135.

verwendeter Betrag von psychischer Energie unverwendbar geworden ist, so daß er freie Abfuhr erfahren kann.«[173] Noch erhellender erscheint in diesem Zusammenhang die These von Michail M. Bachtin bezüglich dem Erkenntnisziel dieser Art von Witzen, wonach »das Lachen die Welt auf eine neue Weise öffnete, und zwar in einem maximal fröhlichen und nüchternen Aspekt.«[174] Dieses Öffnen der Fremde durch Lachen als wiederkehrende Entmythisierung der Fremde bildet den gemeinsamen Kern dieser Sprachspiele.

Als Modell dafür zitiert Capuana: »in Amerika sagen sie *stritte* für Straße [im Sizilianischen *strittu* = eng] und dabei sind sie eine halbe Meile breit« (S. 18) und gleich danach wagt er sich selbst an die Reproduktion des Modells mit »Die Höfe nennen sie *ferme*« [im Italienischen *fermo* = stillstehend] als ob sie auch weglaufen könnten« (S. 38). Von beiden Beispielen ist jedoch nur das erste einwandfrei als wörtliches Zitat aus der Erzählsprache der Besucher aus Amerika gekennzeichnet und strukturell als solches zu erkennen, obwohl beide durch die erzielte Einheit der Pointe von Entlastung durch Lachen als Sprachspiele nach demselben Muster und mit gleichem Ziel erkennbar sind. Der Unterschied liegt jedoch darin, daß bei *street* die Pidginisierung in *stritte* über das sizilianische Adjektiv *strittu*: eng bzw. Substantiv *strittu* (Gasse) folgt, dagegen handelt es sich bei dem Übergang von *farms* in *ferme* um eine rein scherzhaft phonetische Ableitung, die in dieser Variante in der Erzählsprache der Auswanderer nicht belegt ist, im Gegensatz zur geläufigeren Pidgin-Variante *farma*.[175]

Während im ersten Sprachspiel die verkehrte Sprachwelt der Amerikaner durch Lachen auf die Füße gestellt wird, wird in dem zweiten Beispiel weder befreiendes Lachen noch eine neuartige Annäherung an die fremde Sprache erzielt, denn der Witz entsteht nicht im Erzählen unter betroffenen Partnern, sondern wird dem Gesprächspartner oder Zuhörer als Sprachrätsel aufgegeben von *ferme* muß er auf *farm* schließen können, und gleich danach wird er durch die Auflösung der Pointe *ferme-farm* zum Lachen aufgefordet. Obwohl die Aufforderung in beiden Fällen geschieht, weil in der Erzählung beide Sprachspiele einem fremden Zuhörer/Leser erzählt werden, unterscheiden sich die mitgelieferten Auflösungen der Pointe darin, daß die Auflösung im zweiten Fall zum Aufbau der Pointe gehört, während sie im ersten eine reine

---

173   Vgl. Sigmund Freud, *Studienausgabe*, Alexander Mitschlerich/Angela Richards/ James Strachey (Hgg.), ebd., S. 138.

174   Michail M. Bachtin, *Rabelais und seine Welt. Volkskultur und Gegenkultur*, München 1969, S. 39.

175   Vgl. Leonardo Sciascia die Erzählung *La zia d'America* (S. 9-59) in: *Gli zii di Sicilia*, Torino 1986 (1958). Daß es sich bei Capuanas zweitem Modell um eine vom ihm vollzogene phonetische Ableitung handelt, wird später mit folgender Variante deutlich gemacht »Santi...verbreitete sich über die *farm* – und zugleich übersetzte *Hof*« (S. 64). Weitere Pidginisierungsbelege in Francesco Perri, *Emigranti*, Cosenza 1976 (Milano 1928), S. 36-39, sowie in Costantino Ianni, *Il sangue degli emigranti*, Milano 1965, S. 193-94.

Redundanz darstellt. Sie ergibt sich aus der Tatsache, daß Erzähler und Zuhörer in der Fremde bei ihrem gemeinsamen Sprachspiel nicht an der Breite der New Yorker Straßen als Erkenntnis durch Lachen interessiert sind, sondern es ihnen offensichtlich darum geht, eine Zugangsbresche in die fremde Sprache durch deren Pidginisierung zu schlagen bzw. durch befreiendes Lachen den von der Fremdsprache verursachten Druck abzuschütteln.

Mit dem darauffolgenden Anknüpfungsversuch des Autors an die gleiche Ironiequelle kündigt sich eine endgültige Spaltung der Einheit der Pointe an, die dem Autor zum Verhängnis wird, gerade weil ihm, aus welchen Gründen auch immer, die Tatsache entgeht, daß die sprach-soziologischen Voraussetzungen, die für die Einheit der Pointe garantieren, nicht künstlich zu reproduzieren sind.

> »– Man tritt vor einen Pastor.
> – Die Schafhirten sind Bürgermeister?
> – Nein, nein, wie die Priester bei uns Pfarrer heißen, nennen sie sich dort Pastor.«
>   (S. 58).

Auch hier wird die Pointe per Sprachverwechselung vollzogen, allerdings nicht aufgrund eines unmittelbaren Pidgin-Modells wie in *stritte*, sondern erst über die italienische Sprache, so wie sie durch die Zwischenfrage ermöglicht und vollzogen wird. An der Zwischenfrage wird deutlich, daß Erzähler und Zuhörer nicht dieselbe sprachliche Gemeinschaft vertreten wie Erzähler und Zuhörer in der Fremde dies tun. Die bewußte oder unbewußte Absicht des Autors, die Andersartigkeit der Fremde zu belächeln, wird aus der Antwort des Besuchers auf die Zwischenfrage erkennbar, weil aus den Synonyma *prete* und *parroco* deutlich wird, daß der Autor hinter dem Erzähler bewußt die Verwechslung von *pastore* und *pecoraio* als Pointe hervorgerufen hat. Dadurch wird nicht nur Lachen hervorgerufen, sondern *pastore* in das Gegenteil umgewandelt, weil *pecoraio* in seinem übertragenen Sinn als Symbol des Ungehobelten[176] gilt, ein Symbol, das deswegen zusätzlich verstärkt wird, weil durch das gezielte Sprachspiel die positive Bedeutung von *pastore* im übertragenen Sinn »Anführer mit außergewöhnlichem Ansehen«[177] als mögliche Konnotation beim Leser verhindert wird.

Insofern belegt die Sprachenkomplexität der Pointe zusätzlich, daß es sich hier entgegen der literarischen Vorlage, um kein Zitat aus der Erzählsprache der Besucher aus der Fremde handeln kann, sondern daß es der Leser mit einer Fehlentwicklung aus dem oben erwähnten Pidgin-Modell zu tun hat.[178] Selbst wenn dem Autor keine diskriminierende Absicht gegenüber der fremden Gesellschaft nachzuweisen ist, erhärtet sich der Verdacht, daß er die

---

176   Giacomo Devoto/Gian Carlo Oli, *Dizionario della lingua italiana*, Firenze [8]1977 (1971), Stichwort »Pecoraio«.

177   Ebd., s. Stichwort »Pastore«.

178   Hierzu vgl. das Pidgin-Modell »Coda-pelata: Willkommen, Boy.. Menu: Warum sagst du boia (Verbrecher) zu mir? ... Santi: Hier heißt das Junge« (S. 79), sowie S. 38.

Grenze zwischen Lachen aus Verteidigungs- und Erkenntnisstrategie und Lachen auf Kosten kultureller Andersartigkeit nicht erkannt hat.[179]

Zwei Faktoren mögen hierbei eine Rolle gespielt haben:

Eine irreführende Verlagerung der Konfliktsituation zwischen Fremdem und Eigenem wie sie kurz danach in der Erzählung von Zi' Carta ausformuliert wird als dieser seinen Konflikt mit der sizilianischen Mano Nera in New York auf die Gastgesellschaft projiziert.[180] Zi' Carta stempelt sie zu einem gefährlichen Babylon, obwohl er durch seine sprachliche Andersartigkeit zur Entstehung von »Babilonia« aktiv beiträgt (S. 90).

Eine fragwürdige Übernahme des Lachens als Korrektivmechanismus gegen Sprachdevianten innerhalb der Sprachkultur der Auswanderer. Ein Beleg für die Existenz und die Funktionsfähigkeit dieses Korrektivmechanismus im Kontext der Auswanderung ist die Tatsache, daß das Korrektiv gegen die Sprache ehemaliger Mitglieder derselben Dialektgemeinschaft eingesetzt wird, wenn sie auf ihr Pidgin zurückgreifen. Die Funktionsfähigkeit des Korrektivs wird um so mehr daran deutlich, daß einige der mitgebrachten Redewendungen in den Heimatdialekt aufgenommen und zugleich mit negativer diskriminierender Ironie besetzt worden sind. Auf diesem Weg sind aus den argentinischen *pesos* lauter *pezze* geworden, womit wertlose Flicken als Armutsnachweis gemeint sind. Aus *job* ist Redewendungen entstanden wie »trovare na bella giobba« als einen tollen Job finden und »pigliare na giobba« als jemandem lästig werden.

Capuanas sprachliche Unaufmerksamkeit besteht darin, ein Sprachkorrektiv aus der eigenen Sprachkultur als Quelle von Pointen gegenüber einer fremden Gesellschaft übernommen zu haben, ohne dabei zu berücksichtigen, daß die ironische Ambivalenz aus dem Pidgin der Amerikaner von Rabbato nicht mehr entwicklungsfähig ist, weil sie aus der Spannung innerhalb der fremden Gesellschaft lebt. Außerhalb des eigenen Sprach-und Sozialkontextes kann sie nur noch zu unerwünschter Diskriminierung entgleisen.

---

179 Hiermit zahlt Capuana seinen Tribut an die damalige Antiamerika-Polemik. Vgl. Antonello Gerbi, *La disputa del nuovo mondo. Storia di una polemica: 1750-1900*, Milano/Napoli 1983 (1955); vor allem »Ultima metamorfosi della polemica. Immigrati ed espatriati«, S. 760-72. Sergio Landucci, *I filosofi e i selvaggi 1580-1780*, Bari 1972, Giuseppe Massara, *L'immagine letteraria degli Stati Uniti in Italia*, Palermo 1984. In der Tat erwähnt Capuana, daß Amerika den kabellosen Telegraphen (1901) als Ausdruck des technischen Fortschritts dem Italiener Guglielmo Marconi verdankt, S. 42.

180 Zur Mafia und italienischer Minderheit in den USA vgl. die bemerkenswerte These des Soziologen Pino Arlacchi, *Mafia contadini e latifondo nella Calabria tradizionale*, Bologna 1980, »Die derzeitige fortschreitende Eingliederung der Italo-Amerikaner in den Mainstream der amerikanischen Gesellschaft ist besonders dieser Elite von wilden und skrupellosen Menschen zu verdanken, die in den zwanziger und dreißiger Jahren dazu beitrugen, die Isolierung der italienischen Auswanderer zu durchbrechen, und die erste Beispiele einer aufsteigenden Mobilität wurden.« S. 77-78.

Die Tatsache, daß gerade Capuana, der davor gewarnt hat, von einer fremden, d. h. einer vom Autor nicht erfaßbaren Wahrheit zu schreiben (S. 18),
eine solche Entgleisung unterlaufen ist, liegt in der Steigerungsdynamik seines Sprachmodells zur Reproduktion einer spezifischen Art von Witzen, das
ihm durch die Verselbständigung der Botschaft außer Kontrolle geraten
ist.

Daß dem Autor in dieser Richtung keine bewußte Absicht zu unterstellen
ist, läßt sich an seinem Amerikabild nachweisen, das verführerischer ausgefallen ist als die durchschaubaren Versuche der Propaganda von Coda-pelata,
der für Amerika wirbt, weil er seine Geschäfte in Ràbbato auf Kosten der Auswanderer machen will.[181]

Verführerischer ist das Amerikabild in Capuana gerade deswegen ausgefallen, weil der umgekehrte Weg als bei den Sprachspielen gegangen wird.
Während das Leben der Rabbatani in Amerika als widersprüchlich (S. 46) und
kontrastiv gegenüber ihren Erzählungen beim Besuch in Ràbbato dargestellt
wird, um dadurch die Auswanderung aus Ràbbato näher an die historische
Realität zu rücken, läßt der Autor in Ràbbato ein Bild von Amerika entstehen,
das um so verführerischer wirken muß, weil Amerika in Ràbbato schon in positive, nachvollziehbare Erfahrungen umgesetzt worden ist.[182] Das ganze Kapitel »Il dottor Liardo« (S. 69-72) liest sich als Zusammenfassung sämtlicher Erfolge »des amerikanischen Geldes« in Ràbbato: im Bauwesen durch neue Häuser, im Handel durch neue Waren und Geschäfte, im religiösen und im
sozialen Verhalten durch Spenden und durch neu gewonnenes Selbstbewußt-
sein. Diese Erfolge sind von den im Dorf anerkannten Kontrollinstanzen (Arzt,
Pfarrer und Großvater Lamanna) bestätigt.

Der Leser hat es hier mit einem tiefsitzenden Widerspruch zu tun, der
nicht deswegen aufgedeckt werden kann, weil hier zwei Ebenen der Erzählung einander gegenübergestellt werden, sondern weil sich hier eine auf-
fällige Ambivalenz in der Haltung des Autors auf einfachste Weise nachweisen läßt. Eine Ambivalenz, die die ganze Erzählung durchläuft, und die zu
keiner Auflösung findet, obwohl das glückliche Ende der Erfahrungen in

---

181 Zur Spekulation der Anwerbeagenten vgl. Francesco Saverio Nitti, *L'emigra-*
     zione e i suoi avversari, Torino/Napoli 1888, jetzt als *L'emigrazione e l'Italia*
     meridionale in: *Scritti sulla questione meridionale*, Bd. I »Saggi sulla storia
     del Mezzogiorno. Emigrazione e lavoro«, Armando Saitta (Hg.), Bari 1958,
     S. 303-77.

182 Dies ist um so bemerkenswerter, weil Amerika in Capuanas Werk bis dahin kaum
     mehr als ein bekannter Topos gewesen war: ein Zufluchtsort nach Liebesenttäu-
     schungen (Hbd. I, Il *Dottor Cymbalus*, S. 233, *Tortura*, S. 265; Hbd. III, *Tormen-*
     tatrice, S. 191 u. S. 196); ein Land des Reichtums und der Abenteuer (Hbd., *Il Pre-*
     sentimento S. 273 u. S. 276; Hbd. III, *Un vampiro*, S. 206-07, *L'incredibile esperi-*
     mento, S. 255, *La conquista dell'aria*, S. 284); ein Land der Kuriositäten (Hbd. II,
     Americanata S. 261-61, *Il giornale mobile*, S. 278-84; Hbd. III, *Un suicida* S. 161)
     und am wenigsten ein Kulturland (Hbd. III, *Delitto ideale* S. 334), Capuana, *Rac-*
     conti, (Hg.) Enrico Ghidetti, Roma 1973-74.

der Fremde und die emblematische Synthese des Prinzips Erfahrung und des Prinzips abstrakten Wissen als oberstes Prinzip des Vaterlandes dafür sprechen würden.

c) Die Ambivalenz der sympathischen Wahrheiten

Daß die Erzählung vor Wahrheiten über die Auswanderung strotzt, läßt sich kaum anzweifeln. Dem Leser wird sofort der Eindruck vermittelt, daß er es mit einem fachkundigen Autor zu tun hat, so massiv ist die Anhäufung von Informationen über das Leben in einer Gemeinde, deren Alltag ausschließlich von der Auswanderung geprägt ist, und so gezielt ist das Aufgreifen von zentralen Themen für eine Literatur über die Auswanderung aus der Sicht eines sizilianischen Schriftstellers nach der Jahrhundertwende. Eine Summe der Absichten und der Vorhaben des Autors stellt das Kapitel XIV »Il dottor Liardo«, dar. Dort finden sich jene Hauptthesen wieder, die zur Zeit der Entstehung der Erzählung oder kurz davor von namhaften Wissenschaftlern, Politikern, Befürwortern oder Gegnern der Auswanderung vertreten worden waren:[183]

Wirtschaftlicher Erfolg durch Auswanderung (S. 69)
– Geld aus der Fremde wird der Familie geschickt, womit das nationale Geldsparen gefördert wird. (S. 72)[184]

---

[183] Vgl. folgende Zusammenfassung der damaligen Einschätzung der Auswanderung in Fernando Manzotti, *La polemica sull'emigrazione nell'Italia unita*, Milano/ Roma/Napoli/Città di Castello 1962, »Zwischen 1906 – 1908 erkannte man einstimmig die Vorteile an, die die Auswanderung dem Dorf, wenn auch zum Preis großer Schmerzen, brachte. Die Auswanderung hatte verhindert, daß viele Leute verhungern mußten; sie hatte die Zahl der Morde verringert, ebenso die der Diebstähle, vor allem der Viehdiebstähle. Viele Menschen hatten erkannt, wie wichtig die Kenntnis des Alphabets war. Dank der Geldüberweisungen hatte sich eine Umwandlung der Renten vollzogen. Die Auswanderung hatte also dazu beigetragen, unser wirtschaftliches Niveau in den Jahren anzuheben als die Lira ihren Platz neben dem Gold einzunehmen begann. Sie hatte der italienischen Gesellschaft Impulse gegeben, besonders in Süditalien, wo durch die Auswanderung das Einkommen der Landarbeiter und die Rücklagen bei den Banken gestiegen waren. Sie förderte die Bildung einer neuen Klasse von kleineren Eigentümern, die Impulse zum Bau von neuen Häusern gaben. Das Kapital wurde schneller umgesetzt, dadurch wurden neue Investitionsmöglichkeiten geschaffen.« S. 149 Ferner Francesco Coletti, *Cinquanta anni di storia italiana 1860-1910*, 3 Bde., Bd. III, Teil IV »Cenni sulle consequenze dell'emigrazione e conclusione«, Milano 1911, S. 223-78.
[184] Vgl. Francesco Saverio Nitti, *Sui provvedimenti per la Calabria e la Basilicata. Discorso tenuto alla Camera dei deputati il 28 giugno 1908*, jetzt nachzulesen in: Francesco Saverio Nitti *Scritti sulla questione meridionale*, Armando Saitta (Hg.), Bd l, Bari 1958, S. 534-50, hier S. 542.

- Die Auswanderung fördert die Bauwirtschaft vor Ort (S. 69) und verändert die Bautradition. (S. 69)[185]
- Mit Geld und mit ästhetischen Vorstellungen greift die Auswanderung dort ein, wo der Staat versagt. (S. 69)[186]
- Die Auswanderung ermöglicht Kapitalakkumulation und macht die Auswanderer zu besseren Landbesitzern. (S. 70)[187]
- Schmutz und Armut werden durch die Auswanderung beseitigt. (S. 70)[188]
- Die Auswanderung verändert das Sozialverhalten. (S. 70)[189]
- Die Auswanderung als Sozialbefreiung und gesellschaftlicher Aufstieg. (S. 70)[190]
- Verantwortung der Großgrundbesitzer für die Auswanderung. (S. 70)[191]
- Notwendigkeit einer Agrarreform als Mittel gegen die Auswanderung. (S. 70)[192]
- Stabilisierung von Besitzverhältnissen durch die Auswanderung. (S. 70)[193]
- Steigender Wohlstand dank der Auswanderung. (S. 70)[194]
- Die Auswanderung zwingt zur Erneuerung in der Gemeinde (S. 70) und fördert Mobilität. (S. 72)[195]

---

185 Luigi Agostino Caputo, *Di alcune quistioni economiche della Calabria. L'emigrazione dalla provincia di Cosenza.* In: *Il Giornale degli economisti*, Nr. 2 Bologna 1907, S. 1193. Über die sich herausbildende rhetorische Symbolik um die »Häuser der Amerikaner« vgl. *La ricognizione fotografica realizzata nel 1910 durante l'Inchiesta parlamentare sulle condizioni dei contadini in Basilicata e Calabria*, in: *La Calabria*, Piero Bevilacqua/Augusto Placanica (Hgg.), Torino 1985, hier Foto 24.

186 Eine Tradition, die sich später auch in anderen Bereichen der Kunst bestätigt findet, so wie es beispielsweise von Benedetto Croce für seinen Geburtsort festgestellt worden ist. Hierzu vgl. Benedetto Croce, *Storia del Regno di Napoli*, Bari 1925, S. 392.

187 Vgl. Jahresberichte des Prefetto von Campobasso, BNA 1891, I, 21, S. 1026 und BNA 1895, I, 8, S. 131, zitiert nach *Un secolo di emigrazione italiana (1876-1976)*, (Hg.) Gianfausto Rosoli, ebd., S. 139 u. S. 141.

188 Giuseppe Scalise, *L'emigrazione dalla Calabria*, Napoli 1905, »Effetti sociali dell'emigrazione: Igiene,« S. 89-93, dort S. 92-93.

189 Leopoldo Franchetti/Sidney Sonnino, *La Sicilia nel 1876*, ebd., S. 325.

190 Giuseppe Scalise, *L'emigrazione dalla Calabria*, ebd., S. 116.

191 Leopoldo Franchetti, *Condizioni economiche e amministrative delle provincie napoletane*, (Hg.) Antonio Jannazzo, Bari 1985 (1875), S. 82-84.

192 Emilio Sereni, *Il capitalismo nelle campagne (1860-1900)*, ebd., S. 281. »Er sagt, daß das Land der anderen allen gehört.« (S. 70) Was hier als Zitat frühsozialistischer Vorstellungen anmutet, ist das anhaltende Echo auf die Kämpfe um das Land der *Fasci siciliani* (1893-1894) in der Hoffnung, daß ihnen die Auswanderung erspart bleiben würde.

193 Leopoldo Franchetti/Sidney Sonnino, *La Sicilia nel 1876,* ebd., S. 324-25.

194 Benedetto Croce, *Storia d'Italia dal 1871 al 1915*, Bari 1928, S. 217.

195 Paolo Emilio De Luca, *Dell'emigrazione europea ed in particolare di quella italiana*, Torino 1909, S. 112, oder Luigi Agostino Caputo, *Di alcune quistioni economiche della Calabria*, ebd., S. 1166.

- Die Auswanderung als Trägerin willkommener Information durch Waren. (S.72) [196]
- Gefährdung durch die Auswanderung (S. 72) in der Fremde[197] und zu Hause.[198]
- Die Auswanderung zwingt zur Auswanderung durch Erfolg. (S. 72)[199]

Daß eine solche positive Bilanz zur erhöhten Aufmerksamkeit bei der Lektüre des zweiten Teils der Erzählung auffordert, muß dem Autor bewußt gewesen sein. Dennoch wird keine der Annahmen in den restlichen Kapiteln relativiert oder zurückgenommen, so daß die Erzählung am Schluß zu einer Mischung aus Provokation und Widersprüchen wird. Wobei nun noch zu klären wäre, in welchem Verhältnis Provokation und Widersprüche zueinander stehen.

Sätze wie:»Sie werden das Land mit größerer Liebe bearbeiten, wo sie jetzt wissen, daß es ihnen gehört« (S. 70) oder In zehn Jahren werden die wahren *galantuomi* die *americani* sein« (S. 70) lassen deswegen aufhorchen, weil in der Erzählung ständig die Rede davon ist, daß Bauern Land kaufen und verkaufen müssen.[200] Dabei fällt auf, daß Pfänden, Kaufen und Verkaufen von Land zur Finanzierung der Auswanderung dient, und daß sich all dies nur unter Kleinbauern abspielt, was wiederum bedeutet, daß dadurch keine ernste Gefahr für die Grundstruktur der Großgrundbesitzer ausgeht, auch wenn die Auswanderer sich so stark fühlen, daß sie beim Landkaufen erfolgreich in Konkurrenz mit den Kleinadligen, wie dem Cavaliere Baratta, treten können (S. 11). Gerade die Abwesenheit der bürgerlichen und adeligen Großgrund-

---

196 Luigi Einaudi, *Un principe mercante. Studio sulla espansione coloniale italiana*, Torino 1900, S. 3.

197 Zur diesbezüglichen Kontroverse erneut Fernando Manzotti, *La polemica sull'emigrazione nell'Italia unita*, ebd.; Grazia Dore, *La democrazia italiana e l'emigrazione in America*, Brescia 1964 sowie Emilio Franzina, *Merica! Merica! Emigrazione e colonizzazione nelle lettere dei contadini veneti in America Latina: 1876-1902*, Milano 1979. Insofern wundert es nicht, wenn in *Stella degli Emigranti*, Polistena 1904, Pro- und Contra-Haltungen unvermittelt nebeneinander zu finden sind, ebd., S. 6-10, S. 30, S. 38-39, S. 60-62, S. 70-71, u.s.w..

198 Giuseppe Scalise, *L'emigrazione dalla Calabria*, ebd., S. 11 u. S. 86.

199 Vgl. die Stellungnahme des Prefetto der Provinz Catania im Jahre 1907, zitiert nach *Un secolo di emigrazione italiana (1876-1976)*, Gianfausto Rosoli (Hg.), ebd., S. 139-40, Anm. 42.

200 z.B. verkauft der Bauer Garozzo »sein Stück Land an den Faito« Coda-pelata (S. 10), der ihn nach Amerika mitnehmen wird, und dabei erzählt Coda-pelata, daß es in Amerika für jedermann sehr leicht ist, Land und Haus zu erwerben (S. 14); z.B. die Hypothek auf Haus und Land der Lamanna, um die Reise nach Amerika zu finanzieren (S. 24), die jedoch bald darauf zurückgezahlt wird (S. 48). Nach der Abfahrt der Brüder wird das Land dem Bauern und Nachbarn Sciancatello verpachtet (S 32); ein junger Bauer kauft kurz vor seiner Hochzeit das Land von Rocco Mulè (S. 62-63); Garozzo kauft das Land zurück (S. 96); Stefano Lamanna kauft ein altes Haus im Dorf und das Land des alt gewordenen Nachbarn Sciancatello, und damit setzen Stefano und Menu der Auswanderung und der Erzählung ein Ende, S. 114.

besitzer verfälscht das Bild der Besitzverhältnisse in Ràbbato, und man könnte tatsächlich meinen, daß es in der Macht der Bauern läge, nach zehn Jahren Auswanderung *galantuomo* zu werden. Daß der Autor hier über den Arzt Liardo zweckbedingten Optimismus darstellt, kann als historische Wahrheit in dem Sinne verstanden werden, daß der aufgeklärte und nach vorne schauende Arzt Liardo in der Auswanderung eine Möglichkeit für eine sozio-ökonomische Emanzipation der unteren Gesellschaftsschichten sieht. Indem verelendete Landarbeiter, Kleinbauern und Handwerker für sich in der Fremde den Amerikanismus entdecken werden, d.h. für sich den starken Willen, die wahre Liebe für die Arbeit als positive Lebenskoordinaten zurückgewinnen können, werden sie sich aus eigener Kraft von der sozialen Unbeweglichkeit ihres Elends befreien und der Auswanderung ein Ende setzten, so wie es eben die Brüder Lamanna getan haben.

Daß es sich hier nicht um eine historische oder soziale Wahrheit handeln kann, ist Capuana bewußt, denn sonst hätte er nicht so viel Optimismus gebraucht, um die ohnehin steigende Auswanderung aus Sizilien zu unterstützen. Da die Erzählung zur Jugendliteratur gehört, bedarf die Darstellungsweise der Inhalte einer gewissen erzählerischen Leichtigkeit, gerade wenn jungen Lesern komplexe soziale Phänomene, wie die Auswanderung, deutlich zu machen sind. Insofern ist die Ungeduld von Menu, Amerika mit zwölf Jahren zu entdecken und die Bewunderung bei der Schilderung der Fremde zweifelsohne als naive Werbung für die Auswanderung zu bewerten. Doch im Vergleich von Menu mit seinem Vorläufer *Scurpiddu*[201] bzw. im Vergleich zwischen der Machtstruktur in der Erzählung und in seinem früheren Roman *Il Marchese di Roccaverdina* kann gezeigt werden, wie Wahrheit und Sympathie in der Erzählung einander zu nahe geraten sind, so nahe, daß mit Recht kritisches Unbehagen bei ihrer Rezeption entstanden ist.[202]

d) Die historischen Wahrheiten in *Il Marchese di Roccaverdina*

Der Roman *Il Marchese di Roccaverdina* ist kaum im Kontext der historischen Auswanderung in den Jahren vor und nach der nationalen Landwirtschaftskrise (1880-81) gesehen worden. Auf der Suche nach sozialhistorischen Parametern, um ein Werk wie *Il Marchese di Roccaverdina* in einem Auswanderungskontext erschließen zu können, kann man auf das historische Vorbild des Marchese di Roccaverdina stoßen, so wie es von dem Historiker für Land-

---

201   Scurpiddu ist von 'Ntoni Malavoglias Sehnsucht nach fremden Städten so angesteckt, daß er als sein Traum näherrückt, die Trennung vollzieht, obwohl er sich seinem Beruf und seinem Land eng verbunden fühlt, eine Trennung, die Menu nicht mehr als solche erlebt, weil sie durch Auswanderung zum Alltag geworden ist. Sie wird weder als eigene Entscheidung noch als persönliche Trennung (S. 27-30) erlebt.

202   Vgl. Erster Teil: IV,9.,e.

wirtschaftsökonomie Emilio Sereni in seinem Werk *Il capitalismo nelle campagne* (1860-1900) aufgenommen worden ist:

> »Manchmal geschieht es, daß ein unternehmungsfreudiger adliger Großgrundbesitzer selbst die Bewirtschaftung seines Gutes in die Hand nimmt und Kapital in eine modernere Form der Nutzbarmachung investiert, vielleicht auch durch den Verkauf eines Teils seiner Ländereien. So in Mineo, um eines der bekanntesten Beispiele auf den ausgedehnten Ländereien in Niscima in der Provinz Catania zu nennen, wo der Baron Grimaldi seit 1880 nicht nur einen bedeutenden modernen Pferdezuchtbetrieb eingerichtet hat, sondern auch moderne Bewirtschaftungs- und Anbaumethoden (maschinelles Dreschen usw.)«[203]

Bei der vorliegenden Stelle geht es darum, die Arbeit von Emilio Sereni als Beleg dafür zu nehmen, daß in *Il Marchese di Roccaverdina* von Capuana eine unmittelbare Nähe zwischen dem Handeln des Marchese und der Auswanderung vorkommt, und zwar als Ausdruck ein und desselben historischen Wirtschaftskontextes. Der Kontext ist das Aufkommen der Auswanderung zur Zeit der Beseitigung der »feudalen Überresten«:

> »Art, Umfang und regionale Verteilung des Phänomens der Migration und vor allem der Auswanderung erlauben keine andere Schlußfolgerung: Es handelt sich hier um eine wirkliche Flucht der landwirtschaftlichen Arbeiter aus den Gebieten, die am meisten unter den feudalen Überresten zu leiden hatten.«[204]

Gerade auf diese historisch bedingte Andersartigkeit »der Feudalität des Marchese« als eine genauere Einführung in »die sizilianische Feudalgesell-

---

203 Emilio Sereni, *Il capitalismo nelle campagne (1860-1900)*, ebd., S. 277-78. Für diese Annahme spricht die räumliche und zeitliche Übereinstimmung zwischen Roman und Modell. Zusätzliche Belege der räumlichen Übereinstimmung finden sich in dem Brief von Capuana an Giovanni Verga vom 3.Juni 1881, »Ich mußte die Szene mit meinem Marchese Donna Verdina nach Spaccaforno verlegen, damit mich nicht alle meine Personen steinigen, obwohl ich über niemanden etwas Böses sage, im Gegenteil!« (S. 122); und »In diesem Monat werde ich wegen meines Marchese Donna Verina für ein paar Tage nach Spaccaforno fahren, um mir ein paar Lokalitäten und die Landschaft genauer anzusehen, ich möchte topografisch genau und auch malerisch sein.« (S. 123) Zeitliche Übereinstimmung auch insofern, daß Capuana zum ersten Mal im Mai 1881 in einem Brief (S. 117) an Giovanni Verga über sein Romanvorhaben schreibt und er sich im Juni 1881 (Brief, S. 126) sicher ist, den Roman in drei Monaten geschrieben zu haben, in: Gino Raya, *Carteggio Verga-Capuana*, ebd.; sowie die wiederholte Erwähnung des maschinellen Dreschens in Capuana, *Il Marchese di Roccaverdina*, Milano 1901, in: *Narratori dell'Ottocento e del primo Novecento*. Bd. 64, Hbd. 2, Aldo Borlenghi (Hg.), Milano/Napoli 1962.

204 Ebd., »Residui feudali« S. 145-200, Zitat S. 356. Vgl. Emile de Laveleye, *Lettres d'Italie*, in: *Revue de Belgique, Bruxelles*, 1re Livraison, 15 Janvier 1880, »Pour que l'Italien émigre, il faut qu'il soit bien malheureux. Il l'est vraiment, et la cause en est la distribution vicieuse de la propriété. *Latifundia perdidere Italiam*. Le mot est encore aussi vrai de nos jours que du temps de Pline. Comprend-on qu'on déserte le plus beau pays du monde, où la place ne manque point? Voilà l'œuvre du crédit et de l'impôt.« S. 37.

schaft«[205] hat sich der Dichter und Essayst Giovanni Titta Rosa gestützt, als es darum ging, eine Wiederentdeckung des *Il Marchese di Roccaverdina* in den sechziger Jahren durchzusetzen.

Die Besonderheiten der Feudalität im Werk von Capuana zeigen sich an den tragischen Widersprüchen des Marchese di Roccaverdina. Während er sich auf der einen Seite der wirtschaftlichen Notwendigkeit bewußt wird, seinen *feudo* (Lehen) in einen modernen Landwirtschaftsbetrieb durch zusätzliche Investitionen umzuwandeln, so daß er produktionsfähig und rentabel bleiben kann, klammert er sich gleichzeitig restriktiver denn je an seinem Feudalverhalten fest, so daß es ihm schließlich zum Verhängnis werden muß.[206] Die offene unternehmerische Haltung des Marchese außerhalb seines *feudo* und gegenüber den Veränderungen innerhalb der Nationalwirtschaft findet keine Entsprechung in einer Umgestaltung der Herrschaftsstrukturen innerhalb des *feudo* selbst.

Der tragische Widerspruch findet sein Symbol in dem Aufbau der *società agricola*, der sich parallel zu dem menschlichen und geistigen Abbau des Marchese vollzieht. Das Vorhaben des Marchese, sich mit Hilfe einer wirtschaftlichen Erneuerung des *feudo* vor der Selbstzerstörung zu retten, die er mit dem Mord an seinem Gutsverwalter Rocco Criscione, dem Ehemann seiner ehemaligen Magd und Liebhaberin Agrippina Solmo, eingeleitet hatte, kann deswegen nicht verwirklicht werden, weil es so viele wirtschaftlichen Faktoren gibt, die der Marchese durch sein Festhalten am feudalen Herrschaftsverhalten auf tragische Weise übersehen muß. Auch der Soziologe Pino Arlacchi hat dies in seiner Arbeit über *Il sistema latifondistisco crotonese* auf den Punkt gebracht: »Ein neu einsetzender Prozeß von Kapitalakkumulation würde die Großgrundbesitzer zwingen, sich selbst untreu zu werden und einen Lebensstil und eine kulturelle Form aufzugeben, die ihnen ebenso unentbehrlich sind wie ganz einfach die wirtschaftliche Macht.«[207]

In der Tat hat der Marchese trotz des Mordes versucht, die vertraute Lebensnormalität eines *Feudo*besitzers durch Eheschließung, durch Investitionen nach kapitalistischem Muster, sowie durch die Umgestaltung des Inneren des *palazzo* der Roccaverdinas herzustellen.[208] Er zeigt sich sogar bereit, sich

---

205   Giovanni Titta Rosa, *Capuana, De Marchi, De Roberto*. In: *L'Osservatore politico e letterario*, Jg. VI, Nr. 6, Milano 1960, S. 106-07.

206   Zur Latifundienwirtschaft vgl. Leopoldo Franchetti/Sidney Sonnino, *La Sicilia nel 1876*, ebd., S. 24-77; Manlio Rossi-Doria, *Struttura e problemi dell'agricoltura meridionale*, in: *Riforma agraria ed azione meridionalista*, Bologna 1956 (1948), S. 3-51; Emilio Sereni, *Il capitalismo nelle campagne (1860-1900)*, ebd., »Residui feudali« S. 145-200, sowie Pino Arlacchi, *Mafia contadini e latifondo nella Calabria tradizionale*, ebd., »Il sistema latifondistico del Crotonese«, S. 141-226.

207   Pino Arlacchi, *Mafia contadini e latifondo nella Calabria tradizionale*, ebd., S. 164.

208   Vgl. »Er vergnügte sich damit, große landwirtschaftliche Projekte zu planen, die er durchführen wollte, sobald er verheiratet wäre, eine Vereinigung der Wein- und Olivenbesitzer unter seiner Führung, dazu die neuesten Maschinen aller Art und Erzeugnisse, die er auf die Märkte der Halbinsel und des Auslandes schicken wollte, nach Frankreich, England und Deutschland.« S. 469.

an dem politischen und sozialen Leben der Gemeinde als Bürgermeister zu beteiligen, ein Amt, das er mit der Begründung von sich abgewiesen hatte: »Für den Dienst in der Gemeinde braucht man Nichtstuer!« (S. 403)

Und selbst wenn von der spezifischen Affektmotivation des Mordes an dem Gutsverwalter nicht abzusehen ist, der deswegen begangen wird, weil der Verwalter und seine Frau aus Liebe zueinander kurz davor waren, das Versprechen der keuschen Enthaltsamkeit zu brechen, fällt doch auf, daß der Marchese denjenigen getötet hat, der aufgrund seines fachmännischen Wissens in der Lage gewesen war, den Übergang des *feudo* aus einem feudalen in ein modernes Produktionssystem zu sichern. Somit wird die Vernunft der modernen Zeit von feudalen Verhaltensmustern eingeholt und außer Kraft gesetzt.

Der Marchese tötet den unersetzbaren Gutsverwalter, weil dieser aus Liebe zu seiner rechtmäßigen Frau und aus Achtung vor sich selbst nicht mehr bereit ist, sich einer feudalen Grundordnung zu beugen,[209] die er selbst und im Auftrag des Marchese durch die Einführung von neuen Produktionstechniken beseitigen soll. Die Tragik im Verhalten des Marchese besteht darin, alles unternehmen zu wollen, was die Grundordnung des *feudo* durch finanzielle Investitionen außer Kraft setzt, und sich gleichzeitig zu weigern, die notwendige Umgestaltung der feudalen Machtstrukturen als Voraussetzung für den wirtschaftlichen Erfolg der Investitionen zuzulassen. Erst nach dem Mord an dem Verwalter wird sich der Marchese der Unhaltbarkeit seines Widerspruches insofern bewußt, als er auf das sexuelle Vorrecht auf die Magd und »das Weib des Marchese« (S. 387) verzichtet, indem er sie zur Heirat mit einem fremden jungen Hirten freigibt.

Ein derartiges Grundmodell läßt kaum auf die Auswanderung als wichtigen Faktor in der Dymanik der Ereignisse schließen. Sie wird im ganzen Roman nur einmal wörtlich genannt, als der Niedergang des *feudo* nicht mehr zu verhindern ist: »Man hörte über nichts anderes sprechen als über den Hunger und das Elend von ganzen Familien von Kleinbauern, die dann in glücklichere Länder ausgewandert waren, wo das Land Ertrag brachte und man Arbeit und Brot finden konnte.« (S. 458).

Weil das Wort *paese* im Italienischen sowohl Dorf als auch Region oder Land bedeuten kann, ist aus dem Satz nicht zu entnehmen, ob es sich um eine interne, regionale Abwanderung oder um eine Auswanderung in die Fremde handelt. Weil aber davor über andauernde Regenzeiten in Florenz und in der Lombardei berichtet worden ist (S. 434), kommt hier zuerst nur eine regionale Abwanderung in Frage, selbst wenn die Redewendung: »wo das Land Ertrag brachte und man Arbeit und Brot finden konnte« auch für fremde Länder zutrifft, weil dies die Formel ist, mit der die Fremde von den Auswanderern definiert wird. Wichtig ist jedoch die kausale Verbindung zwischen der Auswanderung und der Krise in der Landwirtschaft, die

---

209 Zur Feudalgrundordnung zur Zeit des *Marchese di Roccaverdina* vgl. Leopoldo Franchetti/Sidney Sonnino, *La Sicilia nel 1876*, ebd., S. 134, sowie Emilio Sereni, *Il capitalismo nelle campagne (1860-1900)*, ebd., S. 153.

im Roman auf die Trockenheit, auf die Rückständigkeit der Produktionsmittel und die Konkurrenz ausländischer Landwirtschaftsprodukte zurückgeführt wird.[210]

Diese Stelle ist wichtig, weil sie ein Beleg dafür ist, daß der Autor von *Gli »americani« di Ràbbato* sich der Auswanderung als historischem Sozialphänomen schon vor der Zeit der nationalen Landwirtschaftskrise um die Jahre 1881/82 bewußt war und mit den Mechanismen, die zur Auswanderung führten, so vertraut war, daß es rätselhaft anmutet, wenn Capuana später in *Gli »americani« di Ràbbato* seinem Leser genau diese Mechanismen vorenthält, und er daraus sein rein persönliche Entscheidungen macht.

Diese zeitliche Annahme wird auch durch die historische Tatsache bestätigt, daß Catania und Umgebung in den Jahren 1875-76 von einer Industrie- und Landwirtschaftskrise heimgesucht worden ist,[211] wie auch durch die Tatsache, daß im Roman der Marchese wiederholt daran denkt, nach Rom zu Pius IX zu reisen, der 1878 gestorben ist, um von ihm die Absolution zu erhalten, die ihm nach dem Mord an Rocco von dem Pfarrer in Ràbbato verweigert wird. Die erwähnten Texthinweise auf Konkurrenz aus dem Ausland und auf die Anschaffung von landwirtschaftlichen Maschinen, sowie die Gründung der *società agricola* lassen darauf schließen, daß der Autor angesichts der allgemeinen Lage der Industrie und Landwirtschaft im Sizilien des *Postrisorgimento* keine zeitliche und inhaltliche Eingrenzung auf die Krise von 1875-76 um Catania vorgenommen hat.

Die Funktion der Krise in *Il Marchese di Roccaverdina* läßt sich am besten mit folgender Feststellung von Emilio Sereni zum damaligen Stand der nationalen Wirtschaft erfassen: »Insgesamt beschleunigt die Krise, so wie sie in ganz Italien an Schärfe zunimmt, außerordentlich die Entwicklung des Kapitalismus auf dem Land und wird, indem sie die Auflösung der traditionellen Beziehungen zwischen Eigentum und Produktion beschleunigt, einer ihrer positiven treibenden Kräfte.«[212]

So gesehen handelt es sich um eine spezifische Vorstellung von Fortschritt, welche nach Vittorio Spinazzola mit der veristischen Vorstellung völlig übereinstimmt, weil für die Veristen Verga und Capuana »bei den gegenwärtigen

---

210 Zur Dürre bzw. Ankunft des Regens vgl. u.a. S. 391, S. 403, S. 416, S. 434, S. 436, S. 459 u. S. 489; zur Rückständigkeit S. 417, S. 435, S. 437, S. 534 u. S. 544; zur Konkurrenz S. 436 u. S. 566-68.

211 Vgl. Leopoldo Franchetti/Sidney Sonnino, *La Sicilia nel 1876*, ebd., S. 68-69. Daß Capuana diese Stelle des Buches *La Sicilia nel 1876* der Politiker Leopoldo Sacchetti und Sidney Sonnino bekannt ist, geht aus der Übereinstimmung zwischen den dortigen und den in *Il Marchese di Roccaverdina* wiedergegebenen Krisenfaktoren hervor, sowie aus Capuanas Formulierung »Um die Schwierigkeiten in den Griff zu bekommen, wollen wir weder Unbequemlichkeiten noch die Gefahren einer Spekulation auf uns nehmen« (S. 435), eine Entsprechung zu Leopoldo Franchetti/Sidney Sonnino, *La Sicilia nel 1876*, ebd., »deswegen niemand sein eigenes Kapital in neue Arbeiten stecken wollte.« S. 69.

212 Emilio Sereni, *Il capitalismo nelle campagne (1860-1900)*, ebd., S. 241.

Verhältnissen Fortschritt nicht mehr synomym für Rationalität, sondern für Mythos ist.«[213]

Die Annahme, daß wiederkehrende Landwirtschaftskrisen zu einer Verschärfung der Konfliktsituation innerhalb des Produktionssystems des *feudo* geführt haben, ist deswegen für die Deutung des Romans entscheidend, weil mit ihnen der Untergang des *feudo* etwas anderes ermöglicht als zu einer sinnbildlichen Darstellung der inneren Tragödie der Familie der Roccaverdinas, die sich in einem Dekadenzzustand befindet, so daß ein Auseinanderfallen der Familiengüter nicht mehr zu verhindern ist. Diese Annahme wird durch die Entscheidung des Marchese bestätigt, der nach dem Mord an dem Verwalter, mitten in der Krise, die Gründung der *società agricola* vollzieht, die zu einer zusätzlichen gefährdenden Fehlinvestion werden muß, weil es dem Marchese nicht gelingt, das *feudo* als »Modell der Rationalität«[214] durch die von ihm erkannte wirtschaftliche Rationalität der Marktwirtschaft zu ersetzen.[215]

Erneut geht der Marchese als Feudalherr vor, indem er sich so verhält, als ob es in seiner Macht stünde, seinen *feudo* außerhalb der Investition-Profit-Gesetzmäßigkeit und der Landwirtschaftskrise zu halten. Daß der Marchese mit seinen Investitionen in Krisenzeiten gegen die Marktbedingungen verstößt und doch als Feudalherr handelt, läßt sich mit der These Pino Arlacchis begründen, wonach »die Feudalherren, um ihren Lebensstandard und ihre gesellschaftliche Stellung halten zu können, ihre Verluste kompensieren, indem sie die Gesamtproduktion erhöhen.«[216] Und gerade dieser Akt feudaler Vernunft in geänderten Zeiten wird den Marchese durch das Scheitern der *Società Agricola* in den wirtschaftlichen Ruin treiben.

Die restriktive Betrachtungsweise des Romans, die nach Enrico Ghidetti eine Fortsetzung einer »weiten psychologischen Kasuistik-Studie«[217] darstellt,

---

213 Vittorio Spinazzola, *Verismo e positivismo,* ebd., S. 21.

214 Manlio Rossi-Doria, *Struttura e problemi dell'agricoltura meridionale,* in: *Riforma agraria ed azione meridionalista,* ebd., S. 9, Pino Arlacchi, *Mafia contadini e latifondo nella Calabria tradizionale,* ebd., S.151, sowie Vittorio Spinazzola, *Verismo e positivismo,* ebd., S. 21.

215 Vittorio Spinazzola, *Verismo e positivismo,* ebd., »Die Veristen greifen unverzüglich den Satz von der ›primitiven Akkumulation‹ auf, der wesentlich für die Entstehung der Marktwirtschaft ist; sie erkennen sofort seine wirtschaftliche Rationalität an, nehmen gleichzeitig aber auch seine ganze brutale Unmenschlichkeit wahr.« S. 21.

216 Pino Arlacchi, *Mafia contadini e latifondo nella Calabria tradizionale,* ebd., S. 151. Vgl. die ablehnende Haltung des bürgerlichen Unternehmers Don Pietro Salvo, der seine Weigerung, der neugegründeten *Società Agricola* beizutreten, damit begründet, daß »von den Leuten aus Roccaverdina einer schon immer verrückter als der andere gewesen ist, und auch der Marchese schlägt nicht aus der Art. Er hat sich den richtigen Augenblick herausgesucht. Man verhungert schier, und wer weiß, wo wir alle noch enden, wenn es nicht regnet!« (S. 482) Wobei deutlich wird, daß für den bürgerlichen Unternehmer der Wahnsinn des Marchese rein wirtschaftlicher Natur ist.

217 Enrico Ghidetti, *L'ipotesi del realismo (Capuana, Verga, Valera e altri),* ebd., S. 89.

findet ihre Ansatzpunkte in der Zentralität von Agrippina Solmo, einer Frau-
engestalt, wie sie aus anderen Werken, *Profili di donne* (1877) und *Giacinta*
(1879), von Capuana bekannt war sowie in der Wiederholung einiger alt-
bekannter Dekadenzmerkmale wie Wahnsinn, abnormes Verhalten der Familienmitglieder, heruntergekommene Familienpaläste,[218] als auch in der Vorliebe des Autors für psychologische Begründungen und Betrachtungen der
Entscheidungen, die zum tragischen Epilog der erzählten Vorgänge führen.

Schon Benedetto Croce hatte 1904, drei Jahre nach der Erscheinung von *Il
Marchese di Roccaverdina*, festgestellt, daß »Luigi Capuana und Giovanni
Verga vor allem das pathologische Substrat bei den Gefühlen interessierten,
die Degenerationen und Abartigkeiten, der sexuelle Aspekt der Liebe, der
Mensch als Tier und der Mensch, der Züge eines Tieres annimmt, und die sozialen Klassen, die halbwegs in der Barbarei oder in der äußersten Armut des
Geisteslebens lebten.«[219] Diese vordergründige Komponente im Roman und
die Autorität des Kritikers, haben zweifellos entscheidend dazu beigetragen,
daß auch in den späteren Untersuchungen des Werkes[220] die historische Notwendigkeit, der *feudo* »... als wirtschaftliche und administrative Einheit, die
sich fast hermetisch vom Leben abschließt und sich außerhalb von diesem abspielt,«[221] als Teil eines nationalen Wirtschaftssystems nicht gebührend erkannt wurde, der immer mehr von internationalen Marktfaktoren abhängig
wurde, und deshalb nicht mehr überleben konnte. Dies war die Ursache der
wirtschaftlichen und menschlichen Niederlage des Marchese di Roccaverdina.

Die Auswanderung als wiederkehrende Verbindung zwischen der historischen Notwendigkeit, den *feudo* »als wirtschaftliche und administrative Ein-

---

218   Vgl. die verrückte, klagende Tante des Marchese in Kap. I (S. 383); die Lähmung der
      Mutter des Marchese (S. 422); die Geldverschwendung für Hunde (S. 394) und die
      Vorliebe der Marchesa di Lagomorto für Hunde (S. 395 u. S. 449); der verarmte
      Onkel Cavaliere Don Tindaro als erfolgloser Archäologe (S. 482-83 u. a.) und der
      ruinöse Familiensitz S. 389, S. 411-12 u. a..

219   Benedetto Croce, *Capuana*, in: *La letteratura della Nuova Italia*, ebd., S. 97.

220   Es handelt sich um ein Grunddeutungsschema des Romans, das nach Gianni Oliva,
      Capuana in archivio, ebd., »Psychologismus und dörfliches Umfeld zusammen-
      schmilzt.« S. 192; Benedetto Croce, *Capuana*, in: *La letteratura della Nuova Italia*,
      ebd., »Als die Erinnerungen an das Verbrechen den Marchese untergraben, leidet
      er unter Lähmungen, wird geistesgestört und schwachsinnig.« S. 109; Geno Pam-
      paloni, Capuana: *Il Marchese di Roccaverdina*, Novara 1982, »Wenn Capuanas
      Roman auch zweifellos unter vielen Aspekten der typische Roman des Verismus
      ist, fließen in ihm doch auch unklare Elemente des psychologischen Romans zu-
      sammen.« S. V; Enrico Ghidetti, *L'ipotesi del realismo (Capuana, Verga, Valera e
      altri),* ebd.. »Ein Nachtrag zu der im Marchese di Roccaverdina entwickelten Pro-
      blematik: Die Dekadenz des feudalen Adels, der nicht nur durch die Geschichte
      zum Niedergang verurteilt wird, sondern ebenso durch seinen atavistischen Wil-
      len zur Macht und durch den nun ohnmächtigen Stolz der alten Herrschenden.«
      S. 121. Ähnliche Modelle wiederum in: Gianni Oliva, *Capuana in archivio*, ebd.,
      S. 196-200.

221   Emilio Sereni, *Il capitalismo nelle campagne (1860-1900)*, ebd., S. 152.

heit« zu erneuern, und der Unfähigkeit des Marchese, dies zu tun, stellt im Roman die letzte Warnung vor der Tragödie dar bzw. ist sie der Hinweis darauf, daß die menschliche Tragödie des Marchese trotz der Warnung ihren Weg gehen muß.

Dies zeichnet sich schon im zweiten Kapitel mit scharfsinniger Deutlichkeit ab, so daß der Leser über das Lavieren in *Gli »americani« di Ràbbato* zehn Jahre später nur noch erstaunt sein kann. Nachdem im ersten Kapitel der Kriminalfall in seinem Umfeld vorgestellt worden ist, geht es im zweiten Kapitel um die tatsächlichen Veränderungen, die sofort nach dem Mord an dem Gutsverwalter eingetreten sind. Aufgrund der veränderten Situation wird gezeigt, daß der Marchese sich auf der einen Seite nicht in der Lage sieht, damit fertig zu werden, oder wie er sagt: »kann ich überall sein?« (S. 384), und auf der anderen Seite, daß er fähig ist, aus den Verdächtigungen um den Mord seines Verwalters buchstäblich Kapital zu schlagen. Aus Angst, als Mörder des Verwalters verdächtigt zu werden und einen aussichtslosen Konflikt mit dem Feudalherren austragen zu müssen, sieht sich der Kleinbauer Santi Dimaura gezwungen, sein Land dem Marchese unter dessen wirklichem Wert zu verkaufen. Dieser Vorgang ist so in die Diskussion zwischen dem Marchese und den Bauern eingebettet, daß ersichtlich wird, daß Santi Dimaura der letzte Kleinbauer ist, der sich bis dahin geweigert hatte, dem Marchese sein Land zu verkaufen:

> »Würde es Euch gefallen, wenn jemand in Euer Haus käme und ein Zimmer in Beschlag nähme? So seid Ihr in Margitello; Ihr sitzt mitten in meinem Land wie dieser Fremde dort.
> – Aber ich war schon hier, als das ganze Land ringsum noch anderen Besitzern gehörte. Wenn sie an Eure Exzellenz verkauft haben, ist das etwa meine Schuld?« (S. 385)

Die Schlüsselfunktion dieser Stelle ergibt sich aus dem Vorwurf des Marchese an den Bauern, weil dieser wie ein Fremder mitten in seinem Land ausharrt, wodurch der Feldbesitzer als fremd definiert wird, als jemand, der kein Recht mehr hat, die Füße auf das eigene Land zu setzten, weil der Marchese um ihn herum alle Felder aufgekauft hat. Der Widerstand des Kleinbauern ist um so bemerkenswerter, weil er weiß, daß nach dem Verkauf seines Feldes etwas folgen muß, vor dem er sich bis jetzt durch sein Feld geschützt hat: die Auswanderung. Für den Kleinbauern steht fest, daß der Verlust des Feldes einer tödlichen Gefahr gleichkommt. Dies geht aus der nüchternen Feststellung hervor, mit der er dem Marchese seine aussichtslose Lage mitteilt: »Macht doch, was Ihr wollt! Ich bin hergekommen, um mich aufzuhängen, auf meinen eigenen Füßen bin ich hergekommen! Der Herr Marchese sollte die Lage nicht so ausnutzen ... Gott will das nicht.« (S. 389)

Was sich hier wie eine Redewendung anhört, wird im Laufe des Romans umgesetzt, als sich der Kleinbauer Santi Dimaura an der Einfahrt zum Gut Margitello aufhängen wird als nichtübersehbare Warnung für den Marchese, der ihn entdecken wird. Eine Tragödie in der Tragödie, die nicht einmal ihre Warnfunktion erfüllen kann, denn obwohl der Marchese eingesehen hat, daß die zum Überleben notwendige Eingliederung des *feudo* in die nationale Wirtschaft einen Verlust der Feudalmacht mit sich bringt, ist er nicht in der Lage, die Herrschaftsstrukturen seines *feudo* so aufzulösen, daß er den Machtverlust verkraften kann.

In der Begegnung des Marchese mit dem Kleinbauern finden die wirtschaftlichen Investitionen auf dem *feudo* und der gleichzeitige Mord an dem Verwalter, der sie umsetzen sollte, als Widerpruch eine aufklärende Wiederholung. Der Kauf der Felder um sein Gut Margitello ist keineswegs ein Akt sinnloser Akkumulation von Feldern durch die Arroganz des Marchese; es handelt sich vielmehr um einen Zwangsakt aufgrund des Produktionssystems der *Feudo*wirtschaft. Da es innerhalb der *Feudo*wirtschaft unmöglich war, die jährlichen Produktionserträge durch neue Techniken, bessere Saat oder Düngemittel zu steigern, waren die Feudobesitzer vor allem in Krisenzeiten, so wie es im Roman der Fall ist, gezwungen, die landwirtschaftliche Produktion durch räumliche Ausweitung der *Feudo*wirtschaft auf zusätzliche Felder zu sichern, die dort, wo sie ihnen als eigenes Brachland nicht zur Verfügung standen, erworben werden mußten, wenn notwendig mit Gewalt.

Das Grundverhalten, das in Krisenzeiten akzentuiert wird, hat nach Pino Arlacchi »wirtschaftliche und kulturelle Gründe und die Großgrundbesitzer neigen daher dazu, ihre Gelder wieder in der gleichen Richtung zu investieren, wie diese ursprünglich investiert waren, sie investieren also in Land. Der wirtschaftliche Fortschritt ist in diesem Fall eindeutig quantitativ und die Reproduktion des Systems rein extensiv.«[222]

So gesehen hat es der Leser von *Il Marchese di Roccaverdina* mit derselben grundlegenden Konfliktsituation zu tun, wie sie von Vincenzo Padula für die kalabresischen Bauern dargestellt worden war. Die *Feudo*besitzer brauchten in Kalabrien wie in Sizilien immer mehr Land, um die *Feudo*wirtschaft während des Industrieaufbaus vor der Jahrhundertwende am Leben zu erhalten. Dafür wurden die Kleinbauern zum Verkauf gezwungen, und weil die meisten sich nicht umbringen wollten, suchten sie ihr Heil zusammen mit Landarbeitern und Handwerkern in der Auswanderung.

Das Tragische an der Gewaltanwendung des Marchese liegt in der Sinnlosigkeit der Gewalt selbst. Genauso wie der Mord an seinem Verwalter nicht zur Klärung seiner Gefühle gegenüber Agrippina Solmo führen kann, ohne daß er sich zum Mord bekennt, kann auch die Gewaltanwendung gegenüber Kleinbauern wie Santi Dimaura nicht zur Rettung des *feudos* beitragen. Und wenn zwischen dem Mord an dem Gutsverwalter Rocco Crescioni und dem Selbstmord des Kleinbauern Santi Dimaura der friedliche Tod des Pfarrers La Ciuria und der Tod des unschuldigen Neli Casaccio im Gefängnis stattfinden, ergibt sich eine Kette von Verlusten, die von dem Marchese als Fehler im System nicht erkannt werden, obwohl sie für ihn eine Steigerung der Gefährdung darstellen. So wie der Mord des Verwalters der Verlust der rechten Hand (S. 386) gewesen war, kam mit dem Tod des Pfarrers, der ihm die Absolution

---

222   Pino Arlacchi, *Mafia contadini e latifondo nella Calabria tradizionale,* ebd., S. 163.

verweigert hatte, die Befreiung von dem einzigen Mitwisser bzw. der Verlust einer moralischen und womöglich rettenden Kontrollinstanz, die sich durch den Tod des Unschuldigen Neli Casaccio auflösen wird, so daß der Selbstmord des Kleinbauern, die letzte Warnung vor dem tragischen Epilog, weder als moralische Anklage noch als wirtschaftlicher Verlust von dem Marchese wahrgenommen werden kann.

Man kann hier von einem wirtschaftlichen Verlust sprechen, weil der Kleinbauer Santi Dimaura stellvertretend für die vom *feudo* freigesetzten Bauern steht, die den Weg in die Auswanderung gegangen sind, während er sie aufgrund seines Alters nicht mehr antreten kann, denn »die Auswanderung bewirkte, daß der Anteil in der autochthonen Bevölkerung an Lohnempfängern, die die Voraussetzung für jede Aktivität eines Großgrundbesitzers sind, immer geringer wurde.«[223]

Warum es so kommen mußte, liegt in der ökonomischen und historischen Notwendigkeit begründet, den *feudo* als Modell wirtschaftlicher Rationalität in Krisenzeit aufzubrechen, um ihn in ein modernes Wirtschaftssystem hinüberzuretten. Das Festhalten am Feudalverhalten, das stets darauf ausgerichtet war, Gefahren vom *feudo*, auch durch Verluste, abzuwenden, kann nur in der Tragödie des Marchese gipfeln. Mit dem Mord an Rocco Criscioni verhindert er, daß der Gutsverwalter zu seinem bürgerlichen Nachfolger wird, als er dabei war, eine bürgerliche Familie auf dem Gut Margitello aufzubauen. Diese wäre für ihn als Feudalherr eine gesellschaftliche Niederlage geworden.

Da dieses Mal die Geschichte, wenn auch mit Verspätung, die Erneuerung und nicht die Verteidigung des *feudo* auf ihre Tagesordnung gestellt hat, kann erklären, warum der Mord an den Gutsverwalter die Auflösung der Familie Roccaverdina beschleunigt.

e) *Gli »americani« di Ràbbato* als Dokument seiner Zeit

Es ist zu klären, wieso ein Autor, der einen Teil der historischen Ursachen der Auswanderung in seiner Region deutlich erkannt und dargestellt hat, dann durch ein letztes »Aufflammen der eigenen Intelligenz« Abstand davon nimmt. Er nimmt zu einem Zeitpunkt davon Abstand, als er sich an die Fortsetzung seiner Erkenntnisse hätte wagen können, da um die Jahrhundertwende die Auswanderer im Süden dabei waren, gerade über bürgerliche Unternehmer, die Ländereien von ruinierten Adligen à la Roccaverdina abgekauft hatten, Felder aus den *Feudi* zurückzukaufen.[224]

---

223 Ebd., S. 199.

224 Emilio Sereni, *Il capitalismo nelle campagne (1860-1900)*, ebd., »Das Phänomen [der Erosion des adeligen Besitztums] nimmt noch nicht die Ausmaße an, auch nicht gegen Ende des Jahrhunderts, die es später infolge der Aufkäufe der ›Americani‹ (der Auswanderer, die mit einem kleinen Kapital in ihren Geburtsort zurückkehren) annehmen wird.« S. 256.

Dagegen begnügt Capuana sich in seiner Erzählung mit der zukunftsweisenden Prognose, daß »in zehn Jahren die wirklichen Herren die ›Americani‹ sein würden, (denn) denen es dann dreckig gehen werde, das seien heute die Herren, die immer weiter die Faulpelze spielten« (S. 70).[225] Daß die Wunschvorstellung sich historisch nicht bewahrheiten könnte, müßte ihm spätestens aus dem Roman *Mastro don Gesualdo* (1889) seines Freundes Giovanni Verga bekannt gewesen sein, wo dargestellt wird, daß vor den Auswanderern diejenigen an der Reihe sind, die Zuhause geblieben sind.[226]

Wenn man die Erzählung *Gli »americani« di Ràbbato* mit Vergas Romanen vergleichen wollte, käme eher *I Malavoglia* als mitverantwortliches Modell für das plötzliche Ausfallen der historischen Schärfe bei Capuana in Frage als *Mastro don Gesualdo* für das Aufflammen derselben. Denn das Kaufen und Verkaufen von Feldern unter den Kleinbauern und Auswanderern von Ràbbato reproduziert auf verdächtige Weise ein bekanntes Modell. Dieses Hinund Herschieben von Feldern ist nichts anderes als die Verteilung der erfolglosen Anstrengungen der Famiglia Malavoglia aus Trezza auf die ganze Gemeinde Ràbbato. Die Lamannas wie die Malavoglias können Haus- und Feldhypothek zurückzahlen. Zusätzlich wird ihr Erfolg in der Fremde durch den Kauf des Feldes des Nachbarn und eines alten Hauses im Dorf bestätigt, was wiederum als Anzeichen dafür bewertet werden darf, daß der mittlere Bruder Santi bald eine Heirat als klassisches Ziel für einen jungen Auswanderer erreichen wird.[227]

Das bedeutet noch nicht, daß die Auswanderer mit ihrem erfolgreichen Eingreifen aus der Fremde in das wirtschaftliche Leben im Dorf, dieses zu ihrer Gunst gewendet oder zum Stillstand gebracht hätten. Sie sind ihm nach wie vor ausgeliefert. Angesichts einer solchen Unmöglichkeit muß der Autor ihnen eine übergeordnete Sicherheit außerhalb des alltäglichen Geschehens in Ràbbato anbieten: das Vaterland. Das Vaterland wird von jeder örtlichen Konnotation befreit und wird zur Synthese von Erfahrung und Wissen. Es geht um die Erfahrungen aus dem Leben des Großvaters, seines aus dem Osten zurückgekehrten Bruders und der ersten zwei Enkel Lamannas. Das Wissen gehört nach wie vor dem Arzt und Menu, der durch seinen Aufenthalt in New York Anhänger des Amerikanismus geworden ist.

---

225 Vgl. die bemerkenswerte These von Pino Arlacchi, *Mafia contadini e latifondo nella Calabria tradizionale*, ebd., »Über diese Schlüsselfigur der modernen süditalienischen Gesellschaft gibt es die unterschiedlichsten Meinungen. Viele Wissenschaftler glauben, daß der *galantuomo* aus den Veränderungen des 18. Jahrhunderts als die wahrhafte Reinkarnation des Feudalherren hervorgegangen ist, und versperren sich dadurch die Möglichkeit, den Prozeß zu begreifen, durch den diese soziale Gestalt den Übergang des Südens hin zur kapitalistischen Unterentwicklung angeführt hat.« S. 25 Um so mehr, wenn solche Fehleinschätzungen in *Gli »americani« di Ràbbato* von dem Arzt ausgesprochen werden, der von der neugewonnenen Mobilität der Americani begeistert ist.

226 Emilio Sereni, *Il capitalismo nelle campagne (1860-1900)*, ebd., S. 256.

227 Vgl. Erster Teil: I,1.,e.

Der Vorschlag, das Vaterland als ortlose unangreifbare Rettung für die Auswanderer zu verstehen, entsteht zu dem Zeitpunkt, 1911, als das Königreich Italien dabei war, die gescheiterte Expansionspolitik in Afrika aus den Jahren 1882-96 wieder aufzunehmen, durch die die Auswanderer in Siedler umgewandelt werden sollten. Somit bezieht Capuana mit seinem Vorschlag, Treue und Vertrauen in das Vaterland durch Menus Verzicht auf den Erfolg in der Fremde zu zeigen, eine beunruhigende Position.[228] Sie ist deswegen als konsequent zu betrachten, weil, wie von Vittorio Spinazzola mit Recht festgestellt worden ist, der Verismus niemals im Widerspruch zum Nationalismus gestanden hat: »Die Veristen waren von einem starken patriotischen Gefühl beseelt, das sich im Laufe der Jahre zu den extremen Formen des Nationalismus entwickelte.«[229]

Und dennoch ist sie beunruhigend, weil die Erzählung, die 1909 entstanden ist, trotz ihrer optimistischen Option für die Fremde eine Gegenposition bezieht. Sie liegt zwischen der national-imperialistischen Vorstellung zur Lösung der Auswanderung, die Enrico Corradini in Roman *La Patria lontana* (1910) formulieren wird, und der national-humanistischen Ambiguität aus der Rede *La grande proletaria si è mossa* (1911), mit der Giovanni Pascoli das Eingreifen Italiens in Libyen als verheißungsvolle Entscheidung für die italienischen Proletarier begrüßen wird.[230]

Der Anschluß an kolonialistische Vorstellungen soll nicht verdrängen, daß Capuana in der Auswanderung eine Herausforderung für die italienische Literatur erkannt hat und daß er sich ihr mit Hilfe seinen literarischen Erfahrungen in der Fremde[231] gestellt hat. Die Herausforderung bestand darin, über die Auswanderung ein Angebot fremder Kulturen an den jungen Nationalstaat zu erkennen.

Trotz der Ambivalenz des Autors gegenüber der amerikanischen Gesellschaft und obwohl die Auswanderer keine Träger abstrakten Wissens sein

---

228 Vgl. Francesco Saverio Nitti, *Scritti sulla questione meridionale*, ebd., »Über Vaterlandsliebe mit jemandem zu sprechen, der auswandert, weil er Hunger hat, weil er ohne Arbeit ist und weil die Bezahlung, die er in seinem lieben Vaterland erhält, so gering ist, daß es nicht einmal für die einfachsten Lebensbedürfnisse reicht, ist so töricht, daß man es nicht sagen kann. Das Vaterland in diesem Sinn ist ein hartes Gefängnis.« S. 365.

229 Vittorio Spinazzola, *Verismo e positivismo*, ebd., S. 13. Zu dieser Entwicklung in Capuana vgl. auch Carlo A. Madrignani, *Capuana e il naturalismo*, Bari 1970, der in Capuana einen Vertreter der *letteratura postunitaria* sieht, der »voll und ganz die Bereitschaft zur Zusammenarbeit mit der führenden Klasse anerkennt und ihnen das ›Ideal‹ eines Fortschritts nahebringt, der sich auf die ›naturgewollte‹ Aufteilung der Menschen in Arme und Reiche, in Reife und Unfähige stützt.« S. 127, sowie Enrico Ghidetti, *L'ipotesi del realismo (Capuana, Verga, Valera e altri)*, ebd., der von einer »offen reaktionären Haltung« bei Capuana spricht, S. 76, S. 77-79 u. S. 100-103.

230 Zur Entstehung solcher historischer Demagogie vgl. Emilio Sereni, *Il capitalismo nelle campagne (1860-1900)*, ebd., S. 368.

231 Zu Capuanas literarischem Werdegang in der »Fremde« vgl. Vittorio Spinazzola, *Verismo e positivismo*, ebd., S.11.

konnten, gelingt es Capuana, in der Begeisterung des jungen Schneiders Pietro Ruffino für die amerikanische Technologie deutlich zu machen, wie unterschiedlich die Auswanderung in der Fremde erlebt werden kann und wie
verschieden sie auf das Auswanderungsland wirken kann, und zwar innerhalb
einer literarischen Öffentlichkeit, die in den Auswanderern nur Verlierer
sehen wollte.

Die Fremde ermöglicht Einwanderern wie dem jungen Schneider, ihren er-
lernten Beruf auf einen höheren fachlichen Wissensstand zu bringen und auszuüben (S. 47). Die Erfahrungen mit technologischem Fortschritt und mit geregelten Arbeitsverhältnissen verändert das Sozialverhalten der Auswanderer
und trägt zur allgemeinen Aufklärung am Geburtsort bei. Als Träger technischen Wissens verfügen sie über eine rudimentäre Berufsidentität, die ihnen
erlaubt, sei es während ihrer Besuche in Ràbbato oder nach ihrer Rückkehr
den bürgerlichen *galantuomini* gegenüber ein sicheres Auftreten zu zeigen,
was für das Sozialleben in der Gemeinde nicht ohne Konflikte bleiben
wird.[232]

Mit Menus Entscheidung, während seines Besuches in Ràbbato auf den vielversprechenden Start bei dem New Yorker Bankier Keller zu verzichten, um
etwas von dem erfahrenen Amerikanismus (S. 114) in Ràbbato einführen zu
können, geht Capuana einen Schritt weiter, er verläßt Ràbbato und begibt sich
auf die nationale Ebene. Am Beispiel der Auswanderung strebt er den Anschluß an die nationale Diskussion zur Erneuerung der italienischen Kultur
und Gesellschaft an. Die Diskussion hatte sich an zwei Stellen entzündet: auf
der einen Seite durch die Manifeste der Futuristen mit Vorschlägen für eine
radikale Erneuerung der Kunst und Literatur und mit ihrer Begeisterung für
Erneuerung durch Technologie, auf der anderen Seite mit dem Streit von
Wirtschaftsexperten und Sozialwissenschaftlern über die Vor- und Nachteile
der Übernahme des Fordismus[233] als Beschleunigung der Industrialisierung
Italiens.

In diesem nationalen Kontext scheint Menu mit seinem programmatischen
Verzicht auf Erfolg in der Fremde plausibler zu werden und es scheint sogar,
daß er den gesuchten Einklang mit seiner neuen Identität gefunden hat, wenn
er sich durch sein Vorhaben als eine dynamische, futuristische Gestalt[234] im
Dienst des Amerikanismus (S. 114) zu erkennen gibt. Für diese Annahme
spricht zusätzlich die Tatsache, daß mit Menu als Protagonisten einer Erzäh-

---

232 Vgl. Das Verhalten der »Americani« bei der Feier des Schutzheiligen (S. 53) als Hin-
	weis auf grundlegende Konflikte zwischen Auswanderern und Zurückgebliebe-
	nen.

233 Zur Bedeutung der Diskussion über Amerikanismus und Fordismus in Italien
	siehe Antonio Gramsci, *Quaderni del carcere*, Bd. I-IV, Torino 1975, vgl. u. a. S. 7-72,
	S. 936, S. 2145-46, S. 2164-65, S. 2171-73 u. S. 2178-80.

234 Natürlich kann Menu als futuristische Gestalt ante litteram verstanden werden. Zu
	Kontakten zwischen Capuana und Filippo Tommaso Marinetti ab 1905 siehe En-
	rico Ghidetti, *L'ipotesi del realismo (Capuana, Verga, Valera e altri)*, ebd., S. 147-
	48, S. 126 u. S. 152-53.

lung über die Auswanderung das Grundmodell seiner Vorläufer *Scurpiddu* (1898), *Gambalesta* (1903) und *Cardello* (1907) durchbrochen und dagegen ein Modell aufgebaut wird, um die Jugendlichen aus dem Süden an der Umgestaltung der nationalen Identität zu beteiligen.

Menu gehört, wie seine Vorgänger, den unteren sozialen Schichten an; er ist Halbwaise wie *Scurpiddu*, seine Kindheit fällt mit dem Anfang eines neuen Jahrhunderts zusammen, und doch verläuft sie anders. Die Schule ist für ihn keine Hürde, die er nehmen muß, sie erlaubt ihm, seine Reise nach Amerika vorzubereiten. Aufgrund des Drei-Brüder-Erzählschemas von *Gli »americani« di Ràbbato* hat er jedoch erfolgreich zu sein. Insofern muß er von vornherein Fähigkeiten und Charakterzüge aufweisen, die ihm zu sozialem Erfolg verhelfen können. Aufgeschlossenheit der Fremde und dem Neuen gegenüber, Lernbegier und Wille zu unabhängigen Entscheidungen werden ihm deswegen zum Erfolg verhelfen können. Seine Reise nach New York findet sicherlich aufgrund der wirtschaftlichen und sozialen Aussichtslosigkeit von Ràbbato statt, aber sie erschöpft sich nicht in der Akkumulation von Ersparnissen. Sie dient dazu, Menu in den Besitz einer Fortschrittsformel zu bringen, mit der er sich zuerst selbst hilft, um dann als Lehrer dazu beitragen zu können, daß in Ràbbato, d. h. in Italien, der Amerikanismus Fuß fassen kann.

Die Unschärfe und die Spontaneität, mit der sich Menu während seines Besuches in Ràbbato der Entscheidung seines Bruder anschließt:»Auch ich bleibe! ... Ich will Sizilianer sein, Italiener, und kein amerikanischer Bastard!« (S. 86) deuten darauf hin, daß seine Reise in die Fremde endgültig zu Ende sein wird, sobald die Unschärfe der Begründung aufgehoben wird, sobald es ihm gelingen wird, zwischen Reise in die Fremde und eigener Identitätsdiffusion[235] eine zukunftsorientierte Trennung zu ziehen.

Dies wird von Menu nachgeholt, als er sich im selbem Atemzug für den Amerikanismus entscheidet. Daß der Lernprozeß erst jetzt möglich wird, hängt damit zusammen, daß Menu nach der Rückkher in sich eine Ich-Identität aufkommen spürt, mit der er der Andersartigkeit der Fremde zu begegnen wagt, um aus ihr ein Ziel in seinem beruflichen Werdegang zu machen. Anhand dieses Ziels ist es auch erklärbar, wieso die Reise in die Fremde und die Identitätsdiffusion in der Erzählung zu einem gemeinsamen erfolgreichen Abschluß kommen müssen. Erik H. Erikson zufolge wächst sich »dieses Selbstgefühl, das am Ende jeder Hauptkrise erneut bestätigt werden muß, schließlich zu der Überzeugung aus, daß man auf eine erreichbare Zukunft zuschreitet, da man sich zu einer bestimmten Persönlichkeit innerhalb einer nunmehr verstandenen sozialen Wirklichkeit entwickelt hat.«[236]

Menu darf wie jeder erfolgreiche Auswanderer auf eine sichere Zukunft nach seiner Rückkehr hoffen. Da sein Erfolg besonderer Natur gewesen ist, wird auch seine Zukunft anders ausfallen als die der Rückkehrer, die im

---

235   Vgl. Erik H. Erikson, *Identität und Lebenszyklus*, Frankfurt 1973, Abschnitt Identität gegen Identitätsdiffusion, S. 106-14.
236   Ebd., S. 107.

Grunde dort weitermachen wollen, wo sie vor der Auswanderung nicht mehr weitergekommen sind. Ihm ist der soziale Aufstieg als »erreichbare Zukunft« sicher. Dennoch reichen selbst die positiven Erfahrungen in der Fremde und die Bereitschaft, die Andersartigkeit der Fremde als nutzbringend für die eigene Gesellschaft zu erkennen, nicht aus, um die Enge des eigenen Nationaldenkens erkennen zu lassen, nicht einmal um die äußerlichen Zwänge des Nationalbewußtseins zu einem Zeitpunkt herauszustellen, zu dem sich Italien auf dem Holzweg befand, eine Großnation werden zu wollen. Hierzu hätte Capuana mehr als Verist zu sein müssen. Wenn sich Capuana am Ende seiner Erzählung strikt an das sich verändernde Nationalbewußtsein hält, hat dies wenig mit einer unzulässigen Verletzung der veristischen Unpersönlichkeit als Ausgleich zwischen Sympathie und Wahrheit zu tun als mit seiner Prioritätsvorstellung von der eigenen Kultur. Denn selbst wenn die technologische Andersartigkeit der Fremde mit ihren gesellschaftlichen Auswirkungen für die Entwicklung der eigenen Kultur als positiv bewertet wird »ich will hier ein bißchen Amerikanismus verbreiten« (S. 114), soll sie immer als etwas gelten, mit dem man in Konkurrenz oder in Austausch tritt, weil nur dadurch die Möglichkeit weiter erhalten bleibt, die Priorität der eigenen Kultur zu behaupten.

III. Literatur und Auswanderung am Wendepunkt

5. Edmondo De Amicis: *Sull'Oceano*

Nach einem konsolidierten Topos der Sekundärliteratur gilt Edmondo De Amicis als der »Reporter der Massenemigration,«[1] und sein Werk *Sull'Oceano* wird als die Sozialreportage über die italienische Auswanderung nach Südamerika betrachet.[2] Der Topos gerät aber in Bedrängnis, sobald er an dem Stand der damaligen öffentlichen Information über die Auswanderung gemessen wird.

Der Grund für diese Annahme liegt darin, daß mit *Sull'Oceano* ein Reisebericht vorliegt, der weder Einsichten noch Erkenntnisse aufweist, die aufgrund der Reise entstanden wären oder die dazu beigetragen hätten, Neues über die Lage der Auswanderer auf dem Weg in die Fremde zu erfahren.

Der Bericht beginnt mit der Beschreibung des An-Bord-Gehens der Abfahrenden im Hafen von Genua und endet mit dem Landgang im Hafen von Montevideo. Seine Drei-Klassen-Metaphorik ist transparent.[3] Mit ihrer Hilfe sind keine Einblicke in die Ursachen der Auswanderung und in die ungewisse Zu-

---

1 Vgl. Pasquale Villari, *L'Italia e la civiltà*, Giovanni Bonacci (Hg.), Milano 1916, S. 398; Lorenzo Gigli, *Edmondo De Amicis*, Torino 1962, S. 358-73; Francesco Perri, *Emigranti*, Pasquino Crupi (Hg.), Cosenza 1976 (1928), S.13; Giorgio Bertone, *La patria in piroscafo. Il viaggio di Edmondo De Amicis*, in: Edmondo De Amicis *Sull'Oceano*, Giorgio Bertone (Hg.), Genova/Ivrea 1983, S. VII-LXI; Stelio Fongaro, *Lo Straniero. Antologia della letteratura classica e italiana*, Basel 1985, S. 374-77 und Titus Heydenreich, *Italien an Bord. Edmondo De Amicis als Reporter der Massenemigration*. In: *Zibaldone*, Helene Hart/Titus Heydenreich (Hgg.), 2/1986, Schwerpunkt »Emigration«, München 1986, S. 48-58.

2 Die Anfänge der Sozialreportage über die italienische Auswanderung nach Amerika wären eher zu suchen in Giuseppe Giacosas Zeitungsartikeln für: *La Nuova Antologia* 1892, die als Kapp. VII-IX in: Giuseppe Giacosa, *Impressioni d'America,* Milano 1908, S. 159-281, eingegangen sind; Cesare Pascarella, *Taccuini*, Emilio Cecchi (Hg.), Milano 1961; Giuseppe Prezzolini *I Trapiantati*, Milano 1963, sowie Giuseppe Prezzolini, *Diario 1900-1941*, Milano 1978. Zum Verhältnis zwischen Giacosas Artikeln und Edmondo De Amicis' *Sull'Oceano* vgl. Lorenzo Gigli, *Edmondo de Amicis*, ebd., S. 372-273.

3 Vgl. Benedetto Croce, *Edmondo De Amicis*. In: *La letteratura della Nuova Italia*, Bd. I, Bari 1973, »Dem genußvollen, leichten und plaudernden Leben der Reisenden aus der ersten Klasse stellt der Autor den traurigen, ergreifenden, jammervollen Anblick der armen Leute der letzten Klasse gegenüber, Fleisch aus Italien, das auf einen fremden Markt geworfen wird.« S. 159.

kunft der mitreisenden Auswanderer zu gewinnen.[4] Die *Pietas*[5] als Weg der Annäherung an die Auswanderer als Teil der Nation sorgt bewußt für Mitleidgefühle beim Leser, aber sie erreicht kaum die Konsistenz objektivierter Realität, die von sich aus Anklage und Sympathie zugleich sein kann. Die Parteinahme als Auslöser sozialer Aufklärung geht über eine bloße Bestätigung der Bordmisere hinaus,[6] wie sie in der Tages- und Fachpublizistik schon vor ihm ausführlich beschrieben[7] und folgerndermaßen auf den Punkt gebracht wurde: »Und wenn sie [die Reedereien] ausreichenden Menschenballast an Bord haben, machen sie sich keine Sorge mehr. Was ihnen naheliegt, ist bei niedrigen Fahrtkosten [die Auswanderer] so gut zu stapeln, daß die Menge sich auszahlt.[8]

Noch vor der Entstehung des Reiseberichtes *Sull'Oceano* hatte Francesco Torraca in seiner Besprechung *Il Costantinopoli e Le poesie di E. De Amicis* auf folgenden ungelösten Anspruch in bezug auf die Auswanderung hingewiesen, der sich als Grundschwäche für das spätere Werk bestätigen sollte: «Selbst wenn De Amicis sich als Sozialdichter ausgibt, wiederholt er Gemeinplätze, anstatt Neues auszusprechen, wie in den Versen mit den Titeln *Gli emigranti, All'ospedale*.[9]

---

4   Edmondo De Amicis, *Sull'Oceano*, Giorgio Bertone (Hg.), Genova/Ivrea, 1983. Beispiele dieser flachen Transparenz sind die Kapitel »Il piccolo Galileo« (S. 138-150) und »Il morto« (S. 177-191) über die Geburt der neuen und den Tod der alten Welt. Aus dieser Ausgabe wird im Text und in den Anmerkungen fortlaufend zitiert.

5   Hierzu vgl. Lorenzo Gigli, *Edmondo de Amicis*, ebd., die *Pietas* als Leitmotiv für *Sull'Oceano*, S. 364.

6   Vgl. den berühmt gewordenen Bordgang der Auswanderer »L'imbarco degli emigranti« (S. 3-8) sowie die Kapitel »A prua e a poppa« (S. 27-44) und »Il domitorio delle donne« (S. 116-125). Genau diese Teile von *Sull'Oceano* sind als Modell erkennbar, wenn Enrico Corradini das Bordleben der Auswanderer des Dampfers Atlantide in seinem Werk *La Patria lontana*, Milano 1910, S.14-18, schilderte. Noch davor hatte *Sull'Oceano* mit seinem Erfolg zur sofortigen Nachahmung geführt, z. B., bei Bernardino Frescura, *Sull'Oceano con gli emigranti. Impressioni e ricordi*, Genova 1908.

7   Zu Quellen von *Sull'Oceano* vgl. Giorgio Bertone, *Nota al testo,* vor allem *Le fonti,* in: Edmondo De Amicis *Sull'Oceano*, Giorgio Bertone (Hg.), ebd., S. 268-78.

8   A. V. Pigafetta, *Alcune considerazioni sull'emigrazione italiana*. In: *La rassegna nazionale*, Jg. III, Bd. V, Firenze 1881, S. 464-86, hier S. 478.

9   Vgl. Francesco Torraca, *Il Costantinopoli e Le poesie di E. De Amicis*, in: *Saggi e Rassegne*, Livorno 1885, S. 102 und Francesco Coletti, *Cinquanta anni di storia italiana 1860-1910*. 3 Bde., Bd. III »Dell'emigrazione italiana«, Milano 1911, »Heute [1911], wären Verse wie diese undenkbar: sie würden Ironie und Ärger hervorrufen« (S. 276). Interessant an dem Gedicht ist die Tatsache, daß sein inhaltlicher Aufbau als Einleitung zu *Sull'Oceano* (S. 3-8) aufgegriffen wird. Vgl. *Gli emigranti*, in: Edmondo De Amicis *Poesie*, Milano 81894 (1881), S. 221-25. Zu denjenigen, die sofort mit »Ironie und Ärger« darauf reagierten, zählt Dino Campana mit seinem Gedicht *Buenos Aires*, vgl. Dino Campana, *Opere e contributi*, Enrico Falqui (Hg.), Bd. 2, Firenze 1973, S. 325 u. S. 363, und davor ein gewisser Ulisse Barbiere mit seinem Gedicht *Emi-*

Geht man davon aus, daß sich De Amicis bis zu seiner Reise von Genua nach Montevideo im Jahre 1884 einer Reiseliteratur gewidmet hatte,[10] deren Inhalte weder mit sozialer Haltung und noch weniger mit aufklärender Parteinahme des Verfassers zu vereinbaren waren, dann ergibt sich für ihn eine Ausgangsposition, die nur mit Hilfe eines gesamten Bildes der sozioökonomischen Tragweite der Auswanderung auszuführen ist.

In *Sull'Oceano* zeichnet sich aber deutlich ab, daß, wenn der Autor sich zu Ursachen der Auswanderung äußern muß, er sich für eine Darstellung des Lebens der Bauern in den verschiedenen Regionen Italiens entscheidet (S. 31-34). Die Entscheidung fällt ihm um so leichter, sei es, weil er die offizielle Meinung zur Auswanderung wiedergeben möchte, sei es, weil ihm Italiens Landschaften vertrauter waren als der wirtschaftliche und soziopolitische Aufbau des jungen Nationalstaates, der aufgrund innerer Schwierigkeiten Bauern, Handwerker und Tagelöhner zur Auswanderung zwang.

Daß De Amicis unter Bezugnahme auf das Ziel seiner Reise nach Südamerika von einem »nie eingelösten Versprechen« schreibt, daß er zugibt, von einem ursprünglichen Vorhaben abgerückt zu sein,[11] und daß er dennoch *Sull'Oceano* geschrieben hat, kann ihm nicht als vorsätzliche Täuschung seiner Leser unterstellt werden.

Sull'Oceano ist um so mehr von Interesse, weil hier der Verfasser den Übergang von Reiseberichten mit touristischer Prägung, wie *Ricordi di Londra* oder *Ricordi di Parigi*, zum Reisebericht als Sozialreportage versucht hat.

Gibt man Benedetto Croce prinzipiell recht, wenn er das Scheitern des Versuchs an der Unfähigkeit des Autors festmacht, »das Offensichtliche, den Gemeinplatz, das leicht Annehmbare, noch mehr das Willkommene zu verlassen,«[12] bleibt dennoch zu sehen, welche Grenzüberschreitungen zugunsten der sozialen Reisereportage im Bereich der Literatur der Auswanderung angestrebt worden sind.

---

grante in: *La Favilla* vom 13.Mai 1885. Vgl. Emilio Franzina, *La lettera dell'emigrante fra letteratura, giornalismo e realtà: dal »genere« al mercato del lavoro.* Referat zur Tagung »L'emigrazione italiana«, Bad-Homburg 28.-30.10.1985, Typoskript, S. 15. Differenzierte Positionen finden sich auch in *Il canto degli emigranti* (1881) von Ferdinando Fontana und *La partenza per l'America* von Minicu Azzaretto, hierzu vgl. Gianfausto Rosoli, *A Proposito di alcune composizioni »popolari«.* In: *Studi Emigrazione,* Jg. XIX Nr. 65, Roma 1982, S. 131-39.

10 Sein erstes »Reisebuch« *Impressioni di Roma* hatte Edmondo De Amicis 1870 veröffentlicht, bis zu *Sull'Oceano* (1889) waren u.a. die Bestseller *Spagna* (1873), *Olanda* (1874), *Ricordi di Londra* (1874), *Marocco* (1876), *Costantinopoli* (1878-79) und *Ricordi di Parigi* (1879) erschienen.

11 Edmondo De Amicis, *Nel regno del Cervino*, Milano 81908, S. 113. In dem nicht eingehaltenen Versprechen vermutet Giorgio Bertone die geplante Reportage »I nostri contadini in America«, Edmondo De Amicis, *Sull'Oceano*, Giorgio Bertone (Hg.). ebd., S. XIII.

12 Benedetto Croce, *Edmondo De Amicis*, in: *La letteratura della Nuova Italia*, ebd., S. 154.

Aus der grundlegenden Erfahrung des Reisens und unabhängig von der jeweiligen Zielsetzung ergibt sich eine kaum zu übersehende Ambivalenz einiger Kategorien wie Risiko und Gefahr, Exotik und Erotik, die De Amicis aus der Reise- und Abenteuerliteratur vertraut waren und ihm nun als konkrete Überleitung zur Literatur der Auswanderung zur Verfügung stehen.

In *Sull'Oceano* werden sie jedoch nicht als Mittel der Erkenntnis über die Fremde aufgefaßt, der sich jeder Auswanderer aussetzen muß, um eine neue Existenz aufbauen zu können. Sie werden weiterhin wie in der Reise- und Abenteuerliteratur verstanden. Mit ihrem Einsatz soll Abwechslung, exotischer oder erotischer Genuß als Gegenpol zum Alltag erzielt werden, dem man als Reisender oder Leser entfliehen will.

Aus einem derartigen Vorgehen ergibt sich bei De Amicis ein bemerkenswertes Verhalten der Auswanderer. Da es den Reisenden der dritten Klasse bewußt ist, daß sie sich in ihrer Bordmisere nicht gegen die Reisenden der ersten Klasse auflehnen können, lenken sie sich von ihrer sozialen Aggressivität durch innere, auf sich selbst gerichtete Konfliktbereitschaft und durch erotische Vorstellungen ab. Die angestrebte Intensität der Sprache bei den Vertretern der dritten Klasse kann in diesem Kontext kaum über die Schwäche der Information für den Leser hinwegtäuschen, die zusätzlich an rassistischen Erotismen[13] leidet:

> »Aber [die Ehefrauen] waren sauer vor allem auf die Negerin der Brasilianer, wie ein riesiger Affe kam sie zu Mahlzeiten, und am Abend hatte sie einen Vulkan aus häßlichen Leidenschaften ausbrechen lassen: es schien unmöglich, sagten sie, bei einem solchen hündischen Gesichtsausdruck und mit dem Geruch eines Ziegenbocks; und alle ihr hinterher und um sie herum, wie läufige Hunde, um den Schmutzhafen zu schnuppern, und darin zu sudeln« (S. 163).

Hinzu kommt, daß in jener Reiseliteratur, in der die Reise an sich den räumlichen und zeitlichen Erzählrahmen des Werkes wie in Sull'Ocenao darstellt, jeder Bezug zwischen Abfahrt und Ankunft aufgehoben wird. Und genauso verfährt De Amicis, wenn er das Verhalten der Auswanderer der dritten Klasse auf dem Dampfer Galileo so gestaltet, als ob diese zwischen den Häfen Genua und La Plata außerhalb jeder Vergangenheit und Zukunft leben würden.[14] Nur kurz vor der Ankunft fühlen sie sich von dem bedrängt, was sie glaubten, zu Hause zurückgelassen zu haben, nämlich von der Angst vor den Gefahren, die auf sie in dem fremden Land warten (S. 223-237). Der Alltag an Bord dagegen gehorcht der Dynamik der Reiseliteratur, denn »in der Tat verfolgte die Laune der Menge der Auswanderer mit sichtbarer Treue die Veränderungen des Meeres« (S. 160).[15]

---

13   Vgl. auch Enrico Corradini, *La Patria lontana*, ebd., S. 63-64.

14   Vgl. Titus Heydenreich, *Edmondo De Amicis als Reporter der Massenemigration*, ebd., wo der Verfasser in einer solchen Grundsituation und in weiteren Teilen des Werkes »mögliche Vorformen der Moderne« erblickt, S. 54.

15   Als Gegenbeispiel des Bordalltags eines Auswanderers vgl. Giovanni Arcioni, *Journal sur la mer* (ab 1854), jetzt als Giovanni Arcioni, *Memorie di un emigrante ticinese in Australia*, Giorgio Cheda (Hg.), Lugano 1974.

Der Verfasser kommt erst mit der Auswanderung in Berührung, wenn De Amicis sich unter die Reisenden der dritten Klasse begibt, um Beobachtungen für sein Vorhaben zu sammeln.[16] Aber es ist nicht etwa so, daß die Reisenden an sich durch Haltung und Vorstellungen die Grundzüge der Auswanderer preisgeben. Selbst in dem modellhaften Gespräch zwischen dem Autor und dem Bauern aus dem Veneto (S. 179-183), der als reflektierender und selbstbewußter Familienvater den positiven Auswanderer darstellen sollte, erreicht De Amicis weder inhaltliche Tiefe noch schicksalhafte Züge, die dem Gesprächspartner helfen würden, die Rolle des Vertreters bekannter Argumente und Positionen zu kaschieren.

Dagegen erweist sich die Selbstbeobachtung des mitreisenden Autors von deutlicher Authentizität, gerade wenn er die Ausführungen des Familienvaters aus dem Veneto mit der Feststellung zu Ende führt: »ich empfand ein Gefühl großer Ungerechtigkeit, der wir nicht einmal mit der Einbildungskraft vorbeugen können.«[17]

Die Feststellung ist in doppelter Hinsicht von Bedeutung. An ihr kann man ablesen, daß der Autor sich bewußt war, daß ihm die Grenzüberschreitung nicht gelingen würde, was wiederum von der Tatsache belegt wird, daß er auf sein Vorhaben, ein Werk über die italienische Bauern in Amerika zu schreiben, nach der Rückkehr verzichten wird. Aber diese Stelle ist deswegen um so aufschlußreicher für die damalige Lage der italienischen Literatur gegenüber der Auswanderung, da De Amicis mit seinem Unbehagen gegenüber der fehlenden »Einbildungskraft«[18] nicht alleine dastand.

Das Schweigen eines Giosuè Carducci, der ein Emigranten-Epos angekündigt und nicht geschrieben hat,[19] das nicht eingelöste Versprechen eines Antonio Fogazzaro, der eine Auswanderer-Hymne verfassen wollte und es nicht getan hat,[20] bis zu *Messaggio per gli Italiani nel Sud America* eines Gabriele

---

16 Es handelt sich hier um eine Notwendigkeit des Reporters (S. 34), der nach Giorgio Bertone, *Edmondo De Amicis. Sull'Oceano*, Giorgio Bertone (Hg.), ebd., »nicht immer frei vom alltäglichen Voyeurismus« (S. XXVI) geblieben ist, was der Autor selbst bei einigen seiner Gestalten aus der ersten Klasse festgemacht hat, S. 79.

17 Vgl. Edmondo De Amicis, *Sull'Oceano*, »Und es freute mich der Gedanke, daß ich nach meiner Ankunft in Amerika nicht mehr jenen jämmerlichen Blick vor Augen haben würde.« S. 233-34.

18 Vgl. Edmondo De Amicis, *Sull'Oceano*, »Dabei verfluchte ich [...] Reisebücher und Berichte, Kunstdrucke und Vorträge, die uns mit den entfernsten Ländern vertraut machen, die uns mit dem Kopf vollgestopft mit ihren Bildern in die Länder schicken, unfähig zu tiefgreifenden Eindrücken.« S. 243.

19 Vgl. Giosuè Carducci, *Lettere*, Edizione Nazionale Zanichelli Bologna 1951, Bd. XIII, Brief Nr. 2911 von 13. Juni 1882, S. 300, sowie die Briefe Nr. 2995 (23. November 1882) und Nr. 3005 (12. Dezember 1882), Bd. XIV., 1952, »Es ist zwecklos, daß Sie auf dem *Carme degli Emigrati* bestehen. Mir fehlt die Zeit, um Verse zu schreiben, würde mir die Zeit nicht fehlen, hätte ich keine Neigung dazu.« S. 77.

20 Fernando Manzotti, *La polemica sull'emigrazione nell'Italia unita*, Milano 1962, S. 120, Anm. 4. Hierzu vgl. auch Antonio Fogazzaro: *Minime, Studie, discorsi, pensieri*, Milano 1908, S. 216.

D'Annunzio[21] bezeugen die kreative Beklemmung einer Schriftstellergeneration, die die *Terza Italia* vor der Weltöffentlichkeit besingen wollte und sich nun mit einem Sozialphänomen konfrontiert sah, für das sie keinen Platz in der Zukunft des Landes, geschweige denn in der eigenen Literatur, vorgesehen hatte.

Wenn das Scheitern von *Sull'Oceano* vordergründig mit De Amicis' Vorliebe für die Reiseliteratur zu erklären ist, soll man sich nicht darüber hinwegtäuschen lassen, daß das Werk stellvertretend für alle anderen Werke untersucht werden kann, die schon bei der Planung von ihren Autoren aufgegeben wurden. Der Grund dafür liegt in Tatsache, daß trotz der rechtzeitig erkannten Tragweite des Sozialphänomens ihre *Einbildungskraft* versagen mußte, weil die erwähnten Autoren es nicht gewagt haben, in der Auswanderung eine Herausforderung an die Zukunft des Landes zu sehen.

Erst über die Formulierung einer kulturellen und politischen Vorstellung der Auswanderung als Teil der gesamten Zukunft der Nation wird es Autoren wie Giovanni Pascoli und Enrico Corradini gelingen, die Blockade der Einbildungskraft zu sprengen. Dies geschieht indem sie in ihren Werken eine Perspektive für den historischen Ablauf der Auswanderung aufnehmen, die in einem gesamten Modell zur Überwindung des nationalen Unbehagens an der sozio-ökonomischen und kulturellen Lage des jungen Staates um die Jahrhundertwende gipfeln sollte.

6. Von Giovanni Pascoli bis Enrico Corradini

a) Ugo Ojetti über Hochliteratur und Auswanderung

Es war Ugo Ojetti, der in einem offenen Brief an Piero Parini,[22] den Verantwortlichen der italienischen Schule im Ausland, darauf hingewiesen hat, daß die italienische Literatur bis dahin unfähig gewesen war, sich und das Land als jungen Nationalstaat der Weltöffentlichkeit vorzustellen, wie es in Folge der *Grande emigrazione* nötig geworden war; gerade weil »unsere superliterarische Literatur sie [die Auswanderer] ignoriert, noch mehr: sie hat sie immer ignoriert.«[23]

In einer Anmerkung zu diesem Brief hat Antonio Gramsci die Grundhaltung der Schriftsteller, die zum Scheitern der italienischen Literatur gegen-

---

21 Der *Messaggio per gli Italiani del Sud America affidato all'autore da Gabriele D'Annunzio* war am 20. Juli 1921 dem nach Südamerika abfahrenden Corrado Zoli anvertraut worden, vgl. die Reproduktion des Typoskripts in: Corrado Zoli, *Sud America. Note ed impressioni di viaggio*, Roma 1927, Blatt 4 u. 5.

22 Ugo Ojetti, *Lettera a Piero Parini sugli scrittori sedentari*. In: *Pegaso*, Jg. II Nr. 9/1930, Firenze 1930, S. 340-42.

23 Ugo Ojetti, *Lettera a Piero Parini sugli scrittori sedentari*, ebd., S. 341.

über der Auswanderung geführt hat, damit erklärt, daß die damaligen Autoren kulturgeschichtlich nicht vorbereitet waren, neue Aufgaben einzulösen, denn, »um den Kontrast zwischen den italienischen Auswanderern und der Bevölkerung der Einwanderungsländer, wie Ojetti schreibt, darstellen zu können, sollte man über jene Länder und ... über die Italiener Bescheid wissen.«[24]

Ugo Ojettis Brief und Antonio Gramscis Anmerkung sind von zentraler Bedeutung, da sie das Unbehagen der Schriftsteller über ein Nationalthema auf den Punkt bringen, indem sie formulieren, wonach sich die Literatur der Begegnung mit dem Fremden zu richten hat:

> »Geht man davon aus, daß es weder Roman noch Drama ohne einen fortschreitenden Seelenkontrast geben kann, welcher ein tiefergehenderer und konkreterer Kontrast ist als der zwischen zwei Rassen, wobei die ältere unter den beiden, die reichere an Bräuchen und Riten, ausgewandert ist und zu einem Leben gezwungen ist, das auf keine andere Unterstützung, außer auf die eigene Kraft und Widerstand angewiesen ist.«[25]

Der Kontrast zwischen Rassen, d. h. Kulturen, soll in den Mittelpunkt der Aufmerksamkeit der nicht »seßhaften Schriftsteller« gerückt werden. Mit dem Kontrast als Romanauslöser wird Abstand von Reise- und Abenteuerliteratur geschaffen und von jener Literatur der Auswanderung, die ihren Schwerpunkt auf die Abfahrt gelegt hatte, selbst wenn Antonio Gramsci weiterhin auf dem »Drama jedes Auswanderers noch vor der Abfahrt«[26] als Ursache und Ankündigung des späteren Kontrastes besteht.

Daß Ugo Ojetti und Antonio Gramsci mit ihrem Hinweis auf die Zentralität des Kontrasts im Recht waren, ist längst von der Literatur in den Aufnahmeländern bestätigt worden, die den Kontrast als Konflikt zwischen den Kulturen in den Mittelpunkt gestellt haben, und zwar von einheimischen wie von ausländischen Schriftstellern.

Ein weiterer Hinweis auf die angestrebte Qualität einer Literatur der Auswanderung liegt im gesamten Urteil über Werke und Autoren, die den Kontrast bzw. die Auswanderung thematisiert haben: sei es, wenn sie namentlich erwähnt werden, sei es, wenn über sie geschwiegen wird.[27] Daß sich Ugo Ojetti in seinem Brief z. B. weder über De Amicis' erfolgreiches Werk *Sull'*

---

24 Antonio Gramsci, *Quaderni del carcere*, Valentino Gerratana (Hg.), 4 Bde., Bd. III, Torino 1975, 58 »Il sentimento ›attivo‹ nazionale degli scrittori«, S. 2253-54, hier S. 2254.

25 Ugo Ojetti, *Lettera a Piero Parini sugli scrittori sedentari*, ebd., S. 341.

26 Antonio Gramsci, *Quaderni del carcere*, Valentino Gerratana (Hg.), ebd., S. 2254.

27 Unter den Romanen, die an einer klischeehaften und starren Wiedergabe der Pro-Contra-Rhetorik um die Auswanderung sowie an fehlenden Informationen über Ursachen und Verlauf der Einwanderung, über die Aufnahmeländer und das Leben in der Fremde gescheitert sind: A. Marazzi, *Emigrati*, 3 Bde., Milano 1880-81; Tullio Verdi di Suzzara, *Vita americana*, Milano 1894; P. Bonsignori, *L'America in Italia*, Brescia 1898; A. Salzano, *Verso l'ignoto. Il romanzo dell'emigrante*, Napoli 1903; G. Calvi, *I senzapatria*, Valenza 1910, und Nella Pasini, *I Roscaldi. Il Pioniere*, Firenze/Buenos Aires 1924.

Oceano, noch über Francesco Perris Roman *Emigranti* äußert, ist dadurch zu erklären, daß für ihn solche Werke, genau wie die im Brief zitierten Bücher von Annie Vivanti und Clarice Tartufari, nicht als großzügige Erzählung, sondern als »ein wenig naiv und veraltet«[28] eingestuft werden mußten, da ihr Informationsgehalt nicht dem der gängigen Fachliteratur und sonstigen Publizistik entsprach.

Die kulturpolitische Stimmung[29] und defizitäre Bilanz zwingt Ugo Ojetti, sich auf Corradinis Roman *La Patria lontana* zu besinnen und sich die Frage zu stellen, »wer ist dem noblen Beispiel gefolgt?«[30]

Aus heutiger Sicht kann behauptet werden, daß gerade weil Corradini einen erfolgreichen Übergang von der Literatur der Auswanderung zur kolonialistischen Literatur eingeleitet hat, seine Werke nach Carlo Alberto Madrignani mit einer *dichten Decke aus Schweigen*[31] bedacht werden. Wenn aber das Schweigen gebrochen wird, dann wird vor allem die Zweckmäßigkeit der Auswanderung bei Corradini auf den Punkt gebracht. Alberto Asor Rosa beispielsweise sieht in ihr einen zeitgemäßen »exotischen Erzählrahmen für eine nationalpolitische Persektive«,[32] Carlo Alberto Madrignani selbst unterstreicht, daß sie als Anlaß für weitreichende *historisch-politische Entwürfe* fungiert,[33] die Corradini näher als die Auswanderung selbst liegen.

Jenseits des zweckgebundenen Zugriffs des Autors auf die Auswanderung wird hier die Arbeitsthese aufgestellt, daß der Roman *La Patria lontana* (1910) und das Drama *Le vie dell'Oceano* (1913) gerade die Grenze der kulturpolitischen Ambiguität markieren und verdeutlichen, an die Giovanni Pascoli zur selben Zeit mit seinen Reden *Sagra* (1900) und *La grande proletaria si è mossa* (1911), wie auch mit seinen Poemetti *Italy* (1904) und *Pietole* (1909) gestoßen war.

b) Die kulturpolitische Ambiguität von Giovanni Pascoli

Nachdem Carlo Salinari in seiner Arbeit *Il fanciullino* Pascolis ideologischen Werdegang rekonstruiert und ausführlich nachgewiesen hat, wieso Pascoli »fast als [Corradinis] Vorläufer erscheinen mag«,[34] besteht aus der Sicht der

---

28   Ugo Ojetti, *Lettera a Piero Parini sugli scrittori sedentari*, ebd., S. 341.

29   Der Gründer der liberalen Zeitschrift *Pegaso* Ugo Ojetti schreibt im VIII. Jahr des Faschismus, als das nationalistische Denken in Europa als legitime Konkurrenz unter den Kulturen galt.

30   Ugo Ojetti, *Lettera a Piero Parini sugli scrittori sedentari*, ebd., S. 341.

31   Carlo Alberto Madrignani, *L'opera narrativa di Enrico Corradini*, in: AA. VV., *La cultura italiana tra '800 e '900 e le origini del nazionalismo*, Firenze 1981, S. 235-52, hier S. 235.

32   Alberto Asor Rosa, *Scrittori e popolo. Il populismo nella letteratura italiana contemporanea*, Roma [4]1972 (1965), S. 78-79, hier 78.

33   Carlo Alberto Madrignani, *L'opera narrativa di Enrico Corradini*, ebd., S. 250.

34   Carlo Salinari, *Miti e coscienza del decadentismo italiano*, Milano [14]1978 (1960), S. 138.

vorliegenden Arbeit keine Notwendigkeit, an dem von Carlo Salinari begrün-
deten Auseinanderhalten der kulturpolitischen Position der Schrifsteller zu
zweifeln.[35] Was hier angestrebt wird, ist eine Überprüfung der Gleichzeitigkeit der Argumente, mit denen die Autoren kulturelle und politische Ambiguität um die Zukunft der Auswanderung aus der Öffentlichkeit in die italienische Literatur hineingetragen haben.[36]

Es geht um die Ambiguität jenes Teils der italienischen Öffentlichkeit, der
nach wie vor in der Auswanderung eine nationale Schande[37] sah, und der
davon überzeugt war, daß vor allem die *emigrazione* (Auswanderung) nach
Südamerika in *colonia* (Kolonie), d. h. die anhaltende Arbeitsauswanderung
in eine Kolonisationspolitik umzuwandeln war, eine Vorstellung, die, wie
Luigi Einaudis Buch *Un principe mercante. Studio sulla espansione coloniale
italiana* (1900) beweist, zum Zeitpunkt der ersten Rede von Pascoli keineswegs neu war.[38] Nur hat Pascoli in seiner Messiner Rede *Sagra* den angehenden Ärzten und Ingenieuren vorhandene Vorstellungen als kulturpolitisches
Programm eindringlich ans Herz gelegt. Gerade dort, wo er z. B. befindet, daß
die »Wiedereroberung des nomaden Italien« (S. 497) durch das denkende Italien an der Tagesordnung der gesamten Entwicklung der Nation steht, ist sein
Appell zur Verteidigung der kulturellen Identität und des Ansehens des Landes durch die Gründung von autonomen italienischen Kolonien innerhalb
von fremden Staaten kaum zu überhören.

In den darauffolgenden Poemen *Italy* aus *Primi Poemetti* (1904) und *Pietole* aus *Nuovi Poemetti* (1909) setzt der Dichter das Vorhaben fort und definiert eine historische und kulturelle Kontinuität des Landes, die per se zur
Identität der italienischen Auswanderer wird, gerade weil diese mit der
Fremde konfrontiert werden. Hier wird eine zweckmäßige Identität aufge-

---

35 Während Pascoli, der sich als Professor an der Universität fehl am Platz fühlte, seine
    Karriere eines *Padre della Patria* (Vaterlandsnestor) als »Hüter der Italianität im
    Herzen unserer Auswanderer«, d. h. als Verantwortlicher für die italienische Schule
    im Ausland, abschließen wollte, (vgl. *Lettere inedite di Giovanni Pascoli a Luigi
    Mercatelli*. In: *Nuova Antologia*, Jh. LXII, Roma 1927, S. 438.), befand sich Corradini
    mitten in seinem politischen Werdegang, wie die Gründungen der Zeitungen *Il
    Regno* (1903) und der *Idea nazionale* (1910) unmittelbar vor Erscheinen von *La Pa-
    tria lontana* deutlich machen.

36 Vgl. auch Alberto Asor Rosa, *Scrittori e popolo*, ebd., S. 73-82.

37 Vgl. Giovanni Pascoli, *Opere*, Cesare Federico Goffis (Hg.), Bd. II, Milano 1978, *La
    grande proletaria si è mossa*, S. 607-19, »Es war eine Schande und ein Risiko, gehört
    zu werden beim Aussprechen von sì, wie Dante, Terra, wie Colombo, Avanti!, wie
    Garibaldi.« (S. 608) Ferner vgl Enrico Corradini, *La Patria lontana*, ebd., S. 24-25;
    Francesco Coletti, *Cinquanta anni di storia italiana 1860-1910*, Bd. III »Dell'emi-
    grazione italiana« ebd., 83, »L'opinione pubblica e l'emigrazione«, S. 275-78, sowie
    Antonio Fogazzaro, *Minime, Studie, discorsi, pensieri*, ebd., S. 216.

38 Vgl. Luigi Einaudi, *Un principe mercante. Studio sulla espansione coloniale itali-
    ana*, Torino 1900, vor allem den Abschnitt mit dem Titel »I doveri della piccola Ita-
    lia verso la futura grande Italia«, S. 160-85, sowie Pasquale Villari, *L'Italia e la civiltà*,
    Giovanni Bonacci (Hg.), ebd., »Una più grande Italia«, S. 388-89.

stellt, die dazu beitragen soll, den Einwanderer bei der Begegnung mit fremden Kulturen als Vertreter einer Kultur zu bestätigen, die er unter massiven Konflikten hat verlassen müssen. Insofern überrascht es nicht, wenn Pascoli mit seiner zielstrebigen Vorstellung, die in *Italy* darauf gerichtet ist, zwischen seinem Vorhaben und der Wirklichkeit der Auswanderung um die Jahrhundertwende zu vermitteln, in gefährliche Nähe zum aufkommenden Nationalismus gerät.

Stimmt man Giovanni Getto zu, wenn er befindet, daß für Pascoli »die Auswanderung eine Realität darstellte, die ihm sehr nah lag«,[39] dann kann nicht übersehen werden, daß *Italy* inhaltliche Schwächen aufweist, sobald die dortigen Inhalte an dem damaligen Informationsstand über Auswanderungs- und Einwanderungsland gemessen werden.

Da »der ländliche und häusliche Realismus«[40] dem Dichter von *Myricae* nach wie vor von existentieller Bedeutung war,[41] sind einige Stellen in *Poemetto* um so deutlicher in ihrer rhetorischen Schwäche[42] gegenüber der amerikanischen Kultur ausgefallen, daß Benedetto Croce bei seinem Erscheinen nicht zögerte, *Italy* als »jenes schreckliche Italy mit dem anglo-italischen Jargon der aus Amerika zurückgekehrten Italiener« kritisch zu begrüßen.[43]

---

39 Giovanni Getto, *Pascoli e l'America*, in: *Carducci e Pascoli*, Napoli 1965 (1957), S. 171-96, hier S. 183-85. Zum kontreten Anlaß von *Italy* und *Pietole* vgl. Mario Biagini, *Il poeta solitario. Vita di Giovanni Pascoli*, Milano 1955, S. 229-30, S. 356 u. S. 364-65, sowie S. 429-30 für *Pietole*.

40 Raffaello Viola, *Pascoli*, Padova ³1954 (1949), S. 43.

41 Zu allgemeinen Grenzen der Lyrik bei Pascoli vgl. Renato Serra, *L'ispirazione ed il verso del Pascoli* 1908-1909, zuletzt in: *Omaggio a Giovanni Pascoli nel centenario della nascita*, Milano 1955, S.90-94.

42 Arthur Livingstone, *La Merica Sanemagogna*. In: *The Romanic Review*, Henry Alfred Todd/Raymond Weeks (Hgg.), Bd. IX, Nr. 2 Apr./Juni 1918, Columbia University Press 1918, S. 206-26, hier *The Italy of Giovanni Pascoli*, S. 206-209. Eine entschieden konträre Meinung wird u.a. von Raffaello Viola vertreten, der *Italy* als Pascolis wichtigste sozial-politische lyrische Rede eingestuft hat. Pascoli, ebd., S. 49. Zur gesamten kontroversen Rezeption von *Italy* vgl. Giovanni Getto, *Pascoli e l'America*. in: *Carducci e Pascoli*, ebd., S. 171-96. Für ihn selbst besitzt »Italy einen starken lyrischen Kern«, der nur zum Teil herausgearbeitet worden ist, S. 195.

43 Benedetto Croce, *Giovanni Pascoli*, in: *La letteratura della Nuova Italia*, Bd. IV, Bari 1973 (1915), S. 67-120, hier S. 10. Giacomo Debenedetti, *Statura di poeta. Omaggio a Giovanni Pascoli nel centenario della nascita*, Milano 1955, S. 226-32, vertritt die These, daß »viel des echten Pascoli gerade in seinem Experimentieren liegt« S. 227. Ferner vgl. Alfredo Schiaffini, *Giovanni Pascoli: disintegratore della forma poetica tradizionale*, in: *Omaggio a Giovanni Pascoli*, ebd., S. 240-46. Vittore Branca, *Romanzi da Broccolino*, in: *Il Sole/24* Ore, Nr. 185, Roma 1990, sieht dagegen in *Italy* gerade in der sprachlichen Nähe zwischen Mutter- und Fremdsprache »eine geahnte Ausdrucksrichtung quasi als Vorform der späteren literarischen Produktion und einer Sprache, die reich an Vermischungen sein wird.« S. 17.

Hinzu kommt eine naive Betrachtungsweise eines nationalen Phänomens, die am Beispiel der dortigen Sprachspiele mit *sweet* und mit *cheap* überdeutlich wird. Es handelt sich um soziale Naivität,[44] die sich spätestens dort offenbart, wo der Ausruf *sweet* [home] der Heimkehrer zum lautmalerischen *sweet* der Schwalben wird, mit dem Mollys Genesung angekündigt wird; und dort, wo die Einwanderer als fliegende Händler Waren und sich selbst wie piepsende Spatzen fremden Käufern und Arbeitgebern *cheap cheap* anbieten.[45]

Der in *Italy* darauffolgende Hinweis auf eine solide und florierende Gesamtwirtschaft um den Fluß Serchio[46] macht zusätzlich nicht verständlich, wieso die Landeskinder auswandern müssen, zumal weder Sozialkonflikte noch Armut im Lauf des *Poemetto* thematisiert werden. Einleuchtend dagegen ist die Begeisterung der zurückgekehrten Tochter Ghitta für den Taylorismus der amerikanischen Spinnereien und Webereien,[47] der jedoch schon vor der Jahrhundertwende in die Wirtschaft von Nord- und Mittelitalien eingeführt wurde.

Und selbst wenn *Italy*s sprachliches Substrat, das sich aus Virgil und Horaz, aus Dante, Leopardi und Carducci, aus der Bibel und aus Italiens Kulturgeschichte zusammensetzt,[48] auf eindruchsvolle Weise die Kulturepochen kontrapunktiert, aus welchen die Auswanderer hervorgegangen sind, tragen solche sprachlichen Erfahrungen kaum dazu bei, die Erfahrungen jener Italiener zu erfassen, die sich weiterhin in der Fremde *cheap cheap* zu veräußern haben.

---

44 Vgl. Giovanni Cena, *Sviluppo e missione della poesia di Giovanni Pascoli.* In: *Nuova Antologia,* 6. April 1912, zuletzt in: *Omaggio a Giovanni Pascoli,* ebd., S. 95-101.

45 Und zwar mittels der Sonorität von *cheap,* die dem italienischen *cip cip* der Spatzen gleicht, vgl. Maurizio Perugi, *La parabola delle rondini – implicitamente contrapposte ai passeri mendici,* in: *Giovanni Pascoli Opere,* Hbd. I-II, Maurizio Perugi (Hg.), Milano-Napoli 1980, Hbd I, S. 348, sowie das Einwandererlied eines 60-jährigen Süditalieners als Blumenverkäufer auf dem New Yorker Time Square im Jahre 1961, »Flowers! Flowers! / Cheap to cheap today! / Chi me l'à fatto ffá / vennì sta terra cà / in cerca di speranza / e nun l'aggia truvà / Chrysamthem, pink, roses, / Cheap to cheap today! / Flowers! Flowers!« zitiert nach A. Virgilio Savona/Michele L. Straniero (Hgg.), *Canti dell'emigrazione* (S. 139). Zu Vorläufern der sonorischen Lösung *cheap = cip* vgl. den Beitrag von Gabriele D'Annunzio zur Sammlung *Myricae, L'arte letteraria nel 1892. La poesia* (in *Il Mattino,* 30./31.Dezember, Napoli 1892), zuletzt in: *Omaggio a Giovanni Pascoli nel centenario della nascita,* Milano 1955, S. 61-64.

46 Giovanni Pascoli, *Opere,* ebd., *Italy,* Gesang II, Absatz XVI, insbesondere die wirtschaftliche Stromkraft des Flusses Serchio, die von Giovanni Pascoli als gegebene Voraussetzung für die dort beschriebene Industrie und Landwirtschaft besungen wird, S. 379.

47 *Italy,* Gesang I, Absatz VII und VIII in: *Giovanni Pascoli Opere,* ebd., S. 368-70.

48 Vgl. Maurizio Perugi in: *Giovanni Pascoli Opere,* ebd., S. 348-83.

Die Annahme eines Giacomo Devoto, wonach Pascoli »dank dieser italo-amerikanischen Wörter, die starke Leidenschaften und nicht-verstandene Armut beschwören«,[49] die Spannungen zwischen Italien, als Wiege der Kultur, und den USA, als wohlhabendem jungen Nationalstaat, erfaßt hat, kann nicht darüber hinwegtäuschen, daß die gesamte Symbolik aus *Italy* ins Schwanken gerät.

Die Ablösung der Großmutter durch die geheilte Enkelin Molly,[50] die nach dem Tod der Großmutter gesund nach Amerika zurückkehrt, bestätigt die eingetretene Ablösung der alten Welt durch die neue mit Hilfe der alten Welt. So gesehen ist die humanistische Kultur nicht mehr in der Lage, mit der technologischen Vorstellung einer dynamischen Gesellschaft mitzuhalten, und ihre Funktion als Geburtshilfe muß sich irgendwann erschöpfen. Insofern wären die Einwanderer gut beraten, auf ihre bäuerliche kontemplative Identität[51] zu verzichten und sich in den Amerikanismus der neuen Welt einzuleben. Daß Pascoli eine solche Empfehlung nicht anklingen läßt, und daß er an dem Zivilisationsauftrag des denkenden Italien der *Messiner Rede* festhält, bestätigt *Italy* als argumentativen Übergang von der *Messiner Rede* zu *La grande proletaria si è mossa*.

Um so bezeichnender erweist sich folgendes Versprechen der Urmutter an ihre Kinder, mit dem Pascoli *Italy* abschließt,

> vi chiamerà l'antica madre, o genti,
> in una sfolgorante alba che viene,
> con un suo grande ululo ai quattro venti
> fatto balzare dalle sue sirene[52]

(Euch, Völker, wird die Urmutter zurückrufen / bei einer strahlenden Morgendämmerung, die kommen wird / mit ihrem in alle Himmelsrichtungen starken Geheul,/ so wie es ihre Sirenen ausstoßen werden)

Dieses Versprechen, erneut nach Italien zurückzukehren,[53] wird im Abgesang zusätzlich durch die Bereitschaft der heimfahrenden Molly unterstrichen. Aber noch bevor Pascoli in seiner Rede *La grande proletaria si è*

---

49   Giacomo Devoto, *Studi di stilistica*, Firenze 1950, »Decenni dal Pascoli«, S. 193-218, hier S. 216.

50   *Italy*, Gesang II, Absatz XIX, in: *Giovanni Pascoli Opere*, ebd., S. 381.

51   Der Gegensatz zwischen *vita contemplativa* und *vita activa* wird in verstärkter Weise am Beispiel des Selbstgespräches eines abfahrenden Bauern in dem Poemetto *Pietole*, als Schluß der *Nuovi Poemetti* (1909), herausgearbeitet.

52   *Italy*, Gesang II, Absatz XVIII und XX, in: *Giovanni Pascoli Opere*, ebd., S. 381 u. S. 382.

53   In der Tat wird Molly als Dolly zurückkehren, zumindest als Protagonistin des Romans von Alfredo Panzini, *Il padrone sono me!*, Milano 1922, vgl. Kap. VIII, in Alfredo Panzini *Sei romanzi fra due secoli*, Milano ⁶1943 (1939), S. 828-29. Der Ich-Erzähler ist ein Zvaní aus der Romagna wie jener Zvani aus dem autobiographischen Gedicht *La voce* der Sammlung *Canti di Castelvecchio* (1903) von Giovanni Pascoli. Konkrete Hinweise auf die Auswanderung nach dem ersten Weltkrieg finden sich in Kap. XVII »Quando si aspettava la rivoluzione«, S. 894-99.

mossa[54] den Weg zur Einlösung des Versprechens der Urmutter ankündigen konnte, war dies in dem Roman *La Patria lontana* (1910) von Corradini um so beispielhafter für das politische Klima der Jahrundertwende umgesetzt worden, so daß Antonio Gramsci zuzustimmen ist, wenn er Übereinstimmung und Diskrepanz zwischen beiden Autoren folgendermaßen auf den Punkt bringt:

> »Den italienischen Schriftstellern hat gerade der innere Verzicht auf Politik geschadet, der zusätzlich mit nationalistischer verbaler Rethorik übertüncht war: so gesehen waren Enrico Corradini und Pascoli mit ihrem offen eingestandenen und militanten Nationalismus sympathischer. Ein Nationalimus, der sich bei Pascoli volksnah und naiv äußert und weit entfernt lag von durchdachten Programmen wie bei Corradini.«[55]

c) Die Eindeutigkeit von Enrico Corradini und die literarischen Folgen

In *La Patria lontana* tritt ein Schriftsteller namens Piero Buondelmonti auf – »der Mensch, der aufhören kann, Individuum zu sein, um Nationalbewußtsein zu werden«[56] – der als Vetreter des »denkenden Italien« eines Pascoli[57] auf dem Dampfer Atlantide nach Südamerika fährt. An Bord befindet er sich zusammen mit »jener Fleischmasse, die den Ozean überquert« (S. 14) und sich »als ausgestoßener Abfall einer unbekannten Fremde zubewegt« (S. 25). Er hat vor, ohne Vorbehalte über die Lage der italienischen Kolonien in Südamerika zu berichten. (S. 66) Während seines Aufenthaltes stellt sich heraus, daß das ferne Vaterland in seiner Existenz bedroht ist. Ohne Zögern gibt Piero Buondelmonti sein Vorhaben auf und setzt sich dafür ein, daß die Einwanderer einsehen, daß *La Patria lontana* auf ihre Kampfbereitschaft angewiesen ist. Während einer patriotischen Kundgebung gelingt es ihm, seinen politischen Widersacher Giacomo Rummo und vierhundert Einwanderer davon zu überzeugen, daß ihre Zukunft im Kampf zur Verteidigung des Vaterlandes und nicht in der Fremde liegt. Mit ihnen tritt Piero Buondelmonti die Rückreise an. Sobald sie sich wieder im Mittelmeer befinden, steht fest, daß sie sich mit ihrer Entscheidung die eigene Menschenwürde zurückgeholt haben, und dies wird ihnen auch von Piero Buondelmonte bestätigt: »Nun seid ihr eine Handvoll Menschen und einst ward ihr armselige Auswanderer aus Arbeitskraft und Geduld.« (S. 233)

---

55   Antonio Gramsci, *Quaderni del carcere*, Valentino Gerratana (Hg.), ebd., S. 167.

56   Enrico Corradini*, La Patria lontana*, Firenze 1910, S. 24.

57   Hierzu vgl. Enrico Corradini *La Patria lontana*, ebd., »Um zu erreichen, daß sie Italiener im Sinne der Nation bleiben können, wäre es notwendig, daß das Land, in dem sie arbeiten und reich werden, italienisch wird.« S. 7.

So gelesen bestätigt sich *La Patria lontana* als Parabel[58] auf eine voluntaristische Bewußtseinsveränderung[59] unter den italienischen Auswanderern in Südamerika, die zuerst gute Soldaten sein müssen,[60] bevor sie Siedler (*coloni*) des neuen Italien sein dürfen. Gerade auf diesem Weg offenbart sich der Roman als Verbindung zwischen der Messiner Rede und *Italy* auf der einen Seite und der Rede *La grande proletaria si è mossa* von Pascoli auf der anderen. Auch die gewollten oder ungewollten Parallelen zu den Werken von Pascoli sind kaum zu übersehen.

Es besteht kein Zweifel daran, daß sich Pascoli in seiner Messiner Rede und in dem Poemetto *Italy* vorerst auf die Notwendigkeit der kulturellen Unterstützung des Nationalbewußtseins der italienischen Auswanderer gegenüber fremden Kulturen beschränkt hatte. Die inzwischen veränderte politische Gesamtlage am Mittelmeer[61] wird ihn in seiner Italianität jedoch dazu bewegt haben, sich nach vorne zu wagen. Sobald ihm der italienische Kolonialkrieg gegen die Türkei zur Besetzung Libyens (1911) hierzu die konkrete Möglichkeit geben wird, wird Pascoli genauso wie Corradini in *La Patria lontana* äußern: »Der Krieg, der heute von Italien geführt wird, zeigt, daß die Auswanderer gegenüber der Stimme des Vaterlandes sehr sensibel sind.«[62]

Dies geschieht nicht im Sinne einer bewußten literarischen Nähe beider Autoren, sondern weil in der zukunftsweisenden Ankündigung von Piero Buondelmonti: »wir sind im Mittelmeer« (S. 233), eine kulturpolitische Dimension enthalten war, die als Raum des römischen und zukünftigen Italiens Pascoli sehr nahe lag, wie er in der Rede *La grande proletaria si è mossa* bestätigen wird:

---

58   Überdeutlich ist auch das darauffolgende Drama *Le vie dell'Oceano* (1913), wo der Auswanderer Giuseppe Carraro, der sich dazu entschieden hat, zur Unterstützung des Vaterlandes zu eilen, in einen blutigen Streit mit den Söhnen gerät, die in dem Vater den Italiener, den Fremden erkennen, der in ihr Land eingedrungen ist (S. 76), und ihm nicht folgen wollen. Dabei wird der Sohn Ruggero erschossen. Dennoch kann Giuseppe Carraro mit dem jüngsten Sohn in seine Geburtstadt Cosenza zurückkehren, wo das Volk, als Chor, ihn mit der Formel begrüßt »Gott schenkt Dir jede Habe« (S. 177) und ihn somit in seiner Zugehörigkeit zur Dorfgemeinde bestätigt.

59   Carlo Alberto Madrignani, *L'opera narrativa di Enrico Corradini*, ebd., S. 249.

60   Vgl. die Korrespondenz aus Tripolis in dem Pariser *New York Herold*, wie sie wiedergegeben wird in: Francesco Coletti, *Cinquanta anni di storia italiana 1860-1910*, ebd., Bd. III »Dell'emigrazione italiana«, S. 277-78.

61   Hierzu vgl. die Haltung des ehemaligen Landwirtschaftsministers und Präsidenten der *Società geografica italiana* ab 1906 Antonino di San Giuliano, *Prospettive di emigrazione in Libia*. In: *Nuova Antologia*, Luglio-agosto 1905, S. 104.

62   Francesco Coletti, *Cinquanta anni di storia italiana 1860-1910*, ebd., Bd. III, 59, »Effetti sul numero dei renitenti e anche sulla validità dei giovani rimasti«, S. 231-32, hier S. 231. Vgl. auch *Nuovo decalogo degli emigranti italiani*, Buenos Aires, Mai 1913, jetzt in: Angelo Filipuzzi, *Il dibattito sull'emigrazione. Polemiche nazionali e stampa veneta (1861-1914)*, Firenze 1976, S. 397-99.

»Dort [in Afrika] werden die Arbeiter nicht mehr schlechtbezahlte und schlechtgenannte Werkzeuge der Ausländer sein, aber sie werden in wahrsten Sinne des Wortes Landwirte auf dem Seinem sein, auf Heimatboden; sie werden nicht mehr dem Namen des Vaterlandes unter Gewalt abschwören. Sie werden neue Wege bauen, Felder bestellen, Wasser abzweigen, Häuser bauen, Häfen anlegen, und dabei werden sie immer, zu unserer Trikolore aufschauen können, die auf unserem Meer heftig flattert.«[63]

Der römische Teil der italienischen Kultur, der sich in *Italy* und *Pietole* als kulturelles Erbe für die *Terza Italia* mittels sprachlicher Intertextualität angekündigt hat und mit dessen Hilfe Pascoli die Auswanderer vor fremden Kulturen und Gesellschaften warnen und schützen wollte, findet an dieser Stelle der Rede *La grande proletaria si è mossa* den Übergang zu jener Apologie des *mare nostrum*, die kurz danach von der nationalistischen Literatur mit und ohne faschistische Prägung völlig ausgenutzt wird.

Ohne Pascoli hier unter die Vorläufer einer solchen Literatur einreihen zu wollen,[64] kann man kaum leugnen, daß im Bereich der Literatur der Auswanderung »manches glänzende Beispiel faschistischer Rhetorik«[65] ohne die vorbereitende kulturelle Ambiguität eines Pascoli und ohne die politische Deutlichkeit eines Corradini nicht denkbar gewesen wäre. Wie unmittelbar und tiefgreifend die Rezeption der Position von Pascoli und von Corradini gewesen ist, geht aus dem 1913 erschienenen Roman *Canne al vento* der späteren Nobelpreisträgerin Grazia Deledda hervor.

Im Einklang mit der Grundthese von *La Patria lontana* und von *La grande proletaria si è mossa* läßt Grazia Deledda während der Pilgerfahrt zur *Nostra Signora del Rimedio* zuerst einen lyrischen Wettkampf unter Dichtern austragen, die sich für den Krieg in Libyen aussprechen, und sofort danach greifen ehemalige Auswanderer ein, die durch ihre negativen Amerika-Erfahrungen die Richtigkeit des Libyenkrieges bestätigen:

»Amerika? Wer es nicht gekostet, weiß nicht, was das ist. Aus der Ferne sieht es aus wie ein Lamm, das zu scheren ist: kommst du in seine Nähe, beißt es dich wie ein Hund.
Ja, liebe Brüder, ich fuhr dorthin mit halbvoller Satteltasche und ich hoffte, sie zu füllen; leer brachte ich sie zurück.«[66]

---

63 *Giovanni Pascoli Opere*, (Hg.) Cesare Federico Goffis, ebd., S. 609.
64 Vgl. Benedetto Croce, *L'ultimo Pascoli*, in: *La letteratura della Nuova Italia*, Bd. VI, Bari 1974 (1940), S. 249-62, »In der mühsamen Vorbereitung, in den zusammengeführten Kräften sah er [Giovanni Pascoli] die Geburt eines sich im Lauf befindenden Unterfangens zur Eroberung von Tripolitanien und der Kyreneika als Beitrag zur Afrikas Europäisierung.« S. 251.
65 Renzo Paris, *Il mito del proletario nel romanzo italiano*, Milano 1977, S. 117, sowie Giorgio Luti, *La letteratura nel ventennio fascista. Cronache letterarie tra le due guerre, 1920-1940*, Firenze 1972 (Bari 1966).
66 Grazia Deledda, *Canne al vento*, Vittorio Spinazzola (Hg.), Milano 1980 (1913), S. 100-01.

Und selbst Gabriele D'Annunzio hat es sich nicht nehmen lassen, zu der rhetorischen Rezeption des Geistes von *La Patria lontana* einen Beitrag zu leisten, als er, auf Wunsch von Corrado Zoli, im Jahre 1921 einen *Messaggio per gli Italiani nel Sud America* verfaßte:

> »Den Glanz des Vaterlandes erblickten die entlegenen Kinder deutlicher denn die näheren.
>
> Ihr genügte es, die Stirn von der Arbeit und den Geschäften zu erheben, um über dem Ozean (*sopra l' Oceano*) das Antlitz des fernen Vaterlandes (*Patria lontana*) zu erblicken, das durch seinen Glanz näher zu euch kam. [...]
>
> Zu uns kamen die besten von Euch. Von Euch kam zu uns großzügige Hilfe und das großzügige Wort.«[67]

In Sätzen wie diesen wird deutlich, daß Gabriele D'Annunzio an einer Kontinuität zwischen *Sull'Oceano* von De Amicis und *La Patria lontana* von Corradini interessiert ist. Dies kommt bei ihm nicht primär als literarische Entwicklung zum Ausdruck, sondern als Beleg für die ungebrochene Verbundenheit zwischen *Patria lontana* und den Auswanderern, wie sie ihm persönlich bei der Besetzung der Stadt Rijeka/Fiume (1919) angeblich zu Hilfe geeilt waren.

Der Roman *Cola o ritratto dell'italiano* (1927) von Mario Puccini, in dem Renzo Paris das obige »glänzende Beispiel faschistischer Rhetorik« gesehen hat, stellt mit seinem Protagonisten Cola eine noch nicht dagewesene Synthese dessen dar, was sich bei Pascoli und Corradini auf getrennten Ebenen angekündigt hatte und von Gabriele D'Annunzio in seiner Botschaft bestätigt worden war.[68]

Der friedfertige Bauer aus *Pietole* und der vaterlandstreue Auswanderer aus *La Patria lontana* finden sich in dem Protagonisten Cola vereint, und zwar dort, wo er als Soldat in Afrika den italienischen Anspruch auf die Colonia Ausa, wo er sich wie zu Hause fühlt, mit folgender Feststellung begründet: »Im Ausland gibt es irgendwo eine Straße zu öffnen oder eine Eisenbahn zu legen? Gute Provision demjenigen, der italienische Arbeiter finden wird. Später wird man zu ihnen ›Macaroni‹ sagen, aber, wenn man nach ihnen sucht, wird ihnen gute Bezahlung versprochen, denn sie sind überzeugt, daß, was Straßen und Eisenbahnen anbetrifft, es keine bessere Spitzhacke als die italienische gibt.«[69]

Die kulturelle Auseinandersetzung mit dem Fremden und mit der Zukunft der italienischen Einwanderer weicht somit dem Besitzanspruch auf fremde

---

67 *Messaggio per gli Italiani del Sud America affidato all'autore da Gabriele D'Annunzio*, in: Corrado Zoli, *Sud America. Note ed impressioni di viaggio*, ebd., Blatt 4 und 5.

68 Zur Gabriele D'Annunzios Rolle als Wegbereiter der faschistischen Expansionspolitik in Libyen vgl. Giovanna Tomasello, *La letteratura coloniale italiana dalle avanguardie al fascismo*, Palermo 1984, insbesondere Kap. II »D'Annunzio. L'Africa fra bellezza e barbarie«, S. 25-38.

69 Mario Puccini, *Cola o ritratto dell'italiano*, L'Aquila 1927, S. 115.

Länder, der nach Cola / Mario Puccini als gerechter Anspruch anzuerkennen ist, weil die italienischen Einwanderer ihn sich durch ihre Vorleistungen erworben hätten.[70] Über diese verstellende Wahrnehmung der friedlichen Geschichte der italienischen Auswanderung kann die Zukunft der italienischen Einwanderer weder an der Eingliederung in die jeweiligen Aufnahmegesellschaften noch in der Bewahrung der eigenen Nationalidentität festgemacht werden. Die Zukunft der italienischen Einwanderer liegt in der Kolonialisierung fremder Länder, die mit Hilfe der italienischen Kultur aus ihrer historischen Rückständigkeit herausgeführt werden sollten.

Unter einer solchen Perspektive und zu einem Zeitpunkt, als literarische Darstellungen ehemaliger Auswanderer als Soldaten und Kulturträger in den Kolonien sich mit den offiziellen Vorhaben des faschistischen Italien deckten, das im Begriff war, der Auswanderung per Gesetz im Jahre 1927 ein Ende zu bereiten,[71] um die Auswanderungswilligen in Soldaten umzuwandeln,[72] erhält die Preisverleihung der Accademia Mondadori an Francesco Perri für *Emigranti* im Jahre 1928 eine präzise Zweckmäßigkeit, die jenseits des literarischen Wertes des Romans liegt.

Zumindest wird ersichtlich, warum sich Giuseppe Antonio Borgese, Benedetto Croce, Federico De Roberto, Ugo Ojetti und Luigi Pirandello als führende Mitglieder der Jury der Accademia Mondadori, trotz all dem für *Emigranti* entschieden haben. Gerade durch die Fortsetzung populistischer Wahrnehmungsmodelle der italienischen Auswanderung bot sich der Roman als willkommener Anlaß für einen öffentlichen Akt kulturpolitischen Widerstandes gegen eine retrospektive Verherrlichung der italienischen Expansionspolitik in der jüngsten Vergangenheit des Landes, so wie sie in dem Roman von Mario Puccini Eingang gefunden hatte;[73] eine Expansionspolitik, die gekoppelt mit den Konsequenzen aus der »versperrten Auswanderung«[74] und spätestens ab 1935, d.h. über die Aggression gegen Äthiopien und aufgrund der darauffolgenden Versendung bezahlter Frei-

---

70 Zur Kontinuität dieser These, die in der italienischen Literatur Faschismus und Zweiten Weltkrieg überdauert hat, vgl. Enrico Berio, *Grano nel deserto*, Bologna 1957, S. 77.

71 Vgl. Emilio Franzina, *La grande emigrazione. L'esodo dei rurali dal Veneto durante il XIX secolo*, Venezia 1976, hier »Dalle misure restrizionistiche degli anni Venti al secondo dopoguerra (1927-1948),« S. 25-27, sowie Philip V. Cannistraro/Gianfausto Rosoli, *Emigrazione, chiesa e fascismo*, Roma 1979, »La politica migratoria del Fascismo«, besonders S. 10-48.

72 Vgl. Corrado Alvaro, *Un treno nel Sud*, Milano 1958, S. 207.

73 In dem späteren Werk Mario Puccini, *Nel Brasile*, Roma 1940, braucht der Autor keinen Umweg über die Belletristik einzuschlagen, um den italienischen Beitrag zu Brasiliens Geschichte vom Amerigo Vespucci über Giuseppe Garibali bis zu den damaligen Italiener in den verschiedenen Provinzen als Anspruch auf kolonialistische Vorstellungen in Südamerika umzumünzen.

74 Corrado Alvaro, *Un treno nel sud*, ebd., »Die [durch den Fascismus ab 1927] versperrte Auswanderung entartete zu einer der letzten Ursachen der sozialen Krise in Italien.« S. 165.

williger in den spanischen Bürgerkrieg, in einer vorläufigen tragischen Per-
vertierung[75] der friedlichen Geschichte der italienischen Auswanderung
gipfeln sollte.

7. Der Fall Francesco Perri

a) Der Roman *Emigranti*

Während der Juror Benedetto Croce sich in *La letteratura della Nuova Italia*
(1914-1940) weder über Perri noch über dessen Roman *Emigranti* (1928)
geäußert hat, lehnte Antonio Gramsci in seinen *Quaderni del carcere* das
Buch ab, weil dort: »die Abwesenheit jeder Historizität ›gewollt‹ ist, um dadurch alle folkloristischen und allgemeinen Motive durcheinander in einen
Sack zu werfen, welche in der Realität sowohl zeitlich als auch räumlich stark
auseinandergehalten werden.«[76]

Beide Positionen sind für jede weitere kritische Betrachtung des Werkes deswegen von Bedeutung, weil Benedetto Croces Schweigen so ablehnend zu verstehen ist wie Antonio Gramscis Urteil. Dagegen hat Pasquino Crupi als neuester
Herausgeber von *Emigranti* versucht, *Emigranti* als den ausstehenden Roman
über die italienische Auswanderung herauszustellen, weil»diese Finsternis [der
Faschismus] vor dem Horizont des Schriftstellers lag, der uns mit dem Roman
Emigranti über die Arbeitsemigranzen und ihre Konsequenzen, wie sie sind, gegeben hat, indem er uns Seiten hinterlassen hat, die kaum zu tilgen sind.«[77]

In seinem Buch *Il mito del proletariato nel romanzo italiano* (1977) kon-
tert Renzo Paris mit der These, daß *Emigranti* »ein ungelöster Roman geblieben ist. Er hat eine chorale Struktur, die sich vom Volksroman bis zum populistischen Roman ausdehnt.«[78]

---

75   Leonardo Sciascia, *Le parrocchie di Regalpietra*, Bari 1973 (1956), S. 45.

76   Antonio Gramsci, *Quaderni del carcere*, Valentino Gerratana (Hg.), 4 Bde., Bd III,
     Torino 1975, Quaderno 23, 1934, S. 2202. Dagegen vgl. Giorgio Luti, *La lezione po-
     litica e civile di Alvaro*, in: AA. VV., *Corrado Alvaro, l'Aspromonte e l'Europa*, Reg-
     gio Calabria 1981, S. 249-73,»Seine [Corrado Alvaros] Weggefährten waren Schrift-
     steller aus dem Süden, wie Francesco Perri, Francesco Jovine und Leonida Repaci.
     Sie alle waren durch einen prägenden Sinn für Geschichte und Gesellschaft durch-
     drungen.« S. 255. Zur gesamten Kontroverse vgl. Rocco Mario Morano, *Gramsci, la
     letteratura regionale e due scrittori calabresi del primo novecento (F. Perri e L. Re-
     paci)*. In: *La Procellaria*, Nr. 1/1977, Mantova 1977, S. 29-55.

77   Pasquino Crupi in: Francesco Perri, *Emigranti*, Cosenza 1976 (1928), S. 13, aus die-
     ser Ausgabe wird im Text und in den Fußnoten fortlaufend zitiert. Zur Crupis Über-
     bewertung und zu Emigranten als verpaßte Möglichkeit Giorgio Bertone, *Imma-
     gini letterarie dell'emigrazione tra Otto e Novecento*, in: *Un altro Veneto*, Emilio
     Franzina (Hg.), Abano Terme 1983, S. 405-46, hier S. 446 Anm. 106.

78   Renzo Paris, *Il Mito del proletariato nel romanzo italiano*, Milano 1977, S. 122.

Ein weiteres negatives Urteil über den Roman war davor von Antonio Piromalli in seinem Werk *La letteratura calabrese* (1976) formuliert worden, weil der Autor an der literarischen Umsetzung der Thematik gescheitert sei: »Perris Erzähltechnik greift auf konventionelle Modelle aus dem 19. Jahrhundert zurück, die Erzählebene ist eindeutig und linear, der Entwurf seiner Figuren erweist sich hier und dort als rein äußerlich, da er es nicht vermag, in die Tiefe der einzelnen Figur vorzudringen.«[79]

In seinem jüngsten Versuch über *Emigranti* aus dem Jahr 1985 stellt Sebastiano Martelli mit Recht fest, daß »der Roman ein Konglomerat der gesamten Ergebnisse über die Auswanderung aus der Belletristik und Publizistik des 19. und 20. Jahrhunderts darstellt.«[80] Obwohl Sebastiano Martellis Untersuchung sich dank differenzierter Aufmerksamkeit gegenüber den verschiedenen Aspekten des Werkes Perris deutlich von den anderen Arbeiten abhebt, so daß sie mit Recht als ein neuer Anfang betrachtet werden kann, wird sich zeigen, daß der Verfasser mit seinem Ansatz dieselbe sozialkritische Erwartung an den Roman gestellt hat wie seine Vorgänger.

Da Perri den Roman aufgrund des Titels *Emigranti* gezielt in eine vorgeprägte Tradition gestellt hat,[81] ist die Frage nach dem Romaninhalt als zentrale Fragestellung im Werk kaum bedacht worden. Das Beharren auf eine Wiedergabe der Auswanderung hat zur Wiederholung positiver wie negativer Ausführungen über den Roman geführt.[82] Eine differenzierte Annäherung an *Emigranti* ist eher über den Abfahrtsort, als die Erzählperspektive des Autors, und über den daraus resultierenden Aufbau des Romans zu gewährleisten. Zur Unterstützung dieser Umorientierung bei der Rezeption finden sich genügend Hinweise im ganzen Werk. Darunter:

– Von Anfang an sieht sich der Leser mit Darstellungen einer fruchtbaren Üppigkeit des Landes um die Gemeinde Pandore konfrontiert. Im Kap. II und nach dem Scheitern der Landnahme erfahren diese einen ersten Höhepunkt in der Rede von Vater Rocco Blèfari, der mit dem Verweis auf die blühende

---

79 Antonio Piromalli, *La letteratura calabrese*, Napoli 1977, S. 209.

80 Sebastiano Martelli, *Un romanzo sull'emigrazione. Emigranti di Francesco Perri.* In: *Civiltà italiana*, Jg. IX-X Nr. 4/1984 u. Nr. 1-3/1985, Giulia Mastrelli Anzilotti (Hg.) Verona o. J., S. 47.

81 Vgl. Erminia Fuà-Fusinato, *Canto dell'emigrante* bzw. *Emigranti* (Lyrik), 1874 bzw. 1876, Giacomo Zanella, *Risposta d' un contadino che emigra* (Lyrik), 1877; Edmondo De Amicis, *Gli Emigranti* (Lyrik); 1881; Mario Rapisardi, *Gli Emigranti* (Lyrik), 1883; Ada Negri, *Emigranti* (Lyrik), 1914; D. Tumiati, *Emigranti* (Poem), 1901; A. L. Clerici, *Emigranti* (6 Sonette), 1904; Antonio Marazzi, *Emigrati*, 3 Bde., Roma/Milano 1889; Carmelo Abate, *Emigranti* (Drama), Catania, ferner die noch größere Anzahl von Titeln aus der allgemeinen Tages- und Fachpublizistik.

82 Raffaele Crovi, *Meridione e letteratura*, in: *Il Menabò*, Elio Vittorini/Italo Calvino (Hgg.), H. 3, Torino 1960, S. 267-303, hier S. 269, Rosario Contarini, *Il Mezzogiorno e la Sicilia*, in: Alberto Asor Rosa (Hg.) *Letteratura Italiana*, Bd. III, Torino 1989, S. 711-89, hier S. 764, sowie Giuseppe Massara, *Americani*, Palermo 1984, S. 198.

und fruchtbare Natur Pandores Kinder vor der Auswanderung nach Amerika warnt:[83]

»Rocco wurde ärgerlich: «Verdammt? Wieso verdammt?... Aber hast du nicht bemerkt, daß dies das schönste Land der Welt ist? Hier haben wir alles, jede Habe und Gottesgnade. Beginnen wir im Frühling. Im April hast du den Frühjahrssalat, im Mai Saubohnen und Erbsen, im Juni Kirschen, Mispeln und Blumenfeigen; und schon reifen Gerste und Weizen, im Juli Birnen, Äpfel, Pfirsiche und Kaktusfeigen; im August hast du Granatäpfel und Feigen, im September Trauben, Nüsse, Äpfel und Birnen für den Winter. Im Oktober reifen die Oliven und auf den Bergen die Eßkastanien. Man kann sagen, daß es keinen Monat ohne Früchte gibt. Wo findest du ein Land wie dieses? Erinnert euch daran, meine Kinder, daß das Land nicht verdammt ist: Das Land gehört Gott.« (S. 34)

An dieser Stelle wird deutlich, daß bei Perri Schönheit und Fruchtbarkeit des Landes Grundelemente seines Erzählens darstellen, mit dem er im Sinne des regionalen *Verismus* für Kalabrien wirbt und dabei die Gefahr in Kauf nimmt, in die Sackgasse alter mythischer Oxymora zu geraten.

Aller Wahrscheinlichkeit nach liegt hier der Grund, warum sich Benedetto Croce weder zum Autor noch zum Roman geäußert hat. Für Benedetto Croce galt eine derartige Wahrnehmung des eigenen Landes als Wiedergabe »einer der größten und konventionellen Lügen über den unerschöpflichen Reichtum und die Üppigkeit der südlichen Regionen des Königreichs Italien«,[84] die ohne kritische Überprüfung im Roman vorgebracht wird.

Das Festhalten des Juristen Perri an einer konventionellen Wahrnehmung und irreführenden Darstellung Kalabriens ist um so mehr beabsichtigt, weil Ökonomen, Meridionalisten, Politiker und Soziologen noch vor der Entstehung von *Emigranti* das Gegenteil ausführlich bewiesen hatten.[85]

– Nach dem Scheitern der Landnahme und der unglaublich milden Reaktion der Obrigkeit kehrt das Leben in der Gemeinde Pandore in seine archaischen und moralischen Bahnen zurück. Bei der Entscheidung der vierzig Pandurioti, nach Amerika auszuwandern, erfährt der Leser jedoch nichts über den kausalen Zusammenhang zwischen gescheiterten Bauern- und Tagelöh-

---

83   Corrado Alvaro, *Un treno nel sud*, Milano 1958, »Il dramma meridionale«, S, 205-11. Hier, S. 210, findet sich das gegenteilige Beispiel über den zurückgekehrten Auswanderer, der nicht begreifen kann, wieso er nach Amerika ausgewandert war. Zum Verhältnis Corrado Alvaro und Francesco Perri vgl. Antonio Palermo, *Corrado Alvaro. I miti della società*, Napoli 1967, S. 96-98.

84   Benedetto Croce, *Storia del Regno di Napoli*, ebd., S. 268-69.

85   Vgl. Pasquale Villari, *Lettere Meridionali*, Torino 1888; Giustino Fortunato, *La questione demaniale nelle province meridionali*, Napoli 1882; Leopoldo Franchetti, *Condizioni economiche e amministrative delle provincie napoletane*, Antonio Jannazzo (Hg.), Bari 1985 (1875); Giuseppe Scalise, *Emigrazione dalla Calabria*, Napoli 1905; Dino Taruffi/Leonello De Nobili/Cesare Lori, *La questione agraria e l'emigrazione in Calabria*, Firenze 1908; Francesco Saverio Nitti, *Scritti sulla questione meridionale*, Bd. IV, *Inchiesta sulle condizioni dei contadini in Basilicata e in Calabria* (1910), Pasquale Villari/Angelo Massafra (Hgg.), Bari 1968.

nerrevolten und der Auswanderung, so wie er erneut vom Verlauf der Bauernaufstände *Fasci siciliani* (1893-1894) bestätigt worden war. Niederlage und Enttäuschung der Bauern und Tagelöhner von Pandore führen zu keiner neuen Form des Widerstandes gegen die Übermacht der ortsfremden Großgrundbesitzer, nicht einmal durch ein Nachdenken über die Ursache bzw. die Vorgänge der gescheiterten Landnahme. Niederlage und Enttäuschung werden in Haßausbrüche gegen das eigene Land und in eine ritualisierte Männerflucht umgesetzt. Und in der Flucht ist kaum das Bedrohliche zu erkennen, das sozial-politische Konfliktträger auf sich nehmen, wenn sie sich vor der Gefahr restaurierter Machtverhältnisse in die Fremde retten müssen. Das Scheitern der Landnahme liest sich in *Emigranti* eher als eine Bestätigung, daß sie das verfluchte Land, das nicht in der Lage ist, die eigenen Kinder zu ernähren, verlassen müssen. (S.21)

So gesehen muß Giuseppe Massara zugestimmt werden, wenn er feststellt, daß die Landnahme bei Perri »eine schlechte Pantomime«[86] war, eine vorgetäuschte Notwendigkeit, um sich aus der Ohnmacht gegenüber der Natur und den Großgrundbesitzern zu stehlen, denn mehr als vierzig Pandurioti hatten sich bereits vor der Landnahme für die Auswanderung entschieden. Sogar Don Gianni Cùfari wußte vor der Landnahme Bescheid, daß »wer nach Amerika gehen muß, keine Zeit zu verlieren hat, weil die staatlichen Ländereien im Besitz ihrer Pächter bleiben werden« (S. 25).

Um den Roman nicht an dem märchenhaften Oxymoron des fruchtbaren, jedoch armen (Mädchens) Landes,[87] zwischen postulierter und nicht vorhandener Üppigkeit des Landes, sowie an der historischen Ursache der Auswanderung scheitern zu lassen, verzichtet der Autor auf jede sozialkritische Darstellung des Alltags in Pandore. Er tut dies, indem er das Erzählte einer moralischen Dimension anvertraut,[88] die es ihm ermöglicht, die Schuld auf das fremde Land Amerika zu verlagern. Amerika wird in eine Versuchung des Bösen umgewandelt, der keiner der Söhne von Rocco Blèfari widerstehen kann und wofür sie bitter bestraft werden. Der Roman endet mit der Zerstörung der Familie von Rocco Blèfari.

Somit gelingt es dem Autor, die eigene Fehleinschätzung der historischen Soziallage in Kalabrien als Hindernis für die inhaltliche Entwicklung des Romans zu überwinden und die formale Kontinuität im Roman zu retten. So wie sich am Ende des ersten Teils des Romans die Auswanderer vor der Abfahrt von der Gemeinde in einem gemeinsamen Gottesdienst zur Abwendung des Bösen verabschiedet hatten, schließt der zweite Teil mit der Karfreitagsprozession in Pandore als symmetrischer Gegendarstellung der

---

86 Giuseppe Massara, *Americani*, ebd., S. 200.
87   Francesco Perri, *Leggende calabresi*, Milano 1929, S. 16.
88 Francesco Perri, *Leggende calabresi*, ebd., »Das Leben eines Kalabresen sammelt sich um die Familie, derer Kult er mit Eifersucht und Inbrust betreibt. Orte seiner geistigen Erhebung sind die Kirche und das Land, in denen er stets die tätige Anwesenheit der Gottheit erblickt.« S. 16.

Auswanderung. Der Roman endet mit einem Lied als Synthese der Klage und Reue über eine falsche Entscheidung, die zur Tragödie in der Gemeinde geführt hat.[89]

Zur Klärung eines solchen Romanaufbaus lassen sich Vorbilder heranziehen, die nicht im Verismus Giovanni Vergas zu suchen sind, obwohl im Roman eine gesuchte Nähe zu Verga kaum zu übersehen ist,[90] sondern in einer Kontamination von *Le novelle della Pescara* (1884-86) und *Il trionfo della morte* (1889-1904) von Gabriele D'Annunzio mit den Romanen *Elias Portolu* (1903) und *Canne al Vento* (1913) von Grazia Deledda.

Die wiederkehrenden Darstellungen »der mächtigen Schönheit, fast barbarisch, aus Fleisch, Blut, aus unstillbarem Verlangen und aus minimalen Elementen, die die Leidenschaften und die Geschmäcker des niedrigen Volkes ausmachen« (S. 26),[91] aus *Emigranti* finden ihr Vorbild in den Modellen von Gabriele D'Annunzio,[92] die aus einem »uranfänglichen und tierischen Leben«[93] bestehen, wie sie Natalino Sapegno in prägnanter Weise auf den Punkt gebracht hat. Dagegen zeigt sich, daß sich Perri in der Pilgerfahrt nach Polsi (S. 181-200) keineswegs allein an der Exaltation der Wallfahrer in Casalbordino[94] aus dem Buch IV, Kap. V-VII von *Il trionfo della morte* von Gabriele D'Annunzio orientiert hat. Aus dem ständigen Bezug auf die Üppigkeit und Schönheit der Täler um den Aspromonte wird deutlich, daß die Vermittlung von D'Annunzios Vorlage über die Tendenz zur folkloristischen Landidylle stattgefunden hat, so wie sie Grazia Deledda in den Pilgerfahrten aus *Elias Portolu* und aus *Canne al vento* vorgenommen hatte.[95]

Vor allem in *Elias Portolu*, wo die Autorin ausführlich auf die folkloristischen Momente des Lebens sardischer Hirten eingeht, fällt auf, daß die

---

89 Zur Übereinstimmung zwischen Auswanderung und ritualisiertem Umzug wie Karneval u. Karfreitagsprozession als Teil der folklorischen Kultur Kalabriens vgl. Luigi M. Lombardi Satriani/Mariano Meligrana, *Un villaggio nella memoria*, Reggio Calabria 1983, S. 31-43 u. S. 276-77.

90 Vgl. das Ende von Kap. II (S. 41) als Zitat aus dem Ende von Kap. II aus Giovanni Verga, *I Malavoglia*, Piero Nardi (Hg.), Milano 1988, S. 98, Anm. 50 u. S. 331.

91 Francesco Perri, *Leggende calabresi*, ebd., »Nun, wie sieht es mit dem Leben des Volkes aus Kalabrien aus? [...] Ein mächtiges Leben im Genuß und im Leiden, großzügig und kleinlich.« S. 16.

92 Francesco Perri, *Problemi nuovi e forme vecchie*. In: *La Fiera letteraria*, Jg. IV Nr. 30, Milano 1928, »Ich kehre zur großen Tradition eines Verga zurück, und wieso nicht? eines D'Annunzio, der bevor er überholt wird [...] in uns aufgesagt werden muß, da er eine unerschöpfliche Quelle für die praktische Umsetzung der Kunst ist.« (S. 1) Zu weiteren Modellen vgl. Rocco Mario Morano, *Gramsci, la letteratura regionale e due scrittori calabresi del primo novecento (F. Perri e L. Repaci)*, ebd.

93 Natalino Sapegno, *Disegno storico della letteratura italiana*, Firenze [18]1963 (1948), S. 730.

94 Hannelore Bitsch, *Il Trionfo delle morte*, in: *Kindlers Literatur Lexikon*, Bd. 22, München 1974, S. 9559.

95 Antonio Palermo, *Corrado Alvaro. I miti della società*, Napoli 1967, Kap. VI, *Memoria d'Aspromonte*, hier S. 96-98.

Gestaltung und die Darstellung der Pilgerfahrt von Elias Portolu und seiner Familie nach San Francesco z.B. durchaus als vermittelte Vorlage für die Pilgerfahrt von Gèsu und Mariuzza mit der Familie zur *Madonna della Montagna* angesehen werden kann.[96] Der Tanz am Pilgerort wurde eher aus *Canne al vento* entnommen. Dagegen führt der tragische Epilog der Pilgerfahrt der Familie Blèfari und des gesamten Romans eher auf *Il trionfo della morte* zurück, wo sich das Liebespaar auf Betreiben des Mannes in den Tod stürzt.

Eine Vertiefung der Untersuchung durch den Vergleich mit den Aufbautechniken aus Perris erstem Roman *I conquistatori* (1922) würde die Annahme über die Modelle für *Emigranti* zusätzlich bestätigen. Zugleich ist es um so deutlicher, daß entgegen der erwähnten These von Renzo Paris *Emigranti* doch zu einer inneren Einheit gefunden hat, die allerdings jenseits der bisher postulierten Zentralität der Auswanderung liegt. Anhand der erwähnten Leitmotive wird ersichtlich, daß es im Roman um die Betrachtung des Alltags des »niederen Volkes« aus Kalabrien geht, wo die Auswanderung als Auslöser neuartiger Konflikte eingeführt wird. Konflikte, die als soziale Spannung zwischen der kontrollierbaren Treue der zurückgelassenen Frauen und der gefährdenden freien Sexualität in der Fremde thematisiert werden können.

Eine derartige Konflikthaftigkeit ist kaum mit den sozialen Konflikten gleichzusetzen, die zum Gang in die Fremde zwingen, obwohl sie der Auswanderung als Gegenpol für ihre Entfaltung bedarf, da sie nicht in der Fremde abgebaut wird, sondern von der Fremde aus den Alltag am Abfahrtort bestimmt. Auf diese Weise wird die Zurückstufung der Auswanderung als Zentralinhalt bei Perri so offensichtlich, daß Antonio Piromalli keine Zweifel daran läßt, daß »das Thema aus Emigranti in die Geschichte der Volkskultur und des Leben in Kalabrien eingehen kann, und zwar als zeitgenössische Klage, strengstens skandiert, ein zeitgenössisches ›Plankton‹, das sich mit wenigen düsteren Noten erhellt.«[97] Und nicht das Gegenteil.

Eine solche Zurückstufung bestätigt zwar Antonio Gramscis These über das »gewollte« Fehlen der Historizität in der Darstellung der Auswanderung bei Perri, aber sie macht zugleich deutlich, daß Perri sein Erzählen von der Auswanderung auf einer anderen Ebene als der der Kritik von Antonio Gramsci aufgebaut hat.

Insofern ist das monierte Fehlen historischer Zusammenhänge im Roman eher als bewußtes Vorgehen des Autors bei der Gestaltung seines Vorhabens anzusehen. Ein Vorhaben, das gewiß im Sozialkontext der Auswanderung seinen Ausdruck gefunden hat, das sich aber als Frage christlicher Moral für Perri jenseits der Historizität der Auswanderung stellt.

---

96 Zum Wallfahrtsort Polsi in Aspromonte vgl. Corrado Alvaro, *Calabria*, Luigi M. Lombardi Satriani/Mariano Meligrana, *Un villaggio nella memoria*, ebd., *Emigrazione simbolica. Il pellegrinaggio a Polsi*, S. 31-43.

97 Antonio Piromalli, *La letteratura calabrese*, ebd., S. 209.

b) Das weibliche Element und die Frage der Moral

Wenn Sebastiano Martelli in bezug auf *Emigranti* zuerst von »einem Konglomerat vorhandener Information« spricht und später wiederholt auf »literarische Abfälle«[98] hinweist, stellt er offensichtlich die These auf, daß die Auswanderung in Perris *Emigranti* keine selbständige Thematisierung derselben sein kann. Um so mehr überrascht sein Ansatz, aus dem zyklischen Verlauf des Romans eine selbständige »historische und so anthropologische Wahrheit«[99] herauszuarbeiten. Um seinem Vorhaben gerecht zu werden, stützt sich Sebastiano Martelli auf die »folklorische Kultur« Kalabriens sowie auf psycho-klinische Störungen unter den Auswanderern.[100]

Angesichts der Transparenz und der Einfachheit der Vorgänge bei Perri, läßt der anthropologische und sozial-psychologische Ansatz Sebastiano Martellis den Eindruck entstehen, daß er – wie andere vor ihm auch – an der Wunschvorstellung hängt, der Roman sei zu seinem Vorteil neu zu entdecken, weil er der einzige sei, den die italienische Literatur über die Auswanderung bis heute hervorgebracht hat. Bei derartigem Erwartungsdruck ist verständlich, wieso Sebastiano Martelli es in seiner Arbeit vermieden hat, der These von Renzo Paris zu widersprechen, und er es vorgezogen hat, eine quantitative Bilanz bekannter inhaltlicher Indikatoren durchzuführen, die die Auswanderung als Zentralthema von *Emigranti* bestätigen, selbst wenn er dabei darauf aufmerksam macht, »daß »all zu oft literarische Materialien und aulische Töne der veristischen Struktur des Romans widersprechen.«[101]

Eine kontextuelle Lektüre des Romans innerhalb der brüchigen Kontinuität der Literatur der Auswanderung macht deutlich, daß der Roman doch wie die klärende Antwort auf eine Frage zu lesen ist, die vor Perri in der Publizistik und in der Belletristik immer wieder angeklungen und doch nicht beantwortet worden war. Unter dieser Annahme wird die These formuliert, daß mit *Emigranti* ein Werk vorliegt, das sich weder thematisch noch ästhetisch als Novum belegen läßt, obwohl darin ein fruchtbarer Ansatz für die Literatur der Auswanderung auszumachen ist.

Der fruchtbare Ansatz besteht in der Gleichzeitigkeit, mit der Perri Paradigmen aus der Ritter- und Abenteuerliteratur für die männliche und die weibliche Hauptperson seines Romans aufgreift und in der paritätischen Radikalität, mit der Perri solche Paradigmen in bezug auf das weibliche Element im Roman umgesetzt hat. Während in der Ritter- und Abenteuerliteratur, die auch von den Bauern aus Pandore gelesen wird (S. 39), der Held seine Treue in der

---

98   Sebastiano Martelli, *Un romanzo sull'emigrazione. Emigranti di Francesco Perri*, ebd., S. 47, S. 54 u. S. 56.

99   Ebd., S. 49.

100   Delia Frigessi Castelnuovo/Michele Risso, *A mezza parete. Emigrazione, nostalgia, malattia mentale*, Torino 1982.

101   Sebastiano Martelli, *Un romanzo sull'emigrazione. Emigranti di Francesco Perri*, ebd., S. 59.

Fremde unter Beweis stellt, um der begehrten Frau würdig zu sein, die treu auf ihn zu Hause wartet, wird in *Emigranti* das ritterliche Paradigma als Verhaltensmuster der Männer und der Frauen um die Familie Blèfari, zu Hause und in der Fremde, gebrochen.

Am Vorabend seiner Abfahrt nach Amerika heiratet Mastro Genio die Verlobte Rosa Blèfari; die Schwester Giusa dagegen wird in derselben Nacht von ihrem Verlobten Liano verführt, der wie Mastro Genio und die zwei Brüder Blèfari zu den Abfahrenden gehört. Der zweite Sohn Gèsu darf sich mit einem Kuß von seiner Braut Mariuzza trennen, der erstgeborene Pietro erhält von Vittoria Papandrea die Zusage, daß sie auf ihn warten wird.

In der Fremde bzw. in Pandore: Liano stirbt in einer Bergmine. Giusa ist inzwischen hochschwanger und wird vom Vater Rocco Blèfari ausgestoßen; aus Not und aus Unvorsichtigkeit begibt sich die Schwester Rosa in eine unklare Nähe zu einem der Zurückgebliebenen. Ihr Mann wird von Pietro aufgefordert, nach Pandore zu eilen und die Ehre der Familie zu retten, er aber zieht es vor, weiter in der amerikanischen Kneipe seiner Mätresse zu bleiben. Rosa wird durch die Dorfgerüchte in den Tod getrieben. Gèsu läßt sich in der Fremde von einer Dirne aus Deutschland verführen. Nur Pietro hätte die Bewährung bestanden, wenn Vittoria ihr Wort gehalten hätte, sie ist aber inzwischen zu dem ehemaligen Geliebten ihrer Mutter gezogen.

Nach der Rückkehr aus der Fremde bahnt sich eine tragische Auflösung der Familie Blèfari an: Gèsu, der inzwischen an Syphilis erkrankt ist, kommt zurück, wird zur Heirat überredet, infiziert Mariuzza und stirbt am Karfreitag. Pietro, der sich von der Liebe zu Vittoria geheilt fühlte, kehrt aus Amerika zurück, um sich bei der Madonna di Polsi zu bedanken; während der Pilgerfahrt trifft er auf Vittoria und ihren Lebensgefährten und wird von letzterem niedergestochen.

Die Jahrhundertwende war eine Zeit, in der die Arsenico- und Untreue-Ästhetik gleichzeitig Erfolge über Erfolge in der italienischen Trivial- wie auch in der Hochliteratur verzeichnete, somit hatte das Romangrundschema von *Emigranti* kaum Seltenheitswert. In Perris Roman stellt sich die Frage der Untreue zuerst als Aufnahme vorausgegangener Versuche, die deswegen von Interesse ist, weil Perri sein Vorhaben mit kahlschlagartiger Intensität durchführt.

Zum ersten Mal war die Frage der Treue im Zusammenhang mit der Auswanderung in der Erzählung von Raffaele Martire *Accanto a Cosenza* gestellt und nach der Grundregel von *I reali di Francia*[102] gelöst worden: Pietro war erfolgreich aus der Fremde zurückgekommen und durfte die treue Rosinella heiraten.

In dem sozio-ökonomischen Werk *La Sicilia nel 1876* von Leopoldo Franchetti und Sidney Sonnino war dieselbe Frage in folgender Weise auch für die Auswanderung vorweggenommen worden:

---

102 Andrea da Barberino, *I Reali di Francia*, Giuseppe Vandelli/Giovanni Gambarin (Hgg.), Bari 1947, Buch I, Kap. XLIV und Buch IV, Kap. XI.

»Die Moralität unterscheidet sich von Ort zu Ort: im allgemeinen wird sie als rela-
tiv gut eingeschätzt. Sie liegt höher, als man annehmen könnte, wenn man alle Gefahren und Versuchungen, denen eine große Zahl der Frauen der bäuerlichen
Schichten wegen der wochenlangen Abwesenheit der Männer und der Ehemänner
ausgesetzt ist, berücksichtigt und wenn man sich die absolute Abhängigkeit, in der
die unteren Schichten gegenüber den Schichten leben, die ein Minimum an Wohlstand genießen, und die geringere allgemeine Moralität der letzteren vor Augen
führt.«[103]

Auf der zweiten Seite von *Emigranti* wird diese gängige Gewalt des *galantuomo* gegen die Bauern als *Jus primae noctis* mit der Feststellung bestätigt:
»Ohne hierzu manche Abschläge in natura zu rechnen, die sie sich ab und zu
unter den schönsten Mädchen im Dorf holen.« (S. 18)
Wie gesehen warnt der besorgte Giacomo Zanella in seinen Gedichten
immer wieder die Verantwortlichen und den gierigen und eingebildeten »ita-
lischen Bauern« vor materiellen und moralischen Gefährdungen in der
Fremde, und in *La posta in campagna* (1882) schildert er die Ankunft eines
Briefes aus Ungarn, mit dem Andreas seiner Verlobten die Treue aufkün-
digt.[104]
Bei Giovanni Verga hat ‘Ntoni Malavoglia weniger Glück als Pietro von Raffaele Martire. Nach seiner Rückkehr aus der Stadt mit den fremden Frauen,
haben die Frauen in Trezza ihm nachgeschaut, nur die Barbara Zuppidda will
ihn nicht mehr heiraten.
In *Sull'Oceano* von De Amicis wird die Frage der Treue aus der Perspektive
der Reise- und Abenteuerliteratur angegangen, so daß die Auswanderer, kaum
am Bord, ihr Ziel vergessen und sich nach den Spielregeln des Lebens an Bord
verhalten, wo das erotische Abenteuer Bestandteil der Reise ist.[105]
In seinem *Saggio di economia sociale* mit dem Titel *L'emigrazione dalla
Calabria* (1905) widmet Giuseppe Scalise der Frage der Treue am Abfahrtsort
den Abschnitt *Morale*, wo u.a. zu lesen ist, daß »Komplimente und Augen-
zwinkern, die davor Ehefrauen haben erröten lassen, nach der Abfahrt der
Ehemänner zu anderen Ergebnissen führen.«[106]
Zur selben Zeit verfaßt Carmelo Abate ein ganzes Drama, um die Pläne
eines unersättlichen und politisch korrupten Paters, der dieses Mal vergebens
versucht, Teresa Lapini, die Frau des Auswanderers Carmelo Chilà, zu verführen.[107]

---

103   Leopoldo Franchetti/Sidney Sonnino, *La Sicilia nel 1876*, 2 Bde., Firenze 1925
      (1877), Sidney Sonnino, Bd. II »I contadini«, S. 77.
104   Giacomo Zanella, *Poesie*. Prima edizione completa con un saggio sul poeta di Ar-
      turo Graf, Firenze 1928, S. 512-15, hier S. 514.
105   Vgl. Erster Teil: III, 5.
106   Giuseppe Scalise, *L'emigrazione dalla Calabria*, ebd., S. 88, sowie Dino
      Taruffi/Leonello De Nobili/Cesare Lori, *La questione agraria e l'emigrazione in
      Calabria*, ebd., Kap. 19, *Morale* S. 867-69.
107   Carmelo Abate, *Gli Emigranti. Dramma in 4 atti*, Catania 1921 (1905).

In seiner Erzählung *Gli »americani« di Ràbbato* (1908/1912) zieht es Luigi Capuana vor, die junge Braut des Scarso dem Wahnsinn verfallen zu lassen, weil der Scarso in der Fremde eine andere Frau geheiratet hat.[108]

In der Novelle *L'altro figlio* (1905) von Luigi Pirandello reagiert die verlassene Ninfarosa realistischer und wird zur Geliebten eines unsichtbaren *galantuomo*, nachdem ihr der Ehemann ein Foto mit seiner neuen Frau geschickt hat.[109] In dem Theaterstück *La signora Morli, una e due* (1922) kehrt der Ehemann Ferrante Morli nach vierzehn Jahren aus Amerika zu seiner verlassenen Frau und dem Sohn zurück. Die Frau, die seit elf Jahren mit einem Lebensgefährten zusammenlebt und eine Tochter von ihm hat, kann sich nicht von den Kindern trennen und wird schließlich zur Geliebten ihres Ehemannes.[110]

In der Novelle *La Mérica* (1910) von Maria Messina setzt die junge Ehefrau Catena durch, mit dem Ehemann gemeinsam auszuwandern. Am Hafen wird sie wegen ihrer kranken Augen zurückgeschickt, so daß sie zusehen muß, wie sich der Ehemann mit der Geliebten in die neue Welt davonmacht. Sie kehrt ins Dorf zurück und wird wahnsinnig.[111]

In *La Patria lontana* (1910) von Corradini wird die untreue Frau Giovanna in der Fremde von ihrem Mann erschossen, so daß ihr Liebhaber Piero Buondelmonti zu jener Kameradschaft mit seinem politischen Gegner Giacomo Rummo finden kann, die beide zur Rückkehr im Dienste des Vaterlandes führt.

In *Dell'emigrazione italiana* widmet Francesco Coletti den 58 dem Zerfall der Familie und ihrem sich wandelnden Verhältnis zur Ehetreue.[112]

Angesichts einer solchen Kette von Vorläufern,[113] den sich überkreuzenden Schicksalen der Hauptpersonen aus *Emigranti* und angesichts der Ausführlichkeit, mit der Perri jede Variante der vorhandenen Erzählparadigmen ausschöpft, kann behauptet werden, daß dem Roman ein deutliches Handlungsschema zugrunde liegt. Infolgedessen läßt sich der Standort von Perri folgendermaßen wiedergeben: Auf der einen Seite hat er den sozial-kulturel-

---

108 Luigi Capuana, *Gli »americani« di Ràbbato*, Torino 1974 (1912), Kap. XII »La pazza«, S. 57-61.

109 Luigi Pirandello, *Novelle per un anno*, Mario Costanzo (Hg.), Bd.II/Hb. I, Milano 1987, S. 34-36.

110 Luigi Pirandello, *La signora Morli, una e due*, in: *Opere di Luigi Pirandello*, Giansiro Ferrata (Hg.), Maschere Nude, Bd. V, Milano 1971, S. 181-264.

111 Maria Messina, *Piccoli gorghi*, Milano o.J., jedoch 1910, S. 191-218.

112 Francesco Coletti, *Cinquanta anni di storia italiana 1860-1910*, 3 Bde., Bd. III »Dell'emigrazione italiana«, Milano 1911, »La scomposizione della famiglia in relazione alla fedeltà coniugale«, S. 230-31.

113 Die Treuefrage hat Eingang in einige Volkslieder der Auswanderer gefunden. Vgl. A. Virgilio Savona/Michele L. Straniero (Hgg.), *Canti dell'emigrazione*, Milano 1976, die Liebeslieder, »Oh, non no plui in Gjarmanie«, S. 44, »Biel vignìt da l'Ongiarie«, S. 45, »Io parto per l'America«, S. 56-57 und »Cara moglie di nuovo ti scrivo«, S. 119.

len Konflikt um die Treuefrage richtig erkannt und zu Recht ins Zentrum seines Romans stellen wollen, auf der anderen Seite ist im Roman ersichtlich, wie
sehr Perri darum bemüht war, kodifizierte Erzählschemata zu überwinden,
mit deren Hilfe Autoren wie Alessandro Manzoni und Giovanni Verga die
Treuefrage thematisiert haben.

Da Perri vorhat, mit einer doppelten Tradition zu brechen, sollte der Bruch
immer zweifach und jeweils aus der Männer- wie auch der Frauenperspektive
erfolgen.

Aus der Sicht der Männer:

Vor der Abfahrt: Entgegen dem kodifizierten Verhalten der abfahrenden
Auswanderer[114] kommt es zu einer kurzfristigen Heirat von Rosa mit Mastro
Genio; und entgegen dem kodifizierten ritterlichen Verhalten wird Giusa von
dem abfahrenden Liano verführt.

In der Fremde: Das ritterliche Modell wird dadurch gebrochen, daß der verlobte Gèsu die Treue zu Mariuzza am Ort der Bewährung bricht. Die kodifizierte Regelung, daß der erfolgreiche Auswanderer nach der Rückkehr Recht
auf eine erfolgreiche Wiederaufnahme in der Heimat hat, wird dadurch gebrochen, daß Pietro, kaum angekommen, aus Eifersucht niedergestochen wird.

Aus der Sicht der Frauen vollzieht sich eine nicht minder tragische Auflösung von Verhaltenskodices und der eigenen Existenz.

Vor der Abfahrt: Gegen das ritterliche Verhaltensmuster und gegen den Se-
xualkodex bei den Auswanderern, die die Unberührtheit als Belohnung für
die Bewährung bzw. als Band zur Heimat vorsieht, läßt sich Giusa vor der Abfahrt von dem Verlobten Liano verführen. Lianos Unglückstod in der Fremde
bestraft beide. Giusa wird zusätzlich dadurch bestraft, daß sie vom Vater ausgestoßen und von Lianos Tante selbst nach ihrer Niederkunft nicht aufgenommen wird. Nur am Schluß bildet sich eine Art von Schicksalsgemeinschaft
zwischen den Überlebenden, Vater und Tochter.

In der Bewährungszeit: Die Ehefrau Rosa muß ihre soziale Naivität mit dem
Leben bezahlen, da sie die Strenge des Wartens der Frau eines Auswanderers
nicht nach dem kodifizierten Verhalten beachtet hat, während der Mann in
der Fremde sie längst aufgegeben hat.

Nach der Rückkehr: Mariuzza wird zum unheilbaren Opfer ihrer ritterlichen Treue zum infizierten untreuen Mann.

Vittoria, wie der Name schon sagt, läßt sich für die Untreue belohnen; sie
war schon vor der Rückkehr von Pietro zum Geliebten ihrer Mutter gezogen,
der ihr seine Habe testamentarisch vermachte.

Daß es Perri als Autor von *Emigranti* im Laufe seines Romans nicht gelingen wird, eine rettende Position jenseits einer moralisierenden Fragestellung
zu beziehen, hat mit seinem Verzicht auf Einsicht in die historische Realität
seines Landes zu tun.[115] Das Scheitern des Romans darf jedoch nicht auf den

---

114   Leonello De Nobili, *Cenni Demografici*, in: Dino Taruffi/Leonello De Nobili/Ce-
       sare Lori, *La questione agraria e l'emigrazione in Calabria*, ebd., S. 125-26.
115   Renzo Paris, *Il Mito del proletariato nel romanzo italiano*, ebd., S. 122.

ideologischen Verzicht reduziert werden, von dem Antonio Gramsci sprach, und der Verzicht darf nicht so ausgelegt werden, als ob die Historizität der Inhalte eine Garantie für das Gelingen des Romans wäre.

Für den Roman *Emigranti*, so wie er vorliegt, hat sein Scheitern damit zu tun, daß Perri nicht in der Lage gewesen ist, ein Gleichgewicht unter den Bestandteilen sowie zwischen den Hauptinhalten und dem regionalveristischen Romanvorhaben herzustellen.

c) Ein ehrgeiziger Plan und dessen Abgleiten in die anti-amerikanische Kontroverse

Perris ehrgeiziger Plan, die Üppigkeit des Landes mit der Schönheit des »weiblichen Elements« (S. 46) zu einer rettenden Instanz vor Armut und vor Gefahren in der Fremde zu verschmelzen, mußte scheitern, da sie von Perri cindcutig als Quellen derselben moralischen Gefährdung seiner Einwohner als Auswanderer postuliert werden.[116]

Die Auswanderung erfüllt zuerst die Funktion eines Ventils, mit dessen Hilfe der Druck der anwachsenden sozialen Konflikte vor Ort gemildert werden kann. Da der Gang in die Fremde zugleich eine Klärung der Ursachen der Konflikte vor Ort vereitelt, werden sich die Konflikte in der Fremde wiederholen müssen, zumal die Auswanderer Träger derselben sind.

Ein Beispiel für diese nicht zu versöhnenden Konflikte ist die aktive Beteiligung »des weiblichen Elements« an der Landnahme mit dem Ziel, durch Landnahme die Ehemänner aus Amerika zurückzuholen oder die Verlobten vor der Auswanderung zu bewahren, und zwar als Gegenstück zum Vittoria Papandreas Verhalten, die durch ihre Schönheit gerade den Erfolgreichen unter den Auswanderern in den Tod treiben wird.

Im Roman werden postulierte Schönheit und Fruchtbarkeit Kalabriens und erotisches Verlangen der Frauen jenseits jeglicher realen Beschaffenheit des Landes bzw. jenseits der Kulturgeschichte seiner Einwohner gehalten. Sie werden so mit vitalistischen Zügen à la D'Annunzio versehen, daß sie nur noch durch eine Naturkatastrophe, wie z. B. »Erdbeben und Erdrutsch« (S. 71-78) bzw. Selbstmord wie bei Rosa Blèfari und Mord, wie im Falle von Bruno Ceravolo an Pietro Blèfari, zum Stillstand gebracht werden können.

Auf diesem Wege kann ein Gesamtbild des Lebens in der Gemeinde Pandore als Ziel des damaligen regionalveristischen Romans nicht erreicht werden. Jeder Versuch, zu einem Gesamtbild zu gelangen, wird von einem übergreifenden schicksalshaften Lebensrhythmus unterbrochen. In der Gemeinde Pandore führen die Einwohner kein gemeinsames Leben, sie werden von Mal zu Mal durch anstehende Gefahren zur Bildung von Fronten gezwungen, wie bei der Landnahme, bei der Abfahrt der Auswanderer, bei der Pilgerfahrt und

---

116 Zur Francesco Perris Darstellung der Pandurioti als Einwohner des Gartens der Armida, vgl. Benedetto Croce, *Storia del Regno di Napoli*, ebd., S. 268-69.

am Karfreitag, um unmittelbar danach in der Leere der großen Pausen dieses übergreifenden Lebensflusses zu verschwinden, während erotisierte Natur und naturwüchsige Erotik große Partien des Romans füllen.

Selbst anhand des Vorschlages von Sebastiano Martelli, dem Roman jenseits »des schwachen Plots« eine kulturhistorische Dimension über das dortige »realistische Schreiben«[117] abzugewinnen, dürften kaum aufwertende Ergebnisse erzielt werden; auch dann nicht, wenn der Versuch unternommen wird, den »italo-amerikanischen slang« und Gèsus Brief an den Vater als Widerspiegelung eines umfassenden Widerspruches[118] zwischen den Kulturen in den Mittelpunkt zu rücken.

Ein inhaltlicher und stilistischer Vergleich von Gèsus Brief mit Auswandererbriefen aus Werken wie *Accanto a Cosenza* von Raffaele Martire, aus *La posta in campagna* von Giacomo Zanella, aus *Gli »americani« di Ràbbato* von Luigi Capuana würde zeigen, daß der Brief von Perri am Ende der *Grande emigrazione* inhaltlich vollkommen überholt und darüber hinaus sprachlich unzulänglich ist.

Ihm fehlt die Unmittelbarkeit des Briefes aus *Accanto a Cosenza* (1870), mit der Pietro sich als erfolgreicher Auswanderer definiert und deswegen seinen Anspruch auf Rosinella aus der Fremde erneut stellt; ihm fehlt die eindringliche Wiedergabe der Gefahren während der Reise und in der Fremde aus Giacomo Zanellas *La posta in campagna* (1882);[119] ihm fehlt die Tiefe in der Wahrnehmung der fremden Stadt, die leisen, jedoch zutreffenden Hinweise auf das Auswandererlos einiger ehemaliger Dorfeinwohner, die naive Überraschung darüber, daß in der Fremde eine fremde Sprache gesprochen wird, wie auch die witzigen Anmerkungen zur fremden Sprache aus dem Brief von Santo an den Großvater Lamanna in Luigi Capuanas *Gli »americani« di Ràbbato* (1912).

Hinzu kommt, daß in Gèsus Brief die Aussagekraft verloren gegangen ist, weil die Begriffe aus dem »italo-amerikanischen slang«, die als Auslöser eines umfassenden Kontrastes zwischen den Kulturen anzusehen wären, zur Perris Zeit als Redewendungen aus dem Alltag der Auswanderer in den süditalienischen Dialekten Einzug gefunden hatten.[120] Angesichts eines derartigen Sprachvorgangs zitiert Perri eher aus dem Dialekt von Pandore in das Italieni-

---

117   Sebastiano Martelli, *Un romanzo sull'emigrazione. Emigranti di Francesco Perri*, ebd., S. 49.

118   Ebd., S. 50. Zum Auslöser der Annahme eines umfassenden Kontrastes bei Sebastiano Martelli vgl. Antonio Gramsci, *Quaderni del carcere*, Valentino Gerratana (Hg.), Bd. IV, ebd., 58 »Il sentimento ›attivo‹ nazionale degli scrittori«, S. 2253-54, hier S. 2254.

119   Giacomo Zanella, *Poesie*, ebd., S. 512-15.

120   Vgl. Giovanni Alessio, *Americanismi in Calabria*. In: *Lingua nostra*, Bruno Migliorini/Giacomo Devoto/Federico Gentile (Hgg.), Jg. IV (1942), Firenze 1942, S. 41 und die zwei Arbeiten von Alberto Menarini in *Lingua Nostra*, ebd.: *L'Italo-Americano degli Stati Uniti*, Jg. I (1939), S. 152-60 und *Echi dell'Italo-americano in Italia*, Jg. II (1940), S. 111-15.

sche des Schriftstellers denn aus dem Italo-Pidgin in den USA in die Sprache der ausgewanderten Pandurioti.[121]

In Kontext des umfassenden Kontrastes zwischen den Kulturen entpuppt sich Perris Hauptentscheidung, Gèsu Blèfari in den USA an Syphilis erkranken zu lassen und dadurch die tragische Auflösung der Familie Blèfari einzuleiten, eher als trivialisierendes Zitat aus der damaligen anti-amerikanischen Kontroverse, denn als selbständige metaphorische Verkleidung der Auswanderung als Lebensgefahr.[122] Um so deutlicher wird der Zugriff auf existierende Argumente aus der antiamerikanischen Kontroverse um die Jahrhundertwende,[123] weil Perri sich zu einer Steigerung des Zitates gezwungen sieht. Die Steigerung besteht darin, daß Gèsu sich nicht bei einer Amerikanerin, sondern, bei einer deutschen Frau in den USA infiziert wird, so daß Gèsu nach seiner Rückkehr feststellen kann »Alles ist pervers in der weiten Welt, Vater, selbst die Liebe.« (S. 151)

Das Abgleiten in die anti-amerikanische Kontroverse erweist sich deswegen als zwangsläufig, weil nur über einen Austausch der Erzählebenen die thematische Kontinuität zwischen Ursache und Verantwortung, zwischen Infizierung in der Fremde und Aberglaube zu Hause, Gefahr aus der Fremde und Religion am Abfahrtsort, gesichert werden kann, um ein Zerfallen des zweiten Teils des Romans zu vermeiden.

Da Abgefahrene wie Zurückgebliebene dem Prinzip der gegenseitigen Treue als Fundament der Familienehre, d.h. des Lebens in der Gemeinde, nach wie vor unterworfen sind, darf eine Krankheit aus der Fremde nicht als somatische Erscheinung zugelassen werden. Sie ist wie Rosas Selbstmord die verdiente Strafe für den Bruch der sozialen Treue zur Gemeinde, die nur durch ein Wunder von den Unschuldigen abgewendet werden kann. Daß die Pilgerfahrt nicht mit der erhofften Genesung der infizierten Ehefrau Mariuzza endet, sondern zusätzlich zu einer weiteren Tragödie in der Familie Blèfari führt, kann mit Hilfe des Prinzips aus der rituellen Tragödie verdeutlicht werden, wonach den Göttern nur mit Hilfe eines unschuldigen Opfers Gnade für den Schuldigen abverlangt werden kann. Die Unverhältnismäßigkeit zwi-

---

121   Giacomo Devoto, *Studi di stilistica*, Firenze 1950, »Decenni dal Pascoli«, S. 193-218, »Es waren Dörfer, die das Phänomen der Auswanderung kannten, vor allen der Auswanderung nach Nordamerika. Sie hatte ein sprachliches Gesicht in einigen Wörtern, nicht vielen, die von den Rückwanderern benutzt wurden.« S. 216.

122   Als explizite Anknüpfung an die anti-amerikanische Kontroverse, vgl. die treffsichere Frage des Arztes aus Rom an Gèsu, nachdem er Syphilis bei Mariuzza diagnostiziert hat »Warst Du in Amerika? fragte der Arzt Gèsu« (S. 178). Zu Syphilis als Thema der italienischen Antiamerika-Literatur vgl. Francesco Domenico Guerrazzi, *Il secolo che muore*, Roma 1885, S. 342. Zur Gegenposition in der Fachliteratur vgl. Francesco Coletti, *Cinquanta anni di storia italiana 1860-1910*, Bd. III, ebd., 70, »Gli effetti sul fisico degli emigranti«, S. 249-51, hier S. 250.

123   Vgl. Antonello Gerbi, *La disputa del nuovo mondo. Storia di una polemica 1750-1900*, Sandro Gerbi (Hg.), Milano/Napoli 1983. Vor allem »Ultima metamorfosi della polemica. Immigrati ed espatriati«, S. 760-72, hier S. 763.

schen Ursache und Sühneopfer entspricht einem Wechsel der Ebenen in *Emigranti*, womit den damaligen trivialisierende Lesererwartungen im Kern damit befriedigt worden sind, daß »nach ihnen dort, wo keine Hochzeit gefeiert werden darf, Blut zu fließen hat, wo kein Happy-End da Tragödie.«[124]

So gesehen ist zum Schluß im Falle des Romans *Emigranti* mit Luigi Pirandello die Feststellung zu treffen, daß aufgrund der am Abfahrtsort vorhandenen und aus der Fremde mitgebrachten Erfahrungen ein Roman nach seinem Autor gesucht hat und daß dem Autor im Laufe der Arbeit der Weg zu seinem Roman abhanden gekommen ist.

---

124 *Opere di Antonio Gramsci*, Bd. V, »Letteratura e vita nazionale«, Torino 1974 (1950), S. 284.

IV. Ein neuer Anfang

8. Luigi Pirandello

a) Der Novellenkorpus

Ausgehend mit Benvenuto Terracini von »Pirandellos mehr als bekanntem [...] antihistorischen Standort«[1] darf man annehmen, daß Luigi Pirandello kaum vorgehabt hat, eine systematische, kausal-diachronische Darstellung der historischen Auswanderung oder eine gesellschaftliche Bilanz über die Folgen der Auswanderung zu hinterlassen, und dennoch kann schon hier vorausgeschickt werden, daß seine Novellen *Il vitalizio* (1901), *Lontano* (1902), *Scialle nero* (1904), *Il »fumo«* (1904), *L'altro figlio* (1905), *Filo d'aria*, (1914) *Nell'albergo è morto un tale* (1924) sowie sein Einakter *L'altro figlio* (1923) zum Besten gehören, was in der italienischen Literatur um die Auswanderung entstanden ist.

Um eine derartige Arbeitshypothese zu verdeutlichen, wird primär die Kontinuität der Thematisierung der Auswanderung anhand der erwähnten Novellen untersucht. Dabei werden einige Abschnitte dieser Thematisierung in direkte Verbindung zur gesamten Entwicklung der Novelle bei Pirandello gebracht. Dies geschieht, um zu zeigen, daß seine Novelle sich auch bei der Thematisierung der Auswanderung vom anfänglichen veristischen Modell entfernt hat und nach Giovanni Macchia immer mehr zu einem »Instrument der Erkenntnis«[2] geworden ist, als ob er sich auf die Suche nach einem spezifischen Erzählmodus für die italienische Auswanderung begeben hätte, in dem der Abfahrtsort als gegebene Identität von Raum und Zeit die Erzählperspektive bestimmt und es dem Autor doch möglich sein soll, Erfahrungen aus einer ihm unbekannten Fremde als Erzählsubstanz in sein Werk einzubeziehen.

Die spätere Aufnahme der Auswanderungsthematik der Novelle in den Einakter *L'altro figlio* (1923) und die darauffolgende Konfluenz der Novelle und des Einakters, wie sie Pirandello in dem Einakter *Nell'albergo è morto un tale* (1924) versucht hat, sollen als extreme Ausprägungen bei der Thematisierung der Auswanderung herausgestellt werden.

---

1 Benvenuto Terracini, *Analisi stilistica. Teoria, storia, problemi.* Milano 1966, Le »novelle per un anno« di Luigi Pirandello, S. 309. Vgl. auch die differenzierte These von A. Leone de Castris, *Storia di Pirandello*, Bari 1971 (1962), S. 222.

2 Giovanni Macchia, *Pirandello o la stanza della tortura*, Milano 3 1986 (1981), S. 63.

b) Die Auswanderung als Erzählsituation in *Il vitalizio*

Die Thematisierung der Auswanderung, die sich bei Pirandello über ein Vierteljahrhundert erstreckt,[3] weist darauf hin, daß in seinem Werk die Auswanderung, sei es als begrenzte Erzählsituation, sei es als durchgehende Grundsubstanz einer Novelle, sei es als Schnittpunkt der Novelle mit dem Einakter, mehr als ein zufälliger Erzählstoff gewesen sein muß.[4]

Betrachtet man die Novelle *Il vitalizio*, die aufgrund der ständigen Bearbeitung (von 1901 bis 1926)[5] als »Produkt in fieri«[6] mit »einer paradoxalen Garantie der Kontinuität und der Offenheit«[7] in Sachen Auswanderung gelten kann, dann darf man davon ausgehen, daß die Auswanderung bei Pirandello zuerst als begrenzte Erzählsituation aufgetreten ist, bevor sie zur Erzählsubstanz für weitere Novellen wurde.

In der ersten (1901) und zweiten Fassung (1903) von *Il vitalizio*, die nur leichte Abweichungen aufweisen, wird die Auswanderung als Bestandteil der wirtschaftlichen Vergangenheit der Hauptfigur Maràbito gegen Ende der Novelle, und zwar retrospektiv, eingeführt. Die Auswanderung ist so in einen funktionalen Zusammenhang eingebettet und dem Leser wird deutlich, daß sie die Erzählsituation einer Novelle ist, wie sie Pirandello vor den Augen des Lesers bis zur Erwähnung der Auswanderung entfaltet hat. Man hat es hier mit einem für Pirandello typischen Verfahren zu tun, das nach Enzo Lauretta darin besteht, daß »die Geschichte [...] keineswegs nur erzählt ist, sie wird stets dargestellt durch Pirandello: Die Novelle ist schon, und zwar noch vor dem Theater, ein Ort der aufmerksamen und klaren Ermittlung.«[8]

Die Tatsache, daß der Autor die Auswanderung nicht an den Anfang der Novelle gesetzt hat und daß der Leser erst nachträglich darüber informiert wird, bestätigt die Annahme, daß Pirandello damit eine zusätzliche und für die Novelle konstituitive Parallelität angestrebt hat. Denn während sich die Auswan-

---

3   Nach Mario Costanzo wäre *Scialle Nero* schon 1900 enstanden – Vgl. Luigi Pirandello, *Novelle per un anno*, Mario Costanzo (Hg.), Bd. I, Milano 1985, S. 1109, die Umsetzung als Einakter von *L'altro figlio* erfolgte 1923, ebd., Bd I, S. XL, die letzte Fassung von *Il vitalizio* wurde 1926 veröffentlicht, vgl. Bd. II, S. 1350.

4   Zur gegenteiligen Position vgl. Roberto Alonge, *Pirandello tra realismo e mistificazione*, Napoli 1977 (1972), S. 38.

5   Von *Il vitalizio* liegen die vier Fassungen von 1901, 1903, 1919 und 1926 vor in: Luigi Pirandello, *Novelle per un anno*, Mario Costanzo (Hg.), Bd. II, Milano 1987, S. 1350-93 u. S. 841-80. Über die Techniken der Bearbeitung einer Novelle bei Luigi Pirandello vgl. Gösta Andersson, *Le varianti testuali nelle successive edizioni delle novelle*, in: *Le novelle di Pirandello*, Atti del 6. convegno internazionale di studi pirandelliani, Stefano Milioto (Hg.), Agrigento 1980, S. 55-64.

6   Mario Baratto, *Relazione conclusiva*, in: *Le novelle di Pirandello*, Atti del 6. convegno internazionale di studi pirandelliani, ebd., S. 363.

7   Giovanni Macchia, *Luigi Pirandello. Novelle per un anno*, Mario Costanzo (Hg.), Bd. I, Milano 1985, Vorwort, S. XIII-XX, hier S. XIX, davor als *Il gusto della scomposizione* in: *Pirandello o la stanza della tortura*, ebd., S. 27-31.

8   Enzo Lauretta, *Luigi Pirandello*, Milano 1980, S. 252.

derung in ihrer Funktion als wirtschaftliche Vorgeschichte für das spätere Leben des alten Maràbito längst erschöpft hat, wirkt sie in ihrer Funktion als Erzählsituation weiter:

> »... An den Winterabenden versammelten sich alle nach dem kärglichen Mahl in dem kleinen Haus, die Männer schmauchten ihr Pfeifchen, die Frauen strickten Strümpfe. Dann mußte der schweigsame Alte von seinem langen Leben erzählen, vom fernen Amerika, wo er in seiner Jugend gewesen war und alle möglichen Arbeiten getan hatte.
> ›Lieber Schwarzbrot essen als Hunger leiden!‹
> So hatte er das kleine Kapital zusammengebracht, mit dessen Hilfe er nach seiner Rückkehr ins Vaterland das Gut drunten im Tal erstanden hatte. Wenn er von all den arbeitsreichen Jahren erzählte, verlor sich seine Traurigkeit allmählich.« (II, S. 872)[9]

Wenn von der interessanten Umwandlung der *anni passati* (vergangenen Jahren) aus der ersten Fassung (1901) in *anni lavorati* (arbeitsreichen Jahre) in der Fassung von 1919 bzw. 1926 abgesehen wird,[10] mit der Pirandello eine Präzisierung der *conditio humana* des Bauern Maràbito vollzogen hat, bleibt die Darstellung der Auswanderung in allen vier existierenden Novellenvarianten konstant.

In der endgültigen Fassung der Novelle aus dem Jahre 1926 wird der Kenner der älteren Fassungen mit einer Vorwegnahme der oben erwähnten Stelle überrascht. Eine Überraschung, die zunächst als Verlust des schon erreichten Gleichgewichts in der Ausführung der Erzählsituation empfunden werden kann.

Bis zur Fassung von 1919 war die Auswanderung teilweise als *conditio humana* und teilweise als Investition in die Fremde dargestellt worden, wo Kapitalakkumulation auf der Basis von harter, unqualifizierter Arbeit möglich war. Das akkumulierte »kleine Kapital« wurde dann am Geburtsort so erfolgreich investiert, daß der als Halbwaise aufgewachsene und ehemalige Auswanderer Maràbito am Ende seines Arbeitslebens den sozialen Aufstieg in den Status eines kleinen Rentiers schaffen konnte, was zu diesem Zeitpunkt nur den Großgrundbesitzern vorbehalten war. Die Tatsache, daß die Nachbarn ihn ständig dazu veranlassen, gerade von diesem Werdegang zu erzählen, erweist sich als erfolgreiche Therapie gegen seine Altersdepressionen. Durch das Erzählen kann er sich selbst den Unterschied zwischen *anni passati* und *anni lavorati* vergegenwärtigen, was ihm dabei hilft, sich von dem quälenden Zweifel zu befreien, er könnte durch sein langes Leben zu einer unberechtigten finanziellen Last für den zweiten Geschäftspartner geworden sein,

---

9   Luigi Pirandello, *Novelle per un anno*, Mario Costanzo (Hg.), Bd. II, ebd., *Il vitalizio* S. 841-80. Aus dieser Ausgabe wird im Text fortlaufend zitiert. Die deutsche Übertragung von *Il vitalizio*, *Scialle Nero* und *L'altro figlio* stammt aus Luigi Pirandello, *Einer nach dem anderen und sizilianische Novellen*, Michael Rössner (Hg.), Mindelheim 1989. Ergänzungen oder Abweichungen in Klammer.

10 Luigi Pirandello, *Novelle per un anno*, Mario Costanzo (Hg.), ebd., Bd. II, *Il vitalizio*, S. 1367 bzw. 1388, sowie S. 872.

der, wie der inzwischen verstorbene erste Partner, von ihm erneut für eine Leibrente das Feld gekauft hat.

In der endgültigen Fassung wird die hier folgende Erweiterung der vorhandenen Information über die Vergangenheit von Maràbito als Auswanderer wieder aufgenommen. Sie erweist sich vorerst als deutliche Schwächung der ursprünglichen Prägnanz in der Darstellung der Auswanderung als Erzählsituation, da damit keine qualitative Verbesserung der inhaltlichen Substanz erzielt wird. Die antizipierte Wiederholung liest sich in der Tat wie eine Anhäufung von Auswanderungsmotiven, die Pirandello in anderen Novellen aus der Zeit zwischen der ersten und der vierten Fassung von *Il vitalizio* schon verarbeitet hatte. Hier die antizipierte Wiederholung:

> »Ferne, längst verblaßte Erinnerungen...
> Auch an die in Amerika, in Rosario de Santa Fé verbrachten Jahre erinnerte er sich nur noch undeutlich. Ja, er war weit, weit übers Meer gefahren, und drüben war im Juni Winter und im Sommer Weihnachten gewesen (alles verkehrt herum). Er hatte inmitten von Landsleuten gelebt, die wie er ausgewandert waren und die nun rottenweise die Erde bebauten,[11] welche überall dieselbe ist, so wie die Bauernhände auf der ganzen Welt einander gleichen. Und niemals hatte er sich bei seiner Arbeit Gedanken gemacht; sein Sinnen und Trachten beschränkte sich stets nur auf seine Hände und die Dinge, die er zur Arbeit brauchte. Über vierzig Jahre lang hatte er auf jenem Grundstück, das er mit dem drüben zurückgelegten Geld hatte erstehen können, [...] gearbeitet.« (II, S. 856-857)

Schon in *Filo d'aria* war die Rede gewesen von »einem Durcheinander von Bildern, von Erinnerungen, wie im Aufblitzen des Sturms, [das] lärmte in ihm.« (II, S. 370)[12]

Der Mezzadro aus *Scialle nero* »war in Amerika gewesen, acht Jahre in Benossarie« (I, S. 14)[13], dagegen hatten sich die Söhne von Maragrazia aus *L'altro figlio* gerade in *Rosario di Santa Fè* (II, S. 37)[14] niedergelassen und durch ihren Erfolg die Mutter vergessen.

Der Wunsch der alten Frau, »den Mann, der den Ozean überquert hat, zu fragen, ob auf dem Meer zu leiden ist oder nicht« (S. 141)[15] bildet das Leitmotiv in der Novelle *Nell'albergo è morto un tale* (1924).

In *L'altro figlio* (1905) war gezeigt worden, daß die Auswanderung kein persönliches Schicksal sein konnte, da die neue Auswanderergruppe kurz vor

---

11 Hierzu vgl. »condotti a branco a lavorare la terra« – die rottenweise zu Feldarbeiten getrieben werden.

12 Luigi Pirandello, *Novelle per un anno*, Mario Costanzo (Hg.), ebd., Bd. II, *Filo d'aria*, S. 366-74.

13 Luigi Pirandello, *Novelle per un anno*, Mario Costanzo (Hg.), ebd., Bd. I, *Scialle Nero*, S. 5-38.

14 Luigi Pirandello, *Novelle per un anno*, Mario Costanzo (Hg.), ebd., Bd. II, *L'altro Figlio*, S. 31-54.

15 Luigi Pirandello, *Novelle per un anno. Candelora*, Corrado Simioni (Hg.), Milano ³1977 (1969), *Nell'albergo è morto un tale*, S. 137-44. Aus der Ausgabe wird im Text fortlaufend zitiert.

dem Aufbrechen war. »Eine Auswanderergruppe« (*comitiva*, I, S. 32) aus noch selbständig Abfahrenden, die in der Fremde, bei veränderten Arbeits – und Besitzverhältnissen zwangsläufig zur »Rotte«, »Rudel« *(branco,* II, S. 856) werden mußte.

Angesichts der Wiederverwendung bekannter Motive kann eine Antwort auf die Frage nach der Zweckmäßigkeit der Wiederholung nur im gesamten Aufbau der Novelle *Il vitalizio* gesucht werden, mehr denn in dem inhaltlichen Verhältnis zwischen beiden Stellen innerhalb der Novelle selbst.

Pirandello, der seine Novelle *Il vitalizio* in den zweiten Band der Sammlung *Beffe della morte e della vita* (1903) und in die Sammlung *Il carnevale dei morti* (1919) aufgenommen hat, muß im Laufe der Auseinandersetzung mit ihr zwangsläufig auch über den gesamten Charakter der Novelle nachgedacht haben, so daß angenommen werden darf, daß der Einschub aus letzter Hand aller Wahrscheinlichkeit nach dem Wunsch entstammt, den gesamten Charakter der Novelle dahingehend neu zu definieren, daß *Il vitalizio* auch jener Novellengruppe zugerechnet werden kann, in der die Auswanderung als Erzählsituation und als Erzählsubstanz auftritt.

Aus diesem Blickwinkel erhält die letzte Fassung von *Il vitalizio* ein anderes Gleichgewicht, das nur dann feststellbar ist, wenn die letzte Fassung getrennt von den vorangegangenen betrachtet wird, d. h. wenn man sie anhand des erweiterten Moràbito als selbständige Variante gegenüber der ursprünglichen Novelle versteht, so wie dies von Gösta Andersson bei anderen Novellen festgestellt worden ist, wenn er schreibt: »Indem Pirandello an seine Texte erneut heranging, nahm er seine Personen mit allen seinen Sinnen und in einer völlig neuen Weise wahr und manchmal entwarf er sie von vorne.«[16]

Dafür sprechen auch die zahlreichen Textveränderungen zwischen der dritten und der vierten Fassung sowie die Gestaltung der letzten Fassung in Kapiteln, die den Erzählfluß über spannungssteigernde Unterbrechungen leitet. So betrachtet bilden die zwei zitierten Stellen eine neuartige Erzähleinheit innerhalb dieser Novelle, die sich bekanntlich aus der Ankündigung eines Sachverhalts und aus dessen späterer erweiterter Bestätigung zusammenstellt. Für Pirandello stellt dieses Vorgehen eine grundlegende Erzähltechnik dar, so wie Nino Borsellino es herausgestellt und in folgender Weise zusammengefaßt hat: »[Pirandello] führt für etwas Erwartung herbei, was schon geschehen ist und doch noch nicht erzählt. ›Als ob nichts geschehen wäre‹.«[17]

Somit verliert die erste der beiden Stellen aus der endgültigen Fassung den Charakter eines Einschubes und wird zur Ankündigung der Erzählsituation. Sie kündigt an, daß der zurückgekehrte Maràbito ein sonderbarer Verlierer sein wird. Gleichzeitig bestätigt die zweite Stelle die angeführte Erzählsitua-

---

16 Gösta Andersson, *Le varianti testuali nelle successive edizioni delle novelle*, in: *Le novelle di Pirandello*, ebd., S. 64.

17 Nino Borsellino, *Ritratto di Pirandello*, Bari 1983, S. 159.

tion, indem sie ausführt, wie Maràbito gerade durch das Erzählen von den *anni lavorati* den Zweifel an seiner Redlichkeit als Geschäftspartner und seine Depressionen überwindet.

Durch das Erzählen gelingt es ihm, sich immer wieder darin zu bestärken, sein schicksalhaftes Überdauern der Geschäftspartner zu akzeptieren. Da als Händler und Freiberufler auftreten, sind sie auch als Stellvertreter jener Schichten der damaligen italienischen Gesellschaft anzusehen, die kaum in demselben Maße von der historischen Auswanderung berührt waren. Was wiederum besagt, daß der zurückgekehrte Auswanderer sich durch seinen Erfolg an den sozialen Schichten revanchiert,[18] die ihm einen sozialen Aufstieg ohne den Gang in die Fremde nie zugestanden hätten.

Daß Pirandello bei dieser Stelle an *anni lavorati* (arbeitsreichen Jahren) festhält, und bei der eingeschobenen ersten Stelle dagegen auf *anni passati* (vergangene Jahren) aus der allerersten Fassung zurückgreift, die er schon in der Fassung von 1919 ausgetauscht hatte, ist zuerst dadurch zu erklären, daß er in *anni passati* eine Ankündigung gesehen hat, die dann durch *anni lavorati* steigerungsfähig war. Daß er eine weitere naheliegende und positive Gesamtsteigerung, wie z. B. von *anni lavorati* zu *anni vissuti* (gelebte Jahre), nicht in Betracht gezogen hat, deutet darauf hin, daß sich für Pirandello das Leben von Maràbito als ununterbrochene Identität zwischen Arbeit und Werkzeug, stets außerhalb eines gelebten Lebens vollzogen hat:

> »Über vierzig Jahre lang hatte er [...] nie etwas anderes gesehen oder gehört als den Baum, der beschnitten, als die Hacke, die geschärft, als das Heu, das gemäht werden mußte; nie hatte er sich durch irgend etwas ablenken lassen: die blitzende Klinge seiner Sense oder seiner Baumaxt, das Rascheln des frischgeschnittenen Grases und der Duft des Heus – das war seine ganze Welt gewesen.« (II, S. 856-857).

Und dies, obwohl Maràbito im Laufe eines langen Lebens mit einem Überfluß an Erfahrungen konfrontiert wurde, die Pirandello mit einem ineinanderfließenden zweifachen semantischen Doppelpunkt in der Fassung von 1919 meisterhaft dargestellt hat: »Er sprach von allem Möglichen: wußte von allem Möglichen: er hatte so viel gesehen«. (II, S. 1388)

Auf diesem Weg hat sich die Figur Maràbito, mit der Pirandello seine Annäherung an die Auswanderung als Erzählsituation begonnen hatte, zur Schlußfigur derselben umgewandelt. Mit seiner Lebensparadoxie, nicht mehr vom Erfolg aus der Fremde loszukommen,[19] stellt Maràbito die höchste Ausdrucksstufe in einer Reihe fortschreitender Varianten derselben schicksalhaf-

---

18 Das Motiv der sozialen Vergeltung wird an der Haltung der Frauen deutlich, die Maràbito pflegen, weil sie in ihm eine sichere Revanche gegen den Blutsauger-Händler Scinè sehen.

19 Die physische Rückkehr auf sein Feld nach dem Tod des Notars und nach der Heirat von Annicchia mit Grigòli, ist der letzte Beweis dafür, daß es vor dem Erfolg in der Fremde kein Entrinnen gibt. Nur Wandervögel, wie Kalanderlerchen, haben die Möglichkeit vor einer aufkommenden Bedrohung zu fliehen, S. 880.

ten Entscheidung dar, nämlich das eigene Land verlassen zu haben bzw. in der Fremde erfolgreich gewesen zu sein.

In *Scialle nero* (1904) hatte sich der erfolgreiche Auswanderer nach seiner Rückkehr zu einem »unerträglichen« Pächter[20] entwickelt, der

> »mit seinem weiten Horizont (prahlte), er war auf der ganzen Welt herumgekommen, er war in Amerika gewesen, acht Jahre in Buenos Aires, und er wollte nicht, daß sein einziger Junge, Gerlando, ein gewöhnlicher Landarbeiter werden sollte. [...] er wollte ihm ›etwas Kultur‹ beibringen, um ihn dann nach Amerika zu schicken, in jenes große Land, wo er zweifellos sein Glück machen würde.« (I, S. 14)

Nach Pirandello steckt das Fehlurteil des Vaters nicht in der Annahme, die eigene Auswanderung als vorbereitende Akkumulation von Kapital und Erfahrung für den Sohn zu verstehen, und auch nicht in der Vorstellung, daß der Sohn durch berufliche Qualifikation bessere Erfolgsaussichten als er selbst in Amerika haben werde.[21] Sein Fehler leitet sich aus der Unfähigkeit ab, die Handlungen des Sohnes als Absage an seine Planung zu verstehen; den heranwachsenden Sohn so unter Druck zu setzen, bis dieser, der sich zuerst mit Lernmißerfolgen und dann mit einer provozierten Heirat gewehrt hatte, sich in eine heillose Vereitelung der Planung des Vaters verstricken muß. Er wird die eigene Frau in den Tod treiben und damit die Planung und den Amerika-Erfolg des Vaters restlos zerstören.

In *L'altro figlio* (1905) werden Erfolge aus der Fremde auch auf Kosten der Zurückgebliebenen gemeldet. Dort ist zu lesen, daß die Söhne von Maragrazia »drüben ihr Glück gemacht hatten, besonders einer, der ältere, und ihre alte Mutter vergessen hatten.« (II, S. 33), während der Mann von Ninfarosa ein glückliches Leben mit einer anderen Frau angefangen hat.

In *Filo d'aria* (1914) kehrt der erfolgreiche Unternehmer aus Amerika zurück, jedoch ist er gesundheitlich verbraucht. Darüber hinaus will der Sohn vom Erfolg des Vaters nichts wissen, obwohl es dem Vater gelungen ist, seinen unternehmerischen Erfolg in Italien fortzusetzen. Infolge der Krankheit des Vaters wird er das gesamte Bauunternehmen in Bankgeschäften auflösen und seinen »bescheidenen juristischen Geschäften« (II, S. 371) nachgehen, während der Vater vor sich hin vegitiert.

In dem Theaterstück *La signora Morli, una e due* (1922) wird der zurückgekehrte Ehemann zum Liebhaber seiner inzwischen wiederverheirateten Frau und leitet damit die Auflösung der neuen Familie ein.[22]

---

20 Luigi Pirandello hat sich nicht entscheiden können, wie erfolgreich der Auswanderer sein sollte: der Gutsverwalter aus der ersten Fassung steigt hier zu Pächter ab. Luigi Pirandello, *Novelle per un anno,* (Hg.) Mario Costanzo, ebd., Bd. I, S. 14 u. S. 1112.

21 Francesco Coletti, *Cinquanta anni di storia italiana 1860-1910,* 3 Bde., Bd. III »Dell'emigrazione italiana«, Milano 1911, S. 76 und »Dell'alfabetismo in relazione all'emigrazione,« S. 257-61, insbesonders S. 258.

22 *La signora Morli, una e due,* in: *Opere di Luigi Pirandello,* Giansiro Ferrata (Hg.), Maschere Nude, Bd. V, Milano 1971, S. 186.

In *Nell'albergo è morto un tale* (1924) kehrt der erfolglose Unternehmer Funardi Rosario zurück, und ihm wird das Glück widerfahren, im Zimmer Nr. 13[23] eines anonymen Hotels in einer Hafenstadt friedlich zu sterben,»mit einer Hand unter dem Gesicht, als ob er schlafen würde... wie ein Kind.« (S. 144)

In einem solchen Gesamtkontext gewinnt Maràbito mit seiner Unsterblichkeit vielfältige Beziehungen zu den anderen Figuren, sei es als Parallele, sei es als Kontrast, so daß die abschließende Zusammenstellung der vorgeführten Varianten kaum zu übersehen ist. Er ist in der Fremde erfolgreich gewesen; er ist zurückgekommen, und es ist ihm gelungen, seinen Erfolg über die Gefahren der Heimat zu retten, und ihn letztendlich der Nachbarstochter Annicchia zu vermachen. Seine Unsterblichkeit macht aus ihm jedoch ein groteskes Pendant des glücklosen Funardi Rosario, der in Frieden hat sterben können, und kündigt somit eine neue Stufe in der Verarbeitung der Auswanderung in den Novellen von Pirandello an.

c) Historizität und Auswanderung in der Novelle *L'altro figlio*

Während in *Il vitalizio* (1901) und in *Scialle nero* (1904) die Auswanderung als begrenzte Erzählsituation auftritt, die sich nach einer internen Logik der Novelle entwickelt, die jenseits der Auswanderungsthematik zu suchen ist, hat man es bei *L'altro figlio* (1905), *Nell'albergo è morto un tale* (1924) und teilweise in *Filo d'aria* (1914) mit Novellen zu tun, wo die Auswanderung zum Teil als Erzählsituation und zum Teil als Erzählsubstanz vorkommt.

In *L'altro figlio* werden Grundmotive der Auswanderung so vordergründig zusammengetragen und an den einzelnen Personen in einer regionalen Umgebung so ausführlich verdeutlicht, daß *L'altro figlio* nach Giuseppe Petronio zur folgenden Novellengruppe gerechnet werden kann:»Eine Gruppe ›ländlicher‹ Novellen, die ihren Themen nach immer noch veristische Grundtöne ausweisen, selbst wenn gerade dort die Grundvoraussetzungen des Verismus und des Naturalismus immer mehr negiert werden.«[24]

Dabei wird in der Formulierung dieser Annahme, das Unbehagen von Giuseppe Petronio spürbar, der sich von der restriktiven Grundthese eines Benedetto Croce nicht lossagen kann, der in Pirandello nur einen späteren Veristen sehen wollte:

»Gewiß, seine Novellen und seine Romane bieten eine Fülle von Abenteuern und von Charakteren, die sehr sorgfältig und ohne jegliche Suche nach ob-

---

23 Laut abergläubischer Deutung der Zahlen ist in Italien 13 eine Glückszahl, dagegen ist 17 heillos.

24 Giuseppe Petronio, *Le novelle »surrealistiche« di Pirandello* in: *Le novelle di Pirandello*. Atti del 6. convegno internazionale di studi pirandelliani, ebd., S. 211, und davor Giuseppe Petronio, *Pirandello novelliere e la crisi del realismo*, Lucca 1950, S. 28-34.

skuren oder grotesken Effekten aufgebaut sind. Jedoch trifft auch zu, daß sie keine großen Gefühle oder Stil-Originalität besitzen, sie sind vor allem eine ziemlich verspätete Fortsetzung der veristischen Schule.«[25]

Überprüft man das Urteil von Bendetto Croce anhand der hier untersuchten Novelle, so läßt sich leicht ausmachen, daß *Il vitalizio* und *Scialle nero* aufgrund ihrer diachronisch akzentuierten Erzählstruktur eine deutliche Nähe zur italienischen Novellentradition aufweisen, wie sie in der zweiten Hälfte des 19. Jahrhunderts auch von den Veristen Giovanni Verga und von Luigi Capuana gepflegt worden war. Mit *L'altro figlio* wird jedoch deutlich, daß Pirandello sich auf die modernere Kurzgeschichte zubewegt, auch wenn die regionale Welt aus *Il vitalizio* und *Scialle nero* erkennbar bleibt.[26]

Konstitutiv für diese Novelle sind nicht mehr die kaum vorhandenen Entwicklungsabschnitte der nacherzählten Geschichte, denn *L'altro figlio* gehört zu Pirandellos mustergültigen Novellen, da sie nach Ettore Mazzali »ihren Anfang in einer logischen Voraussetzung nehmen, die stilmäßig durch Ironie gereizt wird, und mit einem Sprung mitten in das Geschehen sind, in media res.«[27]

In *L'altro figlio* besteht die »logische Voraussetzung« in dem Wiederkehren einer zweifachen Grenzsituation im Leben der Protagonistin Maragrazia. Diese Situation kehrt wieder, einmal als Verlust der geliebten Söhne durch die Auswanderung im ersten Teil der Novelle und einmal als Unmöglichkeit, das eigene Kind zu akzeptieren, das ihr der Brigant Trupia durch Vergewaltigung gezeugt hat, wie dies im zweiten Teil retrospektiv von Maragrazia selbst vorgetragen wird. Gerade weil die Entsprechung zwischen zweitem und erstem Teil der Novelle, der Zusammenhang zwischen *brigantaggio* und Auswanderung, in der Kritik keine Beachtung gefunden hat, ist dieser entgangen, daß Pirandello bemüht ist, eine Erzählweise als Verbindung zwischen zwei histori-

---

25 Benedetto Croce, *Luigi Pirandello*, in: *La letteratura della Nuova Italia*, Bari 1974 (1940), Bd. VI, S. 335. Von einem anderen Standort aus, jedoch mit demselben Unverständnis urteilt Antonio Gramsci über das Theater bzw. über das Werk von Luigi Pirandello, vgl. Antonio Gramsci, *Il teatro di Pirandello*, in: *Letteratura e vita nazionale*, Torino [8]1974 (1950), S. 46-53 u. S. 281-84. Zum Prozeß der Ablösung Luigi Pirandellos von den damals gängigen Ismen vgl. Carlo Salinari, *Miti e coscienza del decadentismo italiano*, Milano [14]1978 (1960), *La coscienza della crisi*, S. 249-84; Mario Pomilio, *La formazione critico-estetica di Pirandello*, Napoli 1966, hier Kapitel II, S. 48-112 und Karl August Ott, *Novelle per un anno*, in: *Kindlers Literatur-Lexikon*, Bd. 16, München 1974, S. 6826-27.

26 Vgl. Giorgio Luti, *Struttura degli atti unici di Pirandello*, in: *Gli atti unici di Pirandello*, ebd., S. 143-61 u. S. 158, Jorn Moestrup, *Gli atti unici e le novelle*, in: *Gli atti unici di Pirandello*, ebd., S. 337-50, hier S. 346, und Giovanna Cerina *Pirandello o la scienza della fantasia*, Pisa 1983, vor allem den Abschnitt »Le Novelle come campo di prove narrative«, S. 34-44.

27 Ettore Mazzali, *Nota sulla struttura della novella pirandelliana*, in: *Atti del Congresso internazionale di studi pirandelliani*, Venezia 1961, Firenze 1967, S. 690.

schen Phänomenen aufzubauen, ohne daraus eine Kontinuität ableiten zu
wollen, die außerhalb des Lebenslaufs von Maragrazia historischen Gültig-
keitscharakter übernehmen soll. So ist in der Novelle *L'altro figlio* eine Kontinuität entstanden, die aus einzelnen Szenen besteht, in der es schwierig wird,
den Grenzfall als generatives Zentralmoment des Erzählens auszumachen, da
das Aussparen jeglicher Entwicklung in der Handlung und in den Figuren
immer wieder auf eine sich ankündigende Zentralität eines Grenzfalles
zurückverweist.

Diese unlösbare Schwellensituation in dem Aufbau der Novelle wird dadurch bestätigt, daß Pirandello bei der Überarbeitung von *L'altro figlio* im
Jahre 1923 keine gravierenden Änderungen, weder an der Grundstruktur der
Novelle noch an den Stellen über die Auswanderung, vorgenommen hat.[28]An-
gesichts der ständigen Arbeit an *Il vitalizio*, z. B., darf die geringfügige Überarbeitung von *L'altro figlio* als Anzeichen dafür gewertet werden, daß Pirandello nach wie vor mit der Novelle zufrieden war. Die Tatsache aber, daß er
sich gleichzeitig dazu entschlossen hat, aus der Novelle einen Einakter zu machen, kann nicht unbedingt mit Jorn Moestrup als »unbewußter Versuch,
einer immer noch unvollendeten Materie eine um so befriedigendere formale
Lösung zu verleihen« verstanden werden.[29]

Das ist deshalb nicht der Fall, weil Jorn Moestrups zutreffende Feststellung
über den generativen Übergang von der Novelle zum Einakter bei Pirandello
problematisch wird, sobald er die Entscheidung von Pirandello soweit von
dem historischen Substrat seiner *Materie* entfernt, daß er zu folgendem reduktiven Urteil über *L'altro figlio* kommen muß: »Der Einakter löst sich in eine
inszenierte Episode mit geringfügigem Interesse auf. Er entfernt sich völlig
von der gemeinsamen Basis des besten Theaters Pirandellos aus jenen Jahren,
und er ist als anachronistische, unangebrachte, ja verfehlte Wiederaufnahme
zu betrachten.«[30]

Reduktiv deswegen, weil Pirandello sich bei der Darstellung eines Sozialphänomens wie der Auswanderung und deren Folgen, die in seinem Einakter
noch mehr in den Vordergrund gestellt werden,[31] nach wie vor im Einklang
mit seiner kreativen Fortführung der Thematik zwischen *Filo d'aria*, (1914)
und *Nell'albergo è morto un tale* (1924) sah.

Diese Entwicklung wird mit der vierten Verarbeitung von *Lontano* (1923)
und von *Il vitalizio* (1926) abgeschlossen sein und genau in den Zeitraum ab

---

28   Vgl. Luigi Pirandello, *Novelle per un anno*, Mario Costanzo (Hg.), ebd., Bd. II, S. 31-
     54 u. S. 941-48.
29   Jorn Moestrup, *Gli atti unici di Pirandello e le novelle*, ebd., S. 340.
30   Ebd., S. 346.
31   Dies geschieht u.a. dadurch, daß Tino bzw. Nico Ligreci als agierende Person schon
     in der ersten Szene auftritt. Somit verdrängt er Maragrazia und lenkt die Aufmerk-
     samkeit der Zuschauer auf die Auswanderung als Grundinhalt des Einakters. Durch
     die Aussparung der Landschaft aus der Novelle findet sich die Auswanderung als
     Zielort zusätzlich in den Mittelpunkt des Einakters gerückt. Vgl. *Opere di Luigi Pi-
     randello*, Giansiro Ferrata (Hg.), Bd. V, ebd., S. 623-25.

1922 fallen, in dem Pirandello sich im Begriff befand, sämtliche Novellen für eine fünfzehnbändige Ausgabe vorzubereiten. Er war sozusagen wieder *medias in res*, als er sich erneut an diese Gruppe von Novellen heranwagte, sei es, um die alten zu überprüfen, sei es, um neue zu entwerfen. Insofern muß hier als vorläufige Zwischenbilanz angemerkt werden, daß der Einakter und mit ihm die erwähnten Novellen nur dann »anachronistisch (*fuori tempo*) und fehl am Platze (*fuori luogo*)« geraten können, wenn die Rezeption die Auswanderung als Leitmotiv im Werk von Pirandello ausklammert, und nicht umgekehrt.

Aber welche Thematisierung der Auswanderung hat Pirandello in *L'altro figlio* vorgenommen? Im Maragrazias Lebenslauf kreuzen sich die Einigung Italiens, *brigantaggio* und die Auswanderung mit klarer historischer Kausalität,[32] wie es im ersten Kapitel dieser Arbeit dargestellt worden ist. In Ninfarosas Verhalten und dem ihres ausgewanderten Mannes wird die sogenannte Moralfrage im Zusammenhang mit dem veränderten Sexualverhalten der Auswanderer und der zurückgebliebenen Frauen eindringlich aufgeworfen »Und die Mütter werden Dienstboten und die Frauen noch Schlimmeres« (II, S. 34) wie sie davor Politikern wie Leopoldo Franchetti und Sidney Sonnino[33] oder Sozialwissenschaftlern wie Giuseppe Scalise[34] als Sozialproblem aufgegangen war. Der schon damals klassische Streit um die Ursachen und Folgen der Auswanderung, d. h. um die Lage der Landwirtschaft infolge der Auswanderung, wird in den Festellungen des Jaco Spina wiedergegeben. Darüber hinaus ist die Übereinstimmung der chronologischen Angaben aus der Novelle – die Söhne von Maragrazia waren schon vor 14 Jahren ausgewandert, und zur Zeit des Geschehens hält der Fluß der Auswanderung mit unverminderter Stärke an – mit dem historischen Verlauf der Auswanderung aus Sizilien zwischen 1890 und 1905 mit überdeutlicher Genauigkeit nachvollziehbar. Mit den 10.705 Auswanderern aus dem Jahre 1890 belegte Sizilien einen der letzten Plätze in der Auswanderungstatistik unter den Regionen Italiens, mit den 106.208 Auswanderern aus dem Jahr 1905 hatte es dagegen den ersten Platz erreicht.[35] Weitere konstitutive Elemente der Auswanderung als Sozialphänomen, wie familiäre Konflikte in der Familie als

---

32 Vgl. die Zielfrage des Arztes an Maragrazia, die Italiens Geschichte am *eigenem Leib* erfahren hat »Was hat Garibaldi mit der Sache zu tun?« – »Er hat damit zu tun, denn Euer Gnaden müssen wissen, daß ...« (I, S. 50). Ein Opfer der historischen Einigung Italiens genau so wie die Bauern aus Giovanni Vergas Novelle *La libertà*, worauf Luigi Pirandello zurückverweist, Giovanni Verga, *Le novelle*, Nicola Merola (Hg.). 2 Bde., Milano 1983 (1980), S. 79-94.

33 Leopoldo Franchetti/Sidney Sonnino, *La Sicilia nel 1876*, Bd. II, »I contadini«, Firenze 1925 (1976), »Donne«, S. 76-77.

34 Giuseppe Scalise, *L'emigrazione della Calabria. Saggio di economia sociale*, Napoli 1905, »Morale«, S. 84-89.

35 Gianfausto Rosoli (Hg.) *Un secolo di emigrazione italiana (1876-1976)*, CSER, Roma 1978, S. 362-63.

Auslöser für Auswanderung und Rituale am Vorabend der Abfahrt, sind hier und dort verstreut.[36]

Jenseits dieses harten Kerns des Auswanderungsbildes, das vermuten läßt, daß Pirandello die Novelle unmittelbar unter dem Eindruck des anhaltenden Exodus aus Sizilien am Anfang dieses Jahrhunderts geschrieben hat,[37] findet man in der Novelle weitere Erzähldimensionen, in denen das Thema Auswanderung so eingebunden bzw. erweitert wird, daß die Auswanderung, wie schon erwähnt, zur Erzählsituation und zur Erzählsubstanz in der Novelle geworden ist. Um diese Erzähldimensionen wird es im weiteren gehen, in der Annahme, daß dadurch mehr über die von Pirandello thematisierte Auswanderung zu erfahren ist, als die hier so vordergründig zusammengetragenen Daten von sich aus preisgeben.

Maragrazia, die Protagonistin, ist keine Auswanderin, jedoch stellt sie mit ihrem Lebenslauf als Mutter des Sohnes des Briganten Marco Trupia die historische Kontinuität zwischen dem sozialen Konflikt des *Postrisorgimento* und der Auswanderung am Beispiel des *brigantaggio* und Auswanderung dar. Indem die Protagonistin sich aber weigert, Verantwortung zu übernehmen, sei es für die Auswanderung der geliebten Söhne, die von ihr nichts mehr wissen wollen, sei es für das Unglück des zurückgebliebenen Sohnes, stellt sie sich zwangsläufig außerhalb der klassischen Identität einer *madre-madrepatria* – Mutter und Mutterland –, die sie erfüllen müßte, um Nutznießerin der finanziellen Vorteile der Auswanderung zu werden, auf die sie jedoch, aus welchen Gründen auch immer, keineswegs verzichten will.

Diese widersprüchliche Haltung der Protagonistin wird zusätzlich dadurch unterstrichen, daß im Aufbau der Novelle das Verhältnis zwischen Vorgeschichte und Gegenwart als Wiedergabe eines Kausalzusammenhanges durch die permanente Gegenwart der Auswanderung als Erzählsituation und Erzählsubstanz verdrängt wird. Das Hauptbeispiel dieser Erzählsituation lautet: Maragrazia sucht Ninfarosa auf, weil sie einen Brief an die Söhne in Rosario di Santa Fé schreiben lassen will, um sie »um einen Fünf-Lire-Schein zu bitten«, da der Winter vor der Tür steht und sie ein Kleid braucht.[38] Sie selbst hat jedoch

---

36 Die Verbindung zwischen Militärdienst und Auswanderung findet sich als verkapptes Zitat des Modells 'Ntoni Malavoglia im folgenden Satz aus *L'altro figlio* wieder. »Ihr Sohn Nico, der doch eben erst von den Soldaten zurück ist, will auch fortgehen!« (I, S. 32); oder die Finanzierung der Auswanderung in einer konfliktreichen Situation, wo der abgelehnte Sohn die Auswanderung der Brüder unter größter Anstrengung finanziert. »als sie nach Amerika fuhren, gab ich mein Letztes für sie her« (I, S. 48).

37 Ein Anhaltspunkt dafür bietet folgende Zeitangabe »In Sizilien, in den ersten Jahren des 1900«, wie sie von Luigi Pirandello dem gleichnamigen Einakter vorangeschickt worden ist. Vgl. *Opere di Luigi Pirandello*, Bd. 1-6, Giansiro Ferrata (Hg.), *Maschere Nude*, Bd. V, Milano 1971, S. 621.

38 In der Novelle *Il »fumo«* (1904), ebd., I, S. 50-93, übergibt der Vater heimlich Briefe an jeden abfahrenden Auswanderer in der Hoffnung, auf diesem Weg den Sohn in der Fremde zu erreichen, ihn zur Rückkehr zu bewegen (S. 64). In *Il »fumo«* ist die

kaum Zeit, um auf den Winter zu warten, weil die Auswanderergruppe am nächsten Tag abfahren wird. So wird eine strukturelle Ausführung der Erzählsituation eingeleitet, in der es für Maragrazia kaum Platz für einen Lernprozeß geben wird, zu sehr ist die Protagonistin mit dem synchronischen Inhalt ihres Vorhabens beschäftigt. Ein konstitutiver Grenzfall gesellt sich zu den inhaltlichen Grenzfällen im Lebenslauf von Maragrazia: der Verlust der Söhne durch die Auswanderung und die Vergewaltigung durch den Briganten.

Wenn am Ende der Novelle der junge Arzt endlich den Brief an Maragrazias Söhne schreibt, den Ninfarosa in vierzehn Jahren mindestens 30 mal diktiert bekommen hat und die nun nicht mehr schreiben will, dann kann man sich als Leser kaum des Eindrucks erwehren, daß Maragrazia ihr unmittelbares Vorhaben erfolgreich erledigt und dennoch ihr Ziel verfehlt hat. Sie kann den Brief dem Sohn von Nunzia Ligreci aus »der neuen Auswanderergruppe, die am folgenden Morgen nach Amerika aufbrechen sollte.« (II, S. 32), anvertrauen. Der geschriebene Brief kann als endgültiger Beweis dafür (mit)gelesen werden, daß sich in den vierzehn Jahren in ihrer Haltung gegenüber den ausgewanderten Söhnen nichts geändert hat. Im Laufe der Novelle hat sich Maragrazia allerdings dagegen wehren müssen, mit Ursachen, Folgen und Verantwortung aus einer ihr unbekannten gesellschaftlichen Größe, die damals die Auswanderung darstellte, konfrontiert zu werden, denn vor dem anbrechenden Tag bzw. Winter muß sie ihr Ziel erreicht haben.

In der spezifischen Überschneidung der erzählten Vergangenheit mit der ausgeführten Erzählsituation übt der Brief an die Söhne eine überraschend aufklärende Funktion aus, die durch die Tatsache unterstrichen wird, daß der Leser es hier mit dem einzigen Brief zu tun hat, der nicht aus der Fremde kommt, wie es der Regelfall in der Literatur um die Auswanderung ist,[39] sondern mit einem Brief, in dem die vom Geburtsort aus erwartete Funktion der Auswanderung in aller Schäbigkeit dargestellt wird. Die bewußte Intentionalität dieser Erzählsituation bei Pirandello wird in dem Satz von Jaco Spina: »Wenn ich König wäre – er spuckte aus – wenn ich König wäre, ich würde nicht einen einzigen Brief von dort drüben nach Farnia gelangen lassen (*S'io fossi re, – disse, e sputò, – s'io fossi re*)«, (II, S. 33), preisgegeben, mit dem sich der Landbesitzer und Bauer Jaco Spina in das Gespräch der Frauen über die bevorstehende Abfahrt der Auswanderer einmischt.

Der Satz an sich liest sich wie ein Modell des Humorismus von Pirandello. Er beginnt mit einem Zitat aus dem Sonett *S'io fossi foco* von Cecco Angio-

---

Auswanderung die Konsequenz eines Vater-Sohn-Konflikts und stellt keine Erzählsituation dar. Dagegen empfiehlt die Mutter aus der Novelle *E due!* (1901), ebd., I, S. 176-85, die Auswanderung dem Sohn als kodifizierte Fluchtmöglichkeit, damit er seiner konfliktreichen Gegenwart als ehemaliger Sträfling entkommen kann, S. 181.

39 Vgl. Raffaele Martire, *Racconti popolari calabresi*, Bologna 1984 (1871); Giovanni Verga, *I Malavoglia*, Milano 1881; Luigi Capuana, *Gli »Americani« di Ràbbato*, Torino 1974 (1912); Carmelo Abate *Gli Emigranti. Dramma in 4 Atti*, Catania ²1921, und Francesco Perri, *Emigranti*, Cosenza 1976 (1928).

lieri[40] und offenbart gerade mit dem »sputasentenze«, dem Sprücheklopfer, die damalige Position der mittleren und kleinen Bauern gegenüber der Auswanderung.[41] Je mehr sich Jaco Spina über die Unglaubwürdigkeit der Briefe aus der Fremde ausläßt, um so empfänglicher wird der Leser für die Zweckmäßigkeit eines Briefes aus der Heimat, der ihm kurz danach von dem Autor über den jungen Arzt zum Lesen vorgelegt wird. Der Gegensatz zwischen Ninfarosa und dem jungen Arzt erweist sich somit als Widerspiegelung der sozialen Spannung zwischen dem verweigerten und dem geschriebenen Brief. Aufgrund der eigenen Erfahrung mit der Auswanderung hat die verlassene Ehefrau Ninfarosa für sich die Konsequenzen gezogen. Sie hat mit dem moralischen Gebot der Treue in der Form, die ihr von ihrer veränderten Lage im Dorf aufgezwungen worden ist, gebrochen: Sie ist die Maitresse einer unsichtbaren »Persönlichkeit des Ortes« (II, S. 34) geworden. Sie hat mit der Auswanderung endgültig abgeschlossen. Insofern ist ihre Weigerung, den Brief zu schreiben, eher als Einsicht in die veränderte soziale Realität infolge der Auswanderung zu verstehen, selbst wenn sie dadurch in Konflikt mit Maragrazia gerät, die sich aufgrund ihres Lebenslaufs und Alters an Selbsttäuschungen klammern muß. Der Arzt, der hier gegen das unmittelbare Reagieren der Ninfarosa als Prinzip der analytischen Rationalität auftritt: »Er sah aus wie ein unreifer Junge, doch dem Verstand und Wissen nach war er geradezu alt.« (II, S. 39), will zuerst verstehen. Durch sein Handeln deckt er die Vergangenheit von Maragrazia als Ursache ihrer Weigerung auf, sich vom anderen Sohn aufnehmen zu lassen; und dennoch entscheidet er sich dafür, den Brief zu schreiben, um das Vorhaben von Maragrazia im Wettlauf mit der Zeit nicht scheitern zu lassen.

Es steht fest, daß der neue Arzt in seiner Entscheidung nicht von ummittelbaren Interessen vor Ort geleitet wird. Zum Beispiel. tritt er nicht auf, um durch seine Fürsorge und seinen Rat diejenigen zu beschwichtigen, die am stärksten unter der Auswanderung zu leiden haben, wie es z.B. der Arzt in *Gli »americani« di Ràbbato* von Luigi Capuana machen wird. Er befindet sich, aus welchen Gründen auch immer, in Konflikt mit den »wenigen großen Herren des Dorfes« (II, S. 39), und es wird ihm nachgesagt, er überlege, nach Amerika auszuwandern. Unter solchen Umständen bedarf es keiner weiteren Erklärung, weshalb der Arzt sich durch die Lage von Maragrazia zu einer Handlung hat überreden lassen, die seinen analytischen Fähigkeiten zuwiderläuft. Gibt man sich mit der Erklärung nicht zufrieden, wonach der Arzt über die so-

---

40   Vgl. die Tatsache, daß zu diesem Zeitpunkt legislative und exekutive Kompetenz nicht beim König, sondern beim Parlament und bei der Regierung des Königreiches Italien lag. Zur Vorliebe von Luigi Pirandello für Cecco Angiolieri vgl. seine Arbeiten *Un preteso poeta umorista del secolo XIII* (1896) und *I sonetti di Cecco Angiolieri* (1908), fast eine Vorstudie zu späteren Essays *L'umorismo* aus dem Jahr 1908, jetzt nachzulesen in: Luigi Pirandello, *Saggi, poesie e scritti vari*, Manlio Lo Vecchio-Musti (Hg.), Milano 1960, S. 245-304.

41   Francesco Coletti, *Cinquanta anni di storia italiana 1860-1910*, Bd. III »Dell'emigrazione italiana«, 63, S. 235-36.

zialen Folgen der Auswanderung Bescheid weiß und deswegen den hoffnungslosen Zustand der Mutter durch Aufklärung nicht weiter verschärfen will, dann muß nach der Zweckmäßigkeit des Widerspruches zwischen Auswanderung als Erzählsituation und Auswanderung als Erzählsubstanz in der Figur des Arztes gefragt werden. Der Widerpruch im Verhalten des Arztes, der nichts anderes ist als die Widerspiegelung der Dichotomie zwischen Erzählsituation und Erzählsubstanz im Aufbau der Novelle, kann am besten verdeutlicht werden, wenn er mit der konstitutiven Intentionalität des offenen Endes der Novelle *L'altro figlio* verknüpft wird.

Die Besonderheit des offenen Endes der Novelle *L'altro figlio* besteht darin, daß die Erzählsituation bis zu einem offenen Ende ausgeführt werden kann, obwohl die Erzählsubstanz längst erschöpft ist bzw. zu ihrem Abschluß gefunden hat. Das wird von Pirandello dadurch erzielt, daß er einen Stillstand in der Erzählsituation aufgrund eines nicht zu Ende geschriebenen Briefes erzeugt, dessen Inhalt jedoch dem Leser stückchenweise im voraus mitgeteilt worden ist. Was wiederum besagt, daß die Novelle zwar formal offen ist, inhaltlich aber als abgeschlossen gelten muß. Insofern wird der erzeugte Stillstand letztendlich dazu gebraucht, um von einer rationalen, analytischen Begründung des Standortes des Arztes abzusehen und um sein widersprüchliches Handeln gegenüber Maragrazia unaufgelöst zu lassen. Mit derselben Erzählstrategie erfüllt Pirandello die konstitutive Intentionalität seiner Novelle, wonach Erzählsituation und Erzählsubstanz besonders für die Novellengruppe um die Auswanderung sorgfältig auseinandergehalten werden müssen, um so mehr dort, wo sie thematisch aufeinandertreffen, da eine ausgeführte Synthese der Erzählsituation mit der Erzählsubstanz als Deutungsmodell der italienischen Auswanderung als sozio-historisches Phänomen mißverstanden werden könnte, was nach Benvenuto Terracini Pirandello grundsätzlich sehr fern lag: »wo werden wir also die Bedeutung dieses Novellenkomplexes finden? Sicherlich nicht in Gattungsunterschieden und nicht einmal durch den Versuch, den Komplex als tief verankert in einer bestimmten historischen Zeit des italienischen Lebens auszulegen.«[42]

d) Auflösung der Auswanderung als Grundsubstanz in der Novelle *Nell'albergo è morto un tale*

Was in der Novelle *L'altro figlio* mit dem offenen Ende erzielt worden ist, wird in der Novelle *Filo d'aria* und *Nell'albergo è morto un tale* so fortgesetzt, daß die historische Auswanderung ihre Rolle als Erzählsituation beibehält, als Erzählsubstanz wird sie jedoch so aufgelöst, daß sie zu einer allgemeineren und umfassenderen Metapher der aufkommenden Entfremdung in der damaligen italienischen Gesellschaft aufgebaut wird.

---

42 Benvenuto Terracini, *Le »novelle per un anno« di Luigi Pirandello*, in: *Analisi stilistica*, ebd., S. 330.

Anders gesagt: Die typische Schwellensituation zwischen der Novelle mit veristischer Prägung und der Novelle mit Tendenz zur Kurzgeschichte, so wie sie sich zwischen *Il vitalizio* (1901) und *L'altro figlio* (1905) angekündigt hat, wird die anvisierte Auflösung in *Nell'albergo è morto un tale* (1924) finden können. Daß die Schwellensituation gerade in der Novelle *Nell'albergo è morto un tale* im Sinn der Kurzgeschichte aufgehoben worden ist, hängt damit zusammen, daß hier zutrifft, was Lone Klem bei Pirandello als Voraussetzung der Überarbeitung einer Novelle in eine Komödie herausgefunden hat: »Die Situation ist durch eine in der Vergangenheit schon abgeschlossene Entwicklung und darüber hinaus ohne Zukunft bestimmt, die sehr typisch für Pirandellos Schaffen aus seiner wichtigen relativistischen Periode ist.«[43]

Bevor diese zweifache Annahme begründet und ausgeführt wird, soll nun auf eine nebensächliche, aber dennoch wichtige Leistung von Pirandello hingewiesen werden, die in den Novellen *Filo d'aria* und *Nell'albergo è morto un tale* vollzogen wurde. Diese bewußte oder unbewußte Leistung des Autors hat beide Novellen zu einer zusätzlichen und überraschend angenähert und sie dadurch von den anderen drei Novellen um die Auswanderung entscheidend abgesetzt. Unter dem Gesichtspunkt einer demographischen Erzähltopografie der Auswanderung stellen beide Novellen eine begründete Einbindung der Auswanderung in einen städtischen Sozialkontext dar, was bis dahin von der italienischen Literatur um die Auswanderung konsequent ausgeklammert worden war. Wenn man an die Erzählung von Raffaele Martire mit dem emblematischen Titel *Accanto a Cosenza* (*Bei Cosenza*) als eines der ersten Werke der italienischen Literatur über die Auswanderung denkt, kann man feststellen, daß die Thematisierung der Auswanderung aus der Stadt ferngehalten worden war. Genauso sah es bei Giacomo Zanella mit den Bauern um Vicenza, bei Giovanni Verga und später bei Luigi Capuana mit ihrem Trezza bzw. Ràbbato bei Catania aus. Bis dahin war nur das Land von der Auswanderung betroffen, und die ganze Thematik war so eingegangen, als ob es sich um eine neue Auflage des Stadt-Land-Konflikts handeln würde, sei es als Landflucht wie bei Giacomo Zanella, sei es als *Verstädterung* wie bei Giovanni Verga.

Mit *Filo d'aria* und *Nell'albergo è morto un tale* hat Pirandello zwei Fälle entwickelt, mit denen deutlich wird, daß auch die italienischen Städte von der Auswanderung betroffen waren, wenn auch in geringerem Maße und eher von erfolgreichen oder erfolglosen Rückwanderern geprägt, denn durch den Verlust der eigenen Einwohner als Auswanderer in die Fremde. Man hat es hier mit einem konkreten Hinweis auf demographische Verschiebungen zwischen Stadt und Land über den Umweg der Auswanderung zu tun, die nicht ohne Relevanz für die binnenländische demographische Entwicklung für die Zeit der *Grande emigrazione* (1861-1915) war.

---

43 Lone Klem, *Da novelle in commedia. Trasformazioni tematiche e formali del materiale di »Ma non è una cosa seria«*, in: *Le novelle di Pirandello*, ebd., S. 65-80, hier S. 73. Zum Relativismus bei Luigi Pirandello vgl. Giovanni Macchia, *Pirandello o la stanza della tortura*, ebd., S. 23-24.

Wenn nun hier zur Begründung und Ausführung der beiden obigen Annahmen auf einen unmittelbaren Übergang zwischen *L'altro figlio* und die darauffolgenden Novellen, *Filo d'aria* und *Nell'albergo è morto un tale*, zurückgegriffen wird, dann geschieht dies aus dem Grund, daß Pirandello in *L'altro figlio* eine bemerkenswerte Auswanderungsmetapher aufgebaut hat. Bemerkenswert deswegen, weil sie den thematischen Übergang zwischen erstem und zweitem Teil der Novelle *L'altro figlio* garantiert und weil die Metapher so ausgestattet ist, daß sie als Urtext der Novelle *Nell'albergo è morto un tale* gelesen werden kann.[44]

In dem Abschnitt, in dem der Arzt als Verkörperung des Prinzips der analytischen Rationalität durch sein Handeln Ninfarosa als Verkörperung des Prinzips der konkreten Erfahrung aus dem Alltag ablöst und sich auf den Weg zum anderen Sohn Maragrazias macht, entwirft Pirandello ein Landschaftsbild mit folgender Schlußszene: »Die absolute Morgenstille war hin und wieder durch Jägerschüsse bei dem Zug der Turteltauben und bei dem ersten Anflug der Lerchen gebrochen; den Schüssen folgte ein langes, wütendes Bellen der Wachhunde.« (II, S. 45)

Während das gesamte Landschaftsbild den Leser auf die Offenbarung[45] der Vorgeschichte von Maragrazia als vergewaltigter Frau und Mutter eines Sohnes des Briganten Marco Trupia vorbereiten soll,[46] sind Verbindungen mit der Auswanderung als Erzählsubstanz der Novelle deutlich zu erkennen, sogar wenn man davon absehen würde, daß Pirandello selbst kurz danach mit folgendem Kommentar die Aufmerksamkeit des Lesers direkt darauf hinleitet: »Aber es fehlte an den nötigen Händen, und alle diese Felder atmeten eine tiefe Traurigkeit und Verlassenheit aus.« (II, S. 45)

Der metaphorische Charakter, der diese Stelle als Urtext der Novelle *Nell'albergo è morto un tale* aufweist, liegt jedoch primär in der Umdeutung der Ankunft der »Turteltauben« und des »ersten Anflugs der Lerchen«[47] und in der Entsprechung zwischen dem »langen, wütenden Bellen der Wachhunde« und der letzten Szene aus *Nell'albergo è morto un tale*.

Während in *Per un augellino d'America detto il cardinale* (1877) von Giacomo Zanella der Wandervogel beweist, daß »Italien ihm als Lebensort nicht lästig ist,«[48] und der Dichter sich im *Sonetto LXXX* aus seinem Zyklus *Astichello* (1885-1888) an einen »Reiher als weißer Pilger« wendet, der »mit sei-

---

44 Über dieses von Luigi Pirandello so geliebte kreative Vorgehen vgl. Giovanni Macchia, *Pirandello o la stanza della tortura*, ebd., S. 28.

45 Vgl. Benvenuto Terracini, *Le »novelle per un anno« di Luigi Pirandello* in: *Analisi stilistica*, ebd., S. 309.

46 Franco Zangrilli, *La funzione del paesaggio nella novellistica pirandelliana*, in: *Le novelle di Pirandello*, S. 133.

47 Während sich die Turteltauben auf ihrem Wanderflug nach Norden im Frühjahr kurzzeitig auf der Insel aufhalten, kommen einige Lerchensorten nur zu dem Zweck, um dort überwintern zu können.

48 *Opere di Giacomo Zanella*, Bd. I. *Le poesie*, Bd. II. *Poesie Rifiutate, Disperse, Inedite*. Ginetta Auzzas/Manilio Pastore Stocchi, Vicenza 1988/1991. Bd. I, S. 67.

nem Schrei die ihm bekannten Seen sucht,«[49] und während in *I Malavoglia* (1881) von Giovanni Verga Padron 'Ntoni auf die Ortsverbundenheit weiblicher Spatzen als beispielhaftes Verhalten gegen das Auswanderungsvorhaben des Enkels 'Ntoni hinweist,[50] und Luigi Capuana in seiner Erzählung *Gli »americani« di Ràbbato* (1912), also nach der Veröffentlichung von *L'altro figlio*, (1905), mit dem Kapitel »L'arrivo delle rondini« – die Ankunft der Schwalben – sogar das Happy-End der Erzählung einleiten wird,[51] bricht Pirandello an dieser Stelle mit der Tradition der zoomorphischen Metapher, die sich in der Literatur um die Auswanderung etabliert hatte.

Der Bruch wird auf verschiedenen Ebenen vollzogen: Es wird darauf verzichtet, den Wandervogel zum Gesprächspartner des Dichters zu machen, zum Träger von Botschaften bzw. zum Symbol schützenswerter Familienwerte. Die biologische Eigenschaft der Turteltauben und der Lerchen, als Wandervögel pro Jahr an zwei Stellen der Erde leben zu müssen, wird keineswegs als Ausgang für eine Verhaltensübereinstimmung zwischen Wandervögeln und Auswanderern im weiteren umgedeutet.[52] Sie bleibt einfach unangetastet. Turteltauben und Lerchen werden erst zum Symbol für die Auswanderung durch die Todesgefahr, die auf sie in dem Moment lauert, in dem sie sich in Sicherheit glauben, nachdem sie die Gefahr eines langen Fluges über das Meer bestanden haben und dabei sind, in einem vertrauten Land zu landen.

Das Herausstellen der Lebensgefahr bei der Ankunft oder bei der Rückkehr als Moment der Auswanderungssymbolik stellt den unmittelbaren Übergang zur Novelle *Nell'albergo è morto un tale* auf folgende Weise dar: »Der Mensch, der den Ozean überquert hat, ist tot, in einem Hotelbett, in der ersten Nacht nach dem Landgang. Er ist im Schlaf gestorben wie ein Kind... mit einer Hand unter dem Gesicht, als ob er schlafen würde... wie ein Kind. Vielleicht ein Schlaganfall.« (S. 144)

Die Auswahl der Termini wie »den Ozean überqueren, Landgang, am Schlaganfall sterben« *(morire di sincope* als Fachterminus an Stelle des gängigen *morire di colpo*, am Schlaganfall sterben), so wie es eben bei den gejagten Turteltauben und Lerchen der Fall ist, bestätigt die deutliche Übereinstimmung zwischen der Metapher aus *L'altro figlio* und der Szene aus der Novelle *Nell'albergo è morto un tale*. Hinzu kommt, daß beide Szenen denselben akustischen Ablauf haben. Sie gehen von der absoluten Ruhe (»Die absolute Morgenstille / im Schlaf mit einer Hand unter dem Gesicht wie ein Kind«), bis zu einer absoluten Steigerung der Stimme (langes, »wütendes Bellen der Wachhunde / Flüche und Beschimpfungen der Kutscher

---

49 Ebd., S. 573.

50 Giovanni Verga, *Tutti i romanzi*, Enrico Ghidetti (Hg.), 3 Bde., *I Malavoglia* in Bd. II, Firenze 1983, S. 569.

51 Luigi Capuana, *Gli »americani« di Ràbbato*, Palermo 1912, S. 101-4.

52 Vgl. auch die Kalanderlerche am Ende der Novelle *Il vitalizio* als Konktrapunktierung zu Maràbitos festgefahrener Lebenslage.

und der Gepäckträger«). Nach den Schüssen der Jäger bzw. nachdem vor dem Zimmer des Toten ein »Gedränge« unter den Hotelgästen entstanden ist, wird deren immer hastiger werdende Fragerei kontrapunktiert mit den »Flüchen und Beschimpfungen« des Hilfspersonals und der Kutscher bei der Schließung des Hotels, denn »im Hotel ist irgendjemand gestorben.«

Bei der Übernahme und Ausführung der Jagd-Metapher als Urtext der Novelle *Nell'albergo è morto un tale*, geht Pirandello jedoch einen Schritt weiter. Er hält bei der Gestaltung des Aufeinandertreffens der Hauptfiguren an einer zyklischen Ablösung fest, wie bei den Lerchen durch die Turteltauben. Er übernimmt das Pendeln zwischen zwei sich integrierenden Ländern als Wandersymbolik aus der Jagdszene und er bringt das Pendel auf radikale Art und Weise zum Stillstand. Nur ist der Ort des Geschehens kein vertrautes Land mehr, geschweige denn das ersehnte Geburtshaus des zurückgekehrten Auswanderers. Ort des Geschehens ist eine entfremdete Raststelle, wo Reisende sich kurzweilig niederlassen, sowohl nach der Ankunft von Übersee, als auch vor der Abfahrt auf die andere Seite des Ozeans. Hier können die Hauptfiguren, der zurückgekehrte Unternehmer und die abfahrende ältere Frau, sich nicht persönlich begegnen, da sie entfremdete Komponenten desselben Geschehens darstellen. Der Tod des Unternehmers erschüttert jedoch die ältere Frau und durch sie den Leser, weil ihr und ihm bewußt wird, daß nach der Reise in ein fremdes Land auf sie der Tod als letzte denkbare Handlung wartet: »Nur die alte Frau, die wissen wollte, ob auf Meer zu leiden ist, bleibt vor der Tür stehen [...] sie bleibt bestürzt stehen und weint wegen des Menschen, der gestorben ist, nachden er den Ozean überquert hat, den sie nun auch überqueren wird.« (S. 144)

Wenn hier auf der Jagd-Metapher als Urtext der Novelle *Nell'albergo è morto un tale* insistiert worden ist, so auch deswegen, weil hiermit die Auswanderung als Erzählsituation für die Novelle mühelos in den Mittelpunkt der Untersuchung gerückt werden kann; jedoch nicht als Versuch, die Komplexität der Erzählsubstanz in der Novelle auf die Auswanderung einzugrenzen. Denn gerade in dieser Novelle gelingt es Pirandello, die Wirklichkeit der historischen Auswanderung in einer aufkommenden Massenanonymität als allgemeineren Sozialzustand der italienischen Gesellschaft am Anfang des 20. Jahrhunderts aufzulösen.[53]

Das anonyme Sterben in einem Hotelzimmer bzw. in der Fremde kündigt an, daß die Geschäftigkeit als Motor des Fortschritts Massenanonymität mit sich trägt, und vor allem, daß der Mensch im Begriff ist, sich in seiner sozialen Entfremdung einzurichten. Diese Grundthese der Novelle wird an den Anfang gestellt und an der architektonischen Veränderung[54] einer Hafenstadt in Sizi-

---

53 Zur Sozialentfremdung als Grundsituation in der Novelle vgl. Renato Barilli, *La barriera del naturalismo*, Milano 1970 (1964), S. 39-40.

54 Zur urbanistischen Umgestaltung italienischer Großstädte als Thema der italienischen Literatur vgl. Matilde Serao, *Il ventre di Napoli*, Milano 1884.

lien festgemacht, die hier durch das Hotel als Ort des Geschehens symbolisiert ist:

> »Hundertfünfzig Zimmer, auf drei Etagen, an der am dichtest besiedelten Stelle in der Stadt. Drei Fensterreihen, alle gleich, die kleinen Geländer am Fenster, die Glasscheiben, die grauen Fensterläden, offen, zu, halboffen, beigelegt.
> Die Fassade ist häßlich und wenig ansprechend. Wäre sie nicht da, wer weiß, welch merkwürdiger Effekt die hundertfünfzig Schachteln machen würden – fünfzig über fünfzig, eine auf der anderen, und die Leute, die sich darin bewegen – wenn man sie von draußen betrachten würde.
> Das Hotel ist dennoch anständig und sehr praktisch.« (S. 137)

Das Leben im Hotel bietet sich als übergeordneter Parameter für die fortschreitende soziale Entfremdung an.[55] Da sind Stammgäste, die aus ihrer Geschäftigkeit einen Lebensstil gemacht haben. Da sind Dorfeinwohner, die der Gang in die Stadt einer beunruhigenden Entfremdung aus ihrem Alltag aussetzt, der sie nicht gewachsen sind und die von ihnen bekämpft wird, indem sie die Zeit durch Konsumhandlungen ausfüllen, bis der Zug sie aus dem Leben in der Stadt wegführt. Und da sind Angestellte, Kellner, Dienstmädchen, Gepäckträger und Kutscher, die den Wünschen der desorientierten Gäste kaum gewachsen sind, und die nicht mehr in der Lage sind, zwischen notwendigen und falschen Wünschen und Sorgen der Gäste zu unterscheiden, wie es an ihrem abweisenden Verhalten gegenüber den Ängsten der alten Frau abgelesen werden kann.

Der Kontrast zwischen denjenigen, die sich in der Anonymität eingerichtet haben, und denjenigen, die an der Schwelle zwischen vertrautem Alltag und Anonymtät von ihren »neuen Wünschen« (S. 138) getrieben werden, wird im zweiten Teil durch das Auftreten der Hauptfiguren verstärkt, die in einem noch krasseren Gegensatz zueinander stehen. In diesem »Schloß, worin sich Schicksale kreuzen« trifft eine ältere Frau und Mutter, die bis dahin noch nie den Geburtsort verlassen hat und plötzlich nach New York auswandern muß, auf einem glücklosen Unternehmer, der gerade aus New York zurückgekommen ist.

Man hat es hier zuerst mit einer Steigerung der Sozialmobilität aufgrund der Auswanderung zu tun, die, obwohl sie im Verlauf der Novelle tragische Züge annehmen wird, durchaus positive Anzeichen in sich birgt. Am sicheren Auftreten der Tochter und des Sohnes der älteren Frau im Hotel ist abzulesen, daß sie aufgrund ihrer Erfahrungen in der Fremde ein soziales Verhalten entwickelt haben. Ihre Beweglichkeit ist weder mit der Entfremdung der Stammgäste noch mit der Desorientierung anderer Gäste, und schon gar nicht mit der Zerrissenheit der Auswanderung gleichzusetzen. Familiäre Ereignisse, die sich aus der ersten Abfahrt ergeben können, wie z.B. der Tod eines Verwandten, können diese erlernte Mobilität immer wieder an ihren unfreien Ursprung zurückführen. Dies soll jedoch nicht daran hindern, sie als Ankündi-

---

55 Vgl. Lucio Lugnani et alii, *Dalla raccolta al corpus*, in: *Le novelle di Pirandello*, ebd., vor allem den Abschnitt »La casa natale come luogo utopico«, S. 341-47.

gung eines geänderten Sozialverhaltens zu begreifen, innerhalb dessen die Inanspruchnahme von Institutionen wie eines Hotels ein Beweis dafür ist, daß
die Auswanderung Anschluß an die Mobilität als Sozialwert für neue Zeiten
gefunden hat.

Inwieweit auch der Tod von Funardi Rosario im Hotel als Symbol geänderten Sozialverhaltens, quasi als Wunschvorstellung eines Sterbenden infolge er-
langter Beweglichkeit und Anonymität, zu verstehen ist, wird kaum einwandfrei zu klären sein, dennoch kann die positive Darstellung des Todes[56] als Ansatz für ein Deutungsmodell verstanden werden. Ein erstes Anzeichen in
dieser Richtung ist die klare und offene Entschiedenheit, mit der Funardi
Rosario sich der Bitte des Sohnes einer weinenden Frau versperrt, er möge aus
Liebe zu der älteren Frau sein Hotelzimmer jener Familie zur Verfügung stellen, die die Mutter im Zug kennengelernt hat, um ihr in der Nacht vor der
großen Überfahrt den beruhigenden Beistand zu verschaffen. Überraschend
ist die Härte, mit der Funardi Rosario den Appell an die Gemeinsamkeit der Erfahrungen als schicksalhafte Solidarität unter den Auswanderern ablehnt, welcher von dem jungen Mann besonders eindringlich artikuliert wird, indem er
seine Bitte auf Amerikanisch vorträgt. Damit läßt Funardi Rosario keinen
Zweifel daran, daß es sich bei ihm um eine Entscheidung und keineswegs um
einen Zufall handelt, daß er in Zimmer 13 dieses Hotels übernachten wird.

Wenn man diese knappe Szene mit der Stelle aus dem ersten Teil der Novelle in Verbindung bringt, wo der Portier die Zimmer verteilt und wo angemerkt wird: »Von 16 geht man auf 18: und wer in Zimmer 18 untergebracht
wird, ist sicher, daß auf ihn kein Unglück lauert (S.138), und wenn später zu
lesen steht, daß wenn die Nummer 13, [...] nicht dem Herrn Funari, [...] über-
geben worden wäre.« (S. 140), dann trifft zu, daß wer in Zimmer 13 untergebracht wird, sicher ist, daß auf ihn Glück wartet. Die Gewißheit, daß das
Glück, das Funardi Rosario draußen in der Welt gesucht hat, nun auf ihn in
einer »Wabenzelle« (S. 143), in einem anonymen Hotel seiner Heimat wartet,
vermag die Härte der Ablehnung plausibel werden zu lassen, jedoch erklärt sie
von allein noch nicht, warum der Tod auch in diesem Fall ein Glücksfall, ein
positives Beispiel einer neuartigen Beweglichkeit, sein soll.

Nachdem Funardi Rosario, ohne ein einziges Wort zu sprechen, sich in das
Zimmer Nr. 13 zurückgezogen hat, drängt sich sein Herumirren in den Mittelpunkt der Ängste der älteren Frau, und über sie gelangt es in den Mittelpunkt
der Aufmerksamkeit des Lesers. Weil sich die ältere Frau am nächsten Morgen
an ihn mit der Frage wenden will, ob »es wahr ist, daß man auf dem Meer nicht
zu leiden hat« (S. 140), gerät sie immer wieder in Berührung mit den Schuhen
von Funardi Rosario, die vor dem Zimmer abgestellt sind. Mit dem Fortschreiten der Morgenstunden wächst in ihr bei dem Anblick der Schuhe als Aus-

---

56 Ebd., Abschnitt »La figura trasgressiva del bambino,« S. 355-60, hier S. 355. Zur Be-
deutungsvielfalt des Todes in Luigi Pirandellos Werk vgl. Giovanni Macchia *La
morte ed il ritorno del personaggio* (1980), zuletzt in: *Pirandello o la stanza della
tortura*, ebd., S. 171-86.

druck der Anwesenheit von Funardi Rosario im Nebenzimmer eine »sonderbare Bestürzung«, die vom Erzähler als Ankündigung des Geschehens eingesetzt wird:

> »Er muß viel gereist sein, jener Mensch; die Schuhe haben einen wirklich sehr lan-
> gen Weg zurückgelegt: es sind zwei riesige, häßliche Schuhe, ohne Form und Ab-
> sätze, mit Gummibändern an beiden Seiten, die zerfranst und durchlöchert sind:
> wer weiß, welche Muhe, wieviele Entberungen, welche Müdigkeit, für welche
> Wege ... .« (S. 142)

Da hier mit dem zweideutigen Wort *crepare* (durchlöchern, sterben) der
Zustand der Schuhe gemeint ist, aber auch der Tod des Besitzers angekündigt
wird, tritt bei der darauffolgenden Darstellung der Schuhe, die Bestätigung
der Ankündigung auf: »Es sieht so aus, als ob sie sich schämen und pietätvoll
darum bitten würden, von dort weggeholt oder endlich weggeschafft zu werden.« (S. 143)

Was sich zuerst als Notwendigkeit aus dem inneren Aufbau der Novelle verdeutlichen läßt, erweist sich auf einer anderen Ebene als Fortführung und Abschluß eines Motivs aus der Literatur um die Auswanderung. Die Schuhe vor
dem Hotelzimmer sind nicht mehr die Schuhe von 'Ntoni Malavoglia, die er in
der Fremde wahrscheinlich verkaufen mußte, um überleben zu können, es
sind auch nicht mehr die Schuhe der Auswanderer aus *Sull'Oceano* von Edmondo De Amicis, die, wenn sie schlafen gehen, die Schuhe unter ihre Kopf-
kissen stellten. Daß die ältere Frau an den Schuhen abgelesen hat, was hinter
der verschlossenen Tür geschehen ist, mag mit der erwähnten Parallelität der
Schicksale der Hauptfiguren zu erklären sein, aber auch dadurch, daß die ältere Frau mit ihrem biologischen Tag- und Nachtrhythmus als Wahrnehmungsmodell der Umwelt übereinstimmt, und zwar an einem Ort, wo ein Teil
der Gäste »abwesend von sich selbst ist« (S. 138), und an einem Ort, wo die
Nacht-Tag-Normalität per definitionem außer Kraft gesetzt wird.

Inzwischen ist der unbemerkte Tod des Nachbarn[57] nicht im Hotel, sondern im selben Haus zu jener Alltagsrealität geworden, die von den Massenmedien aufgegriffen wird, um die Leser gegen die fortschreitende *Unwirtlichkeit unserer Städte*[58] wachzurütteln. Als solches bietet sich der heutige
Stand kollektiver Entfremdung a posteriori als ein Beleg dafür, daß Pirandello
in der Novelle *Nell'albergo è morto un tale* die Auswanderung in ihrem konkreten und symbolischen Gehalt erfaßt hat. Nach Pirandello kündigte die Auswanderung jene massive Sozialentfremdung, die unabhängig von der Auswanderung, aber aufgrund derselben wirtschaftlichen und gesellschaftlichen

---

57 Wie gegenwärtig der Gedanke des anonymen Sterbens in Luigi Pirandellos Werk
    war, wird aus der Novelle *Il vitalizio* ersichtlich, wo die Nachbarn sich höchst be-
    sorgt zeigen, wenn sie sich abends von Maràbito verabschieden, S. 872.
58 Vgl. folgende Grundthese aus Alexander Mitscherlich, *Die Unwirtlichkeit unserer
    Städte. Anstiftung zum Unfrieden*, Frankfurt 1971 (1965), »Menschen schaffen sich
    in den Städten einen Lebensraum, aber auch ein Ausdrucksfeld mit Tausenden von
    Facetten, doch rückläufig schafft diese Stadtgestalt am sozialen Charakter der Be-
    wohner mit.« S. 9.

Entwicklung im Königreich Italien um die Jahrhundertwende, in Gang gekommen war. Die Funktion der Ankündigung wird strukturell dadurch unterstrichen, daß die Hotelgäste, die im ersten Teil der Novelle die agierenden Figuren waren, im zweiten Teil lediglich auf Schaulustige reduziert werden, die darüber hinaus nicht in der Lage sind, die Ankündigung zu verstehen, weil »Geschäfte und Angelegenheiten« (S. 144) sie in ihrem Alltag fest im Griff haben.

Die abschließende Überführung der Auswanderung in Sozialentfremdung kann als Absage an spezifische, kausal-diachronische Erkenntnisse über die Auswanderung gesehen werden, und dennoch kann diese Grundtendenz nicht darüber hinwegtäuschen, daß aus der Novellengruppe vielfältige Ansätze und Vorschläge für eine literarische Darstellung des Phänomens hervorgehen. Jenseits der sozio-historischen Ergebnisse soll hier abschließend festgehalten werden, daß gerade durch die Thematisierung der Auswanderung eine Gruppe von Novellen entstanden ist, an der der lange und innovative Weg ablesbar ist, den Pirandello als Erzähler gegangen ist.

War Pirandello am Anfang mit der Novellentradition veristischer Prägung fest verbunden, wo eine gesellschaftliche Entwicklung z. B. anhand des Lebenslaufes einer Hauptfigur, wie Maràbito, nacherzählbar war, findet er sich mit *Nell'albergo è morto un tale* mit einem Grenzfall konfrontiert, der als solcher nicht nacherzählt, sondern vor den Augen des Lesers entfaltet werden muß.

Aller Wahrscheinlichkeit nach war er in seiner Entwicklung als Erzähler und Verfasser von Einaktern zum Zeitpunkt der Niederschrift von *Nell'albergo è morto un tale* an einen bemerkenswerten Grenzfall in der Entwicklung seines Schreibens gestoßen, nämlich an die Auflösung der Grenze zwischen Novelle und Einakter zugunsten des Einakters.[59] Es handelt sich dabei um eine Grundsituation, die er bei dem Übergang von der Novelle zum Einakter wiederholt erfahren haben muß und die von Giancarlo Mazzacurati als Entwicklungshindernis herausgearbeitet worden ist:

> »Was dazu beiträgt, daß eine Novelle in einen Einakter ungewandelt werden kann, ist das Vorkommen einer deutlichen unmittelbaren Grenze in der Anlage der Personen, die als Block der Handlung dient, als Hindernis für jede weitere Entwicklung ... das ganze Spiel, zuerst als Novelle und nun als Stück, löst sich in der Kasuistik der Möglichkeiten auf, um dem Hindernis Widerstand zu leisten, ihm nicht zum Opfer zu fallen.«[60]

Nur wird dieses Mal die explizite Grenzsituation damit aufgehoben, daß Pirandello den Einakter von vornherein in der Novelle angelegt und belassen hat, anstatt ihn durch eine spätere Neufassung aus der Novelle herauszuholen.

In der Tat: Mit der Schilderung des Ortes des Geschehens sofort bei der Eröffnung, mit dem doppelten Grenzfall bei dem Zurückkehrer und bei den

---

59 Vgl. Jorn Moestrup, *Gli atti unici e le novelle* in: *Gli atti unici di Pirandello*, ebd., S. 338.

60 Giancarlo Mazzacurati, *Il personaggio. l'imputato di turno*, in: *Gli atti unici di Pirandello*, ebd., S. 182.

Abfahrenden, mit der Knappheit der beanspruchten Handlungszeit, mit den Miniszenen und mit hauchdünnen Räumen zwischen den besprechenden Tempora Präsens und *Passato Prossimo*,[61] mit ihrer ungewohnten Fülle von kurzweiligen Dialogen kann die Novelle nach Nino Borsellino als »erzählerische Miniature, die sich aus szenischem Material zusammennsetzt«,[62] d. h. wie ein Einakter gelesen werden. Und selbst wenn hier die These von Jorn Moestrup, wonach »Pirandello niemals auf seine bessere Novellen als dramatisches Sujet zurückgrcift«,[63] als stimmig angesehen wird, soll ihre Gültigkeit dennoch nicht davon abhalten, gerade das Spezifische in der Thematisierung der Auswanderung in den Mittelpunkt zu rücken, was eine Konfluenz der Novelle und des Einakters in *Nell'albergo è morto un tale* ermöglicht hat.

Geht man mit Gero von Wilpert davon aus, daß »das Spezifische für den Einakter u.a. in gedrängten [...] Ausschnitten aus einem unübersehbaren Ganzen, zu Anfang und Ende hin offen«,[64] besteht, dann ergibt sich eine kaum zu übersehende zweifache Übereinstimmung mit Pirandellos Thematisierung der Auswanderung als Inhalt des betreffenden Einakters. Die italienische Auswanderung, die um die Jahrhundertwende nach wie vor als unübersehbares sozio-historisches Phänomen galt, wird in *Nell'albergo è morto un tale* aus gleichzeitigen Ab- und Rückfahrten bestehen, die sich schon längst vom Abfahrts- und Ankunftsort gelöst haben. Insofern ergibt sich das Ineinanderfließen der Novelle und des Einakters nicht aus dem fluiden Zustand eines sozio-historischen Phänomens, sondern aus der sich anbahnenden Wechselwirkung zwischen Auswanderung und Gesellschaft.

Für Pirandello steht fest, daß die Auswanderung eine sozio-ökonomische Kraft ist, die als Entfremdung auf die italienische Gesellschaft zurückfällt, weil sie keineswegs mit den abfahrenden Auswanderern aus dem Geburtsort, d. h. aus dem Land, abgewendet werden kann. Mit tragisch warnender Deutlichkeit tritt eine derartige sozio-ökonomische Umwälzung zuerst an Übergangsorten wie Hafenstädten und Hotels auf. Daß sie sich dort als äußerste Grenze zum Alltag und zum Leben offenbart, die nur durch den Tod des Protagonisten niedergerissen werden kann, zeugt von der sozialen Dynamik und der existentiellen Unwegsamkeit der Auswanderung, die Novelle und Einakter zusammengeführt hat.

Angesichts der Tatsache, daß bei der Rezeption dieser Novellen ausschließlich eine »grundlegende harte Dialektik von Leben und Tod«[65] als ihre topo-

---

61 Harald Weinrich, *Tempus. Besprochene und erzählte Welt*. Stuttgart ²1971 (1964), vor allem »Das Passato prossimo im Italienschen«, S. 79-82, und »Pirandello«, S. 116-19.

62 Nino Borsellino, *Tra narrativa e teatro. Lo spazio dell'istrione*, in: *Gli atti unici di Pirandello*, ebd., S. 9-20, hier S. 17.

63 Jorn Moestrup, *Gli atti unici e le novelle*, in: *Gli atti unici di Pirandello*, ebd., S. 340.

64 Gero von Wilpert, *Sachwörterbuch der Literatur*, Stuttgart 41964 (1951), vgl. Stichwort Einakter.

65 Nino Borsellino, *Tra narrativa e teatro. Lo spazio dell'istrione*, ebd., S. 13.

isierte Essenz unterstrichen wird, und vor der Tatsache, daß die Auswanderung weder als Erzählsituation noch als Erzählsubstanz zugelassen wird,[66]
drängt sich die Frage auf, ob hier nicht ein sozialgeschichtliches Defizit bei
dem *intelligere res* vorliegt. Angesichts der inhaltlichen Vordergründigkeit
der Auswanderung als Erzählsubstanz in *L'altro figlio* und in *Filo d'aria* ließe
sich die Frage mühelos bejahen. Und dennoch soll sie bezüglich der letzten
Novelle etwas präzisiert werden. Dies ist um so notwendiger, weil gerade
Nell'albergo è morto un tale metaphorische Polyvalenz, als Bestätigung der
meisterhaften Qualität der Novelle und zugleich als Hürde bei der Festlegung
der prägenden Funktion der Auswanderung, in besonderem Maße ausweist.

Wenn es außer Zweifel steht, daß Pirandello mit *Nell'albergo è morto un tale*
die Auswanderung um die Jahrhundertwende als Vorwegnahme und Beschleunigung von Sozialentfremdung hat gestalten wollen, dann ist es verständlich,
warum er in der Novelle der metaphorischen Ebene den Vorzug vor der sozio-
historischen gegeben hat. Wenn dann aber die Rezeption der Novelle nur auf
dieser Ebene erfolgt, nimmt sie eine Verkürzung der gesamten Metaphorik vor,
da sie sich auf ihren Ankündigungscharakter konzentriert und zugleich den Be-
schleunigungsprozeß verschweigt, der damals aufgrund der Auswanderung
überall in der italienischen Gesellschaft nachvollziehbar war.

Eine solche kontextuelle Verkürzung ist eher als Hinweis auf die festgefahrene Verdrängung der Auswanderung als Teil der Sozialgeschichte Italiens
denn als gezielte Verstellung der Novelle anzusehen, da die Novelle an sich
durch ihre metaphorische Polyvalenz immer wieder unter einem anderen Gesichtspunkt ausgelegt werden kann.

9. Corrado Alvaro

a) Erweiterung einer Grundthematik

»Wie sich nun allmählich entlang der griechischen Küsten die Umrisse der
neuen Welt zeigten, beobachtete er [der Auswanderer] uns, die nicht so wichtigen Passagiere, wie wir das Land betrachteten, so als ob er sich das Land

---

66   Nur in Lucio Lugnani et alii, *Dalla raccolta al corpus*, in: *Le novelle di Pirandello*,
     ebd., wird die Auswanderung als Bestandteil der Novelle *Nell'albergo è morto un
     tale* erwähnt (S. 261-62); davor hatte Franz Rauhut, *Der junge Pirandello oder das
     Werden eines existentiellen Geistes*, München 1964, nur Heimatlosigkeit herausge-
     stellt (S. 112); Andrea Camilleri, *Le cosidette quattro storie girgentane. Lumìe in Si-
     cilia, L'altro figlio, La giara e la Sagra del Signore della nave*, in: *Gli atti unici di Pi-
     randello*, ebd., S. 81-87, erwähnt die Auswanderung als Motiv von *L'altro figlio*, sieht
     jedoch die Erzählsubstanz in »dem Schmerz der Mutter wegen der Abfahrt der
     Söhne« (S. 86); eine ähnliche verkürzte Rezeption der Auswanderung in: Jorn Moe-
     strup, *Gli atti unici e le novelle*, in: *Gli atti unici di Pirandello*, ebd., S. 346.

durch unsere Augen, die ihm zur Interpretation dienten, anschaute, fast als könnte er sich eine solch müßige Beschäftigung nicht erlauben. Es war ein Ausdruck, den ich nicht vergessen möchte, so eng gehörte er zum Volk.«[67]

In Corrado Alvaro hat die italienische Auswanderung einen aufmerksamen Beobachter gefunden, der als Schriftsteller[68] und Essayist[69] einen engagierten Zugang zum Sozialphänomen gesucht hat, ohne die spezifische Herausforderung der Auswanderung an die Literatur außer acht zu lassen. Er ist ein Autor, bei dem die vorangegangene Thematisierung der Auswanderung spürbar ist und bei dem die Berührung mit fremden Ländern auf seinen Reisen als Zeitungskorrespondent die Thematisierung der Auswanderung mitgeprägt hat. Es kann hier vorweggenommen werden, daß Alvaro der Erwartung von Ugo Ojetti entsprochen hat, der 1930 in ihm einen der jungen Autoren erkannt hatte, der alle »Italiener, ob höherer oder niedriger Herkunft, Hilfsarbeiter oder Bankier, Bergarbeiter oder Arzt, Kellner oder Ingenieur, Bauarbeiter oder Kaufmann, wie man sie überall auf der Welt findet, nicht ignorieren wird.«[70]

Sein spezifischer Beitrag zu der betreffenden Literatur besteht in der Überwindung der traditionsreichen Thematik der Einigung Italiens, *brigantaggio* und Auswanderung, und in der Einführung des Fremden am Ort der Abfahrt als kontrastive Erweiterung der Grundthematik.

Überwindung und Erweiterung sind ihm deswegen gelungen, weil beide sich im Einklang mit den zwei Grundtendenzen vollzogen haben, die nach Antonio Piromalli das Wesentliche im Schriftsteller Alvaro ausmachen: »Corrado

---

67 Corrado Alvaro, *Viaggio in Turchia*, Milano [2]1932, S. 7.

68 Da interregionale und Auslandsauswanderung aus Kalabrien in den Werken von Alvaro stets anzutreffen sind, sei hier nur auf die wichtigeren Erzählungen hingewiesen, in denen die Auslandsauswanderung als zentraler Inhalt thematisiert wird. *L'amata alla finestra*, Torino 1929, hier die Erzählungen *Ritratto di Melusina*, vor allem S. 10-11, *La donna di Boston* (S. 113-125) und *Il marito* (S. 127-137); *Gente in Aspromonte*, Firenze 1930, die Erzählungen *Il rubino* (S. 93-99) und *Ventiquattr'ore* (S. 167-195); *La Signora dell'isola*, Lanciano 1930; *La moglie e i quaranta racconti*, Milano 1963, *Il mare* (1934) S. 7-29; *75 Racconti*, Milano 1955, *Terza classe* (S. 207-211) u. *I regali* S. 139-142 aus der Sammlung *Incontri d'amore*, und *L'asino e la quinta strada* S. 461-465 aus der Sammlung *Parole di notte*. Eine erste Einführung in diese Thematik der Werke von Alvaro findet sich in: Francesco Besaldo, *La società meridionale in Corrado Alvaro*, Cosenza 1982, *L'emigrazione* S. 111-118.

69 Vgl. Corrado Alvaro, *Calabria*, Firenze o.J. jedoch 1931, S. 18-22 u. S. 73-81; Corrado Alvaro, *Viaggio in Turchia*, Milano 1932, S. 6-7; Corrado Alvaro, *La Marca, all'ombra dei palazzi* und *Calabria in Itinerario italiano*, Roma 1954 (1933), S. 229-236 u. S. 281-291; Corrado Alvaro, *Un treno nel Sud*, Milano 1958, vor allem die Abschnitte »Calabria in fuga«, »L'urlo del torrente«, »La società calabrese« und »Il dramma meridionale«, S. 121-127, S. 159-167, S. 193-204 u. S. 205-211; Corrado Alvaro, *Mastrangelina*, Milano 1960.

70 Ugo Ojetti, *Lettera a Piero Parini sugli scrittori sedentari*. In: *Pegaso*, Jg. II, Nr. 9/1930, Firenze 1930, S. 341 u. S. 342.

Alvaros Persönlichkeit hat zwei Richtungen, eine realistische, regionale und eine phantastische, moderne.«[71]

In der Erzählung *Gente in Aspromonte* (1930), mit der Alvaro in die italienische Literatur des *Novecento* eingegangen ist, findet man als Hauptfigur einen jungen Mann namens Antonello, der sich gegen die Unterdrückung der Bauern durch die Ländereibesitzer in der klassischen Form eines Briganten wehrt.[72] Am Ende seiner Revolte ergibt er sich mit dem bis dahin für einen historischen sowie literarischen Briganten undenkbaren Satz: »Endlich«, sagte er, »werde ich mit der Justiz sprechen können. Was hat es doch gedauert, bis ich mit ihr zusammenkommen und meine Angelegenheit vorbringen kann!«[73]

Jenseits dieses zeitbedingten Schlußsatzes, in dem das Vertrauen des Protagonisten in die Gerechtigkeit des Staates keineswegs als Konzession an die repressiven Zustände im Lande der faschistischen Revolution mißverstanden werden kann, ist zu berücksichtigen,[74] daß sich Alvaro mit seiner Erzählung in der Tradition des süditalienischen Brigantenepos befindet. Sein Antonello trägt den Namen des Helden aus Vincenzo Padulas Drama *Antonello, capobrigante calabrese*.[75] In seiner Erzählung erspart Alvaro seinem Protagonisten das Ende von Vincenzo Padulas Helden. Er läßt es zu, daß Antonello sich stellt, ohne Verhandlungen und ohne die Möglichkeiten des Verrates, wie es bei Vincenzo Padula der Fall gewesen war. Gleichzeitig nimmt er Abstand von der historischen Kausalität zwischen der Einigung Italiens, *brigantaggio* und Auswanderung.

Die Überwindung des Erzählmotives geschieht angesichts der Tatsache, daß die historische Auswanderung schon vor der Jahrhundertwende andere sozio-politische Dimensionen als in den Jahren der Einigung Italiens angenommen hatte. Aber dies geschieht auch, weil Alvaro mit dem Schluß seiner

---

71 Antonio Piromalli, *La letteratura calabrese*, Napoli 1977, S. 196.

72 Zum sozialpolitischen Aspekt der Erzählung vgl. Francesco Muzzioli, *La realtà, il mito, la retorica in Gente in Aspromonte*, in: *Corrado Alvaro. Cultura mito e realtà*, Giuseppe Gigliozzi/Silvio Amelio (Hgg.), Roma 1981, S. 17-39 und Francesco Besaldo, *La società meridionale in Corrado Alvaro*, ebd. den Abschnitt »La presenza sociale« S. 29-81, zum Verhältnis des Autors zum *mezzogiorno* als Hauptthema seines Werkes vgl. Gaetano Cingari, *Alvaro e il mezzogiorno*, in: AA. VV., *Corrado Alvaro, l'Aspromonte e l'Europa*, Reggio Calabria 1981, S. 173-194.

73 Corrado Alvaro, *Gente in Aspromonte*, Firenze 1930, hier zitiert nach *I Garzanti*, Milano ³1982, S. 85.

74 Zur umstrittenen Haltung Alvaros zum Faschismus vgl. Luigi Vento, *La personalità e l'opera di Corrado Alvaro*. Chiaravalle Centrale 1979, Kap. IX »Alvaro e il Fascismo«, S. 167-184; Umberto Massimo Miozzi, *Corrado Alvaro fra storia e politica*, in: *Corrado Alvaro. Cultura mito e realtà*, Giuseppe Gigliozzi/Silvio Amelio (Hgg.), ebd., S. 193-223; Giorgio Luti, *La lezione politica e civile di Alvaro – Dibattito*, in: AA. VV., *Corrado Alvaro, l'Aspromonte e l'Europa*, ebd., S. 249-285.

75 Vincenzo Padula veröffentlichte *Antonello, capobrigante calabrese – Dramma in cinque atti* – in folgenden Nummern seiner Zeitung *Il Bruzio* 49-54, 56, 58, 64 und 68, Cosenza 1864-65, hierzu vgl. Antonio Palermo, *Corrado Alvaro. I miti della società*, Napoli 1967, S. 94-97.

Erzählung an Vincenzo Padulas dramatischen Brief an den historischen Briganten Pietro Bianco anknüpft.[76] Während Pietro Bianco die Hoffnung des Absenders, er möge sich der Gerechtigkeit des Nationalstaates eines Giuseppe Garibaldi anvertrauen, aus Mißtrauen gegenüber dem jungen Königreich nicht erfüllen wird, erteilt Alvaro mit seinen Antonello der revoltierenden Seele der südländischen Bauern und der Auswanderung als Ausweg aus einem sozio-politischen Konflikt eine Absage. Indem Alvaro den obigen Satz in dieser zweifach festgelegten Tradition aussprechen läßt, tritt dessen Ambivalenz deutlich genug hervor, so daß es in diesem Kontext kaum möglich wird, Antonellos Hoffnung auf eine Konzession an den damaligen faschistischen Staat zu reduzieren.

Der Einzelkämpfer Antonello ergibt sich nicht, weil er sich aus einer Position der Schwäche heraus der Gerechtigkeit des Staates anvertrauen muß. Er hat den Staat durch sein gesetzwidriges Handeln provoziert, um ihn als Gesprächspartner zu gewinnen. Daß eine solche Kohlhaas-Hoffnung nicht in Erfüllung gehen kann, muß Alvaro aufgrund der Hinrichtung von Pietro Bianco und des Verrates aus Vincenzo Padulas Drama so deutlich gewesen sein, daß er dem vorgebeugt hat, indem er einen jungen Mann als Protagonisten ausgewählt hat. Insofern ist es um seinen Antonello anders als dessen historischen und literarischen Vorläufern bestellt; für eine Wiederaufnahme der Revolte nach einer gescheiterten Begegnung mit dem Staat, d. h. nach einer Gefängnisstrafe, würde ihm genügend Zeit und Kraft bleiben.

Eine zusätzliche kreative Motivation, die Alvaro zu diesem Schritt hat bewegen können, läßt sich aus zwei Erzählungen entnehmen, die er kurz vor *Gente in Aspromonte*, in dem Band *L'amata alla finestra* (1929) veröffentlicht hat. Hier wird erkennbar, daß Alvaro die soziale Komplexität und Brisanz des Phänomens als Herausforderung an die Literatur erkannt hat. Die Herausforderung bestand darin, Italiens Eintritt in die internationale Öffentlichkeit, so wie er durch die Auswanderung zustandegekommen war, nicht als »nationale Schande«[77] zu begreifen, sondern ihn als Möglichkeit einer Begegnung mit fremden Kulturen und Gesellschaften jenseits der Reise- oder Exilliteratur aufzugreifen.

Auf diese Herausforderung hat Alvaro mit einem gesteigerten Anspruch an die eigene Kreativität reagiert, daß es ihm mittels der sozio-kulturellen Komplexität der Auswanderung, der angestrebten Öffnung gegenüber fremden Welten, möglich war, sich streckenweise von der Sackgasse des regionalen

---

76 Am 17. August 1864 hatte sich Vincenzo Padula in: *Il Bruzio* mit einer »Risposta alla lettera del Capobrigante Pietro Bianco« an den *brigante* persönlich gewandt und ihn als historischen Verlierer in direkten Bezug zum Sieger Giuseppe Garibaldi gebracht, Cosenza, Nr. 48, S. 1-2. Heute nachzulesen in: Vincenzo Padula, *Persone in Calabria,* Carlo Muscetta (Hg.), Roma 1950, S. 506-508.

77 Vgl. Benedetto Croce, *Edmondo de Amicis* (1903), in: *La letteratura della Nuova Italia,* Bd. 1, 1973 (1914), S. 159; Antonio Fogazzaro, *Discorso per gli operai emigranti* (o. J.), in: *Minime. Studi, Discorsi, Pensieri,* Milano 1908, S. 207-217, hier S. 216.

Verismus fernzuhalten, wie es Pietro Pancrazi, als Begründer der Alvaro-Kritik,[78] mit Recht herausgestellt hat, wenn er schreibt:

>»Ein Hirt der Deledda, ein Bauer Tozzis, eine Dorfbewohnerin oder ein Auswanderer Alvaros stehen nicht für soziale Kategorien oder Kontraste; sie sind Bilder, instinktive Menschen voller Leidenschaft, ab antiquo im unvermeidlichen Kampf des Menschen gegen den Menschen, sie lassen sich nicht auf etwas reduzieren. Noch deutlicher als andere würden wir sogar sagen, daß er sich vom Realismus gelöst und aus der Phantasie geschöpft hat.«[79]

Als Beispiele für den eingelösten Anspruch an die eigene Kreativität werden die Novellen *La donna di Boston* und *Il marito* untersucht, mit denen Alvaro die Auswanderung aus der Perspektive des Abfahrtsortes und der Ankunft des Fremden am Abfahrtsort der Auswanderung als Beitrag für den Erzählband *L'amata alla finestra* thematisiert hat.[80] Womöglich sind sie zur selben Zeit wie *Il rubino* und *Ventiquattr'ore* entstanden, die Alvaro als dritten und vierten Beitrag über die Auswanderung in dem Sammelband *Gente in Aspromonte*, 1930, aufnehmen wird.

b) Vorstellung und Erkenntnis als Zwischenstufe

Gerade *Il rubino*, eine kleine Parabel über die Unmöglichkeit, das eigene Glück am Schopf zu fassen, wenn man nicht weiß, wie es auszusehen hat, läßt sich auch als übergeordnete Fragestellung zur Erfahrung in der Fremde und deren literarischer Darstellung verstehen.

Ein Auswanderer, der mit einem fest geplanten Programm in die Fremde gegangen war und das akkumulierte Kapital am Geburtsort erfolgreich umsetzen wird, findet einen Rubinstein in dem Taxi, das ihn zu dem Schiff fährt, welches ihn in die Heimat bringen wird. Nun hätte er wirklich das eigene Glück gefunden, leider kann er sein Glück aber nicht erkennen, weil er den

---

78   Pietro Pancrazi, *Scrittori d'Italia*, Serie Quarta, Bari 1946-1953, Bd. II, *L'arte di Corrado Alvaro*, S. 130-135, Bd. III, *Corrado Alvaro Nel Labirinto*, S. 103-109, Bd. IV, *Poesie di Alvaro*, S. 239-244.

79   Pietro Pancrazi, *Scrittori d'Italia*, Bari 1946, Bd. II, *L'arte di Corrado Alvaro*, S. 132. Eine gegenteilige Position vertritt Giuliano Manacorda in seinem Aufsatz »Corrado Alvaro«, in: *I Narratori* (1850-1857), (Hg.) Luigi Russo, Milano-Messina 31958, S. 302; zur selben Problematik vgl. Gaetano Trombatore, *Alvaro e la crisi del suo tempo*, in: *Scrittori del nostro tempo*, Palermo 1959, S. 189-192 und Walter Mauro, *Invito alla lettura di Alvaro*, Milano 1973, S. 98-99.

80   In der Sekundärliteratur über Alvaro hat sich inzwischen ein Korpus der Novellen mit festen Zügen herausgestellt, in dem Novellen wie *Il marito*, *La donna di Boston*, *Il rubino* und *Ventiquattr'ore* bis jetzt keinen Platz gefunden haben, wie z. B. Vincenzo Paladino, *L'opera di Corrado Alvaro*, Firenze 1972 (1968), Kap. IX »La novellistica alvariana«, S. 165-189, abgesehen von inhaltlichen Verweisen hier und dort, wie Maria Letizia Cassata, *Corrado Alvaro*, Firenze 1979 (1974), S. 48-49 und Walter Mauro, *Invito alla lettura di Alvaro*, ebd., S. 90-91.

unschätzbaren Stein für eine billige Glaskugel hält, die er seinem Sohn als Murmel schenkt. Der Sohn wird aber den Rubinstein nicht verlieren, während es dem Vater gegönnt ist, mit den mitgebrachten Waren und Dollars vom Tagelöhner zum Krämer aufsteigt.

Auslöser dieser Parabel ist jener Zentralsatz, mit dem die Auswanderer ihr Vorhaben von Beginn an definiert haben: *andare a cercar fortuna* (sich aufmachen, sein Glück zu suchen), so wie ihn Alvaro als Lehre der Parabel am Ende der Erzählung aufgeschlüsselt hat:

> »Oft dachte der Vater, wenn er diesen Gegenstand [den Rubin] sah, der nun seinem Sohn als Spielzeug diente, an die Illusionen, die er gehabt hatte, als er in der Welt herumreiste und ihm die Welt voll von verlorengegangenen kostbaren Dingen erschien, die ein vom Glück Begünstigter findet. Deshalb war er ständig auf der Suche, unter den Matratzen der Betten auf dem Dampfschiff, hinter den Lederkissen im Autobus; nie hatte er etwas gefunden. Doch, einmal hatte er auf der Straße fünf Dollar gefunden, und an dem Tag, immer erinnerte er sich daran, regnete es.«[81]

Es sei hier vorangeschickt, daß es sich bei der Redewendung *quando viaggiava per il mondo* um die sprachliche Abwandlung von *quando Cristo andava per il mondo* handelt, mit der Alvaro an das vorhandene Auswanderungsmotiv innerhalb der Tradition der Volkserzählung in Kalabrien anknüpft,[82] wo sich stets wundersame Ereignisse zutragen.

Der nicht-erkannte Rubinstein, der inzwischen Teil seiner Vergangenheit geworden ist, gibt dem Rückwanderer Anlaß dazu, sein Vorhaben in der Fremde im nachhinein als Selbsttäuschung darzustellen. Die Feststellung, er hätte niemals etwas gefunden, ist subjektiv richtig und objektiv falsch; insofern bestätigt sie ihn in seiner Fähigkeit, das Glück suchen zu können, aber auch in seiner Unfähigkeit, es zu erkennen. Eine Unfähigkeit, die darin bestand, an Stellen zu suchen, wo kaum wertvolle Gegenstände verloren gehen können, weil diejenigen, die im Regelfall solche Stellen besuchen, keine besitzen. Daß er sein Glück nicht in dem Fund aus dem Taxi vermuten kann, ist dadurch zu erklären, daß er das Außergewöhnliche in dem Gewöhnlichen gesucht hat, wie den fünf Dollars auf der Straße an einem unvergeßlichen Regentag.

Eine derartige Unfähigkeit verlagert die Parabel in den Bereich der Erkenntnis des Fremden als Glück an sich. Alvaro zufolge kann das Fremde dann erkannt werden, wenn man sich dem Fremden aussetzt, und nicht wenn das Fremde als Ort aufgefaßt wird, wo Kapitalakkumulation als Bewährungsprobe in Sinne der Abenteuerliteratur durchgeführt wird. Das Fremde muß in den Erkenntnisprozeß miteinbezogen werden, denn sobald es auf Kulissen des Suchens reduziert wird, wird das Suchen vereitelt. Die Tatsache, daß der Finder die Kristallkugel nicht als Teil einer Kette identifizieren kann, wie sie von Stadtfrauen getragen werden, und daß er in ihr keinen Wert vermutet,

---

81   Corrado Alvaro, *Gente in Aspromonte*, ebd., S. 99.
82   Vgl. Raffaele Lombardi Satriani, *Racconti popolari calabresi*, Bd. I, Napoli 1953; Bd. II, Vibo Valentia 1955; Bd. III, Vibo Valentia 1957 und Bd. IV, Cosenza 1963, S. 74.

wird dadurch verdeutlicht, daß er das Taxi als Ort seines Suchens nach Glück nicht ausläßt, und daß sich ihm gleichzeitig das Taxi in seiner Funktion als Querverbindung zu denjenigen, die wertvolle Gegenstände verlieren könnten, entzieht. Insofern versteht er selbst seine Suche eher als wörtliche Umsetzung der Redewendung »sich aufmachen, sein Glück zu suchen«, mit der er den Gang in die Fremde begründet hat, denn als eine Annäherung an die Andersartigkeit der Fremde als Teil des gesuchten Glücks. Auf diesem Weg läßt es sich nicht ausschließen, daß es ihm nach seiner Rückkehr klar geworden ist, worin sein Fehler bestanden hat, und daß er mit dem neuen Bewußtsein von den »Illusionen, die er hatte, als er in der Welt herumreiste«, sprechen kann.

Ein Anzeichen dafür ist sicherlich in der Hartnäckigkeit zu sehen, mit der er eine mitgebrachte amerikanische Zeitung immer wieder rettet, selbst wenn er kein Packpapier mehr im Laden hat, wie auch in seinen Versuchen, das Leben der Großstadt anhand der Werbung zu entziffern.

Eine indirekte Bestätigung dieser These des erkannten Fehlers findet sich in der Novelle *La ricchezza*,[83] wo in der Tat ein Penner, der eine Perle gefunden hat, sich weigert, sich durch ihren Verkauf vorübergehend aus der Armut zu retten. Erst mit den Novellen *La donna di Boston* und *Il marito* wird die Begegnung mit der Fremde als Erkenntnisfrage und als Aneignungsprozeß programmatisch eingegangen. Das Programmatische ist darin zu erkennen, daß die Novellen in ihrer Grundfrage nicht voneinander abweichen und daß Alvaro bei *La donna di Boston* gezielt auf eine örtliche Verlagerung der Erzählsituation zurückgreift, die Luigi Pirandello[84] als Innovation bei der Thematisierung der Auswanderung erprobt hat.

c) Auswanderung und Matriarchat

La donna di Boston

In der Novelle *Lontano* (1902) hatte Pirandello die Begegnung mit dem Fremden an den Ort der Abfahrt verlagert. An dem Umgang der Einheimischen mit dem norwegischen Matrosen Lars Cleen, der sich als Ehemann einer Sizilianerin in der Hafenstadt niederläßt, war von Luigi Pirandello die verhängnisvolle Unmöglichkeit aufgedeckt worden, dem Fremden auf utilitaristischer Basis begegnen zu wollen. Bei Pirandello spitzt sich die Lage des fremden Matrosen so zu, daß am Schluß selbst die Ehefrau Venerina nicht mehr bereit ist, ihn vor den rohen Späßen der Einheimischen in Schutz zu nehmen.[85]

---

83 Corrado Alvaro, *La moglie e i quaranta racconti*, Milano 1963.
84 Über die enge Freundschaft mit Luigi Pirandello vgl. *Prefazione di Corrado Alvaro a Luigi Pirandello Novelle per un anno*, Bd. I, Milano 1957, nachzulesen in: Luigi Pirandello, *Novelle per un anno*, Mario Costanzo (Hg.), Bd. I, Hbd. II, Milano 1987, S. 1073-1092.
85 Luigi Pirandello, *Novelle per un anno* (Hg.) Mario Costanzo, Bd. I, Hbd. II, ebd., *Lontano*, S. 921-973, hier S. 964.

Kaum hat der Fremde sich in seiner Funktion erschöpft, indem er seine
Frau als werdende Mutter nun endgültig von der »tödlichen Langeweile« (I. II,
S. 943) einer unverheirateten und alleinstehenden Frau durch Heirat und
Kind befreit hat, darf sogar ihre Verwandtschaft ihn durch die Verzerrung sei-
nes Namens als Fremden abstempeln. Lars Cleen darf nun *l'arso*, der Ver-
brannte, sein und zwar für alle.

In Alvaros Novclle *La donna di Boston* ist die Grundsituation insofern identisch, als die Ankunft einer amerikanischen Frau in einem süditalienischen
Bergdorf, im Geburtsort ihres Mannes, das Fremde mit dem Eigenen, mit dem
Vertrauten, in einer unerwarteten Weise und Nähe konfrontiert »wie ein un-
erwarteter Gedanke unter vertrauten Gedanken.«[86] Ein grundlegender Unterschied zwischen den Novellen stellt sich jedoch anhand ihrer literarischen Zugehörigkeit heraus. Während bei Pirandello das Klima der Reise- und
Abenteuerliteratur mit Matrosen, Schiffsreisen, Hafenstädten, exotischen Landschaften überwiegt, sieht sich der Leser der Novelle von Alvaro mit einem
Werk konfrontiert, das nirgendwo Zweifel daran aufkommen läßt, daß die
Auswanderung im Mittelpunkt der Aufmerksamkeit des Autors steht. Dies besagt jedoch nicht, daß Pirandello aufgrund der Verlagerung der Novelle in die
Reise-und Abenteuerliteratur nicht an die grundlegende Fragestellung herangekommen wäre, selbst wenn ein Rückbezug auf die historische Auswanderung nicht so unmittelbar wie bei Alvaro ist. Die argumentative Stringenz bei
Alvaro leitet sich von seinem programmatischen Vorgehen ab, während Pirandello in dieser Novelle höchstwahrscheinlich eigene Erfahrungen aus der
Fremde auf einer Erzählebene umgesetzt hat, die mit der verarbeitenden Erinnerung in Einklang gebracht werden muß.

Bei der Lektüre von *La donna di Boston* entsteht gleich zu Anfang der Eindruck, daß Alvaro bemüht ist, die erwähnten Haupttendenzen aus seinem
Werk – die realistische Tendenz mit regionalem Ursprung und die fantastische
Tendenz mit zeitgenössischer Prägung – zu einer Synthese zu führen. In der
Tat findet der erste Syntheseversuch im Vorspann statt, wo der Tod des ausgewanderten Saverio auf dem elektrischen Stuhl als ein »Tod fast ohne Wahrheit« (S. 115) definiert wird.

Das bisherige positive Bild der gesuchten Fremde als Ort des technologischen Fortschritts gerät ins Schwanken. Der Tod auf dem elektrischen Stuhl
verunsichert die Dorfeinwohner,[87] sei es, weil in ihren positiven Erwartungen an die fremde Welt der Strom als Symbol des Fortschritts galt, sei es, weil
der Tod, selbst als Mord, etwas Sakrales und Dämonisches an sich haben muß,
um ihn glaubhaft zu machen.[88]Das kann, wenn es sein muß, auch mit einem

---

86   Corrado Alvaro, *L'amata alla finestra*, Torino 1929, S. 117. Aus dieser Ausgabe wird
     im Text und in der Anmerkungen fortlaufend zitiert.
87   Zu Anspielung auf die Hinrichtung der italienischen Anarchisten Nicola Sacco und
     Bartolomeo Vanzetti in USA (1927) vgl. Giuseppe Massara, *Americani*, Palermo
     1984, S. 195.
88   Vgl. Elio Vittorini in *Solaria*, Nr. 5-6, Firenze 1930, zuletzt in: *Diario in pubblico*, To-
     rino 1980 (1957), S. 10.

einfachen »Messer zwischen den Zähnen« (S. 116) erreicht werden, aber niemals durch Technologie wie dem elektrischen Stuhl.

Nach dem Vorspann wird das Ineinanderfließen des Fremden und des Eigenen mit folgender märchenhaften Erscheinung eingeführt:

> »Eines Tages im Frühjahr tauchte aus dem Wald eine Frau auf einem Pferd auf, mit einem schwarzen Umhang und einem schwarzen Schleier auf dem Kopf. Im Galopp schoß sie heraus. Ihr Schleier fiel herunter. Zum Vorschein kam ein gelber Kopf und ein weißes Band.«(S. 116)

Das Auftauchen einer schwarzgekleideten fremden Frau aus dem Wald, mit schwarzem Schleier, auf einem Pferd, in einem süditalienischen Bergdorf geschieht nur sehr kurz als wohl bekanntes Auftreten märchenhafter Gestalten. Das magische Schwarz verliert sofort seine Kontrastfunktion zur Blondheit des Frauenhaares und es wandelt sich zur Farbe der Trauer für den hingerichteten Ehemann. Sobald die blonde Frau als weinende Trauergestalt die Schwiegermutter umarmt, verliert Saverios Tod seine Unglaubwürdigkeit.

In der Umarmung vermag sich das Fremde mit dem Eigenen zu einem Gesamtbild zu konstituieren, und dennoch: Während in ihrer Funktion als trauernde Witwe am Geburtsort des hingerichteten Ehemannes eine klare Begründung ihrer Ankunft erkannt wird, stellt ihr Verbleiben im Dorf die Dorfbewohner vor eine unerwartete Begegnung mit jenem Fremden, von dem sie durch das Erzählen der Auswanderer, durch Waren aus der Fremde etwas erfahren haben bzw. durch positive wie negative Folgen der Auswanderung als eigene Erfahrung erlebt haben. Und jetzt wird es darum gehen, sich mit dem unerwarteten Gedanken unter den alltäglichen Gedanken vertraut zu machen.

Alvaro vollzieht den Aneignungsprozeß über eine Funktionalisierung des Fremden stufenweise. Das Fremde kann nur verfügbar gemacht werden, wenn es sich von sich aus als vorteilhaft für das Eigene erweist. Und in Alvaros Novelle erfüllt die fremde Frau eine vielfältige utilitaristische Funktion: »Nun war dieser gelbe Kopf ein helles Licht in dieser Dunkelheit, und dort unten wurde die Straße wieder hell, und die Kinder rannten wieder zu ihren Spielen.« (S. 117) Daß sich zuerst die Dorfkinder in die Nähe der fremden Frau wagen, ist mit ihrer kindlichen Unbefangenheit und sozialen Naivität zu erklären. Anhand ihres Spielens in der Nähe des Hauses eines geflüchteten Mörders wird gezeigt, daß dieser Teil des Dorfes durch die Gegenwart der fremden Frau zu neuem Leben erwacht ist.[89] Ihre Anwesenheit in dem Haus beweist, daß es kein Ort der Furcht und der Gewalt mehr zu sein braucht. Ein zweiter Schritt wird durch jene Mädchen vollzogen, die kleine Dienste für sie erledigen wollen, und junge Frauen, die sich an ihr messen, um zu erraten wie sie körperlich aussieht. Andere junge Frauen sind in ihrer Identifikation mit der fremden Frau weiter gegangen und versuchen, die fremde Frau nachzuahmen.

---

89 Vgl. die Metapher »Ein Bäumchen faßte wieder Mut ... und wurde wieder grün.« S. 117.

Für die Männer ist die fremde Frau eine beunruhigende Mischung von Exotik und Erotik. Für Saverios ehemalige Freunde ist die Lage eindeutig genug, daß »jene blonde Frau Kriegsbeute war, ein Beweis seiner (kriegerischen) Fähigkeit.« (S. 119)

Die Zentralität dieses Satzes innerhalb der Novelle wird an der Tatsache deutlich, daß Alvaro an die Tradition klassischer Tragödien anknüpft, wo Sieger fremde Frauen als Kriegsbeute nach Hause mitbringen, und zugleich die Funktion der Auswanderung als Raubzug in fremde Länder vorwegnimmt, so wie sie später die Soziologen Francesco Alberoni und Guido Baglioni als eine gängige Grundhaltung in der modernen Auswanderung in ihren Studien herausgearbeitet haben: »Im ersten Fall war das Schema, woanders hinzugehen und etwas zu ›erbeuten‹, womit man bei seiner Rückkehr als reich und geschätzt gelten würde. Diese Art von Migration ersetzt in unserer zivilisierten Zeit den Beutekrieg.«[90]

Daß sie infolge der Hinrichtung ihres Ehemannes im Dorf mehr als Freiwild, denn als Kriegsbeute betrachtet wird, geht aus dem entworfenen Bild der jungen Männer hervor, die ihr auflauern und aus dem nächtlichen Husten aus den anliegenden Ställen, das als versteckter (Paarungs-)Ruf zu deuten ist.

Mit dem Auftreten der Frauen im Haus der fremden Frau »als Zeichen des allgemeinen Mitleids« (S. 121) – da sie sie als krank vermuten – gewinnt die Annäherung an das Fremde die Qualität einer Einführung in das Eigene. Nachdem der fremden Frau durch das Wühlen in ihrer Wäsche das Recht auf eine Intimsphäre zerstört worden ist, soll sie sich durch gemeinsams Singen der Ortskultur fügen.

Je mehr die fremde Frau von ihrem exotischen Reiz als Gegenleistung für die Neugierde der Frauen abgeben muß, um so verhängnisvoller wird ihre Lage innerhalb der Dorfgemeinschaft. Angesichts ihrer verlebten Körper spitzt sich bei den Frauen die Andersartigkeit der fremden Frau zur bedrohlichen Erotik zu, die von nun an nur als »eine Liederlichkeit der Schöpfung« (S. 122) verstanden wird, und in der alten Ordnung untergehen muß.

Daß Alvaro sich für eine »weibliche« Beseitigung des Fremden entscheiden wird, läßt sich aus dem Aufbau des ersten Teils der Novelle entnehmen. Alvaro muß die Möglichkeit, die fremde Frau als sexuelles Opfer des ersten, der ihr unter vier Augen begegnet wäre, ablehnen, denn eine solche Lösung hätte die fremde Frau in ihrer Rolle als Beute bestätigt und sie so zusätzlich in den Mittelpunkt des Lebens im Dorf gerückt, so daß weitere Gewalttaten unter den Männern nicht ausgeblieben wären. Gleichzeitig soll die Erotik als primäres Mittel der utilitaristischen Aneignung des Fremden durch das Eigene nicht abgewählt werden, sowie Alvaro nicht auf die eingeführte Sprache der Madonna-Ikonographie verzichtet, wenn er sie in bezug auf die fremde Frau in folgendem Madonnenbild gipfeln läßt: »Es war, als ob sie den schlafenden Kin-

---

90 Francesco Alberoni/Guido Baglioni, *L'Integrazione dell'immigrato nella società industriale*, Bologna 1965, S. 213.

dern, die in ihrem Herzen ruhten, ein Lied sänge, und sie drückte ihre volle Brust.« (S. 122)

Die sprachlichen Leitmotive der Erotik und der christlichen Ikonographie werden als Vorboten eines stets näherrückenden Schlußbildes so zueinandergeführt, daß das Auftreten des schwarzen Engels la Monica nur kurz als Dea ex machina zu erscheinen vermag, und zwar nach einer für Alvaro spezifischen Erzähltechnik. Nach Riccardo Scrivano besteht sie in einer wiederkehrenden Verschmelzung von »realistisch-metaphorischen Elementen, die als eine wesentliche Eigenschaft des von [Alvaro] benutzten linguistischen Instrumentariums hervorzuheben ist.«[91]

Als Frau, die sich gelobt hat, ihr ganzes Leben allein zu leben, (S. 123) verkörperte la Monaca die Devianz des nicht zugelassenen lesbischen Eros. So gesehen signalisiert die Farbe Schwarz der Frau auf dem Pferd und von la Monaca als schwarzer Engel eine weitere Grundgemeinsamkeit zwischen Fremdem und Eigenem. Eine Grundgemeinsamkeit, die nicht in die Dorfgemeinschaft verlagert ist wie die Trauer-Gemeinsamkeit zwischen Ehefrau und Schwiegermutter; sie setzt sich aus dem sozialen Status einer Konfliktträgerin und einer fremden Frau zusammen. Eine Grundgemeinsamkeit unter Außenseitern, die la Monica dazu bewegt, der fremden Frau die eigene innere Lage anzuvertrauen. Dies geschieht zuerst durch Körpersprache, dann als Überwindung einer sprachlichen Grenze und zugleich als ver/gesuchte Nähe, später noch durch den physischen Ausdruck der eingetretenen inneren Unruhe. Und zum Schluß in offener Liebeskonkurrenz mit den Männern aus dem Dorf, die la Monaca als Negation des eigenen Verlangens empfunden und abgelehnt haben.

Mit der Beschwörung der Grausamkeit der Dorfmänner und des hingerichteten Ehemannes wird der Novellenschluß vorbereitet, der sich als Höhepunkt eines Mysteriums vollziehen wird, wo die Frauen als Chor auftreten werden und la Monaca die Einweihung der fremden Frau in das Eigene durchführen wird. Daß die fremde Frau in der Endphase des Mysteriums geopfert werden muß, erweist sich als sakrale Notwendigkeit, um die Initiation vornehmen zu können. Ihre Umwandlung in eine Opfergabe ist aber auch der Beweis dafür, daß die fremde Frau ihrer Lage als Beute nicht entrinnen kann, denn für sie wird sich keine Erlösung einstellen können, selbst dann nicht, wenn sie nach beendeter Initiation als Schwester von la Monaca bezeichnet und umarmt wird. Denn zerstört ist nicht nur der Spiegel, den sie auf dem Boden findet, zerstört ist auch das Vertrauen in sich selbst und in die anderen, so wie es in ihren unverständlichen Worten wiedergespiegelt wird. Unverständlich, denn es sind Wörter aus der Fremde, aber auch Wörter, die von Verwirrung zeugen.

Die Tatsache, daß sie nun vom Autor schwarzgekleidet, wie sie aufgetreten war, verabschiedet wird, kann nicht als Auflösung der anfänglichen Unver-

---

91 Riccardo Scrivano, *Alvaro Novelliere*, in: AA. VV., *Corrado Alvaro, l'Aspromonte e l'Europa*, ebd., S. 76.

einbarkeit des Fremden mit dem Eigenen auf einer höheren Ebene verstanden werden. Mit der Initiation der fremden Frau ins deviante Abseits der Dorfgemeinschaft sind Konflikte und Interessen lediglich neu geregelt worden. Die fremde Frau als Schwester von la Monaca darf sich infolgedessen vor männlichen Übergriffen sicher fühlen. Vor allem aber dürfen sich die Ehefrauen im Dorf von jener Liederlichkeit der Schöpfung befreit fühlen, die sie nur als Bedrohung empfunden haben. Die fremde Frau darf ab jetzt ein gemeinsames Leben, womöglich auch ein sexuelles Leben, als Konfliktträgerin mit la Monaca führen. Sie ist zu einer gesellschaftlichen Größe umgewandelt worden, die unter die alltäglichen Vorstellungen der Dorfgemeinschaft fällt.

Il marito

Eine Fortsetzung der Darstellung solcher matriarchalischen Kontrollfunktionen im Zusammenhang mit der Auswanderung wird von Alvaro in der Erzählung *Il marito* geleistet,[92] die im Sammelband *L'amata alla finestra* unmittelbar auf *La donna di Boston* folgt. Die Erzählsituation wird so aufgebaut, daß sie wie eine Widerspiegelung der vorangegangenen erscheinen muß. Seit fünfzehn Jahren lebt der Ehemann in der Fremde, und seit fünfzehn Jahren wartet er auf Ehefrau und Tochter, die aus verschiedenen Gründen noch nicht kommen wollen oder können. In seinem Alltag in der Fremde sieht er sich stets den eigenen und den fremden erotischen Phantasien ausgesetzt, dennoch ist er in der Treue zu seiner Frau so konsequent, daß »er in der Straße als der Mann bekannt war, der auf seine Frau seit fünfzehn Jahren wartete.« (S. 133)

Obwohl hier aus einschlägigen Gründen eine Akzentuierung der Auswanderung als tragender Inhalt beider Novellen leicht nachvollziehbar ist, soll nicht übersehen werden, daß die Auswanderung nur einen Teilbereich der Kommunikationslosigkeit ausmacht, die als Alvaros Kernthematik nach Gaetano Trombatore[93] und Riccardo Scrivano folgende Züge in seinen Novellen angenommen hat:

> »Diese zentrale Thematik – das Sich-nicht-Mitteilenkönnen, das Ausgeschlossensein, das Getrenntwerden, das Für-immer-Alleinbleiben, zu den Ursprüngen zurückgeworfen und mit dem Gewicht der eigenen Anzestralität beladen, das nicht durch die Erfahrung einer Liebes- oder zivilen oder allgemein- menschlichen Beziehung aufgehoben wird -erstreckt sich über einen weiten Bereich von Alvaros Schaffen nach dem Zweiten Weltkrieg.«[94]

Ein Beispiel der Übereinstimmung zwischen gesellschaftlicher Isolation und existentieller Einsamkeit als zwei Seiten der Auswanderung wird im zweiten Teil der Novelle geboten.

---

92   Nach Geno Pampaloni handelt es sich hier um eine spezifische Erzählkonstante in Corrado Alvaros Novellen, vgl. *Alvaro Scrittore,* ebd., S. 35.

93   Gaetano Trombatore, *Solitudine di Alvaro*, in: *Scrittori del nostro tempo,* ebd., S. 137-142.

94   Riccardo Scrivano, *Alvaro Novelliere*, ebd., S. 78-79.

An dem Tag, an dem der Ehemann so weit ist, das Warten als gesellschaftliche Isolation aufzugeben und seine existentielle Einsamkeit mit Hilfe einer
Frau zu brechen, die im geheimnisvollen und sinnlichen Dialekt seiner *Rasse*
spricht, trifft die Frau mit der Tochter ein. Die Frau, die sich aus seiner Sicht
im Laufe des Wartens so verändert hat, daß sie in seinem Verstand eher »als
eine Vorstellung« denn als eine Erinnerung haften blieb. (S. 131)

Eine Vorstellung, die keine zwingende Verbindung zu der Vergangenheit,
wie der Erinnerung zu sein braucht, eine Vorstellung der erwarteten oder
vielmehr der gesuchten Frau, an der er sich bei der Begegnung mit Frauen in
der Fremde stets orientiert hat. Eine Vorstellung von der Frau, von der er sich
mit Hilfe der Fremde emanzipieren will, denn es schien ihm, als ob »er, wenn
sie erst da sein würde, mit einem Mal erwachsen wäre.« (S. 132)

Die Ambivalenz seines Wunsches, sich von einer Vorstellung von der Frau
zu emanzipieren, wird um so deutlicher an der Tatsache, daß er mit der Ankunft der Frau die ersehnte Möglichkeit verbindet, das Leben mit der Familie
neu anzufangen (S. 130). Der soziale Aufstieg in der Fremde, vom Hilfsarbeiter
zum Angestellten, stellt eine konkrete und beträchtliche Voraussetzung für
den Neubeginn dar. Die Intention eines Neuanfangs vor dem Hintergrund,
daß er im Laufe der fünfzehn Jahre den Geburtsort niemals besucht hat, deutet auf eine Durchhaltesituation hin, die auf soziale Konflikte zurückzuführen
ist, die seiner Vorstellung nach nur durch den Neuanfang in der Fremde zu
lösen sind.

Daß gerade seine Frau Ursache oder Trägerin der sozialen Konflikte ist,
kann man aus dem langjährigen Kampf zwischen den beiden schließen, der
notwendig war bis sie ihm schließlich in die Fremde gefolgt ist. Ein Kampf,
den er durch die absolute Loyalität zu seiner Frau bezahlt hat, als unabdingbare moralische Voraussetzung dafür, das Leben mit ihr in der Fremde neu beginnen zu können.

Nachdem sie ihn erreicht hat, werden die fünfzehn Jahre zwar als restlos
verlorene Zeit empfunden, aber die Vertrautheit zwischen den Eheleuten
stellt sich sofort ein. (S. 137). Die Familie ist um den Tisch versammelt, und
»ihre Hände brachen etwas von dem Brot ab, das sie im Koffer mitgebracht
hatte, damit er es probieren konnte, um sich wieder daran zu erinnern.«
(S. 137). Das christliche Teilen des Brotes als Zeichen eines friedvollen Neuanfangs ist frei von dem Schmerz des Verlustes. In seinem Geschmack soll der
Ehemann das Vertraute, die Heimat, nachempfinden, auf die er verzichtet hat.
Es handelt sich hier um mehr als einen letzten Versuch von seiten der Frau,
den Mann von der Notwendigkeit der Umkehr zu überzeugen, es handelt sich
hier um eine Reminiszenz der Exildefinition bei Dante, wo zu lesen ist: »Wie
salzig schmeckt das Brot der anderen.«[95] Brot, als das aus dem Alltag am meisten vertraute Nahrungsmittel, war von Dante als Maßstab der Erfahrbarkeit
des Exilschmerzes zur Metapher erhoben worden. Bei Alvaro ist das mitgebrachte Brot von jedem Schmerz befreit, und es ist lediglich zu einem Mittel

---

95   Dante Aligieri, *La divina commmedia*, III, 17, Vv. 58-59.

der Erinnerung geworden, während der Koffer, in dem das Brot transportiert und zudeckt wird, in den Mittelpunkt der neuen Symbolik der Auswanderung rückt.

In der Novelle wird die konflikthafte Entscheidung des Ehemannes, den Geburtsort zu verlassen, weder begründet noch ausgeführt. Sie läßt sich aber erklären, weil eine stufenweise Rekonstruktion derselben möglich ist. Seine Vorstellung, infolge der Ankunft der Frau erwachsen werden zu können, rückt die Ursache der ursprünglichen Konflikte in den Mittelpunkt und reicht aus, um die Aufmerksamkeit auf die Notwendigkeit der Zielverlagerung in der Fremde zu lenken. Der Ehemann will sich von einer Vorstellung von der Frau emanzipieren, die ihrem matriarchalischen Wesen nach niemals die Rolle der Mutter gegenüber dem Mann als Kontrollinstanz aufgeben darf, selbst in der Rolle der Ehefrau nicht, die ein neues Leben mit dem Mann beginnen will. Eine gemeinsame Emanzipation kann nur dann gelingen, wenn zuerst die sozialen Zwänge aufgehoben werden, die sie, unabhängig von ihren Lebensvorstellungen in der neu gegründeten Familie, zwingend bestimmen.

Der Gang in die Fremde erweist sich unter diesen Umständen als hoher Preis, jedoch auch als Möglichkeit, nicht Opfer sozialer Konflikte zu werden, die der Ehemann am Geburtsort ohne weiteres provozieren könnte, aber ohne Aussicht, sie positiv aufzulösen.

Für die Vielfalt dieses Emanzipationsvorhabens, die eine plausible Übertragung auf die damalige politische Lage Italiens zuläßt, spricht der Anfang seines Buches *Viaggio in Turchia* aus dem Jahr 1932: »Als ich das Schiff nach Konstantinopel bestieg, war mir, als hätte ich eine Täuschung hinter mir gelassen, und ich wünschte nichts anderes, als endlich ich selbst und Herr meiner selbst zu sein.«[96] Alvaro nimmt eine fast wörtliche Wiederholung dessen vor, was er in der Novelle schon einmal formuliert hat »Es schien ihm, daß, wenn sie erst da sein würde, er mit einem Mal erwachsen sein würde.«

So gelesen stellt Alvaros Novelle eine noch nicht dagewesene Erweiterung der Ursachen und Ziele, die in die Fremde führen können, dar: die Fremde als Ort sozialer Emanzipation der neuen Familie.[97] Zugleich sind in *La donna di Boston* einige Grundmotive von Alvaros Werk so gegenwärtig, daß sie einen zentralen Platz in seinem Schaffen an der Stelle annimmt, wo solche Grundmotive zu Schnittpunkten zwischen dem Eigenen und dem Fremden werden. Dies hat Geno Pampaloni auf prägnante Weise zusammengefaßt:

---

96   Corrado Alvaro, *Viaggio in Turchia*, ebd., S. 7.

97   Eine Erweiterung, deren Tragweite dem Autor selbst noch nicht ganz bewußt war, denn Alvaro zeichnet in einer fast gleichzeitig verfassten essayistischen Abhandlung *Calabria*, Firenze, o.J, jedoch 1931, folgendes klassisches Bild der Auswanderungsziele. »Der Bauer oder Hirt macht im allgemeinen den ersten Schritt, indem er auswandert; er hätte keinen entscheidenden Grund, auszuwandern; daher heiratet er, nach dreißig Tagen Ehe geht er fort und hat sich so ein Ziel für seine Mühen geschaffen, die Familie; er kehrt als Handwerker zurück und nicht mehr als Bauer oder als Hirt für die Herren.«, S. 20-21.

»Die Figuren Alvaros sind ewige Flüchtlinge, von einer zweifachen Sehnsucht getrieben. Sie trauern der verlorenen Heimat nach und sind auf der Suche nach einer, die anders ist. Sie lieben die alte bäuerliche Welt der Mütter mit einer verzweifelten und enttäuschten Liebe, und die moderne Welt fasziniert sie und stößt sie zugleich ab.«[98]

Geno Pampaloni faßt mit seiner stringenten Formulierung »die alte bäuerliche Welt der Mütter« als Grundthema im Werk von Alvaro genau das zusammen, was in der Novelle *La donna di Boston* als Kern des Konflikts von Alvaro herausgearbeitet wird: die matriarchalische Priorität in der süditalienischen Bauernwelt.

Mit dem Gang des Ehemannes in die Fremde wird in der Novelle auf einen der ältesten Archetypen der Literatur schlechthin Bezug genommen, wonach die Emanzipation aus dem eigenen Sozialstatus durch die Bewährung in der Fremde erreicht werden kann. Die Übernahme des übergeordneten Archetyps war in der Literatur um die Auswanderung von der Reise- und Abenteuerliteratur vielerorts vollzogen worden. In der Novelle *Il marito* von Alvaro wird allerdings der Archetyp auf den Kopf gestellt, was wiederum einer neuen Fundierung desselben gleichkommt.

Die Bewährungsprobe besteht nicht in der Bewältigung von Gefahren in der Fremde, um der Liebe der höhergestellten Geliebten in der Heimat würdig zu werden, und auch nicht darin, die zu Hause angestrebte soziale Emanzipation mit Hilfe des Fremden zu erreichen, sondern in dem Verzicht auf die erwiderte Liebe der eigenen Ehefrau als Vorbereitung – mehr als Bewährung – auf ein gemeinsames neues Leben nicht zu Hause, sondern in der Fremde, als Ort der sozialen Emanzipation von einem Lebensmodell, mit dem der Ehemann zu Hause in Konflikt geraten ist.

In dem bewußten Verzicht auf einen neuen Anfang mit Frauen aus der Fremde, sowie in der verführenden Begegnung mit der »Frau mit dem ihm vertrauten Blick« (S. 133) wird ausgeführt, wieso das Erwachsenwerden für den Ehemann nur in der Ankunft der eigenen Frau bestehen kann. Durch seine Heirat hat er nicht die Übertragung der sozialen Kontrollkompetenz über ihn und seine zukünftige Familie von der Mutter auf seine Ehefrau verhindern können. Somit hat er mit seinem Gang in die Fremde erreicht, daß die Ausübung der Kontrollkompetenz über ihn vorerst unterbrochen worden ist. Indem er sich mit Hilfe der Fremde außerhalb der Kompetenzsphäre einer matriarchalischen Gemeinschaft gestellt hat, hat er auf einem für beide schmerzhaften Weg die Kontinuität der Gefühle retten können. Die Ankunft von Frau und Tochter würde die Kontrollkompetenz über die ganze Familie völlig außer Kraft setzen und ihm die Möglichkeit verschaffen, sich als Erwachsener zu fühlen und zu handeln.

Die langjährige, absolute Loyalität seiner Frau gegenüber ist der Beleg dafür, wie ernst ihm sein Vorhaben ist, die Emanzipation der Familie zu erreichen, aber auch ein Beleg dafür, daß er seine kulturelle Zugehörigkeit als etwas Zwanghaftes erlebt und daß ihm eine Trennung nur unter höchster Ge-

---

98 Geno Pampaloni, *Alvaro scrittore*, ebd., S. 32.

fahr als vollziehbar erscheinen muß. Die gesuchte Nähe bei »der Frau mit ihrer
Vergangenheit [als Frau], die auf den Feldern geliebt wurde und die in diese
neue Welt gekommen war, um zu dienen, er mit seiner Zuneigung und beide
mit einem Winkel ihres Dorfes und mit einer anderen Zuneigung, blutsverwandt und so fern voneinander, mit dem Gewicht ihrer Rasse, mit ihren
Kämpfen, ihren Liebschaften und ihrem schwierigen Leben« (S. 136), bestätigt das Zwanghafte an der eigenen gemeinsamen kulturellen Zugehörigkeit bis zur Beschwörung unüberwindbarer Grenzen wie dem Gewicht ihrer
Rasse. Ohne sich bei den Begriffen *consanguineo* (blutsverwandt) *razza*
(Rasse) aufzuhalten, die hier gegen die Absicht von Alvaro als sprachliche Zeugen des italienischen Nationalismus aufgegriffen werden können,[99] soll darauf hingewiesen werden, daß in dem obigen Zitat die Geschichte einer Frau
nacherzählt wird, die deswegen in der Fremde leben muß, weil sie mit ihren
Liebschaften und mit ihrem schwierigen Leben versucht hat, die soziale Kontrollinstanz am Geburtsort zu brechen. Die Ungleichheit bei der Machtvertei-
lung hat sie in die Fremde geschlagen. All dies muß dem Mann aufgrund ähn-
licher Erfahrungen aus seiner näheren Umgebung bekannt gewesen sein, da
er keine Konfrontation auf sich genommen und die Auswanderung als gün-
stigere Ausgangsbasis für ein neues Leben mit seiner Familie geplant hat.

Aus der Übereinstimmung ihrer Erfahrungen entsteht in beiden eine Nähe
der Gefühle gegen ihre Isolation als Fremde, die in der Erzählung in einer ab-
schirmenden Grenze gegenüber der Fremde aufgebaut und an ihren sprachlichen Erfahrungen mit der Umwelt ausgeführt wird. In dieser sprachlichen Dimension der Erzählung erscheint die Verwendung der Begriffe blutsverwandt
und Rasse als Rückbesinnung auf einen naturalistischen Determinismus mit
der erwähnten Absicht, den kulturellen Zugehörigkeitszwang beider Figuren
biologisch zu fundieren. Daß der Versuch, die eigene kulturelle Zugehörigkeit
zu behaupten, auf eine Abgrenzung gegenüber den Frauen aus der fremden
Stadt hinausläuft, entspricht der objektiven kulturellen Enge der damaligen
Auswanderung.

Daß Alvaro in seiner Novelle darauf verzichtet hat, gegenüber seinen Protagonisten aufklärerisch tätig zu sein, bestätigt ihn in seinem regionalen Verismus, wo die Gesetzmäßigkeit des Vertrauten der Ungewißheit der Erfahrungen aus der Fremde gegenübergestellt wird, ohne jedoch die Konfliktualität
zwischen dem Eigenen und dem Fremden auszusparen. Hiermit setzt Alvaro
sich von seinem Vorbild Giovanni Verga deutlich ab, der in bezug auf 'Ntonis
Aufenthalt außerhalb von Trezza geschwiegen hatte, und gleichzeitig inter-
pretiert er sein Vorbild richtig, wenn er weder aus seinem Antonello noch aus
seinem namenlosen Ehemann einen sogenannten *Verlierer* macht, denn wie

---

99 In der Tat ist Alvaro bemüht, den Begriff *razza*, der so oft von ihm benutzt wird, als
    biologischen Bezug auf die eigene Geschichte und Kultur zu begrenzen, vgl. *L'a-
    mata alla finestra*, ebd., S. 102, sowie *Le più belle pagine di Tommaso Campanella*,
    (Hg.) Corrado Alvaro, Milano 1935, S. IV u. V, dennoch sind solche Versuche nicht
    frei von Anklängen an die nationalistische Sprache seiner Zeit.

Geno Pampaloni zu Recht festgestellt hat: »sind die Protagonisten dieser Embryo-Erzählungen Alvaros alle, oder fast alle, Demütige, Ausgestoßene, außerhalb des Gesetzes Stehende und irgendwie Enterbte. Aber es sind keine Besiegten.«[100]

In seiner Novelle handelt es sich um die Konflikte selbst und nicht um die Folgen der Konflikte, die vom Erzähler nicht ausgeführt werden, da sie sich aus der Grenzsituation ableiten, in die sich der Ehemann aufgrund seines Vorhabens und mit besten Absichten hineinmanövriert hat. Sein Konflikt ist identisch mit der Grenzsituation der namenlosen Frau, die sie als Konfliktträgerin hat hinnehmen müssen. Als Grundlage der Novelle ist diese Grenzsituation identisch mit der Grenzsituation, welcher sich die Protagonistin aus *La donna di Boston* ohne gesellschaftlichen Zwang und mit sozialer Naivität zweimal ausliefert, als sie den Verbrecher Saverio heiratet und als sie seine Mutter am Geburtsort besucht. Nur im ersten Fall wird die Konflikthaftigkeit in der Hauptfigur durch die Ankunft der Ehefrau und der Tochter von einer möglichen Verlagerung auf die Fremde abgewendet, in *La donna di Boston* erfährt der Konflikt zwischen dem Eigenen und dem Fremden eine bis dahin ungeahnte Verschärfung, die sich zur dargestellten Zerstörung der Andersartigkeit der fremden Frau zuspitzt.

Von besonderer Bedeutung erscheint hier die Frage nach der Ungleichheit der Entwicklung beider Grenzsituationen. Der positive Ausgang der Novelle *Il marito* bestätigt indirekt die Ausweglosigkeit der Grenzsituation in der Novelle *La donna di Boston*. Die Ausweglosigkeit in *La donna di Boston* erwächst aus der Tatsache, daß sich das Eigene in diesem Fall nicht zurückhaltend verhält oder verhalten kann, wie es das Eigene in *Il marito* tut, und dies, weil die fremde Stadt und der fremde Ort grundlegend anders an dem Geschehen beteiligt sind.[101]

Die fremde Stadt ist der Ort der Zuflucht vor vorhandenen Konflikten, wo die Einheimischen der ankommenden Fremden mit Wunschvorstellungen oder mit Abneigung begegnen, die zunächst mit der Fremden nichts zu tun haben. Konflikte sind nicht ausgeschlossen, sie können entstehen, wenn die Interessensphäre der Einheimischen durch die Fremde berührt oder bewußt in Frage gestellt wird. Gerade diese Möglichkeiten werden vom wartenden Ehemann vermieden, selbst wenn er in einem erotischen Notstand auf die Probe gestellt wird.

In *La donna di Boston* verfügt Saverios Geburtsort, als Ort der Fremde für seine Frau aus Boston, über Erfahrungen mit der Fremden, die sich zu latenten

---

100   Geno Pampaloni *Alvaro scrittore*, ebd., S. 38.

101   Vgl. die These von Carlo Salinari, wonach »die Stadt nur der negative dialektische Begriff ist, der nur den nutzlosen Versuch des jungen Bauern unterstreichen soll, sich seinem Schicksal durch eine rein individuelle Lösung zu entziehen.« Eine These, die auch auf die fremden Städte aus den Novellen *Il rubino* und *Ventiquattr'ore* zutrifft, selbst wenn Alvaro sie in der Erzählung *Il marito* außer Kraft setzt. Carlo Salinari, *Corrado Alvaro*, in: *La questione del realismo*, Firenze 1960, S. 106.

Konflikten gebildet haben, und ihre Abfuhr wird um so vehementer ausfallen, weil zwei Grundsituationen befriedigt werden müssen: Die matriarchalische Grundordnung der Dorfgemeinschaft muß vor etlichen Angriffen in Schutz genommen werden, und eine ausstehende, stellvertretende Bestrafung des Fremden muß vorgenommen werden, weil fremde Frauen diese Grundordnung aus der Ferne in Frage gestellt haben, indem sie sich mit ausgewanderten männlichen Mitgliedern der Dorfgemeinschaft eingelassen haben.

Die persönliche und die stellvertretende Abrechnung mit der Fremden geschieht durch eine doppelte Bestrafung, und zwar nach Dantes Grundmodell aus der *Hölle*. Die fremde Frau wird am Ort des Fremden gegen ihren Willen von den Frauen festgehalten, was wiederum besagt, daß das Eigene der Sünderin gegen das Fremde am Strafort ausgetauscht worden ist. Die als unstillbar eingeschätzte Erotik der fremden Frau wird durch lebenslänglichen Verzicht auf Sexualität bestraft bzw. wird sie zum Kontakt mit einer Frau genötigt, die mit deutlich lesbischen Zügen vorgestellt worden ist, was nach Dante besagt, daß die Natur der Strafe in unmittelbaren Kontrast zur Sünde steht.

Vor diesem Hintergrund bestätigt das Modell Dantes beide Erzählungen in ihrer inhaltlichen und argumentativen Kontinuität. Es macht aus ihnen die grundverschiedenen Seiten einer Münze, mit der man gewinnen oder verlieren kann, je nachdem, für welche Seite man sich entscheidet oder entscheiden muß. Der Ehemann geht als Gewinner hervor, da er sich bei der Gründung einer eigenen Familie der matriarchalischen Kontrollinstanz mit Hilfe der Fremde entzieht, die fremde Frau jedoch muß zur Verliererin werden, weil sie sich in ihrer naiven Vorstellung von der Fremde derselben Kontrollinstanz ausliefert, die sie dann als schuldig bestraft, sei es, weil sie aus der Ferne zur Gefährdung der Kontrollinstanz beigetragen hat, sei es, weil sie vor Ort die Fortsetzung der Gefahr darstellt.

Daß Alvaro mit dieser Novelle zum engagierten Aufklärer wider Willen geworden ist, hängt mit der schonungslosen Intensität der geschilderten Vorgänge zusammen, die sich aus der zerstörerischen Ungleichheit zwischen Fremdem und Eigenem ergibt, in die die fremde Frau trotz bester Absichten hineingeraten ist. Es ist keine programmatische Absicht, welche die Frau aus Boston unter der besagten Ungleichheit zum Opfer macht, sondern es handelt sich um eine sozialkritische Wiedergabe der historischen Unfähigkeit der Kontrollinstanz, die mit einem sakralen Opfer, d. h. rein und unschuldig wie die fremde Frau, beschworen werden kann.

Mit der Festlegung einer konfliktreichen matriarchalischen Grundordnung als Ausgangsposition für die Auswanderung steht Alvaro nicht allein. Er befindet sich in einer Tradition, die bei Giovanni Verga begann und die vor allem in den Werken von Saverio Strati ausführlich weitergeführt werden wird.[102]

Alvaro hat den Konflikt deswegen auf den Punkt gebracht, weil er ihn von der klassischen Reduktion auf den Mutter-Sohn-Konflikt befreit, und ihn in der sozialen Emanzipation der Familie aufgehoben hat. Aber auch bei der Fest-

---

102   Vgl. Dritter Teil: 20., c.

legung der anderen Seite der Münze steht Alvaro nicht allein. Er führt mit der gleichen schonungslosen *Pietas* die Lage des Fremden vor, so wie Pirandello es in der Novelle *Lontano* (1902) getan hat. Alvaro erweitert die Komplexität der Problematik und zeigt auf, wie die matriarchalische Kontrollinstanz keineswegs allein gegen die Männer gerichtet ist. Sie macht keinen Halt vor der fremden Ehefrau eines Mitgliedes der Dorfgemeinschaft, nicht, weil diese sich in die schwache Position der Fremden begeben hat, sondern weil sie durch ihre zu nichts verpflichtende Sexualität die Priorität des matriarchalischen Prinzips vor Ort in Frage stellen könnte.

Alvaros Verdienst besteht in der Gleichzeitigkeit mit der er die matriarchalische Priorität durch eine überkreuzte Prüfung des Widerstandsgrades der Institution in Frage stellt, um herauszubekommen, ob die angestrebte Emanzipation mit Hilfe des Fremden möglich ist. Die Ungleichheit der dargestellten Ergebnisse liest sich daher als analytischer Befund über die Lage des Matriarchats im Verhältnis zur Auswanderung:[103] Es ist resistent genug, um jeder inneren Subversion standzuhalten, die mit Hilfe des Fremden unternommen wird, es ist ohnmächtig, sobald der Auswanderer sich bewußt seiner territorialen Kompetenz entzieht, vorausgesetzt, daß er nie an den Ort zurückkommt, und gerade dies hat der Ehemann fünfzehn Jahre lang nicht getan bzw. tun können. Und selbst das positive Ende der Erzählung läßt auf keine kurzfristige Veränderung dieser Situation hoffen.

d) Perspektivische Entsprechung zwischen Auswanderung und Novelle

Angesichts der Novellen *Nell'albero è morto un tale* von Pirandello und *La donna di Boston* von Alvaro, die mit ihrer hohen literarischen Qualität, mit ihrer übergreifenden Thematik und mit der erfolgten Erneuerung der italienischen Novelle durch die Überwindung der abgeschlossenen Formen[104] als zwei paradigmatische Meisterwerke der Literatur der Auswanderung zu betrachten sind, stellt sich die Frage, ob zwischen Auswanderung und Novelle eine perspektive Entsprechung vorliegt. Im Hinblick auf ein nationales Sozialphänomen, das zur Zeit von Pirandello und Alvaro über ein halbes Jahrhundert andauerte, erweist sich die Novelle nach Giovanni Macchia[105] als »Instrument, um mit Hilfe von gewaltsamen Ausschnitten oder unscharfen Einblicken mehr den Reichtum, die Weite und Dichte der ›Welt‹, die er darstellen

---

103 Fast 30 Jahre später wird Alvaro in der Erzählung *Le donne di Bagnara* nicht ohne Stolz zur matriarchalischen Rolle der Frauen in Kalabrien anmerken. »Und so zeichnen die Maler und Fotografen jetzt das Bild eines Frauentyps, der dabei ist, einen Platz im bekanntesten Matriarchat einiger Gebiete Italiens einzunehmen.« *Un treno nel Sud*, Milano 1958, S. 143, sowie S. 145-146.

104 Vgl. Geno Pampaloni, *Alvaro Scrittore*, ebd., S. 36.

105 Luigi Pirandello, *Novelle per un anno* (Hg.) Mario Costanzo, Bd. I, Hbd. I, Milano 1985, S. XVI-XVII.

wollte, auszuforschen als die Qualität der ›Welt‹ als solche. Ein Instrument, das dem Kennenlernen dient, wie von jemandem, der nichts anderes tun muß als warten und beobachten.«[106] Ein Instrument, um die Bruchstellen und die Schnittpunkte zu erfassen, die infolge der Auswanderung an die soziale und kulturelle Oberfläche des Landes befördert worden sind.

Jenseits jeder inhaltlichen Darstellung der Auswanderung und dank der fixierten Örtlichkeit der Erzählperspektive ist es Pirandello gelungen, am Beispiel der Ankunft eines Rückwanderers und der Abfahrt einer älteren Frau in *Nell'albergo è morto un tale* die Auswanderung als erhöhte Gefahr sozialer Anonymität und als Beschleunigung kollektiver Entfremdung herauszuarbeiten. In Alvaros *La donna di Boston* löst das Auftreten einer Amerikanerin eine bittere Konfrontation mit der matriarchalischen Priorität in der Dorfgemeinschaft aus, die sich bis zum Aufkommen der Auswanderung unangetastet erhalten hatte.

In diesem Fall deckt sich die Auswanderung sogar mit der Funktion der Novelle als Instrument der Erkenntnis, indem mittels der Auswanderung aufgezeigt wird, daß der Priorität des Matriarchates Grenzen gesetzt sind und daß dieses zur Verteidigung seiner Kontrollinstanz Gewalt gegen Frauen anwenden muß.

Perspektivische Nähe zwischen Auswanderung und Novelle liegt in der bemerkenswerten Übereinstimmung der Novelle, die in ihrer moderneren Variante der *short story*, sich immer wieder um einen Grenzfall entwickelt, mit der Auswanderung, die als menschliche Erfahrung an und für sich nur entlang wirtschaftlicher, kultureller, sozialer, religiöser, erotischer und exotischer Grenzen verläuft. Sogar ihr Grundunterschied ist genauso prägend wie ihre Übereinstimmung. Während die Novelle vor dem Grenzfall keine Überwindung desselben postuliert, tendiert die Auswanderung per se dazu, Grenzen zu verschieben. Auf der Ebene der Erkenntnis löst sich diese Absicht auf, denn das Scheitern an einem Grenzfall oder das Erfolgreichsein in der Fremde ist für den Erkenntnisprozeß in der Sache produktiv.

Ein weiteres Merkmal der Übereinstimmung ist in dem offenen Ende der Novelle zu sehen, das darüber hinaus auch dem historischen Verlauf der Auswanderung entspricht, die mit ihrem wellenartigen Fortschreiten einer Entwicklung mit vielen Zwischenstufen ähnelt, wo jede Zwischenstufe in der Tat als einzelnes offenes Ende betrachtet werden kann, weil im Stillstand sowohl Überwindung als auch Fortsetzung enthalten sind.

Gerade Pirandellos und Alvaros Novellen mit ihrem fehlenden Anspruch auf Totalität und mit ihrem paradigmatischen Aufbau führen aus, daß jede Zwischenstufe als Teil der abgeschlossenen und der ausstehenden Entwicklung erfaßt werden kann.

Die diachronische Knappheit, mit der die Novelle sich als *short story* zwischen der modernen Lyrik und der Erzählung bzw. dem kurzen Roman angesiedelt hat, erklärt, wieso die Novelle, nach der Lyrik das meistpraktizierte

---

106   Giovanni Macchia, *Pirandello o la stanza della tortura,* Milano ³1986 (1981), S. 63.

Genre ist, um die Auswanderung als Begegnung des Eigenen mit dem Fremden zu erforschen. Der Grenzfall als generative Idee erlaubt, das Fremde und das Eigene in unmittelbaren Kontakt zueinander zu führen, ohne auf zeitlicher, diskursiver, erzählerischer Tiefe aufbauen zu müssen.

Bei der Ausführung der Auswanderung als Grenzfall setzt sich diachronische Knappheit nach wie vor aus »gewaltsamen Ausschnitten oder unscharfen Einblicken« zusammen, mit denen der Novelle ein Zugang zu neuen Inhalten gesichert werden kann. Das Vorgehen erscheint um so notwendiger, weil trotz eigenem oder vermitteltem Wissen über die Auswanderung keine Gesamtheit dessen erreicht werden kann, was *in fieri* ist.

Zur Verdeutlichung des kongenialen Einsatzes der Novelle angesichts der objektiven Schwierigkeiten bei der Thematisierung der Auswanderung als Teil der Fremde und des Fremden als Bestandteil der Literatur der Auswanderung, wird eine Gegenüberstellung der Novelle *Il marito* mit der Novelle *Ventiquattr'ore* von Alvaro vorgenommen.

Während in *Il marito* das Fremde als die fallspezifische Funktionalität fremder Frauen, fremder Sprache und fremder Städte erfaßt und konkretisiert wird, so daß das Fremde sich stets immanent und prägend für das Vorhaben des Protagonisten erweist, zerfällt das Eigene in der Novelle *Ventiquattr'ore* in Aberglauben und Folklore.

Da die Novellen aus demselben Wissensstand, aus den gleichen unmittelbaren Erfahrungen oder vermittelten Informationen geschöpft haben, darf man das Scheitern der zweiten Novelle aufgrund externer Faktoren ausklammern. Die qualitativen Unterschiede wurzeln im Aufbau der Novellen und in der inhaltlichen Ungleichheit der Annäherung an das Fremde und des Einbeziehens des Fremden in das Eigene als der zweiten Seite des Grenzfalls.

Der Versuch, der Novelle *Ventiquattr'ore* eine diachronische Tiefe auf der Basis von Handlungen der Protagonisten zu verleihen, scheitert daran, daß Handlungen in die Novelle eingeführt werden, die sich als Übertragung aus dem Eigenen in das Fremde offenbaren. Die Stringenz eines Grenzfalles kann deswegen nicht erreicht werden, weil der Autor bei der Begegnung des Eigenen mit dem Fremden auf bekannte Klischees zurückgreift, um die Spannung zu überwinden, die er als Handlungen der Protagonisten in der Fremde verstanden haben will. Sie können aber als solche nicht verstanden werden, nicht, weil solche Handlungen in der Fremde unwahrscheinlich wären, sondern, weil gerade die Stringenz der einen Seite des Grenzfalls die andere Seite als Ergebnis einer irreführenden Grundsituation aufdeckt, die der Autor nicht gemeistert hat.

In der Tat: weder die Ankündigung des Fremden »vor der Stadt wuchsen keine der Kräuter, die jemandem, der sie als Junge gegessen hat, so gut schmecken«, mit der die Novelle eröffnet wird, noch die Feststellung, daß »auf fremdem Boden alles anders geworden war«, noch die Hauptthese des Erzählers, daß die allgemeine Begründung war, sein Glück zu suchen; »aber im tiefsten Inneren mußte es noch einen anderen Grund geben, über den sie nicht sprachen, aber den sie ahnten« (S. 167), werden im Lauf der Novelle als Hauptstränge der angepeilten Grundsituation fortgeführt. An ihrer Stelle greift Alvaro auf synthetische Ersatzbilder zurück, wie z.B.: »ein Kellner ..., der wie ein Bild der beiden Kulturen war: er lächelte mit einem angelsächsischen Mund mit zwei vorspringenden Goldzähnen und schaute wie ein Italiener in die Fremde.« (S. 175)

Synthetisch deswegen, weil sie nicht einmal im Rahmen der Literatur um die Auswanderung als neu zu bezeichen sind. Schon in *Gli »americani« di Ràbbato* von Luigi Capuana gab es einen Friseur namens Coda-pelata, der dank seiner dicken Goldkette mit Goldmünze bestens für Amerika werben konnte.[107] Und wie ein »Italiener [nach einer Frau] schauen kann,« war längst u.a. von Paolo Buzzi in seinem Gedicht *La sposa danese*[108] geschildert worden, was von Alvaro in der Novelle *Ventiquattr'ore* bestätigt wird. Synthetisch ist auch die Begegnung mit dem Fremden in einem Restaurant, wo die drei Fremden sofort als Italiener erkannt und zum Singen aufgefordert werden.

Und dennoch erschließt ihnen das Eintauchen in das folkloristische Singen unter lauten Zurufen wie »Italien! Italien! Neapel! Capri! Florenz!« (S. 191) einen doppelten Zugang zur Fremde. Die Sänger erhalten eine Anzahlung für den kommenden Abend, an dem sie im Kapitol auftreten werden, darüber hinaus bekommt einer von ihnen für den kommenden Tag die Visitenkarte einer vielleicht besoffenen Jenny, zusammen mit einer vielversprechenden Verabredung.[109]

Die einzige Unsicherheit, die von nun an und allein für die nächsten fünf Stunden auf ihrer Zukunft in der Fremde lastet, ist die Ungewißheit wegen der unheilvollen Begegnung am Tag zuvor mit jener verwirrten Landsmännin, von der man in der italienischen Gemeinde erzählt, daß sie in 24 Stunden jeden Mann in den Tod treiben kann, den sie einmal mit ihrem rachsüchtigen Blick fixiert hat. Womit nicht nur die Zukunft der Freunde in Frage gestellt wird, sondern auch die Stringenz der Novelle aufgegeben wird. Auf diese Weise findet sie weder zum geschlossenen Ende der Novelle mit veristischer Prägung noch zu dem offenen Ende der short story. Sie löst sich in der zweiten Hälfte einfach auf.

Daß Alvaro mit der Novelle *Ventiquattr'ore* das Niveau seiner besten Novellen veristischer Prägung wie *Cata dorme, La Pigiatrice d'uva* u.a. nicht erreicht hat, hängt sicherlich mit einer grundsätzlichen Schwäche der Mehrheit der Novellen aus dem Band *Gente in Aspromonte* zusammen, die nach Alberto Asor Rosa »durch eine ungelöste Tendenz zum Roman gefährdet sind.«[110] Hinzu kommt der verfehlte Einsatz von Folklore und Aberglaube als Mittel der Reflexion über das Eigene in Berührung mit dem Fremden. Der Einsatz war

---

107   Luigi Capuana, *Gli »americani« di Ràbbato*, Milano-Palermo-Napoli 1912, Kap. »II Coda-pelata«, S. 40.

108   Paolo Buzzi, *Poesie scelte*, (Hg.) E. Mariano, Milano 1961, das Gedicht *La sposa danese*, S. 14.

109   Corrado Alvaro, *Gente in Aspromonte*, ebd., S. 194.

110   Alberto Asor Rosa, *Scrittori e popolo. Il populismo nella letteratura italiana contemporanea,* Roma ⁴1972 (1965), S. 128.

deswegen zum Scheitern verurteilt, weil Folklore und Aberglaube als entfremdete Erscheinungen der eigenen Kultur niemals zur Erkundung der eigenen Beteiligung an dem Fremden beitragen können, und noch weniger eig-
nen sie sich dazu, sich der eigenen Fremdheit bewußt zu werden, sobald man
sich in einen Grenzbereich oder in eine Übergangszone begeben hat, als welche auch die Auswanderung definiert ist.

Daß dies einem Autor geschehen konnte, der sein Fachwissen über die Auswanderung immer wieder durch seine Beobachtungen und Anmerkungen
unter Beweis gestellt hat, hat einfach damit zu tun, daß auch das Schreiben mit
Risiken verbunden ist, die zum Scheitern des Unternehnens führen können.
Wichtig scheint die Tatsache zu sein, daß Alvaro sein Scheitern erkannt hat, da
er, als es darum ging, die dritte Auflage des Bandes *L'amata alla finestra* vorzulegen, die Novelle *Ventiquattr'ore* nicht aufgenommen hat. Im Hinblick auf
den neuen Anfang dieser Literatur nach dem Zweiten Weltkrieg ist dennoch
nicht zu übersehen, daß Alvaro den Übergang zwischen Giovanni Verga, Pirandello und der Generation jener Schriftsteller markiert hat,[111] die sich im
Laufe der dreißiger Jahren mit ihren ersten Werken ankündigen wird. Unter
ihnen sei vor allem auf Cesare Pavese mit *Lavorare stanca* (1936) und Elio Vittorini mit *Conversazione in Sicilia* hingewiesen, die zuerst in den Heften der
Zeitschrift *Letteratura* (1938-39) veröffentlichen werden.

e) Intertextuelle Anknüpfung bei Elio Vittorini und Cesare Pavese

Cesare Pavese hat seinen ersten Gedichtband mit dem Gedicht *I mari del Sud*
aus dem Jahr 1931 eröffnet. Dies ist um so bemerkenswerter, als hier jemand
dargestellt wird, der sich trotz seiner Vergangenheit als Matrose wie ein Rückwanderer verhält. Da er viel vom Amerikanismus als Entwicklungsmodell für
sein Land hält, hat er nach seiner Rückkehr sein akkumuliertes Kapital und
Wissen in die wirtschaftliche Erneuerung seines Geburtsortes investiert. Das
Scheitern seiner Tankstelle und seines Handels mit Traktoren quittiert er mit
der Erkenntnis, daß eine erfolgreiche Vermittlung zwischen Fremdem und Eigenem nur auf der Basis der Gleichzeitigkeit der Erfahrungen durchführbar ist:
»Aber das größte Rindvieh«, sagte er, »bin doch ich gewesen, weil ich es dachte.
Ich mußte doch wissen, daß hier Rindvieh und Menschen eine Rasse sind.«[112]

In einem späteren Gedicht mit dem Titel *Terre bruciate* (1935) kehrt Pavese zum Thema der Ankunft des Fremden am Abfahrtsort mit einem strengen autobiographischen Hintergrund zurück, das sich wie eine Erweiterung
der Position von Verga, Pirandello und Alvaro liest. In seinem Gedicht *Terre*

---

111 Vgl. Friedrich Wolfzettel, *Literaturgeschichte der Verdrängung. das Thema der
   Emigration in der erzählenden Literatur Italiens seit dem Ende des 19. Jahrhunderts*. In: *Italienische Studien*, 10/1987, Wien 1987, S. 5-25.
112 Cesare Pavese, *Lavorare stanca* (1935-1943), zitiert nach *Nuovi Coralli*, Torino
   1984 (1973). S. 11.

bruciate läßt Pavese »den schmächtigen jungen Mann, der in Turin war«[113] erzählen, was schon 'Ntoni Malavolgia hätte erzählen können, wenn die Einwohner von Trezza ihm zugehört hätten. Der zurückgekehrte junge Mann
redet von den fernen Städten des Nordens, von seinen unerfüllten Wünschen
und von seiner Sehnsucht danach. Ihm attestiert der anwesende stumme
Fremde Glaubwürdigkeit, indem er sich von den Zuhörern abwendet, um dem
aufkommenden Schmerz der aufgezwungenen Trennung mit einer trotzigen
Reaktion zu begegnen: »Ich werde in der dunklen Nacht rauchen und werde
nicht einmal das Meer wahrnehmen.«[114]

Vittorini, der in der Besprechung von *L'amata alla finestra* und *Gente in
Aspromonte* auf die Ankunft amerikanischer Frauen am Abfahrtsort hingewiesen hat,[115] greift die Frage der fremden Andersartigkeit am Abfahrtsort auf
und stellt sie der Hauptperson seines Werkes mit folgender noch nicht dage-
wesener Unmittelbarkeit vor:

> »Gut,« sagte ich. »Aber er ist Chinese, er spricht nicht unsere Sprache und kann mit
> keinem Menschen reden, kann nie lachen, er zieht hier herum mit seinen Ketten und
> Krawatten, mit seinen Gürteln, und er hat kein Brot, er hat kein Geld und verkauft
> nie etwas, er hat keine Hoffnung. Was denkst du von ihm, wenn du ihn so siehst, wie
> er wie ein armer Chinese ohne jede Hoffnung ist?«[116]

Die befragte Mutter antwortet auf die wiederholte Frage mit einer Gegenfrage
bezüglich der Lage der Sizilianer, denen es nicht anders ergeht als dem Chinesen. Anhand der Gegenfragen der Mutter wird dem Chinesen jeder Bestandteil seiner Andersartigkeit streitig gemacht; nicht, weil die Sizilianer
sogar äußerlich mit den Chinesen verwechselbar wären,[117] sondern vielmehr,
weil es die Priorität der Misere der Sizilianer nicht zuläßt, daß man sich um die
Andersartigkeit des Chinesen kümmert. Nur in einem Fall läßt die Mutter die
Einwände des fragenden Sohnes nicht gelten. Ihr leuchtet es nicht ein, warum
der Sohn der Meinung ist, daß eine Frau einem armen Herumziehenden,

---

113   Ebd. S. 39.
114   Ebd. S. 40.
115   Elio Vittorini, *Diario in pubblico*, ebd., S. 10, zum Verhältnis von Elio Vittorini zu
      Alvaro vgl. Ettore Mazzali, *L'anabasi europea di Alvaro narratore*, in: AA.VV., *Cor-
      rado Alvaro, l'Aspromonte e l'Europa*, ebd., S. 351-352.
116   Elio Vittorini, *Nome e Lagrime*. Firenze 1941. Hier wird als *Conversazione in Sicilia*,
      in: *Opere di Elio Vittorini*, Bd. 4, Torino 1966 (1941), S. 79. Hierzu vgl. Gaetano Trom-
      batore, *Il prima e il poi di Vittorini*, in: *Scrittori del nostro tempo*, ebd. S. 234-240
      sowie Domenica Perrone, *I sensi e le idee. Brancati, Vittorini, Joppolo*, Palermo
      1985. Vor allem Kap. VII »Conversazione in Sicilia, ovvero la carta della letteratura,«
      S. 98-109. Zur Darstellung der Chinesen in Italien vgl. Luigi Ambrosoli/Enrica Bian-
      chetti/Lucia Escoffier (Hgg.), *Letteratura Civiltà Problemi*, Firenze 1976 (1974), »Vor
      dem Zweiten Weltkrieg durchstreiften zahlreiche Chinesen Italien, um Halsketten,
      Armbänder, Krawatten und Lederwaren zu verkaufen«. S. 670. Zu Elio Vittorinis
      Kindheitserlebnis mit den Chinesen vgl. *Diario in pubblico*, ebd., S. 170.
117   *Opere di Elio Vittorini*, Bd. 4, ebd., S. 79.

wenn er ein Chinese ist, nichts geben würde, wohl aber einem Sizilianer.[118]
Die Antwort ist insofern zweideutig, als die Mutter dem Sohn kurz davor gestanden hatte, daß sie die Ehetreue gerade mit einem sizilianischen Herum-
reisenden gebrochen hat.

Aber gerade die Fragestellung nach der Andersartigkeit des Chinesen erweist sich als übergreifende Verbindung zwischen *Conversazione in Sicilia*
und der Anthologie *Americana*, an der Vittorini zur selben Zeit arbeitete, wo
zu lesen ist:»In diesem Märchen ist Amerika eine Art sagenumwobener neuer
Orient, und ein Mensch ist dort jedesmal etwas ganz Besonderes, sei er Filip-
pino, Chinese, Slawe oder Kurde, und im Grunde ist er immer derselbe: lyrisches ›Ich‹, Protagonist der Schöpfung... Und Amerika ist nicht mehr Amerika,
ist nicht mehr eine neue Welt: Es ist die ganze Welt.«[119]

In der Tat waren in Amerika konkrete Berührungsmöglichkeiten zwischen
Italienern und Chinesen aufgrund räumlicher und gesellschaftlicher Einord-
nung der beiden Einwanderergruppen längst gegeben; und aus der Sicht des
Aufnahmelandes traf eine Austauschbarkeit der Lage der Chinesen mit der der
Italiener in der Tat zu. Eine Austauschbarkeit, die in manchen Situationen, wie
im Fall des Protagonisten aus *La luna e i falò* von Pavese sogar wünschenswert
erscheint:»Am Abend sah man über das Wasser der Bucht die Lichter von San
Francisco. Ich ging dort hin, war einen Monat im Gefängnis und hungerte,
und als ich herauskam, war ich soweit, daß ich die Chinesen beneidete.«[120]

Unabhängig von der angeführten Entsprechung im Werk von Pavese und
trotz jeder weiteren symbolischen Valenz in Gestalt des Chinesen in der italienischen Literatur aus dieser Zeit[121] läßt sich bei Vittorini eine Verbindung
zur italienischen Auswanderung über die Gestalt des Chinesen anhand der
Tatsache begründen, daß Vittorini den Chinesen in einem Teil seines Werkes
auftreten läßt, der zweifellos in einer engen Verbindung mit der historischen
Auswanderung aus Sizilien steht.[122]

Fast als Provokation für eine kritische Überprüfung der Inhalte seiner Erzählung *Gli »americani« di Ràbbato* hatte Luigi Capuana sein Werk im Vorwort als historisches Dokument bezeichnet und die Erzählung in der Widmung an Verga als Trägerin von »Wahrheiten« angepriesen. Die Provokation

118 Ebd., S. 79-80.
119 Elio Vittorini (Hg.) *Americana*, 2 Bde., Milano ³1991 (1941), S. 963.
120 Cesare Pavese, *La luna e i falò*, zitiert nach *Nuovi Coralli*, Torino 1971 (1950),
     S. 15.
121 Vgl. z.B. Corrado Alvaros Novelle *Ballo in maschera* (1930), in: *La Signora dell'Isola*,
     Lanciano 1930.
122 Angesichts der »unglücklichen Wiederkehr« der Nordafrikaner »mit [ihren] Hals-
     ketten und Krawatten, mit [ihren] Gürteln«, zuerst nach Sizilien und dann in jede
     andere italienische Stadt, kommt dem Chinesen von Elio Vittorini die Bedeutung
     einer Vorwegnahme der Aktualität Italiens ab den siebziger Jahren zu, als das klas-
     sische Land der historischen Auswanderung sich nun im eigenen Land mit Frem-
     den konfrontiert sieht. Hierzu vgl. Antonino Cusumano, *Il ritorno infelice*, Pa-
     lermo 1976.

hat mindestens bei Vittorini Wirkung gezeigt, da er sich in Teil III von *Conversazione in Sicilia* zu einer Gegendarstellung gezwungen sieht, wenn er seinen Leser mit einem Rundgang im Dorf konfrontiert, der ähnlich wie im Kapitel XIV von *Gli »americani« di Ràbbato* strukturiert ist. Eine Gegendarstellung, die, nach Alberto Moravia, ihm zum besten Teil des Buches verhilft, weil Vittorini hier wenig kommentiert und die Tatsachen sprechen läßt.[123]

Ohne *Gli »americani« di Ràbbato* als bindende Vorlage für diesen Teil von *Conversazione in Sicilia* mißbrauchen zu wollen, fällt auf, daß der »Arztrundgang« durch:»das Klein-Sizilien mit seinen Hügeln, seinen Mispeln und seinen Ziegeln, den Löchern in den Felsen, der schwarzen Erde, den Ziegen und der Dudelsackmusik, das sich hinter uns entfernte und in der Höhe Wolke oder Schnee wurde«[124] in einem symmetrischen Verhältnis zu dem Arztrundgang in *Gli »americani« di Ràbbato* betrachtet werden kann.

Der Ich-Erzähler, ein Sizilianer, der lange außerhalb von Sizilien gelebt hat und nun das Sizilien seiner Jugend wiederentdecken will, sieht sich, unmittelbar vor seiner Ankunft auf Sizilien dazu gezwungen, sich als Amerikaner auszuweisen, weil jeder Sizilianer, der nach Sizilien zurückkehrt, dies nur als Amerikaner tun kann. Mit einem doppeldeutigen und für die damalige politische Wetterlage provokativen Satz »Amerikaner bin ich. Seit fünfzehn Jahren«[125] nimmt er die ihm aufgezwungene Rolle an, aber kurz danach muß er feststellen, daß [er] »ihm nichts Schlechtes über ein Amerika erzählen konnte, in dem [er] nicht gewesen war und das letztlich nicht einmal das richtige Amerika, nichts Greifbares war, sondern seine Vorstellung vom Himmelreich auf Erden.«[126]

In dem vorliegenden Zusammenhang ist diese Feststellung deswegen von besonderer Bedeutung, weil sich der Ich-Erzähler hier in derselben Grundsituation gegenüber Amerika befindet wie der Autor in *Gli »americani« di Ràbbato*: er muß von einem Amerika schreiben, in dem er selbst nie gewesen ist, im Bewußtsein, daß das Amerika, von dem er nun schreiben wird, als Be-

---

123   Alberto Moravia, *Vittorini »Gran Lombardo«*, in: *Documento* Nr. 4, April 1941, zitiert nach Elio Vittorini, *Conversazione in Sicilia*, BUR, Milano 1990 (1988), S. 73.

124   Eine weitere Entsprechung zwischen den beiden Autoren besteht darin, daß auch Elio Vittorini, wie schon Luigi Capuana, am Beispiel von 'Ntoni Malavoglia den Drang nach der Fremde über die Ableistung des Militärdienstes erfüllt. Bei Luigi Capuana ist dies in der Novelle *Scurpiddu* (1898 an der Sehnsucht des Soldaten nach fremden Städten feststellbar. Vgl. *Scurpiddu*, in: *Narratori dell'Ottocento e del primo Novecento*. Bd. 64, Hbd. 2 (Hg.) Aldo Borlenghi, Milano Napoli, 1962, S. 357. In *Conversazione in Sicilia* von Elio Vittorini ist der Drang nach der Fremde an der Freude des Bruders des Ich-Erzählers abzulesen, ebd., S. 131. Zur Verbindung zwischen Auswanderung und Militärdienst, bzw. Krieg in der italienischen Literatur dieses Jahrhunderts vgl. auch Corrado Alvaro, *Vent'anni*, Milano 1930, und Leonardo Sciascia, *Le parrocchie di Regalpietra. Morte dell'inquisitore*, Bari 1973 (1956) S. 45.

125   *Opere di Elio Vittorini*, Bd. 4, ebd., S. 10.

126   Ebd., S. 12.

standteil der Hoffnungen des Lesers im Gespräch schon vorhanden ist. Das Verhältnis zwischen Gespräch und Hoffnung beim Leser wird von Vittorini genauso ernst genommen wie Luigi Capuana dies getan hat, nur wird es anders eingelöst.

Luigi Capuana hatte das Verhältnis zwischen Gespräch und Hoffnung bei dem Arzt Liardo und dem Großvater Lamanna in einen optimistischen Glauben an den Fortschritt umgesetzt, indem der Arzt nach jedem Besuch keine Auskunft über den Zustand des Kranken oder die Natur der Krankheit an den Begleiter weitergibt, sondern, indem er die Aufmerksamkeit des Großvaters auf die Belege des Fortschrittes in der Gemeinde lenkt, der infolge der Auswanderung auch in das Dorf eingezogen war. Bei Vittorini begleitet der Ich-Erzähler die eigene Mutter auf dem abendlichen Rundgang durch die Gemeinde, als sie Kranke aufsucht, um ihnen eine Spritze zu geben. Der Begleiter bleibt nicht vor den Häusern stehen, diesmal erfährt er etwas über die Krankheiten und die Lebenssituation in der Gemeinde aus unmittelbarer Nähe. Und es sind die Ergebnisse dieses Rundganges, die dazu führen, daß das Verhältnis zwischen Gespräch und Hoffnung bei Vittorini sich anders als bei Capuana gestaltet. Das anfängliche Bild des Klein-Siziliens verschwindet immer mehr und am Ende des Rundganges nimmt es eine so hoffnungslose Gestalt an, die per se zu einer kritischen Überprüfung des lauten Glaubens an den Fortschritt bei dem Arzt Liardo auffordert.

Aber Vittorini geht einen Schritt weiter. Mitten in diesem kritischen Rundgang läßt er die Frage nach der Andersartigkeit der Lage des Chinesen aufkommen und zugleich läßt er die Mutter des Ich-Erzählers die Austauschbarkeit der Lage der Sizilianer mit der der Chinesen so festhalten, daß aus beiden Standorten ein Hinweis auf das Verbindende neuerer Themen für die Literatur um die Auswanderung wird, obwohl diese Absicht anhand der zitierten Vorlagen allein nicht einwandfrei herauszuarbeiten ist.[127]

Zwei Eintragungen aus dem Werk *Diario in pubblico* bieten sich an, um die obige Fragestellung in ihrer Komplexität und in ihrer Zweckmäßigkeit zu verdeutlichen. Die erste Eintragung vom August 1937 ist kultureller Natur und betrifft »den Fremdenhaß in Italien«. Hier ist schon die Ausgangsposition erkennbar, die zum Streitgespräch mit der Mutter über die Andersartigkeit des Chinesen als Ausländer führen wird. »Der Haß auf den Fremden als Fremden, als einen, der anders ist, der sich anders anzieht und anders redet, der sich anders verhält und der durch sein Anderssein gefährlich besser dasteht als einer, der sein Glück selbst beim Schopf packen kann.«[128]

---

127   Zur Schlüsselfunktion der Nebenfiguren in *Converazione in Sicilia* vgl. Sergio Pautasso, *Guida a Vittorini*, Milano 1977, S. 118.

128   *Opere di Elio Vittorini*, Bd. 9, *Diario in pubblico*, Torino 1980 (1957), S. 84-85. Daß die Eintragung über »L'odio dello straniero« (August 1937) und das Streitgespräch aus *Conversazione in Sicilia* (1938-39) auch als Vorwegnahme bzw. kritische Anmerkung zum faschistischen *Manifesto della razza* aus dem Jahr 1938 zu verstehen sind, steht genau so außer Zweifel wie die hier aus gegebenen Gründen bevorzugte Lesart der zitierten Vorlagen.

Die zweite Eintragung, die unter dem Datum Dezember 1937 unmittelbar darauf folgt, ist eher literarischer Natur, selbst wenn sie von Vittorini mit dem Titel
»Autobiographie. Amerikanismus nicht aus Trotz« vorgestellt wird. Hier ist ein
Bekenntnis zum Amerikanismus zu lesen, d.h. zur amerikanischen Literatur, das
von der historischen Einwanderung in das Land der amerikanischen Literatur inhaltlich keineswegs zu trennen ist. Sie liest sich fast wie ein Literaturprogramm
in nuce: »Und beladen mit der alten Welt, einer eher flüchtigen Last, wird sie das
eigentlich Amerikanische zu etwas Besonderem, Konkreten und Definitiven machen, je mehr Amerika die ›alte‹ Welt hinter sich läßt, desto reicher wird es.«[129]

So gesehen verläuft Vittorinis Annäherung an die Auswanderung auf zwei
getrennten, jedoch parallelen Ebenen, die nach Sergio Pautasso als die Ebenen
des Gedächtnisses und der Realität[130] zu verstehen sind und die sich in *Conversazione in Sicilia* über die jüngste Sozialgeschichte der Insel und über Vittorinis Aneignung der Literatur und Kultur der USA äußern.

Eine Synthese dieser zweifach angestrebten Nähe an die USA ist von Vittorini in seiner Anthologie *Americana* (1941)[131] vorgelegt worden, wo er John
Fante, einen der ersten bedeutenden US-Schriftsteller italienischer Abstam-
mung mit dem Text *Una famiglia neo-americana* über die italienische Einwanderung in die USA aufgenommen hat.[132]

Pavese hat es vorgezogen, auf eine andere Art die beiden Ebenen zu verbinden. In dem Gedicht *I mari del Sud* wird die Verbindung zwischen der
Fremde und dem Eigenen durch die Erzählung des zurückgekehrten Matrosen
dargestellt. Eine Synthese des Verlangens des Matrosen und des lyrischen Ichs
nach demselben Fremden findet im letzten Teil des Gedichtes statt. Hier wird
erwähnt, daß der Matrose in seinem Erzählen von der Fremde immer wieder
auf seine Walfangexpedition eingeht, eine prägende Lebenserfahrung, die
sich mit Paveses literarischer Erfahrung von Amerika deckt, der zu diesem
Zeitpunkt an seiner Moby Dick-Übersetzung arbeitete.[133] Die Absage an die
exotische Schönheit fremder Landschaften durch den Matrosen weist auf den
nüchternen Ernst hin, mit dem die Annäherung als Voraussetzung der Vermittlung angestrebt wird:[134]

---

129 *Opere di Elio Vittorini*, Bd. 9, ebd. S. 83-84.

130 Sergio Pautasso, *Guida a Vittorini*, ebd., S. 119.

131 Zur Entstehung und Bedeutung seiner *Antologia Americana*, Firenze 1941 bzw.
     Milano 1942, als Annäherungsbeitrag an die amerikanische Literatur und Gesell-
     schaft vgl. Dominique Fernandez, *Il mito dell'America negli intellettuali italiani.
     Dal 1930 al 1950*, Caltanissetta/Roma 1969, S. 35-36 u. S. 156-162 sowie Antonio
     Pietropaoli, *Freud e Vittorini in America*, in: *Letteratura fra centro e periferia.
     Studi in memoria di Pasquale Alberto De Lisio*, Gioacchino Paparelli/Sebastiano
     Martelli (Hgg.), Napoli/Roma 1987, S. 1117-1137.

132 Zitiert nach Elio Vittorini (Hg.) *Antologia Americana*, 2 Bde., Milano ³1991,
     S. 1023-1036.

133 Cesare Pavese, *La letteratura americana e altri saggi*, Torino 1962, S. 51-75.

134 Vgl. Nemi D'Agostino, *Pavese e l'America*. In: *Studi Americani* (Dir.) Agostino Lom-
     bardo, Roma 1960, H. 4/1958, S. 399-413, »In der amerikanischen Literatur fand er

Ma quando gli dico
ch'egli è tra i fortunati che han visto l'aurora
sulle isole piú belle della terra,
al ricordo sorride e risponde che il sole
si levava che il giorno era vecchio per loro.[135]

(Aber als ich ihm sage / daß er zu den Glücklichen gehört, die die Morgenröte / über den schönsten Inseln der Welt gesehen haben / lächelt er bei der Erinnerung und antwortet / daß die Sonne, sich erhob, daß der Tag für sie alt war.)

So gesehen haben Pavese und Vittorini nicht nur die reifsten Ergebnisse der Literatur um die Auswanderung zu Eigenem gemacht, sie haben diese Literatur auf ein Ziel ausgerichtet, das aufgrund der geförderten Voraussetzungen und der einzulösenden Ansprüche auf eine Erneuerung ihres Standorts hinauslaufen mußte, der von Dominique Fernandez zu Recht darin festgemacht worden ist: »Man begeistert sich nicht mehr für oder gegen Amerika – man versucht, es zu verstehen, und kommt vielleicht dahin, es zu kennen.«[136]

Die metaphorische Polyvalenz der Heimkehr, der modellhafte Charakter einer Sprache, die per se Vermittlung von Wissen über das Fremde und das Eigene sein will, und die ausgewogene Übereinstimmung zwischen dem Aufbau des Romans und dem Lebenslauf des Protagonisten haben eine Annäherung an die Auswanderung ermöglicht, die über die Thematisierungen hinausgeht, die bis in die dreißiger Jahre auf der Basis sozio-kultureller Wahrnehmungschemata durchgeführt worden sind. Und in der Tat wird von den beiden Pavese derjenige sein, der mit dem Einfluß seines Romans *La luna e i falò* (1950) auf Plinio Martinis *Il fondo del sacco* (1970)[137] literarische und kulturelle Intertextualität[138] als angestrebte Erneuerung der betreffenden Literatur stiften wird.

[Pavese] den Drang [zur Reife] und, vor allem in Melville, die schließlich erlangte Reife.« (S. 411) Ferner Ruggero Puletti, *La maturità impossibile*, Padova 1961, hier vor allen Kap. XII »Dagli ultimi versi a »La luna e i falò«, S. 270-287.

135   Cesare Pavese, *Lavorare stanca*, ebd., S. 11.

136   Dominique Fernandez, *Il mito dell'America negli intellettuali italiani. Dal 1930 al 1950*, ebd., S. 112, ferner Nicola Carducci, *Gli intellettuali e l'ideologia americana nell'Italia degli anni trenta*, Manduria 1973.

137   Vgl. Claudine Reymond, *I temi dell'America e del ritorno in patria ne Il fondo del sacco di Martini e ne La luna e i falò di Pavese*. Etude de Lettres, Nr. 4/1984, Lausanne 1984, S. 29-43. »Während der Lektüre von Il fondo del sacco von Plinio Martini, bin ich mehrmals von Bildern der Einsamkeit des Exils, der Erinnerung an die Vergangenheit wie von nahen und fernen Echos aus *La luna e i falò* von Cesare Pavese berührt worden.« (S. 29) Ferner Sebastiano Martelli, *Identità condizione ed immaginario. l'emigrazione ne »Il fondo del sacco« di Plinio Martini*, In: AA. VV., *Lingua e letteratura italiana in Svizzera*, Bellinzona 1989. S. 137-152.

138   Armanda Guiducci, *Il Mito pavese*, Firenze 1967, *La dimensione americana*, S. 107-222 und Elio Gioanola, *Cesare Pavese, La poetica dell'essere*, Milano 1971, S. 358-359.

10. Erste Zwischenbilanz

Angesichts der exemplarischen Ergebnisse der Novelle im Bereich der Literatur der Auswanderung liegt es nahe, von einer nicht zufriedenstellenden Bilanz des Romans und der Lyrik zu sprechen. Während fragmentarische Licht-
blicke in der Lyrik keinen Anlaß zu weiterführenden Fragestellungen bieten,
sollen zum Schluß einige Faktoren der defizitären Ergebnisse des Romans auf
den Punkt gebracht werden. Obwohl Ugo Ojetti zu Recht auf den fehlenden
Kontrast zwischen den Kulturen hingewiesen[139] und Antonio Gramsci die
Unkenntnisse der betreffenden Schriftsteller über die Auswanderung, ihre Ursachen und die Aufnahmeländer moniert hat[140], sind die vorliegenden Ergebnisse nicht allein dadurch zu erklären.

Bei der Modellvielfalt des italienischen Romans aus der Zeit des *Postrisorgimento* bis zur Jahrhundertwende[141] läßt sich kaum behaupten, daß der
Roman an sich nicht in der Lage war, sich grundlegende Fragen der Auswanderung zu eigen zu machen. Vielmehr ist der Frage nachzugehen, wieso
die *narrazione romanzesca*[142] als gemeinsamer Nenner der damaligen Ro-
manmodelle und die gewissenhafte Beobachtung[143] als Postulat des veristischen bzw. sozialengagierten Romans oder als Grundlage der Reiseliteratur
bei der Thematisierung der Auswanderung zu unbefriedigenden Resultaten
geführt haben, wenn man von *I Malavoglia* und *Il Marchese di Roccaverdina*
absieht.

In der Tat, während der diachronische Aufbau des Romans aufgrund seiner
Auswanderungsinhalte in die Fremde führen mußte, verlangte die gewissenhafte Beobachtung, die Ereignisse vor und nach der Auswanderung so zu erfassen, als ob der Autor über eine Gleichzeitigkeit der Kulturen verfügen
könnte. Die Tatsache, daß derartige kontroverse Anforderungen nur oder gerade in *I Malavoglia* und zum Teil in *Il Marchese di Roccaverdina* eingelöst
worden sind, ist dadurch zu erklären, daß Giovanni Verga und Luigi Capuana

---

139 Ugo Ojetti *Lettera a Piero Parini sugli scrittori sedentari*. In: *Pegaso*, Jg. II, Nr. 9,
     September 1930, Firenze 1930, S. 340-342.
140 Antonio Gramsci *Quaderni del carcere*, (Hg.) Valentino Gerratana, 4 Bde., Bd. III,
     Torino 1975, 58 »Il sentimento ›attivo‹ nazionale degli scrittori«, S. 2254.
141 Vgl. Alberto Asor Rosa, *Scrittori e popolo. Il populismo nella letteratura italiana
     contemporanea*, Roma ⁴1972 (1965); Angela Bianchini, *Il romanzo d'appendice*,
     Torino 1969; Folco Portinari, *Le parabole del reale. Romanzi italiani dell'Otto-
     cento*, Torino 1976; Umberto Eco, *Il superuomo di massa*, Milano 1978 (1975);
     Renzo Paris, *Il mito del proletario nel romanzo italiano*, Milano 1977.
142 Peter de Meijer, *La prosa narrativa moderna*, in: *Letteratura Italiana*, Alberto
     Asor Rosa (Hg.), HBd. II, »La prosa«, Torino 1984, S. 759-847, hier »La narrazione ro-
     manzesca«, S. 792-820.
143 Vgl. den Brief an seinen Freund Paola vom 21. April 1878, zitiert nach Lina Per-
     roni/Vito Perroni, *Storia de »I Malavoglia«*. In: *Nuova Antologia*, Roma 1940, Jg.
     LXXV, S. 105-131, 237-251 u. 114.

sie als die Grenze respektiert haben, die die anhaltende Auswanderung ihnen und ihrem veristischen Romanprogamm gesetzt hatte.

Wenn Giovanni Verga unmittelbar vor Abschluß seines Romans an Luigi Capuana schreibt: »Deswegen hätte ich mir gewünscht, mich aufs Land zurückzuziehen, ans Meeresufer, zwischen die Fischer, um sie in ihrem Leben zu erfassen, so wie sie Gott erschaffen hat. Und dennoch wird es sicherlich nicht falsch sein, daß ich sie aus einer gewissen Ferne mitten im Treiben einer Stadt wie Mailand oder Florenz betrachtete«[144], gibt er genau das Dilemma jedes Schriftstellers wieder, der sich des Themas der nicht abgeschlossenen Auswanderung annimmt. Und wenn er dann seinen Standort »mitten im Treiben einer fernen Stadt« durch folgende zwei Fragen unterstreicht: »Und bist du nicht der Meinung, daß der Anblick mancher Tatbestände für uns nur dann zu einem Ergebnis führen kann, wenn er unter einem bestimmten Blickwinkel erfolgt? Und daß wir nur dann ehrlich und wahrhaft fruchtbar sein können, wenn wir uns der Anstrengung einer intellektuellen Wiedergabe (*ricostruzione intellettuale*) unterwerfen und die Augen durch den Verstand ersetzen?«[145] dann wird ersichtlich, daß in einem veristischen Romanprogramm der Standort in der Ferne und die Nähe der Inhalte so eng miteinander verknüpft sind, daß *I Malavoglia* als »intellektuelle Wiedergabe« nur aus der Ferne möglich geworden ist.

An der Gültigkeit seines Postulats hat Giovanni Verga bei der Thematisierung der Auswanderung besonders festgehalten. Dies läßt sich z.B. an der Umsetzung der »gewissenhaften Beobachtung« und der »intellektuellen Wiedergabe« ablesen, wenn es darauf ankommt, 'Ntonis Aufenthalt fern von Trezza zu gestalten. Obwohl Giovanni Verga sich selbst in fremden Städten aufgehalten hat, was eine gewissenhafte Beobachtung vor Ort erlaubt hätte, hat er so konsequent auf jede illustrative Wiedergabe von 'Ntonis Erfahrungen in der Fremde verzichtet, daß aus dem Aussparen ein unlösbarer Rezeptionsknoten geworden ist.

Die Vermutung seines ersten Rezensenten Francesco Torraca: »Hätte Verga einen längeren Roman schreiben dürfen [...], wäre die Reise zu einer selbständigen Episode angewachsen, reich an anziehenden Aspekten und sehr geeignet, ein genaues Bild von 'Ntonis Charakter (zu zeichnen),«[146] wird hier erwähnt, weil die Wortauswahl Reise anstatt Aufenthalt oder Erfahrung eine Lesererwartung signalisiert, die am ehesten angesichts der damals florierenden Amerika- und Reiseabenteuerliteratur zu verstehen ist.[147] Eine Reiseliteratur

---

144   Gino Raya, *Carteggio Verga-Capuana*, Roma 1984, Brief aus Catania vom 14. März 1979, S. 80.
145   Ebd., S. 80.
146   Francesco Torraca, *I Malavoglia*, in: *Saggi e Rassegne*, Livorno 1885, S. 223.
147   Hierzu gehören die erfolgreichen Reiseberichte von Edmondo De Amicis. *Spagna 1873, Olanda 1874, Ricordi di Londra 1874, Marocco 1876, Costantinopoli 1878-79, Ricordi di Parigi 1879* und das noch erfolgreichere Abenteuer-Opus von Emilio Salgari mit ca. 80 Romanen und 130 Erzählungen. Für die Amerikaliteratur vgl. von Giuseppe Massara *Viaggiatori italiani in America* (1860-1970), Roma 1976 und *Americani*, Palermo 1984.

mit veristischer Prägung wäre nach Francesco Torraca in der Lage gewesen, die Reise in ihrer Funktion als Darstellung der Auswanderung in den Roman zu integrieren.

Zum Verzicht Giovanni Vergas, 'Ntonis Reise in den Roman aufzunehmen – ein Verzicht, der von den späteren Autoren als strukturell bestätigt worden ist – trägt zusätzlich seine Entscheidung bei, sich strikt an die Choralität als seinem Erzählmodell zu halten. Da nach Verga Choralität nur dort herstellbar ist, wo die Personen über eine ego- und ethnozentrische Unmittelbarkeit der Rede und der erlebten Rede verfügen können, wären Reise und Aufenthalt in der Fremde einem Bruch derselben gleichgekommen, da in einer fremden Umgebung eine zentrovertierte Unmittelbarkeit zwangsläufig an der vorläufigen Isolation des Ankömmlings scheitern müßte.

Daß Giovanni Verga sich dessen bewußt war, geht aus der Tatsache hervor, daß er 'Ntoni von seinen Erfahrungen in der Fremde retrospektiv nur das erzählen läßt, was die Choralität des anhaltenden Redeflusses der Einwohner von Trezza nicht stören kann. Das erklärt auch, weshalb in 'Ntonis Erzählung keine konkreten Informationen über die Fremde enthalten sind, die nur über darstellende Monologe zu vermitteln wären. Dagegen ist bei dem Erzählten genau das zu hören, was die Dorfbewohner schon zuvor von der Fremde gehört und gehalten haben: die Fremde als die gewünschte und zugleich gefürchtete Alternative zu ihrem Leben im Dorf.

Gegen das eigene Postulat einer gewissenhaften Beobachtung, die per se auch unterwegs stattfinden kann, liest sich Giovanni Vergas veristisches Programm als rigorose Begrenzung auf die kollektive Erfahrbarkeit vor Ort, da diese die unabdingbare Voraussetzung für die erzählende Choralität ist. Inwieweit sich Giovanni Verga auf diesem Weg bewußt von der damaligen Amerika- und Reiseliteratur absetzen wollte, ist in diesem Kontext nicht so wichtig wie die Tatsache, daß er mit seinem Modell im Jahre 1881 genau das vorweggenommen hat, was Antonio Gramsci 1934 als erstes Ziel einer Literatur der Auswanderung zusammenfassen wird: »Jeder Auswanderer schließt noch vor seiner Abfahrt aus Italien ein Drama in sich ein.«[148]

Auf die Darstellung von 'Ntonis Drama ist kein zweiter Schritt gefolgt. Der Kontrast zwischen den Ländern, Kulturen und Gesellschaften vor Ort, wie ihn später Ugo Ojetti verlangen wird, ist ausgespart worden. Und dennoch besagt Giovanni Vergas besondere Stellung keineswegs, daß er nicht auch so wie die anderen Autoren von Anfang an den Kontrast als Kernfrage und Ziel der Literatur der Auswanderung erkannt hätte. Anhand der vorliegenden Ergebnisse ist vielmehr zu vermuten, daß die anderen Autoren etwas mehr von dem wagen wollten, was Giovanni Verga bereits als Drama vor der Abfahrt und die Rückkehr als Fortsetzung des Konflikts festgelegt hatte.

Von Raffaele Martire bis Francesco Perri sind stets Versuche unternommen worden, durch eine diachronische Wiedergabe der Handlungen vor und nach der Auswanderung den Kontrast so zu erfassen, daß er nicht an der Unmög-

---

148   Antonio Gramsci, *Quaderni del carcere*, ebd., S. 2254.

lichkeit eines geokulturellen Standortwechsels des Autors zu scheitern braucht.

Als geeignete Instrumente für ein solches Unterfangen sind der Brief aus der Fremde, der Besuch im Geburtsort, die Ankunft des Fremden am Abfahrtsort und das Mitreisen des Ich-Erzählers wie bei Edmondo De Amicis und Enrico Corradini verwendet worden.

Der Brief aus der Fremde, der nur einmal und zwar sofort nach der Ankunft geschrieben wird, um die im Werk ausgesparte Reise auszugleichen, kann nicht die Erfahrungstiefe aufweisen, die nötig wäre, um den Kontrast zu erfassen, dem sich der Einwanderer durch die Auswanderung ausgesetzt hat.[149] Aus der Gegenüberstellung der Briefe bei Luigi Capuana und Francesco Perri wird deutlich, daß der Brief als Instrument des Übergangs vom eigenen zum fremden Standort dient und inhaltlich der zentralen Instanz des Werkes untergeordnet ist.

In dem Brief kündigt sich das an, was im zweiten Teil des Werkes zu einer endgültigen Aussage über die Fremde im Verhältnis zum Abfahrtsort konkretisiert wird. Zum Beispiel wird im ersten Brief der Brüder Lamanna an den Großvater jener hektische Amerikanismus[150] angekündigt, der am Ende der Erzählung als Angebot an die Generation des jüngsten Enkels für eine neue Identität herausgestellt wird. In dem Brief in Francesco Perris *Emigranti* ist Amerika sogleich als Ort des Unglücks erkennbar, denn es wird als ein Land angesehen, wo »das Gold wie Wasser fließt, genauso wie bei uns, wenn es beim Scirocco regnet.«[151] Somit kann die Auswanderung weder Flucht vor Armut noch erfolgreiche Investition sein. Sie wird sich nun als die ansteckende Krankheit[152] bestätigen, an der die Familie Bléfari zugrunde gehen wird.

Die Rückkehr aus der Fremde und der Besuch im Geburtsort dienen als Beweis für die Richtigkeit der Entscheidung für die Auswanderung. Nach Giovanni Verga stehen Besucher und Rückwanderer unter dem Zwang, den Gang in die Fremde durch die Leichtigkeit ihres Erfolgs zu begründen. Beide haben kein Interesse daran, alte oder fremde Kontraste anzusprechen, denn als Besucher werden sie wieder abfahren, und wenn sie erfolglos zurückgekommen sind, möchten sie ihr Verbleiben am Geburtsort nicht vereiteln.

Das Mitreisen des Ich-Erzählers erweist sich als geeigneter diachronischer geo-kultureller Standortwechsel, um den Kontrast durch gewissenhafte Beob-

---

149 Zum Verhältnis zwischen literarischem Brief und historischem Auswandererbrief vgl. Emilio Franzina, *La lettera dell'emigrante fra letteratura, giornalismo e realtà. dal »genere« al mercato del lavoro*. Referat zur Tagung »L'emigrazione italiana«, Bad Homburg 28.-30. 10. 1985, Typoskript S. 1-25.

150 Luigi Capuana, *Gli »americani« di Ràbbato*, Torino 1974 (1912), S. 38.

151 Francesco Perri, *Emigranti*, (Hg.) Pasquino Crupi, Cosenza 1976 (1928), S. 108.

152 Vergl. Francesco Coletti, *Cinquanta anni di storia italiana 1860-1910*, 3 Bde., Milano 1911, Bd. III »Dell'emigrazione italiana«, »Die Auswanderung – befindet ein Landbesitzer- ist als eine Notwendigkeit geboren, wie ein Wunsch gewachsen, sie ist zu einer ansteckenden Krankheit geworden.« S. 144.

achtung vor Ort zu erfassen. Nur hatten die Amerika- und Reiseabenteuerliteratur wie bei Edmondo De Amicis und die ideologischen Absichten wie bei
Enrico Corradini den Blick so verstellt, daß eine intellektuelle Wiedergabe
fremder Tatbestände unter veränderter Perspektive als gescheitert betrachtet
werden muß. Daß sich die Autoren in ihren Werken auf die Reise vor der Ankunft in der Fremde beschränkt bzw. konzentriert haben, weist auf eine
durchgehende Nähe zu den Modellen der Reiseliteratur und entpuppt sich als
inhaltliche[153] bzw. ideologische Unfähigkeit,[154] dem Fremden als dem konstituierenden Teil des Kontrastes begegnen zu wollen.

Die Ankunft des Fremden am Abfahrtsort, die in der Lyrik eines Giacomo
Zanella und eines Giovanni Pascoli, in der Novellistik eines Luigi Pirandello
und eines Corrado Alvaro zu heterogenen, jedoch vorwiegend innovativen
Ergebnissen geführt hat, findet im Roman kaum statt und wenn, dann nur als
Warenaustausch.

Im Zusammenhang mit der fehlenden Innovation im Bereich des Romans
und der nicht zufriedenstellenden Bilanz der untersuchten Autoren soll zum
Schluß darauf hingewiesen werden, daß bis auf Giovanni Verga keiner von
ihnen dem Druck der nationalen Diskussion über die Auswanderung Widerstand geleistet hat. Daß sie Pro- und Contra-Erwartungen nachgegangen sind,
läßt sich daran ablesen, daß sich jedes der untersuchten Werke um die zentrale Frage dreht, ob und wie eine Auswanderung aus Italien stattfinden solle.
Die gleichwertige Frage nach der Begegnung mit fremden Gesellschaften und
Kulturen wird dagegen so lange als Argument gegen die Auswanderung thematisiert, bis sie infolge der kolonialpolitischen Lage am Mittelmeer als dem-
agogische Lebensfrage über die Zukunft der italienischen Bauern vor allem in
Nordafrika wieder zugelassen wird.

Neben der heterogenen Entwicklung, die von Raffaele Martire über Giacomo Zanella, Edmondo De Amicis, Luigi Capuana mit seiner Erzählung *Gli
»americani« di Ràbbato* bis Francesco Perri führt, und neben dem eindeutigen Abweichen von Giovanni Pascoli, das infolge des Mitwirkens von Enrico
Corradini bis zu Mario Puccini und Enrico Berio[155] reicht, ist in der Auswanderungsliteratur ein zweiter Strang zu verzeichnen. Ausgehend von Giovanni Verga über Luigi Capuana mit dem Roman *Il Marchese di Roccaverdina* reicht diese Richtung von Luigi Pirandello und Corrado Alvaro bis
in den Anfang der dreißiger Jahre. Ihr gemeinsames Vorhaben ist es, die
Vielfalt der Äußerungen eines Sozialphänomens zu erfassen, das die Lebensbedingungen in einigen Regionen Italiens in Frage zu stellen und zu verändern drohte.

---

153   Zu Edmondo De Amicis vgl. Natalino Sapegno, *Disegno storico della letteratura
      italiana*, Firenze [17]1963 (1948), S. 697.
154   Zu Enrico Corradino vgl. Carlo Alberto Madrignani, *L'opera narrativa di Enrico
      Corradini*, in: AA. VV., *La cultura italiana tra '800 e '900 e le origini del naziona-
      lismo*, Firenze 1981, S. 235-252.
155   Enrico Berio, *Grano nel deserto*, Bologna 1957.

So gesehen kommt das Herausstellen des Kontrastes zwischen Eigenem und Fremden in ihren Werken keinem geo-kulturellen Standortwechsel gleich. Der Kontrast wird von ihnen in die Ankunft des Fremden am Abfahrtsort umgewandelt und als Möglichkeit der Verfremdung des Eigenen verstanden und eingesetzt. Mittels der Ankunft des Fremden – als fremde Erfahrungen bei Verga, als fremder Wirtschaftsfaktor bei Capuana, als fremder Mann bei Pirandello und als fremde Frau bei Alvaro – wird es ihnen möglich, Abläufe und Zusammenhänge in der eigenen Gesellschaft zu beobachten, zu verstehen und wiederzugeben.

Nicht anders verfahren Vittorini mit *Conversazione in Sicilia* und Pavese mit Gedichten aus *Lavorare stanca* und mit *La luna e i falò*, die auf diesem Weg den Übergang von der Literatur der Auswanderung vor dem Faschismus zu der danach ermöglicht haben. Obwohl bei Pavese das inhaltliche Auftreten des Fremden am Geburtsort aufgrund eines Besuches wie bei Vittorini stattfindet, sind es die intellektuellen Erfahrungen mit den USA als literarischer Region, die ihm die Möglichkeit verschaffen, über Luigi Pirandellos *Lontano* (1902) und Corrado Alvaros *La donna di Boston* (1929) hinaus zu einer neuen Grundposition zu kommen.

Indem Pavese mit einem bestimmten Thema in Richtung USA denkt und schreibt, gesellt er sich zu den literarischen Erfahrungen der italo-amerikanischen Schriftsteller wie John Fante und Pietro di Donato, die zur selben Zeit versuchen, übergreifende Standorte aus der Warte des Einwanderungslandes zu verarbeiten.[156] Aus heutiger Sicht ist festzustellen, daß es bei Pavese, Pietro di Donato und John Fante um die Ankündigung desselben Modells geht, das Italo Calvino als Aufgabe der Generation nach Mario Puzo bezeichnet hat:

>»Eines Tages könnte vielleicht ein zukünftiger Mario Puzo, der ebenfalls eine italienische Kultur hinter sich und eine eigene Sprache, das Italo-Amerikanische, hätte, eine vermittelnde Funktion ausüben: oder er könnte ein tiefgreifendes Zeugnis über die Lebensdramen ablegen, die bei der Eingliederung in die fremden Gesellschaften entstanden sind.«[157]

Der auffallende Unterschied zwischen dem Entwicklungsmodell Italo Calvinos und der Position Paveses liegt in der Annahme des letzteren, daß bei einer anhaltenden Auswanderung eine vermittelnde Funktion zwischen Eigenem und Fremden auch vom Abfahrtsort aus zu erreichen ist. Wie erwähnt wird bei Pavese eine kreative Vermittlung zum Teil über eine intertextuelle Wiedergabe konvergenter Erfahrungen der Einwanderer mit denen der Einheimischen erzielt und zum Teil als Opposition von geo-kulturellen Landschaften erprobt. Dagegen basiert Italo Calvinos Modell auf einer bikulturellen Reminiszenz, die als sprachlicher Zugang zu den verschütteten Belegen

156 Alberto Traldi, *La tematica dell'emigrazione nella narrativa italo-americana*. In: *Comunità*, Nr. 176/1986, Milano 1986, S. 245-272.

157 Zitiert nach Vittore Branca, *Romanzi da Broccolino*. In: *Il Sole/24 Ore*, 8. Juli 1990, Nr. 185, Roma 1990, S. 17.

der jüngsten Geschichte der italo-amerikanischen Minderheit in den USA dienen soll.

Daß Italo Calvino nicht an die innovativen Ergebnisse der Autoren der
zweiten Gruppe angeknüpft hat, die ihm zweifelsohne sehr nahestanden, ist
daran zu sehen, daß seinem Vorschlag für einen bikulturellen Roman nichts
mehr in Wege stand, da die Auswanderung als abgeschlossenes Sozialphänomen längst zum Bestandteil der zeitgenössischen Geschichte des Einwanderungslandes geworden war. Daß Italo Calvino mit seinem Vorschlag, aus der
Warte des Einwanderungslandes zu schreiben, richtig lag, wird in der vorliegenden Arbeit am Beispiel Franco Biondis Roman *Die Unversöhnlichen*
(1991) zu belegen sei. Der Vorzug eines Autors aus dem Einwanderungsland
als desjenigen, der eine vermittelnde Funktion zwischen den Kulturen zu erfüllen hat, braucht nicht als Verzicht auf die Ergebnisse der Literatur der Auswanderung ausgelegt werden. Und dennoch liegt in diesem Vorzug zugleich
ein wenig Voreiligkeit, weil sich in der italienischen Literatur des 20. Jahrhunderts schon einmal erwiesen hat, daß Sozialgeschichte und Literatur nicht
synchron vorzugehen brauchen. Es könnte sein, daß sich bei der Auswanderung das wiederholt, was beim Thema *Risorgimento* (1815-1870) vorgekommen ist. Der Roman *Il Gattopardo* von Giuseppe Tomasi di Lampedusa, in dem
zum ersten Mal über das *Risorgimento* meisterhaft geschrieben wird, ist
1956-57 entstanden.

ZWEITER TEIL

Die Gastarbeiter in der bundesdeutschen Literatur zwischen 1965-1975

11. Der imaginierte Prolet. Ein Exkurs

a) Der literarische Korpus

Als Randfigur hat der Gastarbeiter raschen Einzug in die deutsche Literatur der sechziger Jahre gehalten. Die frühesten literarischen Zeugnisse sind ca. zehn Jahre nach der Ankunft der Gastarbeiterzüge aus Verona auf dem Münchner Hauptbahnhof entstanden. Hierzu gehören Hans Werner Richters *Briefe aus einem Jahrhundert ins andere*[1] (1965), Günther Herburgers Erzählung *Gastarbeiter*[2] (1965), Franz Josef Degenhardts Lied *Tonio Schiavo*[3] (1966), Rainer Werner Fassbinders Anti-Theaterstück *Katzelmacher* (1969), Günter Wallraffs Reportage *Bilder aus Deutschland – »Gastarbeiter« oder der gewöhnliche Kapitalismus*[4] (1969) sowie Horst Kammrads *»Gast«-Arbeiter-Report* (1971). Das erfolgreichste von allen, Max von der Grüns Band *Leben im gelobten Land – Gastarbeiterporträts*,[5] folgte 1975. Zu diesem Zeitpunkt hatte das Thema des Gastarbeiters inhaltliche Tiefe in folgenden Werken erreicht: Heinrich Bölls *Gruppenbild mit Dame* (1971), Günther Herburgers *Die Eroberung der Zitadelle* (1972), *Der Türke* aus Jürg Federspiels Sammelband *Paratuga kehrt zurück* (1973) bis zu Siegfried Lenz' Novelle *Wie bei Gogol* (1973).

Nach *Leben im gelobten Land* gab es eine Zäsur, die erst mit Günter Wallraffs Reportage *Ganz unten* (1985) und später mit Sten Nadolnys Roman *Selim oder die Gabe der Rede* (1990) aufgehoben wurde. Daß die vorliegende Arbeit sich auf die Werke der sechziger und siebziger Jahre beschränkt, hat damit zu tun, daß diese dieselbe literarische Kontinuität und Geschlossenheit

---

1 Hans Werner Richter, *Menschen in freundlicher Umgebung*, Berlin 1981, S. 25-45.
2 Günther Herburger, *Gastarbeiter*. Stuttgarter Zeitung vom 31. Dezember 1963, Nr. 303, S. 67.
3 Franz Josef Degenhardt, *Laßt nicht die roten Hähne flattern ehe der Habicht schreit*, München 1974, S. 36-39.
4 Günter Wallraff, *Bilder aus Deutschland – »Gastarbeiter« oder der gewöhnliche Kapitalismus*. In: *Konkret*, Hamburg 1969, Nr. 2, S. 42-45, Nr. 4, S. 14-18 und Nr. 7, S. 34-37, später als *»Gastarbeiter« oder der gewöhnliche Kapitalismus* in: Günter Wallraff, *Neue Reportagen, Untersuchungen und Lehrbeispiele*, Hamburg 41976. Aus der Ausgabe wird im Text zitiert. Zuvor vgl. Ulrike Marie Meinhof, *Kuli oder Kollege. Gastarbeiter in Deutschland*. In: *Konkret*, Nr. 11 November 1966, Hamburg 1966, S. 22-27.
5 Max von der Grün, *Leben im gelobten Land. Gastarbeiterporträts*, Darmstadt/Neuwied 91983. Aus der Ausgabe wird im Text zitiert.

wie die Werke aus Teil I und III aufweisen. Dagegen liegt mit Sten Nadolnys Roman ein Werk vor, in dem das Fremde als Teil des werdenden Eigenen thematisiert wird.[6] Die Erschließung seines interkulturellen Kontextes würde eine methodologische Erweiterung des dreistufigen Vergleichs mit sich bringen, die hier nur angedeutet werden kann.

b) Clara Viebig, eine Vorläuferin?

Auffallend an den Werken aus der Eingangsphase (1965-1970) ist ihre Grundstruktur, die einer Mischform aus sozialem Bericht und literarischem Versuch über ein neues Thema gleichkommt. Im Bereich der deutschsprachigen Literatur über Fremdarbeiter ist sie um die Jahrhundertwende von Clara Viebig in der Erzählung *Der Käse* (1910) erprobt worden.

Am Aufbau der Erzählung *Der Käse* läßt sich erkennen, daß der Auslöser dieser Mischform in der inneren Dynamik einer Erzählform liegt, die zur diskursiven Aufklärung tendiert. Die Dynamik zwischen der äußeren, beschreibenden Annäherung an die Fremden und dem inneren Aufklärungsdrang des jeweiligen Autors stellt sich zwangsläufig ein, sobald er die Ankunft der Fremden unter den Einwohnern einer ihm vertrauten Ortschaft oder in einem Betrieb darzustellen beginnt.

Es handelt sich um eine formgestaltende Dynamik, die Viebig als so maßgebend für die Erzählperspektive und für den Wahrheitsgehalt ihrer Erzählung empfunden hat, daß die Autorin sich dazu verpflichtet sah, sie als Grundtendenz ihrer Erzählung zu formulieren und sie dem Leser sofort zu signalisieren, indem sie schreibt:

> »Diese fremden Männer sahen alle aus wie Räuber und Mörder. Wenn sie abends nach Arbeitsschluß die breite Dorfstraße auf und ab spazierten, den Schlapphut verwegen auf ein Ohr gerückt, die Jacke lose nur auf einer Schulter hängend, das Hemd vorn auf der Brust offen, daß man die haarige Braunheit sah, die Beine statt der Strümpfe mit Lappen umwickelt, die Augen wie Feuerräder rollend, dann waren sie das Ziel manchen Weiberblicks. Maria Josef, nicht so einen zum Schatz, der würde einen ja auffressen – huh, wie die Kerls die Zähne fletschen, wenn sie ein Mädchen hinter der Hecke anlachen! Aber wissen möchte man doch, was sie jetzt eigentlich sagten und was sie dachten. Ob es ihnen gefiel hier im Eifelland?«[7]

In der Erzählung Viebigs sind Annäherung an die Fremden und Erzählperspektive so aneinandergefügt, daß das Verlangen nach Exotik und soziale Sen-

---

6 Vgl. Harald Eggerbrecht, *Du mußt mit dem Sieg rechnen. Von Türken und Deutschen. Sten Nadolnys Roman »Selim oder die Gabe der Rede«.* In: *Süddeutsche Zeitung* Nr. 10 vom 13./14.Januar 1990, München 1990, S. 192 und Jürgen Manthey, *Am besten nichts Neues. Sten Nadolnys Roman »Selim oder die Gabe der Rede«.* In: *Die Zeit* Nr. 15 vom 6. April 1990, Hamburg 1990, »Die Zeit-Literatur«, S. 2.

7 Clara Viebig, *Das Miseräbelchen und andere Erzählungen*, (Hg.) Bernd Jentzsch, Olten/Freiburg 1981, S. 34-35.

sibilität der Autorin zu einer fast naturalistischen Darstellung der italienischen Bahnarbeiter in der Eifel gebündelt werden. Das Verlangen nach Exotik
wird am Verhalten der alleinlebenden Tochter des alten Postvorstehers gezeigt und von der Autorin als Möglichkeit der Annäherung an die Italiener eingesetzt. Vor dem Winter werden die Italiener über ihren Knecht Mathes von
den Dorfeinwohnern als willkommene Gäste der Dorfkneipe aufgenommen.
Der Konflikt, der zum Mordanschlag auf Luigi Torpiglia durch seinen Lands-
mann Lippo führen wird, wird dagegen als interne Angelegenheit unter den
Fremden, ohne jegliche Beziehung auf die gesamte Lage in der Fremde, thematisiert, so daß er letztendlich dazu dient, das Gefährliche, das Rätselhafte an
den Fremden zu unterstreichen, das die Autorin mit dem Satz »diese fremden
Männer sahen alle aus wie Räuber und Mörder« eingeführt hatte.

Die heutige Literatur über die Gastarbeiter hat sich dagegen an Erzähl-
modellen aus der zweiten Hälfte der sechziger Jahre orientiert, die durch das
sozialpolitische Engagement der Autoren mitgeprägt wurden. Insofern wundert es nicht, wenn in die literarische Figur des Gastarbeiters sofort bundesdeutsche gesellschaftliche Konflikte hineinprojiziert werden. Die Projektion
vollzieht sich unabhängig von der Grundfrage, ob der Gastarbeiter an sich
Ursache bzw. Träger sozio-politischer und kultureller Konflikte ist. Da diese
Grundfrage nicht mitreflektiert wurde, stand der Verschmelzung der versuchten Annäherung und der Erzählperspektive des Autors auf der Basis des
eigenen Engagements nichts im Wege. Daher konnte die Figur des Gastarbeiters von Anfang an zum Standardbeispiel für soziale Ungerechtigkeit innerhalb der bundesdeutschen Wirklichkeit hochstilisiert werden.

Als Beispiel für das Fehlen kritischer Distanz zwischen versuchter Annähe-
rung und Erzählperspektive auf der einen Seite und Wahrnehmung der Andersartigkeit der Fremden auf der anderen Seite wird zuerst auf die Erzählung
Gastarbeiter von Günther Herburger, das Lied *Tonio Schiavo* von Franz Josef
Degenhardt und das Auftreten der Gastarbeiter in den Reportagen von Horst
Kammarad, Wallraff und Max von der Grün eingegangen. *Katzelmacher* von
Rainer Werner Fassbinder, *Gruppenbild mit Dame* von Heinrich Böll und *Wie
bei Gogol* von Siegfried Lenz werden dann als Beispiele komplexerer und dif-
ferenzierter Annäherungsmodelle in einzelnen Abschnitten vorgestellt.

c) Von Günther Herburger bis Heiner Müller

Günther Herburger und Franz Josef Degenhardt

Mit seiner Erzählung *Der Gastarbeiter* hat Herburger das Grundmodell geschaffen, mit derer Hilfe die Ankunft der Fremden in der bundesrepublikanischen Literatur dargestellt wird. Das Grundmodell basiert auf dem doppelten
Konflikt, dem sich jeder Gastarbeiter aufgrund seiner Andersartigkeit am Arbeitsplatz und im sozialen Kontext ausgeliefert sieht, sobald er mit der Gastgesellschaft Kontakt aufnehmen muß (Arbeit) oder möchte (Zusammenleben). Als Stellvertreter der deutschen Gesellschaft tritt in Herburgers Erzäh-

lung ein Bauführer auf. Während es ihm auf der Baustelle möglich ist, Gastarbeiter verschiedener Herkunft sogar mit Ohrfeigen anzutreiben, erfährt er zu Hause, daß die eigene Tochter vorhat, einen Italiener zu heiraten, weil sie sich dessen sozialen Aufstiegs als selbständigem Elektriker sicher ist: »Er kann genauso viel wie ein Deutscher«, hat sie gesagt, »und er kann nichts dafür, daß seine Familie arm ist. Er hat zwei Brüder, die auch in Deutschland arbeiten. Ich will ihn. Er sieht besser aus als diese blassen Büromännchen.«[8]

Bei Herburger mündet der doppelte Konflikt in eine Happy-End-Situation zugunsten der exotischen, alternativen Andersartigkeit des Italieners. Dagegen ufert derselbe Konflikt bei Franz Josef Degenhardt in den Mord an einem italienischen Bauarbeiter aus. Tonio Schiavo aus dem *Mezzo-giorno* wird von den deutschen Kollegen in den Tod gestürzt, weil er den Polier erstochen hat. Während des Richtfestes, als »alle blau waren«, hatte dieser ihn als »Itaker-Sau«[9] beschimpft.

Eine deutlichere Ähnlichkeit zwischen Lied und Erzählung findet sich in der Darstellung der Unterbringung der Gastarbeiter in armseligen Barackenlagern und Bruchbuden zu Wucherpreisen. Als zweiter Lebensbereich im Alltag der Gastarbeiter wird ihre Wohnsituation zu einer Konstante der betreffenden deutschsprachigen Literatur – von Rainer Werner Fassbinder bis Peter O. Chotjewitz.

Daß bei Herburger gerade der Bahnhof als Berührungspunkt und Konfliktbereich zwischen Gastarbeitern und deutscher Öffentlichkeit vorkommt, ist kein Zufall. Aus heutiger Sicht ist es leicht zu vermitteln, daß sich diese Orte zur wiederkehrenden Topographie der deutschsprachigen Literatur um die Gastarbeiter kodifiziert haben.

Horst Kammrad

Die Pluralität der Herkunft der Gastarbeiter, die sich bei Herburger bereits angedeutet findet, ist in »*Gast«-Arbeiter-Report* von Kammrad zum tragenden Kriterium des sozialen Berichts geworden. Obwohl in Kammrads Werk die befragten Gastarbeiter durch aufgeklärte Arbeiter mit politischer Vergangenheit vertreten werden, gelingt es dem Verfasser nicht, die soziale Komplexität der Herkunftsgesellschaften zu erfassen, die die Erzähler zur Auswanderung gezwungen haben. Und dort, wo der Verfasser die Monologe der Gesprächspartner mit Anmerkungen zur sozialen und gesetzlichen Lage der angeworbenen Arbeitskräfte in der Bundesrepublik kontrapunktiert, fällt um so mehr auf, wie sehr seine Annäherung an die Fremden auf dem dualistischen Prinzip der Sklaven und der Sklavenhalter aufgebaut ist, so wie es in Degenhardts Lied angeklungen war und wie es von Heiner Müller erneut aufgegriffen wird.[10]

---

8   Günther Herburger, *Gastarbeiter*, ebd., S. 67.
9   Franz Josef Degenhardt, *Laßt nicht die roten Hähne flattern ehe der Habicht schreit*, ebd., S. 38.
10   Heiner Müller, *Die Kanakenrepublik*, vgl. Zweiter Teil: 11., Anhang.

Das Erscheinungsbild der Gastarbeiter ist bei Kammrad so sehr von jüngsten historischen Modellen vorgeprägt, daß der Verfasser daran gehindert wird, den grundlegenden Unterschied zwischen der Fremdarbeiterpolitik des Dritten Reiches und der bundesrepublikanischen Anwerbepolitik als Zäsur zwischen zwei Staatsformen herauszuarbeiten.[11] Dies wäre um so notwendiger gewesen, weil die Anwerbepolitik der Bundesrepublik Deutschland auf bilateralen Abkommen mit den Entsendeländern basierte, so daß die Verantwortung gleichermaßen zu verteilen war.

Die Verlagerung der Verantwortung und der Zuständigkeit erlaubt es dem Verfasser, die Kompetenz der sozialen Vertretung auf das Aufnahmeland zu übertragen, was auch von seinen Gesprächspartnern bestätigt wird, die in deutschen Gewerkschaften organisiert sind.

Das Modell der Gegensätze zwischen Arbeit und Arbeitgeber als Wahrnehmungsmodell für die Anwesenheit der Gastarbeiter in der Bundesrepublik wird von Kammrad dadurch bestätigt, daß seine Gesprächspartner kein gesellschaftliches Leben führen, wenn man davon absieht, daß sie immer wieder auf weitere Konfliktmöglichkeiten in ihrem Alltag, außerhalb der Arbeitsstelle, hinweisen.

Wenn man bedenkt, daß der *»Gast«-Arbeiter-Report* von Kammrad in der Endphase der westeuropäischen Studenten- und Arbeiterprotestbewegung erschienen ist, wird zum Teil deutlich, wieso das Bild der Fremden so funktional im Sinne der politischen Grundvorstellung des Verfassers ausgefallen ist. In den politisch aktiven Gastarbeitern aus den südlichen Regionen Europas wird eine Möglichkeit der Revitalisierung der westdeutschen Arbeiterbewegung gesehen und zwar zu einem Zeitpunkt, als der aufkommende Wohlstand die Belegschaften zum Rückzug aus dem gewerkschaftlichen Leben verführte.

Man hat es eher mit einer Wunschvorstellung über die parteipolitische Zukunft der Fremden in der Bundesrepublik zu tun denn mit einer gesellschaftlichen Wahrnehmung der Gastarbeiter an sich, eine delegierte Zukunftsperspektive, die auch von Wallraff vertreten wird, wenn er sich aus *Bilder aus Deutschland* mit dem Satz verabschiedet:

> »Eins bringen die ausländischen Arbeiter aus der Bundesrepublik oft mit nach Hause: politisches Bewußtsein. In einigen Gebieten Italiens mit hoher Auswanderer- und Rückwandererquote steigt der Stimmenanteil der KPI. Nicht etwa, weil die Arbeiter in der BRD kommunistisch ›infiltriert‹ worden wären, sondern weil sie Klassengegensätze am eigenen Leib erfahren haben.« (S. 71)

Unabhängig davon, ob der Stimmenzuwachs der KPI zu diesem Zeitpunkt tatsächlich auf das Bewußtsein der Auswanderer zurückzuführen ist, ist leicht festzustellen, daß gerade die Klassengegensätze am Geburtsort die Erfahrung

---

11 Horst Kammrad, *»Gast«-Arbeiter-Report*, München 1971, S. 10-11. Ferner Rainer Grodkzi, *Arbeit macht frei. Für die Gastarbeiter ist das Dritte Reich noch nicht zu Ende*. In: *Konkret*, H. 2 von 14. Januar 1971, Hamburg 1971, S. 5-8, sowie in: Heiner Müllers *Kanakenrepublik*: »Aus Deutschlandüberalles wird per Knopfdruck / Durch Sklavenarbeit wie im alten Rom«. Vgl. Zweiter Teil: 11., Anhang.

gewesen sind, die Bauern, Tagelöhner und Handwerker aus den südlichen Regionen Europas in die Fremde verschlagen hat, und zwar vor einschlägigen Erfahrungen in der Bundesrepublik Deutschland.

Dennoch schließt sich fünf Jahre später von der Grün an die inzwischen kodifizierte Wunschvorstellung an, indem er seine Gesprächspartner, die gewerkschaftlich organisiert sind, stets von Willy Brandt schwärmen läßt: von einem Bundeskanzler, der eine Koalition ablöst, die jene Allianz zwischen Kapital und Politik zu verantworten hatte, die von Wallraff und von der Grün für die Lage der Gastarbeiter verantwortlich gemacht wird. Sogar in den Entsendeländern wird Willy Brandt als Symbolfigur erkämpfter Sozialerneuerung für die Bundesrepublik verstanden (S. 36). Brancos Vater aus der Reportage mit dem Titel *Jugoslawe* verabschiedet sich von von der Grün, der ihn als Reporter in Jugoslawien aufgesucht hat, mit den deutschem Wörtern: »Brandt und Tito, gut für kleine Leute.« (S. 50)

Trotz einengender, kodifizierter Kontinuität zwischen Kammrad, Wallraff und von der Grün läßt sich zeigen, wie sich in den Werken der beiden letzteren das soziale Umfeld um die Gastarbeiter so erweitert hat, daß die jeweilige Darstellung der Fremden in der Bundesrepublik an Komplexität gewonnen hat.

Günter Wallraff

Mit der These »Gastarbeiter oder der gewöhnliche Kapitalismus« greift Wallraff bewußt auf die Grundposition der bis hierher dargestellten dualistischen Wahrnehmung zurück. Da er aber in seiner Reportage gezielt gegen die Massenmedien als »Macher« der öffentlichen Meinung gegen die Ausländer vorgeht, gelingt es ihm, Verfälschungen nachzuweisen. Somit deckt er die Absicht derer auf, die das soziale Unbehagen der unteren deutschen Gesellschaftsschichten gegenüber den Fremden zu kanalisieren versuchen. Es gehört zu Wallraffs Verdienst, erkannt zu haben, daß die Gastarbeiter als Sündenbock für die konjunkturelle Entwicklung zu Anfang der siebziger Jahre zu gelten hatten, um die öffentliche Stimmung zu erzeugen,[12] die im November 1973 zum Anwerbestopp führte.

Dennoch und trotz der erreichten Erweiterung des Arbeits- und sozialen Alltags der Fremden in der bundesrepublikanischen Gesellschaft wird an Wallraffs Reportagen deutlich, daß die Gastarbeiter für ihn nichts anderes als das letzte Glied in einem politischen System darstellen, dessen ausbeuterische Ungehaltenheit exemplarisch anhand des Alltags der Gastarbeiter dargestellt werden kann. Daß Wallraff, so wie später auch von der Grün,[13] nicht mittels

---

12 Vgl. Günter Wallraff, *»Gastarbeiter« oder der gewöhnliche Kapitalismus*, ebd., »Nach einer WDR-Umfrage sind ca. 75 Prozent der bundesdeutschen Bevölkerung gegen eine Beschäftigung der ca. 2 Millionen ausländischen Gäste.« S. 48.

13 Günter Wallraff, *Wir brauchen dich. Als Arbeiter in deutschen Industriebetrieben. Reportagen*, München 1966, und Max von der Grün, *Menschen in Deutschland. Sieben Porträts*, Darmstadt/Neuwied 1973.

der Gastarbeiter zur engagierten Reportage findet, wie es bei Kammrad der Fall war, sondern über die Reportage die Gastarbeiter erreichen kann, erklärt auch die inhaltliche Intensität seiner *Bilder aus Deutschland*. Seine Reportagen geben weder Grenzfälle wieder, wie es bei Kammrad der Fall gewesen war, noch handelt es sich um monologisierte Lebensläufe, wie es bei von der Grün der Fall sein sollte. Seine *Bilder aus Deutschland* setzen sich aus exemplarischen Vorgängen in den verschiedensten Lebenssituationen der Gastarbeiter und aus institutionalisierten und nichtinstitutionalisierten Bereichen der deutschen Gesellschaft zusammen, die in Berührung mit den Gastarbeitern stehen. Nur so kann der Verfasser der Totalität seiner These über den gewöhnlichen Kapitalismus im deutschen Alltag gerecht werden; wobei er gerade bei den Gastarbeitern auf kulturelle und soziale Vielfalt verzichtet, da er sie in seinen *Bilder aus Deutschland* weiterhin allein durch politisierte Italiener vertreten läßt.

Max von der Grün

Ehe hier auf die *Gastarbeiterporträts* von Max von der Grün eingegangen wird, muß man wissen, daß von der Grün bereits vor den Reportagen die Anwesenheit der Fremdem als unschuldige Opfer der öffentlichen Meinung in seinem Roman *Stellenweise Glatteis* (1973) thematisiert hatte. Dies ist deswegen von Interesse, weil sich der Autor am Ende dieses Romans in einer unklaren Position gegenüber dem Fremden verfangen hatte. Am Romanschluß stellt sich heraus, daß es nicht Angelo Pinola, der verdächtigte italienische Gastarbeiter und Freund des Ich-Erzählers, war, der die Tochter des Bauunternehmers Schöller vergewaltigt und umgebracht hatte: »Es war nicht Angelo, rief Angelo und er weinte und lachte in einem: Es war Mustafa ... es war Mustafa.«[14]

Für die Plausibilität einer solchen Aufdeckung des Mordes findet der Leser im Roman keinen erhellenden Hinweis auf den Türken Mustafa. Der Leser darf sich mit dem Ich-Erzähler freuen, daß dem Italiener seine Liebe zu Kindern in Deutschland nicht zum Verhängnis geworden ist, denn »er hatte oft mit dem Mädchen gespielt und war mit ihm spazierengegangen« (S. 6). Ein hilfreicher Hinweis auf die abrupte Wende in der Verschiebung der Verantwortung von einer Ausländergruppe auf die andere ließe sich aus den *Gastarbeiterporträts* des späteren Bandes *Leben im gelobten Land* ableiten, wenn man die Porträts anhand der gemeinsamen Grundstruktur überprüfen würde.

Im Gegensatz zu Herburger, Kammrad und Wallraff orientiert sich von der Grün nicht an Konflikten zwischen Fremden und Gastgesellschaft, er rückt die Spannung zwischen Erwartungen und erfahrenen Enttäuschungen in den Mittelpunkt, so wie sie unter den Gastarbeitern nach der abgeschlossenen Umwandlung der Gastgesellschaft in eine Wohlstandsgesellschaft festzustel-

---

14 Max von der Grün, *Stellenweise Glatteis*, Darmstadt/Neuwied 1973, S. 221. In Max von der Grün, *Flächenbrand*, Reinbek 1982 (1979), wird der einsame Osman Gürlük zum Lottogewinner und sein Verhalten so rätselhaft, daß am Romanende von den Türken behauptet wird »Wer kennt sich mit denen schon aus.« S. 255.

len war. Die Spannung war inzwischen deswegen gestiegen, weil die Gastarbeiter während des darauffolgenden wirtschaftlichen Aufschwungs feststellen konnten, daß ihnen kein Anschluß an den Wohlstand ermöglicht wurde
und daß mit dem Krisenspruch »Wohlstand für keinen«[15] vor allem sie gemeint
waren. Hinzu kam die Tatsache, daß sie sich von den lautwerdenden Überlegungen der Bundesregierung zur Eindämmung der wirtschaftlichen Rezes-
sion mit Recht bedroht sahen.[16]
   Auf der Basis eines solchen inneren Standortes erweisen sich die *Gastarbeiterporträts* als vollständiger als die knapperen Versuche, die andere Autoren davor unternommen hatten.[17] Allerdings muß angemerkt werden, daß die
Reportagen von Max von der Grün zu einem Zeitpunkt entstanden, als sich
zwei klärende Prozesse innerhalb der Welt der Gastarbeiter vollzogen. Die
Vielfalt der Minderheiten in der Bundesrepublik der ersten Hälfte der siebziger
Jahre hatte sich strukturell so weit konsolidiert, daß es jeder Beobachter erkennen konnte, daß sich die Fremden auf lange Zeit eingerichtet hatten. Innerhalb der Vielfalt der Minderheiten hatte inzwischen eine Umschichtung stattgefunden, die dazu führte, daß die türkische Minderheit alle anderen zahlen-
mäßig überholte. Einer solchen numerischen Umwandlung war eine Änderung
in der öffentlichen Wahrnehmung des Gastarbeiters gefolgt. War bis dahin das
öffentliche Bild des Gastarbeiters durch den Italiener besetzt, stellt ab Mitte der
siebziger Jahre der Türke den Prototyp fremder Andersartigkeit dar.[18]

---

15 Josef Stingl, *Wie deutsch muß Deutschland bleiben? Ausländerintegration – eine
    Herausforderung für die Bundesrepublik*, in: *Wohlstand für keinen. Perspektiven
    für die Bundesrepublik*, Axel Buchholz/Martin Geiling (Hgg.), Frankfurt/Berlin/
    Wien, 1982, S. 135-48.
16 Vgl. Bundesanstalt für Arbeit (Hg.) *Repräsentativuntersuchung '72, Beschäftigung
    ausländischer Arbeitnehmer,* Nürnberg 1973, dies., *Ausländische Arbeitnehmer
    1972/73,* Nürnberg 1974; Marios Nikolinakos, *Politische Ökonomie der Gastarbei-
    terfrage. Migration und Kapitalismus,* Reinbek 1973; Tûgrul Ansay/Volkmar Gess-
    ner, *Gastarbeiter in Gesellschaft und Recht,* München 1974; Klaus J. Bade, *Vom Aus-
    wanderungsland zum Einwanderungsland? Deutschland 1880-1980,* Berlin 1983;
    Knuth Dohse, *Ausländische Arbeiter und bürgerlicher Staat. Genese und Funktion
    von staatlicher Ausländerpolitik und Ausländerrecht. Vom Kaiserreich bis zur Bun-
    desrepublik Deutschland,* Berlin 1985; Bernt Engelmann, *Du deutsch? Geschichte
    der Ausländer in unserem Land,* München 1984. – Eckart Hildebrandt, *Internatio-
    nale Beschäftigungskonkurrenz. Zur Konkurrenz nationaler Arbeitsbevölkerung
    am Beispiel der Ausländerbeschäftigung in der Bundesrepublik Deutschland,*
    Frankfurt 1986.
17 Stellvertretend für die Reportagenwelle über das Leben der Gastarbeiter in
    Deutschland vgl. auch Hans Eich/Hans Frevert (Hgg.) *Bürger auf Zeit, Junge Aus-
    länder unter uns,* Baden-Baden 1967; René Leudesdorff/Horst Zilleßen (Hgg.),
    Gastarbeiter = Mitbürger, Gelnhausen 1971, insbesondere Friedrich E. Kahler, *Kaf-
    feepause,* S. 5-9, Peter Fischer, *Der gute Mensch der Gastarbeiter,* S. 9-12, Hermann
    Lammert, *Nur ein Deutscher darf das Herrchen sein,* S. 14-17 und Reimar Lenz, *»Ich
    habe ja nichts gegen Ausländer, aber ...«,* S. 17-19.
18 Ernst Klee (Hg.), *Gastarbeiter. Analysen und Berichte,* Frankfurt 21972.

Mustafas Entlarvung als Mörder der Tochter eines deutschen Bauunternehmers bestätigt die öffentliche Verlagerung der Konflikte vom Italiener auf den Türken so, wie sie im Laufe des Romans vorbereitet war.[19] Während die Italiener als bewußte Kommunisten sich für die Verbesserung der Lebensqualität in der Gastgesellschaft unter dem Risiko einmischen, daß sie des Landes verwiesen werden, können die Türken nicht einmal zwischen den Deutschen unterscheiden, die ihre Baracken angezündet haben, und den Deutschen, die herbeigeeilt sind, um ihnen zu helfen. Dabei verletzen sie gerade das politisch aufgeklärte und engagierte Mädchen, die Tochter des ausländerfreundlichen Ich-Erzählers, das die Feuerwehr alarmiert hat.

Ein Blick auf das Prioritätsverzeichnis Türke, Grieche, Jugoslawe, Französin, Italiener und Spanier macht deutlich, daß von der Grün in seiner Aufklärungarbeit systematisch vorgeht. An ihm wird ersichtlich, daß der Verfasser gezielt jene bundesdeutsche Sympathieskala auf den Kopf gestellt hat, die von ihm selbst zitiert wird: »Einer Umfrage aus dem Jahre 1974 zufolge stehen die türkischen Gastarbeiter in der Bundesrepublik am Ende der Sympathieskala, von tausend Befragten äußerten 998, daß ihnen die Türken am unsympathischsten wären« (S. 7).[20]

Aus dem Inhalt der einzelnen Porträts geht klar hervor, daß von der Grün das zentrale Stereotyp der betreffenden Minderheit in den Mittelpunkt des Porträts rückt, um dadurch den nacherzählten Lebenslauf eines ihrer Vertreter so zu zerlegen, daß es am Ende in das Gegenteil umgewandelt vorliegt. Am deutlichsten wird das Vorgehen im Porträt mit dem Titel *Französin*.

Die Französin Dominique wird von Anfang an als der Inbegriff der exotischen freien Sexualität eingeführt, so daß der Leser über einige erotische Passagen hinweg verunsichert wird, bis er zu dem Lebensabschnitt vordringt, in dem sich die inzwischen 41-jährige Französin als selbstbewußte und einsame Frau entpuppt, die zwei gescheiterte Ehen hinter sich hat. Eine Frau, die sich

---

19 In den Beiträgen von Ingeborg Drewitz, Ludwig Fels, Günter Grass, Ursula Krechel, Kurt Neuburg u.a. aus Ingeborg Drewitz (Hg.), *Wortmeldungen. Ein bundesdeutsches Lesebuch*, Berlin 1983, stellt der Türke sogar die vollzogene Reduktion der Ausländer auf die Türken dar. Vgl. auch folgende Sammelbände: *Stimmen aus ihrer Zeit. Stimmen deutscher und ausländischer Arbeiterinnen und Arbeiter*, Herbert Koch (Hg.), Dortmund 1977; *Zu Hause in der Fremde. Ein bundesdeutsches Ausländer-Lesebuch*, Christian Schaffernicht (Hg.), Fischerhude 1981; *Die Bundesrepublik ist (k)ein Einwanderungsland*, Berlin 1982; *Zuhause bin ich »die aus Deutschland«. Ausländerinnen erzählen*, Hanne Straube/Karin König, Ravensburg 1982; *Deutsche Autoren zur Ausländerproblematik*, Teil I und II (Hg.) Kassettenprogramme für ausländische Mitbürger e.V. München 1984, *Sie haben mich zu einem Ausländer gemacht ... Ich bin einer geworden. Ausländer schreiben vom Leben bei uns*, Norbert Ney (Hg.), Reinbek 1984; *Sindbads neue Abenteuer. Fremdengeschichte*, Horst Heitmann (Hg.), Baden-Baden 1984 und Günter Wallraff, *Ganz unten*, Köln 1985.

20 Vgl. Jesus Manuel Delgado, *Die Gastarbeiter in der Presse. Eine inhaltliche Studie*, Opladen 1972, den Abschnitt »Presseberichte und Nationalität der ausländischen Arbeitnehmer«, S. 29-32.

nirgendwo zurechtfindet, die täglich ohne Führerschein mit dem Auto zwischen Frankreich und Deutschland zur Arbeit pendelt und die Ferien in fernen Ländern verbringt. Oder der Bericht über den liebevollen italienischen Vater, der in Deutschland unbedingt allen die vergilbten Fotos seiner Kinder zeigen will. Im Laufe des Berichts erfährt der Leser über ihn, daß ihm Kinder und Frau in Italien inzwischen so fremd geworden sind, daß er sich von ihnen trennen will. Nur die Ehefrau kann nicht auf das Geld aus Deutschland verzichten, und nimmt in Kauf, daß der Ehemann sie und die Kinder mit der deutschen Freundin Heidi im Dorf besucht. Der stolze *Spanier* aus dem Porträt des Spaniers entpuppt sich als ein demütiger, zwergenhafter Homosexueller, der vor der Demütigung und Verfolgung durch die eigene Familie in die Fremde floh, wo es ihm gelang, Arbeits- und Liebesalltag ins Gleichgewicht zu bringen.

Eine Darstellungsstrategie, die sicherlich dazu dient, dem Porträt soziale und kulturelle Tiefe zu sichern, die aber kaum geeignet ist, an die Andersartigkeit der Fremden heranzukommen. Das Auseinandernehmen von Stereotypen mittels der Lebensläufe der Protagonisten kann den Fehler, der durch das Stereotyp kolportiert wird, zwar veranschaulichen, reicht aber nicht dazu aus, die Grenze eines Korrektivs so zu sprengen, daß daraus eine neue Wahrnehmung der Fremden entstehen könnte.[21] Hierzu wäre eine kulturelle Sensibilität gegenüber den Fremden notwendig, die nicht allein dadurch erweckt werden kann, daß die Vertreter der Gastarbeiter sich ausnahmslos zu der Gastgesellschaft bekennen, daß sie sich sogar mit ihren legitimen Vertretern, wie z. B. den Gewerkschaften, identifizieren und daß sie als Gastarbeiter große Hoffnung auf die Sozialdemokratie setzen.

Die Grenze einer solchen Wahrnehmung der Fremden im eigenen Land schlägt sich bei von der Grün unmittelbar auf die Wahrnehmung der Herkunftsländer nieder, die in die Porträts jeweils als Herausarbeitung der Vergangenheit unbekannter Fremder hineingenommen worden ist. Max von der Grün geht erneut systematisch vor, und zwar anhand des didaktischen Mottos: »Man versteht Gastarbeiter in Deutschland besser, wenn man dort gewesen ist, wo sie geboren und aufgewachsen sind.« (S. 94)

Seine Länderporträts fallen als Vorgeschichte zur Auswanderung so funktional aus, daß die Väter des Griechen und des Jugoslawen Partisanen gewesen sein müssen, die Familie des Spaniers strenggläubig und autoritätshörig zu sein hat, wie es Spanier unter dem Diktator Francisco Franco eben zu sein haben; in Süditalien hat der Priester das Sagen u.s.w.[22]

---

21   Vgl. P. R. Hofstätter, *Das Denken in Stereotypen*, Göttingen 1960, Max Horkeimer, *Über das Vorurteil*, Köln 1963, G. W. Allport, *Die Natur des Vorurteils*, Köln 1971, Theodor W. Adorno, *Vorurteil und Charakter*, in: *Gesammelte Schriften*, Bd. 9/2 Soziologische Schriften II, Frankfurt 1975, M. Markefka *Vorurteile, Minderheiten, Diskriminierung*, Neuwied/Darmstadt 1977, J. Elliot u.a. (Hg.), *Stereotyp und Vorurteil in der Literatur*, Göttingen 1978.

22   Ferner vgl. Entsprechende Wahrnehmung bei der Darstellung der Landschaften. Während Griechenland einem »Paradies« (S. 31) gleichkommt, ist Kalabrien »trostlos und doch irgendwie großartig.« S. 94.

Für eine so allgemeine und reduktive Wahrnehmung der Fremden und deren Herkunftsländer lassen sich Steuerungsfaktoren und eine verspätete Utopie einführen, die sowohl für Max von der Grün als auch für die anderen Autoren zutreffend sind.

Peter O. Chotjewitz

Waren von Anfang an zwingende Rahmenbedingungen gegeben, um die Gastarbeiter als Arbeiter auf Zeit zu definieren, lag die Legitimation ihrer Anwesenheit ausschließlich in den wirtschaftlichen Belangen eines Landes, das sich 1953 dazu entschlossen hatte, vorübergehend Arbeitskräfte aus dem Ausland über bilaterale Abkommen anzuwerben: Arbeiter auf Zeit, Gastarbeiter.[23] Versuche, aus dieser Notsituation am Arbeitsmarkt heraus aufklärende Argumente zur Förderung der Akzeptanz der Ausländer zu verbreiten, hatten bei den ersten Anzeichen der wirtschaftlichen Konjunktur am Anfang der siebziger Jahre wiederholt stattgefunden. Mit Leitsprüchen, die immer wieder aufgegriffen werden,[24] war eine widersprüchliche Aufklärungskampagne durch öffentliche Institutionen wie Kirchen, Gewerkschaften und Arbeitgebervertretungen gestartet worden, die kaum zur Entschärfung der Konflikte am Arbeitsplatz und in der Öffentlichkeit beitragen konnte. Diese Ineffizienz war aus zwei Gründen vorhersehbar: Die Aufklärung trug Erpressungsversuche gegenüber den Bevölkerungsschichten in sich, die sich zu Recht der Konkurrenz der Gastarbeiter ausgesetzt sahen, was wiederum bedeutet, daß die Kampagne aus der Perspektive des Adressaten kaum als vorteilhaftes Ziel im Sinne utilitaristischer Aufklärung zu erkennen war. Zugleich war sie so deutschzentriert, daß die Fremdheit der Gastarbeiter als Ziel der Aufklärung gar nicht in den Mittelpunkt der Aufklärungsarbeit vordringen konnte.[25]

Entsprechendes ist zum Aufgreifen der Marxschen Aufforderung »Arbeiter aller Länder vereint euch« anzumerken, die als übergeordnetes Prinzip die Erzählung *Die Eroberung der Zitadelle* von Günther Herburger, das ergänzende Nachwort zum Lied *Tonio Schiavo* von Franz Josef Degenhardt, den Band *Im gelobten Land* von Max von der Grün bis hin zum Roman *Der dreißigjährige Friede* von Peter O. Chotjewitz geprägt hat.

23 Vgl. Knuth Dohse, *Ausländische Arbeiter und bürgerlicher Staat*, Berlin 1985, Kap. 5.0 »Die Öffnung des bundesrepublikanischen Arbeitsmarktes«, S. 135-79.

24 Zur Aktualität der Leitsprüche vgl. Jürgen Quandt, *Berlin, Stadt der Fremden – Fremde Stadt?* In: *Radius*, Evangelische Akademikerschaft in Deutschland (Hg.), »Das Fremde«, Jg. 35 H. 1/90, Stuttgart 1990. »Ohne Fremde nicht lebensfähig. Die Feststellung ist nicht übertrieben, daß die zugewanderten Ausländer nicht etwa eine Belastung für die Stadt darstellen, sondern einen lebensnotwendigen Gewinn.« S. 27.

25 Als Fortsetzung der Aufklärungskampagne sind Anfang der achtziger Jahre Handbücher über die Ausländer entstanden wie *Aktionshandbuch Ausländer*, Manfred Budzinski (Hg.), Bornheim/Merten 1983 und *Handwörterbuch Ausländerarbeit*, Georg Auernheimer (Hg.), Weinheim/Basel 1984.

Angesichts der antikommunistischen Stimmung im Lande zur Zeit der ersten wirtschaftlichen Konjunkturwelle, die mit der Einführung des Berufsverbots zusammenfällt, erscheint der Vorschlag einer solchen verspäteten Utopie eher auf die innere Lage der Bundesrepublik abgestimmt zu sein denn als taugliches Argument zur Förderung aufgeklärter Akzeptanz und zur Verbesserung der Lebensbedingungen der Gastarbeiter beizutragen, selbst wenn jeder Autor mit differenzierten Argumenten die Verbindung zwischen Utopie, innerer Lage der Bundesrepublik und Anwesenheit der Gastarbeiter herstellt.

Max von der Grüns diesbezügliche Aufforderung ist nicht als politisches Programm zu verstehen. Sie dient als Einsicht in die polynationale Zusammensetzung der Arbeiterschaft in den deutschen Betrieben und als Hoffnung zur Überwindung der dortigen Konflikte, wobei eine Marxsche Vereinigung nur über die Gewerkschaft angestrebt wird, so wie sie von dem Türken aus dem gleichnamigen Porträt verkündet wird: »Ich bin Gewerkschaftsmitglied (S. 23), weil nach Sacha T.Y. aus Jugoslawien alle Arbeiter in einer Gewerkschaft sein müssen.«[26]

Ein weiterer Beleg für diese verspätete Utopie findet sich im Zusammenhang mit den Gewerkschaften in Hermann Spix' Betriebsroman *Elephteria oder die Reise ins Paradies*,[27] der im selben Jahr wie von der Grüns *Gastarbeiterporträts* erschienen ist. Hier wird gezeigt, wie eine solche Utopie im Alltag umgesetzt werden kann. Für Elephteria ist der Gang nach Deutschland die Möglichkeit für eine umfassende Emanzipation als Frau. Hier erfährt sie die Solidarität der Arbeitskollegin Gerda, die gewerkschaftlich organisiert ist und die durch ihr politisches Engagement Elephteria dazu bringt, den richtigen Weg zu wählen. Von nun an stellt sich Elephteria der Fremde, lernt die verbindende deutsche Sprache ihrer Kolleginnen, nimmt Verantwortung auf sich, läßt sich zur Vertrauensfrau der Griechinnen in einem deutschen Betrieb wählen. Sie nimmt ihren Auftrag ernst, und es gelingt ihr, den ersten Streik von Aus- und Inländerinnen mit Erfolg durchzustehen.

An dieser Art konkreter Umsetzung hatte sich davor schon Günther Herburger mit seiner Erzählung *Die Eroberung der Zitadelle* aus dem Jahr 1972 gewagt. Nachdem die Zitadelle kurzweilig von den Bauarbeitern erobert wurde, konnte man dort als Schlußfazit lesen: »Aber wir hatten zusammen gearbeitet, der Grieche, der Türke, die beiden Battipannas [die italienischen Bauunternehmer] und ich [der deutsche Schriftsteller].«[28]

Interessanterweise hat Herburger es vorgezogen, die Eroberung der Zitadelle in Italien stattfinden zu lassen. Dabei mag die unterschiedliche politische Lage in beiden Ländern eine Rolle gespielt haben. Italien mit der starken

26 Horst Kammrad, »*Gast*«-*Arbeiter-Report*, ebd., S. 89.
27 Hermann Spix, *Elephteria oder die Reise ins Paradies*, Frankfurt 1975.
28 Günther Herburger, *Die Eroberung der Zitadelle*, Darmstadt/Neuwied 1972, S. 331. Vgl. Czeslaw Karolak, *Die Poetik des Vorurteils. Untersuchungen zum Fremdstereotyp im westdeutschen Roman der fünfziger Jahre*, Poznan 1986, insbesondere *Das Fremdstereotyp als Flucht in den Minoritätenstatus*, S. 180-82.

KPI war zu diesem Zeitpunkt für die deutsche Linke das Gegenbeispiel, das ihr die Möglichkeit gab, aus dem Bekenntnisdilemma heraus zu einem realexistierenden Sozialismus zu finden.[29] Insofern gewinnt die Erzählung von Herburger an Ambivalenz. Sie kann als Modell erprobter internationaler Solidarität angesehen werden und zugleich als Beweis dafür, daß dieselbe Solidarität in dem Land, wo die Gastarbeiter arbeiten und leben, nicht umzusetzen sei. Und dies wird um so deutlicher, wenn man bedenkt, daß die Erzählung kurz nach Heinrich Bölls Roman *Gruppenbild mit Dame* (1971) erschien, wo ein ähnliches Modell internationaler Solidarität in einer deutschen Stadt zugunsten einer deutschen Frau, die mit einem Ausländer weiterleben wollte, erfolgreich umgesetzt war.

Im Jahre 1977 kehrt Peter O. Chotjewitz mit seinem Roman *Der dreißigjährige Friede* auf diese verspätete Utopie zurück, um die Aussichtslosigkeit aus *Die Eroberung der Zitadelle* von Günter Herburger zu unterstreichen.[30] Der betreffende Teil des Romans spielt sich zwischen Orgosolo in Sardinien und der Stadt K. in Deutschland. Die sich anbahnende Liebe zwischen dem jungen deutschen Arbeiter Jürgen und der Germanistikstudentin Giovanna gerät in Schwierigkeiten, als diese sich nach ihrer Ankunft in Deutschland mit der Lage der Sarden in der Stadt K. konfrontiert sieht, vor allem, als sie zusehen muß, wie Jürgen nicht gegen den Vater rebelliert, der sich an der Ausbeutung der Familie Pittui beteiligt, die mit Giovanna verwandt ist.

Um Giovannas Sympathie zurückzugewinnen, greift Jürgen im Alleingang zur Brandstiftung, anstatt sich am gemeinsamen offenen Arbeitskampf gegen die Leitung der Firma zu beteiligen, die einen Teil der Belegschaft, darunter die Gastarbeiter Francesco und Patricio Pittui, entlassen will. Durch die Brandstiftung wird der Solidaritätskampf vereitelt, der von Freddy, als engagiertem Vertreter der deutschen Belegschaft, zusammen mit den Brüdern Pittui, zwei überzeugten KPI-Mitgliedern, vorbereitet worden ist. Somit wird die für das Aufkommen internationaler Solidarität unter den Arbeitern verschiedener nationaler Herkunft unentbehrliche Erfahrung vereitelt. Giovanna kehrt zusammen mit der Familie Pittui nach Italien zurück, und Jürgen wird wegen Brandstiftung verurteilt.

Heiner Müller

Von besonderer Bedeutung erweist sich im Kontext der verspäteten Utopie der Einakter *Kanakenrepublik* des Dramatikers Heiner Müller, der die Verbrüderung unter den Völkern als Teil des Programms des realexistierenden Sozialismus von innen erkannt hat. Der Einakter ist als Teil des Programms *Menschenlandschaften* enstanden, das Hanne Hiob-Brecht 1988 in verschie-

---

29 Vgl. Peter O. Chotjewitz, *Der dreißigjährige Friede*, Düsseldorf 1977, S. 189-90, sowie Max von der Grün, in: Franz Schnauer, *Max von der Grün*, München 1978, S. 140-42.

30 Um so deutlicher Peter O. Chotjewitz in dem Beitrag *»Vorurteile aus Kurhessen«*, in: *Wortmeldungen*, Ingeborg Drewitz (Hg.), ebd., S. 13-21.

denen Städten der Bundesrepublik aufgeführt hat. Was sich bei der Uraufführung wie Szenen aus dem bundesrepublikanischen Alltag angekündigt hatte, kann heute als ein Stück über die Wahrnehmung der Fremden in der ehemaligen DDR gelesen werden, selbst wenn im Stück zu lesen ist:

> Ich meine, wir, die deutsche Republik.
> Den Osten kannst du in der Pfeife rauchen.
> (S. Anhang am Ende dieses Abschnitts)

Aus heutiger Sicht ist diese Annahme deswegen zulässig, weil nach dem Mauerfall Umweltverschmutzung und soziale Unfähigkeit, mit den Fremden umzugehen, in der ehemaligen Deutschen Demokratischen Republik sichtbar geworden sind,[31] und somit sind beide als gleichwertige Komponenten des Einakters in den Vordergrund zu stellen.

Das Stück liest sich wie eine sprachlich verdichtete Synthese vielfältiger Konfliktsituationen aus der jüngsten Vergangenheit und aus der anhaltenden Gegenwart: der »noch nicht verlorene bzw. gewonnene« Zweite Weltkrieg, die Umweltverschmutzung, die Wiederaufrüstung, die Kanaken und Aids. Das Ganze wird von Heiner Müller in einer Zukunftsvision zusammengefaßt, die es Deutschland ermöglichen soll, Vergangenheit und Zukunft in einen erlösenden Einklang zu bringen. Als Agent dieser weltwirtschaftlichen Vision eignet sich der Kanake am besten, denn:

> In zwanzig Jahren, oder, wenn es knallt
> Hier in drei, wird Deutschland unbewohnbar sein.
> Außer für Kakerlaken und Kanaken
> Die halten mehr aus, weil sie primitiv sind.
> Der deutsche Mensch ist nicht so pflegeleicht.
> Die Vision selbst nimmt die Konturen einer Orwellschen Welt an:
> Wozu haben wir das Fernsehen.
> Wir kontrollieren über Satellit.

Denn dieses Mal soll nichts im Wege stehen, um den alten Traum des noch nicht verlorenen Zweiten Weltkrieges zu verwirklichen:

> Wenn wir schon keine Kolonien mehr kriegen
> Weil überall der Neger renitent wird
> Machen wir Deutschland selbst zur Kolonie
> Und reißen uns die Welt unter den Nagel
> In aller Ruhe mit dem Kapital
> Im lebenslangen Urlaub unter Palmen.

Heiner Müllers extreme Position verdeutlicht, warum die Diskrepanz zwischen den wirtschaftlichen Interessen des Aufnahmelandes und der arbeits-

---

31 Vgl. Christian Tenbrock, *Verhaßte Helfer.* In: *Die Zeit* Nr. 21, vom 18. Mai 1990, Hamburg 1990, hier folgende Feststellung eines Ostberliners IG-Metall-Sprechers. »[Die] dicke, klebrige Soße der internationalen Solidarität und Völkerfreundschaft, die das SED-Regime über alle ausländerfeindlichen Regungen goß, wird jetzt sehr schnell dünn.« S. 28.

technischen Zweckmäßigkeit der Gastarbeiter nicht aufzulösen ist. Ferner läßt er es sich nicht nehmen, die verordnete Wahrnehmung des Gastarbeiters als Träger internationaler Solidarität oder als Auslöser einer verspäteten Utopie zu demontieren. Angesichts der Tatsache, daß die Deutsche Demokratische Republik nicht davor zurückscheut, Gastarbeiter aus den Brüdervölkern Vietnam, Mosambik, Kuba und Angola in Barackenlagern am Rande der Gesellschaft zu halten,[32] wäre das weitere Festhalten an einer Völkerverbrüderung in Zusammenhang mit den Gastarbeitern mit naiver Unglaubwürdigkeit gleichzusetzen.[33]

So gesehen haben der westliche abendländische Humanismus, den Max Frisch einmal mit dem Satz:»Ein kleines Herrenvolk sieht sich in Gefahr: Man hat Arbeitskräfte gerufen, und es kommen Menschen,«[34] in den Mittelpunkt rücken wollte, und die östliche internationale Völkerfreundschaft nach Müller ihre Grenzen so offensichtlich erfahren, daß eine diskursive Aufklärung zwangsläufig zum Scheitern verurteilt ist und somit dem Autor keine andere Wahl bleibt, als zum Zyniker wider Willen zu werden, denn das einzig Sinnvolle in diesem Jahrhundert ist das »Scheitern.«[35] Nur auf diesem Wege ist es Müller möglich geworden, die Sprache gegen die Gastarbeiter zugleich mit der aufklärenden Sprache über die Gastarbeiter an ihre Ausdrucksgrenze zu drängen. Und dort werden Assonanzen wie »Kakerlaken« und »Kanaken« mit einer so Deutlichkeit und Selbstverständlichkeit zugelassen, daß jeder weitere Sprachversuch, Vorurteile abzuwehren, als hinfällig zu betrachten ist. Die Reduktion des Engagements des Autors auf die entworfene Sprache als Möglichkeit, die Realität neu zu definieren, ermöglicht es Heiner Müller, die Sackgasse der humanistischen und moralpolitischen Betrachtung der kulturellen Andersartigkeit[36] der Gastarbeiter zu vermeiden. Eine Andersartigkeit, die nach Günther Herburger, Max von der Grün und Peter O. Chotjewitz u. a. über gemeinsames Handeln (Streik, Gewerkschaftsarbeit und Arbeitskampf) zu überwinden wäre. Da sich Müller auf eine solche Annäherungsvorstellung an die Gastarbeiter nicht einläßt, hält er sich frei von dem Zwang, Lösungen anzubieten, die in eine Übernahme von bundesrepublikanischen Gesellschaftsmodellen hinauslaufen würden.

---

32 Vgl. Wolfgang Gehrmann u.a. *Vereint im Fremdenhaß. Dossier.* In *Die Zeit*, Nr. 42 vom 11. Oktober 1991, Hamburg 1991, S. 17-20.

33 Peter Schneider, *In Deutschland hat Saigon gesiegt. Warum Tausende von Vietnamesen aus der DDR in den Westen geflohen sind.* In: *Die Zeit*, Nr. 27 vom 29. Juni 1990, Hamburg 1990, S. 72.

34 Max Frisch, *Die Tagebücher 1946-1949 und 1966-1971*, Frankfurt 1983 (1950-1972), S. 416. Zu Rezeption dieses Satzes von Max Frisch vgl. z. B. Renate Häfner-Chotjewitz,»Der Mensch ist gleich« und Dieter Klink,»Ein Ausländer ist ein Inländer ist ein Mensch«, in: *Wortmeldungen*, Ingeborg Drewitz (Hg.), ebd., S. 23-32 u. S. 63-68; Elisabeth Endres, *Menschen kamen zu uns*, Stadtbibliothek Duisburg (Hg.), Reihe Deutsche Autoren zur Ausländerproblematik, Duisburg o.J.

35 Heiner Müller, *Zur Lage der Nation*, Berlin 1990, S. 90.

36 Vgl. Claude Lévi-Strauss, *Strukturale Anthropologie II*, Frankfurt 1975, S. 370.

Die Bejahung deutscher Interessensprioritäten in der Gestaltung der Zukunftsvision nimmt bei Müller somit radikale Züge an, die dadurch begründet werden, daß der Hut, den der Widersacher A am Schluß »frenetisch« vor dem Gastarbeiter mit der folgenden Feststellung schwenkt, »nicht die Hauptsache am Kopf ist.«

Um zu einem solchen Standort zu gelangen, verwischt Müller die Grenze zwischen den Interessen der Einheimischen und der untergeordneten Sozialstellung der Gastarbeiter nicht. Der Gastarbeiter bleibt am Rande. Er ist nicht zu sehen. Auf der Bühne tritt er als Bedienung in dem Lokal auf, wo die Deutschen A und B über die gefährdete Lage der deutschen Republik nachdenken. Die Funktionalität zwischen dem Gastarbeiter als Kellner und den Gästen wird als Teil der Alltagsrealität von den Deutschen A und B weder aufgehoben noch in Frage gestellt, sondern dadurch bejaht, daß die Kanaken als Teil ihrer Orwellschen Zukunftsvision miteingeplant werden.

Müller läßt keinen Bruch zwischen Alltagsrealität und Zukunft zu. Daß der Gastarbeiter durch die Deutschen A und B an keinem emanzipatorischen Realitätsbruch beteiligt wird, bedeutet noch nicht, daß Müller ihn in irgendeiner Opferrolle bestätigen will. Dem Autor geht es darum, die konfliktuelle Andersartigkeit der Kanaken nicht mit Hilfe von sozial aufgeklärten und politisch engagierten Arbeitskollegen beispielhaft aufheben zu lassen. Da Müller nicht einmal die Brechtsche Herr und Knecht- Emanzipationsdialektik in der *Kanakenrepublik* gelten läßt,[37] muß seine Grundthese so verstanden werden, daß die Einheimischen nicht aus ihrer übergeordneten Rolle gegenüber den Gastarbeitern entlassen werden dürfen. Sie dürfen den eigenen und öffentlichen Konflikten mit den Gastarbeitern nicht über institutionalisierte Modelle wie Gewerkschaften oder über gesellschaftlich kodifizierte Lernprozesse wie gemeinsame Arbeitskämpfe ausweichen. Denn so würden sie den Gastarbeitern die unmittelbare Möglichkeit nehmen, sich kraft ihrer Einsicht in eine fremde Realität aus ihrer tiefergestellten kulturellen und gesellschaftlichen Ausgangsposition zu emanzipieren.

So gesehen besteht die Radikalität von Müllers Standort gerade darin, daß er sich weigert, mit Hilfe einer verspäteten Utopie die Kanaken auf Gastarbeiter zu reduzieren, und daß er es ablehnt, die Emanzipation am Arbeitsplatz gleich als Emanzipation aus ihrer tiefergestellten kulturellen und gesellschaftlichen Ausgangsposition zu verstehen.[38] Heiner Müllers Beharren auf der einseitigen Funktionalisierung der Kanaken innerhalb der Zukunftsvision der Deutschen A und B erschöpft sich nicht in einem Akt steriler Anklage. Das Be-

---

37   Vgl. Peter Demetz, *Heiner Müller. ein Glaubensverlust*, in: *Fette Jahre, magere Jahre. Deutsprachige Literatur von 1965 bis 1985*. München/Zürich 1986 (New York 1986), S. 281-291.

38   Als Beweis dafür, daß eine Reduktion der Fremden auf Gastarbeiter keineswegs von deutschen Autoren allein unternommen wird, sei hier auf die Arbeit der Italienerin Anna Picardi-Montesardo hingewiesen, *Die Gastarbeiter in der Literatur der Bundesrepublik Deutschland*, Berlin, 1985, S. 10-11.

harren fungiert bei ihm als vorgeschaltetes Warnsignal, das Autor und Leser vor einer eindimensionalen Wahrnehmung der vielfältigen konfliktuellen Andersartigkeit der Gastarbeiter schützen soll. Indem Müller die Gastarbeiter in ihrer Komplexität als Kanaken zurückintegriert, gibt er ihnen die Chance zurück, aus ihrer untergeordneten Ausgangsposition mit schmerzlichen Verlusten, jedoch frei von kodifizierten gesellschaftlichen Modellen, auszubrechen.

Anhang
Die Kanakenrepublik

Zwei Deutsche mit Hüten trinken Bier. Einer steht auf und schwenkt grüßend den Hut.

A Was ist mit dir los? Bist du noch ein Mensch?
  Warum ziehst du den Hut vor dem Kanaken?
B Wenn ichs dir sage, leckst du ihm die Stiefel.
(A hebt den rechten Zeigefinger an die Stirn, B springt wieder auf und zieht den Hut)
A Hier muß ein Nest sein.
B Ohne Fleiß kein Preis.
(B springt auf und zieht den Hut)
A Die Weiber auch. Mann, bist du noch zu retten.
  Mir geht das Messer in der Tasche auf
  Wenn ich bloß hinseh und du schwenkst den Hut
  Als ob Deutschland den Krieg verloren hätte.
B Du wirst es auch lernen. Noch ein Bier?
(Gastarbeiter bringt Bier. B springt auf und zieht den Hut vor ihm)
A Ich sag dir, lieber freß ich meinen Hut
  Als daß ich ihn vor den Kanaken zieh
  Obs ein Itaker ist oder ein Türke
  Oder ein Muli oder weiß ich
B Friß deinen Hut. Und wenn du ihn verdaut hast
  Erklär ichs dir. Dann brauchst du einen neuen.
(B springt auf und zieht den Hut, ebenso, in Abständen, je nach Verkehrsdichte, während des Folgenden)
A Ich sag dir, was du brauchst: die Gummizelle.
B Nach dir. Deutschland, du sagst es, hat den Krieg
  Gewonnen, das ist Fakt, wir sind ganz oben
  Ich meine, wir, die deutsche Republik
  Den Osten kannst du in der Pfeife rauchen
  Aber der Krieg ist nicht zu Ende und
  Der Feind heißt Umwelt, wo du hinspuckst, Umwelt
  In jedem Grünzeug eine Ladung Blei
  Genausogut kannst du dich gleich erschiessen
  Und wer traut sich noch ein Glas Wein zu trinken
  Und jetzt der Aids. Wer hat ihn eingeschleppt

A   Ausländer raus!
B   Du drückst die falsche Tube.
        In zwanzig Jahren, oder, wenn es knallt hier
        In drei, wird Deutschland unbewohnbar sein
        Außer für Kakerlaken und Kanaken.
        Die halten mehr aus, weil sie primitiv sind.
        Der deutsche Mensch ist nicht so pflegeleicht.
        Und er ist sauber, Umwelt ist Gift für ihn.
        Und was die Umwelt etwa übrig läßt
        Vom deutschen Menschen, wird Raketenfutter
        Auf jeden Gartenzwerg kommt hier ein Sprengkopf
        Kennst du das Land wo die Raketen blühn.
A   Nach mir die Sintflut. Schließlich leben wir
        Nicht schlecht hier. Oder? Und wenn uns das Fell juckt
        Du weiß schon? was ich meine, steht die Welt
        Uns offen, Deutschmark siegt.
B   Da liegt der Hase
        Im Pfeffer. Oder was meinst du, warum
        Ich den Idioten spiele hier mit dem Hut ab
        Als hätte ich Würmer im Gehirn, vor jedem
        Kanaken, der mir vor die Flinte kommt?
        Wohlfühlen solln sie sich und wie zu Hause.
        Vermehren solln sie sich, auch wie zu Hause.
A   Und Deutschland wird Kanakenrepublik.
        Das könnt dir so passen, Volksverräter.
(A zieht B den Hut übers Gesicht)
B   Idiot. Wir müssen weg hier, dicke Luft
        Und Feuer unterm Hintern, merkst du nicht
        Wie deine Sohlen glühn? Aber der Schornstein
        Muß rauchen
A   Und wenn das Auge tränt, jawohl.
B   Verstehst du, der Kanake macht die Arbeit
        Und hält die Chose hier in Gang und wir
        Verlegen Deutschland an die Ferienplätze.
A   Und Neckermann wird Bundespräsident.
        Aber da ist ein Loch in deinem Plan:
        Der Deutsche ist ein Arbeitstier, das weiß
        Die Welt, unser Soldat war schließlich auch
        Der beste, aber der Kanake braucht
        Kontrolle.
B   Wozu haben wir das Fernsehn.
        Wir kontrollieren über Satellit.
        Der Hut ist nicht die Hauptsache am Kopf
        Und denken muß man in der Politik
        Aus Deutschlandüberalles wird per Knopfdruck
        Durch Sklavenarbeit wie im alten Rom

Denkst du, ein Römer hat je einen Finger
Gerührt im alten Rom? die Welt gehört
Den Arbeitslosen: Deutschlandüberall.
Kannst du mir folgen? das ist Politik.
Wenn wir schon keine Kolonien mehr kriegen
Weil überall der Neger renitent wird
Machen wir Deutschland selbst zur Kolonie
Und reißen uns die Welt unter den Nagel
In aller Ruhe mit dem Kapital
Im lebenslangen Urlaub unter Palmen.
Das ist dem Engländer nicht eingefallen
Und dem Franzosen und dem Spanier auch nicht
Kanaken sind sie alle, wenn du mich fragst.
Der Deutsche mußte sich den Kopf zerbrechen.

A   Der Hut ist nicht die Hauptsache am Kopf.
(A schwenkt, frenetisch grüßend, wie B seinen Hut.)

12. Rainer Werner Fassbinder: *Katzelmacher*

a) Zur Vorgeschichte eines Antitheaterstückes

Mit *Katzelmacher* hat Rainer Werner Fassbinder 1969 das Aufeinandertreffen von Exotik und Erotik als Kernfrage in der Begegnung mit dem Fremden im eigenen Land aufgegriffen.[39] Zur Entstehung seiner Erstlingsarbeit erklärte der Autor 1973: »Weil [am münchner antiteater] kein Stück da war, hab ich gesagt, ich schreib ein Stück.«[40] Sogar die Entscheidung für den Inhalt ist in direkter Verbindung mit den Arbeitsbedingungen an dem damaligen *münchner antiteater* zu sehen.[41] In einer Erklärung zur Veröffentlichung des Stückes hat Fassbinder präzisiert: »Eigentlich hätte dies ein Stück über ältere Leute werden müssen. Aber es sollte am *antiteater* realisiert werden. Jetzt sind sie alle jung.« (S. 7)

---

39 Rainer Werner Fassbinder, *Antiteater. Katzelmacher/Preparadise sorry now Zwei/Die Bettleroper*, Frankfurt 31973 (1969). Aus dieser Ausgabe wird im Text und in den Fußnoten fortlaufend zitiert.

40 Michael Töteberg (Hg.), *Fassbinder – Die Anarchie der Phantasie – Gespräche und Interviews*, Frankfurt 1986, S. 22.

41 Vgl. Michael Töteberg, ebd., »Katzelmacher wurde unter der gemeinsamen Regie von Fassbinder und Peer Raben am 7.4.1968 uraufgeführt. [...] Das Stück dauerte 20 Minuten. Rainer Werner hatte die Titelrolle des Katzelmachers übernommen«, S. 24; Wolfgang Limmer, *Fassbinder – Filmemacher*, Reinbek 1981, S. 150; Bernd Eckhard, *Fassbinder*, München 1982, S. 154. Zum Übergang vom Action-Theater zum *münchner antiteater* vgl. erneut Michael Töteberg (Hg.), ebd., S. 19, und Bernd Eckhard, *Fassbinder*, ebd., S. 155.

Die Personen im Stück mußten deswegen jung werden, weil am *antiteater* zwei Grundsätze galten.«[42]

Als unmittelbarer Einstieg in die Thematik der Gastarbeiter konnte Fassbinder auf Erfahrungen zurückgreifen, die er im väterlichen Immobilienbüro gemacht hatte:»Und habe nachts Räume tapeziert... Und er [der Vater] hatte da so Räume in einzelne kleine Zimmer umgebaut und an Gastarbeiter vermietet.«[43]

Im Vorspann der späteren Verfilmung des Antitheaterstückes[44] ist jedoch an Stelle der erwähnten Erklärung folgendes Zitat von Yaak Karsunke zu lesen: »Es ist besser, neue Fehler zu machen, als die alten bis zur allgemeinen Bewußtlosigkeit zu konstituieren.«[45]

Die Ersetzung der Erklärung durch ein Motto ist als Beweis der Suche nach einem Standort zu deuten zu einem Zeitpunkt, als der angehende Autor und Filmemacher dabei war, vom Action-Theater zum *münchner antiteater* zu wechseln. Erklärung und Motto drücken denselben Wunsch nach Erneuerung aus: Erneuerung des Theaters durch das Einbeziehen der Arbeitsbedingungen in den Entstehungsprozeß des Stückes und Erneuerung in der Wahrnehmung von sozialen Ereignissen durch Empirie bzw. durch die Bereitschaft, durch eigene Erfahrung Fehler zu machen.

Die leichte Verschiebung der Priorität von der Kunstebene der Antitheater-Aufführungen in das Soziale der »allgemeinen Bewußtlosigkeit« gilt hier als Indiz dafür, daß Theater und Soziales bei Fassbinder als gleichwertige Handlungsbereiche anzusehen sind. Wie zu zeigen ist, stellt das Stück *Katzelmacher* mit dem Anspruch auf Darstellung einer transparenten Geschichte und auf Gegeninformation Fassbinders konzeptionelle Trennung des Antitheaters von dem Postulat des Action-Theaters dar, wonach »Aufklärung und Agitation mit radikalen ästhetischen Mitteln«[46] nach wie vor als untrennbare Einheit gelten.[47]

---

42   Michael Töteberg (Hg.), *Fassbinder*, ebd., S. 24.

43   *Interview von Wilfried Wiegand* aus dem Jahr 1974, in: *Rainer Werner Fassbinder* mit Beiträgen von Yaak Karsunke, u.a., München 1974, S. 65-66; ferner – *Egal was ich mache, die Leute regen sich auf – Ein Gespräch* mit Bodo Fründt/Michael Jürgs über »Berlin Alexanderplatz« und »Lili Marleen« aus dem Jahre 1980, in: *Fassbinder*, Michael Töteberg (Hg.), ebd., S. 175.

44   Katzelmacher wurde im August 1969 in neun Tagen verfilmt und am 8. 10. 1969 während der Mannheimer Filmwochen mit anhaltend großen Erfolg uraufgeführt, Wolfgang Limmer, *Fassbinder – Filmemacher*, ebd., S. 178; ferner Hans Helmut Prinzler in: *Fassbinder* mit Beiträgen von Karsunke, Yaak u.a., ebd., S. 150-51; Bernd Eckhard, *Fassbinder*, ebd., S. 182-83.

45   Rainer Werner Fassbinder, *Die Kinofilme 1*, Michael Töteberg (Hg.), München 1987, S. 131.

46   Michael Töteberg (Hg.), *Fassbinder Antiteater*, Frankfurt 1986, S. 232. An die Ziele des Action-Theaters hat sich Fassbinder am ehesten bei den Inzenierungen der Stücke *Antigone* und *Axel Cäsar Haarmann* gehalten, obwohl sie eine erkennbare Nähe zum Living-Theatre und dem Agitprop-Theater der APO-Zeit aufweisen.

47   Heide Simon, *Fassbinder, das geniale Monster*. In: *Theater Heute*, H. 8 1982, Velber 1982, S. 24-26; Michael Skasa, *Fassbinders Anfänge*, In: *Theater Heute*, H. 6 1983, ebd., S. 27-33.

Das Festhalten an der Widmung des Stückes und des Filmes: »Für Marieluise Fleißer« ist mehr als auf eine bloße Hommage an die Theaterautorin aus Ingolstadt. Fassbinder hat die Nähe seines Stückes zu Marieluise Fleißer in der Sprache von *Katzelmacher* ausgemacht, die nach ihm »sehr viel mit der Fleißer zu tun hat.«[48] Der angehende Regisseur hatte die Sprache Marieluise Fleißers als »unverhüllten Ausdruck der Deformation der Personen«[49] für sich entdeckt, als er drei Monate vor der Niederschrift von *Katzelmacher* die Inszenierung *Zum Beispiel Ingolstadt*, frei nach Marieluise Fleißer, für das Action-Theater durchgeführt hatte.

Setzt man zu Fassbinders sprachlichen Erfahrungen mit *Pioniere in Ingolstadt* Walter Benjamins Feststellung, wonach Fleißer gerade dort gezeigt hat, »daß man in der Provinz Erfahrungen macht, die es mit dem großen Leben der Metropolen aufnehmen können,«[50] drängen sich Parallelen und Gegensätze zwischen Marieluise Fleißers Stück und *Katzelmacher* so unmittelbar auf, daß *Pioniere in Ingolstadt* als inhaltlicher Anstoß für *Katzelmacher* zu betrachten ist.[51]

In beiden Stücken geht es um die Ankunft der Fremden. Dort sind es die Pioniere, die für die Stadt unentgeltlich eine Brücke bauen sollen, hier ist es der Fremde, der als Arbeitskraft in die Bundesrepublik Deutschland geholt worden ist. Hier wie dort kommt es zur Rivalität um die Gunst der Mädchen, wobei die Fremden eher als die Einheimischen von den Mädchen umworben werden. Hier wie dort geht es um Gewalt. Die Pioniere lassen ihren sie schikanierenden Feldwebel in der Donau ertrinken, die Jugendlichen verprügeln den *Katzelmacher*. Nach der von ihnen gestifteten Unruhe rücken die Pioniere wieder aus, und es stellt sich in den Personen des neuen Feldwebels und der zurückgelassen Berta wieder der alte Zustand ein. Dagegen wagt Marie aus *Katzelmacher* das Unmögliche, sie läßt sich zu Jorgos' Frau und Kindern nach Griechenland in die Ferien mitnehmen. Und »jung« sind die handelnden Personen alle, wenn man bei Marieluise Fleißer von Unertl, dem Vater Fabians, absieht.

Der Aufbau der darzustellenden Geschichten ist in beiden Werken linear. Sie werden in die Zukunft hinein entwickelt. Vergangenheit oder verfremdende Situationen, die das Verhältnis zwischen Erzählung und Handlung

---

48 *Da hab ich das Regie führen gelernt,...Gespräch mit Corinna Brocher*, in: *Fassbinder Antiteater*, Michael Töteberg, ebd., S. 23.

49 Inge Stephan, *Zeitstück, Volkstück und Lehrstück – Das Drama*, in: *Deutsche Literaturgeschichte. Von den Anfängen bis zur Gegenwart*, Wolfgang Beutin u.a. (Hgg.), Stuttgart 1979, S. 296. Vgl. *Auskünfte der Jüngeren Sperr, Fassbinder, Kroetz*, in: *Materialien zum Leben und Schreiben der Marieluise Fleißer*, Günther Rühle (Hg.), Frankfurt 1973, *Fassbinder* S. 404-05.

50 Walter Benjamin, *Echt Ingolstädter Orignalnovellen*, in: *Gesammelte Schriften*, Hella Tiedemann-Bartels (Hg.), Bd. III, Frankfurt 1972, S. 189.

51 Vgl. *Die Katzelmacher überzeugten mich sehr* in: Marieluise Fleißer, *Alle meine Söhne über Martin Sperr, Rainer Werner Fassbinder und Franz Xaver Kroetz. In: Theater Heute*, Jahressonderheft 1972, Velber 1972, S. 86-87.

überlagern könnten, werden vermieden. Die Ankunft der Fremden sorgt für Unruhe in einem bis dahin festgelegten und überschaubaren Alltag. Die Unruhe steigert sich bis zur Gewalt, die aber keineswegs so gewalttätig ist, daß sie das Wiedereintreten der Alltagsnormalität am Ende beider Stücke verhindern könnte. Zweideutigkeit und Polyvalenz im Erzählen und Darstellen fallen kaum ins Gewicht. Die Tatsache, daß das Erzählen bei Fassbinder zum Teil durch ein offenes Ende gekennzeichnet ist, während Marieluise Fleißer ihre Parabel kreisförmig zu Ende führt, kann als Divergenz zwischen Modell und Projekt angesehen werden, die sich in *Katzelmacher* durch die Aktualität der Ankunft der Fremden in der deutschen Gesellschaft der sechziger Jahre erklären läßt.

b) Aufklärung als Gegeninformation

Neben der vordergründigen Darstellung des Konflikts zwischen Vorstadtjugendlichen und dem unerwarteten Fremden ist in *Katzelmacher* eine Sprachebene auszumachen, mit deren Hilfe es dem Autor gelingt, zuverlässige und detaillierte Auskunft über Anwerbung und Einsatz von ausländischen Arbeitskräften zur Zeit des Wirtschaftswunders zu vermitteln. Dies geschieht als Gegeninformation zur öffentlichen Wahrnehmung der Fremden und gegen die damalige Sprache der bundesdeutschen Öffentlichkeit, die sachliche Informationen über den Fremden verweigerte.[52]

Ein erstes Beispiel dafür ist der Monolog der Arbeitgeberin vor dem stummen Fremden bei seiner Einstellung. Seiner Funktion nach handelt es sich bei dem Monolog um ein Informationsgespräch, worin der Fremde sogar direkt mit Sie angeredet wird, und dennoch ist kaum zu übersehen, daß die Information nicht an ihn gerichtet ist. Beleg dafür ist, daß die Arbeitgeberin bei ihrem Monolog niemals daran zweifelt, daß ihr deutschunkundiger Zuhörer sie auch versteht. Nirgendswo bedient sie sich der üblichen Verständigungsfragen, um sicherzustellen, daß eine gegenseitige Verständigung über die Vertragsbedingungen stattfindet, noch verläßt sie ihre Standardsprache, um sich bei schwierigen Sachverhalten durch ein Gastarbeiterdeutsch zu vergewissern, daß der Fremde sie auch verstanden hat, wie sie es später bei weiteren Gesprächen mit ihm machen wird.

Seinem Inhalt nach setzt sich der Monolog aus Stellungnahmen zu folgenden Schwerpunkten zusammen: Vertragsbedingungen, Arbeit, Begründung der Wahl des Fremden und soziales Umfeld. Die Stellungnahmen sind zum Teil in kurze Hinweise zerlegt und dann wieder in eine allgemeine Erklärung zur Ankunft der Fremden in der Bundesrepublik zusammengefaßt. Dadurch wird bei der Ankunft der Fremden jede Priorität der Gründe vermieden, und aus der Gleichzeitigkeit der alternierenden Hinweise und Argumente ergibt sich

---

52   Manuel Jesus Delgado, *Die »Gastarbeiter« in der Presse*, Opladen 1972 und Georgios Tsiakalos, *Ausländerfeindlichkeit*, München 1983.

ein Gleichgewicht der unterschiedlichen Interessen bzw. ein aufgeklärter Gesichtspunkt, unter dem die Anwesenheit der Fremden im bundesrepublikanischen Alltag zu betrachten ist.

Elisabeth [die Arbeitgeberin]:

1. Jetzt müssen wir zuerst von den Unterschriften reden. Von den Sozialversicherungen und was alles abgezogen wird. Schlafen können Sie auch bei uns, das wird abgezogen.
2. Kommen hab ich Sie lassen, weil vom Ort die Arbeitskräfte für mich nicht in Frage kommen, außer dem Bruno und den werden Sie ja kennenlernen, weil die sind renitent. So.
3. Die Arbeit, die ist leicht zum Lernen, aber schnell muß es gehen, weil die Produktivität darunter leidet.
4. Außerdem stellen sie unverschämte Lohnforderungen, weil ich schon gern wissen möcht, wie sich so was verdient.
5. Es sind ja soviel Lumpen da umher, von die Flüchtlinge wo übriggeblieben sind und andere.
6. Essen tun Sie auch bei mir, das wird auch abgezogen.
7. Der Sperr Franz hat eine Woche gearbeitet bei mir, da haben sie geredet, mit dem Bruno reden sie auch, aber das sind wir jetzt schon gewohnt. Also wenn sie reden, dann müssen Sie sich gewöhnen.
8. Einen strebsamen Menschen habe ich gesucht, weil mit der Faulheit ist nichts zum Verdienen.
9. Jetzt wissen Sie alles (S. 11-12).

Aufgrund der eingeführten Prioritäten, der textinternen Überleitungen von Satz zu Satz und ohne einen Eingriff in die Textstruktur ließe sich für den Monolog die Vergleichsvariante 1+6+2+4+5+8+3+7+9 zusammenstellen, die für die Untersuchung des Monologs dank ihrer Verbindungs- bzw. Trennungsstrategien innerhalb der jeweiligen Stellungnahmen hilfreich sein wird.

Daß die Arbeitgeberin zwar Unterschriften, Sozialversicherungen und weitere Abzüge erwähnt, aber nicht vom Lohn zu reden braucht, hängt damit zusammen, daß der angeworbene Grieche seinen Vermittlungsvertrag, in dem als Standardvertrag die Lohnfrage bereits geregelt ist, schon vor der deutschen Kommission in Athen unterschrieben hat.[53] Da im allgemeinen Vermittlungsvertrag unter § 4 vorgesehen ist, daß die Arbeitgeber für Unterkunft und Verpflegung der fremden Arbeitskräfte zu sorgen haben, sind Abzüge für Essen und Schlafen als Standardposten nach festgelegten Sätzen zu betrachten. Sie werden dem Griechen als solche von der Arbeitgeberin mitgeteilt, ohne daß sie ihn fragt, ob er sich anders organisieren möchte, zumal die Verpflichtung von Seiten der Arbeitgeberin nicht bindend für den Arbeitnehmer sein kann.

---

53 Vgl. *Emigrantenbriefe*, C. Barry Hyams/Helge-Ulrike Peter (Hgg.), Marburg 1974, insbesondere S. 60-75 über den Standardvertrag zur Vermittlung italienischer Arbeitskräfte vom 6.2.1956 nach der Deutsch-Italienischen Vereinbarung vom 20.12. 1955, der ab dem 29.3.1960 für Griechenland übernommen wurde, *Amtliche Nachrichten der ANBA*, Jg. 8, Nr. 6, Nürnberg, 27. Juni 1960, S. 286-302.

Nach Fassbinder wäre eine derartige Frage an den Gastarbeiter Jorgos insofern rein rhetorischer Natur, weil er, um vom Ausländermeldeamt seine Aufenthaltserlaubnis zu erhalten, nach dem Ausländergesetz eine adäquate Unterbringung anhand eines Mietvertrages nachzuweisen hat. Eine ordnungsgemäße Aufenthaltserlaubnis stellt wiederum die Grundvoraussetzung dar, um nach einem 6-monatigen Aufenthalt auf Bewährung den Anwerbevertrag in einen persönlichen Arbeitsvertrag mit einem Betrieb der eigenen Wahl umwandeln zu können. Ein rechtskräftiger Arbeitsvertrag und eine adäquate Unterbringung sind die Voraussetzungen für weitere Verlängerungen der Arbeitserlaubnis für Nicht-EG-Staatsbürger durch das Arbeitsamt. Nur sie können ihm bei dem Ausbruch aus dem Kreis fremder Voraussetzungen und Ansprüche helfen. Insofern war es für den Griechen unausweichlich, dem Druck der Arbeitgeberin nachzugeben, da ein Vertragsbruch innerhalb der ersten sechs Monate die Rückkehr nach sich gezogen hätte.

Aber wieso unterbricht die Arbeitgeberin ihre Aufzählung gerade zwischen den Abzügen für Schlafen und Essen? Will sie dem Fremden, der kein Deutsch versteht, eine Möglichkeit geben, sich für eine andere Lösung zu entscheiden, oder ist dort etwas anderes zu vermuten? Angesichts des Vertragskontextes gestaltet sich der Übergang zu der Begründung, wieso sie sich für den Griechen entschieden hat, zweideutig. Der Fremde soll in ihrer Begründung einen Vertrauenszuspruch, aber auch eine Warnung erkennen. Das Privileg, anstelle eines Einheimischen für sie arbeiten zu dürfen, wird mit derselben Bedingung verknüpft, die bei dem Einheimischen zur Verweigerung der Arbeit geführt hat: von dem Fremden wird Geschwindigkeit zur Steigerung der Produktivität verlangt.

Ob und inwieweit ihr bewußt ist, daß sie durch ihre Ausführungen über die örtlichen Arbeitskräfte den Fremden als Lohndrücker darstellt, ist für sie irrelevant. Ihre Lage als Fabrikbesitzerin fordert von ihr die Steigerung der Produktivität als Garantie für das Fortbestehen der Firma. Sie kann dieses nur dann erreichen, wenn es ihr gelingt, eine Übereinstimmung zwischen den Zielen der Produktion und der Natur der Arbeiter herbeizuführen, die sie durch die Renitenz der damaligen deutschen Flüchtlinge gefährdet sieht. Mit der Suche nach einem strebsamen Menschen will sie die Renitenz bekämpfen, die sie genau so wie die Faulheit als angeboren betrachtet. Dafür ist sie bereit, persönlich für den strebsamen Menschen zu sorgen: »Essen tun Sie auch bei mir.« Abgesehen davon, daß die Unkosten für das Essen genauso wie für das Schlafen direkt abgezogen werden, fallen die beide Formulierungen bezeichnenderweise sehr unterschiedlich aus.

Dort, wo von »können« und von »bei uns« die Rede war, tritt jetzt eine direkte Formulierung durch das Weglassen von »können« und durch den Ersatz von »uns« durch »mir« ein. Selbst wenn man von der örtlichen Notwendigkeit des uns in der Formulierung »Schlafen können Sie bei uns« ausgeht, ist deswegen die Verwendung von »bei mir« in ihrer Aussagekraft nicht beeinträchtigt. Denn die Formulierung »bei mir« dient gleichzeitig dazu, mit Hilfe der Vertraulichkeit den Übergang zur Beschreibung des sozialen Umfeldes der Fabrik zu ermöglichen.

Die bündige Mitteilung, daß das soziale Umfeld geschwätzig sei, verbindet sie mit der Forderung an den Fremden, sich daran zu gewöhnen, so wie sie und Bruno es bereits getan haben. Inwieweit das Gerede zur Kündigung des Franz Sperr beigetragen hat, läßt sich weder aus der Formulierung noch aus dem Kontext einwandfrei entnehmen. Daß das Gerede sowohl für die Fabrikbesitzerin wie auch für die Vorstadtjugendlichen als Kontrollinstanz gilt, wird sich in Lauf der Geschichte bestätigen. Insofern stellt dieser Teil des Monologs den einzigen Versuch dar, mit dem Fremden reden zu wollen, nachdem nun geklärt ist, daß der Grieche wenn noch nicht zu ihr, so doch zur Fabrik gehört. Mit der Warnung »mit der Faulheit ist nichts zum Verdienen,« kehrt die Arbeitgeberin zu ihrer Stellung und ihrem eigentlichen Vorhaben zurück und befindet, den Adressaten ihres Monologs nun über die Lage der Dinge vollständig informiert zu haben: »Jetzt wissen Sie alles.«

Man darf annehmen, daß der Grieche durch seine allgemeine Vorinformation aus Griechenland in groben Zügen darüber Bescheid weiß, wie die damaligen Arbeitsbedingungen in der Bundesrepublik für die Gastarbeiter aussahen. Zusätzlich ist ihm mitgeteilt worden, und zwar unabhängig davon, ob er es verstanden hat oder nicht, daß die Arbeit leicht zu erlernen ist und er schnell arbeiten muß, aber er ist nicht darüber informiert worden, um welche Art von Arbeit es sich handelt. Insofern kann es nicht stimmen, daß er jetzt über alles Bescheid weiß. Wer dagegen zu diesem Zeitpunkt Bescheid weiß, das ist das Publikum, weil noch vor der Ankunft des Fremden darüber gespottet worden ist, daß in der Fabrik der Plättnerin Wundertüten zusammengestellt werden. Das Publikum aber ist nicht über den Lohn des Griechen informiert worden. Die Behauptung, alles sei mitgeteilt worden, ist nur dann zu bejahen, wenn damit gemeint ist, daß das Wissen im Zusammenhang mit Aufklärung nur vermittelbar ist, wenn der Adressat sich in der Lage befindet, die Bedeutung der ihm gebotenen Information zu überprüfen. Das Nichtwissen des Fremden über die Natur der Arbeit ist mit dem Nichtwissen des Publikums über die Zusammensetzung des Lohns durchaus vergleichbar. Weil das Publikum über die Art der Produktion informiert ist, erhält es in dem Monolog alle Hinweise, daß das eigentliche Ziel der Arbeit nicht die Herstellung des Objekts an sich ist, sondern die Steigerung der Produktivität, die Geschwindigkeit des Produktionsvorganges. Daß die Arbeitgeberin Geschwindigkeit als Voraussetzung für eine weitere Beschäftigung des Griechen erwartet, geht aus den Stellen im Stück hervor, in denen Jorgos ermuntert wird, schneller zu werden (S. 14) und vor Bruno in Schutz genommen wird, weil es »mit der Arbeit jetzt besser bei ihm wird.« (S. 16)

Das Vorenthalten einer Information über die Zusammensetzung des Lohns des Griechen wird insofern verständlich, weil sich zu diesem Zeitpunkt jede Information darüber in einer zwecklosen Preisgabe einer persönlichen Angelegenheit erschöpft hätte, ohne jede Möglichkeit für das Publikum, die Bedeutung der Information für sich erschließen zu können. Erst im Gespräch zwischen Franz und Jorgos findet die Information Kontext und Bedeutung und kann vom Publikum überprüft werden. Auf Franz' Frage: »Wieviel Geld. Hier?« antwortet Jorgos: »Zweihundertzwanzig Mark. Essen

und Schlafen« (S. 17). Dem Einwand, daß Franz dreihundertzwanzig Mark aus-
bezahlt bekommen hat und Essen dazu, begegnet er mit der Feststellung:
»Alles heimschicken. Frau und Kinda« (S. 17). Damit werden zwei Überlegungen deutlich, die ihn dazu bringen, seinen Lohn anders als den des Einheimischen zu definieren.

Essen und Schlafen werden von ihm nicht als Abzüge betrachtet, sondern
als Lohnposten verstanden, nicht jedoch als Geldmenge, über die er jederzeit
verfügen könnte. Sie werden als Teile einer Bezahlungsart aufgefaßt, die als
Waren- oder Leistungsaustausch zu diesem Zeitpunkt im Mittelmeerraum
noch verbreitet waren.[54] Für ihn hat es keinerlei Bedeutung zu quantifizieren,
daß ihm für das Schlafen monatlich hundert Mark abgezogen werden.

Obwohl der Zuhörer annehmen darf, daß in diesem Kontext Jorgos der Zugang zu seiner veränderten Lage primär durch die fremde Sprache versperrt
wird, weist der Autor darauf hin, daß dies im wesentlichen durch das Ziel geschieht, das er für sich noch vor seiner Abfahrt nach Deutschland ausgemacht
hat. Mit dem Satz: »Alles heimschicken. Frau und Kinda« wird ein Ziel begründet, das aus einer zeitbegrenzten Bereitschaft besteht, dorthin zu gehen, wo
für Arbeit Geld zu bekommen ist. Die Bereitschaft ist deswegen als zeitbe-
grenzt anzusehen, weil in der Höhe des fremden Lohns und in dem Mehrwert
einer fremden Währung eine Möglichkeit gesehen wird, einen Teil der in der
Fremde investierten Zeit zurückzugewinnen, da hier die Geldbeschaffung in
einer kürzeren Zeit als am Herkunftsort möglich ist. Daher wird verständlich,
wieso Jorgos Franz' Hinweis auf den tatsächlichen Lohnunterschied mit der
Feststellung quittiert, daß er das ganze Geld heimschickt, denn dadurch erhält
der niedrige Lohn einen höheren Akkumulationswert, und jede von ihm
zurückgehaltene Mark bringt eine Verlängerung der Fremde mit sich.

In der Tat erhält die zeitbegrenzte Bereitschaft, sich in der Fremde zu verdingen, sofort nach seiner Ankunft eine zusätzliche Funktion, indem sie dazu
beiträgt, die räumliche Fremde zeitlich überschaubar zu gestalten. Nach Fassbinder erhöhen Jorgos' Vorstellung von seiner zeitlich begrenzten Anwesenheit in der Fremde und die Sprachbarriere als Unmöglichkeit, die eigene Ver-
tragsrechte wahrnehmen zu können, den Druck, sich der Arbeitgeberin in der
Hoffnung anvertrauen zu müssen, von ihr als Mensch angenommen zu werden. Seine stumme Gegenwart bei der Erläuterung der Vertragsbedingungen
und der Arbeit ist der sichtbare Beweis dafür. Seine Hoffnung wird sogar erfüllt, jedoch unter dem ihm ausgezahlten Lohn. Kurz danach bekommt der
Grieche wie Franz Sperr dreihundertzwanzig Mark aus den ihm zustehenden
650 DM, mit der Begründung: »weil wir mehr produzieren« (S. 29), was wiederum besagt, daß sich für die Arbeitgeberin ein Unterschied zum ausgezahlten Lohn ergibt.

Hier liegt der »Trick für Deutschland« (S. 29): gleiche Auszahlung an den
Fremden und doch größere finanzielle Vorteile für das Land, wobei der

---

54   Vgl. Meike Behrmann/Carmine Abate, *I Germanesi. Geschichte und Leben einer süd-
      italienischen Dorfgemeinschaft und ihrer Emigranten*, Frankfurt/New York 1984.

größere »Trick« nicht darin zu erkennen ist, daß das Geld im Lande bleibt, wie am Ende des Stückes behauptet wird, sondern im Verhältnis zwischen Abzügen und Inanspruchnahme von öffentlichen Dienstleistungen von seiten einer ganzen Generation alleinstehender Ehemänner wie Jorgos, die aufgrund des damaligen Rotationsprinzips als reine Arbeitskraft ohne Anspruch auf soziale und kulturelle Dienstleistungen durch ihre Familienmitglieder für immer hätten bleiben sollen.

Von dem Zeitpunkt an, an dem der »Trick für Deutschland« durch eigene Gegeninformation nicht mehr in seinem Umfang und von innen erfaßbar wird, greift Fassbinder weder mit zusätzlicher belehrender Information von außen ein, noch kommt es zur Lösung des Konfliktes in zu abstrakten Solidaritätsaufrufen an das Publikum. Er zieht es vor, sich seiner Geschichte gegenüber immanent zu verhalten, und läßt die Arbeitgeberin die Handlung wiederholen, die er am Anfang der Geschichte ausgeklammert hatte. Wegen gesteigerter Produktivität meldet sie erneut bei der Ausländerstelle in München Bedarf an einer weiteren Arbeitskraft an. Durch die Wiederholung wird die Vorgeschichte zur Ankunft des Fremden nachgeholt und in ein nachvollziehbares Verhältnis zum Stand der Dinge im Stück gesetzt. Sie wird deswegen nachvollziehbar, weil sie die Verpflichtungen offenlegt, die die Arbeitgeberin hat auf sich nehmen müssen, um die Handlung wiederholen zu können. Aus dem Notstand der Arbeitgeberin ist zu erfahren, welche Marktstellung die Gastarbeiter haben. Sie sind so kostbar, daß Firmen, die sie schlecht behandeln, von weiteren Zuteilungen seitens der Ausländerstelle ausgeschlossen werden. Ihre Anwerbung wird als Investition betrachtet, und dies führt dazu, daß sie als Arbeitskräfte stets verwendbar sein müssen. Zum Beispiel erhält die Arbeitgeberin diesmal einen Türken, der als Bauarbeiter angeworben worden ist und der, weil er inzwischen für diese Arbeit zu alt ist, ohne Widerspruch anderweitig eingesetzt wird.

Durch Wiederholung wird der »Trick für Deutschland« als Interdependenz zwischen Arbeitgeberin und dem Fremden erkennbar. Beide sind ihm gleichermaßen, wenn auch unter anderen Bedingungen, ausgeliefert – die Arbeitgeberin, da sie ohne die Fortsetzung des Tricks einen Produktivitätsabfall befürchtet, der Fremde, da er nicht mit Mobilität rechnen kann, die ihn vor dem Konflikt mit den Jugendlichen schützen könnte. Dadurch kommt eine Interessengemeinschaft besonderer Natur zustande, deren unausgesprochenes Ziel darin zu erkennen ist, daß der Druck der Öffentlichkeit gegen die Anwesenheit der Fremden nur durch die Steigerung der Produktivität als Schlüssel zur Konsumgesellschaft abgewendet werden kann.

Ob in der Lohnerhöhung für den Griechen, nachdem er von den Vorstadt-Jugendlichen geschlagen worden ist, eine Abwehrreaktion der Arbeitgeberin zu sehen ist, läßt sich anhand des Szenenkontextes zwar erahnen, jedoch nicht einwandfrei belegen. Sicher ist, daß die Arbeitgeberin stundenlang auf ihn einreden muß, er solle dableiben. Sicher ist auch, daß sie sich den Einschüchterungen der Jugendlichen nicht beugen will. Sie zeigt ihre Entschiedenheit, indem sie sich nicht davon abhalten läßt, ihren Bedarf an einem weiteren Gastarbeiter bei der Ausländerstelle in München anzumelden.

Dank dieser Interessengemeinschaft zwischen Arbeitgebern und Gastarbeitern, wie sie in *Katzelmacher* aufgedeckt wird, gelingt es den Arbeitsgebern, Korrekturen an einer fundamentalen Stelle der Ausländerpolitik der Bundesrepublik durchzusetzen. Die teuer bezahlte Betriebszugehörigkeit der Gastarbeiter bringt die Arbeitgeber dazu, sich konsequent in ihrem eigenen Interesse gegen das Rotationsprinzip für ausländische Arbeitskräfte auszusprechen, bis die Bundesregierung Anfang der siebziger Jahre schrittweise das Rotationsprinzip zurücknimmt. Ferner wird sie sich in Krisenzeiten als die beste Garantie der Gastarbeiter für ein Verbleiben an ihrem Arbeitsplatz und als stärkster Schutz gegen die wiederholten Bestrebungen derjenigen erweisen, die die Arbeitslosigkeit in der Bundesrepublik durch die Rückkehr der Ausländer in ihre Herkunftsländer – mit oder ohne Rückkehrprämien – beheben möchten.

Daß die Theaterbühne von der bundesrepublikanischen Alltagsnormalität seit der Ankunft der Fremden eingeholt wird, wird von Fassbinder bewußt zugelassen, weil er sich in *Katzelmacher* von der Vorstellung des Theaters als Übungsplatz für gewaltsame gesellschaftliche Veränderungen lossagen und stattdessen die erzählte Geschichte als Erweiterung der Realität erproben will.

Wie sehr Fassbinder schon in *Katzelmacher* an die erzählte Geschichte als Ergänzung zur Realität denkt, zeigt sich beispielhaft an der Entstehung des Films *Angst essen Seele auf* (1973), über die Liebe einer älteren deutschen Putzfrau zu einem jüngeren Marokkaner. Die Geschichte dieser von der Gesellschaft nicht zugelassenen Liebe ist schon in dem Film *Der amerikanische Soldat* (1970) erzählt worden. Dort wurde sie durch einen unaufgeklärten Mord an der deutschen Frau zu Ende geführt; aus dem Schluß des Filmes ist nicht zu entnehmen, ob der junge türkische Freund oder ein anderer die ältere deutsche Frau umgebracht hat. Als diese Geschichte verfilmt werden soll, setzt sich bei Fassbinder der Wille zur Erweiterung der Realität durch – an die Stelle des Mordes an der deutschen Frau tritt eine Liebesgemeinschaft, die anfangs bei den Söhnen und Freunden der deutschen Putzfrau nur auf Kritik und Unverständnis stößt.[55]

Insofern können in *Katzelmacher* die angekündigte Ankunft des Türken und Maries Sommerreise nach Griechenland als Erweiterung der bundesrepublikanischen Realität aufgefaßt werden, wie sie zur Zeit der Aufführung des Stückes in voller Entfaltung war. Fassbinders Vorhaben ist zusätzlich durch die Tatsache bestätigt, daß er sich hütet, Marie in einer Konfliktsituation in eine billige Reiseutopie abgleiten zu lassen.

Daß Fassbinder, nachdem er in Katzelmacher die »herrschenden Verhältnisse« so durchschaubar wie möglich dargestellt hat, »damit bewußt macht, daß sie überwunden werden können«,[56] und danach keinen herkömmlichen

55   Günther Pflaum, *Zu Gunsten der Realität. Gespräch mit R.W. Fassbinder über seinen neuen Film Angst essen Seele auf.* In: *Film-Korrespondenz*, Nr. 2 1974, Köln 1974, S. 3-6.

56   *Wenn man für ein großes Publikum arbeitet, muß sich nicht nur die Form ändern.* Ein Gespräch mit Christian Baad Thomsen, in: Michael Töteberg, *Werner Fassbinder Antiteater*, ebd., S. 46.

Vorschlag zur »Konstituierung emanzipatorischer Interessen«[57] folgen läßt, muß erneut als Hinweis darauf verstanden werden, daß *Katzelmacher* gegen die Aufbaulogik eines durchschaubaren Lernprozesses zu lesen ist.

In der Tat führt die Begegnung der Jugendlichen mit dem Fremden zu keiner Konstituierung emanzipatorischer Interessen, um die frustrierende Perspektivelosigkeit ihres Alltags zu überwinden. Die objektive Unmöglichkeit, die eigene Normalität und fremde Andersartigkeit zur Diskussion zu stellen, trägt dazu bei, daß die Ankunft des Fremden sich bei den Jugendlichen in gewalttätiger Verwirrung erschöpft. Angesichts des Scheiterns der Jugendlichen bei der Erkenntnis der Wirklichkeit ihrer Lage liegt es nahe, die Suche nach der Konstituierung emanzipatorischer Interessen auf den Fremden zu verlagern, da sich bei diesem die Konfliktvorgänge anders zugetragen haben. Als quasi sprachloses Objekt der herrschenden Verhältnisse hat er bis zum Anschlag auf ihn in einem Zustand des Handelns ohne irgendeine Verantwortung leben können. Nicht einmal der Anschlag kann ihn dazu bewegen, Entscheidungen in eigener Sache zu treffen. Erst die Ankunft eines türkischen Kollegen und Maries Entscheidung, mit ihm nach Griechenland zu fahren, kündigen an, daß die Schonzeit für den *Katzelmacher* zu Ende geht und er der Verantwortung nicht mehr ausweichen kann. Aber wer ist der *Katzelmacher*?

c) Exotik-Erotik

In seinem Werk *Das Prinzip Hoffnung* hat Ernst Bloch in dem Abschnitt »Schöne Fremde« auf die Grundsituation des gegenseitigen Wunsches nach Fremde folgendermaßen hingewiesen:»In der Fremde ist niemand exotisch als der Fremde selbst, so ist auch die Fremde sich selber keineswegs schön verfremdet, und der dort Einheimische hat außer der eigenen Not, die der bloße reisende Enthusiast nicht sieht, selber den Wunsch nach Fremde. Etwa nach derjenigen, woher der reisende Enthusiast selber kommt; all das aus dem gleichen, dem beiderseits vorhandenen Subjektwunsch nach Entfremdung.«[58]

Obwohl Ernst Bloch diese Anmerkungen ausdrücklich nur für den »bloßen reisenden« und »bürgerlichen Enthusiasten« (S. 430) gelten läßt, sind Entsprechungen mit der subjektiven Situation des Arbeitsemigranten nach der Ankunft in der Fremde nicht von der Hand zu weisen. Zugegeben, der Arbeitsemigrant hat die Reise hauptsächlich unter wirtschaftlichen Zwängen und nicht aus dem eigenen »Subjektwunsch nach Entfremdung« unternommen. Dennoch ist es zutreffend, daß der Arbeitsemigrant, um die geographische Fremde überschaubar zu gestalten, diese nur zeitlich wahrnehmen darf. Die

---

57 Oskar Negt/Alexander Kluge, *Öffentlichkeit und Erfahrung. Zur Organisationsanalyse von bürgerlicher und proletarischer Öffentlichkeit*, Frankfurt [5]1977 (1972), S. 155.

58 Ernst Bloch, *Das Prinzip Hoffnung*, 3 Bde., Frankfurt 1974, Bd. I, S. 434. Aus der Ausgabe wird im Text fortlaufend zitiert.

Fremde ist für ihn nur als Zeit erlebbar, sie besteht aus den Monaten zwischen den jährlich wiederkehrenden Sommerreisen in die Heimat. Es handelt sich um eine notwendige Schutzvorkehrung, die unter anderen Voraussetzungen entsteht als der »Subjektwunsch nach Entfremdung des Reisenden.« Obwohl die Schutzvorkehrung von Hindernissen und negativen Erfahrungen herrührt, liegt sie mit ihren wahrnehmungsverändernden Ergebnissen nicht weit entfernt von dem Wunsch des Reisenden nach Entfremdung, den Ernst Bloch als Umkehrung der gewohnten Wahrnehmungsordnungen versteht, denn auf der Reise »entsteht *gefüllte* Zeit im *bewegt, verändert* erscheinenden Raum.« (S. 431)

Schutzvorkehrung vor der Fremde und Subjektwunsch nach Entfremdung rücken noch näher zueinander, wenn man bedenkt, daß man in beiden Fällen darauf angewiesen ist, die Not der Einheimischen zu verdrängen, bewußt oder weil man durch die eigene Fremdheit daran gehindert wird, diese wahrzunehmen. Die gegenseitige Nähe steigert sich bis zu ihrer Aufhebung in der Wahrnehmung der Fremden durch die Einheimischen. Reisender und Arbeitsemigrant werden unabhängig von ihren Zielsetzungen mit demselben Wunschbild nach Fremde konfrontiert, denn sie werden nur aufgrund ihrer Anwesenheit in der Fremde wahrgenommen.

Mit Sätzen wie »und wie Reise der Erotik verwandt ist, sowie Erotik macht die Welt eindringlich und überall zu Cythera« (S. 432) ist Ernst Bloch auf Entsprechungen zwischen Exotik und Erotik eingegangen und hat den Weg aufgezeigt, auf dem sich die gegenseitigen Wunschbilder entsprechen. Obwohl in der Subjektivität eines Fremden wie Jorgos sich die Entsprechungen so vordergründig gestalten, soll die Besonderheit seiner Lage als *Katzelmacher* beschrieben werden.

Daß Fassbinder den *Katzelmacher* gezielt zur Entsprechung eines fast kollektiven Wunschbildes der Einheimischen nach Fremde aufbaut, geht aus den Ängsten und den erotischen Projektionen hervor, mit denen die Jugendlichen auf seine Ankunft reagieren,[59] aus der Unbekümmertheit, mit der Jorgos die ihm zugestandene Rolle als exotisch-erotisch ambivalente Gestalt genießt, und aus der Tatsache, daß die daraus entstehenden Konflikte ihn nicht motiviert haben, auf der eigenen Andersartigkeit zu bestehen oder zu ihr zurückzufinden. Daß es bei der Wahrnehmung des *Katzelmacher*s um ein kollektives Wunschbild nach Fremde geht, zeigt sich an den Abstufungen, mit denen das Wunschbild durch das Verhalten der einzelnen Personen heranwächst. Während Gunda in der Begegnung mit Jorgos ihr Verlangen nach Fremde als »Fickfick« (S. 14) bejahend preisgibt,[60] so daß es von Jorgos abgelehnt wird,

---

59 *Deutsche und Gastarbeiter. Ausländische Arbeiter im Spiegel der Meinung.* INFAS (Hg.), Bonn September 1966, »Frauen und Gastarbeiter« S. 22, sowie »Vorurteile in Presse und Politik« S. 24.

60 Zur Steuerung der Kontaktaufnahme zwischen deutschen Frauen und Gastarbeitern vgl. Edgard Neubert, *Acht delinquente Gastarbeiter*, in: *Leben als Gastarbeiter*, Karl Bingemer/Edeltrud Meistermann-Seer/Edgard Neubert (Hgg.), Opladen ²1972, S. 169-82, insbesondere S. 177-78.

befindet sich Marie mit ihrer Erwartung an die Fremde Griechenlands nach Ernst Bloch am anderen Ende der Abstufungen. Dazwischen liegen die erotischen Projektionen der Jugendlichen und das Wunschbild der Arbeitgeberin.

Weil die »mannstolle Elisabeth einen Italiener aus Italien« (S. 11) hat kommen lassen, entstehen in der Gruppenphantasie »für den Griech von Griechenland« (S., 12) anstrengende Nächte im Bett der Arbeitgeberin: »Nach drei Stunden ist er wiedergekommen und hat ganz fertig ausgeschaut.« (S. 14) Die hieran anschließende Mitteilung von Gunda an die Gruppe, daß der Grieche versucht habe, sie zu vergewaltigen, wird von der Gruppe nicht laut angezweifelt, weil eine versuchte Vergewaltigung als Beweis ihrer Projektion und ihres Wunschbildes nach Fremde willkommen ist.

Nach Alexander Mitscherlich hat man es bei den Jungendlichen damit zu tun, daß »innere aggressive Bedürfnisse, die das Individuum in einen schweren Konflikt mit der Gesellschaft und deren Moral zu verwickeln drohen, häufig paranoid verarbeitet [werden], d.h. ein Abwehrmechanismus der Projektion setzt ein, mittels dessen sich das Erlebnis verändert. Was bisher eine dunkel verspürte Drohung war, erscheint plötzlich als ein Verhalten von Fremdgruppen, die damit automatisch zu agressionsgeladenen Feinden werden.«[61]

Aufschlußreich für den Zusammenhang zwischen Projektion und Wunschbild nach Fremde ist die Tatsache, daß die Schilderung der Projektion von einem weiblichen Gruppenmitglied, Ingrid, vorgenommen wird, das sich auf männliche Quellen, Bruno und Erich, bezieht. Wodurch bestätigt wird, daß die Projektion in bezug auf den Fremden bei ihrer Entstehung und je nach Geschlecht Ausdruck von Sich-bedroht-und-doch-hingezogen-Fühlen ist.[62] Im Hinblick auf die Arbeitgeberin ist sie für die männlichen Gruppenmitglieder eine Möglichkeit zur Identifikation mit der Potenz des Fremden und für die weiblichen Mitglieder ein Auslöser von Unsicherheit und Konkurrenz (S. 19 und S. 22).

Nachdem der Grieche durch eine in ihn hinein projizierte gefährliche Steigerung von Andersartigkeit als Kommunist, Ehebrecher und Nicht-Christ von der Gruppe zu einer kollektiven Bedrohung gemacht worden ist, verliert die Projektion ihre ursprüngliche Ambivalenz. Sie kippt in den offenen Konflikt mit der Arbeitgeberin um, weil diese angeblich durch ihr sexuelles Verhalten das Fortbestehen der Bedrohung für die Gruppe zu verantworten hat. Die Projektion hat sich inzwischen so weit verselbständigt, daß, abgesehen von Marie und der Arbeitgeberin, kein weiteres Gruppenmitglied an ihrer Berechtigung Zweifel hat. Sie erreicht ihren Höhepunkt in der Auseinandersetzung mit der Arbeitgeberin, indem in ihrem Verhalten eine Fortsetzung der jüngsten deutschen Geschichte ausgemacht wird. Sie muß sich sagen lassen, daß sie sich

---

61 Alexander Mitscherlich, *Die Idee des Friedens und die menschliche Aggressivität*, Frankfurt 1969, S. 42-43.

62 Vgl. Stichwort »Identifizierung mit dem Angreifer«, in: J. Laplanche/J. B. Pontalis (Hgg.) *Das Vokabular der Psychoanalyse*, Bd. 2, Frankfurt 1973, S. 224-25.

wie *eine* »jede Negernutte, die einen Fremdarbeiter« (S. 22/23) für ihr Bett hat kommen lassen, vor der Öffentlichkeit zu verantworten hat.

Mit Begriffen wie »Negernutte« und »Fremdarbeiter« wird eine irreführende historische Kontinuität als öffentliche Beweisführung ins Spiel gebracht, wogegen sich die Arbeitgeberin kaum wehren kann, denn »wenn alle reden, dann hat es seinen Sinn.« (S. 24) Daß eine solche nicht haltbare Kontinuität von Fassbinder zugelassen wird, kann nur als Hinweis darauf verstanden werden, daß die damalige Öffentlichkeit auf die Ankunft der Gastarbeiter mit historischen Verschiebungen und Vorurteilen reagiert hat. Zusätzlich gilt sie als Beweis der Gefährdung einer heranwachsenden Generation, die bei der Begegnung mit den Fremden auf keine geeigneten Wahrnehmungsmodelle zurückgreifen und sich nicht vor unzulässigen Verbindungen zur jüngsten Geschichte der Bundesrepublik schützen kann.

Um so verlogener muß die Arbeitgeberin mit ihrem Versuch auf die Gruppe gewirkt haben, die Andersartigkeit des Fremden aufklärend neu definieren zu wollen. Indem sie darauf besteht, daß der Fremde kein Fremdarbeiter, sondern ein Gastarbeiter sei, setzt sie sich dem Verdacht aus, sich mit einer Wortspielerei aus der Verantwortung für den Geschlechtsverkehr mit dem Fremdarbeiter herausreden zu wollen.[63] Der zweite Anlauf, es sei nachprüfbar, daß der Fremde ein arbeitsamer Weißer und kein Neger sei (S. 23), stößt zwangsläufig ebenfalls auf Ablehnung. Aber gerade der zweite Anlauf wird der Arbeitgeberin zum Verhängnis, da es ihr nicht gelingt, sich von den traditionellen Vorurteilen ihres eigenen Landes freizumachen. Natürlich soll die darin enthaltene Provokation als letzte Form der Aufklärung nicht ungehört bleiben. Nur setzt die Provokation als Mittel der Aufklärung voraus, daß der Gesprächspartner Verständnis dafür aufbringt, was hier nicht der Fall sein kann, weil die Jugendlichen im Umgang mit dem Fremden keine anderen Informationsquellen oder Wahrnehmungsformen als ihre eigenen, verselbständigten Projektionen haben.

Die Projektion gilt als verselbständigt, d. h. als nicht mehr rückgängig zu machen, sobald ihr Inhalt durch das Gerede der Gruppenmitglieder in der Öffentlichkeit als Bestandteil der öffentlichen Meinung geäußert und kolportiert wird. Nach Torsten Bügner ist dies im Stück erreicht worden, weil »Fassbinder in Katzelmacher minutiös die Mechanismen nachzeichnet, die aus einem Gerücht eine Lüge machen, die dann als [öffentlicher] Vorwand für physische Gewalt verwendet wird.«[64]

Die Arbeitgeberin, die bei dem Einstellungsmonolog dem Fremden geraten hatte, sich an das Gerede des sozialen Umfeldes der Fabrik zu gewöhnen, wie sie und Bruno es bereits getan haben, bestätigt ihre Empfehlung und Aussage

---

63 Vgl. Peter Schönbach, *Sprache und Attitüden. Über den Einfluß der Bezeichnungen Fremdarbeiter und Gastarbeiter auf Einstellungen gegenüber ausländischen Arbeitern,* Bern/Stuttgart/Wien 1970.

64 Torsten Bügner, *Annäherungen an die Wirklichkeit. Gattung und Autoren des neuen Volksstückes,* Frankfurt/Bern/New York 1986, S. 118.

dadurch, daß sie sich das öffentliche Gerede über sie und den Fremden zunutze zu machen weiß, um ihr Wunschbild nach Fremde umsetzen zu können.

> Elisabeth: Hast gehört, was alle reden über uns?
> Jorgos: Jorgos verstehn alles reden.
> Elisabeth: Aber was sie reden ist wichtig. Du und ich, verstehn?
> Jorgos: Verstehn.
> Elisabeth: Weil sie alle sinnlich sind mit dir. Aber du bist mit der Marie zusammen.
> Jorgos: Marie schöne Mädchen.
> Elisabeth: Und ich?
> Jorgos: Viele schön.
> Elisabeth: Und? Möchtest nichts mit mir? (S. 25)

Von jetzt an verliert die selbständige Projektion ihre repressive Kontrollfunktion über die Arbeitgeberin, und ihre Fabrik und wird zur selbstverschuldeten Prophezeiung, da die Arbeitgeberin ihr ambivalentes Wunschbild nach Fremde so umsetzen kann, wie es von ihr seit der Ankunft des Fremden erwartet wird, und zwar entweder als Identifikation mit dem Fremden oder als Abwehrstrategie vor ihm.

So gesehen war die Ankunft des Fremden von Anfang an einer Funktionalisierung innerhalb der vorhandenen Konflikte mit der Arbeitgeberin unterstellt. Da der Fremde als solcher für die Jugendlichen nicht zugänglich ist, wird er aufgrund des abweichenden Verhaltens seiner Arbeitgeberin definiert. Aus der Mannstollheit der Arbeitgeberin entsteht als ein eigener Wunsch der nach einem »besseren Schwanz.« (S. 13) Durch die gesteigerte Potenz des Fremden kann das Verlangen der Jugendlichen nach der Arbeitgeberin stellvertretend (S. 19) befriedigt werden, und die Arbeitgeberin kann wiederum aus der projizierten Potenz ein allgemeines Verlangen nach dem Fremden machen: »Weil sie alle sinnlich sind mit dir.« (S. 25)

Die Abwehrstrategie vor dem Fremden wird dadurch aufgebaut, daß die Gruppenphantasie dem Fremden als sakrales Opfer das zugesteht, was die männlichen Gruppenmitglieder selbst am meisten begehren: die Arbeitgeberin.[65] Dies wird wiederum in der kollektiven Einbildung als Kastration erlebt. Um aus der projizierten Ausweglosigkeit herauszukommen, wird von den Jugendlichen ein Konflikt mit dem Fremden provoziert, der stellvertretend für ihren Konflikt mit der Arbeitgeberin in der Gewißheit ausgetragen wird, daß sich aus der schwachen sozialen Stellung des Fremden keine zusätzliche Gefährdung für die Gruppe ergeben kann.

Obwohl das öffentliche Gerede über die Arbeitgeberin und ihren Fremdarbeiter in der Tat das klärende Gespräch zwischen Elisabeth und Jorgos auslöst, kommt die gegenseitige Entsprechung ihrer Wunschbilder nach Fremde durch eine Dynamik zustande, die sich ihrer Genese nach als selbständig er

---

65 Hans-Jürgen Greif, *Zum modernen Drama. Walser, Bauer, Fassbinder, Lenz, Hildesheimer*, in: *Studien zur Germanistik, Anglistik und Komparatistik*, Armin Arnold/Alois M. Hass (Hgg.), Bd. 25/1973, Bonn 1973, S. 59.

weist. Für Jorgos handelt es sich nach Gunda und Marie um die dritte Begegnung mit einer Frau aus dem Ort. Das Gespräch wird auch diesmal nicht von ihm eingeleitet, aber er bejaht die erste Frage mit einer sprachlichen Ausführlichkeit, die inhaltlich dadurch zu begründen ist, daß er der Diskussion zwischen der Arbeitgeberin und der Gruppe beigewohnt hat und ihm Marie bereits dieselbe Frage zum Gerede über ihn und Elisabeth gestellt hat (S. 15).

Elisabeths Insistieren wird von ihn mit einem kurzen »verstehn« geklärt und dadurch ihr gemeinsamer Wunsch nach Fremde von dem öffentlichen Gerede getrennt. Nun erst findet Elisabeth den Übergang, um ihren eigenen Wunsch nach Fremde preiszugeben, indem sie erkennen läßt, daß sie sich aus der Sinnlichkeit ausgeschlossen fühlt, die sie um Jorgos spürt, weil er, der Fremde, mit Marie zusammen ist. Mit der Antwort »Marie schöne Mädchen« (S. 26) läßt Jorgos keinen Zweifel an seinem Interesse für Marie aufkommen, aber gleichzeitig hört er ihren Wunsch heraus. Doch diesmal nicht, um ihn wie bei Gunda abzulehnen, denn der Übergang von »schön zu viele schön« (S. 26) birgt die vorweggenommene Bejahung einer gewünschten Frage in sich. Sobald die Frage gestellt wird, ist keine Antwort nötig, denn die Entsprechung der preisgegebenen Wunschbilder ist schon mit der Fragestellung vollzogen worden. Insofern steht am Ende des Gespräches keine offene Frage, die hypothetisch auch mit einem Nein hätte beantwortet werden können.

Für eine solche exotisch-erotische Wahrnehmung der gegenseitigen Fremdheit sind Belege aus den Stücken *Preparadise sorry now* und *Das Kaffeehaus nach Goldoni*, die ein Jahr nach Katzelmacher uraufgeführt wurden, von Bedeutung, weil sie dort in krasser Weise auf den Punkt gebracht werden. Mit dem Bekenntnis des Homosexuellen H. »Prinzipiell ist ein Gastschwanz mir lieber als jeder einheimische. Nur leider, manche sind schnell wie der Wind« (S. 52) und mit der Erinnerung des Kellners Trappolo an Arizona »da hätten Sie mich kennen müssen, Herr, ... Die Weiber haben angestanden bei mir, dem jungen Italiener«[66] werden die Wunschbilder des einen in Hinblick auf die Erwartungen des anderen so ausgeführt, daß sie aufgrund der Gleichzeitigkeit der Erwartungen zusätzlich als unvermeidbar dargestellt werden.

Nachdem aber aus der Reise ein Aufenthalt geworden ist, nachdem die Blochsche »Verzeitlichung des Raums und Verräumlichung der Zeit« (S. 431) ihre Anziehungskraft und ihre Gültigkeit verloren haben, holt der Alltag die räumliche Fremde ein und sorgt für eine Normalisierung der Lage. Und wenn dem Fremden der Zugang zum Alltag weiterhin durch die Wunschbilder der Einheimischen nach Fremde streitig gemacht wird, stellt sich bei ihm die eigene Funktionalisierung als Kompromißlösung bis zum nächsten Konflikt ein.

66　*Das Kaffeehaus nach Goldoni*, in: Fassbinder, *Antiteater. Fünf Stücke nach Stücken*, Frankfurt 1986, S. 107.

Daher überrascht es nicht, daß die zurückgewiesene Gunda Jorgos die Normalisierung seiner Lage anlastet und daraus die Begründung des Anschlags auf ihn ableitet. Gerade »weil der hier rumläuft wie wenn er hergehört« (S. 27), ist der Fremde untragbar geworden. Da er durch sein Verlangen nach Alltag für sein Leben in der Fremde in Konflikt mit den in ihn gesetzten Erwartungen geraten ist, wird seine Anwesenheit von Gunda nicht als zwangsläufige Fortsetzung seiner Ankunft akzeptiert, sondern ihm als anmaßende Zugehörigkeit angelastet.

Während der Blochsche Reisende des kapitalistischen Zeitalters »die Welt anziehender Fremdlinge verliert, sobald er kein Konsument« mehr ist, bzw. in die Gewohnheiten eines gewöhnlichen »Bewerbers« verfällt (S. 430), wird der Arbeitsemigrant wegen vorsätzlicher Täuschung bestraft. Das Trennende zwischen Reisendem und Emigranten, das Ernst Bloch in Hinblick auf ihre subjektiven Erwartungen dargelegt hatte, erfährt in *Katzelmacher* eine nachträgliche Bestätigung aus der Sicht der Einheimischen. Sie lassen nicht zu, daß der Fremde sich von der Vorläufigkeit seiner Ankunft trennt und dadurch ihre Wunschbilder nach Fremde verlorengehen, die er mit seiner unerwarteten Anwesenheit hervorgerufen hat.

Bei Jorgos' Verhalten läßt sich ein zusätzlicher Zwang in der Tatsache ausmachen, daß er Frau und Kinder hat bzw. seine Ehe vor niemandem verheimlicht hat. Als verheirateter Mann steht es ihm nicht zu, Ansprüche auf andere Frauen zu stellen, und trotz seiner sexuellen Notlage hält er sich daran. Aber Wünsche und Ansprüche, die an ihn herangetragen werden, werden anders bewertet. Aus der widersprüchlichen Haltung erklärt sich, wieso die Bejahung des Wunsches seiner Arbeitgeberin zu keiner Konsequenz führen kann, selbst nicht in der Beziehung zu Marie. Marie, die von ihm ein Treueversprechen erwartet, erfährt, daß er nicht mit Elisabeth zusammen ist und daß sie, Marie, »Augen wie Sterne« (S. 15) hat.[67] Er ist bereit, sie im Sommer nach Griechenland mitzunehmen, und zwar als höchstes Angebot an Erotik durch die Fremde, denn dort wartet »viele Liebe« (S. 16) auf sie.

Dagegen muß die Frage nach Treue unbeantwortet bleiben, denn dies würde bedeuten, einer fremden Frau das zuzugestehen, was er der eigenen Frau gegenüber nicht halten kann. Daß er sich dennoch in einem ausweglosen Konflikt mit seiner Notlage befindet, geht aus der hartnäckigen Ablehnung hervor, mit der Jorgos auf die Frage von Marie reagiert, die wissen will, was seine Frau über ihre Sommerreise nach Griechenland denkt. Die Tatsache, daß Jorgos dreimal dieselbe Frage mit »nix verstehn« (S. 24) beantwortet, hat nicht das geringste damit zu tun, daß er Maries Frage versteht.[68] Die Frage wird unter Zwang abgelehnt, denn ihre Zulassung würde eine Verbindung zwischen seiner Frau und Marie herstellen, eine Nähe zu seiner Frau wachrufen, die die Ausweglosigkeit seines Konfliktes nur noch unerträglicher ma-

---

67 Herman-Josef Berk, *Sexuelle Probleme*, in: *Leben als Gastarbeiter*, Karl Bingemer/ Edeltrud Meistermann-Seer/Edgard Neubert (Hgg.), ebd., S. 183-88.
68 Vgl. Torsten Bügner, *Annäherungen an die Wirklichkeit*, ebd., S. 119.

chen würde[69], weil ihm allmählich deutlich wird, daß sein verändertes Leben in der Fremde für seine Frau nicht leicht zu verstehen sein wird. Aber wieso fühlt er sich trotz des widersprüchlichen Handelns so sicher, daß er die Warnung Maries unmittelbar vor dem Anschlag nicht ernst nimmt? Man darf davon ausgehen, daß Jorgos sich durch seine erwartungskonforme Haltung am Arbeitsplatz und im sozialen Umfeld der Fabrik geschützt fühlt. Um so naiver klingt die Verwirrung aus dem Satz: »Ich nix verstehn warum bumbum« (S. 28) nach dem Anschlag, gerade weil er sich seinem Verständnis nach nicht anders verhalten hat, als von ihm erwartet wird.

Aber von Jorgos zu erwarten, daß er versteht, wie sehr ihn seine erwartungskonforme Haltung selbst gefährdet, weil dadurch aus ihm eine opportunistische, schwache, angreifbare Gestalt gemacht wird, würde bedeuten, ihm einen Überblick über die Lage zuzutrauen, die er aufgrund der ihm fehlenden Erfahrungen mit der eigenen und der fremden Andersartigkeit gar nicht haben kann.

Daß der Anschlag zu keinem öffentlichen Ereignis im Ort werden darf, kann durch die rückendeckende öffentliche Wahrnehmung erklärt werden, wonach der Konflikt von der bundesrepublikanischen Bevölkerung als ein Widerspruch bei der Anwerbung der notwendigen Arbeitskräfte mitgetragen werden muß. Der Widerspruch als Konfliktquelle ist in der Natur der Anwerbungspolitik zu suchen, wonach die Fremden als reine Arbeitskräfte nach Deutschland geholt werden und ihre Alltagsbedürfnisse unmittelbar dem guten Willen des sozialen Umfeldes der Fabriken überlassen sind. Als Beleg dafür, daß dieser Widerspruch der Bevölkerung als Preis für den Übergang zu ihrem Wohlstand zugemutet wird, findet sich in *Katzelmacher* folgender Verweis auf die Schutzfunktion der regionalen Fremdarbeiterstelle: »Wenn der erzählt in München, was gewesen ist da, dann schicken sie uns gar keinen mehr.« (S. 30)

Da die Münchner Fremdarbeiterstelle (S. 29) über keine Kontrollinstanzen verfügt, übt sie ihren Auftrag aus, indem sie repressiv vorgeht. Die Arbeitnehmer werden verpflichtet, sich für die angeworbenen fremden Arbeitskräfte an ihrem Arbeitsplatz sowie im sozialen Umfeld des Betriebes verantwortlich zu fühlen. Ist dies nicht der Fall und ist aus dem Widerspruch ein öffentlicher Konflikt geworden, werden keine fremden Arbeitskräfte mehr in den Betrieb geschickt. Daraus erklärt sich, daß die Arbeitgeberin Jorgos so zum Bleiben zuredet, denn sie will vermeiden, daß durch seine Abfahrt die zuständige Behörde in München Kenntnis von dem Konflikt bekommt.

---

69   Zu einer ähnlichen, ambivalenten Konfliktlage läßt Elio Vittorini, *Uomini e no*, Milano 1945, folgendes erzählen:»Ich weiß, was ein Mann ohne eine Frau bedeutet, an eine Frau zu glauben, ihr zu gehören und sie nicht zu haben ... und dann eine zu dir nehmen, die dir nicht gehört ... Welcher Durst! Ich habe meinen Durst gestillt, aber ich habe noch Durst. ich habe meinen Durst nicht beschmutzt. Und über das Bett gebeugt trinke ich weiter. Ich denke, daß ich dabei bescheiden bin, denke, daß ich auf den Knien bin, aber ich weiß, daß meine Grausamkeit meine Unschuld war« (S. 165-66). Bezeichnenderweise ist der Passus aus späteren Ausgaben herausgenommen.

Er läßt sich überreden, und der Konflikt wird im öffentlichen und persönlichen Interesse verdrängt. Das persönliche Interesse liegt darin, daß die Verdrängung eine letzte Verzögerung jeden Zweifels an seinem bisherigen Verhalten ermöglicht. Das Zulassen eines Zweifels an seinem Verhalten würde im gegebenen Kontext einem Schuldbekenntnis für etwas gleichkommen, wofür der Fremde keine Verantwortung übernehmen darf, genauso wie die Jugendlichen eine solche für sich zurückweisen.[70] Erst die Ankündigung, daß er einen türkischen Arbeitskollegen bekommt, macht ihm deutlich, daß es keine Ausrede mehr für seine widersprüchlichen Lage geben wird. Denn die bloße Anwesenheit eines weiteren Ausländers würde Jorgos Andersartigkeit jede Grundlage entziehen. Eine Andersartigkeit, die darin bestand, der einzige Fremde im Ort zu sein und nicht anders sein zu wollen, als es von ihm erwartet wurde, selbst wenn für ihn kein Nachteil entstanden wäre, wie z.B. bei dem Kirchgang mit der Arbeitgeberin. Nur weil er die Situation in der Bundesrepublik nicht kennt, kann er hoffen, dem aufkommenden Zwang, handeln zu müssen, durch seine Drohung zu entkommen, in eine andere Stadt zu gehen. Aber er wird nicht fortgehen, denn am Ende der Geschichte vertraut Marie Helga an, daß er sie wie versprochen nach Griechenland zu seiner Frau und zu seinen Kindern mitnehmen werde.

Auf diesem Weg wird die erzählte Geschichte von der Bühne mit zwei Fragen, die ihr ein offenes Ende verleihen, in den bundesrepublikanischen Alltag entlassen: Wieso weicht Jorgos dem Zwang zur Klärung der eigenen Lage als Fremder nicht mehr aus, und wieso kann die Mitnahme von Marie nach Griechenland der letzte Versuch sein, seine falsche, unverbindliche Andersartigkeit anderswo zu retten?

d) Ein interkulturelles Lehrstück

Das Besondere an *Katzelmacher* als Lehrstück besteht in der Erweiterung des Brechtschen Postulats, das Fassbinder durch die Verschmelzung von gesellschaftlichen und privaten emanzipatorischen Interessen angestrebt hat. Nach Oskar Negt und Alexander Kluge läßt sich Fassbinders Vorhaben im Einklang mit dem kulturellen Umfeld der damaligen studentischen Bewegung erfassen, weil sich in jeder Aktion der studentischen Bewegung immer zwei Linien zeigen: »die Mobilisierung über den Mechanismus der politischen Wertabstraktionen und die schwierigere, langsamere Konstituierung von emanzipatorischen Interessen.«[71]

---

70 Die zurückweisende Haltung der Jugendlichen wird an dem Zwang deutlich, mit dem nachträglich nach persönlichen Rechtfertigungen für den Anschlag gesucht wird; von Bruno z.B. wird sogar bestritten, daß er sich vorsätzlich dazu entschieden hätte. »Das ist über mich gekommen wie nichts. Ich hab gar nicht gewußt wie.« S. 28.

71 Oskar Negt/Alexander Kluge, *Öffentlichkeit und Erfahrung*, ebd., S. 155.

In *Katzelmacher* nimmt das Umfeld der Fabrik mit seinen gesellschaftlichen Aspekten wie Arbeitsverhältnisse, soziale Strukturen und Kontrollinstanzen einen zentralen Platz ein, gleichzeitig greift der Autor mit emanzipatorischen Interessen persönlicher Art ein, nicht mehr im Widerspruch zu einem gesellschaftlichen Vorgang, sondern stellvertretend für eine sich anbahnende legitime Differenzierung gesellschaftlicher Standorte. Während sich in den Brechtschen Lehrstücken das Bewußtwerden bzw. das richtige Verhalten als dialektische Auseinandersetzung zwischen persönlichem Egoismus und kollektivem Interesse (*Untergang des Egoisten Johann Fatzer* sowie *Der Jasager*) oder zwischen Gefühl und Verstand (*Die Maßnahme*) mit all ihren Widersprüchen vollziehen konnte, lassen sich in *Katzelmacher* eher allgemeine Verweise als konkrete Anlehnungen an Brechtsche Postulate herausarbeiten.[72] Denn im Stück ist weder ein dialektisches Verhältnis zwischen persönlichem Egoismus und kollektivem Interesse vorhanden, noch ein leitender Wahrheitsgehalt feststellbar, an dem sich z.B. der in Not geratene Jorgos in seinem Konflikt zwischen Gefühl und Verstand hätte orientieren können.[73]

Wenn in *Katzelmacher* der Lernprozeß genauso programmatisch wie bei Bertolt Brecht angestrebt wird, geschieht dies aus einem entgegengesetzten Postulat heraus. Indem verkündet wird, daß es besser ist, »neue Fehler zu machen als die alten zu wiederholen«, wird das Recht auf eigene Erfahrungen in den Mittelpunkt gerückt. Die Erkenntnis der eigenen Lage hat sich nicht mehr an kodifizierten Modellen zu orientieren. Dennoch läßt sich kaum behaupten, daß in *Katzelmacher* Fehler oder Fehlerkritik als Auslöser irgendwelcher Erkenntnisse, weder im dialektischen noch im idealistischen Sinn,[74] eingesetzt werden. Bei Fassbinder wie auch bei Bertolt Brecht leitet das Fehlverhalten der Personen den Konflikt ein. Aus dem Konflikt entsteht jedoch keine dialektische Auseinandersetzung mit dem Vorfall als Übergang zu einem neuen Bewußtsein. Nur Marie und Jorgos steigen nicht aus der Geschichte aus, für die anderen sowie für das soziale Umfeld der Fabrik erschöpft sich das Vorgefallene in einer Episode aus der Vorstadtlangeweile.

Die Entlassung der Geschichte in den bundesdeutschen Alltag erweist sich für Marie und Jorgos als Steigerung des Konfliktes auf dem Weg zur Erkenntnis der eigenen und der fremden Andersartigkeit. Selbst wenn Marie dem eigenen Wunsch nach Fremde nachgeht, ergeben sich aus der Gemeinsamkeit des Unternehmens schon bei der Ankunft Tatsachen, die zwangsläufig zur Aufdeckung der Widersprüche führen werden. Stellt Jorgos Marie seiner Ehefrau nach überliefertem Modell als die mitgebrachte Beute von der Reise in die

---

72   Vgl. Reiner Steinweg, *Das Lehrstück. Brechts Theorie einer politisch-ästhetischen Erziehung*, Stuttgart 1972, insbesondere den Abschnitt »Lehrziele«, S. 97-127.

73   Werner Mittenzwei, *Die Spur der Brechtschen Lehrstücktheorie. Gedanken zur neueren Lehrstück-Interpretation*, in: *Brechts Modell der Lehrstücke. Zeugnisse, Diskussion, Erfahrungen*, Reiner Steinweg (Hg.), Frankfurt 1976. S. 225-54.

74   Vgl. Benedetto Croce, *Filosofia Poesia Storia. Pagine tratte da tutte le opere a cura dell'autore*, Verona 1955. »Auflösung der Schwierigkeiten und Fehlerkritik fördern und materialisieren den ständigen Fortschritt des Denkens.« S. 203.

Fremde vor, ist der Konflikt nur zum Teil geregelt. Maries Annahme, wonach »in Griechenland alles anders ist wie da« (S. 30), würde sich zwar bewahrheiten, allerdings nicht ihr Wunsch nach Befreiung, mit dem sie die Reise antritt. Jorgos kann sich zwar bei seiner Ankunft in der Heimat in der Rolle des erfolgreichen Eroberers bestätigt fühlen, Maries Anwesenheit in Griechenland wird aber weder ihn noch die anderen über die wahre Bedeutung seiner Rückfahrt in die Fremde nach der Sommerpause hinwegtäuschen können.

Was sich in der Schlußreise-Utopie nach Wilfried Wiegand als eine »dürftige«[75] Vermischung von Erotik und Exotik abzeichnet, kann auch als unvermutete Ausgangsposition verstanden werden, um das eigene Glück zu definieren, wie es Sandro Penna mit folgendem Vierzeiler aufgezeigt hat und um eine neuartige Solidarität zu erproben, die sich als Querverbindung innerhalb der historischen Klasseninteressen nach dem Mai 1968 anbahnte:

Felice chi è diverso	Glücklich wer anders ist
essendo egli diverso.	wenn er anders ist.
Ma guai a chi è diverso	Doch wehe dem, der anders ist
essendo egli comune.	wenn er gewöhnlich ist.[76]

Für Sandro Penna, dem der Lebensschmerz einer falschen Andersartigkeit durch die ihm aufgezwungene Tabuisierung der eigenen Homosexualität während des Faschismus vertraut war, stellt sich das Glück der Andersartigkeit nicht nur deswegen ein, weil man anders ist, sondern auch dadurch, wie und vor allem falls man anders ist. Die Verschmelzung der hypothetisch-modal-kausalen Begründung der Andersartigkeit als Glück, die im Italienischen durch den Gebrauch eines existentiellen Gerundiums wie *essendo* gesichert wird, läßt keinen Zweifel daran, daß das Gedicht ein programmatisches Gedicht zur Bestimmung der eigenen Andersartigkeit als Lebensform ist. Diese Annahme wird auch dadurch bestätigt, daß im zweiten Teil des Vierzeilers vor Selbsttäuschungsmechanismen gewarnt wird, die sich einstellen, wenn man, aus welchen Gründen immer, in eine bedrängende Ausweglosigkeit geraten ist. Insofern richtet sich die Warnung vor einer falschen Andersartigkeit (»Doch wehe dem, der anders ist, wenn / weil / indem er gewöhnlich ist«) gegen eine freiwillige oder aufgezwungene Anpassung, gegen eine Anpassung als einfache Tarnung vor möglichen Gefährdungen und gegen eine Anpassung, von der man sich Glück verspricht, wie es in *Katzelmacher* und vor allem bei Jorgos der Fall ist.

In diesem Kontext der Täuschung und der Selbsttäuschung, der Andersartigkeit und des eigenen Glückes nimmt *Katzelmacher* die klaren Konturen eines interkulturellen Stückes an, wonach der Ursprung des eigenen Glückes nicht mehr im Widerspruch zur klassischen Solidarität der Arbeiterbewegung betrachtet werden kann, wie es Bertolt Brecht in seinen Lehrstücken vertre-

---

75 Wilfried Wiegand, *Die Puppe in der Puppe. Beobachtungen zu Fassbinders Filmen*, in: *Rainer Werner Fassbinder mit Beiträgen von Yaak Karsunke*, u. a., ebd., S. 47.

76 Sandro Penna, *Tutte le poesie*, Milano, 1979, S. 171. Die deutsche Übertragung stammt aus Sandro Penna, *Qual und Entzücken*, Freiburg 1985, S. 77.

ten hat. Als Auslöser emanzipatorischer Ziele gibt es nicht mehr, die Gemeinsamkeit der Erfahrungen und der Interessen im klassenspezifischen Sinn zu betrachten, sondern Hölderlins Einsicht:»Aber das Eigene muß so gut gelernt seyn wie das Fremde,«[77] wie dies Octavio Paz in jüngster Zeit als Schlüssel zu sich selbst durch das Fremde neu formuliert hat.[78]

Bei dem Versuch, im Mai-Juni 1968 die Solidarität zwischen Intellektuellen und Arbeitern wiederherzustellen, waren nach Herbert Marcuse die verbleibenden Hoffnungen auf»die Solidarität der Gattung«,[79] wie diese bei der Entstehung der Arbeiterbewegung aufgekommen war, als historische Utopie gesprengt und gleichzeitig ersetzt worden. Aus der gescheiterten Rebellion und an ihrer Stelle sind Minoritäten als Interessenvertretungen hervorgetreten, die während der Studenten- und Arbeiterbewegung ihre ersten Gehversuche unternahmen. Die gesellschaftlichen Interessenvertretungen bleiben nach wie vor bei der organisierten Arbeitnehmerschaft und den politischen Parteien, Teile von ihnen werden jedoch nun herausgenommen und aufgrund ihrer spezifischen Zielsetzungen auf Bereiche außerhalb der Arbeitswelt und des Parlaments verlagert. Neue Teile werden hinzugefügt. Unter Bezugnahme auf Modelle aus den Vereinigten Staaten von Amerika entstehen in Westeuropa Interessengemeinschaften von Jugendlichen, Frauen und Homosexuellen, und bald darauf setzen sich ihre ersten nationalen Koordinationsnetze als Ausdruck erweiterter Selbstwahrnehmung und eines Anspruchs auf Mitgestaltung der Gesellschaft nach minoritätenspezifischen Bedürfnissen und Vorstellungen durch.

In Laufe der siebziger Jahre organisieren sich deutlicher die Interessenvertretungen weiterer Minoritäten, darunter Senioren, Kinder, Behinderte und Ausländer.[80] Zur gleichen Zeit entstehen die ersten zielorientierten Bürgerinitiativen gegen Aufrüstung und Atomenergie, die durch ihren Erfolg beweisen, daß die Bildung und Durchsetzung politischer Entscheidungen nicht mehr den jeweiligen nationalen Parlamenten allein überlassen werden darf. Im nachhinein hat sich herausgestellt, daß die jeweiligen zielorientierten Bürgerinitiativen auch als Orte von verbindenden Gemeinsamkeiten unter den zahlreich gewordenen Andersartigkeiten fungieren.[81] Dadurch ist es auch zu

---

77 Hölderlin, *Sämtliche Werke*, (Hg.) Friedrich Beissner, Bd. 6 *Briefe*, Stuttgart 1954, »Brief an Casimir Ulrich Böhlendorff«, S. 426.

78 Octavio Paz, *Das Labyrinth der Einsamkeit*, Frankfurt 1990, S. 35.

79 Herbert Marcuse, *Versuch über die Befreiung*, Frankfurt 1972, S. 30.

80 Ab Mitte der 80er Jahre ist zu beachten, daß die wahlpolitische Radikalisierung in der Wahrnehmung der Ausländer dazu geführt hat, daß die Ausländer zunehmend aus der Reihe der Minderheiten herausgenommen und an den Anfang einer neuer Wahrnehmungskette gestellt werden, die aus drei bzw. fünf »A« besteht. Ausländer, Aussiedler und Asylanten (Asylbewerber), bzw. Arbeitslose, Asoziale, Ausländer, Aussiedler und Asylanten (Asylbwerber).

81 Als Beleg dafür ließe sich die Vorgeschichte zur Gründung der Partei der Grünen anführen, die mit ihrem Einzug in den Bundestag ein institutionalisiertes Sammelbecken jener gesellschaftlichen Minoritäten darstellt, die sich im Laufe der siebziger Jahre als heterogene außerparlamentarische Interessenvertretungen konstituiert hatten.

einer erweiterten Wahrnehmung der eigenen und der fremden Andersartigkeit gekommen, die sich immer deutlicher als Suche nach dem eigenen und dem fremden Glück gegen die Ausweglosigkeit herauskristallisiert und die Herbert Marcuse folgenderweise zusammengefaßt hat:

»Der Gedanke, daß Glück eine objektive Bedingung ist, die mehr als subjektive Gefühle verlangt, wurde wirksam verdunkelt; seine Gültigkeit hängt von der wirklichen Solidarität der Gattung ›Mensch‹ ab, die eine in antagonistische Klassen und Nationen aufgespaltene Gesellschaft nicht erzielen kann.«[82]

Obwohl aus dem gesamten Kontext des Zitates hervorgeht, daß Herbert Marcuse die Unmöglichkeit des Glücks in der sich stets erneuernden Reproduktionsfähigkeit des Kapitalismus mit seiner gesteigerten Herstellung von Ersatzgütern und Dienstleistungen gesehen hat, ist daraus zu entnehmen, daß er im Scheitern der Pariser Studentenrebellion eine teilweise Bestätigung seiner These von der Unmöglichkeit des Glücks sah. Die Annahme hat bei ihm dazu geführt, daß dem Hinweis »auf die wirkliche Solidarität der Gattung *Mensch*«, als Überwindung der glückshemmenden Antagonismen, kein Aufruf zum Handeln folgt, sondern die erkenntnistheoretische Feststellung, daß kodifizierte Denkweisen in die vorhandene Ausweglosigkeit geführt haben.

Gegen diese um sich greifende Ausweglosigkeit der Minoritäten nimmt Fassbinder auf zwei unterschiedlichen Arten Stellung: Mit Produktionen wie *Axel Caeser Haarmann* greift er als Mitglied des Action-Theaters direkt in das politische Tagesgeschehen ein, und als Autor und Regisseur von *Katzelmacher* zieht er sich in den sozialen Alltag zurück. Das gleiche wiederholt sich z. B. mit seiner Bearbeitung von Goethes *Iphigenie auf Tauris* gegenüber seinem *antiteaterstück Preparadise sorry now*. Durch seine pendelnde Haltung bahnt Fassbinder eine persönliche Beteiligung an jener Kette von Andersartigkeiten und neuen gesellschaftlichen Interessenvertretungen an, wie er sie mit *Katzelmacher* in doppelter Hinsicht angekündigt hat.

Mit *Katzelmacher* als gesellschaftlichem Dokument seiner Zeit ist es Fassbinder gelungen, einen glaubwürdigen Zugang zu den Fremden in der Bundesrepublik Deutschland zu postulieren, der sich aus einer Aufklärungsarbeit über mögliche soziale Konflikte zwischen Einheimischen und Fremden und aus der Suche nach einem Gleichgewicht zwischen den objektiven Bedingungen und den subjektiven Gefühlen im Hinblick auf das eigene Glück zusammensetzt.

Angesichts seines zweiten Anliegens und unter Berücksichtigung des mehr privaten Glücksmodells Sandro Pennas und des vorwiegend gesellschaftlichen Glückmodells Herbert Marcuses stellt sich heraus, daß *Katzelmacher* als Lehrstück über das öffentliche Bekenntnis der sexuellen Andersartigkeit des Autors zu verstehen ist. Eine vordergründige Verschmelzung privater und gesellschaftlicher Interessen wird dadurch außer Kraft gesetzt, daß persönliche emanzipatorische Interessen in keinen dialektischen Zusammenhang oder Konflikt mit gesellschaftlichen Belangen gebracht werden. Sie werden lediglich als oppositionelle Haltung eingeführt, und zwar gegen die kodifizierten

---

82 Herbert Marcuse, *Versuch über die Befreiung*, ebd., S. 30-31.

öffentlichen Interessen, die aus welchen Gründen immer, zu einer Diskriminierung eines Teils der Gesellschaft führen. Insofern besteht Fassbinders Versuch, sich von Bertolt Brechts Lehrstück abzusetzen, darin, daß bei ihm an Stelle einer dialektischen Auflösung von gegensätzlichen Interessen eine Pluralität von unterschiedlichen Standorten zugelassen wird. Dies schien ihm um so notwendiger, weil sich emanzipierende Bereiche der Gesellschaft nicht mehr durch kodifizierte schichtenspezifische Vertretungen zu berücksichtigen waren. Insofern und aus der heutigen Sicht ist sein Vorschlag als Auflösung jedes schichtenspezifischen Anspruchs auf gesellschaftliche Führung zugunsten einer Pluralität von Initiativen zu verstehen, wie sie sich im Laufe der siebziger Jahre als Ort vielfältiger Gemeinsamkeiten jenseits sozio-kultureller und nationaler Zugehörigkeit herausbilden werden.

e) *Katzelmacher* als Bekenntnis

Nach ihrer Ankündigung am *münchner antiteater* (1968) wird das Bekenntnis zur eigenen Andersartigkeit aus *Katzelmacher* zum Hauptthema von Fassbinders filmischem Schaffen, eine Entwicklung, die sich mit der Verfilmung von *Katzelmacher* (1969) anbahnt und die über *Angst essen Seele auf* (1973) bis zu *Querelle* (1982) verfolgt werden kann. Gerade die Verfilmung von *Katzelmacher* zeigt, mit welcher thematischen Komplexität bei der Entwicklung eines Bekenntnismodells auf dem Weg zur eigenen Andersartigkeit in dem Stück gearbeitet wird.

Als äußerlicher Hinweis fällt auf, daß Fassbinder sowohl im Stück wie auch im Film die Rolle des Jorgos übernommen hat. Hinzu kommt, daß *Katzelmacher* als Titel des Stückes und als Benennung eines Fremden eine strukturelle Identifikation zwischen der Fassbinderschen Theaterarbeit und dem Inhalt des Stückes beinhaltet; und daß dort eine erste Auflösung der Spannung zwischen der eigenen und der fremden Andersartigkeit über die Polyvalenz des *Katzelmacher*s vollzogen wird.

Geht man davon aus, daß am Ende der sechziger Jahre in Bayern und in Österreich unter *Katzelmacher* nicht der »herum wandernde italienische Krämer«[83] des 19. Jahrhunderts verstanden werden kann, sondern eher die lügenhaften Italiener[84] gemeint sind, dann läßt sich eine bemerkenswerte Verbindung zwischen dem Stichwort *Katzelmacher* und Fassbinders Aussage über Theaterarbeit bei der Inszenierung von *Iphigenie auf Tauris* herstellen.

---

83 Vgl. *Katzelmacher* in: Johann Andreas Schmeller, *Bayerisches Wörterbuch*, München/Stuttgart/Tübingen 1828.

84 Vgl. Katzelmacher in: Brockhaus/Wahrig, *Deutsches Wörterbuch*, Bd. 4, Stuttgart 1982. Zu *Katzelmacher* als Einwanderer vgl. Upton Sinclairs, *American Outpost*, in der deutschen Übersetzung von Balder Olden, *Auf Vorposten*, Berlin 1934, »Wemm diese ›Katzelmacher‹ [d. h. Italiener in New York] uns jagten flohen wir in einer wunderbar prikelnden Angst.« S. 45.

Dort stehen sich in den Monologen des Arkas und der Homosexuellen Orest und Pylades folgende Aussagen unmittelbar gegenüber:

a) Pylades: Die Wut kann sich ausdrücken in Theater, das Unrecht kann man beim Namen nennen. Das Theater ist Lüge wie alles, das Theater kann eine schöne Lüge sein.
b) Arkas: In ihrer Sprache taucht all das Verbotene, das Schöne auf.
c) Orest: Rauch ma oane. Woaßt, oane von dene, wo i nacha d'Farben höre und Musik siech.[85]

Hier wird als zentraler Gedanke seiner damaligen Theaterarbeit ein Knoten aus Lüge, Schönheit, Verbot und Selbsttäuschung postuliert. Im Hinblick auf die kompositorische Austauschbarkeit der Szenen in *Katzelmacher* und noch mehr in *Preparadise sorry now* können Handlungen und Aussagen je nach Bedarf gegen-, neben- oder nacheinander geordnet werden. Dadurch ergeben sich unvermutete Varianten, in deren Mittelpunkt sich stets die Lügenhaftigkeit findet und der »landläufige« Katzelmacher zum Pendant des Theatermachers wird. Der Einwurf hält nicht stand, daß der Fremde gegen seinen Willen zum »landläufigen« Katzelmacher gemacht und zu Unrecht für einen Lügner gehalten wird, während der Theatermacher erst durch seine Sprache, in der das Verbotene und das Schöne zusammenhängen, zum Lügner wird. Die Lüge, die dort erkennbar ist, wo das Verbotene durch das Schöne verschleiert wird, gehört zur kreativen *conditio sine qua non* im Theater, denn ohne die Triebkraft des Schönen gegen die Lüge wäre Fassbinders damalige Theaterarbeit undenkbar gewesen. Aber gerade durch das Schöne ist der Theatermacher der Gefahr ausgesetzt, in die Alltagslüge bzw. in die Selbsttäuschung zu entgleiten. Um dieses zu verhindern, braucht der Theatermacher Geschichten wie die des Katzelmachers, die das Verbotene wieder in den Alltag entlassen und dadurch dem Schönen als Mittel der Täuschung und der Selbsttäuschung ein Ende setzen, daher am Schluß die Reise nach Griechenland.

Gegen die permanente Selbsttäuschung, wie sie in obigem Angebot Orests an Pylades formuliert wird, schützt nur das andauernde Eingreifen in die eigene Wahrnehmung, so wie Fassbinder es mit der Verfilmung von *Querelle* (1982) bis zu seinem Tod als Auseinandersetzung mit der eigenen Andersartigkeit durchgehalten hat.

Bezeichnend für die Auflösung der Spannung zwischen eigener und fremder Andersartigkeit über die Polyvalenz des Katzelmachers ist die Tatsache, daß bei der Verfilmung des Stückes die Priorität des fremden Katzelmachers so weit wie möglich verdrängt worden ist. Dies wurde dadurch herbeigeführt, daß die gesamten wirtschaftlichen Zusammenhänge um die Ankunft des Katzelmachers und das soziale Umfeld um seine Arbeitsstelle zurückgenommen worden sind. Der Katzelmacher ist ein Fremder, der bei Elisabeth ein Zimmer vermittelt bekommen hat und nur deswegen mit einem Milieu von Jugendlichen konfrontiert wird, die damit beschäftigt sind, die Vorstadtlangeweile

---

85 *Iphigenie auf Tauris von Johann Wolfgang von Goethe* in: Fassbinder Antiteater – *Fünf Stücke nach Stücken*, ebd., S. 13.

durch ihre Sexualität zu verdrängen. Neu an der Geschichte ist der homosexuelle Klaus sowie Erichs Versuch, Marie zur Prostitution zu überreden, und
sogar die abgewiesene Gunda kann diesmal auf einen eigenen Freund warten,
der auf Montage ist.[86]

Aus der Zurückstufung von ökonomischen Zwängen und sozialen Spannungen um die Ankunft des Gastarbeiters Jorgos ergibt sich eine Verschiebung in der Rolle des Katzelmachers. Der Fremde wird von den Jugendlichen
als wehrloser Außenseiter angesehen, der leicht zum Sündenbock gemacht
werden kann. Die Rache an dem Fremden zielt nicht mehr darauf ab, ihn weg-
zujagen, sondern sie wird zu Initiation, wie sie Wolfram Schütte in der Verfilmung erkannt hat, wenn er hierzu schreibt: »Erst, nachdem die jungen Männer
ihren Haß am Katzelmacher gestillt haben und er den Kreis der Erniedrigten
damit betreten hat, akzeptiert man ihn.«[87]

Die Verlagerung und Erweiterung der Problematik durch die Verfilmung
macht *Katzelmacher* zur Ankündigung der ausstehenden Auseinandersetzung über Legitimität und Öffentlichkeit der »Randgruppen« in der bundesdeutschen Gesellschaft der siebziger Jahre. Anders als bei Martins Sperr *Jagd-
szenen aus Niederbayern,*[88] der sich mit der Figur Abram auf andersartige
Sexualität konzentriert, gelingt es Fassbinder, gerade bei dem Übergang vom
Theaterstück zum Film dem *Katzelmacher* strukturelle Polyvalenz zu verleihen, ihn zur Symbolfigur der Pluralität der emanzipatorischen Interessen zu
machen,[89] wie sie seit dem Pariser Mai in den westeuropäischen Ländern im
Aufkommen war.

---

86 Rainer Werner Fassbinder, *Die Kinofilme 1*, ebd., vgl. *Katzelmacher*, S. 131- 223, insbesondere S. 144, S. 161, S. 166-67, S. 187 u. S. 192.

87 Wolfram Schütte, *Momentenaufnahmen aus den Vorstädten. Rainer Werner Fassbinders zweiter Film »Katzelmacher«.* In: *Frankfurter Rundschau* vom 3.Dezem-
ber 1969, Nr. 290, Frankfurt 1969, S. 15. In seiner Düsseldorfer Inszenierung von
Katzelmacher bestätigt Werner Schroeter die Initiation, da zum Schluß Jorgos
»mehr vergewaltigt – denn erschlagen als am Boden liegt.« Vgl. Frank Busch, *Mitten
ins Herz. Werner Schroeter inszeniert Fassbinders »Katzelmacher« in Düsseldorf.*
In: *Süddeutsche Zeitung* vom 30./31. Mai 1987. München 1987, zu demselben sozialen Kontext vgl. Adornos Feststellung: »Latente Homosexualität spielt dabei eine erhebliche Rolle.« In: Theodor W. Adorno, *Vorurteil und Charakter. Gesammelte
Schriften*, Bd. 9/2 Soziologische Schriften II, Frankfurt 1975, S. 369.

88 Johannes G. Pankau, *Figurationen des Bayerischen. Sperr, Fassbinder, Achternbusch*, in: *Der Begriff »Heimat« in der deutschen Gegenwartsliteratur*, Helfried W.
Seliger (Hg.), München 1987, hier S. 135.

89 Vgl. Teodoro Scamardi, *Il teatro di Rainer Werner Fassbinder. Fra reperto sociale e
modello antropologico.* In: *Annali Studi Tedeschi* XXVII, 3. Istituto Universitario
Orientale, Napoli 1984, insbesondere S. 47-57, sowie die Rezeption des fremden Jorgos in der Theater- und Filmkritik von Volker Canaris, *Fassbinder »Katzelmacher«
in Wuppertal.* In: *Theater Heute*, H. 10 1970, Velber 1970, S. 116-17; Peter W. Jansen,
Der Griech aus Griechenland. In: *Frankfurter Rundschau* vom 4.Oktober 1969,
Nr. 230, Frankfurt 1969, S. VII; Karl Korn, *Die Unbehausten. Eine filmische Bestandsaufnahme von R.W. Fassbinder.* In: *Frankfurter Allgemeine Zeitung* Nr. 282
vom 5.Dezember 1969, Frankfurt 1969, S. 32.

13. Heinrich Böll: *Gruppenbild mit Dame*

a) Das Fremde als strukturelle Komponente im Roman

»So gesehen, ist Leni keineswegs die oder nur eine Heldin, sie hat erst mit acht-
undvierzig zum erstenmal einem Mann Barmherzigkeit erwiesen (jenem Türken namens Mehmet, an den sich der geneigte Leser möglicherweise noch erinnert).«[90] (S. 229) Am Ende des siebenten Kapitels wird der Leser befragt, ob
er sich noch an »jenen Türken namens Mehmet« erinnere, und zwar nachdem
der Autor in der Zwischenzeit »einundfünfzig Auskunftspersonen«[91] und
andere namentlich genannte Beteiligte[92] hat Revue passieren lassen, ohne
von »jenem Mehmet«, außerhalb des Kapitels I, weiter Notiz genommen zu
haben.[93] Daß in diesem Fall die zu Recht von Manfred Durzak monierte »etwas
müde Ironie«[94] in eine Leserprovokation umzukippen droht und daß dem
Autor sein riskanter Kurs bewußt ist, geht aus der angehängten captatio be-
nevolentiae an den Leser hervor, der in bester literarischer Tradition als ge-
neigter Leser angesprochen wird.

Zur Frage an den Leser inmitten eines Abschnitts über die tätige Barmherzigkeit von Margret, Lenis todkranker Freundin, ist festzustellen, daß sie
weder einer Erinnerungszufälligkeit noch ironischer Absicht unterliegt.
Durch die Anknüpfung an die Fähigkeit der beiden Frauen, den Männern gegenüber Barmherzigkeit zu erweisen, wird vom Autor eine vorläufige Bilanz
ihres Lebens als Überleitung zum Schlußteil des Romans vollzogen. Vor dem
mißglückten Leben von Margret (S. 229-30) soll der geneigte, d. h. der auf-
merksame und engagierte Leser durch eine unauffällige, doch gezielte Frage

---

90 *Heinrich Böll Werke. Romane und Erzählung*, Bernd Balzer (Hg.), Bd. 5, 1971-1977,
    Köln o.J.. Aus der Ausgabe wird im Text fortlaufend zitiert.
91 Vgl. Manfred Durzak, *Heinrich Bölls epische Summe? Zur Analyse und Wirkung sei-
    nes Romans Gruppenbild mit Dame*. In: *Basis 3, Jahrbuch für deutsche Gegen-
    wartsliteratur*, Reinhold Grimm/Jost Hermand (Hgg.), Frankfurt 1972, S. 176.
92 z. B. das portugiesische Ehepaar Pinto mit den drei Kindern, die zwei türkischen
    Untermieter Tunc und Kilic, sowie die Zimmerkollegen von Bogokov Belenko und
    Kitikin, die keine Auskunft über Leni erteilen.
93 Dazwischen fallen folgende kritische Hinweise auf: »die Kontinuität der Anwer-
    bungspolitik von Arbeitskräften in der deutschen Geschichte«, »Die Anwerbung
    von Arbeitskräften für die deutsche Kriegsrüstungsindustrie« (S. 19-20) und fol-
    gende gemeinsame deutsch-türkische Vergangenheit: »Helene Barkel (Lenis Mut-
    ter) brachte ihm einen Packen wertlos gewordener türkischer Eisenbahnaktien in
    die Ehe« (S. 63). Das ungebrochene deutsche Interesse für die Türkei als Land mit
    historischer Kultur »mein Sohn ist Arzt, meine Tochter Archäologin – zur Zeit in der
    Türkei« (S. 177) wird auf den Genußbereich verlagert, allerdings kein Döner Kebab,
    sondern »Feinschnitt, Marke ›Türkenkost.‹« S. 381.
94 Manfred Durzak, *Heinrich Bölls epische Summe?* ebd., S. 191. Aufgrund seiner Häu-
    figkeit sollte der Name Mehmet zu den Belegen »müder Ironie« zählen. Es hat aber
    mit der Böllschen Erzählstrategie zu tun, das Fremde durch die Frequenz von
    Namen wie Boris und Rahel so emblematisch wie möglich zu gestalten.

daran erinnert werden, daß im gleichen barmherzigen Zusammenhang von einem Fehltritt im Lenis Leben zugunsten des Türken Mehmet die Rede gewesen ist, und diese Erinnerung ist notwendig, weil der Autor bemüht ist, an diesen zentralen Vorgang anzuknüpfen, um den Roman abzuschließen.

Die Nichtzufälligkeit des Vorgehens wird dadurch bestätigt, daß sich der Leser, der die verklammerte Frage nach seiner Erinnerung an Mehmet[95] überflogen hat, nach der Überleitung zu Lenis dritten Lebensabschnitt mit der Ankündigung aus dem Kapitel I vom Verfasser noch einmal konfrontiert sieht:

> »Er [der Verf.] findet, Leni hat Schwierigkeiten genug: ihr einziger, sehr geliebter Sohn im Gefängnis, neuerdings sogar ihr Klavier in Pfändungsgefahr; ihre Angst oder Nervosität – ihre Ungewißheit, ob sie von dem Türken ›empfangen‹ hat (Leni nach Hans und Grete H.); womit ein biologisches Detail feststeht: es ergeht ihr immer noch nach Art der Frauen.« (S. 302)

Die Zusammenfassung der Schwierigkeiten in Lenis Leben stellt gerade ein Abbild der realen Gefühlsprioritäten in ihrem Alltag als auch den letzten Stand der Dinge nach ihrem jüngsten Fehltritt dar.

Dem Leser, der nun in den Strudel der Verweise und der Anspielungen geraten ist und wieder Herr der Lage werden will, bleibt nichts anders übrig, als sich auf die Suche nach der angemahnten Stelle und den Querverbindungen zu begeben, um die verschiedenen Aspekte des Auftretens von Mehmet so weit wie möglich zu erschließen. Ein Rückzug auf die erste Frage erweist sich für den Leser von besonderem Nutzen. Von dort aus und wegen seines eigenen Interesses an Thema des Gastarbeiters wird es ihm möglich, Mehmets leises Auftreten von Anfang an aufzuspüren und es in seiner übergreifenden Kontinuität zu verfolgen.

Das Zitieren der angemahnten Stelle erfolgt hier aus der Annahme, daß dort ein Minimalwortschatz zusammengefaßt ist, an den anzuknüpfen ist, wenn es in der vorliegenden Arbeit darum geht, weitere Folgen der sich anbahnenden »Lebensgemeinschaft« (S. 352) zwischen Leni und Mehmet zu verdeutlichen:

> »Wenige Minuten, nachdem es Leni erlaubt wird, unmittelbar in die Handlung einzutreten (das wird noch eine Weile dauern), wird sie zum ersten Mal das getan haben, was man einen Fehltritt nennen könnte: sie wird einen türkischen Arbeiter erhört haben, der sie kniefällig in einer ihr unverständlichen Sprache um ihre Gunst bitten wird, und sie wird ihn – das als Vorgabe – nur deshalb erhören, weil sie es nicht erträgt, daß irgend jemand vor ihr kniet (daß sie selbst unfähig ist zu knien, gehört zu den vorauszusetzenden Eigenschaften).« (S. 14)

Als Überleitung zur lexikalischen und inhaltlichen Analyse des angekündigten Fehltritts wird auf die strukturelle Anwesenheit des Türken Mehmet im Roman zurückgegriffen. Sie erscheint um so deutlicher, wenn diese Ankündi-

---

95   Der Namensträger Mehmet ist dem Leser am Ende des I. Kapitels ziemlich unspezifisch vorgestellt, als Lenis Untermieter aufgezählt werden, unter denen sich drei türkische Arbeiter befinden, »die Kaya Tunç, Ali Kiliç und Mehmet Şahin heißen und nicht mehr ganz jung sind.« S. 28.

gung in direkter Verbindung mit den anderen Stellen im Roman gebracht wird, wo von Mehmet die Rede ist. Auf dieser Weise ist leicht zu erkennen, daß sie alle zusammen die Vorgeschichte des dritten Teils des Romans bilden. Indem sie als Auslöser eines neuen Abschnittes im Lenis Leben eingesetzt werden, verschafft sich der Autor zusätzlich die Möglichkeit, den Roman abzuschließen.

Nachdem der erste Teil des Romans um Lenis Beziehung zu der konvertierten Jüdin namens Rahel Maria Ginzburg abgeschlossen ist und nachdem der zweite Teil um den Sowjetmenschen Boris Lvovic' Koltowski ein tragisches Ende gefunden hat,[96] beginnt im Roman und in Lenis Leben ein dritter Teil, der durch einen Fehltritt zum »massenhaften Happy-End« (S. 358) führen wird.[97]

Das Auftreten des Türken Mehmet Şahin im Roman ist kein Zufall. Es stellt ledlich die dritte Variante einer historischen Begegnung mit religiöser, politischer und ethnischer Andersartigkeit dar, so wie sie im Laufe des Jahrhunderts in Deutschland[98] noch vor der Ankunft der Gastarbeiter stattgefunden hat. Dies ist eine historische Kontinuität in einer brüchigen Epoche, die Lenis Leben so eingeschränkt hat, daß ihr nur noch »Mut«,[99] »Kühnheit«, »Frechheit,«[100] und ein »Fehltritt«[101] als noch nicht bewußte Entscheidungsvorgänge möglich sind, denn: »Leni wußte immer erst, was sie tat, wenn sie es tat. Sie mußte alles materialisieren.«[102] (S. 185)

Im Romanverlauf markieren Begriffe wie Mut, Kühnheit, Frechheit und Fehltritt ein Crescendo in der Intensität der Selbstgefährdung, die nicht vom

---

96 Vgl. »Entscheidend für Lenis Lebensbahn, mindestens so entscheidend wie der später auftauchende Sowjetmensch, wurde Schwester Rahel.« S. 41.

97 Über die Rolle des Humors als gestaltendes Element dieses gehäuften Happy-Ends vgl. Wilhelm H. Grothmann, *Zur Struktur des Humors in Heinrich Bölls »Gruppenbild mit Dame«.* In: *The German Quarterly*, Vol. I, Nr. 1, New York, 1977, »Vom Standort der Unendlichkeit gesehen, ist die Verbrüderung natürlich schönes Ziel, während solche Institutionen wie Gericht, Behörde, Staat, Nation, gesellschaftliche Klasse und die katholische Kirche [...] als Gegenkräfte des humanen Zustands erscheinen, da sie die Menschen kategorisieren und voneinander trennen. Der Humor beraubt diese Instanzen ihrer Wichtigkeit und rückt sie ins rechte Licht.« S. 156.

98 Vgl. Werner Rieck, *Heinrich Böll in der Rolle des Rechercheurs. Gedanken zur Erzählweise im Roman »Gruppenbild mit Dame.«* In: *Wissenschaftliche Zeitschrift der Pädagogischen Hochschule »Karl Liebknecht«,* H. 2 1974, Postdam 1974, »Das Gesellschaftsbild ist im exemplarisch gewählten Fall jener Figuren realisiert, die zum *Gruppenbild* um Leni herum gehören.« S. 254.

99 Vgl. Margret zu Leni in Sachen Rahel »Leni hatte Mut- sie hat ihn noch.« S. 99.

100 Zu Lenis Handauflegen auf Boris vgl. »Es war erotisch und politisch ne Kühnheit, fast ne Frechheit.« S. 186.

101 Zu »Fehltritt« vgl. S. 118 u. S. 158.

102 Zu Lenis anarchistischer Tendenz vgl. Raoul Hübner, *Der diffamiert-integrierte »Anarchismus«: Zu Heinrich Bölls Erfolgsroman »Gruppenbild mit Dame«.* In: *Literaturwissenschaft – Gesellschaftswissenschaft*, Theo Buck/Dietrich Steinbach (Hgg.), H. 15. *Deutsche Bestseller – Deutsche Ideologie* Heinz Ludwig Arnold (Hg.), Stuttgart 1975, S. 136-37.

Grad der Erfahrung bestimmt wird, sondern von der jeweiligen machtpolitischen oder moralischen Kontrollinstanz. Somit treten sie als lexikalische Übergänge zwischen den drei Romanteilen heraus und bringen zugleich eine kulturhistorische Kontinuität in der Begegnung mit Andersartigkeit und Fremde immer wieder auf den Punkt. Hier soll nun untersucht werden, weshalb der Verfasser gerade in Lenis Begegnung mit Mehmet das, »was man einen Fehltritt nennen könnte«, als höchste Stufe der Provokation in einer demokratischen Gesellschaft postuliert hat.

b) Fehltritt als Angriff auf das Eigene

Streng genommen hatte Mehmet Şahin mit seinen beiden Landsleuten Kaya Tunç und Ali Kiliç schon lange vor seinem »Kniefall« und dem darauf folgenden »Erhören« an der Barmherzigkeit von Leni teilgehabt, da sie von ihren drei türkischen Untermietern für ein Zimmer nur so viel Miete einnimmt, »wie sie selbst zahlt« (S. 332). Dies war ihnen allerdings sozusagen »ohne Vorgabe« zugebilligt worden, da Leni auch für die portugiesische Familie Pinto und für die beiden Helzens »Leermiete für die möblierten Wohnungen berechnet« (S. 332), was wiederum nach ihrem Neffen und Gebäude-Inhaber Kurt Hoyser »das Faß zum Überlaufen bringe« (S. 332) und die Zwangsräumung der Wohnung unausweichlich macht.

Aber während die Argumente der Brüder Hoyser gegen die soziale Barmherzigkeit von Leni durch den Humor des Verfasser, der nach Wilhelm H. Grothmann bei Böll »falsche Vorstellungen berichtigt,«[103] ins Lächerliche gezogen werden, und zwar spätestens dann, wenn Kurt Hoyser die Besitzverhältnisse und die Zweckmäßigkeit der zehn Betten in der Wohnung von Leni Pfeiffer (S. 332-333) als zusätzlichen Grund für ein endgültiges »Exmittieren« (S. 19) der eigenen Tante aus seinem Gebäude ins Feld führt, scheut der Autor Böll selbst nicht davor zurück, den bibelunkundigen Leser aufs Glatteis zu führen, wenn der Autor über den Verfasser[104] die sprachliche Darstellung der »erotischen und sexuellen« (S. 38) Barmherzigkeit[105] der Leni durch das Verb »erhören« vornimmt.

---

103   Wilhelm H. Grothmann, *Zur Struktur des Humors in Heinrich Bölls Gruppenbild mit Dame*, ebd., S. 158.

104   Über die Trennung zwischen Heinrich Böll als Autor von *Gruppenbild mit Dame* und dem im Roman tätigen Verf. vgl. Manfred Durzak, *Entfaltung oder Reduktion des Erzählers? Vom »Verf.« des »Gruppenbildes« zum Berichterstatter der »Katharina Blum«*, in: *Böll. Untersuchungen zum Werk*, Manfred Jurgensen (Hg.), Bern/München 1975, S. 31-53; Werner Rieck, *Heinrich Böll in der Rolle des Rechercheurs*, ebd., sowie Böll, *»Der liberale Labberdreck stammt nicht von mir«*. In: *Frankfurter Rundschau* vom 20.August 1971, Frankfurt, S. 12.

105   Vgl. Bernd Balzer, *Humanität als ästhetisches Prinzip. Die Romane von Heinrich Böll*, in: *Heinrich Böll. Eine Einführung in das Gesamtwerk in Einzelinterpretationen*, Hanno Beth (Hg.), Kronberg/Ts. 1975, »Barmherzigkeit ist für Böll in diesem Zusammenhang ein Amalgamat aus religiösen und sexuellen Elementen, sozusagen eine erotische Form der Caritas.« S. 19.

Das Verb »erhören,« das sich als sprachliche Hilflosigkeit aufgrund der katholischen Erziehung Lenis ankündigt,[106] erweist sich mit Hilfe von Querverweisen aus Lenis weiteren Äußerungen zum selben Vorgang als ein Bibelzitat, wo erhören und schwanger rein sprachlich so unmittelbar aufeinander treffen, wie es in Lenis Sprache der Fall ist. Ausgehend vom Verb »empfangen,« das Leni anstelle des gesellschaftsfähigen »schwanger werden« benutzt und dem Leser vom Verfasser auf folgende umständliche Weise erklärt wird: »womit ein biologisches Detail feststeht: es ergeht ihr immer noch nach Art der Frauen.« (S. 302)

Ausgehend vom Verb »empfangen« läßt sich ein Weg zwischen »erhören« und »schwanger werden« erschließen, der sein sprachliches Modell in Genesis 30,17 hat, wo zu lesen ist »und Gott erhöret Lea, und sie ward schwanger.«[107] Natürlich besteht im diesem biblischen Fall kein biologisches Verhältnis zwischen erhören und dem darauf folgenden empfangen; aber hier geht es in erster Linie um die sprachliche Nähe der beiden Verben als Beleg für die Quelle der Böllschen Formulierung. Das Herausarbeiten des Bibelzitats soll allerdings nicht dazu dienen, Leni durch zusätzliche Argumente[108] in der Rolle einer »subversiven Madonna« zu bestätigen, sondern es soll verdeutlichen, daß es dem Autor darum geht, Barmherzigkeit als rettenden, moralischen Imperativ zu begründen, und zwar in einer Entwicklungsphase der deutschen Gesellschaft, wo die Überlagerung von ethnischer Andersartigkeit durch glaubensmäßige und weltanschaulich-kulturelle Unterschiede zu einer bis dahin noch nicht vorgekommenen brisanten Häufung von Andersartigkeiten geführt hat. Daß Böll die Barmherzigkeit mit all ihren Implikationen als rettende Institution für die Zeiten deutscher Wirtschaftsmeisterschaft[109] versteht, geht aus der doppel-

---

106 Vgl. Friedrich Hitzer, *Verweigerte Größe oder große Verweigerung?* In: *Kürbiskern*, H. 4 1973, München 1973, S. 780, sowie Karin Huffzky, *Die Hüter und ihr Schrecken vor der Sache. Das Mann-Frau-Bild in den Romanen von Heinrich Böll*, in: *Heinrich Böll Eine Einführung in das Gesamtwerk*, Hanno Beth (Hg.), ebd., S. 29-54.

107 Vgl. *Biblischer Kommentar Altes Testament* Siegfried Herrmann/Hans Walter Wolff (Hgg.), Bd. I/2 Claus Westermann, Genesis, 2. Teilband, Neukirchen-Vluyn 1981, S. 574 sowie S. 580-81.

108 Vgl. Renate Matthaei (Hg.), *Die subversive Madonna. Ein Schlüssel zum Werk Heinrich Bölls*, Köln 1975; eine Gegenposition von Georg Just, *Ästhetik des Humanen oder Humanum ohne Ästhetik*, in: *Böll*, Manfred Jurgensen (Hg.) ebd., S. 55-76. Dennoch läßt sich kaum verkennen, daß Szenen wie Lenis Erröten vor dem Helft-Leni-Komitee »vor Freude und auch vor Scham« als Bestätigung der Schwangerschaft (S. 352) auf die Ikonografie von Mariä Verkündigung verweist. Hierzu vgl. Heinrich Böll/Dieter Wellershoff, *Gruppenbild mit Dame. Ein Tonband-Interview*. In: *Akzente*, H. 4 1971, Hans Bender (Hg.), München 1971. »Das ist vielleicht auch von Kindheit an die Konfrontation mit den Darstellungen dieser Art [des Matronenkults und der rheinischen Madonnen], in dieser geographischen Ecke, aus der ich nun einmal stamme.« S. 345.

109 Heinrich Böll, *Deutsche Meisterschaft*, in: *Zensuren nach 20 Jahren Bundesrepublik*, B. v. Nottbeck (Hg.) Köln 1969, jetzt nachzulesen in: Heinrich Böll, *Werke Essayistische Schriften und Reden*, Bd. 2, 1964-1972 Bernd Balzer (Hg.), Köln 1978, S. 423.

ten Feststellung des Verfassers gegenüber Leni hervor, welche besagt, daß sie zu dem Zeitpunkt des barmherzigen Erhörens 48 Jahre alt war und zuvor niemanden aus Barmherzigkeit erhört hat, selbst wenn mehr als einer auf seine Chance wartete (S. 356). Gleichzeitig muß daran erinnert werden, daß Böll mit Leni einlöst, was in *Ansichten eines Clowns* als Wunsch vorgetragen worden war: »Es gibt noch eine Kategorie von Frauen, die nicht Huren und nicht Ehefrauen sind, die barmherzigen Frauen, aber sie werden in den Filmen vernachlässigt.«[110] (S. 163)

Durch ihr barmherziges Handeln macht sich Leni zum Teil der komplexen und brisanten Gesellschaftsfrage um die religionsverschiedene Ehe und manövriert sich somit zum dritten Mal in eine selbstgefährdende Randsituation[111] einer sich gebenden jedoch liberalen Gesellschaft. Da die selbstgefährdende Brisanz in Lenis Handlungen immer im proportionalen Verhältnis zum Gesetz und zum Gebot stand, das von ihr ignoriert oder gebrochen wurde, sowie zur Institution, die für das Gesetz und für das Gebot eintritt, stellt ihr jüngster »Fehltritt« sowohl ein Crescendo als auch ein Decrescendo der Selbstgefährdung dar. Ein Decrescendo, weil Leni aus diesem Grund eine nicht mehr durchführbare Vergasung in aller Öffentlichkeit angedroht wird: »Die Umwelt möchte Leni am liebsten ab- oder wegschaffen; [...] und es ist nachgewiesen, daß man hin und wieder nach Vergasung verlangt« (S. 14), und ein Crescendo in der Provokation, weil sie durch ihr Handeln als »eine Frau, die es nicht für Geld und nicht aus Leidenschaft für den Mann tut, nur aus Barmherzigkeit mit der männlichen Natur,«[112] genau die Institution in aller Öffentlichkeit in Bedrängnis bringt, die sich als Hüterin der Barmherzigkeit versteht.

Diese Stelle aus Bölls *Ansichten eines Clowns*, wo es ferner heißt »Ich verstehe die amerikanische Moral nicht. Ich denke mir, daß dort eine barmherzige Frau als Hexe verbrannt würde, eine Frau, die ...,« ist der Schlüssel zur irdischen Bedeutung von Barmherzigkeit bei Böll und verdeutlicht zugleich die aktuelle Dimension der Selbstgefährdung der barmherzigen Frau aufgrund des Aufflammens von Prüderie, »amerikanischer Moral,« ohne im Falle Lenis die historische Kontinuität zur Hitler-Zeit in den Hintergrund zu drängen.

Die Strategie der lexikalischen Übergänge macht sichtbar, wie der Begriff »Fehltritt« sich in Lenis Verhalten vom allerersten Beischlaf mit Alois Pfeiffer bis zu jenem mit Mehmet Şahin gewandelt hat. War es am Anfang der »existentielle Fehltritt« (S. 118) eines jungen Menschen, so ist es am Schluß zu etwas geworden, »das man einen Fehltritt nennen könnte.« Um so mehr wundert die

---

110   Heinrich Böll, *Ansichten eines Clowns,* (1963) in: *Heinrich Böll Werke. Romane und Erzählungen,* Bd. 3, Bernd Balzer (Hg.), Köln 1987 (1977).

111   Vgl. »Denn Mehmet ist verheiratet, jedoch Mohammedaner, was eine zweite Frau zulässig macht, nach seiner, nicht nach der gesetzlichen Voraussetzung seines Gastlandes, es sei denn, Leni würde Mohammedanerin, was nicht als ausgeschlossen gilt, da auch der Koran der Madonna einen Platz eingeräumt hat.« S. 352.

112   Heinrich Böll, *Ansichten eines Clowns*, ebd., S. 163-64.

Tatsache, daß in der Romanrezeption grundsätzlich die Linie der Barmherzigkeit zwischen Boris und Mehmet verfolgt wird und nicht die zwischen Alois Pfeiffer und Mehmet Şahin, obwohl im Roman deutlich wird, daß nur in Boris' Fall Leidenschaft und Liebe nicht auszuschließen sind. Erklärbar erscheint diese unvollständige Linie dadurch, daß die Befürworter sie in der gemeinsamen Andersartigkeit der Barmherzigkeitsempfänger begründet sehen und nicht im Sinne der Funktion der Barmherzigkeit selbst, die an Lenis Verhalten exemplarisch vorgeführt wird.

In der Zwischenzeit, d.h. in der Zeit seit der Veröffentlichung des Romans, liegt sowohl eine Klärung der hypothetischen Frage nach der Natur des Fehltritts von Leni vor, als auch eine erste institutionelle Konkretisierung des Böllschen »man.« Das Urteil ist für Leni negativ ausgefallen, nicht aber für den Autor, der in der Zwischenzeit mit der Kurzgeschichte *Du fährst zu oft nach Heidelberg* (1977)[113] für sich die Antwort ausfindig gemacht hat. Barmherzigkeit, selbst als Herausforderung an die eigene geneigte Umwelt, ist von höchster Stelle abgewiesen und zehn Jahre nach dem Erscheinen des Romans endgültig als Fehltritt eingestuft worden. Das Urteil über die Unzulässigkeit einer Ausdehnung der Barmherzigkeit auf Muslime nach Lenis Handlungsmodell findet sich in folgender Schlußempfehlung des Sekretariats der Deutschen Bischofskonferenz zusammengefaßt, die für Christen, die eine religionsverschiedene Ehe mit einem Muslim eingehen möchten, gedacht ist: »Die glaubensmäßigen und weltanschaulich-kulturellen Unterschiede sind so stark, daß grundsätzlich vor dem Eingehen einer religionsverschiedenen Ehe zwischen Christen und Muslimen klar gewarnt werden muß.«[114]

Damit wird auch die ursprüngliche Feststellung von Heinrich aus *Ansichten eines Clowns* (1963) über die »Barmherzigkeit Gottes, die ja ›wohl größer ist als das mehr juristische Denken der Theologen‹,[115] von höchster Stelle bestätigt, während sich der Autor in der Zwischenzeit bemüht hat, das Unversöhnliche zwischen Gesetz und Barmherzigkeit anhand des Handelns von Leni und des Lehramtsanwärters für Marie zu verdeutlichen. Denn in *Ansichten eines Clowns* war Marie diejenige gewesen, die zum ersten Mal und sehr

---

113 Heinrich Böll, *Du fährst zu oft nach Heidelberg*, in: *Heinrich Böll Werke. Romane und Erzählung*, Bernd Balzer (Hg.), Bd. 5, 1971-1977, ebd., S. 523-29.

114 *Muslime in Deutschland*, (Hg.) Sekretariat der Deutschen Bischofskonferenz, Arbeitshilfen Nr. 26, Bonn 1982, S. 57. Die Sorgen der Bundesarbeitsgemeinschaft Aktion Jugendschutz, die sich mit der Broschüre Walter Beckers *Ehen mit Ausländern*, Hamm 1974, offiziell zur selben Frage geäußert hat, waren drastischer ausgefallen: »Wir wollen jungen deutschen Frauen nur schweres Leid und lange Reue ersparen.« S. 41.

115 Heinrich Böll, *Ansichten eines Clowns*, ebd., S. 258. Über derartige Kontinuität in Bölls literarischer Arbeit vgl. Hans Joachim Bernhard/Kurt Batt, *Exkurs. Heinrich Bölls Gegenposition*, in *Revolte intern. Betrachtungen zur Literatur in der Bundesrepublik Deutschland*, München 1975, S. 169-74 und Jochen Vogt, *Heinrich Böll*, München 1987, S. 155-68.

hartnäckig immer wieder gefragt hat, »wo denn die Diagonale zwischen Gesetz und Barmherzigkeit verlaufe.«[116] Die Antwort ist wieder einmal juristisch
ausgefallen, und die Diagonale hat die deutlichen Züge einer vorbeugenden
und trennenden Strafe angenommen.

Obwohl Lenis gesellschaftliche Ausgangsposition und die des Lehramtsan-
wärters aus *Du fährst zu oft nach Heidelberg* verschieden sind – Leni lebt am
Rande der Gesellschaft, dagegen gehört der Lehramtsanwärter zum tragenden
Teil derselben –, werden sie anhand der jeweiligen Urteile ein und derselben
Logik unterworfen, die ein solidarisches Verhalten mit dem Fremden als Ge-
fährdung der eigenen sozio-kulturellen und religiösen Identität unter Strafe
stellt. Und die Strafe steht in unmittelbarem Verhältnis zu ihren Handlungen.
Ihnen wird die Zugehörigkeit zur eigenen Gesellschaft verweigert, weil sie
den Versuch unternommen haben, an dieser Zugehörigkeit Fremde teilhaben
zu lassen: Leni durch eine »Lebensgemeinschaft« (S. 352) mit dem Türken
Mehmet, der Lehramtsanwärter durch sein Engagement für eine chilenische
Flüchtlingsgruppe. Dem Lehramtsanwärter wird der Zugang zu den Beruf,
den er sich als ehemaliger Elektriker mühsam über das Abendgymnasium er-
kämpft hat, als Bindung an die Gesellschaft verweigert; bei Leni, die sich aus
jeder gesellschaftlichen Zugehörigkeit verabschiedet hat,[117] kann die Strafe
nur aus drastischen Drohungen bestehen, die ihr in der Öffentlichkeit nach-
gerufen werden.

Die Konfliktträger werden bei Böll nicht aufgrund krimineller Vorgänge
vorstoßen, sondern weil sie durch legitimes Verhalten eine Gesellschaft in die
Krise stürzen.[118]Es geht um eine Gesellschaft, die ihrem Wesen nach auf den
abendländischen Prinzipien der Barmherzigkeit, der Nächstenliebe und des
solidarischen Verhaltens aufgebaut ist und sich bei der Begegnung mit den
Fremden auf abschottende Schutzmechanismen eingelassen hat, die sie in
Konflikt mit den eigenen Prinzipien verwickelt haben.

In diesem Kulturkontext erscheint die Hinrichtung wegen Fahnenflucht
und Landesverrats des so »wahnsinnig netten« (S. 61) Bruders Heinrich und
des Vetters Erhard, den »sie erhört hätte, wenn er um Erhörung gebeten hätte«
(S. 76), für Leni von besonderer Bedeutung zu sein. Ein Hinweis hierfür ist
Margrets Satz über das Scheitern der klassischen Bildung vor Heinrichs Hinrichtung: »und was haben sie ihm dann zu fressen gegeben: das Abendland.

---

116   Heinrich Böll, *Ansichten eines Clowns*, ebd., S. 258.

117   Vgl. »Doch Leni schüttelt dann den Kopf, sie ist zu verletzt, sie betritt den Lebens-
      mittelladen nicht mehr, läßt ihre Einkäufe von Grete besorgen, und Hans hat ihr
      den allmorgendlichen Gang zum Bäckerladen abgenommen und holt ihr rasch
      [...] ihre zwei unabdingbaren knackfrischen Brötchen, die für Leni wichtiger sind
      als für andere Leute irgendwelche Sakramente.« S. 25.

118   Heinrich Böll, *Du fährst zu oft nach Heidelberg*, ebd., »Ich höre es von allen Seiten.
      Wohin ich auch komme, mit wem ich auch spreche. Mein Vater, Carola, deren
      Vater, ich höre nur immer. Heidelberg. Deutlich höre ich's, und ich frage mich.
      wenn ich die Zeitansage anrufe oder die Bahnhofs-Auskunft, ob ich nicht hören
      werde. Heidelberg.« S. 528.

Das ganze Abendland im Bauch, ist er gestorben – Golgatha, Akropolis, Capitol.« (S. 62)

Vor der Ohnmacht der Abendlandkultur[119] gegenüber der eigenen inneren Barbarei schützt sich Leni durch eine Strategie der Taten, die darin besteht, die historischen Feinde des Abendlandes aus dem eigenen Eros nicht auszuschließen,[120] denjenigen gegenüber eine offene Haltung einzunehmen, deren Andersartigkeit durch die »drei Berge des Abendlandes Golgatha, Akropolis, Capitol«[121] stilisiert worden ist: Juden, Barbaren und Mohammedaner, deren kulturelle und kriegerische Bekämpfung im Namen der Christenheit zu einem festen Teil der abendländischen Identität geworden ist.

Da Leni weder aufgrund eines religiösen noch eines politischen Engagements handelt, ist festzustellen, daß bei ihr Erfahrungen und Wünsche maßgebend sind. In der Begegnung mit Schwester Rahel ist es Lenis Wunsch, in der eigenen verkannten Sinnlichkeit unterwiesen zu werden, was ihr von ihrer Umwelt vorenthalten worden war, als Auslöser der Zuneigung zu erkennen. Diese Zuneigung kann später keine Zurückhaltung mehr finden, selbst wenn sie bei Leni zu einer existentiellen Selbstgefährdung geworden ist. Mit der Aufnahme der türkischen Untermieter entspricht sie dem Wunsch des geliebten und xenophilen Sohnes Lev, während sie beim »Erhören« Mehmets Wunsch erfüllt. Dazwischen liegt die »Handlegung« auf Boris, die trotz ihrer extremen Gefährlichkeit nur dadurch zustande gekommen ist, daß weder konformes Verhalten, wie das ihres Vaters, noch Widerstand, so wie der ihres Bruders Heinrich, einen Ausweg aus der Gefahr bieten. Nur der eigene oder der fremde Wunsch besitzt in seiner Radikalität genauso viel Kraft wie die Kontrollinstanz, die außer Kraft gesetzt wird, sobald der eigene oder der fremde

---

119 Vgl. Herbert Kaiser, *Die Botschaft der Sprachlosigkeit in Heinrich Bölls Roman »Gruppenbild mit Dame«*. In: *Wirkendes Wort*, H. 4 1978, Theodor Lewandowski u.a. (Hgg.), Düsseldorf 1978, »Ein wesentlicher Faktor in diesem Wirkungskomplex, der zum Krieg geführt hat, [...] ist die bürgerlich-konservative, sogenannte humanistisch-abendländische Bildung, deren Abstraktheit Böll am Beispiel von Lenis Bruder Heinrich einer entlarvenden dialektischen Kritik unterzieht.« S. 226.

120 Selbst in der Beziehung zu Schwester Rahel sind Elemente der Erotik als Nähe zur Andersartigkeit nicht auszuschließen, vgl. »Dieser B.H.T. und Leni waren wahrscheinlich die einzigen Personen, die jene Frauenperson [Schwester Rahel] geliebt hat.« S. 39.

121 Die Tatsache, daß die drei Namen Leni im Religionsunterricht vermittelt worden sind, »ohne Begeisterung in ihr zu erwecken« (S. 38), deutet darauf hin, daß sie eine Summe abendländischer Kulturwerte im Bereich von Religion, Kunst und Gesetzgebung darstellen. Im Capitol ist jedoch die juristische Kultur des lateinischen Rom, wie auch die Hauptstadt der Christenheit erkennbar. Insofern steht Capitol hier als symbolische Zusammenfassung der religiösen und juristischen Unterschiede zu der Welt des Islam, wie sie im Fall einer Ehe Lenis mit dem Muslim Mehmet auftreten würden, die nur durch einen Übertritt Lenis zum Islam gelöst werden könnten, jedoch würde dies einer »Exmittierung« Lenis aus dem juristischen Hoheitsgebiet der Bundesrepublik gleichkommen.

Wunsch zugelassen wird.[122] Hier liegt die Radikalität der »Nicht-Entscheidungen« Lenis, die dem Zwang unterliegen, alles »materialisieren« zu müssen, und die Leni zur konstanten Konfliktträgerin der eigenen Geschichte und Gesellschaft machen, ohne jedoch etwas von ihrer Gültigkeit als »Muster sozialer Verhaltensweise«[123] einzubüßen.

c) Begründung in Abwesenheit

Mehmet als missing link

Die Dominanz der Figur Leni im gesamten Roman führt zwangsläufig zu einer untergeordneten Rolle des jeweiligen Trägers von Fremdheit. Während jedoch Rahel und Boris ein eigenes Leben durch Handlungen zugestanden wird, tritt Mehmet mit einem Kniefall auf und verabschiedet sich mit einer ersten Willensbekundung, die als »Mehmets Eifersucht und seine inzwischen bekundete Abneigung gegen Gesellschaftstanz« (S. 384) zusammengefaßt wird. Dazwischen wird vom Verfasser ein dutzend Mal direkt oder über Auskunftspersonen, etwas über Mehmet oder seine Lage als Fremder in der Bundesrepublik berichtet. Sein Verdienst erschöpft sich in erster Linie darin, daß er durch seinen Kniefall dem Autor ein Happy-End für den Roman ermöglicht.

Da Mehmet kaum als agierende oder als sprechende Person dargestellt wird,[124] muß bei einem betroffenen und geneigten Leser der Verdacht aufkommen, daß er bewußt zu einer stummen und aktionslosen Andersartigkeit stilisiert wurde, so daß der Leser seine Aufmerksamkeit zwangsläufig auf die Darstellung des Fremden durch die Auskunftspersonen konzentrieren muß. Genauer gesagt, dem Autor Böll hinter dem Verfasser geht es nicht in erster Linie darum, einen türkischen Gastarbeiter in seinem bundesrepublikanischen Alltag darzustellen, sondern darum, die Leser mit Komponenten eines Türkenbildes zu konfrontieren, wie sie sich im Laufe der Jahre in der öffentlichen Wahrnehmung der Fremden durchgesetzt haben.[125] Hierzu gehören: eroti-

---

122 Als Beleg dafür sei hier auf Lenis Entscheidungsschlacht »in der Stunde der Tasse Kaffee« (S. 177 ff.) hingewiesen. Aus den Berichten der Anwesenden zum Vorgang wird deutlich, daß jeder deswegen so von der radikalen Normalität Lenis verwirrt ist, weil dadurch die Kontrollinstanz gebrochen wird.

123 Vgl. Helmut Heissenbüttel, *Wie man dokumentarisch erzählen kann. Zwei Stimmen zu Heinrich Bölls neuem Roman.* In: *Merkur,* H. 7 1971, Stuttgart 1971, S. 913.

124 Zu den wenigen Handlungen, die Mehmet vollzieht, gehören Sahneverteilen und dabei mit Leni Händchenhalten, sowie Aufstehen, um die Gäste zum Abschied zu drängen, S. 357-58.

125 Zur Abwandlung von Klischees und Vorurteilen in bezug auf Ausländer in der Bundesrepublik vgl. Peter Schönbach, *Sprache und Attitüden. Über den Einfluß der Bezeichnungen Fremdarbeiter und Gastarbeiter auf Einstellungen gegenüber ausländischen Arbeitern,* Bern/Stuttgart/Wien 1970; Jesus Manuel Delgado, *»Die Gastarbeiter« in der Presse,* Opladen 1972, sowie Georgios Tsiakalos, *Ausländerfeindlichkeit. Tatsachen und Erklärungsversuche,* München 1983.

sche Andersartigkeit als Konfliktauslöser (S. 261 u. S. 354), wirtschaftliche Notwendigkeit des Fremden als Kaufkraft (S. 331, S. 332 u. S. 341), fremde Arbeitskraft als minderer Gesellschaftswert (S. 333), Integrationsprobleme (S. 339 u. S. 340), Religionskonflikte (S. 352 u. S. 356) sowie exotische Erwartungen an die Andersartigkeit des Fremden und dessen Normalität (S. 357, S. 358 u. S. 359).

Die Konkretheit der hier gekennzeichneten Aussagen über den Türken Mehmet soll nicht darüber hinwegtäuschen, daß bei Böll kein Anspruch auf Vermittlung von aufklärenden Gegeninformationen wie bei den anderen bundesdeutschen Autoren vorliegt. Das Gegenteil kündigt sich sofort an, wenn man die Aussagen in ihrem unmißverständlichen persönlichen Verhältnis zu den jeweiligen Auskunftspersonen beläßt. Als Beleg derartiger Annahmen sei hier auf folgende drei Aspekte Bezug genommen, die im Roman ausgearbeitet sind:
- Der Fremde in einer Konkurrenzsituation.
- Die volkswirtschaftliche Funktion des Gastarbeiters beim Übergang von der Wohlstands- zur Konsumgesellschaft.
- Konfliktsituationen aufgrund der Andersartigkeit des Fremden am Beispiel seiner religiösen Zugehörigkeit.

Das Bild des Fremden als Träger von unschlagbarer Erotik wird sowohl von Walter Pelzer[126] als auch von dem Verfasser preisgegeben, der im Fall Mehmets die Grenze zwischen Verfasser und Auskunftsperson erneut verwischt.[127] Die Tatsache, daß Pelzer seinen Ärger über den bevorzugten Fremden so pauschal in bekannte Vorurteile (»ungewaschene Türken; der nach Hammel und Knoblauch stinkt«, S. 261 u. S. 354) verpackt, hat weder etwas mit Mangel an Phantasie bei der Beschimpfung eines Fremden zu tun noch mit einem sprachlichen Ausrutscher beim Sich-Luft-Machen. Es handelt sich hier um Zitate aus einer Sprache über die Gastarbeiter, die durch die Öffentlichkeit so weit objektiviert, d. h. standardisiert worden ist,[128] daß die jeweilige Urheberverantwortung nicht mehr zu ermitteln ist. Sie werden hier entsprechend einer gar nicht neuen Autorenstrategie eingesetzt, die in der Leserprovokation ein Mittel zur Aufklärung sucht.

Indem der Autor aber seine Auskunftspersonen ohne jeglichen Widerspruch Vorurteile sexueller, wirtschaftlicher, religiöser und kultureller Natur über Ausländer aussprechen läßt, die dem Leser ohnehin bekannt sind, trägt er kaum zu deren Aufklärung im Sinne einer inhaltlichen Gegeninformation bei. Indem er aber die private Erfahrung seines Verfassers und die objektivierte

---

126 Vgl. »Die [Leni] habe ich begehrt, seitdem ich sie zum ersten Mal sah, und immer kommen mir irgendwelche Ausländer dazwischen.« S. 355.

127 Als Beleg dafür sei hier darauf hingewiesen, daß sich der Verf. zu seiner Befangenheit gegenüber Leni bekennt: »Ein leichtes Stechen des Bedauerns darüber, daß sie in dessen und nicht des Verf. Armen von Egge, Zeichner und Offizier träumte.« (S. 357). Davor hatte der Verf. den monetären Bruch seiner Neutralität vollzogen, »indem auch er sein Scherflein in den Leni-Fonds einzahlte.« S. 349.

128 Gemeint ist eine mit Klischees und Vorurteilen beladene Sprache, die sich in der Öffentlichkeit seit der Ankunft der Ausländer ohne Urheberschaft gebildet hat. Vgl. den Abschnitt *Argumente gegen Vorurteile* in: *Aktionshandbuch Ausländer*, Manfred Budzinski (Hg.), Bornheim-Merten 1983, S. 49-59.

Vorurteilssprache aufeinanderprallen läßt, nimmt der Autor seinem Verfasser, und über ihn seinem geneigten Leser jede Möglichkeit, sich per Zitat einen entlastenden Rückzug in die Anonymität der objektivierten Vorurteilssprache zu schaffen und zwingt ihn dazu, Verantwortung für seine Äußerungen auf sich zu nehmen. In der Hitze der Auseinandersetzung mit Kurt Hoyser (S. 331 ff.) gibt der Verfasser seine Rolle als unparteiischer Berichterstatter auf und mischt sich mit eigenen Erfahrungen in die Diskussion ein, um das zu widerlegen, was dem Leser sowieso bekannt ist, nämlich daß nicht alle Untermieter von Leni bei der Müllabfuhr bzw. Straßenreinigung beschäftigt sind. Dabei entgeht dem Verfasser, daß der Autor durch die Steuerung der Aufmerksamkeit des Lesers auf den sprachlichen Schnittpunkt Müllabfuhr bzw. Straßenreinigung ein paralleles Verfahren anstrebt. Das parallele Verfahren besteht darin, daß der Autor klischeehafte Vorstellungen und Vorurteile über die Ausländer verwendet, um die wesentlichen Teile seines Ausländerbildes zu bestimmen. Gleichzeitig setzt er auf die persönlichen Erfahrungen des Verfassers, um im Leser aufklärende Widersprüche auszulösen. Da aber dem Verfasser in diesem Zusammenhang die warnende Funktion des heiklen Schnittpunktes Müllabfuhr bzw. Straßenreinigung durch das parallele Verfahren des Autors entgangen ist, verstrickt er sich in der Beweiskraft seiner persönlichen Erfahrungen und bestätigt sich als anonymer Träger von Vorurteilen. Aufgrund seiner Erfahrung geht der Verfasser davon aus, daß Kurt Hoyser aufzuklären sei, zumal er sich in einem gravierenden Irrtum befindet, da Lenis deutsche Untermieter weder bei der Müllabfuhr noch bei der Straßenreinigung arbeiten. Da diese aufklärende Information auf keinen Widerstand stößt, nutzt er die günstige Gelegenheit, um zur Aufklärung in Sachen Ausländer mit folgendem Zusatz überzuleiten: »und die Portugiesin Ana-Maria Pinto sei im Selbstbedienungsrestaurant eines angesehenen Kaufhauses an der Theke beschäftigt; er habe selbst bei ihr schon Klopse, Käsekuchen und Kaffee geholt und mit ihr darüber abgerechnet, wobei es korrekt zugegangen sei.« (S. 333)

Der Versuch muß als gescheitert angesehen werden, gerade weil Kurt Hoyser dem »Verf. nickend diese Korrektur bestätigte« (S. 333). Kurt Hoysers Zustimmung ist der Beweis dafür, daß er selbst sich durch die private Erfahrung des Verfassers nicht in Frage gestellt fühlt, da für ihn die vorgetragenen Argumente Zitate aus einer objektivierten Sprache über die Ausländer sind. Insofern überführt sein Nicken den Verfasser als tätigen Vorurteilsträger, da er sich mittels seiner engagierten Erfahrung den entlastenden Rückzug in die objektivierte Sprache anonymer Vorurteile verbaut hat. Nach diesem Scheitern des Verfassers kommt es zwischen Autor und Verfasser keineswegs zu einer Klärung der Verfahrensweise, denn während sich der Autor weiterhin bewußt über gängige Klischees und Vorurteile der Fremde annähert, verstrickt sich der Verfasser immer mehr in einer unmittelbaren Wahrnehmung des Fremden.[129]

---

129   Vgl. Helmut Heissenbüttel, *Wie man dokumentarisch erzählen kann*, ebd., »Nicht subjektive Regungen und Beweggründe sind Thema dieser Erzählung von Heinrich Böll, sondern objektiv erfaßbare soziologische Relationen« (S. 913), wie es auch Vorurteile sein können.

Das persönliche Eingreifen des Verfassers in Lenis Schicksal nach der schon erwähnten Aufhebung seiner Neutralität versetzt ihn als Berichterstatter in eine optimale Beobachtungsnähe, die jedoch nicht frei von Konsequenzen für sein Gefühlsleben ist, wie es sich in seiner Eifersucht gegenüber Mehmet zeigt, weil »sie [Leni] in dessen, nicht in des Verf. Armen [...] träumte« (S. 357). Als sich der Verf. durch seine Beteiligung am Geschehen genötigt sieht, zwei Bilder von Mehmet zu entwerfen, um seine Enttäuschung über den unorientalischen Mehmet, der aussieht »wie ein Bauer aus der Rhön oder der Zentraleifel und doch ein Polygamer ist, ohne die Andeutung einer Spur von schlechten Gewissen« (S. 359), zu verarbeiten, wird er vom Autor wegen exotischer, irreführender Erwartungen an Mehmets Andersartigkeit[130] entlassen. Seine Funktion wird auf Klementina, die Freundin des Verfassers, übertragen.[131]

Aktive Xenophilie

Mit der eigentlichen Kernfrage zu Mehmets Anwesenheit in der bundesdeutschen Gesellschaft »ich frage mich, ob Mehmet westliche Gesellschaftstänze so schätzt wie Leni« (S. 360) gelingt es Klementina, den Kreis der objektivierten Sprache über den Ausländer zu sprengen. Mit tätiger Xenophilie im Umgang mit den Ausländern (S. 383) vermeidet sie die Sackgasse der wohlgemeinten Versuche, gegen Vorurteile argumentativ vorzugehen. Insofern stellt sie die Vorläuferin des Lehramtsanwärters aus *Du fährst zu oft nach Heidelberg* dar, weil hier wie dort das Helfen aus konkreten Maßnahmen besteht, die dazu dienen, den Alltag in einer fremden Gesellschaft zu bewältigen (S. 526-27), ohne die Andersartigkeit des Fremden durch die eigene Erwartungen in Frage zu stellen.

Das konkrete Vorgehen der Klementina erfüllt im Roman einen zweiten Zweck; es ist ein unmittelbares Korrektiv zum »Solidaritätskomplex« (S. 368), der von Lenis Sohn Lev als Xenophilie und Xenophilologie ausgelebt wird.

Die Ausführungen aus den Gutachten über Levs xenophiles und xenophilologisches Verhalten (S. 368-369), der sich aufgrund eines Solidaritätskomplexes gegenüber seinem russischen Vater und seiner alleinstehenden Mutter immer wieder mit Fremden identifiziert, kündigen sich als Modell praktizierter Aufklärung an. Da weder bei Betroffenen noch bei Nichtbetroffenen ein Solidaritätskomplex in eigener Sache vorauszusetzen ist, kann dies nur über den Status eines »Simulanten« (S. 368) erreicht werden, was sich wiederum als sehr problematisch erweist. In der Tat sprechen gegen diese Art volontaristischer Xenophilie erhebliche »Vorteile« für den Simulanten, der Nachteile in

---

130 Das Insistieren des Verf.s auf Mehmets Sauberkeit (S. 359) ist primär als Kontrastfunktion zu Pelzers Aussage über die »ungewaschenen Türken« (S. 261) zu deuten, jedoch nicht weit von der Aufdeckung der Vorurteile des Verf.s wie es im Fall des »korrekten« Abrechnens bei Ana-Maria Pinto geschehen ist.

131 Vgl. »Sie [Klementina] hat sich, was die verfasserische Seite angeht, sozusagen selbständig gemacht.« S. 382.

Kauf nimmt, um seinen Solidaritätskomplex zu begründen, der ihm wiederum »die Vertrauensbeweise ausländischer Arbeiter, die an Verehrung grenzen« (S. 369), sichern.

Die groteske Darstellung der Entstehung und Anwendung von Xenophilie und Xenophilologie bei und durch Lev löst zunächst Befremden aus. Jedoch sollte man nicht übersehen, daß gerade ein derartig wiederkehrender Humor Distanz als vorbeugende Maßnahme zur Verklärung der Fremden schafft. Eine Verklärung, die sich aus dem eigenen Zwang ergibt, sich als Xenophiler zu verhalten. Insofern hat man es mit einer ungewöhnlichen Entsprechung des Vorurteils zu tun, obwohl Xenophilologie als engagierte Lust auf Fremdsprache das Gegenteil einer objektivierten Vorurteilssprache über die Ausländer ist. Indem sie auf nichts anderem beruht als auf der eigenen egozentrischen Notwendigkeit, verhält sie sich genauso wie die Sprache der Klischees und der Vorurteile: beide entziehen sich jeder Verantwortung gegenüber Adressat und Inhalt. Um so mehr überrascht die Tatsache, daß Hilde Domin angenommen hat, daß Böll es mit seinen Ausführungen ernst gemeint haben kann: »›Xenophilie‹, das klingt wie eine Krankheit, das ist eine Krankheit, deren Bazillen man hier verbreiten müßte.«[132] Gelänge es, nach Hilde Domins Wunsch Xenophilie unter den Einheimischen wie eine »Krankheit« zu verbreiten, würden den Fremden bessere Lebensvoraussetzungen zur Verfügung stehen und sie müßten zugleich als *missing link* weiter existieren.

Die Feststellung über »Mehmets Eifersucht und seine inzwischen bekundete Abneigung gegen Gesellschaftstanz« (S. 384) am Ende des Romans weist darauf hin, daß die Begegnung mit der Fremde keineswegs nur aus »Händchenhalten«[133] besteht. Sie stellt eine soziale Komplexität dar, der nur unter Einbeziehung des Fremden beizukommen ist, obwohl das xenophile Verhalten der allernächsten Umwelt um Leni entscheidend zur Herstellung eines Mindestmaßes an Normalität im Lebensalltag von Leni und Mehmet beigetragen hat.

Mit seinem Film *Angst essen Seele auf* (1973) hat sich Rainer Werner Fassbinder daran gewagt, eine Antwort auf Klementinas berechtigten Zweifel zu formulieren. Die Antwort ist so sozialkritisch und schonungslos ausgefallen, daß Bölls These über »die wenig Gutes versprechenden Gewitterwolken im Hintergrund« (S. 384) dadurch in einer erweiterten Dimension bestätigt worden ist. In dem Film *Angst essen Seele auf* halten die deutsche Witwe und der

132 Hilde Domin, »*Das ist pure Romantik, pure Rhetorik!*«. In: *Frankfurter Rundschau* vom 18. August 1971, Frankfurt, S. 8.

133 Vgl. Grete Lübbe-Grothues, *Sinnlichkeit und Religion in H. Bölls »Gruppenbild mit Dame«,* in: *Festschrift für Frau Hedwig Klöber,* Peter Conrady/Hermann Friedrich Hugenroth (Hgg.), Münster ²1979, »Wenn auch am Schluß nicht wie die Idylle ausgestaltet, wird die Problematik doch angedeutet und kann leicht vorgestellt werden. Wie wirkt sich z. B. das die Idylle regelnde Liebesgesetz auf jene türkische Suleika und ihre vier Kinder aus? Und was wird empirisch aus einem Ideal (Leni), wenn es sich neben einem Menschen mit seinem Widerspruch (Mehmet, polygam und eifersüchtig) realisieren soll?« S. 98-99.

marokkanische Gastarbeiter Ali den Vorurteilen und Widerständen, die sie an einer Heirat hindern sollen, gemeinsam stand. Sobald der Druck von außen erfolgreich abgewehrt worden ist, stellt sich jedoch kein entspanntes Zusammenleben ein, sondern Miriam und Ali sehen sich mit der nicht leicht zu erfüllenden Aufgabe konfrontiert, die eigene gegenseitige Fremdheit neu zu bestimmen. Schließlich scheitern sie daran.

Die Ankündigung, daß Mehmet sich auf dem Weg befindet, seine Abneigung gegen den Gesellschaftstanz auszuleben, ist ein erstes Anzeichen dafür, daß die Zeit des »Händchenhaltens«, als Zeit der aufgezwungenen Solidarität gegen die Außenwelt, durch die Zeit der Neubestimmung der eigenen, gegenseitigen Fremdheit ersetzt werden muß. Dies gewinnt um so mehr an Deutlichkeit, wenn man sich vergegenwärtigt, daß Leni gerne tanzt, daß »sie immer eine leidenschaftliche Tänzerin gewesen ist« (S. 23). Daß Böll den dritten Abschnitt in Lenis Leben genau nach der obigen Ankündigung »abrupt«[134] unterbricht, bestätigt erneut die These, daß Xenophilie nur durch die handlungslose Anwesenheit der Ausländer aufrechtzuerhalten ist.

Fragen zur Erweiterung der Grundsituation

Wenn zum Schluß erneut auf Mehmets Zweckmäßigkeit als *missing link*[135] eingegangen wird, dann aus dem Grund, weil der Autor bei der Ausführung seines Vorhabens nicht von dem Handlungstyp abweicht, auf dem nach 'Arpád Bernáth Bölls Romane seit dem *Ur-Böll-Werk* aufgebaut sind.

Nach 'Arpád Bernáth ist der Handlungstyp der Böll-Romane daran zu erkennen, »daß ihre beherrschende Problematik nicht epochenspezifisch ist. [...] Daß im Ur-Böll-Werk die Trennung der Liebenden versucht (wird). [...] Daß die Begegnung der Liebenden im Ur-Böll-Werk an keine Bedingung geknüpft (ist). Sie werden erst nach ihrer Begegnung geprüft.«[136]

Anhand der drei zitierten Hauptmerkmale läßt sich der Roman *Gruppenbild mit Dame*, mit seinen zwei Varianten Leni-Boris und Leni-Mehmet, als eine erweiterte Bestätigung und Synthese des Erzählungstyps lesen, wie es 'Arpád Bernáht für die Kriegsromane *Der Zug war pünktlich* und *Wo warst du, Adam* herausgearbeitet hat.[137] Dort kehrt eine zeit-politische bzw. zeit-

---

134 Vgl. Heinrich Böll im Gespräch mit Dieter E. Zimmer, in: Hans Joachim Bernhard *Der Clown als »Verf.«.* In: *Neue Deutsche Literatur*, H. 4 1972, Helmut Hauptmann u.a. (Hgg.), Bonn 1972, S. 158.

135 Über das Vorkommen von *missing link* bei Heinrich Böll vgl. »so daß er eine Art missing link zwischen Leni und Schwester Rahel darstellt.« S. 40.

136 'Arpád Bernáth, *Das »Ur-Böll-Werk.« Über Heinrich Bölls schriftstellerische Anfänge.* In: *Heinrich Böll*, Text + Kritik, Zeitschrift für Literatur, Heinz Ludwig Arnold (Hg.), H. 33 München 31982, S. 34. Zur Funktion der Trennung in Heinrich Bölls Romanen vgl. erneut Arpád Bernáth, *Zur Stellung des Romans »Gruppenbild mit Dame« in Bölls Werk*, in: *Die subversive Madonna*, Renate Matthaei (Hg.), ebd., S. 34-57.

137 'Arpád Bernáth, *Das »Ur-Böll-Werk«*, ebd., S. 33.

kulturelle Grundsituation zurück, die sich wie damals zusammensetzt: »Aus einer Welt, in der das höchste Ziel menschlichen Bestrebens, eine dauerhafte Liebesverbindung einzugehen ist und in der die Institutionen, die die Menschen verwalten, das Erreichen dieses Ziels immer wieder verhindern wollen.«[138]

In der Variante Leni-Boris ist aus ihr eine Welt geworden, in der das menschliche Bestreben nach einer dauerhaften Liebesverbindung unter Todesstrafe gestellt werden kann, weil es nicht dem zeitpolitischen Interesse des Landes entspricht. Mit der zeitpolitisch-kulturellen Variante Leni-Mehmet hat Böll sogar eine Synthese innerhalb des Handlungstyps seiner Romane versucht. Ausgehend von dem Standpunkt, »daß die Trennung der Liebenden [immer wieder] versucht wird,« hat er eine Erweiterung der Grundsituation durch die im Roman zum Teil ausgeführte und zum Teil angekündigte Prüfung der Liebenden nach ihrer Begegnung erzielt, auch wenn die Relevanz der Synthese aufgrund von Mehmets bisheriger Handlungslosigkeit und des abrupten Romanschlusses nur als Ansatz zu erkennen ist.

Die Erweiterung der Grundsituation in der Variante Leni-Mehmet gegenüber Leni-Boris ist durchaus als ein Decrescendo der Selbstgefährdung anzusehen. Das Neue bei der Erweiterung besteht darin, daß die zeit-kulturelle Prüfung, der sie durch die Institutionen nach wie vor unterworfen sind, sich durch eine Selbstprüfung der gegenseitigen Fremde erweitert, an der Ali und Miriam bei Rainer Werner Fassbinder gescheitert sind. So gesehen hat man es in *Gruppenbild mit Dame* gleichzeitig mit einer zeit-kulturellen Erweiterung der zweiten Variante und mit einer reduktiven Vorgehensweise bei der Darstellung ihrer Inhalte zu tun, da einem der Partner, noch nicht aber die Fähigkeit zu handeln zugestanden wird.

Neben den bisher eingeführten Überlegungen ließen sich weitere Faktoren zur Klärung der reduktiven Wahrnehmung und Darstellung der Fremden in der bundesrepublikanischen Gesellschaft zu Beginn der siebziger Jahren insofern berücksichtigen, als die Fremden, fünfzehn Jahre nach ihrer Ankunft, 10% der arbeitenden Bevölkerung stellten.[139] Hierzu gehören in erster Linie Humor, Widerstand und das aktive, xenophile Leben von Lev als antizipatorische Information über das, was nach der angekündigten Erweiterung der erwähnten Prüfung eintreten könnte.

Humor erlaubt es Böll in *Gruppenbild mit Dame*, eine darstellende Wahrnehmung der Fremden dort vorzunehmen, wo eine sozialkritische Gegeninformation sich allein in der Wiedergabe bekannter Tatsachen erschöpfen würde, denn »Humor wirft Licht in die Zwischenräume,« wie es Dorothea Rapp auf prägnante Weise zusammenfaßt.[140] Überzeugende Beispiele dafür

---

138 Ebd., S. 33.
139 *Ausländische Arbeitnehmer 1972/73*, (Hg.) Bundesanstalt für Arbeit, Nürnberg 1974, S. 70.
140 Vgl. Dorothea Rapp, *Mysterien – jenseits von Pathos und Theorie. Heinrich Bölls »Gruppenbild mit Dame«*. In: *Die Drei*, Jahrgang 44, Stuttgart 1974, S. 207.

sind sämtliche Aussagen der Auskunftspersonen über Mehmet, die vom Autor gezielt als Ort des Humors eingesetzt werden, da sie mehr über das Verhältnis zwischen den Auskunftspersonen und der Andersartigkeit des Fremden mitteilen als über den Fremden selbst.[141] Insofern geben sie antizipatorische Informationen über die Umwelt, in der Mehmet und Leni die eigene Fremde überprüfen müssen, um sie als Mittel des angestrebten Zusammenlebens neu zu definieren.

Auf den utopischen und antizipatorischen Charakter des erfolgreichen Müllmänner-Widerstandes[142] gegen eine weitere Verschlechterung der Lebensumstände der schwangeren Leni hat Böll hingewiesen, als er im Gespräch mit Dieter Wellershoff diesbezüglich erklärt: »Ich glaube, daß es Widerstand ist, ein Vorschlag oder eine Utopie, entwickelt an praktizierbaren Möglichkeiten.«[143] Damit postuliert Böll die Entstehung solidarischen Verhaltens aufgrund einer konkreten gefährdenden Situation als Widerstandsmodell quer durch die unterschiedlichen Gesellschaftsschichten, wo die Andersartigkeit eines Fremden wie Mehmet als *quantité négligeable* durch die Priorität des gemeinsamen Handelns aufgehoben wird. Der Vorschlag ist im Sinne der Aufklärung über die Fremde nur bedingt als praktikabel anzusehen.[144] In der Tat wird Mehmet über Leni vom solidarischen Verhalten des Helft-Leni-Komitees mitbetroffen, jedoch ist es kein Vorschlag, der zur Emanzipation Mehmets führen kann, solange er nicht in die Lage kommt, seine Andersartigkeit unter die Priorität des gemeinsamen Handelns zu stellen.

Dagegen steht Bölls rigides Festhalten an Mehmets Sprachlosigkeit – wenn man von der Kniefall-Szene absieht, wo er türkisch spricht – und seine Aktionslosigkeit – wenn man davon absieht, daß er beim Verteilen von Sahne auf deutsch nach der Menge fragt (S. 358). Hinzu kommt, daß der Handlungsraum, so wie er für die restlichen Gastarbeiter vom Autor festgelegt wird, nicht so reduktiv ausgefallen ist wie bei Mehmet. Der Portugiese Pinto und der Türke Tunc dürfen sogar die strafrechtliche Verantwortung für den Unfall

---

141   Obwohl klischeehafte Darstellungen und Vorurteile durch ihre stimmige Funktion im Roman begründet sind, fällt auf, daß das Vorgehen weder bei Rahel noch bei Boris angewendet wurde. Das Gegenteil ist dort zu beobachten. Stets überragen sie mit intellektuellen bis skurrilen Sonderbarkeiten ihre unmittelbare und feindselige Umwelt, und sogar die Hauptperson Leni wird ab und zu in den Schatten gesetzt. Insofern ist das Verfahren die indirekte Bestätigung der Rolle Mehmets als fehlender Inhalt für Aufklärung in eigener Sache.

142   Vgl. Manfred Durzak, *Leistungsverweigerung als Utopie?* in: *Die subversive Madonna*, Renate Matthaei (Hg.), ebd., S. 96; Bernd Balzer, *Humanität als ästhetisches Prinzip*, in: *Heinrich Böll. Eine Einführung in das Gesamtwerk*, Hanno Beth (Hg.) ebd., S. 23; Ingeborg L. Carlson, *Heinrich Bölls »Gruppenbild mit Dame« als frohe Botschaft der Weltverbrüderung*, The University of Dayton Review, Nr. 2 1974, Dayton 1974, S. 60.

143   Heinrich Böll/Dieter Wellershoff, *Gruppenbild mit Dame*, ebd., S. 339-40; Kurt Batt, *Exkurs. Heinrich Bölls Gegenposition*. In: *Revolte intern*, ebd., S. 172.

144   Vgl. Giuseppe Zambon, *Francoforte è il nostro futuro. Emigrazione e lotte per la casa in Germania*, Milano 1978, S. 139-209.

auf sich nehmen, was Grund genug für den Entzug der Aufenthaltserlaubnis sein kann.

Mehmet dagegen wird zu einer Untätigkeit verurteilt, die in seiner Unbeweglichkeit in der Szene vor dem fiktiven Fotografen gipfelt (S. 359). Und obwohl der Autor ihm die Hauptrolle unter den Ausländern zugestanden hat, wird selbst seine Tätigkeit als Müllarbeiter tautologisch definiert, da kaum eine Handlung darin zu erkennen ist: »Ein Müllarbeiter, der Mülltonnen rollt, hochhebt, auskippt« (S. 359). Die Abwesenheit von selbständigen Handlungen ist durchaus geeignet, die Notwendigkeit eines barmherzigen Eingreifens à la Leni bzw. eines sozialen Engagements à la Klementina als Aufforderung an die geneigte Umwelt des Fremden zu vermitteln. Gleichzeitig gerät der Autor selbst in die Gefahr, den Fremden unterhalb des Menschlichen zu drücken, weil er ihm die Möglichkeit nimmt, sich wenn nicht durch Sprache, dann durch Handlungen zu seiner nicht gerade konfliktfreien Anwesenheit in der bundesdeutschen Gesellschaft zu äußern.

Selbst wenn man das aktive Leben und das xenophile Verhalten Levs als vorweggenommene Zukunft des stummen und handlungslosen Fremden der ersten Generation berücksichtigen will, ändert sich kaum etwas an der gesamten Wahrnehmung der Fremden, wie sie in den Roman eingegangen ist. Durch Lev entsteht die ausgesprochene Hoffnung, die Entwicklung der bundesdeutsche Gesellschaft möge von Xenophilen in eigener Sache wie Lev beeinflußt werden, so daß Leni von den »verordneten« Spaziergängen mit Lev und Mehmet nicht mehr so »erregt« zurückkommt wie von den ersten Spaziergängen mit Mehmet allein (S. 352 u. S. 356). Der Fremde selbst ist erneut dazu verurteilt, Empfänger von Barmherzigkeit und Adressat von sozialem Engagement und Xenophilie zu bleiben und sich glücklich zu schätzen, wenn eine Leni sich seiner erbarmt, wenn auch der Verhaltensunterschied zwischen Leni und dem Autor bemerkenswert ist. Während es Leni gelingt, durch das Empfangen von Mehmet den Fremden erneut als Menschen zu bestätigen, hält der Autor an seiner xenophilen Reduktion des Gastarbeiters bis zum Schluß fest, als ob er ihn vor lauernden Gefährdungen schützen möchte.

14. Siegfried Lenz: *Wie bei Gogol*

a) Ein namenloser Lehrer und Herr Özkük

Die Erzählstruktur der Geschichte *Wie bei Gogol*[145] basiert auf einem enggeknüpften Netz von Querverbindungen zwischen den Personen, dem Ich-Erzähler, dem Autor und dem Leser, die zuerst herausgearbeitet werden, bevor

---

145 Siegfried Lenz, *Wie bei Gogol* in: *Einstein überquert die Elbe bei Hamburg*, Hamburg 1975. Aus der Sammlung wird im Text fortlaufend zitiert.

nach einer Rückversicherung bei Nikolai Gogol gesucht wird. Unter diesem Gesichtspunkt läßt sich die Erzählung in fünf Teile gliedern:

A. Der Ich-Erzähler als Beobachter und Autofahrer am Umschlagplatz (S. 169-170);

B. Der Autofahrer, der als Ich von dem Fremden erzählt (S. 170-174);

C. Der Autofahrer auf Entdeckungsreise in die Liegnitzerstraße (S. 174-175);

D. Der Vermittler zwischen dem Fremden und dem Autofahrer (S. 175-179)

E. Der Geographielehrer als Autor mit seinem Vorbild Nikolai Gogol (S. 179-181).

Im Teil A (Anfang bis zum Unfall) sieht sich der Leser mit einer Standarderöffnung einer Erzählung von Siegfried Lenz konfrontiert, wie sie der Autor schon in einigen seiner ersten Erzählungen herausgearbeitet hat.[146] Der Ich-Erzähler tritt gleich nach dem zweiten Wort auf und eröffnet die Handlung der Erzählung als langjähriger Beobachter »Dabei kenne ich diesen Umschlagplatz seit acht Jahren« (S. 169), der vorhat, den Leser über die möglichen Gefährdungen eines Umschlagplatzes im Berufsverkehr aufzuklären und der sich dann unauffällig über ein unpersönliches *man* »sie könnte man noch kontrollierend im Auge behalten« (S. 169), in einen angespannten Fahranfänger verwandelt, der seit einer Woche mit einem gebrauchten Auto zur Arbeit fährt.

Durch das Agieren des Autofahrers im Berufsverkehr am Umschlagplatz wird der Ich-Erzähler etwas verdrängt und doch auf der höheren Ebene des Wissens durch die Mitteilung bestätigt, daß der Autofahrer von Beruf Geographielehrer ist, jemand, der den Umschlagplatz aus der Erfahrung als Fußgänger kennt und über den Umschlagplatz und seine metaphorische Dimension aus beruflichen Gründen »alles wußte.« (S. 170)

Im Teil B der Erzählung (Der Unfall) vertieft sich die Beteiligung des anfänglichen Ich-Erzählers an dem Geschehen über seine Funktion als Autofahrer so plötzlich, daß die Grenze zwischen Ich-Erzähler und Autofahrer, der schuldlos in einen Unfall verwickelt wird, zu Gunsten des letzteren aufgehoben wird. Der Unfall bzw. der Konflikt läßt nicht mehr zu, daß der Ich-Erzähler weiter den Leser als möglichen Begleiter des Autofahrers in die Gefahren des

---

146 Als Merkmal für eine Standarderöffnung bei Siegfried Lenz gilt das persönliche oder unpersönliche Auftreten der Hauptfigur. Beim persönlichen Auftreten kann der Ich-Erzähler zuerst die Rolle des Beobachters durch die Beschreibung einer Umgebung oder Landschaft wie in *Lukas, sanftmütiger Knecht* erfüllen oder der Ich-Erzähler tritt sofort als narrativer Sprecher durch Monologe auf wie in *Der Spielverderber*. Bei einem unpersönlichen Auftreten führt der Autor die Hauptperson in der dritten Person als er / sie ein, dann aber wandelt er ihn / sie in einen Ich-Erzähler um wie in *Der Läufer. Jäger des Spotts* stellt dagegen das unpersönliche Modell dar, bei dem keine Umwandlung der Hauptperson zum Ich-Erzähler stattfindet, nachdem die Hauptperson als er / sie vom Autor eingeführt worden ist. Vgl. Siegfried Lenz, *Gesammelte Erzählungen*. Mit einem Nachwort von Colin Russ (Hg.), Hamburg 51971 (1970). Im Sammelband *Einstein überquert die Elbe bei Hamburg* wird vorwiegend mit der Ich-Erzähler-Standarderöffnung operiert.

morgendlichen Berufsverkehrs am Umschlagplatz einführt. Die Schuldfrage zwingt den Autofahrer, seine Interessen wahrzunehmen. Dennoch unterläßt es der Autor, sich als unparteiischer Beobachter des Unfalls einzuschalten, den Ich-Erzähler zu ersetzen und gegenüber dem Leser als Garant für die Ausgewogenheit des Berichts zu fungieren. Er läßt zu, daß das Geschehen dem Leser aus der Perspektive des Autofahrers beschreibend vermittelt wird, auch wenn sich der stumme Verletzte durch ein verlegenes Lächeln und durch bestimmte Körperbewegungen in die Handlung einmischt (S. 171 u. S. 172). Das Vorgehen erweist sich als besonders stimmig, wenn der Autofahrer bei dem Fremden Informationen zur Klärung des Unfallshergangs erfragen muß.

Da sich die Sprache als Mittel der Kommunikation zwischen Autofahrer und Fußgänger sowie als Mittel der Erzählung als untauglich zeigt (S. 172), wird die Fortsetzung der Erzählung über Handlungen gesichert, die von dem bestimmt werden, der sich sprachlich dann in der Lage befindet, sie dem Leser zu vermitteln: »Ich erkannte, ich sah, ich beobachtete ihn« (S. 172/73). Dies wird bis zu dem Zeitpunkt zugelassen, an dem der Fremde, um den Fortgang des Geschehens in seinem Sinn zu wenden, auf das geschriebene Wort zurückgreift. Er zeigt dem Lehrer ein Stück Papier mit dem Wort Liegnitzerstraße, eine Adresse, zu der er gefahren werden möchte, während der Lehrer ihn zum Arzt bringen will. Aber während es dem Fremden verständlich erscheint, daß sich der Autofahrer an einem Taxistand nach der Liegnitzerstraße erkundigt, verstärkt sich seine Angst,[147] als er sieht, wie dieser zu einer Telefonzelle geht, so daß er nicht mehr sicher sein kann, ob der Autofahrer seine Bitte verstanden hat. Trotz der sprachlichen Dominanz des Autofahrers läßt sich nicht behaupten, daß der Autor bei der Festlegung der Verantwortung auf irgendeine Rollenpriorität drängt. Das Gegenteil ist der Fall. Durch eine strenge Alternierung der Subjekte in der Form der Personalpronomina ich und er wird deutlich, daß es ihm um die Unvermittelbarkeit der Gegensätze bei der Feststellung der Verantwortung geht und daß dies in erster Linie durch den Aufbau der Erzählsprache unmißverständlich gemacht werden muß: »Er sah mich abwehrend an, als ich auf ihn zuging« (S. 171). »Er beobachtete mich, während ich den Schaden abschätzte« (S. 171). »...als ich auf ihn zutrat und er mit einem Lächeln zu mir aufblickte.« (S. 172) »Wie leicht er war, als ich ihn unterfing.« (S. 172) »Ich beobachtete ihn im Rückspiegel, er hatte die Augen geschlossen.« (S. 173)

Im Teil C (Die Liegnitzerstraße) kehrt der Autor zur sprachlichen Kombination des Ich-Erzählers mit dem Autofahrer zurück, der die Liegnitzerstraße für sich, ohne Begleiter, entdeckt. Die Liegnitzerstraße erscheint ihm als eine gespenstische Erweiterung des Umschlagplatzes, einmal weil Krankenhaus und Reparaturwerkstätten durch ihre unverblümte Nähe die Liegnitzerstraße als einen Ort von Menschen- und Maschineninstandsetzung erscheinen lassen, und dann, weil das desolate Industriegebiet mit seinen Autowracks und

---

147   Davor vgl. »Sein bräunliches Gesicht war mehr von Angst gezeichnet als von Schmerz« (S. 171), und »seine Furcht nahm zu.« S. 173.

Speditionsfirmen in seiner engen und prägenden Beziehung zur Gefährlichkeit des Lebens am Umschlagplatz zu erkennen ist.[148]

Im Teil D (Erster Besuch im Türkenwohnwagen) wäre es so weit, aber der Autor zieht es weiterhin vor, sich im Hintergrund zu halten, und läßt einen wirklichen Vermittler auf verschiedenen Ebenen auftreten:

- Als arrivierter Arbeitsvermittler, der zwischen türkischen Arbeitsuchenden und örtlichen Arbeitgebern vermittelt und an den Merkmalen des Gastarbeiterwohlstandes[149] deutlich zu erkennen ist.

- Als ausgleichender Fachvermittler zwischen geschädigten Autofahrer und dem schuldigen Fremden, der nun aufgrund anderer Umständen alles abstreiten muß.

- Als sprachlicher Vermittler zwischen dem Ich-Erzähler und seinem Gegenstand, nachdem eine sprachliche Weiterführung der Handlung zwischen den Hauptpersonen unmöglich geworden ist. Durch folgenden sprachlichen Balanceakt wird der Mann mit dem Siegelring als beispielhafter Sprachvermittler in den Mittelpunkt gerückt: »Herr Üzkök ist nicht fortgelaufen seit dem Unfall auf Bau, er muß im Bett liegen« (S. 177). Damit bündelt der Sprachvermittler alle bisher von ihm übermittelten Angaben über einen Unfall von Herrn Üzkök auf dem Bau so weit, daß seine Evidenz zugegeben wird, gleichzeitig gibt die Darstellung des Gesundheitszustandes von Herrn Üzkök, der keine Veränderung verträgt und sie nicht braucht (S. 176), die Bitte wieder, das Weitere selbst zu regeln.[150]

- Als Vermittler in eigener Sache. Daß während des ganzen Gespräches der Vermittler weder um den Verletzten noch um den geschädigten Autofahrer besorgt ist, zeigt die Tatsache, daß er sich die Gelegenheit nicht entgehen läßt, seine Rolle als Fachvermittler zu genießen, indem er den Lehrer fast auslacht, Befehle erteilt und dadurch seine Überlegenheit gegenüber den beiden zeigt, sobald er wittert, daß für ihn die Gefahr gebannt ist, weil der Autofahrer bei der Suche nach dem blauen Briefumschlag (S. 177) in Verlegenheit geraten ist und deswegen »seinen« Wohnwagen von sich aus verlassen hat.

---

148 Eine Überprüfung der Ortsangaben anhand des Stadtplanes von Hamburg ergibt, daß es um das Stadtviertel Ochsenzoll geht, wo der Güterbahnhof, das allgemeine Krankenhaus Ochsenzoll und die Lagerhallen der Heinrich-Klingenberg-Spedition als örtliche Komponenten, die für die Erzählung konstituitiv sind, leicht zu erkennen sind.

149 Siegfried Lenz, *Einstein überquert die Elbe bei Hamburg*, ebd., Siegelring, Seidentuch, Pelzkragen, S. 175.

150 Was den Sprachaufbau des Vermittlers betrifft, geht Lenz anders als Rainer Werner Fassbinder oder Heinrich Böll vor. Nachdem der Autor angekündigt hat, daß der Vermittler »in gebrochenem Deutsch« (S. 175) spricht, läßt er ihn deutlich und unmißverständlich sprechen. Dabei wird auf bekannte Sprachmuster verzichtet, wie sie in dem einzigen, jedoch komplexen deutschen Satz von Herrn Üzkök »Hier, hier, Adresse,... Liegnitzerstraße..., nix Doktor, Liegnitzerstraße, ja« (S. 173) angeklungen sind.

Im Teil E (Erneuter Besuch in der Liegnitzerstraße) kehrt der Ich-Erzähler zu seiner Funktion als Wissensvermittler zurück, von der er an diesem Tag durch den Unfall und den Konflikt mit dem Fremden am Umschlagplatz abgehalten worden ist. Am Ort der Vermittlung wird er vom Kollegen Seewald gewarnt, das Geschehen am Umschlagplatz, welches sein Wissen über den Umschlagplatz grundlegend ins Schwanken gebracht hat, als eigene Erfahrung zu betrachten und über sie als neues Wissen verfügen zu wollen, denn »die Bandbreite unserer Erlebnisse und Konflikte sei ein für alle Mal erschöpft, selbst in einer seltenen Lage dürfte man nicht mehr als einen zweiten Aufguß sehen« (S. 179). Wenn man den Standpunkt des Kollegen Seewald mit dem Abschiedssatz des Ich-Erzählers an den Leser in Verbindung bringt: »Eins jedoch weiß ich genau: daß ich das Geld auf einen Klapptisch legte, ehe ich ging« (S. 181) und man sie beide als Pole des Teils D und somit der gesamten Erzählung betrachtet, dann befindet man sich als Leser mitten in einer vorläufigen Aporie. Diese Art von Aporie ist auf jeder Erzählebene und zwischen den einzelnen Personen sowie zwischen dem Ich-Erzähler und seinem Zuhörer, dem Autor und dem Leser erkennbar.

Inhaltlich ließe sie sich folgendermaßen wiedergeben: Zu einem Fremden, der aus wirtschaftlichen Gründen in die Bundesrepublik geholt wurde, kann eine Verbindung nur über entfremdete Verkehrsformen und -mittel wie Autos und Geld möglich sein, da sie in der Erzählung Ursache und Lösung des Konfliktes darstellen. Der Konflikt als Mittel zur Erkenntnis muß sein Ziel deswegen verfehlen, weil am Verhalten eines Gastarbeiters geklärt werden soll, »was einfach aus statistischen Gründen unvermeidlich war« (S. 170). Selbst die innere Struktur der Erzählung, die wegen der druckerzeugenden Kürze stets aus den Fugen zu geraten droht, wird meisterhaft durch klare Übergänge zwischen den fünf Hauptteilen zusammengehalten,[151] so daß der Ich-Erzähler unter Ausschöpfung aller Erzählperspektiven bis zum Schluß an der falschen Hoffnung festhalten kann, sein Erlebnis im Original erfassen zu können. Das Scheitern ist jedoch keineswegs als Beweis dafür zu werten, daß Seewalds These richtig ist. Die Verwirrung, die dabei entsteht, ist mit der Unfähigkeit des Lehrers in Verbindung zu bringen, der das Stichwort des Souffleurs Seewald an ihn, den ins Stocken geratenen Suchenden, nicht richtig umsetzt, so daß die Handlung der Geschichte deswegen in verwirrende Wiederholungen ausarten muß: »und ich war sicher, daß sie, wenn ich am nächsten Tag wiederkäme, bestreiten würden, mich je gesehen zu haben.« (S. 181)

Vor der vielschichtigen und vorläufigen Aporie gewinnt der unvermeidliche Hinweis »wie bei Gogol« (S. 180) an Gewicht und an Ambivalenz. Er bietet

---

151 Zur Analyse des strukturellen Aufbaus von Erzählungen bei Siegfried Lenz vgl. Wolfgang Beutin, *Ein Kriegsende von Siegfried Lenz. Eine Kritik*, in: *Siegfried Lenz Werk und Wirkung*, Rudolf Wolff (Hg.), Bonn 1985, S. 55-77; Margaret Mc Haffie, *Siegfried Lenz' Lukas, sanftmütiger Knecht. Eine Analyse*, S. 179-90 und John Ellis *Siegfried Lenz' dialogische Monologe. Ball der Wohltäter und Vorgeschichte*. S. 205-12; beide in: Siegfried Lenz, *Gesammelte Erzählungen*, Colin Russ (Hg.), ebd..

sich einmal als die literarische Erfahrung an, deren Fehlen den allwissenden Lehrer daran gehindert hat, Zugang zu den Fremden zu finden und dann als literarischer Schlüssel für den Leser, die Erzählung in ihrer Stimmigkeit erfassen zu können. Obwohl es außer Zweifel steht, daß die Aporie durch eine plausible Mehrdeutigkeit des Erzählungstitels aufgelöst werden kann, ist die Frage zu klären, ob allein die Anwesenheit von Türken in Hamburg im Jahre 1973 ausreicht, um sich »wie bei Gogol« zu fühlen? Und: Wer soll sich »wie bei Gogol« fühlen: der Ich-Erzähler als Autofahrer und Lehrer, Herr Üzkök, der Leser oder der Autor selbst als Ich-Erzähler?

b) Die Weigerung des Bildes, Teil des Bewußtseins zu werden

Der Vorgang

Da Lenz den Hinweis des Kollegen Seewald an den Lehrer »wie bei Gogol« (S.180) als Titel der Erzählung auch für den Leser so unspezifisch wie möglich gehalten hat, darf man annehmen, daß er das Werk meint, das am leichtesten mit dem Namen Gogol in Verbindung gebracht werden kann: den Roman *Die toten Seelen*. In der Tat drängen sich bei der Suche nach Hinweisen aus Gogols Roman auf die Lenzsche Erzählung vordergründige Parallelen auf. Ohne die geringste Textverlagerung lassen sich z.B folgende Aspekte der Darstellung des Gogolschen Geschäfts mit den toten Seelen auf die Lage der Fremden als Schwarzarbeiter bei Lenz übertragen:

- »Bei mir ist es aber lauter gewählte Ware, entweder Handwerker oder sonst tüchtige Kerle.«[152]
  Dies ist eine grotesk anmutende Beteuerung der Tüchtigkeit der toten Arbeitskräfte, die deswegen auf die legal eingereisten Fremden übertragbar ist, da diese in der Tat nicht tot sind und da sie alle Handwerker oder Landarbeiter waren, als sie von den deutschen ärztlichen Anwerbekommissionen vor Ort ausgewählt wurden. Erst aufgrund der Bedürfnisse des deutschen Arbeitsmarkts sind sie durch die deutsche Reportagesprache zu unqualifizierten Arbeitskräften gemacht worden.
- »Wir schließen über die Seelen einen Kaufvertrag ab, als ob sie lebende wären und als ob Sie sie mir verkauften.«[153]
  Hier läßt sich die Vermittlungspraxis von Arbeitskräften als Schwarzarbeiter in Krisenzeiten allzu genau erkennen, so daß es naheliegt, aufgrund der Übereinstimmung solcher Segmente darin die Quelle von Lenz' Erzählung zu suchen.
- »daß eine derartige Unternehmung oder Negoziation in keiner Weise den bürgerlichen Satzungen und den politischen Absichten Rußlands wider-

---

152 Nikolai Gogol, *Die toten Seelen oder Tschitschikows Abenteuer*, Frankfurt/Wien/Zürich 1965, S. 142.

153 Ebd., S. 172.

sprechen könne; nach einem Augenblick fügte er dem noch hinzu, daß der Staat, davon sogar einen Vorteil in Form der gesetzlichen Gebühren haben werde.«[154]

Gogols Fragestellung und seine Antwort lassen bei Lenz auf eine strafrechtliche Grenzsituation am Arbeitsmarkt schließen, die gesetzlich toleriert wird, denn obwohl von Schwarzarbeit kein steuerlicher Gewinn für den Staat zu erwarten ist, garantiert die erhöhte Mobilität der Schwarzarbeiter[155] eine Ankurbelung der Wirtschaft, die sozusagen staatlich durch das Wegfallen der Steuer- und Sozialabgaben subventioniert wird. Ferner hat es der Leser sowohl im Roman als auch in der Erzählung mit zwei Gesellschaften zu tun, die aufgrund des religiös-moralischen bzw. zeitkritisch-moralischen Standorts der Autoren als entfremdet dargestellt werden. Bei Gogol ist es die zaristische Grundordnung im Rußland der ersten Hälfte des 19. Jahrhunderts, die durch das Auseinanderfallen der agraren Besitzverhältnisse und durch die Korruption staatlicher Organe in groteske Lebensformen entartet ist; bei Lenz ist es das Tempo der Warenproduktion, die das Leben in einer höchst technologisierten Gesellschaft bestimmt. Sowohl im Roman als auch in der Erzählung sind die genrespezifischen Erzähltechniken so eingesetzt, daß die jeweilige Andersartigkeit der Entfremdung auch in die Erzählstruktur Eingang gefunden hat.[156] Während bei Gogol zur Aufdeckung von menschenverachtenden Besitzverhältnissen und von Korruption durch Gespräche über gesellschaftliche Verhältnisse sowie durch gezielte textinterne Anmerkungen des Autors groteske Umkehrungen von Aussagen und Situationen erzielt werden,[157] wird bei Lenz das Tempo der Warenproduktion als Ursache der Entfremdung dem Leser mit aufeinanderfolgenden knappen Einblicken in das Leben am Umschlagplatz durch die Filmschnittechnik erfahrbar gemacht.

Diese Parallelen[158] führen dennoch zu keiner vordergründigen Verschmelzung der Handlungen oder der Einsichten, so daß Lenz' Leser anhand eines

---

154   Ebd., S. 48. Ferner vgl. bei Gogol. »der einen Ring am Zeigefinger trug, den er den Damen zeigen pflegte,« (S. 278); bei Lenz. »..»der Mann mit dem Siegelring« (S. 175); und Malinows Bewertungen. »Die toten Seelen seien aber gewissenmaßen ein Dreck« (S. 50), die längst auf illegale Gast-und Schwarzarbeiter übertragen worden sind.

155   Vgl. »Viel Arbeit, überall. Manchmal Herr Üzkök ist hier, manchmal dort – er deutete in entgegengesetzte Richtungen.« S. 177.

156   Zum Vorbild Ernest Hemingway vgl. Siegfried Lenz, *Mein Vorbild Hemingway. Modell oder Provokation (1966)* in: Siegfried Lenz, *Beziehungen. Ansichten und Bekenntnisse zur Literatur*, Hamburg 1970, S. 50-63, sowie Winfried Baßmann, *Siegfried Lenz. Sein Werk als Beispiel für Weg und Standort der Literatur in der Bundesrepublik Deutschland*, Bonn 1976, S. 32-36; Trudis Reber, *Siegfried Lenz*, Berlin ²1976, S. 28-41 und Manfred Durzak, *Das Amerika-Bild in der deutschen Gegenwartsliteratur*. Stuttgart 1979, S. 112-28.

157   Vgl. Hans Günther, *Das Groteske bei N. V. Gogol'. Formen und Funktionen*. In: *Slavistische Beiträge*, Bd. 34 1968, A. Schmaus (Hg.), München 1968, S. 191-282.

158   Zu Übereinstimmungen bezüglich Örtlichkeiten, Klima und Alkoholkonsum vgl. Die Erbärmlichkeit der Gutshöfe der Verkäufer von toten Seelen findet sich in den

Gogolschen Modells das Verhalten von Herrn Üzkök, des Vermittlers und der weiteren sechs Türken in dem Wohnwagen erklären könnte. Gegen vereinfachende Linearität wehrt sich Lenz mit Nachdruck, wenn er dem namenlosen deutschen Protagonisten so unmittelbar den Tschitschikow von Gogol gegenüberstellt, daß man mit Recht denken kann, Lenz wolle mit dem Lehrer einen Detektiv auf die Spur des Gogolschen Einkäufers von toten Seelen setzen. Selbst wenn Lenz den namenlosen türkischen Vermittler nach dem Vorbild des Gogolschen Einkäufers gestaltet, schreibt er diesem eine vermittelnde Funktion zu, für die im Werk Gogols keine Entsprechung zu finden ist. Und wenn bei Lenz die Existenz des blauen Briefumschlages, der Herr Üzkök in den Wohnwagen der Liegnitzerstraße geführt hat, vom türkischen Vermittler »mit triumphierendem Bedauern« (S. 177) abgestritten wird, sieht sich der Leser daran erinnert, daß bei Gogol auf der Basis der Revisionslisten in aller Öffentlichkeit gesetzliche Verträge abgeschlossen werden dürfen. Infolge der gezielten Absetzung gegenüber dem Vorbild läßt sich behaupten, daß Lenz bewußt den Lehrer zum Mißerfolg geführt hat, und zwar von dem Zeitpunkt an, wo dieser in dem türkischen Vermittler den Herrscher über die arbeitssuchenden Türken ausmachen kann und sich dennoch weigert, in diesem eine neue Auflage des Gogolschen Einkäufers von toten Seelen zu erkennen, selbst dann noch als der Kollege Seewald ihm auf die Sprünge helfen will. Dadurch bleibt der Lehrer von dem Verständnis ausgeschlossen, wieso es in der Bundesrepublik der siebziger Jahre möglich ist, daß ein fremder Vermittler über Arbeitskräfte wie über Leibeigene verfügen kann bzw. warum die türkischen Arbeitssuchenden sich ihm anvertrauen möchten oder müssen. Anders gefragt: warum läßt der Autor den Lehrer scheitern, während er die zaristische und die bundesdeutsche Gesellschaft über die Gestalt des türkischen Vermittlers in anklagende Nähe zueinander rückt?

Bei der Deutung des Mißerfolges wäre ein Hinweis auf die Komplexität des Ausländergesetzes hilfreich,[159] dadurch ließe sich auch erklären, inwieweit Vergleiche bei den jeweiligen gesellschaftlichen Voraussetzungen für den Handel mit toten und lebendigen Seelen in Wirklichkeit zulässig sind. Auf diese Weise würde man verstehen, wieso Lenz seinem Leser eine solche Par-

---

Wohnwagen wieder, die mitten im schmutzigen Schnee auf einem desolaten Industrieareal am Stadtrand als Behausung für Gastarbeiter abgestellt sind. Dort (*Die toten Seelen*, S. 56-58) wie hier herrschen unfreundliche klimatische Verhältnisse wenn die Hauptpersonen auf Reisen gehen (*Wie bei Gogol*, S. 180). Alkoholismus, dort bei Bauern, Dienern und Gutsbesitzern, hier sind es mindestens sechs womöglich islamische Gastarbeiter, die sich beim Weintrinken ertappt fühlen, S. 181.

159 Vgl. die Stichwörter: »Arbeitserlaubnisrecht« von Ninon Colneric, S. 21-25, »Aufenthaltserlaubnisrecht« von Berthold Huber, S. 43-45, »Ausländerrecht« von Fritz Franz, S. 70-76 und »Ausweisung« von Bertold Huber, S. 82, in: *Handwörterbuch Ausländerarbeit* (Hg.) Georg Auernheimer, Weinheim/Basel 1984, sowie Peter Hanau, *Das Verhältnis von Arbeitsvertrag, Arbeitserlaubnis und Aufenthaltserlaubnis ausländischer Arbeitnehmer*, in: *25 Jahre Bundesarbeitsgericht*, Franz Gamillscheg/Götz Hueck/Herbert Wiedemann (Hgg.), München 1979, S. 169-99.

allelität vorschlägt und warum er den Lehrer durch den Leser ersetzt, für den schon im Titel angekündigt wird, daß es ihm in der Erzählung wie einem Leser bei Gogol gehen wird.

Diese Art von Verbindlichkeit zwischen Autor und Leser setzt aber voraus, daß beide mit dem Ausländergesetz vertraut sind. Selbst wenn man beim Autor annehmen kann, daß dies der Fall ist, ist die Kenntnis des Ausländergesetzes als Deutungszugang zu der Erzählung für eine breite Leserschicht kaum vorstellbar und zumutbar. Ein Weiterlesen bei Lenz bringt deshalb keine neuen Erkenntnisse, weil er in seinem umfangreichen Erzählwerk keine Ergänzungen zu dem Thema vorgenommen hat.[160] Da die Erzählung durch ihre inhaltliche Einzigartigkeit auf sich selbst angewiesen bleibt, drängt es sich auf, in anderen Erzählungen des Sammelbandes *Einstein überquert die Elbe bei Hamburg* nach hilfreichen Indizien zu suchen, die entweder mit dem Grundkonzept der Sammlung oder mit der Sammlung im Zusammenhang mit dem Werdegang des Autors zu tun haben.

Der Gegenstand

Der Sammelband setzt sich aus 13 Beiträgen zusammen, die zwischen 1966 und 1975 in unmittelbarer zeitlicher Nähe zum großen Roman *Deutschstunde* und parallel zu den Erzählungen aus dem Band *Der Geist der Mirabellen. Geschichten aus Bollerup* entstanden sind. Die Absicht der neuen Sammlung ist von Lenz schon während ihrer Entstehung in einem Gespräch folgendermaßen erklärt worden: »Geschichten, mit denen gewiß nichts entschieden wird, die vielleicht aber ein bißchen von der Identität der Wirklichkeit lüften können.«[161] Es handelt sich um Geschichten, die zwischen Wirklichkeit und Identität der Wirklichkeit angesiedelt und durch einen gemeinsamen Erkenntnisanspruch gekennzeichnet sind, welcher der stilistischen Erweiterung der inhaltlichen »Polarität als Wechselspiel von Realismus und Metaphorik« dient, die nach Colin Russ für Lenz' erste Erzählungen prägend ist.[162]

Angesichts eines solchen Vorhabens mag sich die langjährige Anwesenheit der Fremden in der bundesdeutschen Gesellschaft von selbst als Auslöser und

---

160 Vgl. den Einschub zu Ghettoleben in der Erzählung *Phantasie*, S. 278-79. Im Roman *Der Verlust*, 1981, wird der Protagonist, der seine Stimme durch Aphasie verloren hat, mit einem sprachlosen Ausländer konfrontiert. Ferner sind im Roman *Heimatmuseum*, 1978, Parallelen zur Lage der Ausländer in der BRD zu vernehmen, vor allem dort, wo Fremde, Heimat, Zukunft und bundesrepublikanische Gesellschaft thematisiert werden. Vgl. Siegfried Lenz, *Heimatmuseum*, Hamburg 1978, u. a S. 55/56, S. 119/120, S. 141, S. 191, sowie S. 252, S. 593-94, S. 599-602. Lauter Vorurteile in Siegfried Lenz, *Leute von Hamburg*, Hamburg 19788 (1968), S. 27-28.

161 *Interview mit Marcel Reich-Ranicki (1969)* jetzt in: Siegfried Lenz, *Beziehungen. Ansichten und Bekenntnisse zur Literatur*, Hamburg 1970, S. 297.

162 Vgl. Siegfried Lenz. *Gesammelte Erzählungen*, Colin Russ (Hg.), ebd., S. 625.

Anreiz für eine Geschichte angeboten haben, die zur Grundthese der Sammlung passen könnte. Unabhängig von den Ergebnissen der vorliegenden Untersuchung kann nachträglich festgestellt werden, daß innerhalb der Sammlung gerade der Erzählung *Wie bei Gogol* eine besondere Bedeutung zugestanden werden muß, weil hier die zentrale Frage nach der Identität der Wirklichkeit mit der Frage der Rezeption eines literarischen Vorbildes eng verknüpft wird. Dadurch gestaltet sich der Anspruch des Autors als gleichzeitige Suche in zwei entgegengesetzten Richtungen: als Suche nach der Identität der Wirklichkeit im Verhältnis zur Anwesenheit der Gastarbeiter in der Bundesrepublik und als Identität der Wirklichkeit im Verhältnis zu einer literarischen Wirklichkeit.

In der Erzählung *Phantasie*, mit der Lenz die Sammlung abschließt, findet sich die Zielsetzung als eine der zentralen Thesen zur literarischen Kreativität wider, mit der jedoch vom Autor Zweifel an der Objektivität der eigenen Wahrnehmung als »Quelle des literarischen Erzählaktes angemeldet wird: Dieses Bild ist gegeben. Es ›steht fest‹. Aber dieses Bild, das für uns alle gegeben ist, wird irgendwann zum Inhalt einer Wahrnehmung. Und die Sinne der Wahrnehmung sind etwas, worauf wir uns nicht unbedingt verlassen können. Sie folgen einem eigenen Zwang. Sie können das Bild verändern.« (S. 273)

Wohlgemerkt handelt es sich hier um ein Bild, das literarisch umgesetzt werden kann, um eine Wirklichkeit, die durch ein anderes Medium in ein Bild umgewandelt wird, das zweckgebunden wahrgenommen wird. Und hier liegt auch der Schnittpunkt für den zweifachen Anspruch in der Erzählung *Wie bei Gogol*, denn hiermit wird das Gogolsche literarische Vorbild als nichts anderes als ein beliebiges Bild aus einem irgendeinem Bereich hingestellt. Obwohl in einer hochgradig elektronisierten Zeit sich die technischen Möglichkeiten der Umwandlung der Wirklichkeit in Bilder rapide vervielfältigen, zieht der Autor es vor, sich auf das traditionelle Foto zu konzentrieren, denn das Foto stellt heute mehr denn je das Medium dar, mit dem täglich die Herstellung der Lenzschen Identität der Wirklickeit von den Massenmedien versucht wird. Diese Annahme wird formuliert, ohne das angeborene Angewiesensein des Menschen auf Wahrnehmungsbilder außer acht zu lassen. Für die Annahme spricht die Tatsache, daß Lenz es für hilfreich gehalten hat, seinem Sammelband den Titel der Geschichte *Einstein überquert die Elbe bei Hamburg* zu geben, in der mit dem Satz »Dies hier ist eine Photographie zum Lesen, zum Suchen und Wiederfinden jedenfalls« (S. 127) das Verschwinden der Grenze zwischen Foto und Wirklichkeit als Thema der Geschichte eingeleitet wird. Obwohl der Name Einsteins für die Relativitätstheorie steht, ist Relativität im Lenzschen Sinn nicht unbedingt als Unzuverlässigkeit menschlicher Wahrnehmung zu verstehen.[163] Sie entspricht der Schwierigkeit, die Grenze zwi-

---

163 Vgl. Franz Rottensteiner, *Einsteins Theorien in der Literatur*. In: *Kürbiskern*, H. 1 1980, München 1980, »Siegfried Lenz' Erzählung ›Einstein überquert die Elbe bei Hamburg‹ z. B. ist eine sehr dichte Schilderung aus dem Hafenmilieu, die vielleicht dadurch Einstein assoziiert, daß die Darstellungsweise auf vielfache Weise relativiert ist.« S. 88.

schen Wirklichkeit und der durch Kunst und Massenmedien reproduzierten oder reproduzierbaren Identität der Wirklichkeit zu bestimmen, so wie sie durch folgende Betrachtung eines Fotos wiedergegeben wird, »dessen deutliche Schaumspur sowohl der Elbe als auch der ganzen Photographie eine glimmende Diagonale verschafft.« (S. 127)

Aber das Foto mit seinem wiederholten Aufkommen, auch in seinen Varianten als Postkarte und Diapositiv, bildet mehr als ein Leitmotiv im Erzählband.[164] Das Foto kann als deklarierter Inhalt wie in der Erzählung *Phantasie* vorkommen, wo folgende Szene dargestellt wird: »Das ist doch Mutter? Ja, sagt Hebbi, das ist ein Bild von Mutter – und zu dem kleinen Mann: Das ist nun kein Mißverständnis, dies Bild – es ist ein Photo unserer Mutter.« (S. 293-294) Und es kann als »selbständige Handlung« des Ich-Erzählers im Lauf der Erzählung unauffällig auftreten.

Genau dies ist der Fall in der Erzählung *Wie bei Gogol*, wo schon bei dem ersten Besuch des Lehrers in dem Wohnwagen zu lesen ist: »Vier Betten, eine Waschgelegenheit, an den unverkleideten Holzwänden angepinnte Postkarten, Familienbilder, aus Zeitungen ausgeschnittene Photographien: dies war das Inventar, das ich zuerst bemerkte, später, nachdem der auffällig gekleidete Mann mir einen Hocker angeboten hatte, entdeckte ich Kartons und Pappkoffer unter den Bettgestellen.« (S. 176)

Textinterne und externe Hinweise deuten darauf hin, daß es sich hier um die literarische Umsetzung eines Fotos aus den Massenmedien handelt, auch wenn nicht auszuschließen ist, daß der Autor aufgrund eines Zeitungsberichts über das Barackenleben der Gastarbeiter[165] ein Foto hergestellt hat.[166]

---

164   Vgl. *Das Examen*, S. 10 u. *S. 14, Ein Grenzfall*, wo es um ein entwendetes Fernglas geht, S. 36 u. S. 46; *Die Schmerzen sind zumutbar*, S. 101; *Einstein überquert die Elbe bei Hamburg*, S. 130; *Wie bei Gogol*, S. 176; *Fallgesetz*, S. 192; *Achtzehn Diapositive*, S. 215-36; *Die Wellen des Balatons*, S. 240 S. 241, S. 244, S. 247-48, u. S. 259-60; *Die Phantasie*, S. 269 u. S. 293-94.

165   Vgl. »Die Wohnungsprobleme der ausländischen Arbeitnehmer werden in der Presse oft genug behandelt. Es wird meistens für das Anliegen der ›Gastarbeiter‹ Stellung genommen. Die Gründe für die positive Einschätzung dieses Problems sind jedoch verschiedener Natur. Sie hausen in ›menschenunwürdigen Baracken‹ (Rheinische Post, 2.8.1966)«, zitiert nach Jesus Manuel Delgado, *Die Gastarbeiter in der Presse*, Opladen 1972, S. 76.

166   Vgl. Günter Wallraff. *Bilder aus Deutschland. »Gastarbeiter« oder der gewöhnliche Kapitalismus*. In: *Konkret* Nr. 2, S. 42-45; Nr. 4, S. 14-18 sowie Nr. 7, S. 34-37, Hamburg 1969; der Ausstellungskatalog *Fragen an die Deutsche Geschichte. Ideen, Kräfte, Entscheidungen. Von 1800 bis zur Gegenwart*, Stuttgart o.J. jedoch 1974, Photo VII/298. Für die siebziger u. achtziger Jahre Umberto Cassinis, *Gli uomini si muovono. Breve storia dell'emigrazione italiana*, Torino 1978 (1975), S. 52 Abb. 35 u. 36; *Zu Hause in der Fremde. Ein bundesdeutsches Ausländer-Lesebuch*, Christian Schaffernicht (Hg.), Fischerhude 1981, S. 28-28 u. 38; Metin Gür, *Meine fremde Heimat. Türkische Arbeiterfamilien in der BRD*, Köln 1987, S. 100, 156 u. 163, sowie Ulrich Herbert, *Geschichte der Ausländerbeschäftigung in Deutschland 1880 bis 1980*, Bonn 1986, Abb. 13 S. 213.

Zu textinternen Hinweisen auf ein Foto gehört der visuelle Aufbau des Inneren des Wohnwagens als perspektivische Steuerung des fremden Blicks auf die Mitte des Fotos, d. h. auf die Rückwand zur Tür, wo Postkarten, Familienbilder und aus Zeitungen ausgeschnittene Fotografien angebracht sind. Später werden unter den Bettgestellen Kartons und Pappkoffer entdeckt. Der Vorgang entspricht der Ausführung der Redewendung »beim genaueren Hinsehen«, mit der der Betrachter zur Auflistung von Einzelheiten (S. 176) übergeht.

Aufschlußreich in diesem Kontext ist die zitierte Gewohnheit der Gastarbeiter, die Wände ihrer Unterkünfte mit drei Arten von Fotos zu verschönern: Familienphotos als persönlicher, noch nicht entfremdeter Ausdruck der eigenen Lage als Auswanderer in der Fremde; Heimatpostkarten als Zeugnis entfremdeter Sehnsucht, weil der eigene Zustand dem Betrachter über ein kommerzielles Mittel mitgeteilt wird; Fotografien aus Zeitungen als Umweg zum Verständnis der eigenen Lage in der Fremde sowie als Ersatzkontakt zu einheimischen Frauen. In der Tat setzt das Ausschneiden eines Zeitungsphotos keine selektive Wahrnehmung der Gesamtheit voraus, wenn der Ersatz durch Verlust und nicht durch Auswahl begründet ist. In der Natur und im Zweck des Ersatzes liegt ein wesentlicher Unterschied zwischen der Entfremdung der Gastarbeiter und jener eines Autors, der auf der Suche nach einem Zugang zum Gastarbeiteralltag auf ein Foto aus den Massenmedien angewiesen ist. Während für die Gastarbeiter der Ersatz durch Fotos die höchste Stufe der erlebten Entfremdung bedeutet, erprobt der Autor mit dem Rückgriff auf Fotos einen kreativen Vorgang, um der Identität der Wirklichkeit auf die Spur zu kommen.[167]

Textintern wird diese unterschiedliche Einstellung zur eigenen Wirklichkeit bei den Gastarbeitern und beim Autor daran festgemacht, daß es dem Ich-Erzähler und Bildbetrachter gelingt, in das Foto so tief einzudringen, daß er feststellen kann, daß die »dunklen Augen« des Verletzten, der auf dem unteren Bett liegt, »in der Trübnis des Inneren glänzen.« (S. 176) Ein weiterführender Zugang zur Lage des Verletzten bleibt ihm dennoch verwehrt, weil der Gastarbeiter sich weigert, das Experiment zu unterstützen, bei dem die Identität [seiner] Wirklichkeit festgestellt werden soll: »Er nahm meinen Gruß gleichgültig auf, kein Zeichen des Wiedererkennens, weder Furcht noch Neugier.« (S. 176)

c) Soziale Wahrnehmung und literarische Vorbilder

Um einen Ausweg aus dieser vorläufigen Sackgasse zu finden, nimmt Lenz Abstand vom Foto als Beweismittel der Identität der Wirklichkeit und kehrt zur Literatur zurück. Der Übergang zwischen Foto und Bild wird inhaltlich voll-

---

167 Zur Problematik der Übernahme fremder Erlebnisse vgl. Siegfried Lenz, *Die Freiheit der Unfreien. Über B. A. Botkin. »Die Stimme des Negers«* (1964). In: Siegfried Lenz, *Beziehungen*, ebd. S. 197-200 und *Das Vorbild*, ebd. »Ich begreife nicht, woher diese allgemeine Furcht kommt, durch fremde Erfahrung unterwandert werden zu können.« S. 349.

zogen. Dort, wo der Fremde sich weigert, sich an der Feststellung der Identität der eigenen Wirklichkeit zu beteiligen, wird versucht, ihn zur Feststellung der Identität der Wirklichkeit zu überführen und zwar mit den Mitteln, die der Literatur zur Verfügung stehen.

Der Lehrer möchte noch einmal auf dem blauen Briefumschlag das Wort Liegnitzerstraße lesen und den Umschlag dem türkischen Vermittler als Beweisstück gegen den Verletzten vorführen. Warum der Verletzte sich weigern muß, dieser Aufforderung nachzukommen, hat weniger mit einem letzten Versuch zu tun, sich einer ihn überführenden Identifizierung zu entziehen, als mit der Funktion des blauen Briefes.

Obwohl der Lehrer sofort die Konfliktlage des Verletzten erfaßt: »Ich erkannte seine Bereitschaft zur Flucht,« (S. 172) versäumt er im Auto, das Stück Papier mit der Adresse in seiner eigentlichen Funktion als Kündigungs- oder Behördenbrief zu identifizieren. Da der Lehrer den als Adressenträger entfremdeten Briefumschlag nun als Beweisstück gegen den Inhaber erneut entfremden will, hat der Briefumschlag sich als Möglichkeit, der Identität der Wirklichkeit näherzukommen, so weit entwertet, daß es der Autor vorzieht, ihn in den Händen des Verletzten verschwinden zu lassen, (S. 177) auch weil mit der Ankunft des Lehrers im Wohnwagen der blaue Briefumschlag seine entfremdete Funktion als Adressenträger erfüllt hat. Dies wird zusätzlich vom Lehrer bestätigt, der dort wörtlich nach einem blauen Briefumschlag sucht und nicht etwa nach einem Stück Papier mit der Adresse.

Obwohl der Vermittler sich nicht scheut, von dem nicht vorhandenen blauen Briefumschlag zu reden, erweist sich gerade der suchende Lehrer als unfähig, die behördliche Identität des blauen Briefumschlages bei dem Verletzten zu identifizieren. Dies hat jedoch nur bedingt mit der bei Lenz immer wiederkehrenden »Hilfslosigkeit und dem Ungeschick« von Lehrern zu tun.[168] Hier geht es um die Alltagsnormalität als hemmende Schwelle bei der Wahrnehmung von fremdartiger Andersartigkeit im deutschen Alltag, was sich am besten am behördlichen Verhalten eines Lehrers zeigen läßt. Der Lehrer, der als Beamter zu den blauen Briefen an seine Schüler ein alltägliches und langjähriges entspanntes Verhältnis hat, kann kaum durch dasselbe Bild in eine so neuartige Ausgangsposition versetzt werden,[169] daß er sofort in einem leeren, blauen Briefumschlag die Ursache für die Bereitschaft des Fremden zur Flucht ausmachen könnte.

---

168 Albrecht Weber, *Lehrergestalten und Schule im Werk von Siegfried Lenz.* In: *Pädagogische Welt,* Jhrg. 22 H. 6. u. 7. Donauwörth 1968, S. 325-31, S. 389-93 u. S. 329.

169 Während Martin Gregor-Dellin die Lage des Lehrers als »kafkaesk' komisch bis zum Weinen«, kennzeichnet, *Das Phantastische gehört zur Wirklichkeit. Eine Lanze für Lenz.* In: *Die Zeit,* Nr. 38, Hamburg 1975, S. 38, kommt Sargut Şölçün zur Feststellung, daß der Geographielehrer durch »seine Erlebnisse vor eine für ihn unglaublich neue Realität [gestellt wird], die er auf privat-persönlicher Ebene zwar wahrnehmen, nicht aber durchschauen kann. Sein und Nichtsein. Intergrationsvorschläge der Literatur.« In: *Literatur im interkulturellen Kontext,* Heidi Rösch (Red.), TUB-Dokumentation, H. 20 1989, Berlin 1989, S. 41.

Nach dem Scheitern des Lehrers muß der blaue Briefumschlag auch aus diesem Grund aus der Handlung herausgenommen werden, denn nur so kann er aus seiner entfremdeten Funktion als ein Stück Papier mit einer Adresse befreit und als Beweisstück bei der Suche nach der Identität der Wirklichkeit verwendet werden. Gerade weil der Lehrer in den Wohnwagen gekommen ist, darf die entfremdete Funktion des blauen Briefumschlages als erfüllt betrachtet werden, und er kann in seiner ursprünglichen Funktion als behördliche Instanz in Verbindung zu den Revisionslisten bei Gogol gebracht werden.

Diese Überleitung des Lesers von einem möglichen Geschehen am Umschlagplatz zu einem literarischen Vorbild als Erweiterung der eigenen Wahrnehmung, die vom Lehrer abgelehnt wird, erweist sich am Ende der Geschichte als sehr eng mit der These des Schriftstellers Dieter Klimke aus der Erzählung »Die Phantasie verknüpft, wonach die Realität nicht gründlicher identifiziert werden kann, als durch eine Beweisführung im Phantastischen« (S. 309). Nachdem das handelnde Ich als Beobachter in Schwierigkeit geraten ist, wird der Leser in die Handlung einbezogen. Er soll sich unter dem Hinweis »wie bei Gogol« eine »Beweisführung im Phantastischen« erkämpfen, um dann als Kronzeuge aussagen zu dürfen.[170] Und erst jetzt scheint es hilfreich, von Gogol zu Lenz zu gehen. So wie die Revisionslisten bei Gogol eine mißbräuchliche juristische Institution darstellen, so ist der blaue Briefumschlag als Hinweis auf eine Situation des Fremden zu verstehen, die mit der juristischen Lage der Leibeigenen bei Gogol vergleichbar ist. Wenn man nun als Orientierungspunkt die Ausweglosigkeit der Leibeigenen in den Vergleich einbringt, dann läßt der blaue Umschlag sowohl auf einen Kündigungsbrief als auch auf eine behördliche Aufforderung deuten. Handelt es sich um einen Kündigungsbrief, sieht er davon ab, sich als arbeitslos zu melden, denn dies könnte zum Verlust der Aufenthaltserlaubnis führen, falls er zum Ablauf der Unterstützung als Arbeitsloser keine Arbeitsstelle nachweisen kann. Handelt es sich um eine behördliche Ladung, könnte es die gefürchtete Mitteilung sein, in Sachen Aufenthalt auf dem Amt vorzusprechen. In beiden Fällen darf man davon ausgehen, daß sich die Konfliktsituation so verwirrend auf den Empfänger des Briefes ausgewirkt hat, daß er um einer vorläufigen Rettung willen bereit ist, sich wie Stenka aus der Erzählung *Es waren Habichte in der Luft* in eine Grenzsituation zu begeben, von der gesagt wird: »Die Grenzen sind Stricke für den Bruder.«[171]

---

170 Zu Übertragung der Rolle des Schriftstelles als »Belastungszeugen ihrer Zeit« vom Autor auf den Leser vgl. Siegfried Lenz *Ich zum Beispiel*, in: Siegfried Lenz, *Beziehungen*, S. 22. Zu Prinzip der Gleichwertigkeit zwischen dem Autor und seinem Leser, zu dem der Autor sich mit dem Satz bekannt hat »Was ich dem Leser anbiete, ist immer ergänzungsbedürftig« – Geno Hartlaub, *Gespräch mit Siegfried Lenz – König Midas, der Geschichtenerzähler und der Märchenfischer*. In: *Deutsches Allgemeines Sonntagsblatt* Nr. 52, 25. Dezember 1966, S. 24. Ferner vgl. Kenneth Eltis, *Siegfried Lenz und die Politik*, in: Siegfried Lenz, *Gesammelte Erzählungen*, Colin Russ (Hg.), ebd., S. 75-94.

171 Siegfried Lenz, *Es waren Habichte in der Luft*, Roman, Hamburg ³1951, S. 253.

Weil sich der Fremde durch den Erhalt eines blauen Briefes von der Normalität eines Gastarbeiters im deutschen Alltag ausgeschlossen sieht, erhofft er sich zumindest eine vorläufige Rettung durch eine juristische Grenzsituation. Der Wohlstand des Vermittlers und die »Wohnwagen, deren Räder tief in den Boden eingesackt waren« (S. 175), sprechen dafür, daß seine Hoffnung begründet ist, daß es sich hier um eine länger andauernde Grenzsituation handelt, die toleriert wird, solange sie nicht in offenen Konflikt mit der staatlichen Ordnung tritt und die im Wohnwagen untergebrachten türkischen Männer ihr Dasein als tote Seelen nicht zu unterbrechen brauchen. Da Herr Üzkök in eine ihn und den Vermittler gefährdende Lage geraten ist, muß er sich trotz seiner nicht leichten Verletzungen wieder auf die Flucht begeben. Insofern trifft in der Erzählung *Wie bei Gogol* besonders im Hinblick auf die Grenzsituation folgende Feststellung von Werner Jentsch zur Konfliktsdynamik bei Lenz zu, die besagt:»Je näher der Mensch sich auf sie [die Grenzsituation] zubewegt, umso schärfer schälen sich dann die Probleme heraus und damit auch das unausweichliche Entweder-Oder, das den Dichter zu einer die Fragwürdigkeit der Sache verdichtenden Aussage zwingt.«[172]

Mit dem treffenden Einleitungsatz:»Es ist geradezu ein literaturkritischer Gemeinplatz, daß Lenz seine Charaktere immer wieder in Grenzsituationen versetzt, um zu prüfen, wie sie sich da verhalten« hat Gordon J. A. Burgess sowohl auf die Haltung der Literaturkritik gegenüber Lenz wie auch auf einen Standardkunstgriff von Lenz aufmerksam gemacht.[173] Dies trifft für *Wie bei Gogol* zu, weil die dortige Personen in eine eigene Grenzsituation gebracht werden und keine von ihnen den Ausweg daraus findet. Genau diese besondere Art von Ausweglosigkeit ist als Angelpunkt zwischen Gogol und Lenz anzusehen, da sie nicht zum Stillstand führt, sondern zu anderweitiger Verwendung derjenigen, die sich durch ihren körperlichen oder auch rechtlichen Tod in dieser Lage befinden. Dort war es Tschitschikow, der die *toten Seelen* als zu verpfändende Sicherheit für Kredite verwenden will, hier ist es der türkische Vermittler, der die aus dem Arbeitsmarkt ausgestoßenen Arbeitskräfte jetzt billiger wieder auf demselben Arbeitsmarkt verdingt. Dort war es die korrupte zaristische Gesellschaft, die so etwas erlaubte, hier ist es eine entfremdete Gesellschaft, die auf verschleißbare und billige Arbeitskräfte angewiesen ist, um die Warenproduktion zu steigern. Während in *Die toten Seelen* der Autor selbst die Aufdeckung der Korruption vornimmt, überträgt Lenz die detektivische Aufklärungsarbeit seinem Leser, der dann bei der Feststellung der

---

172   Werner Jentsch, *Konflikte. Theologische Grundfragen im Werk von Siegfried Lenz:* I, II und Schluß. In: *Zeitwende. Die neue Furche*, Wolfgang Böhme u. a. (Hgg.), Jg. 37, Hamburg 1966, S. 174-85, S. 247-59 u. S. 316-23, S. 176, Nachzulesen in: *Siegfried Lenz. Urteile und Standpunkte*, Colin Russ (Hg.) Hamburg 1973. Zur Typologie der Konflikte bei Siegfried Lenz vgl. auch Winfried Baßmann, *Siegfried Lenz*, ebd., *Prinzipien des Schreibens*, S. 43-54.

173   Gordon J. A. Burgess, *Pflicht und Verantwortungsgefühl. Es waren Habichte in der Luft, Deutschstunde und Ein Kriegsende.* In: *Siegfried Lenz*, Rudolf Wolff (Hg.), ebd., S. 26-34.

Identität der Wirklichkeit vom Autor als Kronzeuge geladen wird. Auf diese
Weise braucht sich der Autor nicht darüber zu äußern, ob und wie er durch
das Gogolsche Vorbild zu einer erweiterten Wahrnehmung der Lage der Fremden im bundesdeutschen Alltag gekommen ist.

Dennoch und trotz der Beweisführung ins Phantastische, die den Leser in
seiner Rolle als erfolgreicher Detektiv bestätigt, darf es am Ende der Geschichte nicht zu einer selbständigen, abschließenden Aussage kommen. Der
Autor läßt dies nicht zu, weil es dem Lehrer am Schluß der Erzählung gelingt,
von der durch die Allgemeinheit tolerierten Ausbeutung der Fremden Abstand zu nehmen. »Als Zeuge der Niederlage konnte er einen gewissen Erfolg
[...] der Niederlage aus den Zähnen reissen,«[174] indem es ihm gelingt, sich
nicht an der Notsituation des Herrn Üzkök zu bereichern; er läßt nämlich auf
dem Klapptisch den zu viel bezahlten Teil des übertrieben hohen Schätzprei-
ses zurück, den der »komplizenhaft zwinkernde« (S. 178) Vermittler ihm zuvor
ausgezahlt hatte.

Dies soll aber nicht darüber hinwegtäuschen, daß der Ich-Erzähler trotz seiner korrekten Haltung gegenüber Herrn Üzkök bei der Klärung des Konfliktes von einem Zugang zu den Fremden im seinem Land ausgeschlossen bleibt.
Selbst wenn man die Schwierigkeiten berücksichtigt, die auftreten, wenn man
sich ein klares Bild machen will, sowie die Hürden, die sich bei der Beweisführung ins Phantastische einstellen, bleibt der Ich-Erzähler eine Antwort auf
die Frage schuldig, warum er nichts tut, was die zur Klärung der Lage der türkischen Arbeiter in den Wohnwagen führen könnte.

Daß sich der Autor damit strikt an seine Hauptthese »vom Autor als Mitwisser von Rechtlosigkeit, von Hunger, von Verfolgung und von riskanten Träu-
men« hält, wonach sich sein Engagement darin erschöpft, »die Sprache zu ver-
teidigen und mit den Machtlosen solidarisch zu sein, mit den vielen, die Geschichte nur erdulden müssen und denen sogar Hoffnungen verweigert
werden,«[175] mag von denjenigen, die Literatur als tätige Solidarität begreifen,
als enttäuschender Widerspruch gewertet werden. Für den Autor kann dies
nicht als Widerspruch gelten, denn solange der Unfall bzw. der Konflikt zur
Überprüfung von feststehenden Bildern zwingt, läßt sich politisches Bewußtsein als Voraussetzung für tätige Solidarität kaum glaubhaft darstellen.[176] Dies

---

174 Vgl. Colin Russ, *Die Geschichten von Siegfried Lenz*, S. 45-61, in: Siegfried Lenz, *Ge-*
     sammelte Erzählungen, Colin Russ (Hg.), ebd. S. 50.
175 Siegfried Lenz, *Beziehungen*, ebd., S. 282.
176 Vgl. Lenz' Aussage aus Winfried Baßmann, *Siegfried Lenz*, ebd.: »daß man in einer
     Welt, die so ist, wie sie ist, sich selbst nötigen sollte, gewisse Dinge zur Kenntnis zu
     nehmen, und daß man mit seinen Möglichkeiten protestieren sollte: redend,
     schreibend, in jedem Fall intervenierend.« S. 87. Sein SPD-Engagement als Mitbe-
     gründer der Wählerinitiative Nord (1970) hat zu Übertragung seines parteipoliti-
     schen Engagements in die Auslegung der Werke geführt, die kaum in dem Maß
     standhalten kann, wie von Kenneth Eltis, *Siegfried Lenz und die Politik*, in: Sieg-
     fried Lenz, *Gesammelte Erzählungen*, Colin Russ (Hg.), ebd., vermutet wird »Seine
     Darstellung der Macht, der das Individuum gegenübersteht, ist Sozialkritik, aber

würde womöglich zu einem Appell an den guten Willen ausarten, vom Lenz in allen Erzählungen des Bandes absieht, indem er sich dann von dem Leser verabschiedet, wenn die Verbindung zwischen der Konfliktsituation und der Urteilskraft des Lesers gegeben ist.[177] Dennoch ist gerade in *Wie bei Gogol* das Unsagbare gesagt, auch wenn es zutrifft, daß am Ende der Erzählung die Personen, der Ich-Erzähler und der Leser sich vor einer Wiederholung des anfänglichen Konflikts befinden. Der Leser hat inzwischen erfahren, daß der Fremde, der ihm auf der Straße begegnen kann, nur einen Teil seiner Wirklickeit darstellt. Der andere Teil setzt sich aus den Gründen zusammen, die ihn zur Flucht treiben. Für den Leser, der seinem Engagement nachgehen will, werden genügend »Bezugspunkte und Möglichkeiten«[178] der Aufklärung und Einmischung erkennbar, nachdem er am Beispiel des Ich-Erzählers vorgeführt bekommen hat, wie er sich persönlich korrekt gegenüber einem in Not geratenen Fremden verhalten muß. Insofern darf die Erzählung als eine selbstauferlegte Hausaufgabe[179] für den Autor und für den Leser in einer Zeit besonderer Bedrängnis für die Mehrheit der Fremden in der Bundesrepublik betrachtet werden.

Wenn man sich vergegenwärtigt, daß im November 1972 die sozialliberale Bundesregierung des Kanzlers Willy Brandt aufgrund der andauernden Wirtschaftskrise und der wachsenden Arbeitslosigkeit »die Sperrung des sogenannten zweiten Weges« verfügte[180] und damit die restriktive Ausländerpolitik einleitete, die ein Jahr später in einem generellen Vermittlungsstopp von Nicht-EG-Arbeitskräften gipfelt, so scheinen der Anlaß zum Konflikt und das Interesse von Lenz an den Fremden auf der Flucht sehr eng mit der damaligen Haltung der Bundesregierung verknüpft zu sein. Es ist sicherlich keine Überinterpretation der Erzählung, wenn eine intentionelle Warnung des Autors

---

auch Kritik an dem politischen Klima, das solche Umstände begünstigte.« S. 84. Zu Lenz's SPD-Engagement vgl. Hans Wagener, *Siegfried Lenz*, München ³1979, S. 13-15.

177 Überdeutlich wird diese Lenzsche Beteiligungstrategie des Lesers in dem Sammelband *Einstein überquert die Elbe bei Hamburg*, wo fast alle Beiträge mit einer direkten oder indirekten Frage zu Ende geführt werden, vgl. *Das Examen*, S. 31, *Ein Grenzfall*, S. 60, *Die Mannschaft*, S. 81, *Die Strafe*, S. 124, *Die Augenbinde*, S. 93, *Einstein überquert die Elbe bei Hamburg*, S. 139, *Wie bei Gogol*, S. 181, *Fallgesetze*, S. 211, *Achtzehn Diapositive*, S. 236, *Die Wellen des Balaton*, S. 264 und *Die Phantasie*, S. 311.

178 Vgl. Winfried Baßmann, *Siegfried Lenz*, ebd., »Realismus heißt, daß die literarisch gestaltete Aussage die Außenwelt so zeigt, daß der Leser Bezugspunkte finden kann und die Möglichkeit erhält, sich in verwandten Situationen zu erkennen.« S. 90.

179 Vgl. Lenz's Äußerung zu »Strafarbeitroman« *Deutschstunde* im Gespräch mit Winfried Baßmann, *Zur Erinnerung verurteilt*, ebd., »Natürlich war das auch wieder der Versuch bei mir, schreibend etwas zu verstehen.« (S. 85) mit der Lenz' Grundhaltung bei der Annäherung an die Fremden in seiner Stadt wiedergegeben wird.

180 Vgl. *Ausländische Arbeitnehmer 1972/73*, Bundesanstalt für Arbeit (Hg), Nürnberg 1974, S. 6-7.

vor den Gefahren einer solchen restriktiven Ausländerpolitik in der Erzählung vermutet wird, weil durch sie die Bedingungen für eine Ausbeutung der Fremden durch Vermittler mitgeschaffen werden. Eine Warnung, die sich scheut, eine deutliche Sprache zu reden,[181] sie bleibt unprätentiös und ziemlich einsam in diesem literarischen Kontext. Die Scheu oder das Zögern ist an der Kluft zwischen der intendierten Botschaft und einer Verständnishürde für den Leser festzumachen. Im Vergleich zu den anderen Beiträgen wird für *Wie bei Gogol* beim Leser eine Fach- und Detailkenntnis vorausgesetzt, die nötig ist, um sich der bedrängten Grenzsituation der Türken bewußt zu werden und anhand derer er das Widersprüchliche an den Türken nicht als eine Bestätigung seiner eigenen Fremdenklischees durch Lenz ansehen darf. Daß Lenz bereit gewesen ist, solch ein Risiko einzugehen, läßt sich durch die Rücksichtnahme auf die Verantwortlichen der Ausländerpolitik begreifen. Die Rücksichtnahme ist daran abzulesen, daß Lenz entgegen der erfolgbringenden Lesbarkeit[182] seiner sonstigen Werke diesmal die Warnung in einer »verkleideten Botschaft«[183] zu übermitteln versucht, die nur Leser vernehmen können, die über einschlägige Fachkenntnisse verfügen, und zu diesen Lesern hat der Autor womöglich seine intendierte Adressaten gezählt.[184]

15. Zweite Zwischenbilanz

Das Auftreten der Gastarbeiter in der bundesdeutschen Literatur der Gegenwart ist im direkten Verhältnis zum Zuwachs an sozialkritischem Engagement der Schriftsteller ab der zweiten Hälfte der sechziger Jahren zu sehen. Die

---

181 Zu damaligen Stellungnahmen aus der Fachpublizistik die sich ohne Rücksicht auf literarischen Prinzipien und auf die Bundesregierung äußerten vgl. Fritz Franz, *Die Rechtstellung der ausländischen Arbeitnehmer in der Bundesrepublik Deutschland*, in: *Gastarbeiter. Analysen und Berichte*, Ernst Klee (Hg), Frankfurt ²1972, S. 36-57 »Baracken und Elendsviertel an den Randzonen der Industriezentren sind die fatale Quittung für eine kurzsichtige Fremdenpolitik, die in einer groben Fehleinschätzung staatlicher Belange die Sicherung elementarer menschlicher Bedürfnisse vernachlässigt hat.« S. 57. Zu Lenz, der »das Genaue nicht beschreibt«, vgl. Peter Wapnewski, *Zumutungen*, München 1982, S. 281.

182 Vgl. Benno von Wiese, *Zur deutschen Dichtung unserer Zeit*, in: *Deutsche Dichter der Gegenwart. Ihr Leben und Werk*. (Hg.) Benno von Wiese. Berlin 1973, S. 19.

183 Vgl. Siegfried Lenz, *Das Vorbild*, ebd., »Es gibt nämlich keine größere Arroganz, als wehrlosen Schülern verkleidete Botschaften zu übermitteln, Heilsworte, die man sie unter üppiger Verpackung aufstöbern läßt.« S. 248.

184 Ein letzter Versuch die Erzählung nach dem Vorschlag Johann Lachinger zu lesen, wonach »die im Titel ausgesprochene These [...], durch den Verlauf der Geschichte widerlegt wird und erscheint am Ende radikal in ihr Gegenteil verkehrt,« würde den Verlauf der Geschichte ins Absurde führen. Johann Lachinger, *Siegfried Lenz*, in: *Deutsche Literatur seit 1945 im Einzeldarstellungen*. Dietrich Weber (Hg.), Stuttgart ²1970, S. 467.

Autoren gehören folgenden Gruppen an: der *Gruppe 47* (Hans Werner Richter, Heinrich Böll und Siegfried Lenz), der *Gruppe 61* und der *Literatur der Arbeitswelt* (Günter Wallraff, Max von den Grün, Franz Joseph Degenhardt,
Horst Kammrad und Hermann Spix) sowie jener Schriftstellergruppe, die
während der 68er-Bewegung den Durchbruch in die Öffentlichkeit geschafft
hat (Günter Herburger, Manfred Esser und Peter O. Chotjewitz). Der sozialkritischen bis revoltierenden Grundtendenz der Gruppen ist es zu verdanken,
daß das Thema als Ausdruck einer sich diversifizierenden Gesellschaft aufgegriffen wurde. In einer noch deutlicheren Situation befinden sich Rainer Werner Fassbinder und Heiner Müller, deren Zugang zum Thema eine spezifische
Notwendigkeit ausweist. Die Diskrepanz zwischen literarischer Qualität der
Werke und ihren Gastarbeiter-Entwürfen bestätigt auf vielfältige Weise das
schwierige Verhältnis zwischen Engagement und objektiven Erkenntnissen
auf der einen Seite und Literatur und Vermittlung von Erkenntnissen auf der
anderen.

Das Engagement für die Arbeitswelt hat z. B. bei Günter Wallraff, Max von
der Grün, Günter Herburger und Peter O. Chotjewitz u. a. dazu geführt, daß sie
sich bei der Thematisierung der Arbeitsimmigration nicht von einem Er-
kenntnisproblem bezüglich der sozio-kulturellen Andersartigkeit der Gastarbeiter haben leiten lassen, sondern von der Notwendigkeit, ein Bild der Gastarbeiter so zu entwerfen, daß es auf Zustimmung bei einem entsprechenden
Teil der Öffentlichkeit stößt. Hierzu bot sich das Bild des politisch aufgeklärten Fremden an, der dank der Bereitschaft, sich für gewerkschaftlich übergreifende Interessen am Arbeitsplatz einzusetzen, in der Lage ist, an der Gastgesellschaft mit ihren Spielregeln aktiv mitzuwirken. Der Bruch zwischen objektiven Erkenntnissen und Engagement gewinnt dadurch zusätzlich an Tiefe,
weil schon die anfängliche Wahrnehmung der Gastarbeiter allein als Arbeitskräfte an sich eine Reduzierung der Komplexität des Sozialphänomens auf
eine konjunkturelle Zweckmäßigkeit ist. Der Widerspruch der Autoren aus
dem Bereich der Literatur der Arbeitswelt liegt darin, daß in ihren Werken die
Gastarbeiterthematik direkter Ausdruck der konjunkturellen Zwänge am Arbeitsmarkt ist, und dabei entgeht ihnen, die Gesamtheit des Sozialphänomens
als Ziel der Vermittlung darzustellen. Gesamtheit wird hier nicht als Zwang
zur sozio-kulturellen Ganzheit verstanden, die gegen Ende der sechziger Jahren nur antizipatorisch zu gewährleisten war, sondern als analytische Fähigkeit, jenseits der kultureigenen Bezogenheit der Wahrnehmung fortzu-
schreiten. Der entworfene Lebenslauf und die thematisierte Erfahrungen
des imaginierten Proleten stellen keinen Lernprozeß mehr dar, wie es in der
deutschen Literatur der dreißiger Jahre der Fall war. Bei den Autoren aus der
Gruppe 61 und der Literatur der Arbeitswelt ist der imaginierte Prolet im Kontext der Arbeitsimmigration zu einem Akzeptanzmodell entwickelt worden,
mit dem eine schichtenspezifische Übereinstimmung der Interessen zwischen Fremden und Einheimischen signalisiert wird, ohne zur komplexeren
Frage der Divergenzen der Kulturen vorstoßen zu müssen.

Selbst wenn man davon ausgeht, daß hier nur eine stufenweise Annäherung an das Fremde versucht wird, ist festzustellen, daß das Vorgehen letzt-

endlich in exotische, politisierende Betrachtungen der Herkunftsländer ausartet. Der Grund dafür mag in der Schwierigkeit einer Abgrenzung des Modellhaften bei dem Fremden liegen. Da ein mustergültiges Verhalten des imaginierten Proleten aufgrund der Diskriminierung am Arbeitsplatz nicht vor
Ort zu begründen ist, wird ihm eine Bewußtseinsbildung in einer Vergangenheit und in einem Land zugetraut, das per se ein Gegenpol zur restaurativen
Republik der ersten Hälfte der sechziger Jahre sein muß. Auf den Punkt gebracht muß es sich um ein Land mit einer anderen Vergangenheit und Gegenwart als die bundesrepublikanische handeln, wie es bei Günter Herburger,
Max von der Grün und Peter O. Chotjewitz im Geist der politischen Literatur
der siebziger Jahren nachzulesen ist. Um so deutlicher wird das Verfahren bei
den Autoren aus den Literaturwerkstätten wie Hermann Spix oder Peter
Schütt.

Die Sackgasse des engagierten Arbeitsalltags im Leben der Gastarbeiter in
der Bundesrepublik der siebziger Jahre haben Rainer Werner Fassbinder,
Heinrich Böll, Siegfried Lenz und Heiner Müller aus unterschiedlichen Gründen gemieden. Im Mittelpunkt der Begegnung mit dem Fremden im eigenen
Land stehen öffentliche Mutmaßungen über Jorgos in Fassbinders *Katzelmacher*, Vorurteile und aktive Parteinahme in Bölls *Gruppenbild mit Dame* und
Du fährst zu oft nach Heidelberg, die Erkundung der Identität der Wirklichkeit in Lenz' *Wie bei Gogol* und der realsozialistische Umgang mit den Fremden in Müllers Die *Kanakenrepublik*.

Die Tatsache, daß die literarische Qualität der Werke nicht unter den
Schwächen ihrer sozio-kulturellen Vorstellung der Gastarbeiter leidet, ist
damit zu erklären, daß bei Böll, Lenz oder Müller der Gastarbeiter sich im konstitutiven Einklang mit der Fragestellung im Werk befindet. Der Gastarbeiter
ist als thematische Kohärenz erkenntlich, noch bevor er als Mehmet oder
Özkük, als Chilene oder Kanake ausgewiesen wird. Nach Boris und Rahel wird
an Mehmet aus *Gruppenbild mit Dame* das Wiederkehren der Unfähigkeit
christlicher Kulturtradition, sich der unausweichlichen Nähe zu fremden Kulturen zu stellen, vorgeführt.

Trotz berechtigter Kritik an der Verschleierung der Lage der Gastarbeiter
läßt sich Lenz' Kurzgeschichte *Wie bei Gogol* nicht auf die Diskrepanz zwischen Wissen und Verantwortung reduzieren. Ein sachgerechter Hinweis zur
juristischen Zwangslage des Fremden könnte den Leser über die politische
Implikation des Grenzfalles aufklären, aber zugleich wäre die Kurzgeschichte
um ihr Gleichgewicht gebracht. Die Grenzsituation als Aufbaumodell zieht
eine Informationssperre mit sich. Zugleich verleiht sie der Kurzgeschichte
stimmige Komplexität, die sich darin äußert, daß der nicht erfaßbare Fremde
seiner Fremdheit nicht enteignet wird.

Die Reduzierung der Ausländer auf vorbeiziehende Statisten in Heiner Müllers *Kanakenrepublik* gehorcht der Priorität der Dramaturgie. Ihre Lage am
Rande des Geschehens gibt den Endzustand einer Gesellschaft wieder, die
sich dem Internationalismus verschrieben hat. Am Beispiel des Umgangs mit
den Kanaken kehrt Heiner Müller auf die argumentative Ebene der Umweltverschmutzung zurück, um zu bestätigen, daß das Land unbewohnbar ist.

Beide Feststellungen kündigen das Scheitern eines sozio-ökonomischen Modells an, das unfähig ist, in dem eigenen Lebensraum noch auf die Andersartigkeit der Mitmenschen Rücksicht zu nehmen.

Trotz der einleuchtenden Transparenz bei dem Entwurf der Gastarbeiterfiguren und der nachvollziehbaren Stringenz der Argumente bei ihrer Begründung ist festzustellen, daß keiner der hier angeführten Autoren an die komplexe und paritätische Thematisierung des Fremden herangekommen ist, die Rainer Werner Fassbinder mit *Katzelmacher* fast als Modell für den gesamten Bereich schon beim Aufkommen des Sozialphänomens erreicht hat. Die Thematisierung des Fremden in *Katzelmacher* entspricht weder einer Vermittlung von Andersartigkeit noch viel weniger dem gängigen Aufklärungsgebot, sich in einem fremden Spiegel zu erkennen. Sie läßt sich von der sozio-kulturellen Erkenntnis leiten, daß ein Aufkommen von emanzipatorischen Interessen im Zuge der 68er-Bewegung zur prägenden Vielfalt innerhalb der westeuropäischen Gesellschaften führen wird, wenn die gruppenspezifischen Vorstellungen weder auf Aneignung noch auf Enteignung des gegenseitigen Fremden und Fremdartigen hinauslaufen. Da nach mehr als zwanzig Jahren nach dem Erscheinen von *Katzelmacher* mit Sten Nadolnys Roman *Selim oder die Gabe der Rede* (1990) jetzt ein neuer Anfang auf der Basis gemeinsamer Vergangenheit zwischen Einheimischen und Fremden vorliegt, ist abzuwarten, ob es diesmal zum Durchbruch der bisher ausstehenden Vielfalt in der bundesdeutschen Literatur der Gegenwart kommen wird. Ein gelungener Durchbruch würde sie in die Literaturen integrieren, die wie die französische und englische in der Arbeitsimmigration eine kreative Herausforderung für jeden Bereich der europäischen Kultur ausgemacht haben.

DRITTER TEIL

Literatur ausländischer Autoren
in der Bundesrepublik

16. Zur Sekundärliteratur. Eine Bestandsaufnahme

a) Die sprachliche Relevanz der Anwerbe- und Ausländerpolitik der Bundesrepublik ab 1955

Die Anwerbe- und Ausländerpolitik der Bundesrepublik Deutschland stellt eine Diskrepanz zwischen Erwartungen und Angebot dar. Sie ist für die vorliegende Arbeit relevant, weil sie einseitig und einengend festlegt, was der Begriff ›Ausländer‹ seit dem deutsch-italienischen Anwerbeabkommen (1955) zu bedeuten hat. Da die Anwerbung ausländischer Arbeitskräfte als Arbeitnehmer zur Behebung eines Mangels an Arbeitskräften erfolgt ist, hat ihre Anwesenheit nach wie vor in der Ausführung einer nicht-selbständigen Arbeit ihre rechtliche und öffentliche Legitimation.

Obwohl die Rotation als Kernstück der Anwerbepolitik von Anfang an keine stringente administrative Anwendung in den Betrieben hat finden können, wird nach wie vor an der Vorläufigkeit des Aufenthalts ausländischer Arbeitskräfte als einziger programmatischer Steuerungsmöglichkeit in der Ausländerpolitik festgehalten, so wie dies mit dem Gesetz zur Förderung der Rückkehrbereitschaft von Ausländern vom 28. November 1983 von der Mehrheit im Bundestag bestätigt worden ist.

Insofern ist es verständlich, warum nach dem juristischen und administrativen Sprachgebrauch der Bundesregierung von »nichtdeutschen Arbeitnehmern«[1] und von Ausländern als »Nicht-Deutschen« gesprochen werden darf. In der offiziellen Terminologie wie Ausländergesetz und Ausländerrecht, Beauftragter der Bundesregierung für Ausländerfragen und Ausländerbeauftragter bei den Gemeinden, findet man modellhaft bestätigt, daß »ein Ausländer jeder (ist), der nicht Deutscher im Sinne des Artikels 116 Abs. 1 des Grundgesetzes ist.«[2] Jede sprachliche Abweichung von der grundsätzlichen Position gegenüber den Nicht-Deutschen, um z. B. die Zukunft der angeworbenen Ausländer juristisch näher zu definieren, würde per se das Prinzip der Vorläufigkeit in Frage stellen.

---

1 *Neunte Verordnung zur Durchführung des Gesetzes über Arbeitsvermittlung und Arbeitslosenversicherung* (Arbeitserlaubnis für nichtdeutsche Arbeitnehmer) vom 26. November 1959 in: *Bundesgesetzblatt*, Teil I, Nr. 47, Bonn 1959, S. 689.

2 *Bundesgesetzblatt Teil I*, Nr. 19 vom 8. Mai 1965, Bonn 1965. S. 353, dieselbe Formulierung findet sich in dem Entwurf für ein Gesetz zur Neuregelung des Ausländerrechtes, Stand vom 27. 09. 1989, Typoskript, S. 7.

Wendet man sich dem Sprachgebrauch im alltäglichen, im arbeitsgesell-schaftlichen und im wissenschaftlichen Umgang mit den Ausländern aus den Anwerbeländern zu, wird man mit einer Laufbahn des Begriffs ›Gastar-beiter‹ als Beleg für eine dynamische und widersprüchliche Wahrnehmung der Nicht-Deutschen durch die deutsche Öffentlichkeit, durch die Sozial-wissenschaften, die Sprachwissenschaft und die Literaturwissenschaft kon-frontiert.

Die Genese des Neologismus ›Gastarbeiter‹ macht deutlich, daß der Begriff dazu geeignet ist, die geplante Nicht-Seßhaftigkeit der angeworbenen Ar-beitskräfte zum Ausdruck zu bringen. Obwohl der Neologismus in kürzester Zeit »die Bedeutung all dessen bekam, was ablehnbar ist und mit Menschen zweiter Kategorie zusammenhängt,«[3] muß festgehalten werden, daß sprachli-che Belege als Kulturbegriff mit juristischen Implikationen bis in die zweite Hälfte des neunzehnten Jahrhunderts zurückreichen. In seinem Buch *Das deutsche Volk in seinen Mundarten, Sitten, Bräuchen und Trachten* (1847*),* schreibt Eduard Duller »nur der ist ein Fremder, ein Gast im Staate, der einem anderen angehört.«[4]

Um die Jahrhundertwende trafen die »Gäste des Kaisers«,[5] wie damals ita-lienische und polnische Fremdarbeiter genannt wurden, ein. Nach kaiser-licher Absicht sollte die Bezeichnung bei den eigenen Untertanen dazu bei-tragen, den angeworbenen Fremdarbeitern mit Respekt zu begegnen.

Ebensowenig läßt sich abstreiten, daß der Neologismus auch aus einer Sprachverlegenheit heraus entstanden ist, um den existierenden ›Fremdarbei-ter‹ zu vermeiden, weil dieser eine unmittelbare, durch nichts zu rechtferti-gende Verbindung zum Begriff ›Fremdarbeitereinsatz‹[6] wachgerufen hätte: »Der Begriffswechsel, der von der Abweisung (fremd) über eine Euphemisie-rung (Gast) bis zur Neutralisierung (ausländische Nehmer) führte, ist ein Zei-chen der Unsicherheit und Ambivalenz, das ebenfalls aus dem Verdrängungs-problem der vergangenen Zwangsarbeitszeit erklärt werden kann.«[7]

---

3 Marios Nikolinakos, *Politische Ökonomie der Gastarbeiterfrage. Migration und Ka-pitalismus*, Reinbek 1973, S. 7-8.

4 Eduard Duller, *Das deutsche Volk in seinen Mundarten, Sitten, Bräuchen und Trach-ten*, München o.J., (Leipzig 1847), S. 22.

5 Gustaf Guisez, *Die italienischen Ziegel-Arbeiter vom Oggenhof.* In: *Stadtzeitung* Nr. 3 11. Jg., Augsburg 19.Janur 1989, S. 13.

6 Vgl. Ulrich Herbert, *Geschichte der Ausländerbeschäftigung in Deutschland 1880 bis 1980*, Bonn 1986, S. 120-178.

7 *Leben als Gastarbeiter*, Karl Bingemer/Edeltrud Meistermann-Seer/Edgard Neubert (Hgg.), Opladen 1972. Als Beleg dafür wird die Tatsache angeführt, daß in der Schweiz nach wie vor der Begriff Fremdarbeiter, der in der Bundesrepublik am An-fang mitbenutzt wurde (vgl. *Der Spiegel* vom 24. August 1955, S. 17) verwendet wird, S. 3, Anm. 3. In dieser Phase war auch von »ausländischen Gastarbeitern« die Rede. Hierzu vgl. Wolfgang Bouska, *Die Teilnahme ausländischer Gastarbeiter am Kraft-fahrzeugverkehr im Inland.* In: *Der Betriebs-Berater*, H. 6/1963, Heidelberg 1963, S. 255-257.

Franco Biondis und Rafik Schamis Annahme, daß »die Ideologen es fertig-
gebracht haben, die Begriffe Gast und Arbeiter zusammenzuquetschen, obwohl es noch nie Gäste gab, die gearbeitet haben,« erweist sich als unhaltbar,
obwohl sie wiederum Recht haben, wenn sie behaupten, daß es ihnen um die
Bloßlegung der »Ironie« geht, »die darin steckt.«[8] Daß der Begriff ›Gastarbeiter‹
nicht aus vortäuschenden Absichten entstanden ist, läßt sich aus der Anwer-
bepraxis belegen, in deren unmittelbarem Zusammenhang das Wort entstanden ist. Hier weist der Begriff ›Gast‹ lediglich auf eine befristete Dauer des Aufenthaltes hin.[9] Von einer Vortäuschung des juristischen Status eines Gastes in
einem fremden Land kann deshalb nicht ausgegangen werden, weil die Aufgaben des zukünftigen Gastarbeiters ihm schon bei der Anwerbung in seinem
Land vertraglich mitgeteilt werden.[10]

Das frühzeitige Engagement der Arbeitgeber gegen das Rotationsprinzip
und selbst gegen die pejorative Tendenz des Begriffs ›Gastarbeiter‹[11] ist auch
ein Beleg dafür, daß die naive Hoffnung, man könne aus einem Fremden, und
sei es auch nur außerhalb der Arbeitswelt, einen Gast machen, sich auf Grund
von abwehrender einheimischer Konfliktbereitschaft bei der Begegnung mit
kulturellen, religiösen und gesellschaftlichen Andersartigkeiten nicht bewahrheiten konnte.[12]

---

8 Franco Biondi/Rafik Schami, *Literatur der Betroffenheit. Bemerkungen zur Gastarbeiterliteratur*, in: *Zu Hause in der Fremde. Ein bundesdeutsches Ausländer-Lesebuch*, Christian Schaffernicht (Hg.) Fischerhude 1981, S. 134, Anm. 1. Davor war
   der Begriff in die Kritik der Massenmedien geraten. Als *umgestülpter Euphemismus* in: Karl Pisarczyk, *Der Euphemismus – Politische Sprache in DDR und BRD*. In:
   Frankfurter Hefte, Jg. 24, H. 2, Frankfurt 1969, S. 109, wegen der Kombinatorik des
   »*Gastes, der den Dreck wegarbeitet*. Ferner vgl. *Frankfurter Allgemeine Zeitung*
   vom 30.Oktober 1970, S. 15, als unbeholfene Neologismus »Gastarbeiter, doch war
   und ist heute niemandem recht wohl dabei.« Und vgl. *Neue Zürcher Zeitung* vom
   8.September 1974. Danach vgl. Dietrich Krusche in: *Als Fremder in Deutschland.
   Berichte, Erzählungen, Gedichte von Ausländern*, Irmgard Ackermann (Hg.), München 1982 S. 190; Andrea Zielke, *Standortbestimmung der »Gastarbeiter-Literatur«
   in deutscher Sprache in der bundesdeutschen Literaturszene*, Kasseler Materialien
   6 zur Ausländerpädagogik, Ingrid Haller/Gerhard Neuner (Hgg.), Kassel 1985, S. 46-
   47; Monika Frederking, *Schreiben gegen Vorurteile. Literatur türkischer Migranten
   in der Bundesrepublik Deutschland*, Berlin 1985, S. 8; Immacolata Amodeo, *Gastarbeiterliteratur – Literatur einer Minderheit*, Buch und Bibliothek Nr. 40, Bad
   Honnef 1988, S. 468.

9 Als verspäteter Beleg vgl. *Gastarbeitnehmer. Bundesgesetzblatt* Nr. 9 vom 11. Februar 1960, Bonn 1960, S. 445.

10 Vgl. die zweisprachigen Arbeitsverträge in: *Amtliche Nachrichten der Bundesanstalt für Arbeitsvermittlung und Arbeitslosenversicherung* (ANBA) Jg. 8. Nr. 6,
   Nürnberg 1960, S. 280-285 u. S. 297-302.

11 Vgl. Siegfried Balke, Präsident der BDA: »Man soll nicht mehr von Gastarbeitern
   sprechen. Richtig ist: ausländische Arbeitnehmer.« In: *Kölnische Rundschau* vom
   26.April 1966.

12 Vgl. *Sprachdienst*, H. 10, Lüneburg 1963: »Welch freundlichen Klang hat das Wort
   Gastarbeiter! Der Mensch, der von weit her kommt und eine andere Sprache

Auf Druck der Arbeitgeber und der Gewerkschaften, die in ihrem offiziellen Sprachgebrauch konsequent von Anfang an den Begriff ›Gastarbeiter‹ vermieden haben, ist in der Tat der Begriff ›Gastarbeiter‹ aus seiner anfänglich halben Offizialität innerhalb der Sprache der Politik entlassen worden.[13] An seine Stelle ist der nicht als vorbelastet angesehene Begriff ›ausländischer Arbeitnehmer‹ aufgenommen worden,[14] um die ausländischen Arbeitskräfte auf der Basis anhaltender Betriebszugehörigkeit den inländischen Arbeiternehmern gleichzustellen und um sie in arbeitskonjunkturellen und sozial schwierigen Zeiten vor Repatriierungsmaßnahmen in Schutz zu nehmen.[15]

Seit der ersten Hälfte der siebziger Jahre wird nun versucht, die Bezeichnung ›ausländischer Arbeitnehmer‹ durch den Begriff ›ausländischer Mitbürger‹ zu erweitern,[16] der jedoch bis zum Anfang der neunziger Jahre weder an gesellschaftlicher noch an politischer Relevanz gewonnen hat. Der euphemistische Charakter solcher Vorschläge läßt sich auch an der Unsicherheit ablesen, mit der die Sozialwissenschaften und die deutsche Sprach- und Literaturwissenschaft ihnen begegnet sind. Die abwartende Einstellung bis in die achtziger

---

spricht, der andere Sitten kennt und andere Gewohnheiten hat als wir, ist unser Gast.« S. 146, sowie Giacomo Maturi, *Arbeitsplatz. Deutschland. Wie man südländische Gastarbeiter verstehen lernt*, Stuttgart 1964. Ferner Kardinal Joseph Frings (1967), »Unter keinen Umständen darf man sie (die Gastarbeiter) nur als reine Arbeitskraft in einer Form moderner Sklaverei werten,« zitiert nach Hans Eich/Hans Frevert (Hgg.), *Bürger auf Zeit*, Baden-Baden 1967, S. 9; sowie Gustav Heinemann (8. Mai 1970) »Aber die Garantie der Grundrechte durch die Verfassung und die freiheitlichen Gesetze können nicht verhindern, daß auch in einer freien Gesellschaft Gruppen und vor allem Minderheiten zu Parias der öffentlichen und nichtöffentlichen Meinung werden. Wie wird bei uns z.B. über Gastarbeiter gesprochen?«, zitiert nach René Leudesdorff/U. Horst Zilleßen (Hgg.), *Gastarbeiter = Mitbürger*, Gelnhausen 1971, S.

13 Vgl. »Einsatz von Gastarbeitern und Stabilität der Wirtschaft« als Titel für eine Kleine Anfrage der Fraktion der FDP. Nachzulesen als Drucksache V/1700 in: *Deutscher Bundestag 5. Wahlperiode*. Ferner René Leudesdorff/U. Horst Zilleßen (Hgg.), *Gastarbeiter = Mitbürger*, ebd., S. 355-359. Typisch für die Übergangsphase sind sprachliche Kontexte wie »Die Beschäftigung ausländischer Arbeitnehmer aus der Sicht der Wirtschaft« als Titel eines Aufsatzes von Rolf Weber, der mit dem Satz beginnt *Die sogenannten »Gastarbeiter«*, in: *Bundesarbeitsblatt*, Der Bundesminister für Arbeit und Sozialordnung (Hg.), Jg. 1970, Nr. 4, Stuttgart 1970, S. 246.

14 Vgl. »Die Verordnung über ausländische Arbeitnehmer vom 23. Januar 1933 (Reichsgesetzbl. I, S. 26) ist Bundesrecht geworden; sie ist in vollem Umfange anzuwenden,« in: *Bundesanzeiger*, Bundesministerium der Justiz (Hg.), Jg. 4, Nr. 43 vom 1. März 1952, Bonn 1952, S. 1-2.

15 Vgl. Heinz Richter, *DGB und Ausländerbeschäftigung*. In: *Gewerkschaftliche Monatshefte*, Bundesvorstand des DGB (Hg.), Jg. 25, Köln 1974, S. 35-40.

16 Vgl. *Noctua. Sprach-Placebos*. In: *Medical Tribune*, Nr. 3 vom 18. Januar 1974, »Oder nehmen wir die Schein-Karriere, die wir den Fremdarbeiter verbal haben machen lassen. Erst ist er zum Gastarbeiter avanciert [...] Offiziell heißt er jetzt achtungsvoll der ausländische Arbeitnehmer [...] Und ›unsere ausländischen Mitbürger‹ haben ihre Mitbürgerrechte wohl nur auf dem Papier.« S. 23.

Jahre hinein wird dadurch bestätigt, daß der Begriff ›Gastarbeiter‹, trotz seiner inzwischen eindeutig pejorativen Bedeutung in der Umgangssprache,[17] der einzige Begriff sein konnte, mit dem im damaligen wissenschaftlichen Sprachgebrauch eine sofortige sozio-kulturelle Festlegung gegenüber der Pluralität der Ausländer in der Bundesrepublik gezogen werden konnte.[18]

Genau an dieser widersprüchlichen Prägnanz des Begriffs ›Gastarbeiter‹ muß der Versuch, eine Gastarbeiterliteratur zu fördern bzw. von einer in der wissenschaftlichen Sekundärliteratur Gastarbeiterliteratur zu reden, schon in ihren Ansätzen scheitern. Die Entwicklungsfähigkeit der sozio-ökonomischen und kulturellen Vielfalt der Gastarbeiterwelt hatte längst vor diesem Zeitpunkt (1979) die einengende Vorläufigkeit und Homogenität gesprengt, die in dem Wort ›Gastarbeiter‹ von Anfang an enthalten und im alltäglichen, sozialwissenschaftlichen, sprach- und literaturwissenschaftlichen Begriffsgebrauch besonders herausgestellt worden war.

b) Rezeptionsansätze:

Gastarbeiterliteratur und Literatur der Betroffenheit als Programm

Der Versuch, eine vielfältige literarische Erscheinung auf einen Nenner zu bringen, entspricht der Notwendigkeit des Betrachters, sich einen Standort zu geben, um von dort aus Erkundungsversuche zu starten. Kaum anders verfahren Autoren, die mittels eines Programmes ihrem Vorhaben Öffentlichkeit

---

17 Vgl. Peter Schönbach, *Sprache und Attitüden. Über den Einfluß der Bezeichnungen Fremdarbeiter und Gastarbeiter auf Einstellungen gegenüber ausländischen Arbeitern*, Bern/Stuttgart/Wien 1970, vor allem S. 71-127. Im Jahre 1970 versuchte der WDR die Öffentlichkeit an der Ablösung des Wortes Gastarbeiter per Preisausschreiben zu beteiligen: »Trotz der über 32.000 Einsendungen drückte keine der Einsendungen eine überzeugende Alternative aus.« In: *Gastarbeiter. Analyse und Berichte*, Ernst Klee (Hg.), Frankfurt 21972. S. 149.

18 Vgl. folgende Büchertitel aus den siebziger Jahren. René Leudesdorff/U. Horst (Hgg.), *Gastarbeiter = Mitbürger*, ebd.; J. Manuel Delgado, *Die Gastarbeiter in der Presse*, Opladen 1972; *Gastarbeiter. Analyse und Berichte*, Ernst Klee (Hg.), ebd., Marios Nikolinakos, *Politische Ökonomie der Gastarbeiterfrage. Migration und Kapitalismus*, ebd.; *Gastarbeiter in Gesellschaft und Recht*, Tûgrul Ansay/Volkmar Gessner (Hgg.), München 1974; *Gastarbeiter. Analyse und Perspektiven eines sozialen Problems*, Helga Reimann/Horst Reimann (Hgg.), Opladen 1987 (München 1976); Verena McRae, *Die Gastarbeiter. Daten, Fakten, Probleme*, München 1980; Rüdiger Bech/Renate Faust, *Die sogenannten Gastarbeiter. Ausländische Beschäftigte in der BRD*, Frankfurt/M. 1981, vgl. auch die Tatsache, daß die internationale Fachliteratur Gastarbeiter entweder als Germanismus oder als Lehnmodell für *guest worker* übernommen hat, hierzu Helmut Scheuer, *Der »Gastarbeiter« in Literatur, Film und Lied deutscher Autoren*. In: *LiLi (Zeitschrift für Literaturwissenschaft und Linguistik)* Helmut Kreuzer (Hg.), »Gastarbeiterliteratur«, H. 56/1984, Göttingen 1985, S. 74.

verschaffen möchten. Im vorliegenden Fall treffen die zwei Verfahren aufeinander, weil zwei Autoren mit einer »Ars poetica der Gastarbeiterliteratur«[19] an die Öffentlichkeit getreten sind, um sie als Programm und als Rezeptionsansatz der Gastarbeiterliteratur vorzustellen.

Die Gastarbeiterliteratur als Programm für eine im Deutschen neuartige Literatur findet sich in nuce zum ersten Mal im Franco Biondis Gedichtzyklus *nicht nur gastarbeiterdeutsch* (1979).[20] Die in diesem Zyklus angekündigte Sprach- und Bewußtseinsentwicklung eines Gastarbeiters wurde kurz danach von Franco Biondi in Zusammenarbeit mit Rafik Schami zum Hauptkern einer Gastarbeiterliteratur ausformuliert, die durch den Titel *Literatur der Betroffenheit. Bemerkungen zur Gastarbeiterliteratur*[21] vorrangig unter die Kategorie der Betroffenheit gestellt wurde. Folgende Hauptziele sind zu nennen:
– »Die erste Aufgabe der Gastarbeiterliteratur liegt gerade im Kampf gegen die aufgezwungene Trennung unter sich und zwischen ihnen und den deutschen Arbeitern.« (S. 128)
– »Eine effektive Gastarbeiterliteratur muß sich daher von Anfang an multinational gestalten. Nur so kann die Lage der Gastarbeiter umfassend beleuchtet werden, um danach eine Lösung zu finden.« (S. 129)
– »Diese Literatur ermöglicht zugleich den kulturellen Austausch zwischen ›Inländern‹ und Gastarbeitern.« (S. 133)
Weitere Perspektiven der Gastarbeiterliteratur werden mit Begriffen wie »Autonomie gegenüber der Literatur des Ursprungs und der neuen Heimat« (S. 133), jedoch »Bereicherung« (S. 133) der letzteren angesprochen. Auch von Abgrenzung von der folkloristischen Wahrnehmung der Kultur der Gastarbeiter (S. 133), »Selbsthilfe zur Verteidigung der Identität« (S. 133), und Formierung eines vernünfitigen Widerstandes« (S. 133) ist die Rede. Die Entscheidung für die deutsche Sprache wird folgendermaßen begründet: »Damit wollte man und will man auch das Gemeinsame betonen, um Brücken zu schlagen zu den deutschen Mitbürgern und zu den verschiedenen Minderheiten anderer Sprachherkunft in der Bundesrepublik« (S. 134). Den Konflikt mit der eigenen Identität bezahlen die Autoren als notwendigen Preis, »weil sie sich bewußt sind, daß nur das gemeinsame Handeln mit allen Betroffenen die Gründe ihrer Betroffenheit aufheben kann.« (S. 134)

Die im Titel angekündigte Priorität der Betroffenheit an sich gegenüber den Gastarbeitern als Trägern von Betroffenheit findet ihre Notwendigkeit darin, den Akzent von dem Trennenden auf das Verbindende zwischen beiden Polen der dort angekündigten Gastarbeiterliteratur zu verlagern, denn »gerade die Betroffenheit ist aber unentbehrlich für die Solidarität« (S. 128),

---

19 Harald Weinrich, *Gastarbeiterliteratur in der Bundesrepublik Deutschland.* In: *LiLi*, ebd., S. 21.
20 Franco Biondi, *nicht nur gastarbeiterdeutsch*. Klein Winterheim 1979, (Selbstverlag) S. 37-40.
21 Franco Biondi/Rafik Schami, *Literatur der Betroffenheit. Bemerkungen zur Gastarbeiterliteratur*, in: *Zu Hause in der Fremde*. Christian Schaffernicht (Hg.) ebd., S. 124-136. Aus der Ausgabe wird im Text fortlaufend zitiert.

um die Lage der Gastarbeiter an die Alltagsnormalität der Inländer heranzuführen.

Wenn man davon absieht, daß für diese Gastarbeiterliteratur ein Anknüpfen an die Erzähltradition der Herkunftsländer verlangt wird (»Die Form der Gastarbeiterliteratur ist mannigfaltig, obschon das mündlich Überlieferte, Volkstümliche eine bedeutende Rolle spielt.« S. 130), wird deutlich, daß bei der Formulierung des Programms zwei Faktoren aus dem deutschen Literatur-Umfeld eine entscheidende Rolle gespielt haben, obwohl von den Verfassern ausdrücklich Abstand von der eigenen und von der fremden Literatur beabsichtigt wird (S. 133):

– Ausgehend von den literarischen Erfahrungen unter den einzelnen Nationalitäten[22] ist von den Verfassern eine »Zuordnung [der Gastarbeiterliteratur] zu Traditionen und Funktionen der Arbeiter-Literatur«[23] als unmittelbare Anlehnung an die damalige Literatur der Arbeitswelt vollzogen worden. Dies wird daran deutlich, daß von Franco Biondi und Rafik Schami die These bekräftigt wird, daß die Gastarbeiter sich sozio-politisch als Teil und Kontinuität der deutschen Arbeiterbewegung zu verstehen haben (S. 128), während die Suche nach der eigenen Andersartigkeit und Alterität zu der fremden Gesellschaft in den Hintergrund gedrängt wird. Zu dieser Einbettung der Frage nach der eigenen Identität in der Suche nach Gemeinsamkeiten mit den Inländern mag der damalige wirtschaftliche und öffentliche Druck auf die ausländischen Arbeitnehmer Entscheidendes beigetragen haben, der seinen Ausdruck in dem *Gesetz zur Förderung der Rückkehrbereitschaft von Ausländer*n vom 28. November 1983 finden sollte.

Dennoch und obwohl Franco Biondi und Rafik Schami auf ästhetischer Ebene auf Distanz zu der Literatur der Arbeitswelt mit der Feststellung gegangen sind, daß die »ästhetischen Kategorien aus der Realismusdebatte als unzulänglich betrachtet werden können,« (S. 132) wird die Annahme nirgendwo exemplarisch in ihren Konsequenzen verdeutlicht. Die Annahme läßt vermuten, daß die Verfasser die Distanz nicht in der Ästhetik, sondern im Bereich des Bewußtwerdens des Gastarbeiterautors gesucht haben, und zwar in einem Prozeß des Bewußtwerdens, der jenseits einer parteiorientierten Politisierung mit Hilfe der klassischen linken Modelle liegt und der eher durch die Einsicht in die eigene Randlage als Gastarbeiter in Gang gesetzt werden kann. Eine Randlage, die unübersehbare sozio-ökonomische Parallelen und Verbindungen zur deutschen Arbeiterschicht ausweist, die jedoch dem Gastarbeiterautor aufgrund seines Fremdseins ein Quantum an Andersartigkeit und Alterität gegenüber den deutschen Autoren der Literatur der Arbeitswelt garantiert.

Ein vordergründiger Beleg für diese Anlehnung an die Literatur der Arbeitswelt ist die in dem Aufsatz vertretene widersprüchliche Auffassung, daß

---

22 Franco Biondi, *Kultur der Ausländer. Von den Tränen zu den Bürgerrechten. Ein Einblick in die italienische Emigrantenliteratur.* In: *LiLi*, ebd., S. 75-100.

23 Vgl. Helmut Kreuzer, *Gastarbeiter-Literatur, Ausländer-Literatur, Migranten-Literatur? Zur Einführung.* In: *LiLi*, ebd., S. 7.

ein Gastarbeiterautor ein Arbeiter sein muß und somit andere Ausländer, die sich in derselben Randlage befinden, bzw. dem Ausländergesetz unterworfen sind, ausgrenzt.[24] Ein vordergründiger Widerspruch, der zu diesem Zeitpunkt nicht einzulösen war und der von den Verfassern bewußt hingenommen wurde, wie es spätere Formulierungen derselben zeigen, weil nur dadurch die situative Solidarität aller Gastarbeiter vor dem Ausländergesetz zu unterstreichen war.[25]

– Als zweiter Faktor soll die erweiterte Übernahme der Kategorie der Betroffenheit erwähnt werden, die sich als tragendes Element der Frauenliteratur herausgebildet hat.[26] Erweitert deswegen, weil sie die Grundlage literarischer Kreativität darstellt und politisch als Auslöser von Solidarität über die nationalen Interessen zwischen den Gastarbeitern verschiedener Herkunftsländer und zwischen Inländern und Gastarbeitern postuliert wird. Allerdings muß angemerkt werden, daß die Verfasser unter Betroffenheit eher das Engagement in eigener Sache durch die eigene literarische Arbeit verstanden haben und nicht Authentizität als Grundlage der eigenen Literatur, wie sie dann in der Feuilletonistik[27] kolportiert, aber auch teilweise von der wissenschaftlichen Sekundärliteratur verstanden wurde.[28]

Daß Franco Biondi und Rafik Schami im Titel der späteren Arbeit *Mit Worten Brücken bauen! Bemerkungen zur Literatur von Ausländern* den Begriff »Gastarbeiterliteratur« durch »Literatur von Ausländern«[29] ersetzt haben, soll als Antwort auf die Schwierigkeiten bei der Rezeption ihres Programms verstanden werden. Dies ist ein Korrektiv angesichts der Erwartung, daß Gastarbeiter im betroffen-machenden Deutsch[30] der Literatur der Arbeitswelt eine

---

24 Vgl. Antonio Hernando, Vito d'Adamo, Antonio Pesciaioli und Giuseppe Fiorenza dill' Elba gegenüber Aras Ören, Jusuf Naoum, Rafik Schami, Guillermo Aparicio, Güney Dal, die keine Gastarbeiter im Sinne der Verfasser sein konnten, S. 133.

25 Vgl. Franco Biondi/Rafik Schami, *Ein Gastarbeiter ist ein Türke*. In: *Kürbiskern*, H. 1/83, Friedrich Hitzer u. a. (Hgg.), München 1983, S. 94-106.

26 Sigrid Weigel, *Die Stimme der Medusa*, Reinbek 1989, S. 100.

27 Lutz Tantow, *In den Hinterhöfen der deutschen Sprache. Ein Streifzug durch die deutsche Literatur von Ausländern*. In: *Die Zeit*, Nr. 15 vom 6. April 1984, S. 58.

28 Vgl. Irmgard Ackermann, *»Gastarbeiter«literatur als Herausforderung*. In: *Frankfurter Hefte*, H. 1/1983, Frankfurt 1983, S. 58; sowie Horst Hamm, *Fremdgegangen freigeschrieben. Einführung in die deutschsprachige Gastarbeiterliteratur*, Würzburg 1988, Abschnitt »Literatur der Betroffenheit – authentische Literatur«, S. 48-54; Harald Weinrich, *Gastarbeiterliteratur in der Bundesrepublik Deutschland*. In: *LiLi*, ebd., S. 12-22. Zu Betroffenheit gegen Entfremdung vgl. Franco Biondi in: Carmine Chiellino, *Die Reise hält an. Ausländische Künstler in der Bundesrepublik*, München 1988, S. 29.

29 Franco Biondi/Rafik Schami, *Mit Worten Brücken bauen! Bemerkungen zur Literatur von Ausländern*, in: *Türken raus?* Rolf Meinhardt (Hg.), Hamburg 1984. S. 66-77.

30 Als Beleg für diese Rezeptionserwartung sei hier auf Tryphon Papastamatelos' Gedicht hingewiesen »warum water warum water / du mich holen / in dieses Land / wo ich nicht / auf strassen / spielen kann die / du so schön / putzen hast,« das als

neue Variante zufügen sollten. Weiter muß ihnen deutlich geworden sein, daß ihre Hoffnung, stets neue Arbeiter als Gastarbeiterautoren zu gewinnen, nicht einzulösen war. Einigen von ihnen konnte der Sprung in das Gastarbeiterdeutsch literarisch nicht gelingen, für andere war die Muttersprache ein größeres Orientierungspotential als das polynationale Zusammenwirken im Rahmen von Südwind oder von PoLiKunst.

Da in dem Aufsatz weiterhin von ›Gastarbeiter‹ die Rede ist und weil nirgendwo der Austausch im Untertitel begründet wird, darf man davon ausgehen, daß die Verfasser den Widerspruch bewußt in Kauf genommen haben, um politische und literarische Ziele des Programms zusammenzuhalten.[31] Mit dem Begriff ›Gastarbeiter‹ soll die Basis der Betroffenheit aus der Gastarbeiterwelt politisch soweit wie möglich erweitert werden, dagegen bietet sich der Begriff ›Ausländer‹ im literarischen Bereich an, um gegen eine diskriminierende Rezeption der Gastarbeiterliteratur zu steuern[32] und um jene Autoren nicht auszuklammern, die nicht aus den klassischen Gastarbeiterländern kamen, die sich jedoch aufgrund ihrer Erfahrungen und ihrer Inhalte dieser Literatur angeschlossen hatten. Aber auch hier darf der Druck der Öffentlichkeit nicht unterschätzt werden, die sich seit Ende der siebziger Jahre immer mehr der Sprache der offiziellen Organe der Republik angenähert hat, so daß es im Laufe der achtziger Jahre immer schwieriger und seltener wird, von Gastarbeitern zu reden und noch mehr zu schreiben.[33]

Prototyp der Gastarbeiterlyrik gilt, nachdem Franco Biondi, Jusuf Naoum, Rafik Schami und Suleman Taufiq als Herausgeber der Südwind-gastarbeiterdeutsch-Reihe das Gedicht auf der Rückseite des ersten Bandes *Im neuen Land*, Bremen 1980, veröffentlicht haben.

31 In seinem Beitrag für das *Handwörterbuch. Ausländerarbeit*, Georg Auernheimer (Hg.), Weinheim/Basel 1984, unter dem Stichwort *Gastarbeiterliteratur*, S. 150-154, entwirft Yüksel Pazarkaya ein Gesamtbild der Gastarbeiterliteratur, an dem erkennbar wird, daß in der Tat der nicht einzulösende Widerpruch von Franco Biondi und Rafik Schami weniger mit ihrem Autorenanteil als mit den sprachlichen und kulturellen Gegebenheiten zu tun hatte, unter denen die Gastarbeiterliteratur ihren Anfang genommen hat, schon bevor sie sich auf den Weg machen konnten, sie programmatisch zu fördern, bzw. sie neu definieren zu wollen. Ferner vgl. *Autorendiskussionen in Literatur ausländischer Arbeitnehmer (»Gastarbeiterliteratur«) in der Bundesrepublik Deutschland.* In: *Materialien Deutsch als Fremdsprache*, H. 22 /1983, (Hg.) Arbeitskreis Deutsch als Fremdsprache beim DAAD, Regensburg 1983, S. 305-327 und *»Deutsche Literatur in einem fremden Land. Zur Literatur »ausländischer« Autoren in der Bundesrepublik.* In: *Fremdworte* Nr. I/85, Suleman Taufiq (Hg.), »Schreiben ohne Muster«, Essen 1985, S. 7-12.

32 Vgl. Karl Esselborn, *Über Grenzen. Berichte, Erzählungen, Gedichte von Ausländern*, München 1988, S. 264.

33 Anfang der achtziger Jahre wird selbst im Titel von Handbüchern das Wort *Gastarbeiter* nicht mehr aufgenommen. Vgl. *Ausländerbuch für Inländer. Bausteine zum Begreifen der Ausländerprobleme*, Pea Fröhlich/Peter Märthesheimer (Hgg.), Frankfurt 1980, *Aktionsbuch Ausländer*, Manfred Budzinki (Hg.), Bornheim-Merten 1983 und *Handwörterbuch. Ausländerarbeit*, Georg Auernheimer (Hg.), ebd..

Von »Gastliteratur« bis zu »Eine nicht nur deutsche Literatur«
als Kategorien der Sekundärliteratur

Eine erste offizielle Übernahme von ›Gastarbeiterliteratur‹ als Kategorie der wissenschaftlichen Sekundärliteratur ist im Jahre 1983 aufgrund von Harald Weinrichs Vortrag *Gastarbeiterliteratur in der Bundesrepublik Deutschland*[34] zu verzeichnen.

Schon davor hatte Harald Weinrich in seinem Vorwort zur Anthologie *Als Fremder in Deutschland* (1982) auf folgende drei Gesichtspunkte als Merkmale der neuartigen Literatur hingewiesen. Sie sei »eine deutsche Gastliteratur die durch Distanz und Fremdheit nicht unbedingt verhindert, sondern eher befördert wird« (S. 10), während die Anthologie als »bemerkenswerte Dokumentensammlung zu unserem eigenen Selbstverständnis« (S. 11) vorgestellt wird.

Mit ›Gastliteratur‹ bezieht sich der Verfasser auf die Vorgeschichte der literarischen Strömung[35] und knüpft zugleich an die Diskussion um Franco Biondis und Rafik Schamis Aufsatz an. In Harald Weinrichs Darstellung wird ›Gastliteratur‹ auf eine Ausführung Elias Canettis zurückgeführt, indem er den Satz wiedergibt »Ich bin nur ein Gast in der deutschen Sprache.«[36]

Während die italienischen Vorläufer sich als »Autori Gast« der deutschen Gesellschaft verstanden und weiter in ihrer Nationalsprache schrieben, wird über Canettis Satz ein Teil von ihnen als willkommene Gäste in der deutschen Sprache begrüßt. Daß der Gastliteratur Entwicklungfähigkeit aufgrund ihrer Distanz und Fremdheit zu der Sprache, die sie verwendet, bescheinigt wird, beruht auf den positiven Erfahrungen, die in anderen Nationalsprachen wie Englisch und Französisch vorliegen.[37] In den Zielsetzungen ist die damalige Vorstellung der Gastarbeitautoren zu erkennen, wonach ihre Literatur ein Spiegel für den deutschen Leser sein sollte, in dem er sich und seine Gesell-

---

34   Der Vortrag liegt vor in der Dokumentation VISODATA 83, München 1984, (TR-Verlagsunion) und in: *LiLi*, ebd., S. 12-22. Unter dem Titel *Deutschland – ein türkisches Märchen. Zu Hause in der Fremde. Gastarbeiterliteratur* ist er in: *Frankfurter Allgemeinen Zeitung* vom 26. März 1983 erneut abgedruckt worden, zuletzt in: *Deutsche Literatur 1983. Ein Jahresüberblick*, Volker Hage (Hg.), Stuttgart 1984, S. 230-237, nachzulesen.

35   Der Begriff Gastliteratur war von italienischen Autoren in Umlauf gebracht worden, die mit einem zweijährigen *Dibattito* (1976-1977) in der in Frankfurt erscheinenden Wochenzeitung *Il Corriere d'Italia* versucht hatten, sich selbst als *Autori Gast* und ihre Literatur als *Letteratura Gast* zu definieren. Hierzu vgl. Franco Biondi, *Kultur der Ausländer*, in: *LiLi*, ebd., S. 75-100, dort »Il Dibattito« S. 81 ff. sowie Ulrike Reeg, *Schreiben in der Fremde*, ebd., La »poesia Gast«, S. 44 ff. u. S. 265-267 mit den bibliographischen Angaben über den *Dibattito*.

36   Vgl. Harald Weinrich, *Um eine deutsche Literatur von außen bittend.* In: *Merkur*, H. 8/1983, Stuttgart 1983, S. 920, die kürzere Fassung unter dem Titel *Gäste in der deutschen Sprache.* In: *Rheinischer Merkur/Christ und Welt*, Nr. 29 vom 20. Juli 1984, Köln 1984.

37   Harald Weinrich, *Um eine deutsche Literatur von außen bittend*, ebd., S. 920.

schaft noch mehr als die Gastarbeiter erkennen sollten.[38] Die Widerspiege-
lungsthese findet sich im Nachwort zur selben Anthologie bestätigt, wo Dietrich Krusche u.a. anmerkt, daß »Wenn wir [die Deutschen] es wagen, uns einmal so, in der »Brechung« in diesen fremden Augen, zu sehen, können wir nur
gewinnen: für den Umgang mit den Fremden in unserem Land – ja, aber auch
für den Umgang mit uns selbst.«[39]

Diese erste Gesamtvorstellung einer Gastliteratur erfährt in kurzer Zeit eine
weitere Konkretisierung, mit der deutlich wird, daß für die Mitglieder des
Münchner Instituts für Deutsch als Fremdsprache die deutsche Sprache zusammen mit der conditio des Fremdseins und nicht des Gastarbeiters allein, ihr gemeinsamer Nenner sein kann. Dies geschieht auf doppelte Weise: von Harald
Weinrich wird auf den Grafen Luis Charles Adélaide Chamisso de Boncourt als
symbolhaften Vorläufer der Gastliteratur hingewiesen,[40] Irmgard Ackermann
stellt fest, daß Gastarbeiter als Autoren keine Priorität mehr genießen. Mit den
ausländischen Studenten und mit den Gastarbeiterkindern zusammen stellen
sie eine der drei Schriftstellergruppen der deutschen Literatur von außen.[41]

Somit läßt sich festhalten, daß die Anwesenheit der Autoren auf dem Gebiet
der Bundesrepublik für eine deutsche Literatur von außen nach dem Verständnis der Mitglieder des Münchner Instituts keine Vorbedingung mehr
ist.[42] Die Generalisierung war in dem Aufsatz Harald Weinrichs dort angeklungen, wo er von einer germanophonen Literatur sprach, die weder an die
Erfahrungen vor Ort noch an ihre thematische Solidarität mit der Gastarbeiterwelt gebunden sein sollte, denn: »Nun erweckt es jedoch einen falschen
Eindruck, wenn man die Gastarbeiterliteratur vorschnell für die Ausländerliteratur in Deutschland schlechthin nimmt.«[43] Dort gewinnt die Gestalt des
deutschsprachigen Dichters Adelbert von Chamisso als Vorläufer »einer deutschen Literatur von Autoren anderer Muttersprache«[44] schärfere Konturen

38 Zur Aktualität der These vgl. *Radius*, das H. 1/90 mit dem Titel *Das Fremde*, Stuttgart
   1990, insbesondere folgende Beiträge: Ering Fetscher, *Der, die, das Fremde*, S. 2,
   Marie-Theres Albert, *Im Spiegel des Fremden sehe ich mich selbst*, S. 7-13 und Mario
   Erdheim, *Die Faszination des Fremden. Triebfeder kultureller Entwicklung*, S. 16-18.

39 Dietrich Krusche, *Die Deutschen und die Fremden. Zu einem durch fremde Augen
   »gebrochenen« Deutschlandbild. Nachwort*, in: *Als Fremder in Deutschland*, Irmgard Ackermann (Hg.) ebd., S. 202.

40 Vgl. Harald Weinrich, *Vorwort* zu Irmgard Ackermann (Hg.), *In zwei Sprachen
   leben. Berichte, Erzählungen, Gedichte von Ausländern*, München 1983, S. 9-10.

41 Harald Weinrich, *Um eine deutsche Literatur von außen bittend*. In: *Merkur*,
   H. 8/1983, ebd.

42 Vgl. Irmgard Ackermann (Hg.), *In zwei Sprachen leben*, ebd., S. 248, das Vorwort ist
   leicht geändert in: *Stimmen der Zeit*, H. 7, Bd. 301, Freiburg 1983, S. 443-454, veröffentlicht worden.

43 Harald Weinrich, *Um eine deutsche Literatur von außen bittend*, ebd., S. 917. Ferner
   vgl. den Titel *Türken deutscher Sprache. Berichte, Erzählungen, Gedichte*, Irmgard
   Ackermann (Hg.), München 1984, als Tendenz zu Germanophonie.

44 *Eine nicht nur deutsche Literatur. Zur Standortbestimmung der »Ausländerliteratur«*, Irmgard Ackermann/Harald Weinrich (Hgg.), München/Zürich 1986, S. 2.

und damit wird das Schicksalhafte des Fremder-Seins sowohl in einem fremden Land als auch in der verwendeten Sprache[45] eindeutig in den Mittelpunkt der erwarteten Literatur gerückt.

Ausgehend von *Gastliteratur und Gastarbeiterliteratur* über *eine deutsche Literatur von außen* bis zu *Eine nicht nur deutsche Literatur*[46] wird aber in zunehmendem Maße deutlich, daß es nicht möglich ist, einen bestimmten Teil aus dem ganzen Prozeß herauszureißen und ihn per definitionem in eine andere Entwicklung zu stellen. Der letzte Definitionsvorschlag von Irmgard Ackermann und Harald Weinrich[47] geht auf Franco Biondis Zyklustitel *nicht nur gastarbeiterdeutsch* zurück. Die gesuchte Nähe fällt zusätzlich auf, da beide Definitionen ex negativo formuliert sind und darauf hinweisen, daß es unmöglich ist, die literarische Strömung in ihrer Ganzheit zu erfassen.

Die begriffliche Unmöglichkeit wird dadurch bestätigt, daß der erste Adelbert-von-Chamisso-Preisträger Aras Ören war, der nach wie vor nur auf Türkisch schreibt. Die Begründung, daß der Preis für literarische Werke verliehen werde, »die von Autoren nichtdeutscher Muttersprache in deutscher Sprache geschrieben oder in unmittelbarem Zusammenhang mit ihrem Entstehungsprozeß ins Deutsche übertragen worden sind,«[48] liest sich eher wie eine Erweiterung, denn wie eine begriffliche Synthese.

Es sei dahingestellt, was mit einem solchen Korrektiv alles erfaßt werden kann. Es steht schon jetzt fest, daß, wenn am Ende der Gastliteratur nur noch eine deutsche Literatur von außen[49] stehen soll, es nicht leicht sein wird, die Autoren, die weiterhin in ihrer mitgebrachten Sprache schreiben, per definitionem davon fernzuhalten.

Migrantenliteratur

In der wissenschaftlichen Sekundärliteratur ist seit 1984 eine dritte Betrachtungsperspektive unter dem Begriff ›Migrantenliteratur‹ bzw. ›Migrationsliteratur‹ mit folgenden Werken in Umlauf gebracht worden: Heimke Schierloh *Das alles für ein Stück Brot. Migrantenliteratur als Objektivierung des »Gastar-*

---

45 Vgl. Franco Biondi, *Die Fremde wohnt in der Sprache*, in: *Eine nicht nur deutsche Literatur*, Irmgard Ackermann/Harald Weinrich (Hgg.) ebd., S. 25-32.

46 *Eine nicht nur deutsche Literatur*, Irmgard Ackermann/ Harald Weinrich (Hgg.), ebd., als Dokumentation der Positionen der Autoren und der Ergebnisse des Bad-Homburger Kolloquiums aus dem Jahr 1985, S. 2.

47 Vgl. Irmgard Ackermann, *Zur Standortbestimmung der »Ausländerliteratur«*, in: *Literatur im interkulturellen Kontext*, Heidi Rösch (Red.), TUB-Dokumentation, H. 20, Berlin 1989, S. 55-57.

48 Harald Weinrich, *Der Adelbert-von-Chamisso-Preis*, in: *Chamissos Enkel. Zur Literatur der Ausländer in Deutschland*, Heinz Friedrich (Hg.), München 1986, S. 12.

49 Vgl. Suleman Taufiq, *Plädoyer für eine Literatur von innen*. In: *Fremdworte*, Nr. 1/1985, Suleman Taufiq (Hg.), ebd., S. 5-6. Ferner Zafer Şenocak, *Plädoyer für eine Brückenliteratur*, in: *Eine nicht nur deutsche Literatur*, ebd., Irmgard Ackermann/Harald Weinrich (Hgg.), S. 65-69.

beiterdasein« (1984); Monika Frederking *Schreiben gegen Vorurteile. Literatur türkischer Migranten in der Bundesrepublik,* (1985) und Hartmut Heinze *Migrantenliteratur in der Bundesrepublik* (1986).

Mit der Verankerung der betreffenden Literatur in dem Begriff ›Migrant‹ und ›Migration‹ wenden sich die Befürworter primär gegen die Vorläufigkeit des Terminus ›Gastarbeiter‹ und plädieren für die politische Anerkennung der Tatsache, daß die Bundesrepublik ein Einwanderungsland geworden ist.[50] Dabei fällt auf, daß über die Wiederaufnahme des Begriffs ›Migrant‹ eine Verankerung der Anwesenheit ausländischer Arbeitskräfte auf dem Gebiet der Bundesrepublik in der deutschen Geschichte dieses Jahrhunderts[51] auch deswegen versucht wird, um eine historische Kontinuität des Migrantenstatus auf der Basis der politischen und wirtschaftlichen Verantwortung,[52] sowie auf der Basis der gesellschaftlichen Parteinahme und Frontenbildung[53] zu begründen. Insofern ist festzustellen, daß die Befürworter der Migrant-Migrationsliteratur die Annäherung an diese Literatur auch aufgrund spürbarer Verbundenheit mit der Kulturentwicklung im eigenen Land anstreben. Für sie steht fest, daß das Land sich auf eine korrekte Wahrnehmung fremder Kulturen mit Hilfe dieser Literatur einstellen muß.

Am deutlichsten wird die These der zu vermittelnden Kulturgegensätze von Heimke Schierloh vertreten. Hartmut Heinze hält an der Vermittelungsfunktion fest und unterstreicht, daß die Migrantenliteratur Abstand von »gastarbeiterspezifischen Themen« zugunsten neuer Aufgaben genommen habe.[54] Monika Frederking wendet sich mit ihrem Fragenkatalog gezielt der Frage nach der Authentizität und der Fiktionalität[55] der Literatur türkischer Migranten in der Bundesrepublik zu. Ihr Ansatz erweist sich so sehr dem Vermittlungszwang untergeordnet, daß Authentizität und Fiktionalität zu Gunsten eines »interkulturellen«[56] Informationsflusses verdrängt werden: »Die Li-

---

50   Vgl. Heimke Schierloh, *Das alles für ein Stück Brot. Migrantenliteratur als Objektivierung des »Gastarbeiterdaseins«,* Frankfurt 1984, S. 12-14; Hans-Dieter Grünefeld, *Literatur und Arbeitsemigration. Probleme literaturwissenschaftlicher Gegenstands- und Begriffsbestimmung.* In: *Tagungsprotokoll 25/85. Ausländer- oder Gastarbeiterliteratur? Geschichte und aktuelle Situation einer neuen Literatur in Deutschland,* Evangelische Akademie Iserlohn (Hg.), Iserlohn 1985, S. 4-31, Vorbemerkung S. 4; Hartmut Heinze, *Migrantenliteratur in der Bundesrepublik Deutschland,* Berlin 1986, Abschnitt »Einwanderungsland Bundesrepublik Deutschland«, S. 8-12 und Monika Frederking, *Schreiben gegen Vorurteile,* Berlin 1985, vgl. Abschnitt »Hintergründe der Migration«, S. 8-11.

51   Vgl. Heimke Schierloh, *Das alles für ein Stück Brot,* ebd., S. 13 und Hartmut Heinze, *Migrantenliteratur in der Bundesrepublik Deutschland,* ebd., S. 47.

52   Hartmut Heinze, *Migrantenliteratur in der Bundesrepublik Deutschland,* ebd., S. 8.

53   Hans-Dieter Grünefeld, *Literatur und Arbeitsemigration,* ebd., S. 66.

54   Hartmut Heinze, *Migrantenliteratur in der Bundesrepublik Deutschland,* ebd., S. 87.

55   Monika Frederking, *Schreiben gegen Vorurteile,* ebd., S. 55-56.

56   Ebd., S. 136.

teratur informiert die deutschen Leser über Bewußtseinsvorgänge in der Minorität und eröffnet Wege zu einer Auseinandersetzung.«[57]

Nationale Minderheitsliteratur – Literatur von unten

Die betreffende Literatur als eine Literatur jeweiliger nationaler Minderheiten zu betrachten, bietet sich als geeigneter Ansatz an, um ihre Entstehungsphase innerhalb der mitgebrachten Kultur- und Literaturtraditionen zu erforschen. Er erlaubt, beide Spannungspole in unmittelbare Beziehung zueinander zu führen, die Reaktionen auf der Basis von überschaubaren Grenzen zu untersuchen und das Fremde, das Neue mit vertrauten Quellen in Verbindung zu bringen. Genau dies wurde in den Arbeiten von Franco Biondi, Gino Chiellino und Ulrike Reeg[58] über die Literatur italienischer Autoren in der Bundesrepublik, von Yüksel Pazarkaya über die ersten Veröffentlichungen der türkischen Autoren[59] getan. Hans Eideneier und Niki Eideneier haben dies für die griechische Gemeinde vorerst nur skizziert.[60]

Vor allem Ulrike Reegs umfangreicher Doktorarbeit *Schreiben in der Fremde. Literatur nationaler Minderheiten in der Bundesrepublik Deutschland* (1988), ist eine lückenlose Chronologie der Anfänge der Literatur italienischer Autoren in der Bundesrepublik zu verdanken. Dabei ist es ihr gelungen, die Natur der Sackgasse mit Genauigkeit zu definieren, in die die Literatur nationaler Minderheiten bei fortschreitender sozio-politischer Entwicklung im Lande und bei wachsender Heterogenität in der Welt der Minderheiten geraten ist: »eine Konservierung bekannter Verhaltensmuster und tradierter Wertvorstellungen, die dann nicht wünschenswert ist, wenn sie Kritikfähigkeit und Bewußtseinsbildung verhindert.«[61] Zu erwähnen ist auch ihre Position zugunsten einer »Literatur ›von unten‹ [...], zu der viele Emigranten, z. T. ohne vorherige Schreiberfahrungen und trotz ungünstiger Bildungsvoraussetzungen beitragen,«[62] die in der Arbeit zu linear verfolgt worden ist, wenn es darum geht, die Anfänge der Literatur italienischer Autoren in der BRD festzulegen.

Ulrike Reeg setzt 1975 als Geburtsjahr für die »Literatur von unten« fest, weil in diesem Jahr der Literatur- und Kunstverband ALFA gegründet und die

---

57 Ebd., S. 133.
58 Vgl. Franco Biondi, *Kultur der Ausländer,* In: *LiLi,* ebd., S. 75-100; Gino Chiellino, *Literatur und Identität in der Fremde. Zur Literatur italienischer Autoren in der Bundesrepublik,* Kiel 1988 (1985) sowie Ulrike Reeg, *Schreiben in der Fremde. Literatur nationaler Minderheiten in der Bundesrepublik Deutschland,* Essen 1988.
59 Yüksel Pazarkaya, *Türkiye, Mutterland – Alamanya, Bitterland ... Das Phänomen der türkischen Migration als Thema der Literatur.* In: *LiLi,* ebd., S. 101-124.
60 Hans Eideneier, *Griechische Gastarbeiterliteratur.* In: *Fremdworte,* Nr. 4/82, Suleman Taufiq/Michael Albers (Hgg.), »Kulturelle Identität«, Aachen 1982, S. 5 und Niki Eideneier, *Die griechischen »Gastarbeiter« in der Literatur.* In: *Modernes Griechenland – Modernes Zypern* (Hg.) Jürgen Werner, Amsterdam 1989, S. 156-166.
61 Ulrike Reeg, *Schreiben in der Fremde,* ebd., S. 80-81.
62 Ebd., S. 13-14.

Zeitschrift *Il Mulino* von Antonio Pesciaioli zum ersten Mal herausgegeben wurde. Und obwohl einige Autoren und Werke genannt werden, die vor 1975 erschienen sind, wird deswegen darauf verzichtet, sie analytisch zu berücksichtigen, da »diese ersten Dokumente [...] kaum Orientierungspunkte oder Impulse für die offensichtlich schon damals sehr zahlreichen Emigranten bieten konnten, denen das Schreiben zu einer Möglichkeit der Realitätsverarbeitung und Lebensbewältigung geworden war.«[63] Das Aussparen eines Werkes wie Gianni Bertagnolis *Arrivederci, Deutschland!* aus dem Jahre 1964, hindert die Verfasserin allerdings daran zu erkennen, daß gerade in diesem Buch die Themen angelegt sind, die nach Ulrike Reeg konstitutiv für eine Literatur von unten sind; wie z.B.: »Der Text als Glaubensbekenntis«, »Die Trennung von der Frau«, »Die Sehnsucht nach der Mutter«, »La terra madre«, »Die Fremde«, »Die enttäuschte Hoffnung.«[64]

Die Anmerkung zu Reegs Vorgehen verdeutlicht lediglich, daß bei der Würdigung der Literatur einer nationalen Minderheit die Frage, ob ein Autor wie Gianni Bertagnoli einen Impuls für die Gruppe der ALFA hätte sein können, keinen Vorrang vor der Tatsache haben kann, daß sich Gianni Bertagnoli unter den gleichen allgemeinen Bedingungen und mit demselben Hauptthema darangemacht hat, Literatur für und innerhalb einer nationalen Minderheit zu schreiben. Vollständigkeit ist deswegen erstrebenswert, weil im Bereich der Literatur nationaler Minderheiten in der Fremde nicht zu gewährleisten ist. Das hängt damit zusammen, daß einige Werke noch nicht verfügbar sind, andere haben nur kurzfristig literarische Öffentlichkeit erreicht[65] und andere sind aufgrund der Mobilität der Autoren in Kontexten veröffentlicht,[66] die schwer zu erschließen sind.

Deutschsprachige Gastarbeiterliteratur

Für Horst Hamm, den Verfasser der Doktorarbeit *Fremdgegangen freigeschrieben. Einführung in die deustchsprachige Gastarbeiterliteratur* (1988), drückt der Begriff Gastarbeiterliteratur das Engagement aus, mit dem »sich hier eine mißachtete und ausgebeutete Minderheit zu Wort meldet.«[67] Die Vorstellung, daß die Gastarbeiterliteratur die Antwort auf die Übergangssituation des Gastlandes an der Schwelle zur Wohlstandsgesellschaft ist, zwingt den Verfasser, seine Auslegung so *ein*stimmig wie möglich zu gestalten.

Dies aber setzt bei den einzelnen Gastarbeitergruppen und bei den deutschsprachigen Gastarbeitautoren kulturelle Homogenität voraus. In der

---

63 Ebd., S. 16.
64 Ebd., S. 48-88.
65 Vgl. *Gardenie e proletari. Storia di una comune di Francoforte 1968*, Milano 1979, der anonym in der kurzlebigen Reihe *Testimonianze* des Mailänder Verlags Nuova Cultura erschienen ist.
66 Vgl. Marco Di Mauro, *Bello stabile*, Bari 1967 oder Antonio Mura, *Lingua e Dialetto*, Nuoro 1971.
67 Horst Hamm, *Fremdgegangen freigeschrieben*, ebd., S. 10.

Tat ist die Herausarbeitung einer thematischen Homogenität, sei es in der Wahrnehmung der Einwanderung, sei es bei wichtigen Anliegen der Gastarbeiter, leicht nachzuvollziehen. Diese nominale Homogenität hat Horst Hamm in den Hauptkapiteln IV. »Heimat: Wunsch- und Trugbild« und V. »Auf der Suche nach Identität« so aufgebaut, als ob zwischen sozio-politischer Realität im Gastarbeiteralltag und Widerspiegelung durch »literarische Gestaltung«[68] in der deutschsprachigen Gastarbeiterliteratur eine kausale, lineare Verbindung bestünde. Es fällt jedoch auf, daß thematische Homogenität nur dann zu gewährleisten ist, wenn die betreffende Literatur nicht als Zeichen von selbständigen Andersartigkeiten verstanden wird, sondern als Ausdruck dafür, daß diese dabei sind, in der Gastgesellschaft aufzugehen. Ein Beleg dafür ist die Zielperspektive als thematischer Anteil in der Auslegung der betreffenden Literatur und ihre Spaltung in deutsch- und in nichtdeutschsprachige, während sie ihrem Wesen nach eine noch nicht dagewesene Grundeinheit über die verwendeten Sprachen hinweg darstellt.

Als kulturliterarisches Korrektiv wäre es angebracht, bei der Auslegung der Werke auf der Heterogenität der Herkunftskulturen und auf der Pluralität der Standorte der Autoren zu bestehen. Angesichts der objektiven Unmöglichkeit, das Fremdspezifische in der deutschen Sprache jedes Autors zu berücksichtigen, konnte man dennoch vor Aneignungsversuchen fremder Kulturen über die von den Autoren verwendete deutsche Sprache inhaltlich Abstand nehmen. An dieser Grenzsituation wird deutlich, daß trotz der Divergenzen die Vorschläge über einen gemeinsamen Ansatz zu verbinden sind. Der Ansatz lautet: In welches Verhältnis läßt sich diese Literatur zur deutschen Literatur führen. Ihr Verständnis wird von einem vorhandenen oder nicht vorhandenen Verhältnis zur deutschen Literatur abhängig gemacht.

Die Mitglieder des Münchner Instituts Deutsch als Fremdsprache hatten sich für eine partielle (»eine nicht nur«), jedoch innovative Aneignung dieser Literatur ausgesprochen, da zu ihr auch die Werke, die nicht auf Deutsch geschrieben werden, zählen. Aus Harald Weinrichs Beiträgen geht eindeutig hervor,[69] daß die Geographie der deutschsprachigen Literatur nicht mehr mit der Nationalgrenze des Deutschen als Muttersprache identisch sein kann, seitdem Autoren nicht-deutscher Muttersprache Literatur auf Deutsch und nicht unbedingt im deutschen Sprachraum schreiben. Für Heimke Schierloh, Hartmut Heinze und Monika Frederking steht am Schluß fest, daß in den Inhalten der Migrantenliteratur Anhaltspunkte gegeben sind, mit deren Hilfe es möglich wird, die Kulturhomogenität des eigenen Landes für multinationale Erfahrungen durchlässig zu machen.

Noch deutlicher wird die Grunderwartung an diese Literatur in der Arbeit von Heidi Rösch mit dem Titel *Literatur im multikulturellen Kontext* vertreten, wenn dort zu lesen ist, daß »die Literatur ausländischer Autor/innen [...] Utopien für das Leben in der multikulturellen Gesellschaft entwirft. Damit lie-

---

68   Ebd., S. 59, bzw. S. 99.
69   Hans-Dieter Grünefeld, *Literatur und Arbeitsemigration*, ebd., Anm. 5, S. 69.

fert sie einen wichtigen Beitrag für Fragen interkulturellen Lernens.«[70] Obwohl
es bei Heidi Rösch um die Frage der Applikation in einem multikulturell orientierten Unterricht geht, wird ihre Selbständigkeit als Literatur dennoch der Priorität einer multikulturellen Gesellschaft untergeordnet. Da eine solche Gesellschaft mehrheitlich nur als deutsch vorstellbar ist, wird eine Wiederholung der
obigen Zuordnung dieses Mal auf utopisierenden Umwegen vorgenommen.

Während die Akzeptanz- und Applikationsfrage außerhalb jedes Einwandes
steht, offenbart sich in der Priorität, mit der sie gestellt wird, daß sie nach Werten und ästhetischen Modellen formuliert wird, die Ausdruck ethnozentrischer
Interessen sind. Daher ist eine Vereinnahmung der Autoren, wie sie von Irmgard
Ackermann angekündigt wird, ein logischer Abschluß: »Für manche von ihnen
ist die vollzogene Integration eine Realität, mit der sie sich nicht mehr ausein-
anderzusetzen haben, und für manche ist ihre Zugehörigkeit zur deutschen Literatur so fraglos, daß auch die Kategorie ›Ausländerliteratur‹ für sie überholt ist.«[71]

c) Für eine Geographie der sprachlichen und literarischen Verflechtungen

Die Frage

Gegen prioritäre Auslegungen und Entwicklungsvorstellungen erweist es
sich von Nutzen, die Frage nach einer Geographie dieser Literatur zu stellen.

Zur Notwendigkeit einer Geographie der Literatur von Autoren ausländischer Herkunft in der Bundesrepublik hat sich Franco Biondi einmal mit dem
Vorschlag geäußert, man solle von »einer fünften deutschen Literatur«[72] sprechen. Dabei wird deutsche Literatur weder als Modell noch als Aufnahmeort
verstanden. Sie ist nach Biondi eine Dachkonstruktion, deren nationalstaatli-
cher Sinn sich in einem übernationalen deutschsprachigen Literaturraum auflösen sollte. Mit seinem Vorschlag zielt Biondi auf die Schaffung eines Sam-
melbeckens für Autoren ausländischer Herkunft, wo sich auch die Autoren
einfinden können, die wie Dante Andrea Franzetti in der Schweiz,[73] wie Kundeyt Surdum in Österreich[74] und wie Adel Karasholi[75] in der ehemaligen DDR

---

70 Ulrich Steinmüller, *Vorwort* in: *Literatur im interkulturellen Kontext*, Heidi Rösch
    (Red.), ebd., S. 6-7.

71 Vgl. Irmgard Ackermann, *Integrationsvorstellungen und Integrationsdarstellungen
    in der Ausländerliteratur*. In: *LiLi*, ebd., S. 23-39, dort S. 24.

72 Vgl. Lutz Tantow, *Von einer »Literatur der Betroffenheit« zum »Lachen aus dem
    Ghetto«*. In: *Die Brücke*. Nr. 25, Juli/Juni 1985, Saarbrücken 1985, S. 8.

73 Vgl. Dante Andrea Franzetti, *Der Großvater*, Zürich 1985, *Cosimo und Hamlet*,
    Zürich 1987, Francesco Micieli, *Ich weiß nur, daß mein Vater große Hände hat*,
    Bern 1988 und *Das Lachen der Schafe*, Bern 1989.

74 Kundeyt Surdum, *Unter einem geliehenen Himmel*, München 1988.

75 Adel Karasholi, *Wie Seide aus Damaskus*, Halle-Leipzig 1968, *Umarmung der Me-
    ridiane*, Halle-Leipzig 1978 und *Daheim in der Fremde*, Halle-Leipzig 1984.

schreiben. Und doch erweist sich die Vorstellung als ungeeignet, um die Gesamtheit dieser Literatur zu erfassen. Mit ihr wird die funktionale Priorität ihres deutschsprachigen Teils, selbst wenn er nur stellvertretend für das Ganze stehen sollte, so stark in den Mittelpunkt gerückt, daß die betreffende Literatur kaum zu einem paritätischen Stellenwert kommt. Das Gegenteil ist der Fall. Unter der deutschsprachigen Perspektive wird sie nach wie vor auf einen Teil ihrer selbst reduziert und ist damit erneut assimilationsgefährdet.

Obwohl Hans-Dieter Grünefeld unter den Befürwortern einer Migrationsliteratur zu finden ist, stellt er sich mit der Überlegung die Geographiefrage: »Welche Rolle spielt der geographische und soziale Entstehungsort für die Beschreibung einer stofflich-thematisch abgrenzbaren Literaturentwicklung einer Sprachgruppe?«[76] In seiner Zuweisung der Fachkompetenz an die Komparatistik mag der Grund dafür liegen, daß Grünefeld in der Migrationsliteratur eine grenzüberschreitende Kategorie ausmacht, mit deren Hilfe Herkunfts- und Aufnahmeliteratur als Kontinuität und Diskontinuität zwischen nationalen Kulturpolen erfaßt werden können. Bei späterer Festschreibung seiner Forderungen an die Komparatistik bleibt der Verfasser hinter seiner Geographie-Fragestellung zurück: »Es müßte Klarheit darüber geschaffen werden, welche Wirklichkeits- und Handlungsmodelle, als Ausdruck und Vermittler von Kultursynthesen (Migrationskultur als realisierte oder realisierbare Vorgabe einer multikulturellen Gesellschaft) in einzelnen Werken erkennbar sind.«[77]

Das Beharren auf gängigen Wirklichkeits- und Handlungsmodellen macht erneut deutlich, daß der Zwang, dieser Literatur durch die Zuweisung ethnozentrischer Funktionalität zur gesellschaftlichen Legitimation zu verhelfen, als falsche Ausgangsposition zu vermeiden ist. Anders gesagt: für eine Annäherung an die betreffende Literatur ist keine Abweichung von der Normalität nötig. Zuerst soll der Gegenstand in seiner Ganzheit erschlossen und erst danach und, falls dies punktuell notwendig ist, die Frage nach einer legitimierenden Applikation gestellt werden.

Die Verflechtungen

Wozu braucht man eine Geographie der sprachlichen und literarischen Verflechtungen einer Literatur, die aus den Erfahrungen der Gastarbeiter in der jeweiligen Heimat und in der Bundesrepublik hervorgeht und deren thematisiertes Ziel in der Vermittlung von Andersartigkeit als Voraussetzung zur Gleichberechtigung der ethnisch-kulturellen Minderheiten auf bundesdeutschen Gebiet besteht? Gerade ihre kritische Überprüfung erweist sich als zwingender Grund für diese allgemein gültige Annahme.

Vor der deutschen Einheit (1987) lebten auf dem Gebiet der Bundesrepublik 4.535.000 Ausländer, davon zählten 3.209.700 zu den Gastarbeitern aus

---

76   Hans-Dieter Grünefeld, *Literatur und Arbeitsemigration*, ebd., S. 64.
77   Ebd., S. 69.

acht Anwerbestaaten. Diese Zahlen geben aber nur die gegenwärtige numerische Dimension der ausländischen Wohnbevölkerung wieder, die geringer ist als die Zahl aller ausländischen Arbeitnehmer, die sich seit 1955 als Arbeitskräfte oder als Mitglieder einer Ausländerfamilie in der Bundesrepublik aufgehalten haben.

Die Berücksichtigung der Gesamtzahl ist deswegen für die Erschließung der betreffenden Literatur von Interesse, weil ihre Geographie als Voraussetzung für eine Untersuchung in verschiedenen Sprach- und Kulturbereiche nur mit Hilfe von zeit- und grenzüberschreitenden Parametern zu entwerfen ist. Solche Parameter sollen die Totalität der Erfahrungen garantieren, die die Grundlage für die Kontinuität der Literatur ist und als übernationale Raum-Zeitdimension die Bundesrepublik als einheitlichen Literaturraum ersetzen.

Würde man bei dem Entwurf einer solchen Geographie davon ausgehen, daß der Geburtsort dieser Literatur per se identisch mit dem Aufenthaltsort der Autoren in der Fremde ist, würde man sich erneut in eine irreführende und reduktive Verstehensposition begeben. Wie einengend und verzerrt das entstehende Gesamtbild dieser Literatur aussehen könnte, wird an einem Beispiel aus dem italienisch-deutschen grenzüberschreitenden Bereich dargestellt.

Aufgrund der territorialen und sprachlichen Priorität der Bundesrepublik, so wie sie von allen oben vorgeführten Betrachtungsperspektiven bestätigt wurde, könnte man nach wie vor Gianni Bertagnolis *Arrivederci, Deutschland!* als eines der ersten Werke dieser Literatur betrachten ohne Rücksicht auf das Buch *Bello stabile* von Marco Di Mauro (Bari 1967) oder auf die Gedichte des Italieners Antonio Mura aus dem Band *Lingua e Dialetto* (Nuoro 1971) nehmen zu müssen, denn beide Werke sind außerhalb der Bundesrepublik, in entfernten Kontexten erschienen und haben deswegen kaum zur Entstehung dieser Literatur auf dem Gebiet der Bundesrepublik beigetragen.

Wenn man aber die Seiten der autobiographischen Reportage *Bello stabile* über die Erfahrungen des Autors in der Bundesrepublik Anfang der sechziger Jahre und die Gedichte »*In den kalten Ländern von Nordeuropa*« oder »*Freunde sagten mir*« von Antonio Mura parallel zu Bertagnolis Buch liest, dann fällt auf, daß diese Seiten und diese Gedichte den gleichen Erfahrungen entspringen, die bei Bertagnoli nachzulesen sind.[78] Im Mittelpunkt der drei Werke steht die Anwerbung italienischer Landwirte, Handwerker und Tagelöhner für die deutsche Arbeitswelt bis Mitte der sechziger Jahre, als sich die italienische Minderheit in der Bundesrepublik auf eine solide und wachstumsfähige Basis gestellt hat.

Da sich eine solche sozio-ökonomische und literarische Situation in jedem Herkunftsland wiederholt hat, wie es Yüksel Pazarkaya und Hans Eideneier gezeigt haben, hat man es hier mit einer inhaltsgebundenen Literatur zu tun,

---

78 Hierzu gehört z. B. das Gedicht *Gli stracci umili di mio padre* aus Romano Perticarini, *Via Diaz*, Montréal 1989, S. 24, wo der italo-kanadische Autor an seine Erfahrungen als Fremder in Hamburg und Flensburg zurückdenkt.

die nicht nur in verschiedenen Sprachen, sondern auch in verschiedenen Ländern entstanden ist und die aufgrund der eigenen Themen zur Verbindung mit weiteren literarischen Kontexten in den einzelnen Herkunftsländern geführt hat. Im Fall von Marco Di Mauro ist festzustellen, daß *Bello stabile* als autobiographisches Werk mit einer starken Tendenz zur Reportage eine gelungene Verbindung zwischen der Emigrantenliteratur im Ausland und der *Letteratura selvaggia*[79] darstellt, zu der das Buch vor allem wegen der sprachlichen Authentizität zu rechnen ist, die aus ihm eines der wenigen antiliterarischen Werke dieser literarischen Strömung macht. Mit den Gedichten von Antonio Mura findet diese Literatur einen Zugang zu einem Teil der sardischen Literatur als Oppositionsliteratur zu nationalen Modellen.

Die Verbindung zwischen beiden literarischen Kontexten – dem italienisch-italienischen in Italien und dem italienisch-deutschen in der Bundesrepublik – verläuft dieses Mal nicht inhaltlich, sondern auf dem Weg zur Emanzipation der eigenen Identität gegenüber einer italienischen oder deutschen Nationalidentität, die als Verzerrung der eigenen regionalen bzw. fremden Kulturtradition empfunden wird.[80] Das Ineinandergreifen dieser Literatur und der jeweiligen Literatur aus dem Herkunftsland, das für den italienisch-deutschen Bereich aufgrund der literarischen Entwicklungen der sechziger Jahre in Italien hat stattfinden können, läßt sich auch für weitere Herkunftsländer und in weiteren Zusammenhängen nachweisen, wie z. B. für die »Deutschlandliteratur« in der Türkei. Es handelt sich hier um eine literarische Strömung, in der sich die Literatur türkischer Autoren aus der Bundesrepublik mit der klassischen Reiseliteratur wie auch mit der Literatur türkischer Autoren kreuzt, die von der Türkei aus das Leben ihrer Landsleute in der Fremde zum Thema ihrer Werke aufgegriffen haben.[81]

Als Beispiel sei hier auf die Verzahnung zwischen der politischen Widerstands- und der Exilliteratur hingewiesen, wie sie in Spanien, Griechenland und in der Türkei gegen die jeweilige Militärdiktatur entstanden ist und sich thematisch mit der Literatur der Arbeitsemigranten überkreuzt hat, sei es über die zwangsläufige Vergleichbarkeit des Lebensalltags des politischen

---

79   Vgl. Renzo Paris, *Il mito del proletario nel romanzo italiano*, Milano 1977, S. 162.

80   Einen Sonderfall stellt Stefano Vilardo, *Tutti dicono Germania Germania. Poesie dell'emigrazione*, Milano 1975, dar. Das Buch ist als Kontinuität zwischen Herkunftsland und der Literatur in der Fremde anzusehen, weil der Autor Erzählungen ehemaliger Gastarbeiter in Gedichte gefaßt hat. Vgl. Paolo Mario Sipala, »*Germania, Germania*«: *poesie dell' emigrazione di Stefano Vilardo*, in: *La letteratura dell'emigrazione. Gli scrittori italiani nel mondo*, Jean-Jacques Marchand (Hg.), Torino 1992, S. 385-392.

81   Vgl. Ulrich Wolfart, *Almanya Almanya und Türkler Almanyada*. In: *Kindlers Literatur Lexikon*, Ergänzungsband 12, Zürich 1970-74, S. 10446 u. S. 11014; Yüksel Pazarkaya, »*Gastarbeiter in der Literatur. »Ohne die Deutschen wäre Deutschland nicht übel ...«*. In: *Zeitschrift für Kulturaustausch*, H. 3 1981, Stuttgart 1981, S. 314-318 und Wolfgang Riemann, *Das Deutschlandbild in der modernen türkischen Literatur*, Wiesbaden 1983.

Emigranten und des Arbeitsemigranten in der Fremde, sei es als bewußterer Vorgang aufgrund eines parallelen Engagements einiger Autoren in beiden Kontexten. Da von den Autoren und Werken im Laufe der vorliegenden Arbeit zum Teil noch die Rede sein wird, seien hier nur als Ankündigung genannt: für Spanien Antonio Hernando mit *Emigration – Emigración*, (1989); für Griechenland Chrisafis Lolakas mit dem Roman *So weit der Himmel reicht* (1985); für die Türkei u.a. Aras Ören mit dem Gedichtband *Privatexil* (1977).

Vielschichtiger präsentiert sich ein weiteres Beispiel literarischer Verflechtung zwischen den Literaturen, das hier vorerst mit dem Stichwort Frauenliteratur angekündigt wird. Dieser Bereich ist deswegen von komplexer Natur, weil es hier womöglich nicht thematisch, sondern nur mit Hilfe der Allegorese möglich sein wird, Heimat und Fremde, das Eigene und das Andere als durchlässige Horizonte zwischen Frauenliteratur in den Herkunftsländern und Frauenliteratur in der Bundesrepublik herauszuarbeiten, um zu dem Eigenen als doppelter Marginalität in den Werken von Autorinnen wie Vera Kamenko, Luisa Costa Hölzl und vor allem Aysel Özakin zu gelangen.

Die fünf Stimmen

Literarische und sprachliche Verflechtungen sowie die Lebensläufe einiger Autoren ermöglichen, Landesgrenzen zugunsten einer übernationalen Geographie für die betreffende Literatur außer Kraft zu setzen. Es wäre aber verfehlt, anhand einzelner Werke auf eine thematische Kontinuität zwischen der nationalen Literatur und der Literatur in der Fremde zu schließen. Noch weniger trifft diese Kontinuität für die einzelnen Autoren zu, eher ist das Gegenteil der Fall. Vor allem bei den in die Heimat zurückgekehrten Gastarbeiterautoren zeichnet sich ab, daß nicht von einem strikten Festhalten an der Gastarbeiterthematik auszugehen ist.[82]

Mit einer partiellen Kontinuität ihrer Zugehörigkeit zu dieser Literatur stellen die zurückgekehrten Autoren das Pendant zu einer weiteren Autorengruppe dar. Sie entsprechen einer inhaltlich heterogenen Gruppe von Schriftstellern, die mit dem einen Thema angefangen und es dann abgewählt haben[83] und parallel zu dem Thema andere Inhalte aufgreifen,[84] und aus Autoren, die

---

82   Vgl. Carmine Abate, *Ballo Tondo. Der Reigen*, Kiel 1992, während von Gianni Bertagnoli, Tryphon Papastamatelos und Miltiades Papanagnu kaum etwas zu vernehmen ist, liegt von Giuseppe Fiorenza dill'Elba, *Un freddo estraneo. Memorie di un emigrato in Svizzera*, Cosenza 1991, vor.

83   Vgl. Rafik Schami, *Das Schaf im Wolfspelz*, Dortmund 1982 mit Rafik Schami, *Der fliegende Baum,* Kiel 1992.

84   Vgl. Zvonko Plepelič, *Jedem das Seine oder auch nicht*, Berlin 1978, sowie *Du Kommen um Sieben*, Berlin 1980, Habib Bektaş, *Die Belagerung des Lebens*, Berlin 1981, *Ohne dich ist jede Stadt eine Wüste*, München 1984 und *Reden die Sterne* (Türkisch und Deutsch) München 1985 und Giuseppe Giambusso, *Jenseits des Horizonts / Al di là dell'orizzonte*, Bremen 1985.

schon andere Themen behandelt und zeitweise ihre Aufmerksamkeit einem solchen Sozialphänomen gewidmet haben.

Die Diskontinuität unter der Autorenschaft erschwert die Erhebung der Zugehörigkeiten da sie dazu zwingt, von einer Literatur zu reden, in der neben der Grundkontinuität die Diskontinuität als Gerburtshelferin wichtige Beiträge liefert. Um überhaupt eine Zuordnung durchführen zu können, wäre es angebracht statt von einer Literatur der Autoren eher von einer Literatur der Werke zu reden, welche nicht nur in einer Sprache, sondern in vielen Sprachen entstanden ist und weiterhin in den Sprachen geschrieben wird, die die Gastarbeiter in die Bundesrepublik mitgebracht haben. Infolgedessen werden hier die Zugehörigkeitssphären aufgrund ihrer Sprachen eingeführt, so daß von einer Literatur die Rede sein wird, die an den fünf Stimmen erkennbar ist, mit denen sie sich der Leseröffentlichkeit stellt:

– Die erste Stimme setzt sich aus den Dialekten und aus den nationalen Sprachen der jeweiligen ethnisch-kulturellen Minderheit zusammen, wie sie in der Tat von der Mehrheit der Autoren in Anspruch genommen wird, darunter die Türken Aras Ören, Güney Dal und Habib Bektaş, die Italiener Salvatore A. Sanna und Giuseppe Giambusso, die Griechen Costas Gianacacos und Kostas Karaoulis, sowie der Spanier Antonio Hernando.

– Die zweite Stimme ist die deutsche Stimme jener ausländischen Autoren, die sich dazu entschlossen haben, aufgrund benennbarer Zielsetzungen auf Deutsch, der Nichtmuttersprache, zu schreiben. Hierzu gehören u.a. Vera Kamenko und Zwonko Plepelič aus dem Ex-Jugoslawien, die Griechen Chrisafis Lolakas und Eleni Torossi, die Italiener Franco Biondi, Fruttuoso Piccolo, Lisa Mazzi-Spiegelberg und Gino Chiellino, die Portugiesin Luisa Costa Hölzl, sowie die Türken Yüksel Pazarkaya, Kemal Kurt und teilweise auch Aysel Özakin.

– Die dritte Stimme ist die deutsche Stimme jener Autoren, denen aufgrund ihrer Sozialisation und ihrer schulischen Erziehung Deutsch zu einer Art Muttersprache in der Schule und in ihrem sozialen Umfeld geworden ist, jedoch nicht in der eigenen Familie: der Spanier José F.sco A. Oliver, die Türken Zehra Çirak und Zafer Şenocak.

– Die vierte Stimme ist die Stimme einiger weniger ausländischer Autoren, die zwar nicht zu den klassischen Gastarbeitergruppen gehören, die sich jedoch aufgrund ihrer persönlichen Erfahrungen in eine Gemeinsamkeit der Erfahrungen mit den ethnisch-kulturellen Minderheiten in der Bundesrepublik begeben haben. Hierzu gehören der Libanese Jusuf Naoum mit der Erzählung *Der Scharfschütze* (1983), der Iraner Said mit dem Gedichtband *Wo ich sterbe ist meine Fremde* (1983) sowie der Syrer Suleman Taufiq mit dem Band *Layali. Gedichte* (1984).

– Die fünfte Stimme ist sehr schwer zu vernehmen, aber sie existiert dennoch, sie gehört Autoren, die wieder in ihre Heimatländer zurückgegangen sind, wie die schon erwähnten Italiener Gianni Bertagnoli und Antonio Mura sowie Giuseppe Fiorenza dill'Elba und Carmine Abate, aber auch die Griechen Miltiades Papanagnu und Tryphon Papastamatelos.

Der Zweck der Hilfskonstruktion einer solchen Geographie liegt auf der Hand. Erst durch sie wird es möglich, ein zeitlich und räumlich grobkörniges

Gesamtbild sprachlicher und literarischer Verflechtungen zu entwerfen, das als Ausgangsposition für die Erschließung einzelner Teilbereiche notwendig ist. Dies ist um so notwendiger, weil die Fülle der Sprachen und der Kulturen, die an der Kontinuität und Diskontinuität dieser Literatur beteiligt sind, kaum zuläßt, sie alle durch einen Forscher oder in einer einzigen Arbeit zu berücksichtigen. Die zwangsläufige Verlagerung der analytischen Aufmerksamkeit vom Ganzen zu einzelnen Teilbereichen kann korrekterweise dann vollzogen werden, wenn Tragweite und Bedeutung der jeweiligen unzugänglichen Bereiche als *missing link* bei der Herausbildung des gesamten Bildes berücksichtigt werden. Wie dies vor sich gehen soll, stellt sich als grundsätzliche Frage dar, die in der vorliegenden Arbeit vorerst als Hürde angegangen wird.

17. Aras Ören

a) Der kurze Traum aus der Naunynstraße zwischen Willi Bredel und der neuesten deutschen Literatur in Berlin

Mit dem Poem *Was will Niyazi in der Naunynstraße* (1973)[85] begründet Aras Ören im Geist der 68er Arbeiter- und Studentenbewegung die Zugehörigkeit der türkischen Minderheit zu einer aufkommenden Hegemonie des Stadtproletariats im Bündnis mit den eingewanderten Landbewohnern aus den Mittelmeerländern. Die politische Insel West-Berlin mit einem ausgeprägten Stadtproletariat bietet dem Autor genügend Anhaltspunkte für seinen Ansatz. Gegenwart und Vergangenheit der Urberliner der Naunynstraße werden von Ören zu einem Zeitpunkt als soziopolitische Hinweise herausgearbeitet, als die Naunynstraße, sich als Kern der türkischen Minderheit in Berlin Kreuzberg herausbildet. In dem ganzen Poem zielt der Autor darauf ab, den Traum von der Verbrüderung von Bauern und Fabrikarbeitern, von Stadtproletariat und Landbewohnern zu verwirklichen.

Dieser Ansatz erscheint Ören um so wichtiger, als die Spaltung Europas in Arbeitgeber- und Arbeitnehmerstaaten Millionen von Landwirten und Handwerkern aus den südlichen Regionen Europas, »dem Brot nach«,[86] in den Norden getrieben hat. Sein Vorschlag sieht allerdings keine Kämpfe am Arbeitsplatz vor, um Fremde und Einheimische einander anzunähern. Daß sich Ören dagegen für eine Straße als Ort des Geschehens entschieden hat, ist weder für die deutsche Literatur dieses Jahrhunderts, noch für die Migrationsliteratur neu.

---

85 Aras Ören, *Was will Niyazi in der Naunynstraße. Ein Poem*, Berlin, 1980 (1973). Aus der Ausgabe wird als *Naunynstraße* fortlaufend zitiert.

86 Aras Ören, *Der kurze Traum aus Kagithane. Ein Poem*, 7.-8. Tausend, Berlin 1981 (1974), S. 6. Aus der Ausgabe wird als *Traum* fortlaufend zitiert.

Willi Bredel hatte mit *Rosenhofstraße – Roman einer Hamburger Arbei-terstraße* (1931) ein Werk über den proletarischen Alltag in der Straße einer norddeutschen Großstadt geschaffen, der als modellhafter Anfang der dama-ligen proletarisch-revolutionären Romane betrachtet wird.[87] Selbst wenn eine Gegenüberstellung von Willi Bredels Roman mit Örens Poem dort, wo Ören der Geschichte der Urberliner der Naunynstraße nachgeht, leicht zu leisten ist,[88] lassen sich die Berührungspunkte eher über die jeweiligen Zielsetzun-gen herausarbeiten als über einen unmittelbaren Bezug von Örens Poem auf Willi Bredels Roman. Sicherlich stellen die »kommunistische Parteizelle« im Roman und die »marxistische Abendschule« im Poem eine Entsprechung zwi-schen den Werken dar, da beide Institutionen politische Aufklärungsarbeit in der Straße ausüben. Die Umsetzung der Aufklärungarbeit verleiht ihnen eine unterschiedliche Funktion. Sie ist daran zu erkennen, daß die kommunistische Parteizelle aus der Rosenhofstraße an der Revolution des Proletariats gegen die nationalsozialistische Herrschaft und im Sinne der damaligen Arbeiterlite-ratur arbeitet; im Poem geht es schlicht um die sozio-politische Lebendigkeit des Viertels, so daß die Feststellung möglich wird:

> Und die Naunynstraße
> ist wieder eine Straße, in der sich was rührt.
> Anders als vor 70 oder vor 50 Jahren. (*Naunynstraße*, S. 67).

Dabei konzentriert sich die marxistische Abendschule darauf, Lenins Frage *Was tun?*,[89] im Alltag der Naunynstraße einzulösen. Trotz der Aktualität von Lenins Fragestellung am Ende der sechziger Jahre weist die kulturelle Vielfalt des angestrebten Anfangs von »ganz unten«[90] bei Ören auf eine sich konsti-tuierende historisch neue Phase in der Naunynstraße hin. Dies wird in dem Wunsch des Autors bestätigt, die Protagonisten mögen sich anders als zur Zeit der Weimarer Koalition (1919-22) oder zur Zeit der Enver-Pascha-Konstitu-tion[91] verhalten, als es darum gehen sollte, die ersten Bestrebungen nach de-mokratischer Liberalisierung im eigenen Land geschlossen und entschieden zu schützen.

Das wirklich Neue in Örens *Naunynstraße* gegenüber Willi Bredels *Rosen-hofstraße* kündigt sich zufällig und märchenhaft an:

---

87 *Lexikon deutschsprachiger Schriftsteller*, 4 Bde., Bd. 1, Kronberg 1974, S. 107.

88 Vgl. Aras Ören *Naunynstraße*, die Abschnitte »Frau Kutzers Traum« S. 8-10, »Dies ist das Resultat von Frau Kutzers heutigen Gedanken«, S. 10-11 und vor allem Kapitel 2, S. 13-20.

89 Zur Überschrift »Was tun? Große Frage – kleine Antwort in: Aras Ören Naunyn-straße,« S. 63, vgl. Wladimir Iljitsch Lenin, *Was tun? Brennende Fragen unserer Bewegung (1901-1902)*, Stuttgart 1902, in: W. I. Lenin *Ausgewählte Werke*, Bd. 1-6, Institut für Marxismus-Leninismus beim ZK der SED (Hg.), Frankfurt 1970, Bd. I, S. 333-539.

90 Aras Ören, *Naunynstraße*, S. 66.

91 Vgl. den Abschnitt »War Frau Kutzer glücklich?« aus Aras Ören, *Naunynstraße*, S. 16-20 und den Abschnitt »Was Großvater Refet erzählt« aus Aras Ören, *Traum*, ebd., S. 82-85 u. S. 34.

Ein verrückter Wind eines Tages
wirbelte den Schnurrbart eines Türken,
und der Türke rannte hinter seinem Schnurrbart
her und fand sich in der Naunynstraße. (*Naunynstraße*, S. 21.)

Worin der verrückte Wind bestand, wird an den Lebensläufen der türkischen
Bewohner der Naunynstraße inhaltlich konkretisiert. Darunter befindet sich
der Protagonist Niyazi mit seiner Freundin Atifet, sowie ehemalige Bauern
und Handwerker wie Kazim Akkaya, Sabri San, Nermins Mann Ali. Die erste
Generation, die die Naunynstraße wie ein Rätsel betreten hatte und die dann
leise verschwunden war, ist inzwischen von einer Generation abgelöst worden, die vorhat, sich sozio-politisch in der Naunynstraße niederzulassen.

An solch prägenden Vorhaben wird erkennbar, worin sich die Erzählstruktur
des Poems *Was will Niyazi in der Naunynstraße* von der deutschen Arbeiterliteratur der dreißiger Jahre unterscheidet und wie sie sich der entsprechenden
Literatur aus dem Einwanderungsland USA nähert. Harald Weinrichs Hinweis
auf Wladimir Majakovskij, der »jenen *zungenlosen Straßen* von Moskau seine
Sprache geliehen hat,«[92] macht auf fruchtbare Gegenüberstellungen aufmerksam, zu denen auch die »roten Straßen«[93] im Berlin der zwanziger Jahre zu zählen
wären. Dennoch weist die allegorische Identität von Straße und Einwanderung
bei Ören so eindeutig auf sozio-historische Inhalte hin, daß sie eher in den Bereich von Literaturen mit entsprechenden Erfahrungen einzuordnen ist.

Als Vergleichsmodell aus der entsprechenden Literatur aus dem Einwanderungsland USA bietet sich z. B. Mario Puzos *The Fortunate Pilgrim*[94] an, wo der
Ort des Geschehens auch eine Straße ist, eine New Yorker Straße, die für die dortigen italienischen Einwanderer das gewesen ist, was die Naunynstraße für die
Türken in Berlin und für das Europa der Einwanderer nach Ören sein könnte.

Und dennoch verlieren die sozio-politischen Entsprechungen zwischen *Ro-
senhofstraße* und *Was will Niyazi in der Naunynstraße* kaum an Bedeutung. Die
Gegenüberstellung von *Was will Niyazi in der Naunynstraße* mit *The Fortunate
Pilgrim* bringt die kulturelle Distanz zwischen der Arbeiterliteratur der dreißiger Jahre und der Literatur der Einwanderung der siebziger Jahre auf den Punkt.
Indem aber Ören mit seinem Poem an der Vorstellung festhält »daß hier [in der
Naunynstraße] die Klasse wohnt, die / diese Gesellschaft regeln, zerschlagen,
auswischen / und neu bauen wird«[95] gerät der fremde Autor zwangsläufig in
das Kielwasser der Arbeiterliteratur der dreißiger Jahre eines Willi Bredel,[96]

---

92 Harald Weinrich, *Ein Berg wächst zwischen Haus und Straße*. In: *Rheinischer Mer-
    kur/Christ und Welt*, Nr. 29, 20. Juli 1984, Köln 1984.
93 Vgl. auch die Sondernummer *Die roten Straßen. Politische Lyrik aus den 20er
    Jahre*. In: *Alternative*, Nr. 48 vom Juni 1966, Hildergard Brenner (Hg.), Berlin 1966.
94 Mario Puzo, *The Fortunate Pilgrim*, New York 1964.
95 Aras Ören, *Naunynstraße*, S. 64.
96 Vgl. auch Klaus Neukrantz, *Barrikaden am Wedding. Roman einer Straße aus den
    Berliner Maitagen 1929*, Berlin 1970 (1931), und Jan Petersen, *Unsere Straße. Eine
    Chronik. Geschrieben im Herzen des faschistischen Deutschland 1933/1934*, Ber-
    lin/Weimar 1974 (Bern/Moskau 1936).

der aus dem Stadtteil um die Rosenhofstraße einen zentralen Ort der ausstehenden proletarischen Revolution machen wollte.

Das Anknüpfen an die proletarische Tradition vor Ort und die Anlehnung an die revolutionäre Literatur der dreißiger Jahre wird in Örens Poem auf der Basis der Aktualität der Marxschen Utopie angepeilt, wie sie die europäische Arbeiter- und Studentenbewegung Ende der sechziger Jahre erneut auf die Tagesordnung der Neuesten Literatur gestellt hat: »Auf das Jahr 1968 läßt sich allenfalls die verspätete Einsicht datieren, daß ihm nicht mit Phrasen begegnet werden kann.«[97]

Trotz der vorrangigen Aktualität der Marxschen Utopie soll gerade in diesem Kontext nicht verkannt werden, daß bei Ören dem hegemonischen Bund des Stadtproletariats mit den Landbewohnern aus dem Mittelmeerraum die vordergründige Funktion einer sozio-kulturellen Vorbeugung vor Ort zufällt.

Das Zurückgreifen auf die deutsche Sprache am Ende eines türkischen Poems,[98] dort wo »ein türkischer oder griechischer Bewohner der Naunynstraße« gemeinsame Wünsche, Vorstellungen und Vorschläge auf Papier bringt, (*Naunynstraße*, S. 67). bejaht eine Aneignung der städtischen Kultur und der Geschichte des Viertels, die darauf abzielt, jeder aufkommenden ethnischen Ab- und Ausgrenzung zwischen den Bewohnern aus der Naunynstraße vorzubeugen. In der deutschen Sprache wird eine gemeinsame Möglichkeit erkannt, um ein Minimum an Alltagskommunikation unter Ausländern mit unterschiedlicher Herkunft und zwischen Ausländern und Deutschen zu erreichen. Die unterschiedliche Sprachqualität der Briefe – von dem komplexeren türkischen Bittbrief an den Berliner Senator für Arbeit und Soziales[99] zum Gastarbeiterdeutsch aus dem Brief an die Fabrikkollegen –, stellt eine geschlossene und doch heterogene sozio-kulturelle Vielfalt unter den fremden Bewohnern der Naunynstraße heraus.

Aus den Inhalten der Briefe ist zu entnehmen, daß ihnen derartige Vielfalt als Konfliktquelle vor Ort durchaus bewußt ist. Der Konflikt, der in der Naunynstraße zum Mordanschlag auf einen deutschen Arbeitskollegen durch einen Türken geführt hat, ist am Arbeitsplatz entstanden. Er gehört somit nicht in die Naunynstraße und er kann dort auch nicht gelöst werden, solange am Arbeitsplatz die Front zwischen den Arbeitern und ihren gemeinsamen Gegnern nicht in ihrer gesellschaftlichen Funktion erkannt wird.

---

97 Hans Magnus Enzensberger, *Gemeinplätze, die Neueste Literatur betreffend.* In: *Kursbuch*, Nr. 15, November 1968, Hans Magnus Enzensberger (Hg.), Berlin 1968, S. 190-191.

98 Es geht um die drei Briefe, die auf Deutsch und *Türkendeutsch* (laut Aras Ören) in der Originalausgabe der *Berlin-Trilogie*, Istanbul 1980, zu lesen sind.

99 Zum offenen Brief als Teil der Neuesten Literatur vgl. Rolf Hochhuth, »800.000 Obdachlose in der Bundesrepublik« als Brief an den Bundeskanzler und Ernst S. Steffen, *Sklavenarbeit* als Brief an einen Abgeordneten. In: *Tintenfisch*, 5/1971, Jahrbuch für Literatur Klaus Wagenbach/Michael Krüger (Hgg.), Berlin 1972, S. 23-26 u. S. 27-30.

Aus der politischen Zentralität dieser Schlußfeststellung ergibt sich im zweiten Poem der *Berlin-Trilogie, Der kurze Traum aus Kagithane* (1974), kein Arbeitskampf im Betrieb, um von hier aus versöhnende Lernprozesse in der Naunynstraße einzuleiten. Dagegen unternimmt Ören einen Exkurs durch Vergangenheit und Gegenwart der unteren Schichten der türkischen Gesellschaft des 20. Jahrhunderts, aus denen »Die Achthunderttausend« (*Traum*, S. 5) stammen, die Anfang der siebziger Jahre dabei waren, sich als türkische nationale Minorität in zahlreichen Ghettos in der ganzen Bundesrepublik Deutschland niederzulassen.

Örens Entscheidung, keine internationale Solidarität am Arbeitsplatz zu beschwören, stellt eine offenkundige Gegenposition dar, die sich heute als berechtigte Kritik an dem Teil der damaligen Neuesten Literatur liest, der dabei war, sich den Fremden zuzuwenden. Sein Vorgehen hatte insofern Methode, als Ören durch seine Gegenposition diskursive Aufmerksamkeit auf die Andersartigkeit eines sozio-politischen Phänomens lenken wollte, das außerhalb des Blickfeldes der Vordenker der 68er Bewegung im Entstehen war.

Wenn z.B. Ören Rudi Dutschkes These »Wir haben weder Ghettos noch nationale Minoritäten«[100] mit dem Hinweis auf die Entstehung von Ghettos in Berlin korrigiert: »(War es September 69? Jedenfalls einen von derzeit 11 689 türkischen Gastarbeitern in Berlin),«[101] tut er dies, indem er die Naunynstraße in der Gestalt rekonstruiert und vorführt, die Rudi Dutschke 1967 in seinem *Gespräch über die Zukunft* nicht sehen konnte: als ein Ghetto.

Die Distanz zwischen Rudi Dutschkes und Örens Positionen offenbart Verschiebungen in der Wahrnehmung des Eigenen und des Fremden im Eigenen und verdeutlicht objektive Lagezwänge, die zur kurzen Dauer des sozio-politischen und kulturellen Traums aus der Naunynstraße beigetragen haben. Obwohl Ören an der Vermittlungsfunktion seiner Lyrik festhalten möchte, wird er sein Vorhaben im letzten Teil der *Trilogie* auf das Herausarbeiten von Unterschieden zwischen den Kulturen ausrichten und dabei den politischen Anspruch auf Vermittlung unter den Kulturen zurückstellen.

Hier tut sich eine weitreichende intellektuelle Enttäuschung auf, die keineswegs auf die erkannte Kluft zwischen Theorie und Praxis oder zwischen Literatur und Gesellschaft in Lauf der siebziger Jahren zurückzuführen ist. Nach Claude Lévi-Strauss ist die intellektuelle Enttäuschung bei den philosophischen und religiösen Systemen der Menschheit, darunter Buddhismus, Christentum, Islam und Marxismus, zu orten, denn:

»die bloße Proklamation der natürlichen Gleichheit aller Menschen und der Brüderlichkeit, die sie ohne Ansehen der Rasse und der Kultur vereinigen sollte, ist intellektuell enttäuschend, weil sie faktische Verschiedenheit der Kulturen übergehen,

---

100 Hans Magnus Enzensberger, *Ein Gespräch über die Zukunft mit Rudi Dutschke, Bernd Rabehl und Christian Semler.* In: *Kursbuch*, Nr. 14 1968, Hans Magnus Enzensberger (Hg.), »Kritik der Zukunft«, Berlin 1968, S. 156.

101 Vgl. Aras Ören, *Die Fremde ist auch ein Haus*, Berlin 1980, S. 28. Aus der Ausgabe wird unter dem Stichwort *Haus* fortlaufen im Text zitiert.

die sich der Beobachtung aufzwingt und von der man nicht einfach behaupten kann, daß sie das Problem im Kern nicht berühre, so daß man sie theoretisch und praktisch als nicht vorhanden ansehen könne.«[102]

Da die »faktische Verschiedenheit der Kulturen inzwischen als anatolische Steppe«[103] Einzug in Berlin gehalten hat, gleicht der Unterschied zwischen den Kulturen bei Ören keinem gängigen Spagat über Alpen und Mittelmeer. Er ist identisch mit der Fläche und dem Alltag der Großstadt Berlin. Reise und Rückreise zwischen der Steppe und der Großstadt Berlin finden im dritten Teil der *Trilogie, Die Fremde ist auch ein Haus* (1980), nach wie vor statt, ohne Abfahrt und Ankunft in den Lebensläufen der Protagonisten zu sein.

Für den Autor hat sich inzwischen die Frage einer politisch-kulturellen Zugehörigkeit so geklärt, daß Ören schon in der Anmerkung zu seinem Band *Privatexil* (1977) schreiben kann:

»Eigentlich sollten meine Gedichte zwischen der türkischen und der deutschen Dichtung eine Brücke bilden. So, wie ich selbst in der türkischen und in der deutschen Wirklichkeit lebe. [...] Im Laufe der Zeit ist die Brücke ein unabhängiges Stück Wirklichkeit geworden. – Ebenso verhält es sich mit der Situation der Gastarbeiter.«[104]

Erst die gesamte Vielfalt der Gegensätze vermag auszudrücken, was Ören als »unabhängige Wirklichkeit« postuliert hat. Sie bestätigt den Rückzug aus der anfänglichen Vorstellung, zwischen dem Eigenen und dem Fremden vermitteln zu können, und doch ist es nicht zu verkennen, daß Ören die angetretene Unmöglichkeit in positive Erkenntnis umgesetzt hat. Geht man davon aus, daß ein in der Fremde lebender Schriftsteller von den Inhalten seines Engagements dazu gezwungen wird, sich auf die fremde Sprache und Kultur einzulassen, dann läßt sich die kognitive Funktion aus der Brücken-Metapher am deutlichsten mit Hans-Georg Gadamer freilegen, nach dem: »Der Leser, der sich in eine fremde Sprache und Literatur vertieft, in jedem Augenblick die freie Bewegung zu sich selbst zurück festhält und so gleichzeitig hier und dort ist.«[105]

So gesehen ist die Brücke ohne Ufer kein Sinnbild der Unmöglichkeit, die Ufer zu erreichen, sondern die Notwendigkeit, den eigenen Standort zwischen den Polen so selbständig und kreativ zu gestalten, daß er weder zum Teil des Eigenen verkümmert noch zum Opfer der versuchten Nähe zum

---

102 Claude Lévi-Strauss, *Strukturale Anthropologie II*, Frankfurt 1975, S. 370, als zeitgemäße Proklamation sei hier auf Max Frischs vielzitierten Satz »Ein kleines Herrenvolk sieht sich in Gefahr. man hat Arbeitskräfte gerufen, und es kommen Menschen«, Max Frisch, *Überfremdung*. In: *Tintenfisch,* 2/1969, Jahrbuch für Literatur, ebd., Berlin 1969, S. 29.

103 Aras Ören, *Haus*, S. 38.

104 Aras Ören, *Privatexil*, Berlin 1977, S. 70. Aus der Ausgabe wird als *Privatexil* im Text fortlaufen zitiert. Um die zeitliche Reichweite der Zäsur zu erfassen, vgl. die lyrische Umsetzung der Ankündigung in Aras Ören, *Haus*, S. 20.

105 Hans-Georg Gadamer, *Wahrheit und Methode*, Tübingen 41975 (1960), S. 367-368.

Fremden wird.[106] Wie dies bei Ören vonstatten gegangen ist, soll am Beispiel der Nähe und der Ferne zu den Modellen der *Trilogie* untersucht werden.

b) Drei Modelle für die *Berlin-Trilogie*

In einer der ersten Besprechungen der *Trilogie* stellt Ingeborg Drewitz mit
Recht fest, daß Ören an eine literarische Tradition der Poeme anknüpft, die
außerhalb der deutschen Literatur der Gegenwart liegt: »Die literarische Form
des großen reimlosen Poems ist durch Nazim Hikmet zu Weltruhm gelangt
und wird von den jüngeren türkischen Autoren gerne verwendet, weil sie die
Breite des Erzählens mit der Prägnanz der Aussage verbindet.«[107]

Dennoch ist festzustellen, daß ohne einen fast symbiotischen Kontakt des
Autors zu der neuesten deutschsprachigen Literatur der sechziger und siebziger Jahre die Poeme aus der *Trilogie* kaum vorstellbar wären.[108] Nach Harald
Weinrich läßt sich Örens Standort zwischen Eigenem und Fremdem als »wirk-
lichkeitsgerechtes Schreiben und Publizieren«[109] zwischen Sprachen, Realitä-
ten und literarischen Traditionen verstehen. Obwohl die betreffende Kultur-
und Literaturpole über Örens Vorbilder zu erschließen sind, soll auf eine gat-
tungsspezifische Definition der *Trilogie* als hilfreiche Arbeitshypothese nicht
verzichtet werden.

Der gesamte Aufbau der Poeme um die Lebensläufe der Protagonisten, die
modellhaften sozio-kulturellen Brüche und ökonomischen Entwicklungen in
den Lebensläufen, die Auseinandersetzung der Protagonisten mit der eigenen
und der fremden Kultur und ihre andauernde Suche nach gesicherten Standorten und Perspektiven machen aus der *Trilogie* ein Werk, auf das sich die
Grundthese von Bruno Gentili über das »epische Gedicht, das als Instrument
kultureller Unterweisung und zugleich als Fundus beispielhaften Verhaltens
zu verstehen ist,«[110] übertragen läßt.

---

106 Vgl. auch Aras Ören, *Manege*, Frankfurt 1984 (1983), »Mein Zuhause ist immer in
     mir selbst gewesen, nie außerhalb. Ich trage es überall mit mir herum. Wenn wir
     auch ziemlich weit voneinander entfernt sind, so gehen wir doch überall gemein-
     sam hin,« S. 120. Aus der Ausgabe wird als *Manege* fortlaufend zitiert.

107 Ingeborg Drewitz, *Poem von den Kreuzberger Türken. Aras Ören, Was will Niyazi
     in der Naunynstraße.* In: *Der Tagesspiegel* vom 16. Dezember 1973, Berlin 1973.

108 Zur erlebten intellektuellen Zugehörigkeit zu Berlin vgl. Aras Ören, *Manege*, das
     Leben des Protagonisten Bekir Uçal in einer Wohngemeinschaft mit Rudi
     Dutschke, S. 149, sowie Künstlertreffen in Kneipen mit »K. P. Johannes, Natascha,
     der Filmemacher Ulf, du meine Güte, die Namen fallen mir nicht mehr alle ein,
     Theobaldi mit dem schmalen Gesicht, der Dichter und Freund von Aras, außerdem
     Aras selbst.« S. 152.

109 Harald Weinrich, *Der Adelbert-von-Chamisso-Preis*, in: *Chamissos Enkel*, Heinz
     Friedrich (Hg.), München 1986, S. 12.

110 Bruno Gentili, *Poesia e pubblico nella Grecia antica*, Bari 1984, S. 204.

Die Übertragung wird aufgrund folgender Teilentsprechungen angestrebt. In Bruno Gentilis Grundthese werden als Inhalt und Ziel des epischen Gedichtes explizit ein »Fundus beispielhaften Verhaltens« und die »kulturelle Unterweisung« herausgestellt. Beide Hauptmerkmale des epischen Gedichts tragen in Örens Poemen Wesentliches zur Gestaltung der Lebensläufe der Protagonisten bei. Gleichzeitig fällt auf, daß Gentilis Grundthese über das epische Gedicht als »Instrument kultureller Unterweisung« eine unmittelbare Nähe des epischen Gedichts zum Lehrgedicht beinhaltet, die bei Ören in der Vielfalt der thematisierten kulturhistorischen Ursachen und sozio-politischen Zielsetzungen der Einwanderung ausgedrückt wird.

Aus dieser Vielfalt von Ursachen und Zielsetzungen hat sich bei Ören zusätzlich ein Grundmodell für das Lehrgedicht »herauskristallisiert,«[111] das sich am besten als »Verbindung von Erkennen und Handeln« herausarbeiten läßt, genauso wie es Hans Mayer für das Lehrgedicht bei Bertolt Brecht mit exemplarischer Gültigkeit vorgeführt hat.[112]

Eine derartige »Verbindung von Erkennen und Handeln« kommt bei Ören um so deutlicher heraus, wenn man sich die Funktion der Lebensläufe in der *Trilogie* vergegenwärtigt. Inhaltlich garantieren die Lebensläufe die epische Kontinuität der *Trilogie*. Als Kernteile der einzelnen Poeme stellen sie wiederum markante Schnittpunkte als Übergang vom epischen zum Lehrgedicht dar, die den gesamten Charakter der *Trilogie* bestimmen. Zur Verdeutlichung dieses wechselnden Einsatzes bei Ören wird hier eine Differenzierung bezüglich Örens eigenem Beitrag und dem Beitrag fremder Vorbilder vorgenommen, die in Örens lyrischem Werk namentlich gekennzeichnet sind.

Mit Bertolt Brecht nach Berlin

Der erste Name, der mitten in der *Trilogie* preisgegeben wird, lautet Bertolt Brecht.

> Mitte der sechziger Jahre
> traf Niyazi diesen Kameraden wieder
> zwischen Şişhane und Tepebaşi,
> direkt vor dem Eingang des Theaters;
> zerschlissen hingen die Brecht-Plakate herunter
> während im Café gegenüber
> die Intellektuellen versonnen, geruhsam
> »Le Monde« lasen (*Traum* S. 38).

Ohne hier auf der Tatsache insistieren zu wollen, daß der Kamerad von Niyazi, der als Mitglied einer Istanbuler Theater-Gruppe unpolitisches Theater in der

---

111   Vgl. »Ich [Aras Ören] glaube etwas zu kristallisieren, was gefühlt wird, doch manchmal nicht bis zum Bewußtsein vordringt.« Zitiert nach Harald Budde, *Brücke ohne Ufer. Ein Gespräch mit dem in West-Berlin lebenden türkischen Schriftsteller Aras Ören.* In: *Frankfurter Rundschau* vom 10. August 1977, Frankfurt 1977.

112   Hans Mayer, *Brecht in der Geschichte. Drei Versuche*, Fankfurt 1971, S. 83.

türkischen Provinz spielt, starke Ähnlichkeit mit Ören selbst aufweist,[113] ist folgendes festzuhalten: Ören bezieht sich an dieser Stelle explizit auf Bertolt Brecht als Dramatiker, dem Niyazi über seinen Dichter-Freund in der Türkei begegnet war, und zwar noch vor seiner Abfahrt nach Deutschland.

In Örens Poemen und Gedichten kehrt diese Begegnung mit dem Werk des Dramatikers Bert Brecht dann wieder, wenn Ören darum bemüht ist, einen sozio-ökonomischen Zugang zur Anwesenheit der Türken in Berlin zu begründen; kurz vor dem *Trilogie*abschluß gipfeln seine Bemühungen in folgendem Rat an den Leser:

> Aber um Kreuzberg wirklich zu sehen,
> mußt du das Verhältnis von Arbeit und Lohn,
> die Geschichte des Kapitalismus verstehen (*Haus*, S. 45).

Das offensichtliche Anknüpfen an das Primat des Ökonomischen als übergeordnetem marxistisch-leninistischem Postulat zur Veränderung der Gesellschaft vermag, eine intellektuelle und politische Nähe zu Bertolt Brecht zu definieren, die schon an anderen Stellen der *Trilogie* angeklungen war. In einem Selbstgespräch aus dem zweiten Poem hatte Niyazi dieselbe Notwendigkeit verspürt, als es darum ging, sein Leben in der Fremde auf ein verläßliches Fundament zu stellen:

> Ich habe versucht darzustellen,
> warum die Geschichte als eine von Klassenkämpfen
> neu geschrieben werden muß.
> Es ist ein Anfang,
> es muß weitergehen,
> wir werden die Geschichte unserer Klasse schreiben. (*Traum* S. 79)

Es würde dennoch nicht zutreffen, hier einen unmittelbaren Bezug von Ören zu Bertolt Brecht sehen zu wollen, denn in der Tat handelt es sich um vermittelte Nähe. Die Vermittlung ergibt sich über eine diachronische Bezugnahme auf die Klassiker des Marxismus-Leninismus, über die Bertolt Brecht 1945 geschrieben hatte:

> »Den Klassikern aber / Ist die Geschichte zuvörderst Geschichte der Kämpfe der Klassen. / Denn sie sehen in Klassen geteilt und kämpfend die Völker / In ihrem Innern.«[114]

Man kann einen Schritt weiter gehen und die These aufstellen, daß für die Gemeinsamkeit der Standorte Örens wörtliche und zahlreiche Bezugnahmen auf

---

113 Vgl. Aras Ören, *Naunynstraße*, den Abschnitt »Woran ein Foto den Menschen mitunter erinnert«, S. 61-62; Aras Ören, *Traum*, die Abschnitte »Vorführung auf dem Heinrich-Platz,« S. 11-14, und »Anatolische Notizen eines Mitglieds der Theatergruppe«, S. 63-64; Aras Ören, *Mitten in der Odyssee*, Düsseldorf 1980, S. 12; Aras Ören, *Manege,* »das Stück von Aras«, S. 102-110; Aras Ören, *Eine verspätete Abrechnung oder der Aufstieg der Gündoğdus*, Frankfurt 1987, mit dem Protagonist als Theaterstückschreiber, sowie Harald D. Budde, *Wie ein Verbannter im privaten Exil*. In: *Die Tat* vom 30. April 1982, Frankfurt 1982, S. 12.
114 Bertolt Brecht, *Gesammelte Werke*, 20 Bde., Frankfurt 1973 (1967), Bd. 10, S. 911.

Bertolt Brechts Werk nicht als ausschlaggebend zu betrachten sind.[115] Prägend für Örens engagierten Standort und für die Grundstruktur der *Trilogie* ist die Brecht-Rezeption der Neuesten deutschen Literatur der engagierten sechziger und siebziger Jahre in Berlin.

Ein anschaulicher Beleg für diese, zum Teil vermittelnde Rezeption von Bertolt Brecht läßt sich an Örens Abschnitt mit dem Titel *Die Achthunderttausend* festmachen. Die inhaltliche Anknüpfung an Bertolt Brechts Titel *Achttausend arme Leute kommen vor die Stadt*[116] ist im Sinne der Einwanderung als Kampf gegen Hunger, Armut und Arbeitslosigkeit unmißverständlich. Dennoch ist Örens Gedicht mit der Frage, ob es »achthunderttausend waren, / ob es mehr als achthunderttausend waren« (*Traum* S. 5) eine direkte Replik auf Rolf Hochhuths literarischen Brief an den damaligen Bundeskanzler aus dem Jahr 1971 mit dem Titel »800.000 Obdachlose in der Bundesrepublik«, in dem von Ghettoinsassen die Rede ist und »die Rückführung von mindestens achthunderttausend Mitbürgern in ein Leben, das diese Bezeichnung verdient,«[117] gefordert wird. Daß die Ausländer nicht zu Rolf Hochhuths 800.000 Mitbürgern gehören, läßt sich dadurch begründen, daß 1971 die Zahl der ausländischen Wohnbevölkerung schon bei 3.438.700 lag, wobei die Mehrheit unter ihnen sicherlich zu Ghettoinsassen in Rolf Hochhuths Sinne zu zählen waren.[118]

Zur weiteren Verdeutlichung der Annahme einer vermittelten Rezeption[119] wird hier auf die konkrete Umsetzung der sozio-ökonomischen Realität der

---

115   Vgl. Aras Ören, *Naunynstraße*, Fragestellungen wie »Was für Leute waren das, / die solche Straßen bauten, solche Häuser,« S. 63, mit »Wer baute das siebentorige Theben?« aus dem Gedicht *Fragen eines lesenden Arbeiters* in: Bertolt Brecht, *Gesammelte Werke*, ebd., Bd. 9, S. 656-657, ferner vgl. Monika Frederking, *Schreiben gegen Vorurteile. Literatur türkischer Migranten in der Bundesrepublik Deutschland*, Berlin 1985, S. 57-81, zur Brechtrezeption vgl. S. 76-81, Ulrich Hohoff, *Aras Ören*. In: *Kritisches Lexikon zur deutschsprachigen Gegenwartsliteratur* (Hg.) Heinz Ludwig Arnold, München 1987, S.4.

116   Bertolt Brecht, *Werke*, 20 Bde., ebd., Bd. 8, S. 148-149.

117   Rolf Hochhuths, »800.000 Obdachlose in der Bundesrepublik«, in: *Tintenfisch*, 5/1971, ebd., Berlin 1972, S. 23-26, hier S. 26.

118   Ulrich Herbert, *Geschichte der Ausländerbeschäftigung in Deutschland 1880 bis 1980. Saisonarbeiter Zwangsarbeiter Gastarbeiter*, Berlin/Bonn 1986, S. 188. Zur Wohnlage der Ausländer vgl. Ernst Zieris, *So wohnen unsere ausländischen Mitbürger. Bericht zur Wohnsituation ausländischen Arbeitnehmerfamilien in Nordrhein-Westfalen*, (Hg.) Der Minister für Arbeit, Gesundheit und Soziales des Landes Nordrhein-Westfalen, Düsseldorf ³1972 (1971).

119   Vgl. Aras Ören, *Paradies kaputt*, München 1986, »Ich interessierte mich für die politische Literatur, wie es damals Mode war,« S. 65. Die Rezeption der *Trilogie* durch Schriftsteller wie Ingeborg Drewitz, ebd., Ludwig Fels, *Horizontverfärbung. Ein Poem aus dem Türkischen. Aras Ören, Der kurze Traum aus Kagithane*. In: *Deutsche Volkszeitung*, 28. November 1974, Düsseldorf 1974, S. 19, Erich Fried, *Sinnlichkeit statt Innerlichkeit. Aras Ören, Deutschland, ein türkisches Märchen*. In: *Konkret Literatur*, Herbst 1978, Hermann L. Gremliza (Hg.), Hamburg 1978, be-

Gastarbeiter in den Figuren aus der *Trilogie* Bezug genommen. Sie sind stets als Teil der entfremdeten Verhältnisse zwischen Arbeit und Lohn definiert. Jede neue Hauptfigur wird zuerst auf der Basis ihres Berufes und des Grades ihrer Ausbeutung mittels detaillierter Angaben über ihren Stundenlohn vorgestellt, genauso wie es Günter Wallraff und Erika Runge mit ihren Reportagen und Protokollen schon vor der Literatur der Arbeitswelt in die Wege geleitet hatten.[120]

Als Nicht-Deutscher rückt der Autor Ören zusätzlich eine spezifische Entfremdungsursache in den Mittelpunkt der Lebensläufe der fremden Einwohner der Naunynstraße, die sich aus der Tatsache ergibt, daß ausgebildete Handwerker und Landwirte aus dem Mittelmeerraum im Sog der Auswanderung auf ihren Beruf verzichten und sich als ungelernte Arbeiter in nordeuropäischen Betrieben verdingen mußten.[121]

Örens Versuche, die sich konsequent an das Primat des Ökonomischen als Zugang in die Naunynstraße halten, haben dazu geführt, daß die dortige soziale Skala nur bedingt über die Kommunikationsverhältnisse unter den Figuren und über ihre gegenseitige Wahrnehmung zu erschließen ist. Das Wesentliche ist eher über die sachlichen Hinweise auf die Konsumkraft des Einzelnen zu erfahren. Die Konsumkraft des Einzelnen oder der Familie stellt sowohl für das ansässige städtische Proletariat, als auch für die Gastarbeiter die gewichtigste Kommunikationsform mit der Umwelt dar.[122] Sie kann sich als Besuch in einer Kneipe äußern, als Kauf billiger Lebensmittel und anderer Waren, als Anmietung einer Behausung in der Naunynstraße, als Kauf von Anzügen von der Stange und als Kaufrausch auf Raten, als Besuch eines Tanzlokals oder eines Bordells, bis hin zum Unterhalt »einer deutschen Nebenfrau.«[123]

Die Betonung des sozialen Kausalnexus auf der Basis des Primats des Ökonomischen ist von Ören bei der Gestaltung der Lebensläufe seiner Protagonisten im Sinne der Reportage- und Protokoll-Literatur so durchgehalten worden, daß Berichte über die einzelnen Figuren entstanden sind, die eindeutige Merk-

---

stätigt Aras Ören als »Mitstreiter einer engagierten Sinnlichkeit statt der Innerlichkeit der Neuen Subjektivität, die aber nicht auf sich zurückfällt«, S. 37, wie es zuvor Rolf Haufs, *Privatexil. Neue Gedichte des Türken Aras Ören*. In: *Süddeutsche Zeitung* vom 1.Dezember 1977, München 1977, erkannt hat,»was mich bewegt beim Lesen der Gedichte von Aras Ören, ist die Spannung, aus der sie leben, die Spannung desjenigen, der sich auf sich selbst eingelassen hat, ohne das eigene Ich in den Mittelpunkt seiner Betrachtungen stellen zu wollen.«

120 Günter Wallraff, *Wir brauchen dich. Als Arbeiter in deutschen Industriebetrieben*, München 1966 und Erika Runge, *Bottroper Protokolle*, Frankfurt 1968.

121 Aras Ören, *Naunynstraße*, S. 32 u. S. 57 sowie Aras Ören, *Traum*, S. 49. Andere ausländische Autoren stellen dagegen Berufsentfremdung kaum in Frage, hierzu vgl. Güney Dal, *Wenn Ali die Glocken läuten hört*, Berlin 1979, S. 90.

122 Vgl. Aras Ören, *Naunynstraße*, S. 56. Zum Konsum als Sackgasse der Wahrnehmung und als kollektive Gefährdung der Naunynstraße vgl. den Protagonisten Ali Itir in Aras Ören, *Bitte nix Polizei*, Düsseldorf 1981.

123 Aras Ören, *Eine verspätete Abrechnung*, ebd., S. 312.

male einer erstarrten Brechtrezeption[124] aufweisen. Worin eine solche Erstar-
rung besteht, hat Manfred Wekwerth im Zusammenhang mit einem Teil der damaligen Brecht-Theaterrezeption auf den Punkt gebracht, wenn er sie auf folgende Weise wiedergibt: »Es ist ein mechanistisches Herauslösen einer Kategorie
wie des Ökonomischen, die damit ihrer dialektischen Funktion verlustig geht.«[125]
    Erst die Aufgabe der anfänglichen Vision einer aufbrechenden Gesell-
schaftshegemonie des Stadtproletariats im Bunde mit den türkischen Landbewohnern ermöglicht es Ören, aus der Enge dieser Rezeption auszubrechen. Er
tut dies, indem er die erstarrte, obligate Dialektik zwischen Basis und Über-
bau, als sein bisheriges theoretisches Instrument zur Erfassung der sozio-ökonomischen Bedeutung der Fremden in Berlin, auf größere sozio-politische
und kulturelle Rahmenbedingungen verlagert. An die Stelle der gekündigten
Naunynstraßen-Utopie tritt im Werk von Ören eine Hinwendung zu Europa,
die ihn durch die Grundfunktion des Lehrgedichts als Verbindung von »Erkennen und Handeln« zu wiederholten trotzigen Feststellungen veranlaßt hat:
»Ihr wollt von hier aus die Türkei verändern, ihr falschen Jungtürken, aber
merkt ihr nicht, wie wir als Gastarbeiter schon dabei sind, ganz Europa zu verändern. Das scheint ihr nicht verstanden zu haben.«[126]
    Das wiederholte Auftreten Europas in einer Reihe von Gedichten[127] zielt
keineswegs darauf ab, eine sozio-ökonomische Konkretisierung der Funktion
und der Ziele eines veränderten Europa herbeizuführen. Schon in dem appel-
lativen Charakter der Gedichte wird eine veränderte Grunderwartung von
Ören ersichtlich, die in dem Nachwort zu *Deutschland, ein türkisches Märchen*, in einer grundsätzlichen, jedoch allgemeinen Feststellung gipfelt: »Es
hat sich übrigens gezeigt, daß wir dem europäischen Selbstverständnis in gewisser Weise behilflich sind. Man wird nicht vom »neuen Europa« sprechen
können, ohne unseren Anteil daran zu berücksichtigen.«[128]

---

124 Vgl. Aras Ören, *Naunynstraße*, S. 22, S. 28-29, S. 31, S. 34, S. 39 u. S. 59-60; Aras Ören,
     Traum, S. 8-9, S. 23, S. 50 u. S. 57; Aras Ören, *Haus*, S. 11 u. S. 32. Im Bereich der bun-
     desdeutschen Literatur über die Ausländer ist das Verfahren u.a. von Rainer Wer-
     ner Fassbinder in dem Stück *Katzelmacher* (1969), von Peter O. Chotjewitz in dem
     Roman *Der dreißigjährige Friede* (1977) und von Manfred Esser in dem Roman
     Ostend (1978) praktiziert worden.
125 Manfred Wekwerth, *Schriften*, Bd. »Arbeit mit Brecht«, Ludwig Hoffmann (Hg.),
     Berlin 1975, S. 288.
126 Aras Ören, *Manege*, S. 152, hierzu vgl. das Gedicht *Der Mann, der Europa verän-
     derte* in: *Eine nicht nur deutsche Literatur. Zur Standortbestimmung der »Aus-
     länderliteratur«*, Irmgard Ackermann/Harald Weinrich (Hgg.), München/Zürich
     1986, S. 170.
127 Vgl. Aras Ören, *Haus*, den Abschnitt »Der Tod einer Illusion und die neue Illusion
     der Realität«, S. 52-55; Aras Ören, *Traum*, den Abschnitt »Auch die Kinder in der
     Naunynstraße gehen zur Schule«, S. 67-69; Aras Ören, *Deutschland, ein türkisches
     Märchen*, die Gedichte *Berlinromantik*, S. 31, *Schraubstock* S. 40, *Utopien in
     Tönen*, S. 67, *Sansibar-Träumereien*, S. 73-76; Aras Ören, *Privatexil, Wegwerfar-
     beiter*, S. 33-36.
128 Aras Ören, *Deutschland, ein türkisches Märchen*, Düsseldorf 1978, S. 117.

Angesichts derartiger kulturpolitischer Feststellungen und Forderungen ohne einen Adressaten kann man kaum abstreiten, daß der kulturpolitische Übergang von der Naunynstraße nach Europa einer konkreten Distanzierung von früheren Vorstellungen gleichkommt. Zugleich soll die Ausführung des Überganges keineswegs mit der Mitteilung einer Absage verwechselt werden, denn jede reduktive Betrachtung des Verfahrens würde zwangsläufig an der ästhetische und inhaltliche Komplexität der *Trilogie* vorbeiführen.

Mit Nazim Hikmet und Jannis Ritsos nach Europa

Die ästhetische und kulturpolitische Polyvalenz des Überganges kann präziser dargestellt werden, wenn bei der Untersuchung der Schnittpunkte in den Poemen die Vorbilder herangezogen werden, auf die im Gedicht *Wo die Wirklichkeit aufhört und die Träume anfangen* hingewiesen wird. Dort steht folgendes Vorhaben eines kollektiven Wir im Mittelpunkt:

> Zwei Gedichte von Ritsos, ein Poem von Nazim
> Und Aras' Leben lesen wir heute.
> Abend wird es auch in Europa.
> In den Betten der müden Arbeiter,
> wenn sich die Träume nach innen zurückziehen.[129]

Aus der Unmittelbarkeit, mit der die Namen Ritsos, Nazim, Aras und Europa genannt werden, darf man entnehmen, daß Ören sich den Weg zu einer zweiten Vision über die Anwesenheit der Türken in Berlin, »im Zentrum Europas,«[130] durch eine neue Konstellation verschaffen will. Für das Vorhaben spricht die Entstehungszeit des Gedichtes, das in der zweiten Hälfte der siebziger Jahre geschrieben worden ist, zu einem Zeitpunkt als Ören dabei war, die *Trilogie* abzuschließen und sich der Unmöglichkeit seiner anfänglichen Annahme, die Fremde könnte ein Haus werden, bewußt zu werden.

Aus der sprachlichen Konstellation der zitierten Strophe ergibt sich, daß zwischen Jannis Ritsos und Nazim Hikmet dieselbe »Verklammerung« besteht, die Hans-Jürgen Heise schon einmal in dem Titel *Was will Niyazi in der Naunynstraße* gesehen hat: »Allein die Verklammerung des türkischen Namen Niyazi mit dem Namen Naunynstraße war von paradigmatischer Bedeutung.«[131] Der

---

129 Ebd., S. 35.
130 Titel des zweiten Teils in Aras Örens Roman, *Eine verspätete Abrechnung*, ebd., S. 145. Vgl. weitere Feststellungen wie »am Nabel Europas eine Schar Verrückter [d. h. Die Gastarbeiter]: ein seltsames Ereignis«, S. 35, »nun war also Europa auf der Flucht, und ich war der Verfolger. Wie auch immer, eines Tages würde ich es zu fassen kriegen.« S. 222.
131 Hans-Jürgen Heise, *Orientale in Kreuzberg. Neue Gedichte von Aras Ören*. In: *Die Weltwoche*, Nr. 47 vom 22.November 1978, Zürich 1978, S. 38. sowie Ingeborg Drewitz, *Türken-Schicksale. Aras Ören. Der kurze Traum aus Kagithane*. In: *Der Tagesspiegel* vom 16. Dezember 1975, Nr. 8945, Berlin 1975, »Die Gedichte, in denen Niyazi die türkische Geschichte aufarbeitet, verklammern die Vielzahl der Schicksale,« S. 51.

geläufige Nachname Nazim wird mit der Absicht, Vertrautheit zwischen Eigenem und Fremdem zu erzielen, in unmittelbare Nähe des fremden Familiennamens Ritsos gerückt.

Angesichts der parallelen Lebensläufe zweier Dichter, die mit ihrem Werk und mit ihrem Leben gegen nationalistische und antidemokratische Regimes im eigenen Land eingetreten sind und die Gefängnis und Exil auf sich genommen haben, gewinnt Örens neue Konstellation an literarischer Kongruenz und politischer Plausibilität.[132] Über das Verständnis des Werkes und des Lebenskampfes eines türkischen und eines griechischen Lyrikers wird Position gegen die nationalistische Politik zweier Staaten bezogen, da beide ihr gemeinsames historisches und kulturelles Erbe als Nachbarländer verleugnen.[133] Nach wie vor verhindern sie durch ihre nationalistische Politik die Entstehung von *Menschenlandschaften*, nach Nazim Hikmet, und *Nachbarschaften der Welt*, nach Jannis Ritsos, im Mittelmeerraum[134] und in der Fremde.

Von Berlin-Kreuzberg aus betrachtet gilt es, die kulturelle und politische »Verklammerung« der Dichter als Hinweis auf die Zugehörigkeit beider Länder zu einer Kulturgemeinschaft zu verstehen, in der türkische und griechische Gastarbeiter als Nachbarn in der Fremde Vorboten dessen sind, was ein verändertes Europa nach Ören sein könnte.[135] Das Herausstellen der Zugehörigkeit beider Mittelmeerländer zu einer expandierenden europäischen Güter-, Arbeiter- und Kulturgemeinschaft[136] bestätigt sich bei Ören als Alternative zur anfänglichen Vorstellung einer schichtenspezifischen versöhnenden Solidarität zwischen dem »Türken Niyazi Gümüskiliç und der Urberlinerin Frau Kutzer [...] als Angehörige einer Schicksalsgemeinschaft, die geschaffen wurde durch übernationale politische und ökonomische Struk-

---

132   Über den historisch-biographischen bzw. dichterischen Schnittpunkt zwischen Nazim Hikmet (Saloniki 1902 – Moskau 1963) und Jannis Ritsos (Monemvasia/Peloponnes 1909 – Athen 1990) als Übersetzer von Nazim Hikmet vgl. Jannis Ritsos, *Steine Knochen Wurzeln. Essays und Interviews*, (Hg. und Übers.) Asteris Kutulas, Leipzig/Weimar 1989, »Bemerkungen zum Werk von Nazim Hikmet«, S. 90-107.

133   Zu Nazim Hikmets Zuneigung für das »alte Griechenland«, vgl. Nazim Hikmet, *Menschenlandschaften*, 5 Bde., Hamburg 1980, Bd. I, S. 103-105, als Beleg eines gemeinsamen Kulturerbes vgl. Aras Ören, *Mitten in der Odyssee*, Düsseldorf 1978, das Gedicht *Taksidi me epistrofi – eine Schreibtischreise nach Kreta (gewidmet meiner Großmutter, geboren auf Kreta, gestorben in Istanbul)*, S. 65-68.

134   Vgl. den griechischen Zypern-Putsch vom 15.Juli 1974, den Einsatz türkischer Truppen auf Zypern am 20.Juli 1974 und die Zypern-Spaltung in einen griechisch-zypriotischen und einen türkisch-zypriotischen Teil.

135   Zur Nachbarschaft türkischer und griechischer Arbeiter in der Fremde als Gegenposition zur nationalistischen Politik beider Länder vgl. den Abschnitt »Zuversicht und Irrtum des Ilhan Inan«, in Aras Ören, *Traum*, S. 49-55; Aras Ören, *Manege*, S. 62-64; Aras Ören, *Privatexil*, das Gedicht *Tatavla Mommsenstraße 1976*, S. 64 und die dazugehörige Anmerkung auf S. 69, sowie Güney Dal mit seiner Erzählung *Mein Freund Niko* in *Die Vögel des falschen Paradies/Yalıs Cennetin Kuslari. Erzählungen in zwei Sprachen*, Frankfurt 1985, S. 32-42.

136   Vgl. Aras Ören, *Manege*, S. 61.

turen.«[137] Selbst wenn es für Niyazi aus der historischen Unmöglichkeit heraus, seine Schicksalsgemeinschaft mit den Urberlinern in eine hegemonische Solidaritätsgemeinschaft umzuwandeln,[138] keinen rettenden Ausweg geben kann, und Niyazi deswegen am Ende der *Trilogie* durch Emine als Vertreterin der zweiten Generation auszutauschen ist, gibt Ören nicht nach. Da die rettende Alternative kaum von Niyazis Erfahrungen und Voraussetzungen abgekoppelt werden darf, kann der neue Anfang nur in der Erweiterung der kulturellen und räumlichen Handlungskompetenz liegen, so wie sie in dem zitierten Passus als Entwurf vorliegt.

Die Nähe von Aras' Leben zu den Werken von Nazim Hikmet und Jannis Ritsos verleiht seinem bisherigen Lebenslauf die wegweisende Handlungskompetenz, die jeder Protagonist der *Trilogie* innehatte. Zusätzlich liegt die Handlungskompetenz in der Tatsache begründet, daß Aras' Leben im *Privatexil* eine zeitgenössische Variante der in sich parallelen Lebensläufe der Vorbilder darstellt. Insofern kann Aras' Leben als parallele Lektüre durch die Werke seiner Vorbilder erfaßt, nachgelesen bzw. von einem Wir als kollektivem Subjekt in seiner Glaubwürdigkeit überprüft werden.

Dem Verständnis des Gedichtes entsprechend stellt sich die Nähe zu den Vorbildern und die erweiterte Handlungskompetenz zu einem Zeitpunkt ein, als die Träume einer ganzen Generation nicht mehr auf die Straße getragen werden, so wie es in der *Trilogie* der Fall war, sondern zu einem Zeitpunkt, als die Träume vorerst nach innen entwickelt werden müssen. Zu diesem Zeitpunkt gilt es auch für den dritten Dichter, sein Leben inhaltlich und räumlich zu überdenken, sich auf die Erkenntnis einzustellen, von der es in dem Roman *Eine verspätete Abrechnung* heißen wird: »(Jetzt überlege ich, in welcher Stadt sich dieser Platz überhaupt befand. Ich wußte es nicht mehr. Vielleicht handelte es sich um keine einzelne Stadt, sondern um viele Städte gleichzeitig. Das einzige, was ich wußte, war, daß er sich in der Mitte Europas befand).«[139]

Yüksel Pazarkaya, der sehr früh auf Örens wachsende Hinwendung zu Europa als übernationale Kulturgemeinschaft aufmerksam gemacht hat, sieht darin eine bruchlose Erweiterung der Handlungskompetenz des Autors, und zwar als unmittelbare Fortsetzung der *Trilogie*, »Deutschland, so heißt das Land inmitten Europas, im Spannungsfeld nicht nur zwischen Ost und West, sondern zugleich im Kreißsaal eines neuen, ersehnten und verheißenen Europa, dessen Geburt sich doch endlos hinzieht, zu immer neuen Komplikationen führt, Hoffnungen weckt, Enttäuschungen bereitet und die Menschen in Atem hält.«[140]

---

137 Hans-Jürgen Heise, *Orientale in Kreuzberg,* ebd., S. 33.
138 Zur gegenteiligen Auffassung aus dem engagierten Teil der *Trilogie*-Rezeption vgl. Ingeborg Drewitz, *Türken-Schicksale,* ebd., S. 51; Ludwig Fels, *Horizontverfärbung,* ebd., S. 19, sowie Harald D. Budde, *Wie ein Verbannter im privaten Exil,* ebd., S. 12.
139 Aras Ören, *Eine verspätete Abrechnung,* S. 35.
140 Yüksel Pazarkaya, *Über Aras Ören,* in: *Chamissos Enkel,* Heinz Friedrich (Hg.), ebd., S. 15.

Mit diesem ersehnten Übergang von Deutschland zu Europa, mit Örens Vorhaben, gesellschaftlichen Fehleinschätzungen durch geo-politische Ortsbestimmung vorzubeugen, mit den parallelen Lebensläufen und Werken von Nazim Hikmet und Jannis Ritsos als Vorbildern wird ein sozio-ökonomisches, kulturpolitisches und ästhetisches Feld abgesteckt, das sich als Örens neue Handlungskompetenz ausweist.

Stand bei Nazim Hikmet und Jannis Ritsos der Staat im Widerspruch zum Volk,[141] war von ihnen eine Menschheit als Summe der Nationen und der Völker jenseits jeglicher gesellschaftlicher und nationalistischer Unterdrückung postuliert worden,[142] so bestätigt Ören die gesellschaftliche Kontinuität des Widerspruchs zwischen Volk und Staat. Die Nation wird nach wie vor schichtenspezifisch aufgefaßt, aber die Menschheit wird nicht mehr mit dem Internationalismus marxistischer Prägung definiert. An seine Stelle tritt die Vision eines Europa, das infolge der unfreien Mobilität der Arbeitskräfte auf dem Weg ist, ein Raum der Vielfalt der Kulturen zu werden.

So gesehen soll der im Gedicht angekündigte Rückblick auf Aras' Leben als Hinweis an den Leser verstanden und als Weg zu der obigen Handlungskompetenz untersucht werden. Der Leser möge Nazims und Ritsos Gegenwart bei Ören aufspüren und sie als Zugangshilfe zu weiteren Bereichen seines Werkes in Anspruch nehmen, genauso wie Ören die Poeme und Gedichte der erwähnten Dichter als Orientierungshilfe für sein Leben im *Privatexil* in Anspruch genommen hat und weiterhin nehmen will.

Die Thematisierung der Metaphern Menschenlandschaften und Nachbarschaften

An dieser Stelle wäre eine intertextuelle Untersuchung von Örens lyrischem Werk in bezug auf die Hauptwerke von Nazim Hikmet und von Jannis Ritsos eine Möglichkeit, um die fruchtbare Nähe Örens zu seinen Vorbildern herauszuarbeiten. Daß sie hier nicht folgen wird, ist damit zu erklären, daß der Verfasser der vorliegenden Arbeit auf Übersetzungen aus dem Türkischen und aus dem Neugriechischen angewiesen ist. Selbst wenn Ören Jannis Ritsos zuerst in deutscher Übersetzung gelesen hat, hat die kreative Rezeption im Türkischen stattgefunden. Dies bedeutet, daß der Verfasser keineswegs in der Lage sein kann, den Rezeptionsfluß zwischen Ören und Jannis Ritsos und Nazim Hikmet, der sich durch die türkische Sprache vollzogen hat, in entsprechender sprachspezifischer Komplexität zu erfassen.

Die Entscheidung, auf die Kernmetaphorik aus beiden Werken zuzusteuern, bietet sich als vielversprechende Alternative an, da *Menschenlandschaften* und *Nachbarschaften der Welt* als thematisierte Metaphern in Örens Lyrik und Prosa zu einem kreativen Drang geführt haben, von dem in der *Trilogie* zu lesen ist:

---

141   Nazim Hikmet, *Menschenlandschaften*, ebd., Buch V, Kapitel III, S. 53-63.
142   Jannis Ritsos, *Die Nachbarschaften der Welt*, Köln 1984, Kapitel 12, S. 115-123.

unaufhaltsam wachsen in meinen Augen
die Natur und die Menschen
und die Gegenstände im Gegenstand
und die Menschen im Gegenstand
für sich und in jedem neuen Sein. (*Traum,* S. 41)

Dies kann mit einem verwirrenden Impetus verbunden sein, daß nämlich das dortige lyrische Ich mit dem Namen Ali Yekta aus Beşiktaş angesichts der Unmöglichkeit, Natur und Menschen zu umarmen, an das Verkümmern der eigenen Arme denken muß.

Ein vergleichbarer kreativer Drang hat in Örens Werk dazu geführt, daß er beide Metaphern mit steigender Intensität auf verschiedenen Ebenen umgesetzt hat. Die Bandbreite der Umsetzungen reicht von der wörtlichen Übernahme der Metapher über ihre Umwandlung als Perspektive des lyrischen Ich bei der Erfassung vertrauter und fremder Umgebungen bis hin zu ihrem unmittelbaren Einsatz als Kernstruktur einiger Abschnitte der *Trilogie*.

In dem Epilog aus dem Berlin-Poem *Die Fremde ist ein Haus*, in dem Ören die Absichten, die ihn zur Abfassung der *Trilogie* bewegt haben, noch einmal verdeutlichen will, trifft man auf Nazim Hikmets Kernmetapher der Menschenlandschaft, die sich als erfahrbarer Vorbote eines »zu behauenden Bewußtseins« herausgebildet hat

Wenn ein Spalt entsteht
zwischen den Vorhängen,
schau, was da vor den Fenstern
für Landschaften liegen,
Das Wort der Landschaften: an Berlin.
Auf einer Seite: geschichtliches Erbe,
auf der anderen Seite: persönliches Schicksal,
zwischen beiden: roh zubehauenes
Bewußtsein. (*Haus,* S. 68).[143]

Wie eine solche Landschaft vor einem Berliner Fenster entstehen und aussehen könnte, hatte Ören zuvor in dem Gedicht *Landschaftsbild: Mariannenplatz mit Bosporus* aus der Sammlung *Privatexil* entworfen.

Es handelt sich um ein Gedicht, in dem ein kleines Stück Utopie über die Gemeinschaft der europäischen Kulturen aufgegriffen wird. Die Utopie der Versöhnung zwischen der Welt der fortschreitenden Technologie, wie sie um den Berliner Mariannenplatz zu erkennen ist, und einer fremden Kultur, bekennt sich zur westlichen Wissenschaft[144] und zur Technologie der »stählernen Pfeiler der Bosporusbrücke«, ohne auf den Tagtraum als Ausgleich zum entfremdeten Alltag verzichten zu wollen:

---

143 Aras Örens Anlehnung an Nazim Hikmet wird dadurch herausgestellt, daß er in seinem Zitat bewußt den Arbeitstitel *Landschaften* und nicht den späteren Ausgabetitel *Menschenlandschaften* verwendet. Vgl. Adidin Dino, *Vorwort* zur französischen Ausgabe »Paysages Humains«, Paris 1973, Edition Maspero, in: Nazim Hikmet *Menschenlandschaften*, ebd., Buch V, S. 81-91, hier S. 81.

144 Aras Ören, *Traum,* S. 68.

Einer streckt sich auf dem Mariannenplatz
in das Gras. Öffnete alle Fenster seines Inneren,
öffnete sie, flog hinaus, wurde ein Vogel. (*Privatexil* S. 57)

Dank der mitgebrachten Alltagsphantasie wird die ortsfremde Kultur zum
Gegenpol des staatlich verordneten Experiments für die »Humanisierung
der Arbeitswelt« und kann somit dazu beitragen, »die freundliche Umgebung« um den Mariannenplatz in eine neuartige Landschaft umzuwandeln.
Eine Landschaft, wo die Freude am Leben zu einer architektonischen Umgestaltung des Platzes führt, die dadurch entsteht, daß die Bosporusbrücke
über den Platz von einem Ende zum anderen gespannt wird. In dem Tagtraum des Menschen, der noch fähig ist, sich ins Gras zu legen,[145] wird die
Fähigkeit zum Dialogischen ausgemacht, um die autonome Wirklichkeit der
»Brücke ohne Ufer« zu überdenken. Die wiedergewonnene Fähigkeit zum
Dialogischen ist die Voraussetzung für Örens Projekt eines neuen Europas,
das vor dem Hintergrund von Jannis Ritsos *I Jitoniés tou kosmou* in Örens
Werken nach der *Trilogie* zur zentralen kulturpolitischen Vorstellung heran-
reifen wird. Das Aufgreifen der dortigen Kernmetapher ist für Ören in bezug
auf ein neues Europa unausweichlich, denn: »im griechischen Wort Jitoniá
ist nicht nur der Ort, sondern das nachbarschaftliche Miteinander der dort
wohnenden Menschen ausgedrückt. Das neugriechische Wort ›Kosmos‹ bedeutet Welt, aber auch Menschheit, Menschen, Leute.«[146] Die Umsetzung bei
Ören lautet:

Europa, deine Geschichte
ist eine riesige blutende Wunde.
Und wenn das Blut in der Wunde trocknet,
bleibt die Narbe
und bleibt auch morgen im Blick,
in eurem
und in unserem.
Früher hast du Übergriffen
auf andere Weltgegenden,
jetzt kommen die anderen
Weltgegenden her
und bleiben in dir. (*Haus*, S. 55)

So gesehen geht es hier um die Verlagerung eines Vorhabens, das Niyazi sich
als eigene Unfähigkeit, *Nachbarschaften der Welt* in der Naunynstraße entstehen zu lassen, zu beanstanden hatte:

---

145 Vgl. Volker Martin (Hg.), *Hanefi Yeter 1969-1982*, Berlin 1982, das Bild *Marian-
     nenplatz*, 1975, S. 111, *Picknick in Berlin*, 1975, S. 107 und *Wir wissen es beide, Ge-
     liebte*, 1976, S. 109.
146 Erasmus Schöfer in: Jannis Ritsos, *Die Nachbarschaften der Welt*, ebd., S. 140. Zur
     Polyvalenz von Jannis Ritsos Titel »I Jitoniés tou kosmou« als Nachbarschaften,
     Stadtviertel, Wohnstätten der Welt, Viertel der Welt vgl. Armin Kerkers Nachwort
     in: Jannis Ritsos, *Steine, Wiederholungen, Gitter*, Berlin 1980, S. 81-93.

Immer noch bist du unterwegs.
Wo du dich auch umschaust
in diesen Gebäuden,
Naunynstraße, Wrangelstraße, Ackerstraße,
die Straßen sind Landschaften,
die sich von dir entfernen. (*Haus*, S. 36)

Die Landschaften der Berliner Straßen werden in der Tat an der Unerfüllbarkeit der politischen Solidarität scheitern,[147] die im Werk *Die Nachbarschaften der Welt* von Jannis Ritsos zum erfolgreichen Widerstand gegen die deutsche und englische Besatzung Griechenlands während des zweiten Weltkrieges geführt hatte. Der Einzug der anatolischen Steppe in Berlin hat dennoch, allein durch ihre Anwesenheit, die Landschaft einiger Straßen insoweit verändert, daß die entstandene Landschaft zum »türkischen Wort an Berlin« geworden ist, das als Gesprächsangebot an Berlin weder übersehen noch überhört werden kann.

Dieser äußerliche Zustand reicht nicht aus, um aus der »Berliner Menschenlandschaft« eine »Nachbarschaft der Welt« entstehen zu lassen. Hierzu bedarf es entweder einer gleichwertigen kollektiven Gefährdung, die, wie im Werk von Jannis Ritsos, abzuwenden ist, oder eines konkreten Zieles, das die Menschenlandschaft in eine Solidaritätslandschaft verwandeln kann.

Eine kollektive Gefährdung in Gestalt der Konsumgesellschaft ist zwar vorhanden,[148] sie wird aber nur als sozialer Aufstieg gefeiert,[149] selbst wenn sie sich wie in *Bitte nix Polizei* zur kollektiven Gefährdung steigert. Der Aufbau einer Solidaritätslandschaft wird von Niyazi mit Hilfe von Horst Schmidt als Existenzfrage für die Naunynstraße aufgestellt, ohne daß es beiden jedoch gelingen kann, die Mehrheit davon zu überzeugen.

Mit Sätzen wie: »... unser Wort: an Berlin. ... unser türkisches Wort: an Berlin; ... das Wort der Landschaften: an Berlin« (*Haus*, S. 68) wird erneut die Gesprächsbereitschaft der Landschaften und der Nachbarschaften für einen neuen kulturpolitischen Anfang mit unmißverständlicher Deutlichkeit bekräftigt. Dennoch kann ein derartiger trotziger Anlauf nicht darüber hinwegtäuschen, daß das Ziel zu diesem Zeitpunkt noch nicht zu erreichen ist. Die Stadt Berlin als deutsche Mehrheit braucht weder auf das Angebot noch auf die Provokation einer fremden Minderheit einzugehen, sei es, weil jede Mehrheit in sich autark ist, sei es, weil Provokation und Angebot aus der Warte der Mehrheit nicht genügend Stringenz aufweisen. Sie verfügen nicht über jene

---

147 Vgl. Ulrich Hohoff, *Aras Ören*. In: Kritisches Lexikon zur deutschsprachigen Gegenwartsliteratur, ebd., zur Erzählung *Bitte nix Polizei*: »in Szenen am Markt, bei der Arbeit, in der Kneipe und in inneren Monologen ersteht das Psychogramm einer Nachbarschaft, die ihre Menschlichkeit verloren hat.« S. 7.

148 Vgl. Aras Ören, *Naunynstraße*, den Abschnitt »Das Konsumchaos und wie Klaus Feck erstickte«, S. 45-49.

149 Vgl. Aras Ören, *Eine verspätete Abrechnung*, den Teil »Der Aufstieg der Gündoğdus«, S. 257-317.

Stringenz aus unausweichlichen Tatsachen, die zur kulturpolitischen Notwendigkeit eines Gesprächs führt, in dessen Verlauf, nach Hans-Georg Gadamer, »die Gesprächspartner unter die Wahrheit der Sache geraten, die sie zu einer neuen Gemeinsamkeit verbindet.«[150]

Die Unmöglichkeit der Annäherung zwischen Mehrheit und Minderheit fällt um so eindeutiger aus, weil Ören sich bei Suche nach eine zweckmäßigen Sprache für seine Lyrik besonders um das Dialogische bemüht hat.

c) Die *Berlin-Trilogie*, ein dialektisch-diskursives oder ein dialogisches Lehrgedicht?

Unverkennbar für die *Trilogie* ist ihr Aufbau aus Erzählung, Gespräch und Darstellung. Die klare Zuordnung der Erzählung zur Retrospektive, des Gespräches zum Alltag und der Darstellung zum Entwurf von geo-politischen bzw. soziokulturellen Landschaften, hat zu einer übergreifenden Kontinuität geführt, die als nachvollziehbare Dynamik im Leben der Protagonisten die *Trilogie* erfaßt.

Wie die gestaltgebende Dynamik entsteht, wird an dem Grundmodell vorgeführt, das Ören für die einzelnen Abschnitte seiner Poeme erarbeitet hat. Das Grundmodell besteht aus:
– retrospektiver Selbstreflexion der Hauptfiguren, um ein aufklärendes Bewußtsein seiner eigenen Lage zu erzielen;
– dargestellten Ereignissen zum Zwecke der öffentlichen Gegeninformation über die Fremden;
– Gesprächen zwischen den Hauptfiguren, die als gegenseitige reflektierende Aufklärung dem Entwurf von gemeinsamen Zukunftsperspektiven dienlich sein sollen.

In allen drei Fällen handelt es sich um Abfolgen aus ein und demselben Lebenslauf, die mit Zweckmäßigkeit jene »Verbindung von Erkennen und Handeln« ausmachen, die nach Hans Mayer ein Gedicht zum dialektischen Lehrgedicht nach Brechts Vorbild ausweist.

Das Diskursive[151] bei Örens Modell für ein Lehrgedicht leitet sich im wesentlichen aus dem Vorgang ab, mit dem die drei erwähnten Abfolgen im Leben der Protagonisten ineinander integriert werden. Hierzu greift Ören
– auf einen Ich-Erzähler,
– auf einen zusätzlichen inhaltskundigen Erzähler und
– auf ein lyrisches Ich als dritten Erzähler zurück,

---

150 Hans-Georg Gadamer, *Wahrheit und Methode*, ebd., S. 360.
151 Der Diskurs-Begriff, so wie er hier im Kontext von Aras Örens *Trilogie* eingesetzt wird, geht zurück auf den Abschnitt »Vom globalen Dialog zu regionalen Diskursen« aus Bernhard Waldenfels, *Der Stachel des Fremden*, Frankfurt 1990, S. 46-56. Im Hinblick auf Verknüpfung und Überschreitung von Diskursen zwischen den Kulturen bei Aras Ören kann der dortige Diskurs mit dem alten Dialog gleichgesetzt werden, da sein Anfang in »Gesprächsoffenheit und Gesprächswilligkeit« (S. 47) zu sehen ist.

welche bei der Gestaltung desselben Lebenslaufes tätig werden. Dadurch entwickelt sich die Darstellung des Lebenslaufs zu einem Streitgespräch unter drei Erzählern, die sich am Beispiel einer Lebensgeschichte aus drei unterschiedlichen Perspektiven über die Auswanderung als vorgegebenes sozioökonomisches Thema äußern. Da nach dem Grundmodell subjektive Äußerungen und objektivierte Gegeninformationen nur parallel voranschreiten können, ergibt sich eine andauernde Gegenüberstellung der Inhaltsebenen und deren dialektischer Zielsetzungen, die als gestalterische Mischform des jeweiligen Abschnittes zur tragenden Struktur der *Trilogie* geworden ist. Diese Vorgehensweise kann als integrierender Ausgleich aufgefaßt werden, da die Ebenen und Zielsetzungen mittels eines Diskurses dem Leser drei Standorte verfügbar machen. Als gelungenes Beispiel für diesen integrierenden Ausgleich werden die Abschnitte »Ein Mann im Flugzeug war sehr gesprächig« und »Süleymans Geschichte« aus *Die Fremde ist auch ein Haus* untersucht. (*Haus*, S. 14-16 u. S. 17-20)

Ein Erzähler, der als mitreisender Beobachter und Zuhörer auftritt, führt die Erzählsituation an Bord der Chartermaschine nach Yeşilköy ein und stellt dabei den Ich-Erzähler Süleymans Öz als jemanden vor, dem »das Mundwerk nicht still steht.« In Wirklichkeit erhält Süleymans Öz vom Erzähler gerade noch die Chance, die Hauptthese zur Ursache seiner Auswanderung zu formulieren »Mit einem Bagger hat alles angefangen. (*Haus*, S. 14) Um die subjektive Darstellung des Lebenslaufes von Süleymans Öz mit objektivierenden Reflexionen zu integrieren, reißt der Beobachter-Zuhörer den Duktus des Abschnittes an sich, indem er die nächste Zielfrage in den Mittelpunkt der Entwicklung des Lebenslaufes des Ich-Erzählers rückt «Und was ist vor dem Bagger gewesen? (*Haus*, S. 14) Und auch dieses Mal darf die Zielfrage zur Vorgeschichte der Auswanderung nicht von Süleymans Öz beantwortet werden, denn sie dient lediglich dazu, eine Antwort auf die subjektive »Totenklage, die anschwillt,« (*Haus*, S. 16) herauszufinden, und zwar als objektivierte und überprüfbare Gegeninformation.

Die Fragestellung wird ferner dazu verwendet, um die Schlußfrage vorzubereiten, mit deren Hilfe die Funktion der Totenklage im Verhältnis zur Bewußtseinsbildung beim Ich-Erzähler, beim Erzähler und beim Leser untersucht wird.

Und wo war die Totenklage
in seinem Bewußtsein?
Was für ein Bewußtseins hat einer,
der überhaupt davon weiß? (*Haus*, S. 16)

Da die Frage nach dem Verhältnis zwischen Betroffenheit, sozio-historischem Grundwissen und Gegeninformation einerseits und Bewußtseinsförderung andererseits an dieser Stelle des Poems keine Antwort erhält, wirft sie Zweifel an der dialektischen Variante des Lehrgedichts, an ihrer Fähigkeit, eine versöhnende Synthese zwischen den Kulturen im Bewußtsein derjenigen zu fördern, die zwischen die Kulturen geraten sind.

Für den diskursiven Charakter des Abschnitts ist die intellektuelle Enttäuschung des Autors weniger entscheidend als die Tatsache, daß zu diesem Zeitpunkt Erzähler, Ich-Erzähler und lyrisches Ich im Begriff sind, die Zeit vor der Einwanderung als Teil von Süleymans Lebenslauf und als Antwort auf die erste Frage nach dem Bagger zu gestalten.

In dem darauffolgenden Abschnitt mit dem Titel »Süleymans Geschichte«, wird der Ich-Erzähler Süleyman Öz weiterhin zum Kronzeugen des eigenen Lebenslaufes, der von jemandem erzählt wird, der nicht mehr der mitreisende Beobachter-Zuhörer aus dem vorangegangenen Abschnitt sein kann. Süleyman tritt deswegen in die Funktion eines Kronzeugen, weil aus seiner Darstellung Elemente aufgegriffen werden, die im Gesamtkontext als Belege der vorgetragenen Hauptthese und als exemplarische Überleitung zur Gegeninformation eingesetzt werden. (*Haus*, S. 14, S. 19, S. 20)

Hinzu kommt die Tatsache, daß der Erzähler Süleymans Lebenslauf mit objektivierter Rahmeninformation versieht, die kaum aus dem sozio-historischen Grundwissen eines Tagelöhners wie Süleyman stammen kann, auch wenn die abstrakte Rahmeninformation in volkstümliche Sprachbilder mündet, die in der Erzählkultur eines Tagelöhners ohne weiteres auftreten können:

> Diesellaster und Transistor
> Symbole und Träger des Umbruchs.
> Lastwagen bringen die Ferne zu dir,
> im Radio ist die Ferne hier.
> Tabakrauch, Holzbänke, Gelächter,
> das ausweglose Kreisen einer Fliege,
> staubige Straßen, kurze Schatten, lange Mittage...(*Haus*, S. 19-20)

Erst beim späteren Auftreten eines lyrischen Ichs wird deutlich, daß der zusätzliche inhaltskundige Erzähler als diskursive Variante des lyrischen Ichs aus derselben Geschichte Süleymans eingesetzt werden mußte, um auf diese Weise den fehlenden Schnittpunkt zwischen den ersten beiden Erzählern einerseits und zwischen der erzählten Geschichte und ihren Lesern andererseits zu markieren:

> Vielleicht ist er mir heute irgendwo begegnet,
> in einer Kneipe Berlins, auf dem Flur
> eines Arbeitsamtes, jener Süleyman Öz
> (dessen Geschichte wir eben hören).
> Oder sah ich ihn gestern
> oder vorgestern, einerlei. (*Haus*, S. 19)

Unabhängig davon verleiht ein derart diskursives Auftreten eines lyrischen Ichs der gesamten Geschichte Süleymans eine Zwischenebene, wo subjektives Erleben und objektivierte Gegeninformation nicht mehr als dialektische Gegensätze zur Förderung von Bewußtsein gelten. Von hier aus können sie nur als ungelöster Widerspruch zur Gestaltung der Lebensläufe und als Kernstruktur der jeweiligen Abschnitte der *Trilogie* aufgehoben werden. Insofern und aufgrund des wiederkehrenden Wechselspiels unter den Ebenen und den Zielfragen der Poeme, ist es folgerichtig, daß Süleymans Geschichte mit einem unlösbaren Widerspruch vom diskursiven lyrischen Ich zu Ende geführt wird

Woher konnte er [Süleyman Öz] wissen,
[...]
daß ihm, um mitzuteilen, was ihn quälte,
eine neue Stimme und eine neue Sprache fehlte.
[...]
Der neben ihm saß, schlief fest.
Süleyman Öz erzählte weiter. (*Haus*, S. 20)

Da der mitreisende Erzähler sich noch vor dem Ende der Geschichte seiner Rolle als Zuhörer und Fragesteller durch festen Schlaf entzogen hat, darf angenommen werden, daß es keine Frage gibt, die Süleymans Qual zu irgendeiner diskursiv-dialektischen Auflösung führen kann. Nur das Erzählen erweist sich als vorläufige Linderung einer Qual, die zur *conditio humana* geworden ist und vor der es kein Entrinnen mehr gibt.

Das Anknüpfen an die Zweckmäßigkeit des Erzählens als vorläufige Bannung einer (Lebens-)Gefahr entspricht einer Erzähltradition, die ihrem Ursprung nach auf das persisch-arabische Morgenland zurückzuführen ist. Da in Süleymans Lebenslauf sich die Qual aus dem Verlust der Stimme als Sprachrecht und der Sprache als Mittel der Kommunikation ergeben hat, ist sein Erzählen zuerst als naheliegender Hinweis auf die Lebenslage eines verbannten lyrischen Ichs und darüber hinaus auf dessen Gemeinsamkeit mit seinen Vorbildern Nazim, Ritsos und Bertolt Brecht zu verstehen.[152] Wenn man bedenkt, daß der Verlust der Stimme und der Sprache auf unbeschützte Lebensläufe zwischen Morgen- und Abendland zurückzuführen ist, erhält das Erzählen als Vermittlung zwischen Gefahr und Gefährdeten die Funktion eines ständigen Dialoges. Das Erzählen als Schutz vor Qualen aus der Fremde, das zugleich zur Aufhebung des damit verbundenen Verlustes der eigenen Stimme und der Muttersprache eingesetzt wird, entspricht somit dem gesamten Kontext der eigenen und der fremden Kultur, welcher sich der Ich-Erzähler ausgeliefert fühlt.

Hält man daran fest, daß an dem Entwurf von Süleymans Lebenslauf drei Erzähler beteiligt sind, und daß sich der Lebenslauf räumlich und zeitlich über zwei Kulturen erstreckt, trifft auf ihn jene Definition von Kontext zu, der nach Michail Bachtin nichts anderes ist als ein »endloser Dialog, in dem es weder ein erstes noch ein letztes Wort gibt.«[153]

Jenseits der Übereinstimmung zwischen Kontextdefinition und Gestaltung von Süleymans Lebenslauf ist das Dialogische zwischen den Kulturen in der gesamten *Trilogie* mit einer so fruchtbaren Intensität angelegt, daß nach

---

152   Zu Aras Örens Nähe zu den türkischen Garip-Dichtern bzw. den deutschen Dichtern der Neuen Subjektivität vgl. Hans-Jürgen Heise, *Orientale in Kreuzberg*, ebd., S. 33 und Ulrich Hohoff, *Aras Ören*. In: *Kritisches Lexikon zur deutschsprachigen Gegenwartsliteratur*, ebd., S. 4.

153   Michail M. Bachtin, *Die Ästhetik des Wortes*, Rainer Grübel (Hg.), Frankfurt ³1991 S. 354. Zur Gültigkeit der bachtinschen Kategorie des Dialogischen im Bereich der Kultur (und noch mehr in einem literarischen Kontext zwischen den Kulturen) vgl. *The Dialogic Imagination. Four Essays by M.M. Bakhtin*, Michael Holquist (Hg.), University of Texas Press, Austin/London 1981, S. 427.

Yüksel Pazarkaya: »der Text [der Trilogie] von der Spannung zusammengehalten wird, die durch den ständigen Wechsel zwischen lyrisch-metaphorischem Reden in der Bildersprache türkischer Provenienz und der Selbstverständlichkeit des umgangssprachlichen, erzählenden Redens in der europäischen Moderne entsteht.«[154]

Ausgehend von Pazarkayas Hinweis auf den »ständigen Wechsel« zwischen Sprachfeldern, die in getrennten Kulturbereichen entstanden sind, wird »die Spannung im Text« als dialogische Funktion zwischen Kulturen und Ländergeschichten mit Hilfe eines in der *Trilogie* häufig wiederkehrenden Typs der Metapher untersucht. Aufbau, Inhalte und Funktion eines solchen Metapherntyps sind als dialogisch gelungen zu betrachten, wenn sie zur Auflösung steriler Gegenüberstellung von Kulturen und Ländergeschichten führen, und wenn sie dazu beitragen, Rauschenbergs »unhierarchische Simultaneität«[155] der Kulturen nicht mehr an der ethnozentrischen Bezogenheit der eigenen Mutter- oder Zielsprache scheitern zu lassen.

Daß sich Ören dieser ethnozentrischen Gefahr bewußt ist, geht aus dem Nachwort zum Band *Der Gastkonsument* hervor, in dem folgende Warnung an sich selbst und an seine ausländischen Kollegen zu lesen ist: »So wie es keine ›gleichen‹ Sprachen gibt, so gibt es eben keine ›gleichen‹ Übersetzungen; wenn man dennoch versucht, dies zu erreichen, so heißt das nichts anderes, als daß man eine Sprache der anderen opfert.«[156]

Als Hauptmerkmal des Metapherntyps ist Sprachhomogenität zu erkennen, die aufgrund der türkischen Vorlage über die fremdsprachliche Fassung von Örens Lyrik nachzuempfinden ist. Das Original und die fremdsprachliche Fassung lassen auf vertraute Funktionen und erkennbare Inhalte aus der jeweiligen Sprachkultur eines türkisch- oder deutschsprachigen Lesers schließen. Funktion und Inhalt werden bei der Ausführung der Metapher so miteinander verwoben, daß weder eine analytische Zuweisung noch eine dekodifizierte Rückführung der Bestandteile auf den betreffenden Kulturbereich das erreichte Gleichgewicht der Metapher in Frage stellen kann.

Insofern befindet sich Ören mit seinem Vorhaben und bei entsprechender Adaption seines Vorhabens nicht weit entfernt von dem, was Michail Bachtin für die Literatur der Renaissance im folgenden ausgemacht hat:

»Lorsque les langues et les cultures se sont mutuellement et activement éclairées, le langage est devenu tout différent; sa qualité même a changé: à la place du monde linguistique ptoléméen, uni, unique et clos, est apparu l'univers galiléen fait de langues multiples qui se reflètent l'une dans l'autre.«[157]

---

154   Yüksel Pazarkaya, *Türkiye, Mutterland -Almanya, Bitterland... Das Phänomen der türkischen Migration als Thema der Literatur.* In: *LiLi* (Zeitschrift für Literaturwissenschaft und Linguistik, Helmut Kreuzer (Hg.), »Gastarbeiterliteratur«, H. 56/1984, Göttingen 1985, S. 119.

155   Zitiert nach Bernhard Waldenfels, *Der Stachel des Fremden*, ebd., S. 258.

156   Aras Ören, *Der Gastkonsument*, ebd., S. 125.

157   Tzvetan Todorov, *Mikhaïl Bakhtine. Le principe dialogique suivi de Écrits du Cercle de Bakhtine*, Paris 1981, S. 28.

Die heutige gegenseitige Reflexion der Sprachen und der Kulturen innerhalb des gegenwärtigen Europa hat Ören als antisynthetische Quelle der
Sprachvielfalt in folgender Weise postuliert:

> »Ich lebe jetzt in der deutschen Wirklichkeit mit meiner vor zehn Jahren hierher ge-
> brachten Sprache. Natürlich hat sie sich anders entwickelt als die Sprache in der Tür-
> kei. Bei mir tauchen deutsche Wörter auf, deutsche Gedanken in türkischen Sätzen
> [...] In 20 oder 50 Jahren gibt es hier vielleicht einen ganz anderen Dialekt des Tür-
> kischen, genau wie beispielsweise bei den Türken in Nord-Mazedonien, in Grie-
> chenland.«[158]

In seinem Aufsatz »Das Chaos als Vorphase einer Symbiose. Störung des Systems durch Einwirken eines anderen Systems – türkische Originaltexte von
Ören unter dem Einfluß des deutschen Sprachraums« hat Yüksel Pazarkaya
eine Untersuchung des symbiotischen Sprachverfahrens bei Ören am Beispiel
von Originaltexten aus dem Roman *Eine verspätete Abrechnung* vorgenommen. Trotz der Fülle der Beispiele, mit der zuerst die interkulturelle Spannung
im Text geortet wird, kommt der Verfasser zu einer reduktiven Bilanz über die
Textgenese: »Es entstehen neue Bilder, neue Metaphern, neue Redensarten,
die oberflächlich als Germanismen erscheinen und zum Teil sicher auch sind.
Aber selbst Germanismen im Umfeld mit den Turkismen sind nicht mehr die
gewöhnlichen ebenso wenig sind die Turkismen noch die ursprünglichen.«[159]

Die Reduktion ist daran zu erkennen, daß die Textgenese vom Standort
eines Kulturaustausches vorgenommen wird. Ein Standort, der sich aus der
Gleichzeitigkeit der Kulturen im deutschen Sprachraum ergibt und der offensichtlich zu ihrer alltäglichen Symbiose führt. Ob nun in der Literatur dieselbe
Zwangsläufigkeit gilt, soll mit einem Gegenmodell erprobt werden, in dem
Bachtins »Dialog ohne Ende« dem einengenden Dualismus des Symbiotischen
vorgezogen wird.

Anhand der bisher eingeführten Aspekte des Dialogischen bei Michail
Bachtin und dessen weiterführender Feststellung, daß »alle Formen, die einen
Erzähler oder fiktiven Autor in eine Erzählung einführen, in gewissem Maße
die Freiheit des Autors gegenüber der einheitlichen und einzigen Sprache be-
zeichnen [...] seine Intentionen aus dem einen Sprachsystem in das andere zu
übertragen, die ›Sprache der Wahrheit‹ zu verschmelzen mit der ›Sprache des
Alltags‹, Eigenes in der fremden Sprache und Fremdes in der eigenen zu
sagen«[160] werden hier Aufbau, Inhalte und Funktion bei dem erwähnten
Metapherntyp aus der *Trilogie* im Hinblick darauf untersucht, daß am Ende die

---

158 Aras Ören in: *Zu Hause in der Fremde. Ein bundesdeutsches Ausländer-Lesebuch*,
Christian Schaffernicht (Hg), Fischerhude 1981, S. 122.

159 Yüksel Pazarkaya, *Das Chaos als Vorphase einer Symbiose. Störung des Systems
durch Einwirken eines anderen Systems – türkische Originaltexte von Aras Ören
unter dem Einfluß des deutschen Sprachraums*, in: *Begegnung mit dem »Fremden«. Akten des VIII. Internationalen Germanisten-Kongresses, Tokyo 1990, 11 Bde.,
Eijiro Iwasaki (Hg.), Bd. 8, Yoshinori Shichiji (Hg.) »Emigranten- und Immigrantenliteratur«, München 1991, S. 108.

160 Michail M. Bachtin, *Die Ästhetik des Wortes*, ebd., S. 204.

ser Ausführung, die Metapher als grundlegende dialogische Möglichkeit zwischen Sprachen und Kulturen in Örens Werk vorliegt.

Mit der Untersuchung der Chrysanthemen-Metapher aus dem Gedicht *Für die türkischen Kinder in Berliner Kellern* soll auch die Priorität des Dialogischen gegenüber dem Dialektisch-Diskursiven in der *Trilogie* dargelegt werden.

> Denn die sonnigen Köpfe unserer Kleinen,
> die sonnigen Chrysanthemen,
> tief unten im Keller
> in unseren Zimmern, die nach Schimmel riechen,
> sind wie Lottoscheine. (*Privatexil*, S. 12)

Eine vordergründige Sprachhomogenität weist darauf hin, daß sonnige Kinderköpfe als sonnige Chrysanthemen die Voraussetzung im Leben der Eltern darstellen und ihre Existenz darauf hinwirkt, dunkle und feuchte Behausungen zu verlassen. Zugleich wird vertrautes Sonnenlicht und vertraute Wärme der fremden Dunkelheit und Feuchtigkeit gegenübergestellt. Im zweiten Teil der Metapher wird die entfremdende Aufwertung der Kinder als Chance zum sozialen Aufstieg dadurch vorgenommen, daß sonnige Kinderköpfe über Chrysanthemen mit Lottoscheinen verglichen werden.

Um zum dialogischen Verfahren vorzudringen, wird zuerst versucht, das Spannungsfeld zwischen den Sprachkulturen in der Metapher zu orten und freizulegen. Dies geschieht, indem die eingesetzten Bilder auf der Basis der Kohäsion der Metapher und ihrer Varianten in den jeweiligen Sprachkulturen überprüft werden.

Die gelbe Margerite (*Chrysanthemum coronarium*) aus dem Mittelmeerraum stimmt aufgrund ihres Ursprungs und ihrer Farbe mit dem zweifachen Inhalt der sonnigen Kinderköpfe überein. Selbst wenn blonde türkische Kinder unter den gleichaltrigen Berlinern nicht die Mehrheit darstellen, kommen sie wie das *Chrysanthemum coronarium* aus dem Mittelmeerraum und sie stellen eine konkrete Hoffnung auf sozio-ökonomische Verbesserung der Familienlage dar. Der Übergang vom türkischen Chrysanthemum zum Lottoschein ist semantisch dadurch gegeben, daß das griechisch-lateinische Chrysanthemum als »Goldblume« zu übersetzen ist. Ein weiterer Übergang findet sich im Bereich der deutschen Alltagswerbung für Lotteriespiele, wo der Lotteriegewinn nicht selten mit Ferien in einem sonnigen Mittelmeerland als Befreiung von einem trüben, feuchten Alltag in Deutschland angepriesen wird.

Aus der Polyvalenz des Bildes sonniger Kinderköpfe in bezug auf die gelbe Margerite und auf das mögliche Gold aus den Lottoscheinen können zwangsläufig blonde deutsche Kinderköpfe kaum ausgeschlossen werden, die unter denselben entfremdeten Sozialbedingungen wohnen und leben.

Soweit die sprachliche Kohäsion der Bilder und die kulturelle Stimmigkeit der Metaphernpole. Beide sind beim türkisch- und deutschsprachigen Leser deswegen nachvollziehbar, weil sie auf eine grundlegende Polyvalenz im Spannungsfeld um und zwischen den betreffenden Sprachkulturen zurückzuführen sind. Die sprachliche Kohäsion und Stimmigkeit, was die Farben an-

geht Sonne / Goldblume / Gold, bzw. Sonne / Haarblond / Gold, ist als Gleichzeitigkeit des Ungleichartigen kaum zu übersehen, welche nun hier in den jeweiligen Kulturimplikationen überprüft werden soll.

Setzt man voraus, daß in einer Agrargesellschaft Kinder als Arbeitskräfte
die konkrete Hoffnung zur Existenzabsicherung der Eltern darstellen, kommt
ihre Umwandlung in Lottoscheine einem Bruch mit der eigenen ländlichen
Kultur gleich, der über Binnenverstädterung oder Einwanderung in ein Indu-
strieland zu erklären ist, wo Lotto und Lotterien entstanden sind.[161] Geht man
davon aus, daß den heranwachsenden Familienmitgliedern trotz städtischer
Alltagskultur oder des Lebens in der Fremde die wirtschaftliche Unabhängigkeit nach wie vor nur über eine gemeinsame Familienwirtschaft zugestanden
wird,[162] so ergibt sich de facto kein Bruch in der Familienstruktur beim Übergang von der einen in die andere Lebensform. Erst im Spannungsverhältnis
der Familie zur städtischen und industrialisierten Gesellschaft wird der Bruch
zu erkennen sein.[163]

Konnten Kinder im Kontext einer Agrargesellschaft die Existenzabsicherung der Eltern sein, weil dort sozio-ökonomische Lebensverhältnisse über
Generationen konstant und überschaubar waren, werden sie dort zu Lottoscheinen, wo sie einer Wirtschafts- und Gesellschaftsordnung ausgesetzt sind,
die für die Eltern und die Kinder weder vertraut noch durchschaubar ist.[164]

Daß in der Metapher deutsche und türkische Kinder in gleicher Weise und
gemeinsam als Lottoscheine ausgewiesen werden, darf als Beleg dafür genommen werden, daß in der Metapher an eine gezielte Darstellung »der un-
hierarchischen Simultaneität« der Kulturen gedacht wird. Was deutsche Kinder als vernünftiges Resultat einer inneren Entwicklung der eigenen Gesellschaftsordnung schrittweise auf sich nehmen, erfahren türkische Kinder als
Gegenmodell, sobald sie sich in das zeitraffende Spannungsfeld der Einwanderung begeben haben. In den Augen der Eltern bleiben sie nach wie vor Faktor der Familienwirtschaft, faktisch sind sie längst in einen Risikobereich geraten, der außerhalb der Familienkompetenz liegt, selbst wenn die Familie das
erkannte Risiko gestalten kann. Das Lebensrisiko mag als variabel und steuer-
bar erscheinen, weil der Spieler das Risiko durch sein Einsatz maximieren
oder minimieren kann.

Und dennoch kann die Gleichzeitigkeit des Ungleichartigen auf diesem
Weg nicht aufgehoben werden, selbst wenn die Grundregeln im Lottospiel für

---

161 Vgl. Nazim Hikmet, *Menschenlandschaften*, ebd., Buch III, »Vielleicht, / aber heut-
zutage ist das Leben wie eine Lotterie. / ich habe ein Glückslos gezogen, / Sie eine
Niete.« S. 96.

162 Aras Ören, *Naunynstraße*, S. 59-60.

163 Vgl. Atilla Yakut u. a. *Zwischen Elternhaus und Arbeitsamt. Türkische Jugendliche
suchen einen Beruf*, Berlin 1986.

164 Vgl. Ursula Boos-Nünning, *Berufliche Orientierung und Berufswahlprozesse türkischer Jugendlicher. Darstellung und Analyse von zwei Fallbeispielen*, in: *Sprach-
probleme ausländischer Jugendlicher. Aufgaben der beruflichen Bildung*, Rudolf
Hoberg (Hg.), Frankfurt 1983. S. 147-172.

jedermann zugänglich und erlernbar sind. Dies ist nicht möglich, weil dadurch die Ausgangsposition nicht korrigierbar wird, die daraus resultiert, daß deutsche Eltern die Spielregeln in Form von Lebenserfahrungen im Umgang mit der eigenen Kultur und Gesellschaft schon zu einem Zeitpunkt beherrschen, in dem ausländische Eltern sie als Lernprozeß auf sich nehmen müssen, um für ihre Kinder die gleichwertige Gültigkeit eines Lottoscheins in einer deutschen Lotterie zu erlangen. In bezug auf ihre hypothetische Gewinnchance stellt es kein unwichtiges Restrisiko dar, wann und wie sie zu Lottoscheinen geworden sind,[165] selbst unter der Perspektive einer aufkommenden breiteren Sozialnivellierung, wonach immer mehr Kinder zu entfremdeten Lottoscheinen[166] werden sollen.

Die dialogische Kohäsion eines solchen Metapherntyps ist nicht nur den Inhalten und den Sprachbildern zu verdanken, sie findet sich auch in dem pragmatischen Vorgehen angelegt, mit dem Ören die Metapher entwirft. Sie ist daran zu erkennen, daß Ören bemüht ist, Bilder aus der eigenen Sprachkultur so für die Zielsprache verfügbar zu machen,[167] daß sie sich weder »in einer orientalisch angehauchten Metaphorik«[168] erschöpfen, noch in der bekannten, sterilen Synthese aus Gegensätzen versteifen,[169] noch gegen die Sprachho-

---

165   Vgl. Werner Schiffauer, *Die Migranten aus Subay. Türken in Deutschland. Eine Ethnographie*, Stuttgart 1991, insbesondere »Die Veränderung in der Eltern-Kind-Beziehung«, S. 237-245. Diese Haltung wird von Julia Kristeva, *Fremde sind wir uns selbst,* Frankfurt, 1990, dort bestätigt, wo sie anmerkt, da »er [der Immigrant] nichts hat, er nichst ist, kann alles opfern.« S. 28.

166   Daß es bei türkischen Kindern als Lottoscheine um eine tiefgreifende Entfremdung geht, hat damit zu tun, daß strenge Muslime das Lotto-Spielen verachten, vgl. Werner Schiffauer, *Die Migranten aus Subay. Türken in Deutschland*, ebd., S. 350, sowie Aras Ören, *Manege*, S. 69.

167   Vgl. Aras Ören, *Mitten in der Odyssee*, aus dem Gedicht *Sonntägliche Ermahnung* »Das Mädchen, mit einem Lachen / auf ihrem rosigen Gesicht, / soll ich zu ihren schwarzen Haaren / Nacht sagen, / Zu ihren Lippen. Kirschblüte, / zu ihren Brauen. Halbmond, / zu ihrem Leib. Zypresse ...« S. 46-47.

168   Michael Zeller, *Kleider der Geliebten. Kämpferische und andere Gedichte.* In: *Kölner Stadt-Anzeiger* vom 2. Dezember 1980, Köln 1980, Buchbeilage, S. 2. Gegen deratige anfängliche Tendenz wie z. B. »ich sah meine Pfirsich-Brüste / und ich bewunderte sie an mir,« Aras Ören, *Naunynstraße*, S. 30, setzt sich Aras Ören in späteren Vorlagen mit leiser Ironie zur Wehr, wie dort, »wo die immer blühende rote Rose« nur als Beleg einer Ohrfeige zugelassen wird, »doch die ohrfeigenverletzte Ehre / ist eine immer blühende rote Rose,« Aras Ören, *Haus*, S. 12.

169   Vgl. Aras Ören, *Privatexil,* ebd., »Ich bin ein Türke – [...] / aus einem Land, wo mickrige Männer leben, / die Mütze auf die Brauen gerutscht, den einen Zipfel / ihres fettigen Schnurrbartes an den Holzpflug geknotet, / der andere flattert im Westwind,« S. 27. Anders zu bewerten ist Aras Örens Zurückgreifen auf das Urbild der Gazelle in dem Gedicht mit dem Titel *Fabel der Savannen-Gazelle*, S. 43, wo die kodifizierte orientalische Metapher der Gazelle so eingesetzt wird, daß damit die beängstigende politische Enge der Gegenwart in ihrer konkreten Umsetzung erfaßt wird. Heidi Pataki, *Aras Ören. Der Kurze Traum aus Kagithane*, In: *Forum*, H. 259/60, Juli/August 1975, Wien 1975, sagt, »so kunstvoll dieser Autor das Ko-

mogenität der Zielsprache verstoßen.[170] Es handelt sich um Sprachbilder, die selbst dort, wo sie sich als komplexere Träger fremdartiger Inhalte dem Leser der Zielsprache versperren könnten,[171] ein Zugang über die kulturinhaltliche Stimmigkeit der Zielsprache herstellbar ist.

Am Beispiel der Falken- und Bohrermetapher, mit der Sabris Schicksal zwischen zwei Kulturen und Gesellschaftsordnungen so genau wie möglich erfaßt und wiedergegeben wird, soll hier auf Örens pragmatisches Vorgehen erneut und abschließend eingegangen werden:

> Falken, die Flügel zu
> blutigen Jagden ausgebreitet-
> so stark fühlte sich Sabri, aber
> gleichzeitig, obwohl er
> nicht alles begriff, was
> Niyazi ihm gesagt hatte,
> fraß sich ein verrosteter Bohrer
> durch seinen ganzen Körper
> von der Schädelkammer
> bis zur Herzmitte. (*Naunynstraße*. S. 41)

Ausgehend von der Tatsache, daß jagende Falken ein wiederkehrender Topos aus der frühesten morgen- und abendländischen Literatur sind, entwirft Ören einen bedrohlichen Spannungsbogen zwischen einer mittelalterlichen und einer industrialisierten Gesellschaft, indem er durch die blutige Angriffslust der Falken die tödliche Gefährlichkeit eines verrosteten Bohrers vorwegnimmt. Auf diese Weise stützt sich Ören zunächst auf die bildliche Sprachhomogenität, so wie sie sowohl im Original als auch in der Zielsprache gegeben ist. Von dem Zeitpunkt an, als der Falke Sabri Opfer eines verrosteten Bohrers wird, kippen die ursprünglichen Sprachgegebenheiten in ihr Gegenteil um,

---

ranzitat mit der modernen Umgangssprache vermischt, so überzeugend formuliert er die Klage über das verlorene Paradies in die Anklage gegen die herrschenden Zustände um.« S. 66-67.

170 Vgl. die Metapher der weißen Wolke aus Aras Ören, *Haus*, ebd., »Keiner kann das mehr aushalten. / Eine weiße Wolke reißt sich los / von Niyazis Schläfe, legt sich ihm / so schwer auf die Schulter, / daß er sich aufbäumt«, S. 38, wo die Leichtigkeit einer weißen Wolke sich gegen das Bild einer schwerlastenden Qual sperren muß. Erst über die Erschließung der Quelle bei Nazim Hikmet, *Menschenlandschaften*, ebd., Buch III, »Die Wolken über der Steppe lagen schneeweiß übereinander und waren schwer, sie bewegten sich leicht«, S. 7, wird Aras Örens weiße Wolke in ihrer kultureigenen Tradition verständlich.

171 Vgl. Karl H. Kaarst, *Dauernder Bruch mit der Geschichte*. Kölner Stadt-Anzeiger vom 7. Oktober 1981, Köln 1981, »Die Örensche Lyrik wirkt häufig zu metaphernreich, fremd und vor allem widersprüchlich zur Schärfe des mit ihr ausgedrückten Problembewußtseins. Aber gerade in dieser Fremdheit steckt die Wirkungsfähigkeit des Hörspiels – schließlich vermittelt es vor allem dem deutschen Hörer eine Mentalität, mit der er täglich konfrontiert wird, ohne sie eigentlich zu kennen.« S. 10. Das Hörspiel nach *Die Fremde ist auch ein Haus* ist unter der Regie von Götz Naleppa entstanden und von RIAS Berlin am 17. August 1981 gesendet worden.

ohne daß die Metapher etwas von der anfänglichen Gültigkeit einzubüßen braucht. Sie hat die einheitliche sprachliche und kulturelle Ausgangsposition verlassen und ist auf zwei gegenläufige Konfliktebenen gestellt worden; was wiederum bedeutet, daß auch die Sprachhomogenität der Bilder auf eine entsprechend höhere und komplexere Stufe gestellt werden muß.

Die gegenläufigen Konfliktebenen lassen sich in der Tat über den Falken Sabri crschlicßcn, dcr sich auf Raubzug glaubte und nun feststellen muß, daß er als Opfer seines Raubzuges von vornherein der Gejagte war. Daß Sabri San in ein Land mit der gleichen Jagdkultur wie der seines eigenen Landes gehen wollte, war ihm Anlaß genug, um sich in seinen Raubzugsabsichten als Auswanderer der ersten Generation bekräftigt zu sehen. Seine Gefährdung ergibt sich aus der konkreten Unwissenheit, (»obwohl er / nicht alles begriff, was / Niyazi ihm gesagt hatte,«) (*Naunynstraße*. S. 41), mit der er sich auf seinen Raubzug begeben hat. Diese Unwissenheit hat Sabri San zu der Annahme verleitet hat, sich dank oder trotz seiner Raubzugsabsichten außerhalb des Spannungsbogens zwischen den Falken auf blutigen Jagden und dem verrosteten Bohrer zu glauben. Dabei ist die Deutung der Spannungspole in dem gesamten Abschnitt unmittelbar vor dem Einsatz der Metapher so angelegt, daß mit jagenden Falken auf die Bundesrepublik Deutschland und mit dem verrosteten Bohrer auf die Türkei hingewiesen wird.

Diese Festlegung beginnt mit Niyazis Angaben über die wahren Nutznießer von Sabris Raubzügen und wird in den Sprachbildern der gesamten Metapher bestätigt. Hier steht mittelalterliche Falkenjagdkunst als Sinnbild für die frühkapitalistische Ausbeutung ausländischer Arbeitskräfte, dort für eine »Kette der verpaßten Chancen und der gescheiterten Aufschwünge.«[172] Eine verfehlte Industrialisierung war unter anderem auf der Basis der Auswandererdevisen angelaufen und ist nun in sich so verrostet, daß sie dazu übergegangen ist, die eigenen gewinnbringenden Arbeitskräfte zu zerfressen. In dieser schicksalhaften Überkreuzung von nachvollziehbaren Vorgängen und Verantwortungen im Leben des Sabri San liegt der Zugang zu jenem Teil der Metapher, der sich dem Leser des Originals und der Zielsprache aufgrund fehlenden Fachwissens versperren könnte. So gesehen ist die erneut hergestellte Homogenität der Zielsprache auf die dialogische Kohäsion der Metapher zurückzuführen, die hier von Ören auch dann gewährleistet wird, wenn er auf gängige Sprach- und Kulturentsprechungen verzichten muß, weil die Tragweite der Vorgänge nach komplexeren Darstellungstechniken verlangt.

Der vorliegende Abschnitt über Ören wird aus diesem Grund mit einem letzten Zitat aus *Wie sich die Bilder verändern im Kopf eines Gastarbeiters* zu Ende geführt, weil Ören hier dank seines dialogischen Vorgehens eine Sprach- und Kulturlandschaft aus alten Bildern von Schatten, Pappeln, einem Fabriktor und Gesichtern so ineinander verkettet hat, daß die endgültige Option für das dialogische Lehrgedicht keiner weiteren Begründung bedarf.

---

172 Petra K. Kappert, *Die Verse der Sprachlosen*. In: *Frankfurter Allgemeine Zeitung* vom 12. März 1981, Frankfurt 1981, S. 26.

Die alten Bilder, im Schatten einer Pappel
aufgenommen, sind vergilbt.
Wir belichten sie neu
in einer Mittagspause am Fabriktor
und ziehen unsere neuen Gesichter
auf weißem Papier ab.
Wer weiß, vielleicht sind am Rand sogar
die alten Pappeln zu sehen,
schlank und schattig.[173]

Die schattige Hoffnung, mit der hier Schlemihls wundersame Geschichte von Adelbert von Chamisso als Grunderfahrung eines Lebens in der Fremde in den Mittelpunkt gerückt wird, unterstreicht die Andersartigkeit der heutigen Erfahrungen der Fremden mitten in einem Europa, das immer mehr auf das Dialogische zwischen seinen Sprachen und Kulturen als Überlebensstrategie angewiesen ist.

Daß die Zwischenbilanz über das eigene Leben in der Fremde (»in einer Mittagspause am Fabriktor«) so zuversichtlich ausgefallen ist, läßt sich eher mit dem Primat der Kunst denn mit den Ergebnissen aus der Politik begründen. Während die Politik hinter der sozio-ökonomischen Wirklichkeit Europas herhinkt, schöpft Ören seine Hoffnung aus der Gewißheit, die fehlende Sprache gefunden zu haben, da er selbst »unter die Wahrheit der Sache geraten« ist, die laut Hans-Georg Gadamer, die Gesprächspartner zu einer neuen Gemeinsamkeit verbindet.

Um die Gesprächspartner der Fremden von der Notwendigkeit der ausstehenden Begegnung zu überzeugen, greift Ören seit der *Trilogie* weder in das politische Geschehen ein, noch werden in seiner Literatur parallele Lebensläufe oder programmatische Begegnungen entworfen. An ihre Stelle treten in seinem ersten Roman *Eine verspätete Abrechnung* Konflikte und Widersprüche mit ungewohnter Schärfe auf, so wie sie bei der gegenwärtigen sozioökonomischen Befestigung der türkischen Minderheit in Berlin ans Licht kommen. Da die Verlagerung der Aufmerksamkeit auf das Eigene keineswegs als Rückzug aus dem hiesigen gesellschaftlichen Kontext vollzogen wird, ergibt sich öffentliche Gegeninformation in eigener Sache. Sie unterstreicht den Charakter der *Trilogie* als dialogisches Lehrgedicht nachträglich, weil das Eigene und das Fremde erneut und als paritätische Bestandteile »der Wahrheit der Sache« (Gadamer) zur Diskussion gestellt werden.

d) Die Reise des Aras Ören

Parallel zu Niyazis Mißerfolg, zu Ibrahims Aufstieg und zur Katharsis des Ich-Erzählers aus dem Roman *Eine verspätete Abrechnung* hat eine Reise stattgefunden, die sehr eng mit der sozio-kulturellen Berliner Topographie der siebziger und achtziger Jahren verknüpft ist. Es geht um einen Schriftsteller, der

---

173 Aras Ören, *Deutschland. ein türkisches Märchen*, Düsseldorf 1978, S. 93.

aus einer der Peripherien Europas ausgezogen ist, um sich in einem seiner Hauptzentren niederzulassen. Kaum hatte er mit der Frage *Was will Niyazi in der Naunynstraße* Position inmitten der Neuesten deutschen Literatur bezogen, war er mit *Der kurze Traum aus Kagithane* sofort dazu übergegangen, die Pole seiner kreativen Spannung zur einer Kultursynthese zu führen. Obwohl Ören in der *Trilogie* konsequent diesem Traum nachgegangen ist, hat er, parallel zu dem dritten Poem, mit aufkommenden Zweifeln an dem ursprünglichen Plan nicht zurückgehalten. Sie haben ihn im Lauf der Zeit zu der Erkenntnis geführt, daß die Verschmelzung der Gegensätze niemals die anatolische Steppe als Bestandteil des Lebensrhythmus der Großstadt Berlin aufheben kann.[174]

Die angestrebte Synthese bleibt selbst dann aus, wenn an Stelle von Niyazis engagiertem Alltag unzählige Reisen von *Berlin nach Berlin* aus *Bitte nix Polizei* oder aus *Manege* stattfinden, um den Lebensrhythmus einer Großstadt mit einem neuen Paradigma zu erfassen. Erst das Nachdenken über Ibrahims Reise vom Istanbul via Berlin in einen Hinterhof von Klein-Istanbul an der Spree ermöglicht es Ören, die Anfangsposition aus der *Trilogie* zu überwinden. Er muß zur Kenntnis nehmen, daß im Laufe der 15 Jahre der *Trilogie* Ibrahims Hinterhof mehr Gewicht erhalten hat als die gesamte Naunynstraße. Obwohl sich der Hinterhof zum Kern des aufkommenden türkischen Ghettos ausgeweitet hat,[175] ist er für den Schriftsteller zu dem Ort geworden, an dem eine versöhnende Begegnung mit der eigenen Minderheit möglich ist.[176] Erst die Versöhnung ermöglicht ihm den Zugang zur Wirklichkeit einer sich diversifizierender Minderheit, die aus dem sozio-kulturellen und politischen Schnittpunkt Naunynstraße nicht mehr erfahrbar ist. Mit dem Ortswechsel hat bei Ören auch ein Wechsel in der Wahrnehmung und in der Kreativität stattgefunden.

Handlungen werden nicht mehr zielgebunden dargestellt, man verhilft ihnen lediglich zu ihrer Wirklichkeit. Jenseits von westeuropäischen, politischen und kulturellen Ansprüchen an sich selbst und an die eigenen Landsleute wird Ibrahim als Prototyp jener aufsteigenden Familienclans erkannt, deren gesellschaftliche Funktion darin besteht, die sich strukturierende Minderheit wirtschaftlich soweit abzusichern und zu befestigen, daß sie zu einer autonomen Enklave wird. In Ibrahims sechsstöckigem Geschäftshaus im Zentrum von Erzincan und in seiner florierenden Hinterhof-Wirtschaft in Berlin kündigen sich Voraussetzungen an, um die Frage nach einer kollektiven Identität gegenüber dem Herkunfts- und dem Aufnahmeland erneut, jedoch paritätisch, stellen zu können.

So gesehen kann man in der parallel verlaufenden Katharsis des Ich-Erzählers[177] aus *Eine verspätete Abrechnung* den abgeschlossenen Lernprozeß

---

174   Aras Ören, *Privatexil, Fabel von der Savannen-Gazelle*, S. 43.
175   Vgl. den Abschnitt »Stadtrundfahrt« in Aras Ören, *Haus*, S. 44-45.
176   Vgl. Aras Ören, *Eine verspätete Abrechnung*, S. 181.
177   Ebd., vgl. »Ja, auch ich war ein Nichts geworden, nach all dem Hin und Her«, S. 278.

des Schriftstellers Ören erkennen. Dieser Lernprozeß gipfelt in der Erkenntnis, daß in der Phase der Ankunft Minderheiten weder nach sozio-politischer Integration noch nach Kultursynthese streben. Sie verfolgen autonome Interessen zur Verankerung ihrer Anwesenheit in einem fremden Kontext, die nur dann zu erkennen sind, wenn der Beobachter über einen dialogischen Standort verfügt, der ihm jenseits des Hin und Her zu übernationalen Entwürfen verhilft.

Die Fremde wohnt in der Sprache.
Drei Beispiele

18. Additive Gleichzeitigkeit der Sprachen bei Yüksel Pazarkaya

a) Das Gedicht *deutsche sprache*

Yüksel Pazarkaya, einer der Vorläufer der Literatur der ausländischen Autoren in der Bundesrepublik,[1] hat in seiner Hymne an die *deutsche sprache*[2] Erwartungen und Beweggründe seines Sprachmodells wie folgt zusammengefaßt:

> deutsche sprache
> die ich vorbehaltlos liebe
> die meine zweite heimat ist
> die mir mehr zuversicht
> die mir mehr geborgenheit
> die mir mehr gab als die
> die sie angeblich sprechen
> sie gab mir lessing und heine
> sie gab mir schiller und brecht
> sie gab mir leibniz und feuerbach
> sie gab mir hegel und marx
> sie gab mir sehen und hören
> sie gab mir hoffen und lieben
> eine welt in der es sich leben läßt
> die in ihr verstummen sind nicht in ihr
> die in ihr lauthals reden halten sind nicht in ihr
> die in ihr ein werkzeug der erniedrigung
> die in ihr ein werkzeug der ausbeutung sehn
> sie sind nicht in ihr sie nicht
> meine behausung in der kälte der fremde
> meine behausung in der hitze des hasses
> meine behausung wenn mich verbiegt die bitterkeit
> in ihr genoß ich die hoffnung
> wie in meinem türkisch.

Vorbei an den alltäglichen Zwängen des sprachlichen Umgangs zwischen Deutschen und Fremden greift Pazarkaya nach einer deutschen Kulturspra-

---

1 Yüksel Pazarkaya, *Irrwege. Koca Sapmalar*, Türk./Dt., Frankfurt 1985, vgl. den Zyklus *Spuren von uns in Deutschland (1966/68)*, S. 7-51 und Wolfgang Riemann, *Das Deutschlandbild in der modernen türkischen Literatur*, Wiesbaden 1983, S. 48-60.
2 Yüksel Pazarkaya, *Der Babylonbus*, Frankfurt 1989, S. 7.

che, welche die Tradition der Aufklärung in sich trägt. Die Bezugnahme auf Sprachmodelle aus der humanistischen und aus der sozio-politischen Aufklärung kann man zuerst mit Harald Weinrich durchaus als »echten literarischen Kanon«[3] identifizieren, selbst wenn Pazarkaya Goethe ausgespart hat.[4]

Aus dem Gegensatz zwischen aufklärerischen Idealen und dem alltäglichen Mißbrauch der deutschen Sprache im Umgang mit den Fremden, wo sie zum Werkzeug der Ausbeutung und der Erniedrigung wird, entsteht eine Kronzeugen-Galerie, mit deren Hilfe das fremde lyrische Ich gesellschaftliche Sprachbeliebigkeit vor Ort unter Anklage stellen kann. Sie wird von Pazarkaya als gefährlicher als ihr alltäglicher Mißbrauch eingestuft, da gesellschaftliche Sprachbeliebigkeit für ihn die Negation der kulturhistorischen Zusammenhänge der deutschen Sprachkultur darstellt, die dem fremden lyrischen Ich die Voraussetzungen dafür bieten, sich in ihr heimisch, zuversichtlich und geborgen zu fühlen.

Rätselhaft muten zwei Besonderheiten im Gedicht an. In der Kontinuität zwischen humanistischer Aufklärung und sozio-politischem Engagement, die durch die Verben »sehen« und »hören« sowie »hoffen« und »lieben« wiedergegeben wird, fehlt das Verb »sprechen«, das die angestrebte wirtschaftliche und kulturelle Emanzipation des Fremden darstellen sollte. Dies fällt um so mehr auf, weil es hier um ein Gedicht über eine Kultursprache geht, in der die Redewendung »das Wort ergreifen« gegeben ist, das als Sinnbild für Emanzipation im Mittelpunkt des Gedichtes stehen sollte. Natürlich kann man davon ausgehen, daß Sprechen im Gedicht so konkret aufgehoben vorliegt, daß ein wörtlicher Hinweis vom lyrischem Ich als überflüssig angesehen wird. Um so mehr fällt auf, daß damit nicht das Sprechen eines fremden lyrischen Ichs als Akt des emanzipierenden Zugangs zu der deutschen Öffentlichkeit gemeint sein kann, da sich die Verben »reden« und »verstummen« auf die einheimischen Deutsch-Sprechenden beziehen, die entweder lauthals gegen die Fremden Position beziehen oder sich ihrer Aufklärungspflicht schweigend entziehen.

Ferner ist festzustellen, daß das Gedicht kaum darauf ausgerichtet ist, mit Hilfe der eigenen literarischen Öffentlichkeit die Grenzen der Anklage zu sprengen. Selbst wenn man mit Recht betont, daß hier ein fremdes Ich das Wort in einer Fremdsprache ergreift, ist nicht zu leugnen, daß die Handlung keinen Akt sozio-kultureller Emanzipation darstellt. Das ganze Gedicht erschöpft sich in einer Anklage als Reaktion auf den Mißbrauch der deutschen Sprache, wobei das fremde lyrische Ich keine selbständige Sprachhandlung wagt.

Die zweite Besonderheit ist das Vorkommen des Präteritums »genoß« am Ende des Gedichts. Es ist ohne weiteres als zyklische Aufnahme des Präteri-

---

3 Harald Weinrich, *Um eine deutsche Literatur von außen bittend.* In: *Merkur*, Jg. 37 H. 8/1983, Stuttgart 1983, S. 916.

4 Nach vorläufiger Aussparung tritt Goethe als Kronzeuge der Anklage bei Pazarkaya auf, vgl. Yüksel Pazarkaya, *Ich möchte Freuden schreiben*, Fischerhude 1983, *Zeitzeichen* Dezember Nr. 6, S. 96.

tums aus »sie gab mir« in der zweiten Strophe zu verstehen. Das Rätselhafte ergibt sich aus der gegenwärtigen Kontinuität der Bedrohung im Verhältnis zur abgeschlossenen Einmaligkeit des Genusses von Hoffnung:

> wenn mich verbiegt die bitterkeit
> in ihr genoß ich die hoffnung
> wie in meinem türkisch

Der Schlußhinweis, daß es dem lyrischen Ich in der eigenen Muttersprache nicht anders als in der deutschen Sprache ergangen ist, unterstreicht die funktionale Parallelität des Türkischen im Verhältnis zum Deutschen, d. h. der ersten Heimat im Verhältnis zur zweiten. An die fehlende Begründung der Notwendigkeit des Präteritums am Ende des Gedichtes kann durchaus implizit herangegangen werden, indem die letzten beiden Zeilen durch ein intendiertes kontrastierendes »einst oder stets« verbunden werden:

> in ihr genoß ich die hoffnung
> wie [einst oder stets] in meinem türkisch.

Geht man davon aus, daß ein solcher Deutungsvorschlag der bewußten Zweckmäßigkeit einer temporalen Aporie am Gedichtende zuwiderläuft, dann muß die dortige Aporie als kontrastierender Hinweis zum additiven Verfahren aufgefaßt werden, mit dem das fremde lyrische Ich zwei Sprachen und zwei Heimaten für sich beansprucht. Der zweite Vorschlag erscheint deswegen ergiebiger als der erste, weil das additive Verfahren Pazarkayas Standort innerhalb einer Literatur am deutlichsten markiert, deren äußerste Grenzen mit Aras Örens muttersprachlichem Modell und mit Franco Biondis fremdsprachlichem Vorschlag belegt worden sind.

b) Additives Verfahren und Kulturaustausch

Als Aufbauprinzip einer gemeinsamen aufgeklärten und sozio-politisch engagierten Sprache erlaubt das additive Verfahren, Sprachen und Kulturen in einen Lernprozeß umzuwandeln, an dessen Ende ein Eintauchen des lyrischen Ichs in eine noch nicht dagewesene Sprache und Heimat steht. Bei Pazarkaya wird das Eintauchen vorerst als willkomme Quelle der eigenen lyrischen Kreativität ausgeschöpft: »Die Dreizeiler sind in den Jahren 1968 bis 1974 entstanden, teils in türkisch, teils in deutsch. Ich habe sie oft gleich nach der Entstehung auch in der anderen Fassung geschrieben.«[5]

Laut seiner Vorbemerkung zu den Gedichten aus dem Band *Irre Wege. Koca Sapmalar*[6] darf angenommen werden, daß Pazarkaya bis 1968 kontinuierlich in türkisch schrieb und eine additive Gleichzeitigkeit der ersten und der zweiten Sprache sich während der Niederschrift des Dreizeiler-Zyklus *die*

---

5 Yüksel Pazarkaya, *Ich möchte Freuden schreiben*, ebd., S. 102.
6 Yüksel Pazarkaya, *Irrwege. Koca Sapmalar*, ebd., S. 5.

liebe von der liebe eingestellt hat, die dann im letzten Band mit dem Titel *Der Babylonbus* wieder aufgetreten ist.[7]

Um so stimmiger wird das additive Verfahren aus dem Gedicht *deutsche sprache*, wenn die dortige Gleichzeitigkeit der ersten und der zweiten Sprache als Kernstück eines neuartigen Kulturaustausches zwischen dem fremden und dem eigenen Land aufgefaßt wird, dem sich Pazarkaya als Essayist,[8] Übersetzer türkischer Lyrik der Gegenwart[9] und Herausgeber der türkischen Zeitschrift *Anadil* (Stuttgart 1980-82) besonders verpflichtet fühlt.

Von einem kreativen Kulturaustausch kann dann gesprochen werden, wenn die hiesige Kulturöffentlichkeit in die Lage versetzt wird, die Anwesenheit des Fremden als Bestandteil des eigenen Alltags zuzulassen. Dies ist aus der Sicht des nicht-deutschen Lyrikers um so wichtiger, da nur dann die hiesige Sprache zur zweiten Heimat für all diejenigen werden kann, die sich gezwungen sehen, sich einer zweiten Sprache anzuvertrauen, da die erste dem eigenen Ich, aus welchem Grund auch immer, zu eng geworden ist. Die additive Gleichzeitigkeit der Sprachen und der Heimaten setzt nach Pazarkaya eine freie Entfaltung der fremden Kulturen innerhalb des deutschen Sprachraums voraus, die sie vor inhaltlichem Verkümmern schützen soll.

Das Pendeln zwischen literarischer Kreativität und sozio-kulturellem Vorhaben bei Pazarkaya macht deutlich, daß er an der Praxis des Kulturaustausches als Weg zu einem paritätischen Nebeneinander-Leben der Sprachen, der Kulturen und der Literaturen innerhalb einer sich konstituierenden größeren Sprach- und Kultureinheit wie Europa festhält. Ein Nebeneinander-Leben, das bis zur gegenseitigen kreativen Befruchtung ausgeschöpft werden muß, um die »wirkliche Geburt des neuen Europa«[10] herbeizuführen.

Es handelt sich hier um eine Austauschpraxis zwischen dem Eigenen und dem Fremden, die von Pazarkaya selbst so umgesetzt wird, daß er Kreativität und Vermittlung durch die Gestaltung der eigenen Zweisprachigkeit kenntlich macht. Während für essayistische Arbeiten der Zugang zur deutschen Sprache als unmittelbar empfunden wird, weil es dort angeblich nur um die Vermittlung von objektivierten Informationen geht, wird der Muttersprache ein kontinuierlicher Vorrang zugestanden, wenn es um die lyrische Kreativität geht:

> »Ich weiß, daß ich Literatur optimal in meiner ersten Sprache machen kann, optimaler als in meiner zweiten Sprache, der deutschen. Deshalb schreibe ich nach wie vor das meiste zuerst in türkischer Sprache. Aber mit den zunehmenden, den gewachsenen Jahren gibt es inzwischen auch Texte, die sich mir auch gegen meinen Willen

7   Yüksel Pazarkaya, *Der Babylonbus*, ebd., Nachbemerkung, S. 127.
8   Yüksel Pazarkaya, *Rosen in Frost. Einblicke in die türkische Kultur*, Zürich 1982, und Yüksel Pazarkaya, *Spuren des Brots. Zur Lage der ausländischen Arbeiter*, Zürich 1983.
9   Vgl. die Übersetzungsliste in Yüksel Pazarkaya, *Rosen in Frost*, ebd., S. 212, die allerdings bis 1982 reicht.
10 Yüksel Pazarkaya, *Über Aras Ören*, in: *Chamissos Enkel. Zur Literatur von Ausländern in Deutschland*, Heinz Friedrich (Hg.), München 1986, S. 15.

deutsch angeboten, sich mir aufgezwungen haben. Zu diesen Texten zählt auch das Gedicht *deutsche sprache*. Die türkische Fassung, die danach kam, gefällt mir überhaupt nicht.«[11]

Das Festhalten an einem biografischen Determinismus der eigenen Sprachkreativität kommt bei Pazarkaya um so deutlicher zum Ausdruck, wenn er sein Unbehagen im Umgang mit der deutschen Sprache auf folgende Weise erklärt: »Ich fühle mich befangen, unsicher, kann nicht auf Unbewußtes, Selbstverständliches zurückgreifen, es ist nicht die Sprache meiner Kindheit.«[12]

Diese Vorstellung der eigenen Zweisprachigkeit versteift sich dann ab und zu in einen allgemeinen vitalistischen Determinismus, wie z. B. wenn Pazarkaya die Funktion der ausländischen Autoren innerhalb der bundesrepublikanischen Literatur der Gegenwart als eine »Bluttransfusion«[13] umschreibt. Und dennoch wäre es verfehlt, Pazarkayas Zweisprachigkeit als zwanghaften Ausdruck eines inneren Widerspruchs anzusehen, oder sie auf eine bewußte Umsetzung des Pendelns zwischen Lyrik und Essay, zwischen literarischer Kreativität und sozio-kulturellem Vorhaben, reduzieren zu wollen. Die Gestalt der eigenen Zweisprachigkeit aufgrund der Applikation der ersten oder der zweiten Sprache, ergibt sich bei Pazarkaya aus einer prägenden Erfahrung, in der sich der Auslöser für die oben erwähnte temporale Aporie verbirgt.

Folgt man Pazarkayas Annahme, wonach bei ihm zwischen erster und zweiter Sprache eine konstitutive zeitliche Verschiebung vorliegt, die genauso wenig aufzuheben ist, wie eine türkische Sprachkindheit niemals die fehlende deutsche Sprachkindheit ersetzen kann, so bleibt dem Lyriker Pazarkaya keine andere Wahl, als sich zu der temporalen Ausweglosigkeit seiner zweiten Sprache zu bekennen und entsprechend zu handeln.[14]

Um so stimmiger wirkt dagegen Pazarkayas Vorgehen, weiteren Ausweglosigkeiten vorzubeugen, indem er unvermeidliche Sprachsymbiosen und Kultursynthesen nicht negiert,[15] sondern sich darum bemüht, die Entscheidung über die Applikation seiner ersten und zweiten Sprache nicht aus der

---

11 Yüksel Pazarkaya, *Die Fremde hat sich an uns gewöhnt, ich habe die Fremde überwunden. Ein Gespräch*, in: Carmine Chiellino, *Die Reise hält an. Ausländische Künstler in der Bundesrepublik*, München 1988, S. 103.

12 Beate Winkler-Pöhler, *Zusammenfassung der Diskussion*, in: *Eine nicht nur deutsche Literatur. Zur Standortbestimmung der »Ausländerliteratur«*, Irmgard Ackermann/Harald Weinrich (Hgg.), München/Zürich 1986, S. 53.

13 Yüksel Pazarkaya, *Die Fremde hat sich an uns gewöhnt, ich habe die Fremde überwunden. Ein Gespräch*, ebd., S. 108

14 Daß es sich bei Pazarkayas additiver Zweisprachigkeit um eine wiederkehrende Erfahrung unter kreativen Polyglotten geht, wird deutlich belegt in Werken wie: Julia Kristeva, *Fremde sind wir uns selbst*, Frankfurt 1990, Abschnitt »Das Schweigen der Polyglotten«, S. 24-26, sowie J. Amati Mehler/S. Argentieri/J. Canestri, *La babele dell'inconscio. Lingua madre e lingue straniere nella dimensione psicoanalitica*, Milano 1990.

15 Yüksel Pazarkaya, *Die Fremde hat sich an uns gewöhnt, ich habe die Fremde überwunden. Ein Gespräch*, ebd., S. 104.

Hand zu geben und sie in Kongruenz mit der sozio-kulturellen Vision eines neuen Europa zu gestalten.

Obwohl hier aus einleuchtenden Gründen größere Aufmerksamkeit auf die Applikation der zweiten Sprache gelegt wird, soll nicht die Tatsache außer acht gelassen werden, daß die additive Gleichzeitigkeit allerlei Einwirkungen auf die erste und auf die zweite Sprache gefördert hat.

An dieser Stelle wäre eine kontrastive Gegenüberstellung der türkischen und der deutschen Sprache des *Lyrikers* Yüksel Pazarkaya besonders hilfreich, um die kreative Spannung zwischen erster und zweiter Sprache herauszustellen. Daß eine derartige Gegenüberstellung nicht geleistet werden kann, hängt damit zusammen, daß die additive Gleichzeitigkeit, mit der die deutschen Fassungen entstanden sind, zu einem Vergleich mit den Originalen verpflichtet. Dies kann vom Verfasser der vorliegenden Arbeit nicht geleistet werden. Und dennoch kann der des Türkischen unkundige Leser auf eine Reihe von sprachexternen Grundhaltungen und inhaltlichen Hinweisen stoßen, die es ihm ermöglichen, das Wesentliche der kreativen Spannung in beiden Richtungen zu erfassen. Wie dies vor sich gehen kann, soll hier anhand des Zyklus *Zeitzeichen* aus *Ich möchte Freuden schreiben* erläutert werden.

c) Verweigerte Identität und monadische Sprachfremdheit

Da sich der Zyklus aus tagtäglichen *Zeitzeichen* zusammensetzt, die ein Jahr lang durchgehalten werden,[16] muß von einer türkischen Sprache ausgegangen werden, die dem Alltag an verschiedenen Orten und zu verschiedenen Jahreszeiten verpflichtet ist. Was dem Leser der deutschen Fassung auffallen kann, ist die wiederkehrende Leichtigkeit der Begriffe und der Bilder bei Ortswechseln zwischen dem Raum der Fremdsprache und dem muttersprachlichen Herkunftsort.

Die Annahme, daß der inhaltliche Auslöser für die Leichtigkeit der Sprache in den jeweils günstigen Orts- und Jahreswechseln liegt, soll nicht von der Tatsache ablenken, daß im selben Verfahren die türkische Sprache Einwirkungen ausgesetzt ist, die sich aus ihrem Einsatz in einem fremdsprachlichen Raum ergeben.[17]

Die Gegenüberstellung der *Zeitzeichen* aus dem Monat August und aus den anderen Reisen mit der restlichen Mehrheit der *Zeitzeichen*, die sich eindeutig auf den fremdsprachlichen Raum beziehen, läßt auf eine türkische Sprache

---

16   Pazarkaya, *Ich möchte Freuden schreiben*, ebd., S. 102.

17   Vgl. Pazarkayas Aufsatz zur türkischen Sprache von Aras Ören, der teilweise als Selbstanalyse gelesen werden kann: *Das Chaos als Vorphase einer Symbiose. Störung des Systems durch Einwirken eines anderen Systems- türkische Originaltexte von Aras Ören unter dem Einfluß des deutschen Sprachraums*, in: *Begegnung mit dem »Fremden«*, Akten des VIII. Internationalen Germanisten-Kongresses, Tokyo 1990, Bd. 8 »Emigranten- und Immigrantenliteratur«, Yoshinori Shichiji (Hg.), München 1991. S. 101-108.

zurückschließen, die auf abendländische Begriffe aus der Technologie und aus den Sozialwissenschaften zurückgreift, um »Freuden schreiben« zu können.[18] Ein derartiges Unterfangen eines fremdsprachlichen lyrischen Ichs soll aber nicht auf eine neue Auflage der Unversöhnlichkeit der entfremdeten Technologie mit einer angestrebten Verbesserung der *conditio humana* reduziert werden. Bei Pazarkaya wird das sprachliche Unterfangen zur Metapher, die auf eine tiefgreifende Fremdheit zwischen zwei Kulturen hinweist. Ihre Berührung verursacht einen Kulturschock untern den Fremden, dem sich ein fremdes lyrisches Ich kaum entziehen kann.[19] Ihm bleibt aber die Möglichkeit erhalten, das Unbehagen sprachlich kenntlich zu machen, indem er Ursache und Wirkung zum Ausdruck bringt. Daß sich Pazarkaya für ein Verfahren entschieden hat, wo die Aussparung unmittelbarer gefühlsmäßiger Anteilnahme an dem Geschehen zur Natur der von ihm verwendeten Sprache geworden ist, soll als verweigerte Identität zwischen dem lyrischen Ich und der eingesetzten Sprache angesehen werden:

> wenn du auch verschlagen wirst in die fremde
> und herumziehst ein leben lang
> bleibt doch der mensch des menschen wesen
> widerspiegelt sich in seiner sprache am ehesten[20]

Das fremde lyrische Ich kann der *conditio humana* eines Fremdlings nicht entkommen, selbst wenn es beispielsweise eine Abschottung von der fremden Umwelt durch die mitgebrachte Sprache versuchen würde. Dies ist ihm nicht gegönnt, weil es, um seine Identität als »menschen wesen« zu behaupten, einen Zugang zu einer fremden Wirklichkeit braucht, den es zuerst sprachlich herstellen muß.

Daß es sich bei dem Zyklus *Zeitzeichen* um eine verweigerte Identität zwischen dem lyrischen Ich und der eingesetzten Fremdsprache handelt, ergibt sich aus der Tatsache, daß Pazarkaya hier einige Schritte weiter gegangen ist als zum Beispiel Julia Kristeva, wenn sie von der Illusion schreibt:

> »Ihr könnt durchaus virtuos[21] werden mit dieser neuen Kunstform, die euch einen neuen Körper schafft, ebenso künstlich, sublimiert – manche sagen : sublim. Ihr habt

---

18   Vgl. auch Aras Ören, *Der kurze Traum aus Kagithane*; Berlin 1974; »Die Wissenschaft liegt im Westen. / Deshalb haben wir uns / nach dem Westen gewandt.« S. 68 und Aysel Özakin, *Die blaue Maske*, Frankfurt 1989, »Der Westen verachtet uns, weil wir ihn imitieren.« S. 189.

19   Vgl. Pazarkaya, *Vom Kulturschock zur Kultursynthese*, in: *Zu Hause in der Fremde. Ein bundesdeutsches Ausländer-Lesebuch*, Christian Schaffernicht (Hg.), Fischerhude 1981, S. 99-100, aber auch Ralf Twenhöfel, *Kulturkonflikt und Integration. Zur Kritik der Kulturkonfliktthese*. In: *Schweizerische Zeitschrift für Soziologie*. Schweizerische Gesellschaft für Soziologie (Hg.), Bd. 10, Nr. 2 1984. Montreux 1984, S. 405-434.

20   Pazarkaya, *Ich möchte Freuden schreiben*, ebd., S. 63.

21   Zu Pazarkayas sprachlichem Können vgl. Hans-Jürgen Heise, *Weg von der Diwan-Poesie*. In: *Süddeutsche Zeitung* Nr. 68, 22./23.März 1986, München 1986, »Dieser verdienstvolle Übersetzer, der schon so viel für die Einbürgerung türkischer Dichtung ins Deutsche getan hat.« S. 144.

das Gefühl, daß die neue Sprache eure Auferstehung ist: eine neue Haut, ein neues Geschlecht verleiht. Aber die Illusion vergeht, wenn ihr euch erst einmal hört, etwa auf einer Tonbandaufnahme, wenn die Melodie eurer Stimme euch bizarr entgegentönt wie von nirgendwo, weit mehr an das Gestammel von früher gemahnend als an den heutigen Code.«[22]

Pazarkaya setzt hinzu, daß eine solche Illusion nicht einmal dann erreicht werden kann, wenn sich das lyrische Ich in der Fremde von vornherein nur auf die Herkunftssprache einläßt, denn die zu überwindende Fremdheit des lyrischen Ichs setzt sich nicht aus der fremden Umwelt oder Sprache allein, sondern auch aus der alltäglichen Abwesenheit der Herkunftskultur zusammen, die nur im Rahmen einer größeren Einheit, wie Europa, überwunden werden kann. Bis dahin vermag die eigene und die fremde Sprache die Erlösung des fremden lyrischen Ichs zu begründen und einzuklagen, aber sie kann sie nicht herbeiführen.

Wenn in diesem Zusammenhang Hans-Jürgen Heise zu Pazarkayas Lyrik schreibt:»In diesen Texten [...] kommt das Gefühl der Wurzellosigkeit und der Entfremdung in vielerlei Formen und verbalen Experimenten zum Ausdruck,«[23] gibt er die Inhalte des Zyklus korrekt wieder. Mit seiner Feststellung liegt er dennoch weit von Pazarkayas zentralem Anliegen entfernt, weil der Ausgangspunkt von Pazarkayas Lyrik weder die Wurzellosigkeit noch die Entfremdung allein ist. Sein Anliegen ist es, der Ratio der Aufklärung durch Mutter- und Fremdsprache zur kulturpolitischen Applikation zu verhelfen.

Mit seinem Anliegen hat sich Pazarkaya in den Bereich jenes angeblich abstrakten und sterilen Rationalismus begeben, der intellektuellen Mitgliedern von kulturellen Minderheiten angelastet wird, und den Jean-Paul Sartre folgendermaßen in Schutz genommen hat: »Aber wenn wir bedenken, daß der Rationalismus ein Hauptfaktor bei der Befreiung des Menschen war, so weigern wir uns, ihn als reine Gedankenspielerei zu betrachten und bestehen im Gegenteil auf ihrer schöpferischen Kraft [...] Der Rationalismus versuchte, die Menschen zu versöhnen.«[24]

So gesehen kann die Tatsache noch weniger verwundern, daß gerade die *Zeitzeichen* aus dem Monat August durch farbige Sinnlichkeit, Gefühlsbeteiligung und wiederholbare Geborgenheit schlagartig an lyrischem Pathos gewinnen:

> du hast nun ein ziel erreicht
> du hast schon auf einem sofa gesessen
> das tulpenglas mit tee in deiner hand gehalten
> schon hast du den leidigen weg vergessen.[25]

Denn »auf dem Sofa« sorgt die Gleichzeitigkeit der türkischen Sprache und der türkischen Kultur für eine befreiende Kontinuität zwischen dem lyrischen

---

22 Julia Kristeva, *Fremde sind wir uns selbst*, ebd., S. 24-25.
23 Hans-Jürgen Heise, *Weg von der Diwan-Poesie*, ebd., S. 144.
24 Jean-Paul Sartre, *Betrachtungen zur Judenfrage*, Zürich 1948, S. 98.
25 Pazarkaya, *Ich möchte Freuden schreiben*, ebd., S. 71.

Ich und der Erfahrung zwischen seiner Sprache und den umliegenden Bildern.

Wenn das Ganze mit Reisen und mit dem jährlichen Urlaub in der Türkei abzugelten wäre, ließe sich Pazarkayas Berufung auf die spekulative Ratio eines Vorläufers der deutschen Aufklärung wie Leibniz, so wie er dies in dem Gedicht *deutsche sprache* vorgenommen hat, für hinfällig erklären.

Geht man mit Pazarkaya davon aus, daß jede Sprache in einem fremdsprachlichen Raum ohne ihr kulturelles Fundament zu einer Leibnizschen Monade der einheimischen Sprache gegenüber wird, kann sie nur über ihre Rückführung an den Herkunftsort aus ihrem Monadenzustand befreit werden. Da weder hier noch dort eine Gleichzeitigkeit der Kulturen gegeben ist, führt jede geozentrische Umpolung einer der beiden Sprachen zwangsläufig zu einem fensterlosen Zustand zurück. Die Ausweglosigkeit ist zum Teil über einen »Reflektionsvorgang« aufzuheben. Dies kann z. B. geschehen, wenn das eigene lyrische Ich seine monadische Sprachfremdheit aufgrund der erworbenen Erfahrungen in der fremdsprachlichen Literatur aufheben kann.

Ein Beleg dafür findet sich in dem *Zeitzeichen* Nr. 16 aus dem Monat August, mitten im türkischen Alltag des zurückgekehrten lyrischen Ichs:

> nun wären alle vorbereitungen getroffen
> alle personen und alles gepäck im wagen verstaut
> sich in bewegung setzen heißt das ziel schon halb erreichen
> doch draußen klopft eine Hand an die scheibe
> der mann der an die scheibe klopft meint
> der platte reifen möchte ausgewechselt werden.[26]

Die Offenheit, mit der Pazarkaya auf Bertolt Brechts Gedicht *Der Radwechsel*[27] anspielt, soll nicht darüber hinwegtäuschen, daß die Situationen unvergleichbar sind. Nichts bleibt von der Herr-Knecht-Dialetik, wo der Knecht das Reisen wieder möglich macht und der Herr nicht mehr weiß wohin. Hier geht es lediglich um einen Vater, der die ganze Familie mit Sack und Pack im Auto untergebracht hat. Hier wird eine Reise angetreten, und das Ziel liegt den Reisenden so deutlich vor Augen, daß dies im Gedicht mit einer Volksweisheit bestätigt wird. Daß der Abfahrende von einem Unbekannten auf den platten Reifen aufmerksam gemacht wird, überrascht ihn in seiner Fahrbereitschaft so sehr, daß der Unbekannte zweimal klopfen muß.

Was es nun bei Pazarkaya mit dem ausstehenden Radwechsel auf sich hat, ist nicht so wichtig wie die Tatsache, daß hier eine Aufhebung des gegenseitigen fensterlosen Zustandes der sprachlich-kulturellen Monaden über die gemeinsame Sprache der Literatur vorgeführt worden ist. Die eigene Sprache ist dadurch für das Fremde empfänglich gemacht worden, daß in ihr der Unterschied und nicht die Gemeinsamkeit als Ausgangsposition für die Erkundung des Eigenen und des Fremden festgelegt ist.

---

26 Ebd., S. 75.
27 Bertolt Brecht, *Gesammelte Werke*, 20 Bde., Bd. 10, Frankfurt 1973, S. 1009.

Daß der Lyriker Pazarkaya erst in der Türkei die Muttersprache der Fremdheit seiner deutschen Sprache aussetzt, ist ein vorbeugendes Phänomen, das auch bei Franco Biondi, wenn auch mit anderen Ergebnissen, auftritt. Das Eigene in Pazarkayas Unterfangen kann abschließend mit der Behauptung zusammengefaßt werden, daß eine geozentrische Ambivalenz des mutter- und fremdsprachlichen lyrischen Ichs gezielt als kulturelle Gleichzeitigkeit angestrebt wird, weil sie die Voraussetzung dafür ist, eine symbiotische Verfügung über seine erste und zweite Sprache und Heimat zu erreichen.

19. Italienisches Gerundium und Andersartigkeit in der Lyrik von Giuseppe Giambusso.

a)   Vielfalt und Frequenz des italienischen Gerundiums

Es steht außer Zweifel, daß das italienische Gerundium als eine der ältesten stilistischen Konstanten der italienischen Dichtung betrachtet werden kann, so daß in einer klassischen Schulgrammatik wie *La grammatica italiana* von Salvatore Battaglia und Vincenzo Pernicone folgende Feststellung zur Kontinuität und zur Frequenz des Gerundiums zu lesen ist: »Unsere ältesten Autoren haben mit dem Gerundium reichlich übertrieben, sie haben es allzuoft benutzt: die modernen dagegen haben es mit Augenmaß verwendet.«[28]

Was aus dem Gerundium eine eminente Stilkonstante macht, ist die Tatsache, daß das Gerundium innerhalb des italienischen Verbsystems keine Notwendigkeit besitzt. In Anlehnung an Harald Weinrichs Theorie über die Reliefgebung[29] könnte man das italienische Gerundium als eine »reliefgebende Möglichkeit im Hintergrund« betrachten, die als Variante zu bestimmten Nebensätzen und bei gegebenen Vorbedingungen in Anspruch genommen werden kann.[30] Die in ihm enthaltene Möglichkeit der Bündelung von temporalen, kausalen, modalen und konzessiven Bedeutungen, die subjektbezogene Genus- und Numerusvielfalt seiner reduzierten Endung *-ndo*, die gegebene Differenzierung der temporalen Dimension als Vorzeitigkeit und als Gleichzeitigkeit haben dem Gerundium über die Jahrhunderte literarische Kontinuität gesichert. Hinzu kommt die wohlklingende Fluidität der Form fast als kongeniale Entsprechung der Knappheit, mit der ein Gerundium einen gesamten Nebensatz ersetzen kann.

---

28   Salvatore Battaglia/Vincenzo Pernicone, *La grammatica italiana*, Torino [6]1971, S. 379.

29   Harald Weinrich, *Tempus. Besprochene und erzählte Welt,* Stuttgart 21971. S. 95.

30   Die Hauptvoraussetzung desselben Subjekts für den Haupt- und -Nebensatz ist für die Lyrik durch die Hochfrequenz des lyrischen Ichs im Regelfall vorhanden.

Obwohl seine Kontinuität sogar die Erneuerungswut der Futuristen[31] un-
beschadet überstanden hat, lassen sich für die italienische Lyrik aus der Zeit
nach dem Futurismus bis in die Gegenwart gegenläufige Entwicklungen beobachten. Die erste Tendenz ist daran zu erkennen, daß das Gerundium als
Merkmal aus dem Haupt- und Nebensatzsystem durch eine aufkommende Vorliebe für Koordination immer mehr verdrängt wird, und daß es eher in der Bedeutung eines modalen Adverbs anzutreffen ist.[32]

Deutliche Belege einer abnehmenden Tendenz finden sich in der Entwicklung der Lyrik von Eugenio Montale, wo das vielfältige Gerundium
einer berühmten Zeile wie *E andando nel sole che abbaglia*[33] am Schluß
nur als Gedichttitel wie *Trascolorando* und *Retrocendo*[34] möglich wird und
dort fast als Variante aus der Musikfachsprache zu gelten hat. Bei Giuseppe
Ungaretti zeichnet sich dagegen unveränderte Stabilität des Gerundiums
ab,[35] die durch das Festhalten an der stilistischen Sprachknappheit seiner
hermetischen Lyrik zu erklären ist.[36] Bei der Auflösung des Hermetismus zugunsten des diskursiven Erzählens aus der Alltagssprache hat Cesare Pavese
das Gerundium zum unverwechselbaren Topos seiner Lyrik gemacht.[37] Das
Vorgehen ist in den Gedichten aus *Lavorare stanca* daran zu erkennen, daß
Cesare Pavese das Gerundium zu einer Abschiedsformel hochstilisiert hat,
wie z. B. *Fumerò a notte buia, ignorando anche il mare,*[38] oder *Potremo in-
contrarci, volendo.*[39]

Nach dem massiven aber zeitbegrenzten Einsatz des Gerundiums bei Cesare Pavese scheint sich eine paradigmatische Entwicklung à la Eugenio Montale in der Lyrik der Gegenwart durchzusetzen, die durch ein allgemeines Ein-
betten desselben in die Alltagssprache zustandekommt.[40]

---

31   Vgl. Filippo Tommaso Marinetti, *Manifesto tecnico della letteratura futurista*, in:
     Per conoscere Marinetti e il Futurismo, Luciano De Maria (Hg.), Milano 1973,
     S. 77-84.
32   Vgl. Rosaria Solarino, *Fra iconicità e paraipotassi. Il gerundio nell'Italiano con-
     temporaneo.* In: *Bollettino della SLI*, Roma 1991, Nr. 1/2, S. 55-58.
33   Eugenio Montale, *L'opera in versi. Edizione critica*, (Hgg.) Rosanna Bettarini/Gian-
     franco Contini, Torino 1981 (1980), das Gedicht *Meriggiare pallido e assorto* S. 28,
     sowie S. 40, S. 53, S. 65, S. 125 u. S. 156.
34   Ebd. S. 415 u. S. 428.
35   Giuseppe Ungaretti, *Vita d'un uomo. Tutte le poesie*, Leone Piccioni (Hg.), Milano
     1982 (1969), S. 43, S. 55, S. 74, S. 85, S. 201, S. 282.
36   Zu gebündelter Ausdruckskraft des Gerundiums im Gefolge des Hermetismus bei
     Sandro Penna, vgl. Zweiter Teil: 12, d.
37   Daß in *Poesie del Disamore* (1951) Cesare Pavese Abstand von Gerundium nimmt,
     kann zu keiner Minderung der Rezeption seines topoisierten Gerundiums führen,
     denn die Rezeption von *Lavorare stanca* (1943) ist um so ausschlaggebender ge-
     wesen.
38   Cesare Pavese, *Lavorare stanca*, Torino [6]1984, das Gedicht *Terre bruciate*,
     S. 40.
39   Ebd., das Gedicht *Dopo*, S. 49, aber auch S. 47, S. 56 u. S. 78.
40   Vgl. Eugenio Montale, *L'opera in versi*, ebd., S. 507.

Angesichts der abnehmenden Tendenz der Verwendung des Gerundiums in der italienischen Lyrik des *Novecento*,[41] zu der Giuseppe Giambusso sich durch offene Zitate aus Gabriele D'Annunzio,[42] Salvatore Quasimodo[43] und Giuseppe Ungaretti[44] bekennt, drängt sich die Frage auf, unter welchen Voraussetzungen sich bei Giambusso eine erhöhte Frequenz im Gebrauch des Gerundiums eingestellt hat.

b) Anhäufung von Gerundien in der Lyrik von Giuseppe Giambusso

Ein erster Hinweis auf die Zweckmäßigkeit seiner Gerundien kann aus der allgemeinen Umwälzung des Verbsystems abgeleitet werden, die Giuseppe Giambusso bei dem Übergang von seiner ersten zu seiner zweiten Sammlung vorgenommen hat. Autobiographische Erfahrungen und großes Mitteilungsbedürfnis haben sich im ersten Band mit dem Titel *Jenseits des Horizonts / Al di là dell'orizzonte* (Bremen 1985) gegenseitig zu einer Sprache mit vielschichtiger Temporabestimmung verholfen. Um den ausgeprägten Erzählcharakter seines Vorhabens in vollem Umfang zu berücksichtigen, hat Giambusso sogar vor hypothetischen Fragestellungen anhand von Irrealissätzen nicht zurückgescheut.[45]

---

41 Für die italienische Lyrik des Novecento vgl. *Poesia Italiana Il Novecento*, Piero Gelli/Gina Lagorio (Hgg.) 2 Bde., Milano 1980 und *Poeti italiani del Novecento*, Pier Vincenzo Mengaldo, Milano 1981. Für die jüngste Entwicklung vgl. *La parola innamorata. I poeti nuovi 1976-1978*, Giancarlo Pontiggia/Enzo Di Mauro, (Hgg.) Milano 1978, *Poesia italiana oggi*, Mario Lunetta (Hg.), Roma 1981, *Poesia degli anni settanta*, Antonio Porta (Hg.), Milano 1979 und *Letteratura degli anni ottanta*, F. Bettini/M. Lunetta/F. Muzzioli (Hgg.), Foggia 1985.

42 Giuseppe Giambusso, *Jenseits des Horizonts / Al di là dell'orizzonte*. Gedichte It.-Dt., Übers.: Marianne Hollatz und Gino Chiellino, Bremen 1985, »Andiamo compagni! E' ora di partire«, aus *L'ora della partenza*, S. 10; hierzu vgl. das Gedicht *I pastori*, dort »Settembre, andiamo. E' tempo di migrare«, aus Gabriele D'Annunzio L'Alcyone (1903), zitiert nach *Tutte le opere di Gabriele D'Annunzio*, Egidio Bianchetti (Hg.), Bd. III, Milano 1968 (1950), S. 815-816.

43 Ebd., »Voglio tornare nel Sud«, S. 50; vgl. das Gedicht *Lamento per il sud*, dort »Piú nessuno mi porterà nel sud«, aus Salvatore Quasimodo, *La vita non è sogno (1946-1948)* zitiert nach Salvatore Quasimodo, *Tutte le poesie e discorsi sulla poesia*, Gilberto Finzi (Hg.), Milano 1980 (1971), S. 149-150.

44 Ebd., »Non ho voglia di perdermi / in oscure traverse / di universi interminabili«, aus *Semplicità* S. 104; vgl. das Gedicht *Natale*, dort »Non ho voglia / di tuffarmi / in un gomitolo / di strade« aus Giuseppe Ungaretti, *Naufragi* (193-), zitiert nach Giuseppe Ungaretti, *Vita d'un uomo. Tutte le poesie*, Leone Piccioni (Hg.), Milano 1982 (1969), S. 62.

45 Ebd., hierzu vgl. folgende Gedichte: *Emigrante (a me stesso)*, S. 40; *Cavallo non fermarti*, S. 48; *Germania*, S. 66; *Anche il mare*, S. 86; *Se potessi*, S. 116; *Come faccio a scrivere che ti amo*, S. 120; *Scarabocchiando*, S. 124.

Neben der durchgehaltenen Akribie bei der Zeichensetzung, die als Vorbeugung zum inhaltlichen Mißbrauch seiner Lyrik zu deuten ist, werden
alle Modi und Tempora, Haupt- und Nebensätze in Anspruch genommen,
um Beweggründe, Gegenwart und Wunschvorstellungen des lyrischen Ichs
ausdrücken zu können. Und dort, wo die eingesetzte Vielfalt der Sprache
vorläufig nicht an die angestrebte Erkenntnis über die Fremde herankommt, wird der Leser mit unmittelbaren Fragen konfrontiert, die keine
Antwort erwarten, weil sie als inhaltliche Sprünge nach vorne konzipiert
sind.[46]

In einem so variablen Sprachkontext nimmt das Gerundium einen beacht-
lichen Platz ein, ohne daß es gegenüber anderen Modi wie Imperativ, Infinitiv
und Konditional oder gegenüber seltenen Tempora aus dem Konjunktiv und
aus dem Indikativ auffallen würde. Auffällig wird das Gerundium erst im dem
zweiten Band mit dem Titel *Partenze-Abfahrten* (Cosenza 1991), aber keineswegs, weil es dort quantitativ mehr als in der ersten Sammlung vertreten ist,
sondern weil der vielfältige Einsatz dort an Gewicht gewinnt,[47] da sich
Giambusso der Zwangslage der Inhalte seines Erstlingswerkes bewußt geworden ist.

---

46 Ebd., S. 24-27; S. 34/35; S. 36-41; S. 46/47; S. 50/51; S. 60/61; S. 62/63; S. 72/73; S. 74/75;
    S. 80/81; S. 82/83; S. 84-85; S. 88/89; S. 90/91; S. 114/115; S. 120/121; S. 132/133;
    S. 134/135; S. 136/137; S. 138/139; S. 142/143.

47 Giuseppe Giambusso, *Partenze-Abfahrten: 1986-1991,* Gedichte It.-Dt., Übers.
    Marianne Hollatz, Cosenza 1991, vgl. folgende Gedichte, in denen Gerundiva mit
    vielschichtiger Bedeutung vorkommen *Pane e silenzio* (S. 20-23) »anche oggi /
    pane e silenzio / poi a letto / aspettando (wie/während/wozu) l'alba«; »tutte le
    madri / che si strappano i seni / cercando (während/weil) le bocche dei figli;« *Il
    seminatore* (S. 28-29) »Voglio accarezzare l'impossibile / sui seni di fuoco della
    notte / innamorando (wie/weil/während) le pietre / bagnandomi (wie/weil/
    während) ai fiumi secchi«; *I versi dello straniero* (S. 30-31) »Sempre mi tufferò nei
    tramonti / cercando (wie/wozu) le aurore«; *Morire d'integrazione* (S. 38-39)
    »sputa fumo in nome dell'uguaglianza / seguendo (wie/wozu/während) il deca-
    logo di giornata«; *La libertà della marionetta* (S. 48-49) »e vederli cadere / sul pal-
    coscenico / restando / (wie) in piedi«; *Nel corridoio del tempo* (S. 56-57) »busso a
    tutte le porte / cercandoti (weil/während)«; *Vivere di parole non dette* (S. 58-59)
    »Rinunciare al firmamento dei diritti / elemosinando (wie/weil) favori / azzeran-
    dosi (wie/weil) / per i lumini del privilegio«; *Il funambolo* (S. 64-65) »vado / pal-
    pando (wie/wozu/während) die Fremde«; *La corsa* (S. 78-9) »Nasce senza tempo
    / quest'aurora / che bussa alla mia porta / calzando (wie/weil/ während) i giorni
    di sempre«; *Veglia a un ragazzo morto di droga* (S. 86-87) »Toccandoti
    (weil/während/wie) le mani fredde che mai /[...] sento / le mie lacrime / diven-
    tare parole«; *All'oratorio* (S. 88-89) »Fuggendo (wie/während) buttai il martello /
    e i chiodi«; *Indici chilometrici* (S. 90-91) »che mani sudate / tirano / inciampando
    (wie) / cadendo (wie)/ alzandosi (wie)« sowie »Rallentano il cammino / affos-
    sando (wie/weil) le ruote«; *Il 68 bussa a una porta del settimo piano* (S. 98-99)
    »segue il calcio alla radio / sfogliando (wie/während) Panorama / con un occhio
    alla tv«.

Unter dem Druck der Zwangslage der Inhalte ist die Tatsache zu verstehen, daß es Giambusso in den Einwanderungsgedichten[48] aus dem ersten Band kaum gelungen ist, Themen und Erfahrungen aufzugreifen, die zu diesem Zeitpunkt bereits als topoisierter Urkern der betreffenden Literatur galten. Bei Giambusso kehren sie zurück als Desorientierung und Wahrnehmungsverlust, kulturelle Entfremdung, Ausbeutung der Gastarbeiter als billige Arbeitskräfte bzw. als negierte Beteiligung der Fremden an den hiesigen wahl-politischen Entscheidungen, konsumorientierte Haltung der Fremden als Ersatz zur eigenen Entwurzelung und als kritische Auseinandersetzung mit dem Herkunftsland.[49]

Die Aufarbeitung bekannter Erfahrungen an der Grenze zwischen Muttersprache und fremder Kultur hat Giambusso dazu bewegt, intersprachliche und interkulturelle Konflikte als »vielperspektivischen Charakter der gesellschaftlichen Zusammenhänge«[50] zu erfassen und damit die anfängliche Zwangslage aus wiederkehrenden Inhalten zu durchbrechen.

Um eine gegenwartsbezogene Übereinstimmung zwischen Vorhaben und Darstellung erreichen zu können, sind Modi und Tempora notwendig, die die Gleichzeitigkeit »der gesellschaftlichen Zusammenhänge« in der Gegenwart ausdrücken können. Dafür stehen in der italienischen Sprache sämtliche Präsens-Tempora aus dem Indikativ, Konjunktiv, Konditional, Infinitiv, Imperativ und aus dem Gerundium zur Verfügung. Sie alle bilden den Temporacorpus im zweiten Band von Giambusso. Zeitliche Ausweitungen der gegenwartsbezogenen Gleichzeitigkeit der Inhalte und Handlungen werden mit Futur I und mit Passato Prossimo vorgenommen, die bekanntlich einen Bezug zur Gegenwart als bestimmende Vorbedingung haben; die seltenen, kontextuell erforderlichen Abweichungen von der gegenwartsbezogenen Gleichzeitigkeit sind mit Imperfekt und mit Passato remoto wiedergegeben.[51] Geht man davon aus, daß der Gebrauch des Gerundiums eines »zeitunbestimmten Satzes ohne Person- und Numerusangabe«[52] im italienischen Haupt- und Nebensatzsystem

---

48 Mit Antonio Belgiorno, Maurizio Libbi, Salvatore A. Sanna, Franco Sepe u. a. gehört Giuseppe Giambusso zu den italienischen Autoren in der Bundesrepublik, die sich thematisch nicht auf die Einwanderung beschränken. Hierzu vgl. Giuseppe Giambusso, *Jenseits des Horizonts / Al di là dell'orizzonte*, ebd., die Zyklen: *Dietro le bandiere*, S. 76-97; *L'aurora*, S. 98-127 und *Tre seni per la luna*, S. 128-133; sowie das Vorwort von Franco Biondi, *Sul lavoro lirico di Giuseppe Giambusso*, ebd. S. 6-9. Ferner Gino Chiellino, *Literatur und Identität in der Fremde. Zur Literatur italienischer Autoren in der Bundesrepublik*. Kiel 1988 (1985).

49 Giuseppe Giambusso, *Jenseits des Horizonts / Al di là dell'orizzonte*, ebd., vgl. die zwei Zyklen *Vorrei essere popolo*, S. 10-75 und *Lettere in versi dalla Sicilia*, S. 134-143.

50 Norbert Elias, *Was ist Soziologie*, München 1971 (1970), S. 138.

51 Giuseppe Giambusso, *Partenze-Abfahrten*, ebd., S. *Partenze*, 14/15; *Sasà*, S. 36/37; *Morire di integrazione*, S. 38/39; *Foglie*, S. 40/41; *Dissertazioni filosofiche*, S. 80/81; *All'oratorio*, S. 88/89.

52 Lidia Lonzi, *Frasi subordinate al gerundio*, in: *Grande grammantica italiana di consultazione*, Lorenzo Renzi/Giampaolo Salvi (Hgg.), Bologna 1991, S. 571.

keine Notwendigkeit, sondern eine reliefgebende Möglichkeit darstellt, ist seine spezifische kontextuelle Funktion bei Giambusso daran zu erkennen, daß er ihm eine konflikttragende Funktion zuweist. Indem er gezielt auf die Bündelungsmöglichkeit seiner Funktionen[53] zurückgreift, macht er aus ihm ein muttersprachliches Gegengewicht zu dem Ausdruck der Alltagskonflikte, dem sich das lyrische Ich in Berührung mit einer Fremdsprache ausgesetzt sieht.

c) Zur sprachlichen Erfassung der Andersartigkeit

Ausgehend von den Gedichttiteln *Ausländer raus* und *Türken raus*[54] soll im folgenden verdeutlicht werden, wo das Unvermeidliche der Inhalte und das Trennende zwischen fremder Kultur und Muttersprache herrührt und wieso Giambusso gerade ein Gerundium als schützende Vorkehrung im Bereich der Muttersprache aufgebaut hat.

Im italienischen Kontext der ersten Sammlung erfüllen beide Gedichttitel eine selbständige Aufgabe, die hier vorgezogen wird. Indem die Anti-Ausländer-Wandparolen als sprachliche Kronzeugen der Anklage eingesetzt werden, führt die dortige kontextuelle Gestaltung den Leser über die Anklage hinaus. Sie leisten auf diesem Weg im voraus eine Begründung der ausstehenden Antwort auf folgende Schlußfrage aus dem Gedicht:

> *Nella tua lingua*
> Perchè non riesco
> ad amarti
> nella tua lingua?[55]

> (*In deiner Sprache*. Wieso gelingt es mir nicht, dich in deiner Sprache zu lieben?)

Eine Antwort muß auf unbestimmte Zeit ausstehen, weil die hinterfragte Handlung einer Kontinuität bedarf, die nicht mit der gegebenen Zufälligkeit des Miteinander- Redens, -Essens, -Singens und -Streitens aus demselben Gedicht gleichzusetzen ist. Hier geht es um eine Kontinuität, die sich nicht einstellen kann, solange die mitgebrachte Muttersprache auf die anonyme Öffentlichkeit stößt, die mit Aufforderungen wie »Ausländer raus« dem lyrischen Ich die Anwesenheit als Vorbedingung zur erforderlichen Kontinuität streitig macht. Das Du aber, das hier stellvertretend für einen deutschen Gesprächspartner in einem italienischen Gedicht steht, bestätigt den Wunsch, das Unvermeidliche der eigenen Inhalte über eine dialogfähige Sprache zu überwinden.

Wenn Giambusso im Laufe seines zweiten Bandes die Anwesenheit eines dialogfähigen Du mit dem folgenden Gedicht zurücknimmt, dann ist die inhaltliche Rücknahme der Gesprächsbereitschaft zuerst als ein Akt der Verweigerung infolge aktueller wahl-politischer Ereignisse zu deuten:

---

53 Ebd., S. 572.
54 Giuseppe Giambusso, *Jenseits des Horizonts / Al di là dell'orizzonte*, ebd., S. 24-27 u. S. 42-45.
55 Ebd., S. 74-75.

La Germania ai tedeschi
Un Republikaner
più
un Republikaner
non fa
due Republikaner
Fa
un'occasione persa
Un'altra[56]

(*Deutschland den Deutschen*. Ein Republikaner / plus / ein Republikaner / macht nicht / zwei Republikaner // macht eine verpaßte Möglichkeit. / Eine weitere.)

Von besonderem Interesse ist der textuelle Vorschlag, mit dem Giambusso in diesem Gedicht die Ursache einer erneut verbauten Möglichkeit in den Mittelpunkt seiner Lyrik gerückt hat. Giambusso, der im ersten Band Wandparolen im Original belassen hatte, zieht es dieses Mal vor, die Übersetzung der allerersten öffentlichen Anti-Ausländer-Parole, nämlich »Deutschland den Deutschen«, als Gedichttitel vorzunehmen. Was sich hier zuerst als eine Schwächung des sprachlichen Kronzeugen der Anklage ankündigt, erweist sich als Sprachstrategie, um die Anklage zu erweitern und schärfer zu formulieren.

Der Verzicht auf das Original im Titel trägt dazu bei, die Aufmerksamkeit des Lesers auf den sprachlichen Bruch hinzusteuern, der erst durch den Terminus Republikaner herbeigeführt wird. Die italienische Wiedergabe der Anti-Ausländer-Parole soll helfen zu vermeiden, daß das Wort Republikaner über irreführende (sozial-) nationalistische Sprachkontinuität eindeutig negativ besetzt wird.

Sprachbruch und Sprachkontinuität zwischen der Anti-Ausländer-Parole und dem Terminus »Republikaner« werden durch die Feststellung, daß eins plus eins nicht zwei ergibt, erneut signalisiert. Somit wird der Leser vor zwei Aufgaben gestellt. Er wird aufgefordert, zwei widersprüchliche Bedeutungen in dem Begriff »Republikaner« zu erfassen. Er wird ferner aufgefordert, sich zu verdeutlichen, worin die verpaßte Gelegenheit besteht, die zwei Parteien, die hier unvermittelt als Republikaner angesprochen werden, bestehen soll.

Der Sprachbruch im Gedicht kann dem Italienisch-Lesenden Hilfestellung gewähren, da er in dem Terminus »Republikaner« eine weitere Bedeutung vermuten kann, die ihm aus der italienischen Parteienlandschaft nicht vertraut sein kann, gerade weil es dort einen angesehenen *Partito Repubblicano* gibt. Ein Republikaner, der sich qualitativ nicht mit dem dem Leser vertrauten Republikaner addieren läßt, kann nur ein gegenteiliger Republikaner sein. Gelingt es dem Italienisch-Lesenden anhand des übersetzten Wahlaufrufs »Deutschland den Deutschen!«, die erneut verpaßte Möglichkeit auf eine Wahlniederlage zurückzuführen, dann kann der Mißerfolg folgendermaßen herausgearbeitet werden: als verlorene wahl-politische Gelegenheit für zwei konkurrie-

---

56   Giuseppe Giambusso, *Partenze-Abfahrten*, ebd., S. 44.

rende Parteien in dem Sinne, daß mit oder gegen den zitierten Wahlaufruf keine Wahl zu gewinnen ist; und als kulturpolitisch verpaßte Gelegenheit nur für diejenigen Republikaner, die es im Sinne Hölderlins bei der wachsenden Gefahr für die Ausländer versäumt haben, Rettung durch eine Pro-Ausländer-Entscheidung wachsen zu lassen.[57]

Trotz der sprachlichen Verklausulierung der Vorgänge steht außer Zweifel, daß Giambusso gerade die gesellschaftlichen Brüche und die neuartige Sprachkontinuität erfaßt hat, die dazu geführt haben, daß eine Anti-Ausländer-Dimension aus der anonymen Öffentlichkeit zum Leitsatz einer bundesrepublikanischen Partei geworden ist.

Bei dem späteren Gedicht *Finalmente* zeigt sich aber, daß Giambusso seine kontextuelle Sprachstrategie nicht durchgehalten hat.

> *Finalmente*
> Finalmente
> sono
> un punto
> lontano
> quasi invisibile
> forse un boomerang
> lanciato con disprezzo
> al di là del Reich
> Finalmente
> sotto le svastiche
> c'è scritto
> »La Germania
> ai Republikaner«[58]

(*Endlich.* Endlich / bin ich / ein ferner / Punkt / fast unsichtbar / vielleicht ein Bumerang / verächtlich / hinter das Reich geschleudert. // Endlich / steht unter den Hakenkreuzen / geschrieben / »Deutschland den Republikanern«).

Über die Sprachkonstellation Reich/Svastiche/La Germania ai Republikaner wird zwar das Unvermeidliche der Inhalte und das Trennende zwischen den Sprachen wieder angepeilt, aber dieses Mal wird vermengt, was im Gedicht *La Germania ai tedeschi* von den historischen Vorurteilen getrennt gehalten worden war. Es liegt die Vermutung nahe, daß (sozial-)nationalistische Ausbrüche (Hakenkreuze über Wandparolen der Republikaner) bei der deutschen Einheit das fremdsprachliche lyrische Ich so verunsichert haben, daß es sich nun als historischen Bumerang versteht und sich als warnenden Beleg einer ausstehenden Wiederholung jüngster Geschichte vorwegnehmen muß.

Aufschlußreich für das Gedicht ist das Wort »Endlich«, weil damit Bezug auf eine frühere Wahrnehmung des lyrischen Ichs genommen wird, die sich nun vollzieht: nationalistisches Handeln ist nicht mehr verpönt, (sozial-) nationali-

---

57 Hölderlin, *Sämtliche Werke,* Friedrich Beissner (Hg.), Bd. II, *Gedichte nach 1800,* Stuttgart 1951, *Patmos. Dem Landgrafen von Homburg,* S. 176.
58 Giuseppe Giambusso, *Partenze-Abfahrten,* ebd., S. 70.

stischen Zielen wird partei-politische Öffentlichkeit zugestanden, dem vereinten Deutschland wird nichts mehr im Weg stehen, um ein Reich zu werden, sobald das Ich mit Verachtung aus dem Land herausgeschleudert worden ist. Als Kronzeugen-Bumerang kehrt das fremdsprachliche lyrische Ich in der zweiten Strophe zurück, um sich selbst zu beweisen, wie trügerisch seine Hoffnung auf die rettenden Sprach-Brüche zwischen den Bundesrepublikanern und den Republikanern aus dem vorangegangenen Gedicht war, denn nun werden Republikaner jeder Couleur im dem sich konstituierenden Reich von derselben historischen Kontinuität eingeholt.

Das »Endlich« läßt sich kaum seiner beweisenden Ambivalenz entkleiden, um so mehr, wenn sich herausstellt, daß das Gedicht in der Tat auf dem Kopf steht. Dank einer solchen Verstellung vermittelt »Endlich« in der ersten Strophe sofort ein Gefühl negativer Sicherheit, die sich aus der Befreiung von einer lastenden Unsicherheit ergeben hat. Ihr weicht im zweiten Teil des Gedichts keineswegs ein Gefühl des Bedrückt-seins. Diese negative Sicherheit erschöpft sich in der Beweisführung eines Zustandes, den das lyrische Ich schon längst hat eintreten sehen.

Stellt man das Gedicht auf die Füße, tritt die zweite Strophe an die Stelle der ersten, liest sie sich als eine abgeschlossene Ankündigung einer selbstbefreienden Erkenntnis des lyrischen Ichs. Seine langgehegte Vermutung braucht keine Begründung mehr, sie liegt bewiesen vor. Die jetzt zweite Strophe führt die Umsetzung der erwarteten Befreiung auf geo-politischer Ebene vor. Das lyrische Ich kann sich endlich räumlich von seinen Vermutungen entfernen, da sie geo-politische Wirklichkeit geworden sind. Sein freiwilliges Weggehen oder seine gewaltsame Abschiebung fällt in jedem Fall als historischer, bumerangartiger Beleg auf das Land zurück, das inzwischen zu der historischen Identität Reich-svastiche-Republikaner zurückgefunden hat.

Jenseits der Stichhaltigkeit der vorliegenden Auslegung stehen die negativen Begriffe aus der deutschen Sprache und Geschichte, zusammen mit der erwähnten Unmöglichkeit der Liebe in der Fremdsprache mit einem dialogfähigen Partner, als unverrückbare textuelle Hinweise auf ein tiefgreifendes Unbehagen des lyrischen Ichs an seine Fremde. Es handelt sich um ein wachsendes Unbehagen, das durch die Tatsache bestätigt wird, daß es im Werk von Giambusso zu einem Bruch des dreiteiligen inhaltlichen Gleichgewichtes[59] aus dem ersten Band gekommen ist, dadurch daß im zweiten Band eine Reduzierung fremder Inhalte zugunsten einer dominanten Aufmerksamkeit für italienische und sizilianische Themen vorliegt. Damit soll keineswegs behauptet werden, daß sich das lyrische Ich der eigenen Mitverantwortung an dem Unbehagen nicht bewußt ist. Und dennoch kann kaum übersehen werden, daß jeder Anlauf, zwischen dem Eigenen und dem Fremden zu vermitteln, als sprachliche und inhaltliche Sperre zugleich erlebt wird.

---

59 In Giuseppe Giambusso, *Jenseits des Horizonts / Al di là dell'orizzonte*, ebd., bilden Liebe und Frieden zwei weiteren Grundbereiche, vgl. die Abschnitte »L'aurora« (S. 98-127), »Lettere in versi dalla Sicilia« (S. 134-143); und »Dietro le bandiere« (S. 76-97).

d) *Vado / polpando die Fremde*

Bezeichnend für diese Annahme sind die beiden Zeilen »vado / palpando die Fremde« aus dem Gedicht *Il funambolo*.[60] Die sprachliche und die inhaltliche Sperre werden auf den Punkt gebracht, indem sie als Spannungspole derselben Unmöglichkeit zu einer intersprachlichen Metapher aufgebaut werden. Eine erste Konnotation der intersprachlichen Metapher »vado / palpando die Fremde« würde lauten: die Gesamtheit der Fremde kann nur über eine Fremdsprache zum Objekt der eigenen Muttersprache werden. In der Tat existiert in der italienischen Sprache eine beachtliche Anzahl Bezeichnungen für Fremde, wie *emigrazione, esilio, estero, fuori, altrove, estraneità, diversità*, bis hin zu den jeweiligen Regionalvarianten, wie z.B. *fuorivia e strania* in Süditalien. Und dennoch läßt sich mit keiner von ihnen die Totalität der erfahrenen Fremde wiedergeben und schon gar nicht mit einer derartig geballten semantischen Vielfalt, wie sie in dem deutschen Grundwort »fremd« steckt.

Die zweite Konnotation der intersprachlichen Metapher würde lauten: mit dem feinfühligen und vielfältigen Gerundium aus der eigenen Muttersprache ließe sich die Fremde in ihrer modalen, temporalen, kausalen, konditionalen und konzessiven Vielfalt erfassen. Die von Giambusso immer wieder eingesetzte Polyvalenz des eigenen Sprachinstruments ist aber dazu verurteilt, an der restriktiven Rezeption der fremden Sprache teilweise zu scheitern, denn:

> »Das Dt. [Deutsche] hat keine dem Gerundium entsprechende Verbalform. Wie die Übersetzungen zeigen, kann entweder das (in vielen Fällen allerdings veraltet wirkende) Partizip Präsens gewählt werden, oder man formuliert einen finiten Nebensatz, dessen Konjunktion (indem, wobei) die Natur der Verbundenheit der beiden Sachverhalte spezifiziert, oder man bildet (im Falle einer nicht instrumentalen Lesart) zwei durch und verbundene Hauptsätze.«[61]

Eine Bestätigung der Zweckmäßigkeit der intersprachlichen Metapher bei Giambusso ergibt sich aus der wiederholten Anwesenheit eines fremdsprachlichen Dialogpartners in seiner Lyrik,[62] die zugleich als Hinweis darauf verstanden werden soll, wie eine gegenseitige restriktive Rezeption der Fremde in der eigenen Muttersprache aufzuheben ist.

Geht man davon aus, daß eine optimale Dialogfähigkeit unter Fremden nur über die gleichzeitige Verfügbarkeit beider Sprachen bei beiden Gesprächspartnern umgesetzt werden kann, dann sind intersprachliche Kontexte in

---

60 Giuseppe Giambusso, *Partenze-Abfahrten*, ebd., S. 64.
61 Christoph Schwarze, *Grammatik der italienischen Sprache*, Tübingen 1988, S. 191. Über Gewichtung eines italienischen Gerundiums im Kontakt mit dem Deutschen vgl. Luise F. Pusch, *Kontrastive Untersuchungen zum italienischen »gerundio«. Instrumental- und Modalsätze und das Problem der Individuierung von Ereignissen*, Tübingen 1980, hierzu vgl. Giuseppe Ungaretti, *Gedichte*, (Üb.) Ingeborg Bachmann, Frankfurt 1961, S. 45, S. 61, S. 83, S. 87, S. 129, S. 143.
62 Giuseppe Giambusso, *Jenseits des Horizonts / Al di là dell'orizzonte*, ebd., *Il tuo posto di lavoro è mio*, S. 56/57, *Nella tua lingua*, S. 74/75 u. a., sowie Giuseppe Giambusso, *Partenze-Abfahrten*, ebd., *Limiti*, S. 94-95.

den Gedichten von Giambusso Segmente eines Dialogs, dessen Rezeption auf keine Übersetzungsarbeit mehr angewiesen ist. Denn nur wer in der Lage ist, synoptisch zu lesen, kann intersprachliche Kontexte erschließen.[63] Insofern wird der Leser aufgefordert, sich der kontextuellen Funktion eines italienischen Gerundiums bzw. eines deutschen Begriffs wie »Fremde« als sprachlich-inhaltliche Grenze zwischen Sprachkulturen bewußt zu werden. Die hermeneutische Funktion der intersprachlichen Metapher ergibt sich aus der Tatsache, daß über die jeweilige Sprachhomogenität der Übersetzungen nicht mehr herausgearbeitet werden kann, worin die neuartige Vielfalt grundlegender Konflikte besteht, wenn die Dialogpartner der ungleichen Priorität ein und desselben Kulturalltags unterworfen sind.

Zusätzlich zu den bisherigen Beispielen wird hier das Gedicht *Il funambolo* erläutert, um Giambussos Vorhaben hinsichtlich seiner kulturinhaltlichen Ziele und sprachlichen Entwürfe abschließend zusammenzufassen.

> *Il funambolo*
> Sul filo intrecciato
> delle mie lingue
> e vite
> vado
> palpando la Fremde
> In alto
> fra spettatori assenti
> e pseudopatrie
> i miei io
> si snodano in un ballo
> senza fineal[64]

(*Der Seiltänzer.* Auf der geflochtenen Schnur / meiner Sprachen / und Leben / laufe ich / und betaste die Fremde // Oben / zwischen abwesenden Zuschauern / und falschen Vaterländern / entknoten sich meine Ichs / in einen Tanz / ohne Ende)

Daß im Gedicht keine der Grenzen zwischen den Sprachen und dem Leben des lyrischen Ichs zu ihrer Auflösung geführt wird, hängt damit zusammen, daß der Seiltänzer auf keine von ihnen verzichten darf. Er braucht drei Leben und drei Sprachen zum Flechten jener Seile, auf denen er durch endloses Tanzen den Lebensraum wieder gewinnen kann, den ihm falsche Vaterländer streitig gemacht haben.

Die Frage, ob die dreifach geflochtenen Seile bei der Erkundung der Fremde (*vado palpando die Fremde*) den Seiltänzer zu weiterführenden und rettenden Erkenntnissen jenseits des endlosen Tanzens der drei Ich führen kann, ist zu verneinen, weil die kreative Handlung des Flechtens es nur auf

---

63 Die Tatsache, daß Giambusso seine Lyrik sowie die Anthologie *Wurzeln hier / Radici qui. Gedichte italienischer Emigranten*, Fröndenberg/Bremen, 1982, zweisprachig veröffentlicht hat, kann als Hinweis gelten, daß jenseits der Betriebszwänge an eine synoptische Lektüre der Texte gedacht wird.

64 Giuseppe Giambusso, *Partenze-Abfahrten*, ebd., S. 64.

den Entwurf einer Seiltänzeridentität abgesehen hat, da das Seilflechten auf
das Auseinanderhalten der Fäden von Anfang an angelegt ist. Eine kreative
Umsetzung der Erfahrungen aus drei Leben und aus drei Sprachen, um etwas
Neues zu erreichen, würde gerade das vereiteln, worauf das lyrische Ich als
Seiltänzer angewiesen ist, nämlich ein ständiges Entknoten des eigenen Ichs
als unabdingbare Voraussetzung für die erkämpfte Möglichkeit, die räumliche
Heimatlosigkeit zu überwinden, die sich aus drei Leben und aus drei Sprachen
ergeben hat.

Ein Durchbrechen derartiger zyklusartiger Heimatlosigkeit ist deswegen
nicht möglich, weil Leben und Sprachen bei Giambusso als abgeschlossene
Quantitäten gelten, die sich rein numerisch zueinander verhalten. Sie können
in sich geteilt, mit gleichwertigen Größen addiert und multipliziert werden.
Sie können aber niemals Verbindungen untereinander eingehen, weil sie
nicht einmal als Abschnitte eines durchgehenden Lebens bzw. Sprachraums
verstanden werden. Und wenn ihnen als Nähe zueinander eine gleichzeitige
Verfügbarkeit bescheinigt wird, wie es in dem erwähnten Gedicht *Limiti* anhand der Wortbildung *Trimalmente*[65] vorgeführt wird, soll man sich nicht
darüber hinwegtäuschen lassen, daß es Giambusso in Wirklichkeit darum
geht, den Zugang zu jedem von ihnen so unmittelbar wie möglich und voneinander getrennt zu halten. Es ist eher die Strategie des Rückzuges, denn die
des Sprungs nach vorne, was hier geübt wird.

Gegen mögliche, aber ungewollte sprach-inhaltliche Sprünge nach vorne
und zwar in alle drei Richtungen, hat sich Giambusso dadurch abgesichert,
daß er das Sizilianische nirgendwo zuläßt, es ist stets als Ursprungssprache in-
tendiert; das Italienische der lyrischen Tadition dieses Jahrhunderts läßt er
durch ein vielschichtiges, jedoch sperriges Gerundium vertreten und aus der
deutschen Sprache hat er bis auf das Wort *Fremde* nur negative Begriffe übernommen.

Angesichts der wachsenden Verlagerung seiner Aufmerksamkeit auf sizilianische und nationale Inhalte in der Sammlung *Partenze-Abfahrten* mutet die
durchgehaltene Trennung als Notlösung in einer Lebenslage an, die stets als
Zwang zu entfremdenden Inhalten erlebt worden ist. Insofern bietet es sich
an, die thematische Verlagerung als eine inhaltliche Justierung der eigenen
kreativen Tätigkeit zu verstehen und zwar im Hinblick auf einen Rückzug des
lyrischen Ichs innerhalb eines vertrauten Sprach- und Lebensraums. Auf diesem Weg des Rückzugs leuchtet ein, warum Giambusso nach seinen hoffnungsvollen Titeln *Wurzeln hier / Radici, qui* (1982) und *Jenseits des Horizonts / Al di là dell'orizzonte* (1985) seine Leser mit einem gegenläufigen Ab-
schiedstitel wie *Partenze-Abfahrten* aus dem Urkern der betreffenden
Literatur im Jahre 1991 überrascht. Obwohl nicht abzusehen ist, ob Giambusso dabei ist, die territoriale Fremde zu verlassen, kündigt sich sein drittes
Buch als Beleg einer abgeschlossenen fremden Erfahrung an.

---

65   Ebd., die Fußnote zum Gedicht *Limiti*: »Tri-mal-mente, etwa ›in drei Dimensionen‹
     aus dem Sizilianischen ›tri‹ – drei, dem Deutschen ›mal‹ und dem Italienischen
     ›mente‹ -Adverbendung.« S. 95.

20. Franco Biondi. Die bikulturelle Reminiszenz

a) Markierte Fremdsprache
als *Schrei* der eigenen ethnischen Anwesenheit

»Und zum Schluß hoffte ich auf die jungen Amerikaner mit exotischer Herkunft, die ab 1938 alle sechs Monate mit einem quicklebendigen Erstlingswerk aufsprangen, die John Fantes, die Jerry Mangiones, die Richard Wrights, die Carlos Bulosans, alle zusammen Kinder aus verfolgten und gedemütigten Rassen; aber keiner von ihnen ist über den ›Schrei‹ der eigenen ethnischen Anwesenheit aus Rassenanwesenheit hinausgekommen, der in ihrem Erstlingswerk enthalten ist; keinem von ihnen ist es, bei dem Übergang von Autobiographie zu Literatur gelungen, hier das Neue zu verlagern, zu entwickeln und fruchtbar zu machen, was sie dort personalisiert hatten.[66]
Aus Elio Vittorinis Ansprüchen an die amerikanischen Autoren läßt sich eine Ästhetik in nuce ableiten, die geeignet ist, die Anfangsphase der Literatur der Ausländer in der Bundesrepublik zu erfassen. Hierzu gehören folgende Aspekte: die unbekümmerte Lebendigkeit der ersten Werke, die multikulturelle Zugehörigkeit der angehenden Autoren, das Ausschreien der eigenen ethno-kulturellen Andersartigkeit, das Autobiographische und die Notwendigkeit, die Grenzen der Autobiographie aufzuheben und die ausstehende Umsetzung der kulturspezifischen Kreativität, die sich thematisch in den ersten Werken angekündigt hat.
Anhand der Kritik an der hemmenden Zentralität des Autobiographischen, soll hier, paradigmatisch für andere Fälle, Biondis schriftstellerischer Werdegang untersucht werden.
Hatte Biondi in seinen Gedichten und Erzählungen Erzeugnisse seiner kultur-literarischen Andersartigkeit vorgelegt,[67] ist ihm mit der Novelle *Abschied der zerschellten Jahre* (1984) ein »quicklebendiges« Buch, gelungen. Mit dem Roman *Die Unversöhnlichen. Im Labyrinth der Herkunft.* (1991) hat er dann den Übergang versucht, den Elio Vittorini als unabdingbare Überleitung von der Zentralität der kulturellen Biographie zur Literatur postuliert hat.
Geht man davon aus, daß die Fremdsprache und das fremde Land für den fremden Autor zusammenfallen, dann kann Biondis *Abschied der zerschellten Jahre* als Parabel für die existentielle Notwendigkeit eines Schriftstellers gelesen werden, der sich einer Fremdsprache anvertrauen muß, weil ihm für

---

66 Elio Vittorini, *Diario in pubblico*, Torino 1980, S. 150.
67 Vgl. Harald Weinrich, *Gastarbeiterliteratur in der Bundesrepublik Deutschland.* In: *LiLi* (Zeitschrift für Literaturwissenschaft und Linguistik). Helmut Kreuzer (Hg.), *Gastarbeiterliteratur*, H. 56/1984, Göttingen 1985, S. 12-22. Lutz Tantow, *Franco Biondi.* In: *Kritisches Lexikon zur deutschen Gegenwartsliteratur*, Heinz-Ludwig Arnold (Hg.), München, 24. Nlg. S. 1-5, und Ulrike Reeg, *Schreiben in der Fremde. Literatur nationaler Minderheiten in der Bundesrepublik Deutschland*, Essen 1988, S. 102-139.

sein Vorhaben keine andere Sprache zur Verfügung steht. Der Öffentlichkeitszwang, in einem »fremden« Land, in einer »Fremdsprache« leben zu müssen, weil es kein anderes Land, keine andere Sprache gibt, zu dem eine ganze
Generation von ausländischen Jugendlichen Zugehörigkeitsgefühle hat aufbauen können, wird allerdings von Biondi in *Abschied der zerschellten Jahre*
als zweifach irreführend zurückgewiesen. Nach ihm ist die identitätsprägende
Zentralität der deutschen Sprache als Trägerin einer kulturimmanenten, geozentrischen Gesellschaftsordnung längst durch die Pluralität ihrer Sprachva-
rianten ersetzt worden. Die jungen Protagonisten seiner Novelle, darunter der
»Ausländer« Mamo, sind in von ihnen entwickelte Kulturnormen hineinge-
wachsen. Sie leben im Widerspruch zur zentralen Gesellschaftsordnung; und
dennoch kann es ihnen nicht streitig gemacht werden, daß sie ein legitimer
Teil der Gesellschaft sind. Insofern ist es plausibel, daß sich der arbeitslose
»Ausländer« Mamo, der in der Bundesrepublik aufgewachsen ist, weigert, das
Land zu verlassen, zumal er sich bei der Abfahrt seiner Eltern schon dafür entschieden hat, den existentiellen Bezug zum Land seiner Kindheit nicht abzu-
brechen.

Den Öffentlichkeitszwang, die Perspektivelosigkeit einer ganzen Generation ausländischer Jugendlicher anhand von Mamos Lebenslauf und Verhalten zu verdeutlichen, hat dazu geführt, daß bei Biondi nicht die Sprache zur
Anklage gefunden hat, vielmehr haben sich anklagbare Zustände zu einer
neuartigen Sprache durchgerungen.[68] Eine zentrale Kategorie dieser Sprache besteht in der markierten Deutlichkeit der Mitteilung an den Leser.[69]
Die Inhalte der Mitteilung ergeben sich aus Mamos Zukunftslosigkeit und
aus öffentlich-anonymen, bürokratischen und namhaften ausländerfeindlichen Zuständen.

Nachdem Walter Raitz am Beispiel der italienischen Prosa von Giuseppe
Fiorenza Dill'Elba aufgedeckt hat,[70] daß die markierte Deutlichkeit der Mitteilung in muttersprachlichen Werken der Literatur der Ausländer genauso eindringlich vorkommt, ist auszuschließen, daß sie auf Unsicherheit beim Schreiben in einer fremden Sprache zurückzuführen ist, wie es gelegentlich als
selbstverständlich hingenommen wird, »denn selbstverständlich sind Texte,
die nicht in der Muttersprache geschrieben wurden, mehr als andere korrek-
turbedürftig.«[71]

---

68 Horst Hamm, *Wenn die zweite Heimat zur ersten wird. Zu Franco Biondis »Abschied der zerschellten Jahre«*. In *Darmstädter Echo*, 20. Oktober 1984, Darmstadt
1984.

69 Oliver Tolmein, *Franco Biondi: Abschied der zerschellten Jahre. Bücher im Gespräch*. Deutschlandfunk, Sonntag 22. Juli 1984. Typoskript S. 8.

70 Vgl. Walter Raitz, *Einfache Strukturen, deutliche Worte. Zur Poetik der »Gastarbeiterliteratur«*. In: *Muttersprache*, GfdS (Hg.), Bd. 99, »Literatur und Sprachalltag –
Ausländer in Deutschland«, Mainz 1989, S. 289-298.

71 Maria Frisé, *Abschied von der zweiten Heimat. Eine Erzählung über die Abschiebung junger Ausländer*. In: *Frankfurter Allgemeine Zeitung*, 23. August 1984, Frankfurt 1984.

Auf der Suche nach den Ursachen der Deutlichkeit, läßt sich ein bemerkenswertes wechselseitiges Befördern zwischen dem inhaltlichen Ziel und der sprachlichen Formulierung der Mitteilung dort verfolgen, wo die eigene Fremdsprache an Vorurteilen, an der Verdrängung des Alltäglichen oder an einer vorfiltrierten Wahrnehmung des Fremden zu scheitern droht.

An folgenden Beispielen soll gezeigt werden, wie Konfliktkern und markierte Deutlichkeit der Fremdsprache in *Abschied der zerschellten Jahre* aufeinander reagieren.

> »Mamo erzählte von seinem wackligen Job auf dem Markt, den er ohne Papiere bekommen hatte [...]. Er erzählte nicht, daß er in den vier Wochen bereits zwei Polizeirazzien nach Illegalen und nach Papierlosen in der Frühe des Morgens ausweichen mußte. Er hatte sich jedesmal nur knapp davonmachen können. Wobei er mit einem in der Kehle schlagenden Herzen stöhnte: Wie ein Dieb. Wenn das mein Leben sein soll! Und niemals hätte er vor Pasquale gestanden, daß die Ausländerbehörde in den Krieg gegen ihn gezogen war. Womöglich hätte der Kerl sich auch noch überlegen gefühlt: Mir erklären sie nicht den Krieg.«[72]

Die Aussage, daß die Ausländerbehörde gegen ihn, den »Illegalen« und den »Papierlosen« in den Krieg gezogen ist, hat sein Ziel als markierte Deutlichkeit nicht verfehlt und einen Teil der Rezeption, wie schon bei Aras Ören *Manege* und *Bitte nix Polizei*, zum Vorwurf der Schwarz-Weiß-Malerei provoziert: »Oft bringt Biondi seine Geschichte um ihre Wirkung, weil er zu große Worte wählt, nur noch schwarz- und weißmalt.«[73]

So berechtigt wie diese Kritik an Biondis Kriegserklärung als zentralste Stelle in der Novelle sein mag, ist dennoch festzustellen, daß es dem Autor nicht darum geht, die Beweise vorzulegen, die den Begriff »Krieg« für die angesprochenen Zustände in der Bundesrepublik rechtfertigen würden. Durch den Ich-Erzähler wird angekündigt, was von nun an in der Novelle zu erwarten ist, und für die Mitteilung ist allein die Frage von Relevanz, auf welche einklagbaren Rechte sich Mamo bezieht, um die eigene Aussichtslosigkeit als Kriegszustand zu markieren.

Geht man von der menschenrechtlichen Grundsituation aus, daß der Zugang zur Arbeitswelt als lebenswichtige Vorbedingung jedermann überall zusteht, dann ergeben sich die Koordinaten eines Konflikts, der durchaus kriegsähnliche Züge in sich trägt.[74] Der Kriegsfall ergibt sich aus dem unvermeidlichen Konflikt zwischen allgemeinem einklagbarem Grundrecht und regionalem Vorrecht. Da in der juristischen Tradition des Abendlandes Lösungsmodelle wie *ubi maior, minor cessat* weiterhin als Rechtsmodelle bis in Formulierungen wie »Bundesrecht vor Landesrecht« tradiert werden, ist anzunehmen, daß hier ein gültiger Ansatz zur Konfliktlösung vorliegt. In

---

72 Franco Biondi, *Abschied der zerschellten Jahre*, Kiel 1984, S. 51.

73 Maria Frisé, *Abschied von der zweiten Heimat*, ebd.,

74 Zu kriegerischen Tendenzen in der Psyche der Einwanderer vgl. Francesco Alberoni/Guido Baglioni, *L'integrazione dell'immigrato nella società industriale*, Bologna 1965, S. 213.

der Tat haben polinationale Institutionen wie die Europäische Gemeinschaft dafür gesorgt, daß über eine Majorisierung der einzelnen Mitgliedsstaaten das Arbeitsrecht zu einem grundlegenden Menschenrecht für alle
Bewohner erklärt worden ist. Dadurch hat sich eine Fortsetzung des Konflikts bei der Festlegung von *major* (Mehrheit) und *minor* (Minderheit) ergeben, die zu einer kontroversen Auslegung desselben Grundrechtes führen
muß.

Setzt man nach dem EG-Modell den menschenrechtlichen Anspruch auf Arbeit als major an, ergibt sich, daß die jeweilige nationale Mehrheit gegenüber
den anderen Mitgliedsstaaten ihren Major-Status im eigenen Land abtreten
muß. Die rechtliche Gleichstellung fremdstaatlicher Minderheiten mit der
einheimischen Mehrheit wird als eine juristische Unmöglichkeit abgelehnt.
Daher ergibt sich eine Strategie zur Bewahrung der eigenen territorialen Vor-
rechte vor einklagbaren Menschenrechten, die darin besteht, den Major-Status
weiter erhalten zu wollen. In Biondis Novelle äußert sich der Widerstand
darin, daß illegale Eindringlinge mit allen gesetzlich zugelassenen Mitteln
zurückgewiesen werden, indem rechtmäßige »brave« Gastarbeiter, wie
Mamos Eltern, über staatsinterne Bestimmungen zu papierlosen Gastarbeitern gemacht werden.[75]

Da der Ich-Erzähler aufgrund des eigenen Lebenslaufs inzwischen als pa-
pierloser Ausländer zum Inhalt eines ihm fremden Konflikts geworden ist,
sieht er sich dazu veranlaßt, die gesetzlich zugelassenen Polizei-Razzien als
eine Strategie des nicht erklärten Krieges gegen ihn zu verstehen. Um die un-
verschuldete Papierlosigkeit des Ich-Erzählers für den deutschen Adressaten, der sich womöglich in eine Abwehrhaltung zurückgezogen hat, unmißverständlich als Abgleiten in einen Kriegszustand zu gestalten, wird die
Sprache der Novelle so deutlich wie möglich markiert. Zu diesem Zweck
werden Faktoren und Automatismen des Konflikts herausgestellt, die eine
markiertere Deutlichkeit der Sprache bis in die Schlußszene hinein erfor-
derlich machen. Daß die Razzien, von denen er nicht erzählen will, in der Öffentlichkeit und ohne Eingreifen der Anwesenden stattfinden, läßt einen bil-
ligenden Grundkonsens mit der Mehrheit vermuten. Infolgedessen würde
jede weitere anklagende Kritik an dem polizeilichen Vorgehen und jede
Klarstellung der juristischen Ausweglosigkeit des Ich-Erzählers nur als ste-
rile Rechtsfrage erfolgen können. Gegen diesen Grundkonsens, sei es als öf-
fentliches Desinteresse, sei es als Selbstzensur in der Wahrnehmung der alltäglichen Sozialgewalt, unternimmt Biondi den Versuch, »die [eigene
fremde] Sprache näher an die Grunderfahrungen zu bringen.«[76] Da sich die
Grunderfahrungen des Ich-Erzählers längst zu einer lebensgefährlichen
Grenzsituation gesteigert haben, bleibt dem Schriftsteller wenig Spielraum,
um über die Sprache eine kathartische Erschütterung der Öffentlichkeit zu

---

75 Franco Biondi, *Abschied der zerschellten Jahre*, ebd., Abschnitt 28, S. 138-139.
76 Franco Biondi, *Die Unversöhnlichen. Im Labyrinth der Herkunft*, Tübingen 1991,
    S. 248.

erzielen. Der Ohnmacht der vorangegangenen Anklage kann in der Novelle nur noch höchste Provokation folgen.

Der angekündigte Krieg wird nicht mehr zurückgehalten und findet, wie die Razzien, vor der Öffentlichkeit statt. Nicht zurückgehalten wird auch mit dem Bewußtsein des Ich-Erzählers, der sich darüber im klaren ist, daß er weder mit seinen Mordanschlägen auf die Polizisten, noch mit seinem unvermeidlichen Tod irgendein Ziel erreichen wird. Der ersten unerträglichen Ausweglosigkeit im Leben des Ich-Erzählers weicht eine zweite. Daß sich der Ich-Erzähler zur Sinnlosigkeit seiner Entscheidung bekennt, vermag kaum der umgesetzten Sinnlosigkeit seiner späteren Handlungen kathartische Tragik abzugewinnen, auch weil nach Biondi Töten und Sterben durch ihre massenweise Reproduzierbarkeit jeden Rest kultureller Sakralität verloren haben und deswegen kein vorbeugendes Zivilisationstabu mehr darstellen:

>»Eigenartig ist es schon: Wie ein Luftballon hat sich der Körper von Volkers Ordensbruder ausgeblasen; eine Kugel reicht schon, und sie liegen da, wie ein durchlöcherter Ballon. Also, der wird nicht mehr Gastarbeiter mit seinem Handgerät in die Irre führen. Tot. Der Tod, was ist heute noch der Tod? Es wird massenweise gestorben, es wird massenweise getötet, daran stört sich bald niemand mehr. Jeden Tag schüttet uns die Flimmerkiste haufenweise Leichen ins Wohnzimmer, wer regt sich da noch auf? Vom schön gepolsterten Sessel werden die Leichenhaufen mit dem Braten gleich mitgemampft, als ob sie Beilagen wären. Wie Komparsen in einem Al Capone Film oder besser, Komparsen der ›Schlacht von Waterloo‹. Und wenn sich manche doch aufregen und empört sind, dann nur für ein paar Tage. Tags darauf geht der gleiche Trott weiter. Die Menschen sind leer geworden; ich auch. Wenn mich jetzt jemand fragt: Einmal Super für die Seele? würde ich sagen: Nein, danke. Ich fahre jetzt nur noch, solange es reicht. Menschenskind, sind wir Menschen eigenartig: Wir reden über uns anhand der Maschinensprache – ob es früher auch so war? Aber was nutzt mir jetzt das Wissen – ich fahre nur noch solange ich Sprit habe. Ich bin sozusagen nun auf Automatik eingestellt, wie ein aufladbares Püppchen. Schade um Dagmar: Sie liebt mich so. Ich liebe sie auch.«[77]

Geht man davon aus, daß Sterben und Töten bei Biondi die letzte Konsequenz der Unerträglichkeit der Hoffnung auf soziale Vernunft ist, dann gewinnt die Novelle die aufklärerische Dimension, die sich im Einklang mit der Grundposition von Biondi als betroffenem Schriftsteller befindet. Der Ich-Erzähler Mamo muß sich einem gewaltsamen Tod aussetzen, da er als Vorbote einer aufkommenden Kultur seiner Zeit voraus lebt. Der kulturelle Widerspruch in seiner Existenz läßt sich zu seinen Lebzeiten nicht auflösen. Die Hoffnung auf soziale Einsicht in seine Lage erweist sich als um so trügerischer, weil die Generation, mit der er groß geworden ist, ihn lieben kann, jedoch nicht auf soziale Erfahrungen zurückgreifen kann, um ihn in seiner selbstgefährdenden Andersartigkeit wahrzunehmen. Diejenigen, die um den Widersacher Volker herum seine unausweichliche Funktion als Herausforderung an ihre geozentrische Kulturidentität begriffen haben, erleben diese letztere als eine Bedrohung, die um jeden Preis zu entfernen ist.

---

77 Franco Biondi, *Abschied der zerschellten Jahre*, ebd., S. 120.

In der Tat ist Mamo für den Leser der Ausländerliteratur eine größere Herausforderung als z.B. Ali Itir aus Aras Örens *Bitte nix Polizei.* Sei es, weil Mamo sich nicht wie Ali über anonyme Geschehnisse eines ihm fremden Alltags in den Tod treiben läßt, sei es, weil seine literarische Geburt unmittelbar in deutscher Sprache stattgefunden hat. Gerade diese zwei Komponenten haben im Rückblick auf Elio Vittorinis Literaturmodell dazu beigetragen, daß Biondis Novelle eindringlicher als die Kriminalerzählung *Bitte nix Polizei* von Aras Ören die Funktion eines unmißverständlichen »Schreies der eigenen ethnischen Anwesenheit« innerhalb der bundesrepublikanischen Literatur der Gegenwart erfüllt hat.

b) Zur Entstehung eines *lauen Lenz*

Abgesehen davon, daß die Novelle in einer konsolidierten Sprachkontinuität steht, wäre Mamos literarische Geburt in deutscher Sprache selbst als Erstlingswerk kein Zufall gewesen. Die Entscheidung für die deutsche Sprache entspricht dem Vorhaben, die inhaltsbezogene Herausforderung des Lesers durch Sprachprovokation zu erweitern. Auf diese Absicht ist auch der Entschluß zurückzuführen, daß Mamo mit der Rolle eines neuartigen Grenzgängers der Sprache ausgestattet worden ist. Da Mamo diese Rolle konsequent bis in die extreme Situation des zitierten Monologs durchhält, kann seine Sprachhaltung als endgültiger Beleg dafür gewertet werden, daß die Novelle als Parabel auf einen Autor zu lesen ist, der sich aus seiner Fremdsprache nicht vertreiben läßt.

Bevor hier, anhand des Monologs, auf die Quelle und auf die Zweckmäßigkeit der Provokation eingegangen wird, soll darauf hingewiesen werden, daß in der Schlußszene der Erzählung *Tote Seele kostet 200 DM* die Sprache des Schriftstellers Biondi sich bis in die Metapher des »lauen Lenz«[78] gesteigert hat, der nach Bruno Gentili als »semantischer Skandal unerhörter Metaphern«[79] einzustufen ist.

Nach Bruno Gentili ist die skandalöse Steigerung einer gesamten Allegorie dann gegeben, wenn ihre Funktion darin besteht:»die Botschaft in einer verschleierten und anspielungsreichen Sprache zu übermitteln, die nur von einer Hörerschaft aus Weggenossen verstanden wird. Ihre hermeneutische und emotionale Wirksamkeit steht in direkter Beziehung zu der mitgelieferten Information und der Besonderheit der Darstellung.«[80]

Es ist kaum zu übersehen, daß Gentilis Definition im ersten Teil sich im Bereich der oppositionellen Rhetorik bewegt, wo es um ein kodiertes Gespräch unter vorinformierten Gesprächspartnern, um einen öffentlichen Austausch von brisanten soziopolitischen Informationen geht, der nach der jeweilig gel-

---

78   Franco Biondi, *Die Tarantel*, Fischerhude 1982, S. 22.
79   Bruno Gentili, *Poesia e pubblico nella Grecia Antica*, Bari 1984, S. 279.
80   Ebd., S. 279.

tenden Rechtsordnung nicht zugelassen ist. Das Neue bei Gentili besteht darin, daß die gesamte Allegorie sich nicht in einem kodierten Austausch von Informationen erschöpfen darf. Aufgrund ihrer Beschaffenheit soll sie zu erweiternden Erkenntnissen führen, die von den Gesprächspartnern über die Dekodierung der »unerhörten Metaphern« freigestellt werden.

Zu Biondis Formulierung des »lauen Lenz« ist festzustellen, daß der Ausdruck zuerst wörtlich, als stereotypisiertes Bild, von ihm aufgegriffen wird, um Siegfried Lenz, den Autor der Novelle *Wie bei Gogol* (1973) als Funktionsträger festzulegen.[81] Überprüft man den Sprachkontext, in den der Ausdruck eingebettet ist, erwächst er zu einer Metapher, die die Grundmerkmale eines »sematischen Skandals« aufweist.

Man kann davon ausgehen, daß Biondi mit dem Satz aus *Tote Seele kostet 200 DM* »mehr Mut zum Wagnis« am Anfang der Auseinandersetzung des Protagonisten mit dem Journalisten Siegfried Winter den Kanzler Willy Brandt aus dem Jahre 1969 zitiert hat.[82] Man muß auch bedenken, daß Siegfried Lenz 1970 Mitbegründer der Wählerinitiative Nord zur Unterstützung der SPD gewesen ist und daß er auf Einladung des Kanzlers Willy Brandt zur Unterzeichnung des deutsch-polnischen Vertrages (1970) nach Warschau gereist ist. Behält man die Tatsache im Auge, daß Willy Brandt auf dem SPD-Parteitag in Hannover 1973 als Parteivorsitzender moniert, daß »die Problematik der ausländischen Arbeitnehmer und ihrer Angehörigen [...] erst seit einem Jahr in unseren eigenen Dokumenten als vorrangiges Thema erscheintn«[83] und daß er als Bundeskanzler im November 1973 einen Anwerbestopp für ausländische Arbeitskräfte verfügt hat, erinnert man sich daran, daß seine Ablösung als Kanzler von Herbert Wehner mit dem Satz »Der Kanzler badet gern lau«[84] von Moskau aus eingeleitet wurde, so ergeben sich genügend Querverbindungen zwischen Siegfried Lenz als Autor der Novelle *Wie bei Gogol*, Willy Brandt und den Ausländern.

So gesehen entspricht der »laue Lenz« im Bereich der Literatur der sozial-liberalen Verschleierungsstrategie, mit der die Kanzlerparole »mehr Demokratie wagen« im Bereich der Ausländerpolitik zum Anwerbestopp führen wird, aufgrund dessen Gastarbeiter wie Üzkök aus *Wie bei Gogol*, Oronzo oder der Ich-Erzähler aus *Tote Seele kostet 200 DM* zu papierlosen Sozialhilfe-Empfängern werden müssen.

Der sprachliche Vorgang an sich ist ein Beleg dafür, daß ein deutschsprachiger Autor anderer Muttersprache, sich dem Wechselspiel der Aneignung

---

81 Franco Biondi, *Die Tarantel*, ebd., S. 7.

82 Vgl. Willy Brandt, »Das Grundgesetz verwirklichen – Deutsche Politik und sozialdemokratische Grundsätze«, in: *Parteitag der SPD vom 10.- 14.April 1973*, Hannover, Bd. I Protokoll der Verhandlungen, o.O. u. o.J., S. 69-112, »Mein Wort vom Herbst 1969, wir müßten mehr Demokratie wagen, ist oft mißverstanden worden von denen, die Grund haben, dieses Wagnis zu fürchten, gelegentlich auch von denen, die ihm zustimmen.« S. 77.

83 Ebd., S. 81.

84 Vgl. *Der Spiegel*, Nr. 41. 27 Jg. 8. Oktober 1973, Hamburg 1973, S. 27.

durch Kreativität aussetzen muß, um die Sprache auf die Inhalte seiner Literatur zu richten. Da die Aneignung der Fremdsprache bei ihm über erfahrene Gleichzeitigkeit des Ungleichartigen erfolgt, ergibt sich ein vielperspektivischer Zugang zu einem Sprachkorpus, der sich von keiner altersmäßigen, schichtenspezifischen und sachbezogenen Zentralität lenken läßt. Die Aneignung vollzieht sich nach einem dezentrierten Sprachmodell, wie es Biondi mit dem neuartigen sematischen Vorgehen bei »lauer Lenz« auf dem Punkt gebracht hat.

Unausweichliches Unbehagen an Biondis Sprachvorgehen unter den muttersprachlichen Lesern hat z.B. die erwähnte Rezensentin Maria Frisé folgendermaßen zum Ausdruck gebracht: »Aber leider wimmeln die Seiten von falschen Bildern, falschen Konjunktiven, lächerlichen Stilblüten. Der Jargon Jugendlicher mischt sich mit der Sprache der Bürokratie, mit unerträglichen Klischees oder bedeutungsschweren Floskeln.«[85]

Überprüft man das Unbehagen an Biondis Sprache anhand des obigen Monologs, weil in der Tat dort der Jargon der Jugendlichen in einem ihm fremden standardisierten Sprachkontext vorkommt, ergibt sich, daß die dezentrierende Mischtechnik keiner sprachlichen Willkür unterliegt. Sprachsignale aus dem Jargon der Jugendlichen wie »Ordensbruder, Flimmerkiste, mitgemampft, Super für die Seele« und »Sprit« schließen sich im Laufe des Monologs zu einer kontrastierenden Sprachsymbolik zusammen. Diese zielt darauf ab, genormtes Konsumverhalten (»Flimmerkiste«) als kollektiven Ausgleich (»mitgemampft«) zur sozialen Vereinsamung und zur Entfremdung des Einzelnen (»Super für die Seele«) in einem Polizeistaat (»Ordensbruder«) herauszustellen. Insofern handelt es sich um gängige Zäsuren, die auf kontroverse Vorstellungen von Alltag, Kultur, Gesellschaft und Staat aufmerksam machen wollen.

Die Sprachzäsuren werden bei Biondi zur Provokation, weil der Ich-Erzähler es sich nicht nehmen läßt, sie als Summe einer verfehlten Ausländerpolitik kompromißlos ins Tragische zu steigern. Die Reaktion im Ausländerviertel nach dem Mordanschlag auf den ahnungslosen Polizisten bestätigt ihn in der tödlichen Ausweglosigkeit seiner Lage und dennoch wird er jede lebensrettende Vorstellung abschlagen müssen: »Wenn mich jetzt jemand fragt: Einmal Super für die Seele? würde ich sagen: Nein, danke. Ich fahre jetzt nur noch, solange es reicht.«

Der Zwang zur kompromißlosen Verweigerung ist in der Novelle von Biondi kein Akt von Schwarz-Weiß-Malerei und auch kein Ausdruck von schriftstellerischer Willkür. Er leitet sich aus der Verantwortung eines wissenden Schriftstellers ab, der auf kriegsähnliche Zustände hinweisen muß, die eintreten können, wenn Jugendliche wie Mamo durch administrative Maßnahmen in die Enge getrieben werden. Vor der lebensbedingten Tatsache, daß ihnen nicht gegeben ist, sich als »brave Gastarbeiter« wie die Eltern in Krisenzeiten zu verhalten und da von ihnen nicht erwartet werden kann, daß sie den Weg des Ali Itir bei Aras Ören, der Lyrikerin Semra

---

85 Maria Frisé, *Abschied von der zweiten Heimat*, ebd.,

Ertan[86] oder des türkischen Bürgers Altun[87] gehen werden, wird *Abschied der zerschellten Jahre* in seiner Genese als markiertes Plädoyer gegen »Lernprozesse mit tödlichem Ausgang«[88] von der landesweiten Wirklichkeit eher bestätigt[89] denn in Frage gestellt.

Daß Biondi mit seinem Roman *Die Unversöhnlichen. Im Labyrinth der Herkunft* (1991) von der sprachlichen Markierung zentraler Konflikte zwischen dem Eigenen und dem Fremden abgerückt ist, wird hier zuerst als Beleg dafür gewertet, daß jeder »Schrei der eigenen ethnischen Anwesenheit« rasch an die Grenzen seiner Wirkung stößt. Da die Kernfunktion eines ethnischen Schreies in der Herausforderung der Aufmerksamkeit der Mehrheit auf die Anwesenheit einer fremden Minderheit besteht, fällt die Botschaft zwangsläufig mit den Bedürfnissen zusammen, die zu dem Schrei geführt haben. Insofern ist Elio Vittorini, der die hemmende Genese derartiger Werke hervorgehoben hat, zuzustimmen, wenn er einen raschen Übergang von der kulturellen Autobiographie zur Literatur fordert, um dem Neuen mit Hilfe des ethnischen Schreies freie Entfaltung zu gewähren. Da Elio Vittorini sich davor gehütet hat, das ausstehende Neue anhand seiner enttäuschenden Lektüre der erwähnten Autoren zu erläutern, wird hier am Beispiel des Romans *Die Unversöhnlichen* von Biondi die These aufgestellt, daß das befruchtende Neue primär in der Übertragung des eigenen historischen und sozio-kulturellen Gedächtnisses in eine bis dahin fremde Sprache, bzw. Literatur bestehen muß.[90]

c) Fremdsprache und historisches Gedächtnis

Die Vielfalt der Ich-Erzähler

Im Vergleich zur Erzählung *Passavantis Rückkehr* (1976) liest sich Biondis Roman *Die Unversöhnlichen* (1991) wie ein erneuter Versuch, den Grundkonflikt, der den Ich-Erzähler in die Fremde geführt hat, an seinem Geburtsort zu fassen. Obwohl der Roman das Grundschema der Erzählung wiederholt (Abfahrt aus der Fremde, Ankunft am Geburtsort, Unbehagen an der eigenen Herkunft und der eigenen Anwesenheit am Geburtsort, Konflikt mit tödlichem Ausgang und erneute Abfahrt in die Fremde), kündigt sich bereits auf der ersten Romanseite ein entscheidender Unterschied an.

---

86 Die Lyrikerin Semra Ertan, die zur zweiten Generation zu rechnen ist, hat sich 1982 in Hamburg öffentlich verbrannt, um gegen die Ausländerpolitik zu protestieren.

87 Vgl. Habib Bektaş, *Hamriyanim*, Istanbul 1990, ein Roman über den Tod von Cemal Kemal Altun, ferner H. Schueler u. a., *Dossier Abgeschoben*. In: *Die Zeit* Nr. 3.-13. Januar 1984, Hamburg 1984, S. 9-10.

88 Vgl. Alexander Kluge, *Lernprozeß mit tödlichem Ausgang*, Frankfurt 1973.

89 Vgl. Vera Gaserow, *Pistole im Ranzen. Wie sich Berliner Schüler für den Heimweg munitionieren*. In: *Die Zeit* Nr. 17. – 17. April 1992, Hamburg 1992, S. 91.

90 Franco Biondi, *Die Fremde wohnt in der Sprache*, in: *Eine nicht nur deutsche Literatur*, Irmgard Ackermann/Harald Weinrich (Hgg.), ebd., S. 25-32.

Die neue Ausgangsposition besteht darin, daß der Ich-Erzähler Dario Binachi in Frankfurt einen Nachbarn namens Franco Biondi hat, der deutschsprachige Ausländerliteratur verfaßt und von dem er sich als Gegenstand seiner Literatur stets beobachtet und mißbraucht fühlt. Der Protagonist Dario Binachi und sein Widersacher Franco Biondi treten als klassische Romanfiguren auf und können verstanden werden: als Autor und seine Hauptfigur; als Ego und Alter-Ego; als Ich-Erzähler und sein Doppelgänger oder als eine »Zersplitterung« des Helden, die nach Hermann Wetzel bei Biondi »zu interessanten romantechnischen Neuerungen (führt), die über die literarischen Vorbilder Dostojewskij oder den zitierten Pirandello (*Il fu Mattia Pascal*) hinausgehen.«[91]

Im Kontext der Literatur der Einwanderung erweist es sich neben diesen Deutungsmodellen von Vorteil, nach einer Vielfalt der Ichs zu suchen, die aus den spezifischen Kompetenzen erwächst, die dem fremden Ich-Erzähler zufallen. Diese Annahme ist um so mehr zu verfolgen, da sie z.B. im Bereich der italo-kanadischen Literatur von Sergio Maria Gilardino auf folgende Weise bestätigt wird:

> »In ihnen spaltet sich das (Ur-)Ich, und mehrere Ich leben in diachronischem Verhältnis miteinander, d. h. während das Ich, das auf den Traum der Trennung vom Geburtsort zurückgeht, am Leben bleibt und weiterhin Bedürfnisse und Bezugswerte bestimmt, gesellen sich in Lauf der Zeit jüngere Ich zu ihm, die weniger integrationsscheu sind. Unter ihnen entstehen Divergenzen und Spannungen.«[92]

Wenn man davon ausgeht, daß es der Protagonist Dario Binachi in der Fremde vom Friseur zum Lehrer gebracht hat, daß er sich als Sozialarbeiter versucht hat und daß er dabei ist, Schriftsteller deutscher Sprache zu werden, dann liegt eine Vielfalt der Ichs vor, die zuerst als abgestufte Entwicklung zwischen dem anfänglichen und dem anvisierten Ich zu verstehen ist. So gesehen hat man es hier mit einem Identitätsbegriff als soziologischem Äquivalent des Ich-Begriffs zu tun, wobei nach R. Döbert, J. Habermas und G. Nunner-Winkler Identität nichts anderes wäre als: »die symbolische Figur, die es einem Persönlichkeitssystem erlaubt, im Wechsel der biographischen Zustände und über die verschiedenen Positionen im sozialen Raum hinweg, Kontinuität und Konsistenz zu sichern.«[93]

Angesichts markanter Gegebenheiten und sozialer Gefährdungen im Leben des Dario Binachi hat man es keineswegs mit der Entwicklung eines des-

---

91 Hermann Wetzel, *Franco Biondi, Die Unversöhnlichen. Im Labyrinth der Herkunft*, Kurzreferat bei der Tagung *Letteratura de-centrata. Italiener schreiben in der Fremde*, im Frankfurter Literatur-Haus, 7.-8. Juni 1991, Typoskript, S. 3.

92 Sergio Maria Gilardino, *Soluzioni narrative e stilistiche della letteratura dell'emigrazione italiana a Montréal*, in: *La letteratura dell'emigrazione. Gli scrittori di lingua italiana nel mondo*, Jean-Jacques Marchand (Hg.), Torino 1991, S. 179, ferner vgl. Michel Oriol, *L'émigré portugais ou l'homme multidimensionnel*. In: *Schweizerische Zeitschrift für Soziologie*. Vol. 10, Nr. 2/1984, Montreux. S. 541-562.

93 *Entwicklung des Ichs*, R. Döbert/J. Habermas/G. Nunner-Winkler (Hgg.), Königstein 1980, S. 9.

orientierten Ichs zu tun, noch ist bei ihm irgendeine Zersplitterung der Identität zu beobachten. Die Vielfalt der Ichs im gesamten Roman ergibt sich aus der Gleichzeitigkeit, mit der der Autor Abschnitte aus dem eigenen Leben mit Abschnitten aus den Lebensläufen seiner Hauptfiguren und der Figuren untereinander verknüpft. Es ist anzunehmen, daß der deutschsprachige Schriftsteller Franco Biondi aufgrund bewußter Zweckmäßigkeit nicht dazu bereit ist, im Roman die eigene kulturelle Autobiographie und die literarischen Lebensläufe seiner Protagonisten Dario Binachi und Franco Biondi auseinanderzuhalten.

Aus dem wiederholten Ineinanderfließen des Lebenslaufs von Dario Binachi und seines Widersachers Franco Biondi mit der Autobiographie des Schriftstellers Franco Biondi erwachsen im Roman Divergenzen und Spannungen, die am Romanende zum Mord des Widersachers durch Dario Binachi führen werden. Somit entspricht der Mordanschlag auf Franco Biondi der Feststellung, wonach die parallelen Ichs als Pole und nicht als Zwischenstufen des Konflikts zu betrachten sind.

Die unblutige Tötung von Franco Biondi durch Dario Binachi bestätigt zugleich die Entscheidung des Protagonisten Dario Binachi, den Beruf als Sozialarbeiter nicht zugunsten der Schriftstellerei aufzugeben. Die Entscheidung ist als ein Akt der Vorbeugung zu betrachten, weil ein Berufswechsel von Dario Binachi zum Schriftsteller deutscher Sprache zwangsläufig die Unversöhnlichkeit mit der Mutter Bruna und dem Bruder Ivar unwiderruflich machen würde. (S. 336)[94]

Da Bruna und Ivar trotz ihres Deutschlandaufenthaltes des Deutschen nicht mächtig sind, würde der Wechsel zur deutschen Sprache dem nicht mehr aufhebbaren Ausdruck der Unversöhnlichkeit gegenüber der eigenen Geschichte gleichkommen. Die Tatsache, daß an dieser Stelle des Romans eine Konfluenz des Autobiographischen mit den literarischen Lebensläufen der beiden Protagonisten zu verzeichnen ist,[95] verleiht dem Konflikt eine Komplexität, die zunächst mit Hilfe folgender Beobachtung von Pierre Bourdieu zu deuten ist:

>»Der außerordentliche Realismus der unteren Klassen findet seine wohl beste Begründung in dem unerbittlichen Gebot, das die Homogenität dieses unmittelbar erfahrenen sozialen Universums durch eine Geschlossenheit verhängt: nur die bestehende Sprache, nur der bestehende Lebensstil, nur die bestehenden Affinitäten sind zulässig. Der Raum der Möglichkeiten ist geschlossen. Die Erwartungen der anderen verstärken nur die von den objektiven Verhältnissen auferlegten Dispositionen.«[96]

---

94   Ab nun an wird aus Franco Biondi, *Die Unversöhnlichen*, ebd., im Text fortlaufend zitiert.

95   Bruna und Ivar, Mutter und Bruder des Autors, haben 1965 Deutschland verlassen, während der Autor zurückgeblieben ist. Hierzu vgl. Wolfgang Paulsen, *Das Ich im Spiegel der Sprache. Autobiographisches Schreiben in der deutschen Literatur des 20. Jahrhunderts*, Tübingen 1991, insbesondere Kap. IV.

96   Pierre Bourdieu, *Die feinen Unterschiede. Kritik der gesellschaftlichen Urteilskraft*, Frankfurt 1982, S. 597.

Der Konflikt tritt als äußerste Unmöglichkeit der Kommunikation innerhalb der unteren Klassen auf, weil der ermordete Franco Biondi Sprache und Beruf gewechselt hat, was einem doppelten sozialen Abschied von der eigenen Gesellschaftsschicht gleichkommt. Dementgegen kann sich der Mörder Dario Binachi immer noch innerhalb der Grenzen der tradierten Unversöhnlichkeit unter den Binachis bewegen, da er durch den Mord bekundet hat, daß er Sozialarbeiter und Familiengeschichte-Schreiber bleiben wird.

Der Mord an Franco Biondi bestätigt, daß »der Raum der Möglichkeiten« in der Tat geschlossen ist und daß »die Erwartungen der anderen« ihn mitbestimmt haben. Da der Mord keine soziale Rückkehr des Mörders zur Homogenität der Herkunftsschicht einleiten kann und da das Wegfallen des Widersachers keineswegs zur Versöhnung des Dario Binachi mit »den anderen« führt, wird er, wie einst Passavanti, den Geburtsort verlassen. Die gesamte Konfliktlage schafft eine Vielfalt von Ichs, die als selbständige Lebensläufe in unterschiedlichen Sprachen, Kultur- und Gesellschaftsräumen die gegebene Möglichkeit verwirklichen, den Sozialraum hier und dort offenzuhalten.

Die Natur der Unversöhnlichkeit

Die Intensität, mit der religiöse, politische, kulturelle und sexuelle Unversöhnlichkeit in der hundertjährigen Geschichte der Familien Binachi und Piverini aufgespürt wird, verleitet zu der Annahme, daß Biondi Unversöhnlichkeit als Arbeitshypothese überall da erprobt, wo es ihm im Laufe seines Romans möglich ist. Man kann sogar der Vermutung nachgehen, daß im Roman nicht nur die Beziehungen unter den Figuren, sondern auch das Verhältnis zwischen Autobiographie und Literatur, sowie zwischen Autor und Leser als unversöhnlich thematisiert werden. Die Bündelung von Erzählabsichten und Inhalten birgt die Gefahr in sich, daß der Leser durch die Vielzahl von Protagonisten, Handlungen und Erzählperspektiven in die Irre geführt wird.[97] Um aus den lauernden Sackgassen und »Nebelseen« herauszufinden, bietet es sich an, die Unversöhnlichkeit zwischen dem eigenen historischen Gedächtnis und der fremden Sprache als zentrales Anliegen im Roman zu verfolgen.

Die vorgeschlagene Priorität ergibt sich aus der Komplexität, mit der die innerhalb des Romans erfahrene Unversöhnlichkeit in einer fremden Sprache Gestalt annimmt. Das Vorhaben entspricht dem Wunsch, aus der existentiellen Unmöglichkeit herauszufinden, die nach Theodor W. Adorno deswegen bei dem politischen Flüchtling eintritt, weil »seine Sprache enteignet und die

---

97 Vgl. Cornelia Wilß, *Franco Biondi Die Unversöhnlichen.* In: *Die Brücke,* Nr. 59 März-April 1991/92, Saarbrücken 1992, »Manchmal möchte man das Buch aus der Hand legen und sich ausruhen von den Irrwegen der vielen Ebenen, auf denen sich Biondis Reflexionen des Entdeckens bewegen.« S. 60.

geschichtliche Dimension abgegraben ist, aus der seine Erkenntnis die Kräfte zog.«[98]

Da bei dem Arbeitsemigranten, im Gegensatz zu dem politischen Flüchtling, eine Rückkehr an den Ort der eigenen Vergangenheit zu jeder Zeit möglich ist, ist festzustellen, daß Unversöhnlichkeit bei dem ersteren nur im Hinblick auf die erfahrene Fremde aufkommen kann. Diese Annahme ist anhand des schriftstellerischen Werdegangs Franco Biondis deutlich nachvollziehbar. Seiner Option für die fremde Sprache liegt zweifelsohne die Absicht zugrunde, durch sie das Unversöhnliche aus der Fremde zu überwinden, wobei die thematische Ausrichtung der früheren Prosa auf das Leben in der Fremde ein deutlicher Beleg dafür ist.[99] Um so mehr muß Biondis jüngstes Vorhaben, der Unversöhnlichkeit aus der eigenen Vergangenheit mit der Sprache der Fremde auf die Spur zukommen, dann aufhorchen lassen, wenn es z. B. mit dem Standpunkt eines politischen Flüchtlings wie Bertolt Brecht in Verbindung gebracht wird:

Wozu in einer fremden Grammatik blättern?
Die Nachricht, die dich heimruft
Ist in bekannter Sprache geschrieben.[100]

Grammatik steht bei Bertolt Brecht für das ungeschriebene Buch jener Spielregeln, die das gesellschaftliche Zusammenleben erst möglich machen. Die Ablehnung, sich auf eine fremde Gesellschaft einzulassen, wird bei dem politischen Flüchtling dadurch begründet, daß er auf den Heimruf in bekannter Sprache wartet; das besagt wiederum, daß der erhoffte Heimruf in Gefahr geriete, sobald sich der Dichter einer fremden Grammatik anvertrauen würde. Aufgrund der bindenden Loyalität zur Muttersprache wird kein Konflikt zwischen der eigenen und der fremden Gesellschaft so zwingend wie bei den Arbeitsemigranten erlebt, die sich der Totalität der fremden Gesellschaft von Anfang an aussetzen müssen. Während die ersteren auf schützende und zeitbefristete Gesellschaftsnischen hoffen können, sind die letzteren als Arbeitskräfte auf den konjunkturellen Verlauf des Arbeitsmarktes und der öffentlichen Meinung angewiesen.[101]

Insofern ist bei Bertolt Brecht die angekündigte Treue zur mitgebrachten Sprache mit der Bereitschaft des politischen Flüchtlings gleichzusetzen, die

---

98 Theodor W. Adorno, *Minima Moralia. Reflexionen aus dem beschädigten*, Frankfurt 1975, S. 32. Das Zitieren aus *Minima Moralia* ist kaum durch die Vergleichbarkeit der Erfahrungen zu erklären. Es ergibt sich aus dem dortigen Abstraktionsgrad der Reflexionen über das Leben in der Fremde.
99 Vgl. Franco Biondi, *Passavantis Rückkehr*, DTV-Ausgabe, München 1985.
100 Bertolt Brecht, *Gesammelte Werke*, 20 Bde., Bd. 9, Frankfurt 1973, S. 719.
101 Zu möglichen Konvergenzen und vor allem zu den Divergenzen zwischen der Literatur der Arbeitsmigration und der Exilliteratur vgl. *Leben im Exil. Probleme der Integration deutscher Flüchtlinge im Ausland 1933-1945*, Bernd Martin u. a. (Hg.), Hamburg 1981, und *Schreiben im Exil. Zur Ästhetik der deutschen Exillitertur 1933-1945*, Alexander Stephan/Hans Wagener (Hgg.), Bonn 1985.

Sprache der Heimat nicht in Frage zu stellen, ihr weiterhin zu vertrauen und zwar als vorweggenommene Gegenleistung dafür, daß der Flüchtling heimgerufen wird. Ein Verdacht auf Unversöhnlichkeit in der Sprache der Heimat im Zusammenhang mit dem fremden Alltag könnte sogar zu einem weiteren und zwar lebensgefährlichen Bruch bei denen führen, die auf die Sprache als existentielles Mittel angewiesen sind. Theodor W. Adorno hat die lebensrettende Situation des Schreibens für die politischen Flüchtlinge auf den Punkt gebracht, wenn er feststellt: »Wer keine Heimat mehr hat, dem wird wohl gar das Schreiben zum Wohnen.«[102]

Die Tatsache, daß Theodor W. Adorno Schreiben frei von weiteren Konnotationen verwendet, ist der Beweis dafür, daß er ein Schreiben in fremder Sprache nicht einmal als Hilfsmöglichkeit in Betracht gezogen hat. Wird das Schreiben an sich als rettender Akt vor einem endgültigen Verlust der Heimat postuliert, so kann er kaum durch den Verzicht auf die Heimatsprache herbeigeführt werden.

Für den Arbeitsemigranten ist die Freiwilligkeit, mit der er seinen Geburtsort verlassen hat, ausschlaggebend dafür, daß er niemals ein Recht auf einen Heimruf haben wird. Sie verweist auf eine tiefgreifende Unversöhnlichkeit zwischen dem Geburtsort und dem Abfahrenden, die nach Biondi am besten über eine fremde Sprache zu bewältigen ist,[103] weil diese den erforderlichen Abstand zur Muttersprache aufweist, in der sich die Unversöhnlichkeit, die zur Abfahrt geführt hat, niedergeschlagen hat.[104]

Gleichwohl ist es nicht zutreffend anzunehmen, daß sich bei fremdsprachigen Schriftstellern wie Biondi die Entscheidung für die fremde Sprache genauso endgültig gestaltet hat wie die Ablehnung einer fremden Grammatik bei politischen Flüchtlingen wie Bertolt Brecht oder Theodor W. Adorno. Am Beispiel der Werke von Biondi läßt sich nachweisen, daß sich die Entscheidung für die fremde Sprache bei jedem Werk neu stellt. Als Option gegen die Muttersprache läßt sie sich am besten über die thematisierte Zweckmäßigkeit der fremden Sprache im jeweiligen Werk aufdecken.

Herkunft zwischen Mutter- und Fremdsprache

Im Roman *Die Unversöhnlichen* fällt die Zweckmäßigkeit der fremden Sprache mit der Annahme zusammen, daß sich eine fremde Sprache besonders dazu eignet, eine Reise in das Labyrinth der eigenen Herkunft zu unterneh-

102   Theodor W. Adorno, *Minima Moralia*, ebd., S. 108.

103   Franco Biondi, *Die Unversöhnlichen*, ebd., »Trotz dieses Gefühls beschloß ich, nach San Martino zu fahren, um meiner Familiengeschichte nachzugehen, sie schriftlich zu bewältigen.« S. 15.

104   Vgl. Patrick J. Casement, *Samuel Beckett's relationship to his mother-tongue*. In: *The International Review of Psycho-Analysis*. Part I, Vol. 9, London 1982, S. 35-44. Fred Uhlmann, *The Making of an Englishman*, London 1960, S. 136; Elias Canetti, *Die gerettete Zunge*, München 1977 und Héctor Bianciotti, *Intervista rilasciata a Mai Mouniam*. In: *L'Indice*, Nr. 1/1990, Torino 1990.

men, weil sie als Instrument der Erkenntnis nicht durch frühere Ereignisse vorbelastet ist. Sie erhält die steuernde Funktion der Sprache des unbeteiligten Gesprächpartners, der durch gezielte Fragestellungen zur Klärung eines Konflikts beitragen kann. Bevor die hier postulierte Zweckmäßigkeit der fremden Sprache anhand des Sprachverhaltens der Hauptfiguren Dario Binachi und Franco Biondi erläutert wird, soll die Strategie der Distanzierung von der Konfliktquelle mittels des Verzichtes auf die eigene Muttersprache erörtert werden.

Es handelt sich um eine dreistufige Strategie, die daran zu erkennen ist, daß im Roman *Die Unversöhnlichen* zuerst eine gezielte Reduzierung der Muttersprache auf die Sprache der Mutter vorgenommen wird: »Bruna [die Mutter] ist meine einzige wirkliche Herkunft. Unbezweifelbar.« (S. 24)

Die Weigerung der Mutter, Quelle des historischen Gedächtnisses der Herkunft zu sein, bestätigt die Unfähigkeit der Muttersprache als Instrument einer erkenntnisbringenden Bewältigung der Vergangenheit.

> »Ich möchte, daß du etwas von dir erzählst, von Moro [dem Ehemann], von deinen Eltern und alles, was du weißt über die Binachis.
> Ja? Prompt war sie verstummt.« (S. 18)[105]

Indem die Mutter durch ihre Weigerung den Suchenden dazu zwingt, sich auf die Sprache der anderen Beteiligten zu verlassen, ermöglicht sie ihm in der Tat eine schmerzhafte Loslösung von der Sprache der Mutter. Die konstante Weigerung der Mutter ist zum Teil die Bestätigung für den vorhandenen Mutter-Sohn-Konflikt und zum Teil die Voraussetzung dafür, daß der Suchende zu einer ersten erforderlichen Differenzierung innerhalb der familialen Muttersprache gelangen kann.

Zusätzliche massive Zweifel an der erkenntnisbringenden Ausdrucksfähigkeit der Muttersprache werden aus der Warte von Dario Binachi damit begründet, daß in der Zwischenzeit die einstige Muttersprache durch die fremdsprachlichen Erfahrungen des Dario Binachi verschüttet worden ist:

> »Dann werde ich meinen Körper dem Geräusch des blind gewordenen Passagiers in mir überlassen, dem Rauschen der niederprasselnden Sonnenstrahlen, des stummen Regens, bis ich glauben werde, die mit deutschen Frauen verbrachten Jahre, über die ich im Moment keine einzige Zeile schreiben konnte, zu verstehen, die durchlebten Dario Binachis endlich zu begreifen.« (S. 49)

Nachdem die Muttersprache auf diese Weise als Hindernis für die Reise ins Labyrinth der Herkunft herausgestellt worden ist und die Sprache der »mit deutschen Frauen verbrachten Jahre« noch nicht so weit ist, kommt Dario Binachi zu der abschließenden Feststellung: »Deshalb ist die Herkunft mein Dilemma: Sie hat keine Sprache, doch bestimmt sie diktatorisch das Leben.« (S. 12)

---

105 Franco Biondi, *Die Unversöhnlichen*, ebd., sowie »Im Hause meiner Mutter, wieder auf dem Bett ausgestreckt, konnte ich kein einziges sprachliches Gebilde zu Gedanken verknüpfen.« S. 249.

Aus dem apodiktischen Charakter der Schlußfolgerung ist abzuleiten, daß Biondi hier auf die Befindlichkeit eines Fremden verweisen möchte, der zwischen die Sprachen und Kulturen geraten ist und auf den allgemeinen Zustand des heutigen Menschen, der zwischen seinen existentiellen Erfahrungen und Vorstellungen gefangen ist. Diese Notwendigkeit bezüglich der Rückführung einer partiellen auf eine grundlegende Lebenserfahrung läßt sich am besten mit Hilfe von Nobert Elias' leitender Zivilisationshypothese über den immer noch zeitgenössischen *homo clausus*, d.h. »den Menschen als eine Art von verschlossenem Gehäuse,«[106] erörtern. Sie wird hinzugenommen, weil der Hypothese des *homo clausus* von Nobert Elias ein Erklärungsmodell zugrunde liegt, mit dem herausgestellt werden kann, wieso bei Biondi die Notwendigkeit, der eigenen Herkunft eine Sprache zu verleihen, mit dem Abwählen der Sprache der Mutter zusammenfällt.

Bei Nobert Elias ist hierzu zu lesen:

> »Die Frage ist, ob diese Selbsterfahrung [als homo clausus] und das Menschenbild, in dem sie sich gewöhnlich ganz spontan und unreflektiert niederschlägt, als Ausgangspunkt für das Bemühen dienen kann, ein sachgerechteres Verständnis von Menschen – und damit auch seiner selbst – zu gewinnen, ob es sich nun um ein philosophisches oder ein soziologisches Bemühen handelt.«[107]

Daß Biondi mit seinem Roman genau das entsprechende literarische Bemühen auf sich genommen hat, bestätigt per se noch nicht die Stimmigkeit seiner Abstandsstrategie. Sie ist dennoch gegeben, weil seine Ausgangsposition nur unter der Ablehnung der Muttersprache im kreativen Einklang mit dem Vorhaben ausgerichtet werden kann. Zahlreich sind die Belege im Roman, die auf diese Art von Gefangenschaft in der eigenen Muttersprache hinweisen. Diese Gefangenschaft erwächst aus einer doppelten Unmöglichkeit der mitgebrachten Sprache: Sei es, weil die Muttersprache nach Theodor W. Adorno und nach Aras Ören sofort oder im Laufe der Zeit von der Quelle abgetrennt wird oder sich inhaltlich von der eigenen Vergangenheit emanzipiert; sei es, weil das fremde Ich sich genötigt sieht, nach einer Sprache zu suchen, die es aus der sozio-kulturellen Isolation in seinem fremden Alltag befreit, indem sie ihm einen unmittelbaren Zugang zu einer Zukunft vor Ort ermöglicht.

Auf die grundsätzliche Stimmigkeit des Sprachenaustausches als Ausgangsposition anhand unausweichlicher Gegebenheiten hat Romano Luperini im Zusammenhang mit dem Rückgriff auf den Dialekt entgegen dem Standard als Sprache der nationalen Identität hingewiesen: »wenn eine Identität nicht in der Zukunft gesucht werden darf, wird nach ihr in der Vergangenheit gesucht, mit allen Konsequenzen, zum Teil regressiv, die die Handlung mit sich trägt.«[108]

---

106 Norbert Elias, *Was ist Soziologie*, München 1971 (1970), S. 128.
107 Norbert Elias, *Über den Prozeß der Zivilisation*, 2 Bde., Bd. I, Bern/München 1969, S. LIV.
108 Romano Luperini, in: *Letteratura degli anni ottanta*, F. Bettini/M. Lunetta/F. Muzzioli (Hgg.), Foggia 1985, S. 46-47, hier S. 47.

Eine entsprechende Darstellung hat Biondi als Arbeitshypothese an den Romananfang gestellt:

>»Meine Hände legen Strümpfe, Unterwäsche, Hemden und Hosen in die Fächer des Koffers und melden mir, daß kein einziges Stück makellos ist.[...] Bruna wird sie mir stopfen wollen, wird drängen, meine Wäsche in die Waschmaschine zu stecken, und ich werde mich strikt weigern, werde es vorziehen, sie in die Wäscherei zu bringen, werde die Löcher verbergen.« (S. 10)[109]

Gegen regressive Verklärung der Vergangenheit, der Heimat und der Muttersprache, die so nahe liegen, wenn das Leben in der Fremde zum Trauerspiel wird, geht Biondi radikal vor, indem er seiner Herkunft die Sprache der Mutter – des Geburtsortes (*madre-madrepatria*) verweigert: »Na, gut, sage ich mir resignierend, um mein Leben zu begreifen, sollte ich alle Versionen löschen, die ich von ihm habe.« (S. 12)

Der verklärenden Sehnsucht wird dadurch vorgebeugt, daß die Muttersprache als Sprache der Erinnerung so weit versperrt wird, daß sie nicht einmal als Ersatz für die Unmöglichkeit des Miteinander-Redens zwischen Mutter und Sohn zugelassen wird. Nach dem ersten Kontakt mit der Sprache der Mutter wird von dem Sohn kategorisch angekündigt: »und ich werde wieder verstummen« (S. 10); und im Laufe des Romans werden nirgends Kindheitserinnerungen im Rahmen von Verlegenheitsgesprächen zwischen Mutter und Sohn ausgetauscht, selbst wenn der Sohn die Mutter ausdrücklich darum bittet: »Ich will, daß du erzählst! fauchte ich. Sie ließ das Buch aufs Bett neben mir fallen und winkte zackig ab. Immer dasselbe mit dir. Und ging aus dem Zimmer.« (S. 30)

Anstelle einer Sprache des Sich-Erinnerns wird nach einer Sprache gesucht, die Auskunft über die eigene Lage geben soll und die nach vorne gerichtet ist, da sie nach Norbert Elias' Modell der Ausgangspunkt sein soll, um »ein sachgerechteres Verständnis von Menschen – und damit auch seiner selbst – zu gewinnen.«

Nun drängt sich die Frage auf, wieso ein Schriftsteller, der sich dafür entschieden hat, sich erneut einer fremden Sprache auszusetzen, zugleich eine Reise unternimmt, die ihn aus der gegebenen geozentrischen Einheit von Sprache und Inhalten hinausführt. Warum läßt der Schriftsteller Biondi seine Protagonisten Dario Binachi und Franco Biondi eine Reise durch die Sprache ihrer Kindheit (S. 17) unternehmen, wenn er vorhat, einen Roman in einer fremden Sprache zu schreiben?

Sicherlich ist die Entscheidung zu Luperinis »regressiven Haltungen« zu zählen, wenn sich herausstellen sollte, daß die Rückreise keine Reise nach vorne ist, wie es im Roman angestrebt wird, sondern daß sie sich als eine Flucht vor unerträglichen Inhalten aus der Fremde entpuppt. Dann würde

---

109   Vgl. Odo Marquardt, *Identität-Autobiographie-Verantwortung (ein Annäherungsversuch)* in: *Identität*, Odo Marquardt/Karlheinz Stierle (Hgg.), München 1979, »Die Identitätspräsentation hat – nicht nur metaphorisch – ein zartes Verhältnis zu Textilien.« (S. 698) sowie Mariapia Bobbioni, *Nel guardaroba del romanzo moderno*, Bergamo 1991.

sich ein paradoxer Rückzug in eine fremde Sprache mit Inhalten aus der Heimat ergeben, zu einem Zeitpunkt als sich die fremde Sprache mit ihren Inhalten aus der Fremde unversöhnlich gegenüber dem Schriftsteller verhält. Es sind dennoch weitere Gründe zu vermuten, die eng mit der Qualität der anvisierten Sprache zusammenhängen. Darauf wird am Ende dieses Kapitels erneut eingegangen.

Fremdsprache und literarische Vergangenheit

Als deutschsprachiger Schriftsteller anderer Muttersprache hat Biondi die Erfahrung machen müssen, daß die deutsche Sprache, die er sich über die Jahre durch Erfahrungen vor Ort und durch das kreative Schreiben angeeignet hat, nach wie vor eine Sprache ist, die kein historisches Gedächtnis in sich trägt. Man sollte sich nicht dadurch verunsichern lassen, daß Biondi diese Fragestellung im Roman unter der Perspektive der Muttersprache in den Vordergrund gerückt hat: »Ohne Gedächtnis ist das Leben Abwesenheit; das Vergessen ist eine gut geübte Leidenschaft fürs Überleben. Doch lebt ein Mensch ohne Gedächtnis den Tod im voraus.« (S. 9-10)

In der Tat muß berücksichtigt werden, daß zur Aufhebung dieses gedächtnislosen Zustandes nicht die Muttersprache eingesetzt wird, die das historische Gedächtnis in sich trägt, sondern eine fremde Sprache. Da Biondi weder mit einer inhaltlichen Darstellung deutscher Vergangenheit wie Aras Ören noch mit gezielten Hinweisen auf die kulturhistorischen Gedächtnisträger wie Yüksel Pazarkaya gearbeitet hat, müssen die Absichten seines Vorhabens anderswo liegen. Sein Anliegen läßt sich zunächst als eine Transposition des historischen Gedächtnisses aus der eigenen Muttersprache in eine ihm nicht mehr so fremde deutsche Sprache umreißen.

Die Reise in das Labyrinth der Herkunft mittels einer fremden Sprache legt die These nahe, daß der deutsche Roman hierdurch um eine entwicklungsfähige intersprachliche Variante erweitert worden ist.[110] Der Leser hat es mit einem Bildungsroman zu tun, in dem die spezifischen Grundvoraussetzungen dadurch erfüllt sind,[111] daß Dario Binachi mit Hilfe seines Widersachers Franco Biondi die konstitutiven Stationen seines Lebens retrospektiv durchläuft. Zu den beiden Protagonisten gesellt sich der Schriftsteller Biondi, weil er sich mit seinem Vorhaben, die ausstehende Einheit aus fremder Sprache und eigenem historischem Gedächtnis zu schaffen, auf ein »fortbildendes Sprachwagnis« eingelassen hat. Geht man mit ihm davon aus, daß eine entwicklungsfähige Spracheinheit für einen deutschsprachigen Schriftsteller anderer Muttersprache unabdingbar ist, dann muß er dazu bereit sein, die eigene Gegenwart in seinem intersprachlichen Bildungsroman deutlich zu markieren.

---

110 Vgl. *Handbuch des deutschen Romans*, Helmut Koopmann (Hg.), Düsseldorf 1983.

111 Vgl. *Der deutsche Bildungsroman. Gattungsgeschichte vom 18. bis zum 20. Jahrhundert*, (Hgg.) Jürgen Jacobs/Markus Krause, München 1989, S. 37-38, und *Zur Geschichte des deutschen Bildungsromans*, Rolf Selbmann (Hg.), Darmstadt 1988.

Dies hat der Schriftsteller Biondi dadurch geleistet, daß er den fiktiven Franco Biondi durch solche biographische Handlungen ausweist, die eine Rückführung des fiktiven Franco Biondi auf den Schriftsteller Franco Biondi als Protagonisten im eigenen Roman ermöglichen.[112] Der fiktive Franco Biondi erhält somit eine zusätzliche Rolle im Bildungsroman des Schriftstellers Biondi und zwar als Abweichung von seiner Widersacherfunktion in dem sozio-historischen Roman um Dario Binachi, der als Ich-Erzähler die Entwicklung der gesamten Familiengeschichte des Schriftstellers Biondi vertritt. Die zusätzliche Funktion des fiktiven Franco Biondi steht keineswegs in einem inneren Widerspruch mit der Hauptrolle seines Widersachers Dario Binachi; denn, aufgrund der erwähnten Ich-Vielfalt, vertritt der fiktive Franco Biondi nur den zuletzt erreichten Bildungsstand des Schriftstellers Biondi. Dagegen stellt der Ich-Erzähler Dario Binachi die Entwicklung der sozio-kulturellen Identität des Auswanderers Franco Biondi in den Kontext seiner Familiengeschichte bis zu dem Punkt, wo sich der schreibende Sozialarbeiter zu seiner Identität als ausländischer Schriftsteller deutscher Sprache bekennt.[113]

In diesem Zusammenhang ist festzustellen, daß Biondi mit *Die Unversöhnlichen* drei Aspekte des italienischen Bildungsromans dieses Jahrhunderts wie sie in den Romanen: *Conversazione in Sicilia* (1938/39) von Elio Vittorini, *Il sogno di una cosa* von Pier Paolo Pasolini (1948/49) und *Mani vuote* von Saverio Strati (1958/59) vorkommen, zu einer neuen Synthese geführt hat. Zusätzlich soll der unmißverständliche Hinweis im Titel auf *Gli Indifferenti* von Alberto Moravia (1928) nicht außer acht gelassen werden.

In *Mani vuote* von Saverio Strati fühlt sich der erstgeborene Emilio durch den unversöhnlichen Familienplan der Mutter so in seiner Lebensvorstellung behindert, daß er sich für die Auswanderung nach Amerika entscheiden muß, und zwar als Flucht vor seiner schwachen Stellung gegenüber der Mutter. Emilios Entwicklungprozeß wird in *Mani vuote* anhand der Erinnerungen des alternden Protagonisten dargelegt. In *Conversazione in Sicilia* von Elio Vittorini ist es die Mutter, die den zurückgekehrten Sohn in das regionale historische Gedächtnis und in das Gegenwartsleben des Klein-Siziliens einführt.

Bei Biondi liegen beide Paradigmen vor, werden jedoch auf den Kopf gestellt, wie es der Romantitel *Die Unversöhnlichen* gegenüber Alberto Moravias *Gli Indifferenti* auf einer weiteren Inhaltebene bezeugt. Die Mutter weigert sich, den zurückgekehrten Sohn in das historische Gedächtnis des Geburtsortes anhand der Familien Binachi und Piverini einzuführen. Durch die Weigerung wird die Unversöhnlichkeit, die den Sohn in die Fremde getrieben hat, noch einmal so virulent, daß er am Ende des Romans erneut in die Fremde zieht.

---

112 Franco Biondi, *Die Unversöhnlichen, ebd.,* Dies hat Biondi mit Genauigkeit markiert, wenn er schreibt, daß er dabei war sich von seiner Frau Hilde zu trennen. S. 348.

113 Da es in *Die Unversöhnlichen* primär um die sprachliche Rekonstruktion der bikulturellen Reminiszenz geht, wäre es restriktiv, von einem *Identitätsroman* zu sprechen. Hierzu vgl. Norbert Ratz, *Der Identitätsroman*, Tübingen 1988.

Bei Pier Paolo Pasolini erweist sich das Grundschema seines ersten Romans von Interesse, aber nicht so sehr, weil in *Il sogno di una cosa* die Auswanderung thematisiert wird. Drei junge Bauern gehen nach dem gescheiterten Versuch, brachliegendes Land zu besetzen, in die Fremde und kehren erfolglos über Österreich und Jugoslawien nach Friaul zurück. Für den Schriftsteller, der seine Protagonisten auf eine Sprachreise geschickt hat, wird es nach diesem Roman keine Rückkehr mehr geben. Die Protagonisten kehren in die Sprachgemeinschaft des Friaulischen zurück, zu der sich Pier Paolo Pasolini selbst bis zur Veröffentlichung des Romans mit einigen Werken programmatisch bekannt hatte. Mit dem darauffolgenden Roman *Ragazzi di vita* stellt sich heraus, daß Pier Paolo Pasolini sich endgültig für eine andere Sprachgemeinschaft entschieden hat, ohne auf das historische Gedächtnis seiner Herkunft zu verzichten.

An dieser Stelle soll nicht die wiederkehrende kreative Transposition von historischem Gedächtnis aus der Sprache des Geburtsortes (Dialekt) in die Sprache einer gesamten Nation (Standard Italienisch) bestätigt werden. In *Il sogno di una cosa* bildet eine derartige Transposition, mit der der Autor einen Teil seiner künstlerischen Entwicklung bestritten hat, zum ersten mal die Struktur eines gesamten Romans im Bereich der Auswanderung. Damit wird nicht behauptet, daß Biondi hier ein Modell für *Die Unversöhnlichen* vorgefunden hat. Autoren und Werke sind hinzugezogen worden, um Biondis Vorhaben im Hinblick auf Modelle des Bildungsromans, die eine nachweisbare Nähe zur Auswanderung aufweisen, innerhalb der italienischen Literatur kontrastiv zu erörtern.

Biondis Vorhaben unterscheidet sich von den vorhandenen Modellen, weil diese weder intersprachlich noch interkulturell angelegt sind und weil fremde Sprache und Kultur nicht Zielsprache oder Zielkultur eines ihnen fremden historischen Gedächtnisses sein können. Die fremde Sprache kann es werden, sobald sie dafür empfänglich geworden ist. Was in Biondis Roman aufgezeigt wird, ist gerade der Vorgang, wie eine Sprache Trägerin von einem ihr fremden historischen Gedächtnis wird. Der Vorgang an sich ist ein Suchvorgang, mit dem die fremde Sprache, nach Biondi, sehr nahe an die ursprüngliche Einheit von Sprache und Gedächtnis zu führen ist, um aus der Aufdeckung der Vergangenheit eine »sprachliterarische« Wiedergeburt des Autors als Protagonisten abzuleiten. Nach Biondi stellt die Wiedergeburt des Autors als Protagonist die Gelegenheit dar, eine versöhnende Einheit zwischen fremder Sprache und eigenem historischem Gedächtnis zu stiften. Zur Erläuterung von Biondis Arbeitshypothese wird zuerst die Frage zu beantworten sein, wie sich das historische Gedächtnis in dem Roman *Die Unversöhnlichen* zusammensetzt.

d) Das historische Gedächtnis in *Die Unversöhnlichen*

Biondi geht dreistufig vor. Zuerst tritt die nationale Geschichte als Bestandteil des historischen Gedächtnisses auf. Sie kündigt den geschichtlichen Zeitraum an und bildet zugleich den topographischen Rahmen des Romans: Dario

Binachi fährt nach *San Martino* (S. 15 u. S. 28), verirrt sich immer wieder auf dem *Corso della Repubblica* (S. 28), bevor er die Staatsstraße nach *Porto Garibaldi* (S. 28) bei den *Valli di Comacchio* (S. 31) nehmen kann. Die *Piazza Vittoria* (S. 97) mit ihrem Denkmal der für die Heimat Gefallenen (S. 97) steht genauso beispielhaft für die nationale Geschichte der unteren Sozialschichten wie die *Piazza XX Settembre* (S. 113) mit ihrem Obdachlosenblock oder die *Via della Resistenza* mit ihren eng gedrängten Häuserblocks aus den fünfziger Jahren (S. 298). In Richtung Sozialgeschichte aus demselben Zeitraum weisen die Volksschule mit dem anarchistisch angehauchten Namen eines *Francesco Nullo* (S. 118) und das Schimpfwort *Lazzarone* (S. 76), mit dem der Opa von seiner Frau zurechtgewiesen wird. Bis auf Lazzarone handelt es sich um toponomastische Referenzen, die auf Ereignisse aus der Zeit des *Risorgimento* bis zum ersten Weltkrieg verweisen, welche zum Kanon des schulischen Unterrichts gehören.[114]

Daß die nationale Geschichte als Teil des historischen Gedächtnisses über die örtliche Toponomastik in den Roman aufgenommen worden ist, ist als Hinweis auf zweckmäßige Entfremdung derselben zu werten. Dafür spricht die Tatsache, daß die Verweise auf die nationale Geschichte sich im Roman stets mit Termini aus der nationalen Eß-Liebe-Sprache durchkreuzen. Sie sind im deutschen Kontext genauso unvermittelt verwendet, ohne mit derselben positiven Rezeption rechnen zu können, wie z.B. *Espresso, Panettone, Capuccino, Bomboloni* (S. 70), *Tagliatelle, Pasta-fatta-in-casa* (S. 127), *Osteria* (S. 133), *Bar* (S. 134), *Locanda* (S. 156), *Aranciata* (S. 164), *Ciambella und Sangiovese* (S. 293), *Pizza* (S. 310), *Pizzeria* (S. 342) u.s.w. oder *Ronda dell'amore* (S. 25) und *Occhi di donna* (S. 30).

Als Gegengewicht zur nationalen Geschichte wird in dem historischen Gedächtnis die Sozialgeschichte einer Landschaft, die sich von den Appenninen bis zur Adria ausdehnt, aufgenommen. Hier hat sich zwischen 1900 und 1950 die wachsende Entwurzelung der Familien Binachi und Piverini zugetragen (S. 181). Die Binnenwanderung hat die Nachfahren der Hirten aus den Appenninen in den Obdachlosenblock der *Piazza XX Settembre* in *San Martino* geführt. Von hier aus hat die zeitbefristete Auswanderung von Moro und Bruna Binachi nach Sardinien (S. 97-113) und von Natale Binachi nach Oberschlesien (S. 127) stattgefunden, die im Roman die endgültige Auswanderung des Ich-Erzählers vorwegnehmen.

Der problematische Fortgang der sozio-ökonomischen Geschichte des Landstriches Romagna, der während des Faschismus und der darauffolgenden *Resistenza* seinen Höhepunkt erreicht, schlägt sich als Unversöhnlichkeit in den Familien nieder. Die Unversöhnlichkeit zwischen männlichen und weiblichen Familienmitgliedern wird im Roman stets am religiösen und politischen Verhalten der Männer festgemacht, weil sie den Zugang der gesamten Familie zur Öffentlichkeit darstellen. Am Beispiel der Lebensläufe des »Häreti-

---

114   Ein genauso entfremdeter literarischer Kanon wird über die Namen Leopardi, Foscolo und Manzoni wiedergegeben, S. 237.

kers« nämlich des Urgroßvaters Ennio Gaspare, des antifaschistischen Großvaters Virgilio, des kommunistischen Vaters Moro und des mormonisch getauften Bruders und der Neffen des Ich-Erzählers[115] wird eine sozio-ökonomische Familiengeschichte paradigmatisch für die gesamte Geschichte des Landstriches Romagna geschrieben.

Insofern fällt die vererbte familiale Unversöhnlichkeit[116] mit der unausweichlichen Niederlage der Väter bei dem Versuch zusammen, aus einer christlich geprägten Familienkultur und aus einer Agrargesellschaft auszubrechen. Über die Kette der Niederlagen als Familiengeschichte hat das historische Gedächtnis eine »biologische« Dimension erhalten, die zur Verbindung zwischen Familiengeschichte und persönlicher Identität des Ich-Erzählers geworden ist (S. 38-47). Der Ich-Erzähler sieht sich in seiner Existenz so durch die eigene Familiengeschichte als Teil des historischen Gedächtnisses geprägt und beeinträchtigt, daß er sich als Sinnbild der »unversöhnlichen Versöhnung« (S. 97-113) zwischen Mutter und Vater erlebt. Und die bisher verbannte Erinnerung läßt »das Verhängnis der Bilder im Kopf sichtbar werden, die mein Leben vorzeichnen, verzerren, verdecken« (S. 156). Nachdem der Ich-Erzähler erlebt hat, daß »der [eigene] Gang nach Deutschland eine Bewegung im gleichen Bilderrahmen [der Familiengeschichte], mit einem abrupten Bruch, einem Einschnitt von seiten der Herkunft« war, (S. 47), hofft er mit seiner Rückreise nach San Martino, die abgebrochene Verbindung zwischen Familiengeschichte und eigener Identität herzustellen. Das unausweichliche Vorhaben wird als richtige Entscheidung bestätigt, da die erste körperliche Berührung mit der Vergangenheit in der Geburtsstadt die hiermit verknüpften Erwartungen erfüllt:

> »Mit sanfter Benommenheit ergriff meine Anwesenheit Besitz von den Ecken des kleinen Zimmers, ließ allmählich Farben und Dinge mit der Erinnerung in Verbindung treten, stellte den zerbrochenen Bezug dieses Körpers mit einer verlorenen Wirklichkeit her.« (S. 38)

Der positive Verlauf der ersten Erfahrung am Ort des eigenen historischen Gedächtnisses ermutigt den Ich-Erzähler dazu, sich die gesamte Tragweite seines Vorhabens einzugestehen, das darin bestehen wird, den Ausbruch aus »Räumen, die weder mit Vergangenheit noch mit Gegenwart angereichert waren« (S. 38), zu erzielen. Geht man davon aus, daß hier mit Räumen, die inzwischen leer gewordenen muttersprachlichen Räume gemeint sind, in denen sich der Ich-Erzähler nach Nobert Elias als *homo clausus* fühlt, dann hat sich der

---

115 Vgl. Franco Biondi, *Die Unversöhnlichen*, ebd., jeweils die Abschnitte »Die Bienen an der Fahne im Wind« S. 55- 65; »Die Fischerhütte«, vor allem S. 33-37; »Das Loch in der Existenz«, S. 181-188; »Drachen im Korsett der Freiheit«, S. 226-241; »Die Taufe der Unversöhnlichkeit,« S. 324- 332; und »Besuche« S. 282-304.

116 Vgl. den Lektürevorschlag von Hermann Wetzel in Typoskript, ebd., wonach »Der rote Faden [des Romans] im ›malignen Familienclinch‹ (Helm Stierlin) liegt, um einen Begriff aus der dem Autor vertrauten Theorie der Familientherapie zu nehmen«. S. 1.

Schriftsteller Biondi eine komplexe und schwierige Aufgabe auferlegt, die sich folgendermaßen umreißen läßt:

Die dreistufige Struktur des historischen Gedächtnisses des Ich-Erzählers und dessen biologische Verbindung zu seiner Identität sollen mit Hilfe einer Sprache herausgearbeitet werden, die einem deutschsprachigen Schriftsteller anderer Muttersprache wie Biondi keineswegs zur Verfügung steht. Sei es, weil jeder Schriftsteller auf eine eigene literarische Sprache angewiesen ist, sei es, weil es hier um eine Transposition von Inhalten aus der Muttersprache in eine fremde Sprache geht.

Aufgrund dieser konstitutiven Gegenläufigkeit von fremder Sprache und eigenen kultur-historischen Inhalten leuchtet es ein, wieso im Roman *Die Unversöhnlichen* mit einer Sprache operiert wird, die sofort daran zu erkennen ist, daß sie auf zwei gegenläufigen Vorgehen aufgebaut ist.

e) Innere Gegenläufigkeit der fremdsprache im Roman *Die Unversöhnlichen*

Insistenz auf Kontinuität

Literaturhistorisch handelt es sich um ein sprachliches Vorgehen, das dem veristischen bzw. realistischen Roman Italiens seit Giovanni Verga verpflichtet ist. Die Dominanz des *discorso indiretto libero* und das ständige Eingreifen der vielen Ichs in das kollektive Erzählen/Geschehen sind als Hinweis auf eine derartige Tradition kaum zu übersehen.

Aus der Perspektive des Schreibens in einer fremden Sprache ist zusätzlich zu erkennen, daß Biondi bestrebt ist, wirtschaftliche und sozio-kulturelle Abläufe aus der muttersprachlichen Vergangenheit zu untersuchen und sie durch die Lebensläufe der Protagonisten in einer fremden Sprache zu organisieren. Insofern handelt es sich zunächst um eine Sprache, die retrospektiv organisiert ist und die sich in diesem Stadium kaum nach vorne wagt. Innerhalb des schriftstellerischen Werdegangs von Biondi stellt das Vorgehen eine nachvollziehbare Kontinuität zwischen den Gedichten, den Erzählungen und einem Teil der Novellen dar, da es stets bemüht wird, um ein bruchloses Kausalverhältnis zwischen der Vergangenheit in der Muttersprache und der Gegenwart in der Fremdsprache herzustellen.

Das zweite Vorgehen in *Die Unversöhnlichen* kann mit Hilfe folgender Feststellung von Hermann Wetzel als Insistieren auf Metaphern umschrieben werden:

> »Er [Biondi] wagt auch gelegentlich fragwürdige Metaphernfolgen, die deswegen fragwürdig sind, weil sie des Guten zu viel tun, Metaphern auf Metaphern häufen, deren Analogien sich dann ins Gehege kommen, isoliert, etwa in einem poetischen Text mit kurzen Verszeilen, wären sie z. T. durchaus denkbar, schwerlich aber in einem weitgehend realistischen Prosatext.«[117]

---

117 Hermann Wetzel, Typoskript, Ebd. S. 3.

Obwohl Hermann Wetzel zuzustimmen ist, wenn er das Verhältnis zwischen gelegentlichen Metaphern und der realistischen Grundkontinuität der Prosasprache hervorhebt, ist die Frage nach der Zweckmäßigkeit der Metapher eher über ihre kollektive Auslegung zu beantworten denn über das Gebot, dem eigenen »überschießenden Bildgedränge Schranken« zu setzen.[118]

Eine kollektive Auslegung des Metaphorischen im Roman kann über die geteilte Kompetenz innerhalb der Erzählebenen erprobt werden, wie sie Biondi schon in der Novelle *Abschied der zerschellten Jahre* versucht hat. Das Erzählen von der Vergangenheit und von der Zukunft ist dort dem alten Griechen Costas aufgetragen, der sich mit Vorliebe einer bildreichen Sprache bedient, wobei Mamos Sprache aus dem nüchternen Insistieren auf der unfreundlichen Realität seines Alltags lebte. Aufgrund ihrer sozio-historischen Inhalte werden im Roman Gegenwart und Vergangenheit der Sprache der realistischen Prosatexte zugewiesen. Zugleich aber sperrt sich dieselbe auf Realität insistierende Sprache gegen jeden Versuch, die Herkunft so zu formen, daß aus ihr im Sinne Luperinis eine Zukunft werden kann. Insofern ist nicht ausschlaggebend, daß Biondi nach Hermann Wetzel »in seiner Begeisterung über die souveräne Beherrschung der deutschen Sprache [dazu] neigt [...], hemmungslos«[119] mit allen Sprachmitteln nach vorne zu drängen. Sein Vorhaben, die fremde Sprache nach vorne zu führen, entspricht eher der grundlegenden Notwendigkeit, Vergangenheit und angestrebte Zukunft in Einklang zu bringen. Und hierzu muß der Schriftsteller Biondi feststellen, daß ihm sprachliche Modelle, jedoch keine Sprache zur Verfügung stehen, denn die fremde Sprache verhält sich als *missing link* zwischen den Polen seines kreativen Vorhabens.

Folgt man Biondis Annahme, wonach National-, Regional- und Familiengeschichte objektivierte Kulturerscheinungen sind, so ergibt sich, daß sie durch eine zweckmäßige fremde Sprache erfaßbar sind und als grundlegende Information über die Anwesenheit der Fremden im Land der ausgesuchten Sprache zugänglich gemacht werden können. Das Vorhaben ist von Biondi in den Hauptteilen seines Romans dank derselben »realistischen Anschaulichkeit zur Sprache«[120] eingelöst worden, die Harald Weinrich zuvor für Biondis Erzählungen und Gedichte festgestellt hatte.

Durch das fremdsprachliche Vorhaben hat er sich allerdings nicht davon abhalten lassen, die Literaturtradition der eigenen Muttersprache seinem Roman zugrunde zu legen, sowie in die italienische Literatur der Gegenwart einzugreifen. Aus der Warte der italienischen Literatur stellen Ennio und Maria, Virgilio und Elvira, Moro und Bruna mit ihren gescheiterten Lebensläufen einen kritischen Zugang zur Sozialgeschichte der unteren Schichten aus der Region Romagna dar. Die durchgehaltene Intensität der kritischen

---

118 Ebd., S. 4.
119 Ebd., S. 3.
120 Harald Weinrich, *Ein Berg wächst zwischen Haus und Straße.* In: *Rheinischer Merkur/Christ und Welt.*, Nr. 29, 20. Juli 1984, Köln 1984.

Auseinandersetzung mit der eigenen Vergangenheit zielt darauf ab, das Bild eines demokratischen Wohlstandes in den fortschrittlichen Regionen Norditaliens in Frage zu stellen.

Biondi tut dies, indem er die akkreditierende *Letteratura del benessere*[121] zur Verantwortung zieht und, indem er die jüngste italienische Literatur über die Auswanderung aus ihrer einengenden Perspektive hinausführt. Im ersten Fall wird der in Mailand lebende Schriftsteller Mario Biondi aufgrund seines Romans *Occhi di donna* stellvertretend für eine gesamte Richtung zur Verantwortung gezogen. Wegen seiner »Liebesgeschichte während der Jahrhundertwende, [in der] von obsessiven Zerrissenheiten keine Spur zu entdecken war« (S. 30), wird ihm Trivialisierung der Regional- und Familiengeschichte auf der Suche nach stiller Freude an der Erinnerung vorgeworfen.[122] Da Biondi sich zu diesem Zweck auf andere Autoren hätte beziehen können, soll in seiner Entscheidung auch der Wunsch gesehen werden, über die Namensgleichheit eine Art von negativem Alter-Ego im Roman aufzunehmen (S. 29-30). Der daraus resultierende Kontrast in der Darstellung der sozialgeschichtlichen Ereignisse zielt bewußt darauf ab, das zu unterstreichen, was Jurij M. Lotman und Boris A. Uspenskij in folgendem Satz zusammengefaßt haben: »Man muß sich die Tatsache vor Auge halten, daß eine der schärfsten sozialen Auseinandersetzungen im Bereich der Kultur, in dem auferlegten Vergessen einiger Aspekte bestimmter historischer Erfahrungen besteht.«[123]

Die Reichweite, mit der sozio-ökonomische, politische und kulturelle Lebensläufe im Roman in eine flächendeckende Regional- und Familiengeschichte zusammengeführt werden, die verlagerte Erzähloptik, mit der die Anwesenheit von Dario Binachi und Franco Biondi in San Martino fern von der übergeordneten Perspektive ihres Lebens in der Fremde reflektiert wird, haben dazu beigetragen, daß aus Biondis Roman auch eine interliterarische Klammer, gerade im Bereich der Auswanderungsliteratur, geworden ist.

Die inhaltliche Verklammerung zwischen zeitgenössischer Literatur in Italien und Literatur italienischer Autoren im Ausland geht sicherlich auf die Gleichzeitigkeit der Erfahrungen zu Hause und in der Fremde zurück. Sie reicht dennoch nicht aus, um daraus eine befreiende Verlagerung der Erzähloptik zu erzielen, wie es der retrospektive und auf den Geburtsort fixierte Roman *Noi lazzaroni* (1972) von Saverio Strati zeigt. Gegen die Nivellierung historischer Ursachen der Auswanderung und gegen die Unmöglichkeit der Rückkehr, auf die sich die betreffende Literatur in Italien bis in ihre jüngsten Werke konzentriert hat, stellt Biondi die gesamte sozio-historische Entwicklung einer Region. Er vermeidet es, Abfahrten und Wünsche nach Rückkehr darzustellen, weil die Einwanderung in ein fremdes Land und in eine fremde Sprache die unausweichliche Fortsetzung der eigenen Regional-, bzw. Fami-

---

121 Walter Pedulla, *La letteratura del benessere*, Roma 1973 (Napoli 1968).
122 Mario Biondi, *Gli occhi di una donna*, Milano 1985.
123 Jurij M. Lotman u. Boris A. Uspenkij, *Sul meccanismo semiotico della cultura*, in: Jurij M. Lotman – Boris A. Uspenkij *Tipologia della cultura*, Milano 1973, S. 47.

liengeschichte an einem anderen Ort bildet, da es sich im Laufe eines Jahrhunderts gezeigt hat, daß entfremdende Mobilität, d. h. sozio-ökonomische
Entwurzelung (S. 181), die einzige Konstante im Leben der unteren Sozialschichten gerade in wohlhabenden Regionen wie der Romagna gewesen
ist.[124]

So gesehen hängt die Frage nach Qualität und Zweckmäßigkeit der literarischen Sprache von Biondi unweigerlich mit den Aufgaben und den Zielen zusammen, die sich im Laufe des Romans aus den Lebensläufen der Familienmitglieder und aus der Ich-Vielfalt der Protagonisten ergeben haben. Darüber
hinaus wird hier gezielt auf die aufgezwungene und die entwurzelnde Mobilität der unteren Sozialschichten in der Romagna als zentrales Anliegen im
Roman und auf die prägenden »Zehntausend Tage Fremde« (S. 41) hingewiesen, denen sich der Ich-Erzähler Dario Binachi ausgesetzt hat und die bei ihm
zur Herausbildung seiner fremden Sprache geführt haben.

Somit sind die Qualität und die Zweckmäßigkeit der Sprache bei Biondi
weder anhand kodifizierter Sprachvorstellungen herauszuarbeiten, noch können sie über die Ausführungen bestimmt werden, die z. B. bei Maria Frisé zu
einem negativen Urteil geführt haben und bei Gerhard Mack u. a. zur der gegenteiligen Aussage, da »er [Biondi] dafür eine lebhafte, von Bildern über-
schäumende Sprache findet.«[125]

Um an die Qualität und Zweckmäßigkeit der Sprache bei Biondi heranzukommen, wird hier auf ein sozio-kulturelles Modell Bezug genommen, das ermöglichen soll, die »zwischenweltlichen Lern- und Identifikationsprozesse
bei der Transkulturation von Migrantengruppen« als überprüfbare Rahmenbedingungen bei der abschließenden Urteilsbildung zu berücksichtigen.

Die Bezugnahme geschieht keineswegs, weil das unten zitierte Modell als
Zugang zur Sprache von Biondi angesehen wird. Es soll lediglich als Ver-
gleichsmoment dazu beitragen, die Urteilsbildung zwischen den existierenden Normen und den neuartigen Vorschlägen abzuwägen, bevor die Insistenz
auf Metaphern als zweite Komponente in Biondis Sprache erläutert wird.

Von der Reorganisation der Wahrnehmung in der Fremde bis zur bikulturellen Reminiszenz

Nach den Soziologen Andrea Hettlage-Varjas und Robert Hettlage vollzieht
sich die Transkulturation im Leben eines Fremdarbeiters, die hier lediglich als

---

124 Zu Kontinuität dieses Konstanten im Roman vgl. die Szene vor der Rückreise des
    Protagonisten nach Deutschland, als Dario Binachi mit dem Cousin zusammen-
    trifft, der es als Musiker, der mit einer eingewanderten Farbigen befreundet ist,
    nicht mehr nötig hat, nach Deutschland auszuwandern, da er sich bei den Deut-
    schen an der Adria verdingen kann, S. 350.
125 Gerhard Mack, *Familiensaga von archaischer Wucht. Franco Biondis Roman »Die
    Unversöhnlichen oder Im Labyrinth der Herkunft«*. In: *Stuttgarter Zeitung*, Nr.
    256 von 5. November 1991, Stuttgart 1991, und Johannes Röhrig, *Spurensicherung*,
    Typoskript S. 9-15.

begriffliche Synthese einer gesamten Entwicklung von der Muttersprache in eine Fremdsprache verwendet wird, anhand folgender fünf Etappen:
- die Phase der Wahrnehmung
- die Phase der Kategorisierung
- die Phase der Neudefinition
- die Phase der lebensgeschichtlichen Selbstverständlichkeit
- die Phase der bikulturellen Reminiszenz.[126]

Ausgehend von dem Postulat, daß die 4. und die 5. Phase von Fremdarbeitern der 1. Generation nicht erreicht werden kann – denn »biographisch selbstverständlich kann die Zwischenexistenz erst in der 2. und 3. Generation werden,«[127] –, haben die Befürworter dieses Modells folgende Annäherung an Biondi unternommen:

> »Dem Prototyp des Innovators begegnen wir etwa im Werk des Schriftstellers Franco Biondi, der sich aus einer klassischen Gastarbeiterexistenz in Deutschland zum Interpreten der Zwischenexistenz seiner Kompatrioten, der Trauer, der Enttäuschung, der Wut, der Hoffnung, der Selbstbehauptungswünsche und der Kontaktsuche heraufgearbeitet hat.«[128]

Wohlgemerkt handelt es sich um ein Ich aus dem Werk eines Schriftstellers namens Franco Biondi, das nach ihrem Modell in die Phase der reflektierten Neudefinition eingestuft wird. Gegen diese Einstufung des Schriftstellers Franco Biondi, die aufgrund des dort zitierten Gedichtes *nicht nur gastarbeiterdeutsch* vorgenommen worden ist, läßt sich kaum etwas einwenden. Da das Gedicht vor 1979 entstanden ist, muß hier berücksichtigt werden, daß dieser Einstufungsgrundlage die Erzählungen, die Novelle und der Roman gefolgt sind.

Auf der anderen Seite bietet sich das sozio-kulturelle Modell der Transkulturation gerade dazu an, die Sprachqualität und ihre Zweckmäßigkeit im Roman zu untersuchen, denn dort kommen alle fünf Phasen vor, selbst wenn der Roman um die vierte Phase der lebensgeschichtlichen Selbstverständlichkeit des Protagonisten Dario Binachi aufgebaut ist.

Da nach Andrea Hettlage-Varjas und Robert Hettlage sich »zwischenweltliche Lern- und Identifikationsprozesse bei der Transkulturation von Migrantengruppen« sowohl in der Muttersprache, als auch in der Zielsprache ergeben können, muß berücksichtigt werden, daß sie im literarischen Leben des Dario Binachi in einer fremden Sprache vollzogen werden. Insofern wird die Frage aufgeworfen, welchen spezifischen Erfordernissen die fremde Sprache genügen muß, wenn sie am Ende des Prozesses als Ort neuer lebensgeschichtlicher Selbstverständlichkeit fungieren soll.

Im Roman ist deutlich zu lesen, daß der fremden Sprache eine neuartige grundlegende Funktion zugedacht worden ist, die darin besteht, daß Biondi

---

126 Andrea Hettlage-Varjas und Robert Hettlage, *Zur Theorie kultureller Zwischenwelten.* In: *Schweizerische Zeitschrift für Soziologie*, Bd. 10, Nr. 2 1984, Montreux 1984, S. 382.
127 Ebd., S. 382.
128 Ebd., S. 393.

auf eine Sprache angewiesen ist, die ihm nur zum Teil zur Verfügung steht. Während die ersten drei Stufen retrospektiv angelegt sind, so daß Biondi sich auf die Sprache realistischer Prosatexte stützen kann, muß er sich für die beiden darauffolgenden Phasen von Mal zu Mal einer fremden Sprache anvertrauen, die keine entsprechenden Erfahrungen mit den Fremden in sich trägt. Ihm stehen keine sprachlichen Modelle zur Verfügung, gerade wenn er mit seinem Roman antizipatorisch für die 2. und 3. Generation vorgehen will. Der Griff nach der Metaphernfolge gestaltet sich insofern als Modellversuch, um seiner fremden Sprache Grunderfordernisse abzutrotzen, die notwendig sind, um die deutsche Sprache auch für die Fremden bewohnbar zu machen.[129]

Die Insistenz auf Metaphern

An folgendem Zitat soll Biondis zweites Vorgehen verdeutlicht werden:

> »Mir fiel ein zweiter Traum ein, den ich vorige Nacht gehabt hatte. Ich lag im Sterben auf einer Totenbahre und tat meine letzten Atemzüge. Was mich erstaunte, war nicht der bevorstehende Tod, sondern die Heftigkeit der Atemzüge beim Verlassen des Lebens, und ich beschäftigte mich mit der Frage, wie es denn möglich sei, daß Menschen existieren, die ohne Seufzen von sich gingen. Während dieser letzten Atemzüge verspürte ich, wie ich mich vom Körper nach und nach löste, wie ich über ihm zu schweben begann, welche Überraschung sich meiner bemächtigte; dies um so mehr, als ich anschließend feststellte, daß mein Körper endgültig ausgehaucht hatte und ich immer noch über ihm schwebte. Ich vernahm auf einmal die Menschen, die die ganze Zeit meinen absterbenden Körper umkränzt hatten, hörte, daß sie lästerten und sprachen, ohne ein Wort zu verstehen, spürte, daß es sich um mich handelte, betrachtete den leblosen Körper von neuem und bemerkte, wie ein spöttisches Lächeln wuchs und sich aus mir herauslöste, wie ich Zärtlichkeit emporsteigen fühlte, hörte mich sagen: Ihr lästert, wißt aber nicht, daß ich euch sehe. Indes nahm ich den Entspannungsprozeß des Körpers wahr, die Erschlaffung der Muskeln, die meinem Körper eine entleerte Würde gaben, das Verschwinden der Runzeln auf meiner Stirn.« (S. 200/201)

Was im Roman als Traum ausgegeben wird, hat Biondi schon in der Erzählung *Der Aufbruch* (1982)[130] thematisiert. Dort geht es um einen Ausländer, der von der Öffentlichkeit negiert wird, der über Jahre als Toter unter den Deutschen hat leben müssen und der nun, aufgrund eines tödlichen Anschlags auf ihn, von der besorgten Öffentlichkeit wahrgenommen wird. Dagegen wehrt er sich. Die Erzählung nimmt eine surrealistische Wende, die Sprache bleibt jedoch weiterhin die eines realistischen Prosatextes. Die Botschaft ist schon im Titel enthalten. Ausgehend von der im obigen Zitat enthaltenen Frage, »wie es denn möglich sei, daß Menschen existieren, die ohne Seufzen von sich gingen«, kann die ganze Stelle als vorenthaltener Schluß der Novelle *Abschied der*

---

129   Aris Awgernos, *Franco Biondi. Unversöhnlicher poetischer Realist oder im Labyrinth der herkünftigen Apokalypse*. In: *Die Brücke*, Nr. 64 Januar-Februar 1992, Saarbrücken 1992, S. 34-36.

130   Franco Biondi, *Der Aufbruch*, in: *Passavantis Rückkher*, ebd. S. 175-180.

zerschellten Jahre gelesen werden. Dort waren Mamos Eltern ohne ein Seufzen weggegangen (S. 135), und nach dem polizeilichen Sturm auf Mamos Dachwohnung ist diese Schlußszene durchaus vorstellbar »Ich lag im Sterben auf einer Totenbahre und tat meine letzten Atemzüge.«

Den beiden Möglichkeiten der Erzählung und der Novelle hat Biondi eine dritte hinzugefügt, indem er eine Sprachverlagerung von einem (sur-)realistischen in einen Traumkontext vorgenommen hat. So hat sich eine für den Roman typische Metaphernfolge ergeben, deren Ursprung in der Bündelung von Erzählsituationen liegt. Die vorliegenden Analogien können in der Tat nach Hermann Wetzel »sich dann ins Gehege kommen,«[131] wenn die Bündelung der Erzählsituationen nicht eindeutig herausgestellt wird, da es der Autor versäumt hat, den Leser in die Lage zu versetzen, die sich überkreuzenden Entwicklungen der Anologien unter den Metaphern zu verfolgen.

Der Traumvorgang, sich selbst bei einer Handlung beobachten zu können, wird hier als Leitmotiv erneut aufgegriffen, um nicht die Konzequenzen nach dem Tod des Träumenden, sondern die Heftigkeit der Atemzüge beim Verlassen des Lebens zu vernehmen. Indem der unausweichliche Tod als prioritärer Inhalt aus eigenem Interesse zurückgedrängt wird, erhält die Heftigkeit der Atemzüge eine Verbindung zur Geburt, wo sie zum ersten Mal durch das freie Ausschreien der Atemwege vorkommt. Die Parallelität der Analogie Tod (»während dieser letzten Atemzüge«) und Geburt (»verspürte ich, wie ich mich vom Körper nach und nach löste«) wird dann mit dem darauffolgenden Satz in Richtung Selbstgeburt forcierend überkreuzt: »verspürte ich wie ich über ihm zu schweben begann.«

Erst jetzt wird das biblische Schlüsselwort Hauch eingesetzt, das durch das Verb »schweben« angekündigt war, um den Vorgang Tod-Geburt-Selbstgeburt zu bestätigen und die Metaphernfolge auf eine biblische sprachgenetische Ebene zu verlagern.[132] Gleichzeitig wird aber die Traumwahrnehmung seiner selbst (»als ich anschließend feststellte, daß mein Körper endgültig ausgehaucht hatte«) deswegen beibehalten, weil das Hauptziel der Metaphernfolge darin bestehen wird, die fortdauernde Wahrnehmung und die angestrebte neue Sprache nach dem Selbstgeburtsvorgang in Einklang miteinander zu bringen. Man kann von einer neuen Sprache sprechen, weil sich die alte Sprache befreit, indem der Körper endgültig ausgehaucht hat. Mit Hilfe der fortbestehenden Wahrnehmung kündigt sich die neue Sprache an: »ohne ein Wort zu verstehen, spürte [ich], daß es sich um mich handelte.« Aus genetisch grundlegenden Erfahrungen wie Spüren, Hören, Sehen und Sagen konstituiert sich die neue Sprache stufenweise als belebende Zärtlichkeit wie: »ich Zärtlichkeit emporsteigen fühlte, hörte ich mich sagen: Ihr lästert, wißt aber nicht, daß ich euch sehe.«

---

131   Hermann Wetzel, Typoskript, Ebd. S. 3.

132   *Deutsches Wörterbuch* von Jakob und Wilhelm Grimm, 33 Bde., Bd. 10, München 1984 (1877), Stichwort: Hauchen »in bezug auf gott, bildlich: denn sie (die weisheit) ist das hauchen der göttlichen kraft, und ein stral der herrligkeit des allemchtigen. weish. Sal. 7,25; von dem athem des heiligen geistes.« Spalte 570.

Das vorübergehende Ableben in einer fremden Sprache, das hier zusätzlich als geräuschloser Traum dargestellt wird, wird dadurch im Gleichgewicht gehalten, daß bei dem sprachlosen Fremden die fortbestehende Wahrnehmung der fremdsprachlichen Umwelt auf das Spüren, Fühlen, Hören und vor allem Sehen angewiesen ist. Die körperlich empfundene Zärtlichkeit für die neue und fremde Sprache stellt eine weitere Überkreuzung von Analogien dar, die dazu eingesetzt wird, um die Erzählung *Der Aufbruch*, die Novelle und den Roman über die Zweckmäßigkeit der dort entworfenen Sprache zusammenzuführen.

Die von Dagmar erwiderte Zärtlichkeit gegenüber Mamo hat ihn nicht von seinem tödlichen Plan abhalten können. Sie hat ihn dazu getrieben, sich endgültig von ihr zu trennen, um sich durch die in Kauf genommene eigene Tötung nicht aus ihrem Land vertreiben zu lassen. Insofern ist Biondi mit der Novelle einen Schritt weiter gegangen als in der Erzählung *Der Aufbruch*, wo es um die Tötung eines Ausländers durch einen Nazi ging. In *Der Aufbruch* war die Erzählsituation mehr nach vorne angelegt als in der Novelle, weil der Mord dort als surrealistische Wiedergeburt in einer fremden Sprache ausgelegt worden war. Erst durch die erfahrene körperliche Zärtlichkeit der fremden Frau, d. h. der fremden Sprache, erhält Mamos Entschluß aus der Novelle dieselbe metaphorische Dimension, die im Roman als literarisches Programmn eines ausländischen Schriftstellers deutscher Sprache zusammengefaßt wird: »Diesen Gefallen tue ich euch nicht! Ich bleibe da und bleibe länger, als es euch genehm ist, ja ich überlebe euch alle!«(S. 201)

Und nun kann sich der Ich-Erzähler auf ein Gefühl der Wärme und des Wohlseins zurückziehen, weil das inhaltliche Ziel deutlich vor seiner Sprache liegt. Der Auftrag an die fremde Sprache, das fremde Ich hinüberzuretten, wird als Akt des Widerstandes gegen die Fremde im Traum vorweggenommen und erst nach dem Aufwachen des Ich-Erzählers formuliert. Der Übergang vom Traum zur Realität unterstreicht die geteilte Kompetenz der neuen Sprache und der fortbestehenden Wahrnehmung des fremden Ichs, die sich aus programmatischen Zielsetzungen für die neue Sprache und aus realitätsbezogenen Aufgaben für die bestehende Wahrnehmung des fremden Ichs zusammensetzt. Nur so ist »das Verlangen nach Überschreitung der existentiellen Grenzen« (S. 201) zu stillen, die dem Leben in einer fremden Sprache und die der Existenz eigen sind.

f) Die *Unversöhnlichen* und seine Deutungsmodelle

Untersucht man *Die Unversöhnlichen* anhand der erwähnten Modelle von Elio Vittorini, Theodor W. Adorno und von Andrea Hettlage-Varjas und Robert Hettlage, ergeben sich folgende zusammenfassende Feststellungen:

Es ist Biondi gelungen, ein Werk zu schaffen, in dem historisches Gedächtnis und neue Sprache in fruchtbaren Kontakt zueinander geführt worden sind. Es lassen sich die allgemein gehaltenen Ansprüche von Elio Vittorini an die amerikanischen Schriftsteller dahingehend konkretisieren, daß ein fruchtbarer Übergang von kultureller Autobiographie zur Literatur nicht unbedingt über die Verdrängung der ersteren zu erfolgen hat. Es kommt darauf an, die Transposition nicht an der Trivialisierung eines Mario Biondi scheitern zu lassen. Daß Biondi mit dieser Gefahr bewußt umgegangen ist, wird aus der Tatsache ersichtlich, daß er bei der Entscheidung für die fremde Sprache gegen die aufsaugende Erinnerungskraft der Muttersprache vorgegangen ist und daß er die Ziele, die ihn dazu bewegt haben, sich für eine fremde Sprache zu entscheiden, glaubhaft eingelöst hat. Zusammenfassend kann behauptet werden, daß es ihm gelungen ist, die neue Sprache als Mittel der Erkenntnis und als Vehikel der Mitteilung für ein Ich zu formen, das existentiell darauf angewiesen ist, das eigene historische Gedächtnis aus der Muttersprache herauszulösen und in die fremde Sprache hinüberzuretten und daraus eine Befestigung der lebensgeschichtlichen Identität des fremden Ich-Erzählers und des fremden Schriftstellers abzuleiten.

Gegenüber Theodor W. Adornos Modell »Wer keine Heimat mehr hat, dem wird wohl gar das Schreiben zum Wohnen«[133] läßt sich feststellen, daß die gemeinsame Ausgangsposition des Flüchtlings und des Arbeitsemigranten als Schriftsteller zu unterschiedlichen Lebensläufen führen. Nach Theodor W. Adorno ist es dem exilierten Schriftsteller nicht gegeben, sein Leben vor der Unmöglichkeit der Existenz in der Fremde zu retten: »Am Ende ist es dem Schriftsteller nicht einmal im Schreiben zu wohnen erlaubt.«[134]

Abgesehen davon, daß damit jeder Schriftsteller gemeint sein kann, der für sich Leben und Schreiben als untrennbar konzipiert hat, trifft das Postulat deswegen auf *Die Unversöhnlichen* zu, weil dort bewußt ein Ausbruch aus den existenziellen Grenzen des Lebens in der Fremde mittels einer fremden Sprache erprobt wird. Adornos Postulat bleibt dennoch bis zu dem Zeitpunkt gültig, zu dem es dem intersprachlichen Autor gelingt, die Widersacher mittels seiner Werke zu *überleben*. Adelbert von Chamisso ist für Biondi kein Modell und dennoch ein beispielhafter Beleg eines solchen Überlebens in einer deutschen Literatur, die auf eine stille Kontinuität aus Lebensläufen fremder Schriftsteller verweisen kann.

Gegenüber dem Modell der »zwischenweltlichen Lern- und Identifikationsprozesse bei der Transkulturation von Migrantengruppen« von Andrea Hettlage-Varjas und Robert Hettlage läßt sich behaupten, daß Biondi mittels der fremden Sprache lebensgeschichtliche Selbstverständlichkeit und bikulturelle Reminiszenz zueinander gefügt hat, die dem Autor aufgrund seiner Biographie versperrt bleiben sollten. Hierzu mag die Besonderheit seines Lebenslaufes von Bedeutung sein. An dem biographischen Übergang zwischen erster und zweiter Generation hat er zeitraffende Erfahrungen über sich ergehen lassen, die ihn bis an die Schwelle zur bikulturellen Reminiszenz geführt haben. Als Beweis für die eingeholte bikulturelle Reminiszenz sei hier auf die Tatsache hingewiesen, daß im Gegensatz zur Erzählung *Passavantis Rückkehr*, wo der Protagonist eine Heimat- und eine Rückreise antritt, *Die Un-*

---

133 Theodor W. Adorno, *Minima Moralia*, ebd., S. 108.
134 Ebd., S. 109.

versöhnlichen eine zweifache Schreibtischreise besonderer Natur darstellt. Es handelt sich um die Reise eines Schriftstellers, der mit Hilfe der eigenen bikulturellen Reminiszenz gleichzeitig in das eigene verschüttete historische Gedächtnis und in die fremde Sprache eindringen will. Sie nimmt insofern spätere Reisen des biographisch-bikulturellen Ichs vorweg, die mit oder ohne Muttersprache der Eltern die erste Quelle ihrer Bikulturalität aufsuchen werden. Beispiele dafür finden sich in den Werken von Autoren wie José F.sco A. Oliver oder Zafer Senocak.[135]

g) Lebensgeschichtliche Selbstverständlichkeit als kollektiver Auslöser von Metaphernfolgen in einem Bildungsroman

Daß bei der literarischen Vorwegnahme beider Schlußphasen viel über die Entscheidung für die fremde Sprache bewirkt worden ist, ergibt sich aus dem Vergleich mit der Zweckmäßigkeit der Sprachmodelle von Aras Ören, Yüksel Pazarkaya und Giuseppe Giambusso. Wie gesehen, sind alle drei Sprachmodelle daran wiederzuerkennen, daß sie eine (mögliche oder unmögliche) Vermittlung oder Kontinuität zwischen dem Eigenen und dem Fremden postulieren. Insofern werden die drei Phasen der Wahrnehmung, der Kategorisierung und der Neudefinition als obligate Vorstufen zum integrierenden oder emanzipierenden Kulturaustausch vollzogen, um der Tatsache Rechnung zu tragen, daß Kulturaustausch nicht mehr über die geo-politischen Grenzen des Landes zu vollziehen ist, da die Austauschpartner längst im selben Land arbeiten und leben.
  Damit soll nicht gesagt werden, daß bei diesen Autoren lebensgeschichtliche Selbstverständlichkeit und bikulturelle Reminiszenz außerhalb ihrer Sprachmodelle und ihrer Werke liegen. Und dennoch hat die Tatsache, daß Aras Ören z. B. nach wie vor für die türkische Muttersprache optiert, dazu geführt, daß in seinen Poemen die lebensgeschichtliche Selbstverständlichkeit als inhaltliches Argument für den Anschluß an die hiesige proletarische Tradition vorkommt und nicht als Akt des aufklärerischen Widerstandes gegen die Tatsache, daß nach Theodor W. Adorno »das Vorleben des Emigranten bekanntlich annulliert wird.«[136]
  Bikulturelle Reminiszenz ist auch bei muttersprachlichen Autoren der ersten Generation nicht auszuschließen. Sie wird als Problem der Reminiszenz an die eigene Kultur dahingehend thematisiert, daß die mitgebrachte Muttersprache sich von der Sprache des Herkunftslandes zwangsläufig entfernt und daß sie keinen Zugang zur dortigen Kultur mehr findet. Aras Ören, der den Zu-

---

135   Dante Andrea Franzetti hat eine erste solche Reise mit dem bezeichnenden Titel *Der Großvater*, Zürich 1985, vorgelegt. Mit verstärktem Einsatz kehrt die bikulturelle Reminiszenz, dieses Mal auch als literaturinternes Gespräch, in seinem zweiten Band, dem Roman *Cosimo und Hamlet*, Zürich 1987, zurück. Für die Literatur der italo-kanadischen Schriftsteller vgl. Antonio D'Alfonso, *The Other Shore*, Montréal 1986.
136   Theodor W. Adorno, *Minima Moralia*, ebd., S. 52.

stand der mitgebrachten Muttersprache mit dem Bild der uferlos gewordenen Brücke zusammengefaßt hat, wird z. B. im Roman *Eine verspätete Abrechnung* durch Zitate aus dem Deutschen auf die Brüchigkeit der Muttersprache gegenüber der Dominanz der fremden Sprache hinweisen.

Daß bei Biondi die Option für die fremde Sprache im Hinblick auf die eigene lebensgeschichtliche Selbstverständlichkeit innere Widersprüche hervorgerufen hat, ist an der dramatischen Entschiedenheit abzulesen, mit der die Trennung von der Muttersprache vollzogen wurde. Die radikale Ablehnung des Kulturaustausches als Versöhnungsinstrument zwischen dem Eigenen und dem Fremden bei Biondi ist ein Hinweis auf die Zweckmäßigkeit, mit der die Option für die fremde Sprache verfolgt wird:

»Die Herkunft war ein wildgewordener Fluß, der sich in mich eingebettet und mich überschwemmt hatte. Ich begreife nicht, was mich bewegt, ich habe es nie begreifen wollen. Na, gut, sage ich mir resignierend, um mein Leben zu begreifen, sollte ich alle Versionen löschen, die ich von ihm habe.« (S. 12)

Nachdem alle Versionen gelöscht sind, nachdem die Brücke zu der Muttersprache durch die rituelle Tötung des Franco Biondi als Alter-Ego des Schriftstellers eingebrochen ist, kann das historische Gedächtnis nur durch eine fremde Sprache hinübergerettet werden, die ihm die Reise in die Muttersprache ermöglicht hat. Hatte ihn eine Gegenwart ohne Zukunft zur Suche nach einer in der Muttersprache erloschenen Vergangenheit verdammt, so soll ihm die eigene Fremdsprache von nun an dabei helfen, die wiedergewonnene lebensgeschichtliche Selbstverständlichkeit als Zukunftsperspektive zu retten.

Dieser perspektivische Drang nach vorne ist der kollektive Auslöser für die Metaphernfolgen, die im Roman die realistische Grundstruktur der Fremdsprache immer wieder unterbrechen, in der das historische Gedächtnis eruiert wird. Der Drang nach vorne ist daran festzustellen, daß die Metaphernfolgen um Kernbegriffe aufgebaut werden, die Sinnbilder von Autodynamik sind. Ausgehend von einem Bild wie: »amöbenhaft wanderten die grünen Punkte« (S. 11) über den »wildgewordenen Fluß« (S. 12), »spindelförmige Schwellungen« (S. 25), »Strudel der Trostlosigkeit« (S. 34), »wenn mich am Pulsrhythmus meiner Feigheit« (S. 37); »losgelöst von meinem Bewußtsein, suchten meine Augen auf den Fotos weiter« (S. 42); »die Biene an der Fahne im Wind« (S. 55); stößt der Leser gegen Ende des Romans auf folgendes Bild: »An meiner Seite erschien das Brachfeld als eine breiige Sumpfmasse, zur anderen Seite hin keilte sich das aufgewirbelte Meer in die klumpigen Wolken ein. Umwogtem, flüssigem Teer glichen die schwarzen Wellen.« (S. 315)[137]

---

137 Franco Biondi, *Die Unversöhnlichen*, ebd., Zum Verhältnis Metapher-Zitat aus den Werken, die Franco Biondi während der Niederschrift seines Romans gelesen hat (S. 337) vgl. z. B. den Abschnittitel »Die Aale unter der Wasserschale« (S. 126), mit der folgenden Stelle aus Fernando Pessoa, *Das Buch der Unruhe des Hilfsbuchhalters Bernardo Soares*, Frankfurt 1992, »Und sie alle rollen wie Aale in einer tiefen Schüssel umeinander und verknäueln sich untereinander und kommen doch nicht aus den Schüsseln heraus.« S. 41-42.

Der Drang nach vorne aus der Metapher wird dadurch bestätigt, daß der Leser genauso als wühlender »Wanderer dieser Zeilen« (S. 155) wie das gegenläufige Ich von Dario Binachi und von Franco Biondi verstanden wird. Dies hat mit der Vorstellung der idealen Reise aus dem Bildungsroman zu tun, aber auch mit dem Wunsch des Schriftstellers Biondi, die eigene Unversöhnlichkeit mit dem deutschsprachigen Adressaten zu überwinden, der die Lage des Dario Binachi in Frankfurt mitzuverantworten hat.

Da der Minderheitenautor den bundesdeutschen Adressaten nicht aus seiner Mitverantwortung als Mitglied der Mehrheit entlassen darf, nimmt Biondi ihn auf die Reise mit. Somit möchte der Autor den Leser von seiner statischen, konsumorientierten Haltung gegenüber der Literatur befreien, ihn an den Vorgängen beteiligen, solange sie im Werden sind, um ihn über die Gemeinsamkeit der Erfahrungen als Gesprächspartner zu gewinnen. Die wiederholte Anrede des Lesers als »Wanderer dieser Zeile« (S. 195 u. S. 357) verdeutlicht die Wunschvorstellung des Schriftstellers. Der Hauptbeleg für die Zuweisung einer aktiven Rolle an den Leser liegt in der wiederkehrenden Tatsache, daß der Leser nicht mit Hilfe eines sicheren zentralen Erzählfadens aus dem Labyrinth der Herkunft geführt wird. Insofern muß er sich oft bei den Übergängen von dem einen zu dem anderen Ich-Erzähler den Weg erkämpfen. Seine Gesprächsbereitschaft wird auf die Probe gestellt, da ihm zugemutet wird zurückzublättern, um sich den Weg durch die Lebensläufe zu bahnen.[138] Dies geschieht vor allem dort, wo aufgrund der eingesetzten Ich-Vielfalt mit einer mehrperspektivischen Gleichzeitigkeit der Handlungen gearbeitet wird, die nach Hermann Wetzel »zu interessanten romantechnischen Neuerungen« führt.[139] z. B. wo es heißt: »Prompt wurde mein [d. h. Dario Binachis] Blick vom Deckblatt eines losen Manuskriptstoßes gefangen, auf dem stand: Franco Biondi, Im Labyrinth der Herkunft, Roman.« (S. 83)

Der Romanleser, der aufgrund der autobiographischen Hinweise bisher den Schriftsteller Biondi mit Dario Binachi gleichgesetzt hat und davon ausgegangen ist, daß der Franco Biondi im Roman als literarischer Widersacher keine Verbindung zu der Autobiographie des Schriftstellers Biondi hatte, muß nun hinnehmen, daß ein autobiographisches Auseinanderhalten der Widersacher nicht möglich ist. Als getrennte autobiographische Ich-Formen vertreten lediglich die ungleichzeitigen Entwicklungen innerhalb desselben Lebenslaufes ein und denselben Schriftsteller, Biondi.

Soviel Sperrigkeit und Brüchigkeit wird dem Leser als Gesprächspartner zugemutet, weil er sich in die Lage versetzen muß, eine ihm vertraute und dennoch neue Sprache zu verstehen, welche der Schriftsteller dem historischen Gedächtnis anvertraut hat, das er während der Reise in seine Vergangenheit der Muttersprache abgetrotzt hat. Wenn am Schluß erneut die Behauptung aufgestellt wird, daß *Die Unversöhnlichen* ein klassischer Bildungsroman mit

---

138 Ebd., vgl. den abrupten Wechsel des Ich-Erzählers bei dem Übergang von einem Abschnitt auf den anderen, S. 132-133; S. 141-142; S. 194-195; 199-200.

139 Hermann Wetzel, Typoskript, ebd., S. 1.

starken autobiographischen Zügen ist, dann nur um festzustellen, daß in Franco Biondis Roman etwas Grundsätzlicheres passiert, das *Die Unversöhnlichen* auch von dem Bildungsroman im Bereich der Arbeitsmigration unterscheidet.

Bei Aras Ören z. B., der in seinem Roman *Eine verspätete Abrechnung* die historische Vergangenheit seiner Protagonisten besichtigt hat, wird auch mit verschiedenen Ichs gearbeitet, die stets auf biographisch individuelle Lebensläufe zurückgeführt werden. Zur Untersuchung der Vergangenheit der Türken der Berliner Naunynstraße hat Aras Ören immer wieder Aus- und Urlaubsreisen verwendet, jedoch weder als Entwicklungs- noch als Bildungsreisen. Die wahre Bildungsreise des Ich-Erzählers hat er von Berlin nach Berlin und in türkischer Sprache stattfinden lassen. Nicht anders wird Aysel Özakin in ihrem Bildungsroman *Die blaue Maske* (1988) im Kontext der Frauenliteratur vorgehen.[140]

Insofern stellt es kaum etwas Neues dar, daß der Schriftsteller Biondi eine Schreibtischreise als Grundlage für seinen Roman gewählt hat. Wenn man sich aber daran erinnert, daß es bei Biondi um eine autobiographische Reise von Frankfurt nach San Martino geht, um eine Reise in die eigene Muttersprache mit Hilfe einer fremden Sprache, dann wird deutlich, daß die zentrale Figur des Romans der Autor selbst ist. Eine literarische Figur, die sich aus einer Vielzahl von konkurrierenden Ich-Gestalten zusammensetzt. Auf sie trifft die Definition von *Die Unversöhnlichen* als Bildungsroman deswegen am ehesten zu, da es ihr gelungen ist, die Unversöhnlichkeit mit der eigenen Vergangenheit mit Hilfe einer fremden Sprache zu überwinden. Durch die fremde Sprache hat sie sich von ihrem anfänglichen Status eines *homo clausus* mit unversöhnter Vergangenheit befreien können. Der unblutige Tod von Franco Biondi durch Dario Binachi am Romanende ist die katharsische Bestätigung einer derartigen Befreiung.

Der »fremdsprachlich« ausgerüstete Dario Binachi kann die bevorstehende Reise von Frankfurt nach San Martino antreten. Ungewiß bleibt die Frage, ob die Sprache einer Versöhnung, die mit Hilfe eines ihr fremden historischen Gedächtnisses und örtlich außerhalb ihres kulturellen Kontextes entwickelt worden ist, geeignet sein wird, Dario Binachi bzw. Franco Biondi eine literarische Kreativität jenseits der bikulturellen Reminiszenz zu garantieren.

---

140 Da in den Romanen *Die Unversöhnlichen, Eine verspätete Abrechnung* und *Die blaue Maske* geo-politische Übergänge, kulturelle Brüche und sozio-historisches Aufkommen von neuen Minderheiten innerhalb von Europa thematisiert werden, wäre es sicherlich angebracht, sie, nach eingetretener Distanz, als zeitgemäßes Wiederkehren des historischen Romans im interkulturellen Kontext zu untersuchen. Hierzu vgl. Hans Wilmar Geppert, *Der »andere« historische Roman. Theorie und Strukturen einer diskontinuierlichen Gattung,* Tübingen 1976.

Die Fremde als Ort der Emanzipation der Frau.
Von Vera Kamenko (1978) bis Aysel Özakin (1982/1991)

21. Vera Kamenko: *Unter uns war Krieg.*

a) Lebenslauf einer Vorläuferin

Die Ankunft der Frau in der Literatur ausländischer Autoren in der Bundesrepublik kündigt sich von Anfang an mit präzisem emanzipatorischem Interesse an. Sie wandert aus, weil die elterliche Kontrollinstanz sie daran hindert, am Geburtsort als selbstverantwortliche Frau zu leben, obwohl sie die juristische Volljährigkeit erreicht hat:

> »Ich hatte eine Auseinandersetzung mit meinen Eltern, deshalb bin ich hierhergefahren. Ich wollte auf meine Art leben, ich hatte so meine Gedanken. Aber die vertrugen sich nicht mit denen meines Vaters. Und so habe ich mir einen Paß ausstellen lassen, sowie ich einundzwanzig war, und bin weggegangen. Bitte, verstehen Sie mich nicht falsch, ich wollte nur unabhängig leben, auf meine Art. Und jetzt...«[1]

Der Drang nach Selbständigkeit wird in Gianni Bertagnolis *Arrivederci, Deutschland!* (1964) dadurch betont, daß die Sprecherin die Kulturstadt Florenz verlassen hat, wo es am Anfang der sechziger Jahre keinen wirtschaftlichen Zwang zur Auswanderung gab. Die Frau aus Florenz stellt das werkimmanente weibliche Pendant zum Ich-Erzähler dar, der aus Verona stammt und aus Liebeskummer ausgewandert ist. Die Arbeitsemigranten stammen dagegen aus namenlosen Städten Süditaliens.

Auf eine derartige Ankündigung folgt 1978 *Unter uns war Krieg* von der jugoslawischen Arbeiterin Vera Kamenko als erstes Werk von Frauen über Frauen in der Literatur der Ausländer. Das Buch, das unter Marianne Herzogs Mitarbeit zustande gekommen ist, setzt sich zusammen aus einem Vorwort über die Spracharbeit im Werk, aus dem Lebenslauf von Vera Kamenko, den sie im Gefängnis geschrieben hat, aus dem Gefängnistagebuch, aus zwei weiteren Abschnitten, die Vera Kamenko nach ihrer Abschiebung nach Jugoslawien verfaßt hat, und aus zwei weiteren Berichten von Marianne Herzog über die Arbeit am Manuskript und über das Leben der Vera Kamenko in Jugoslawien.

Da es im Hauptteil um einen Lebenslauf geht, der von bundesdeutscher Perspektive her als abgeschlossen betrachtet werden kann, ist es verständlich

---

1 Gianni Bertagnoli, *Arrivederci, Deutschland!*, Stuttgart 1964, S. 101.

und doch irreführend, daß das Buch den Untertitel »Autobiographie einer jugoslawischen Arbeiterin« erhalten hat.[2] Im folgenden soll dargelegt werden, wieso seinem Entstehungsprozeß nach *Unter uns war Krieg* der soziopolitischen Reportage im Bereich der deutschsprachigen Frauenliteratur zuzurechnen ist, wie sie Erika Runge mit den *Bottroper Protokollen* (1968) eingeleitet und mit der darauffolgenden Arbeit *Frauen. Versuche zur Emanzipation* (1970) etabliert hat.[3]

Zum Entstehungsvorgang läßt sich feststellen, daß der Lebenslauf im Gefängnis vor dem Tagebuch geschrieben worden ist und daß Vera Kamenko nach ihrer Abschiebung die zwei Abschnitte »Leben im Gefängnis« und »Rückkehr nach Hause« dem Manuskript hinzugefügt hat. Dieser erste Abschnitt dient als Verbindung zwischen Lebenslauf und Gefängnistagebuch; der zweite als Lebenslaufabschluß vor dem neuen Anfang zu Hause. Diesen neuen Anfang stellt Marianne Herzog in ihrem Beitrag »Reise zu Vera« und »Arbeit mit Vera« als so geglückt dar, bis sie sich in einem trügerischen Bericht über das Leben in Veras Stadt in eine Art archaische Idylle hineinsteigert.[4]

Für den Entstehungsvorgang erweist sich die von Vera Kamenko erkannte Kontinuität zwischen Niederschrift des Lebenslaufs und Tagebuchführung von besonderer Bedeutung. Indem es ihr durch die zwei späteren Abschnitte gelingt, das Tagebuch dem gesamten Vorhaben einzuverleiben, liefert sie den Beweis dafür, daß der Schreibakt bei ihr mehr als eine klärende Reflexion über den abgeschlossen Lebensabschnitt und mehr als das faktische Vorgehen gegen die »Langeweile« im Alltag eines Häftlings ist:

> »Das so angefangen habe von Langeweile zu schreiben, weil ich Langeweile hatte und wußte nicht, wenn ich geschlossen war, was ich soll machen. [...] Wenn ich Lust hatte und Zeit so und abends, wenn ich nachgedacht hatten immer, an Vergangenheit, Vergangenheit was passiert, ich wollte das aufschreiben, alles.« (S. 104)

Das Herausstellen von »Langeweile«, »Lust« und »Zeit« als Auslöser des Schreibens[5] ist umso ausschlußreicher, weil dadurch dem Lebensablauf in Haft Kontinuität zum Lebensfluß in der Fremde gesichert wird. Das Vorhaben kommt dann deutlich zum Tragen, wenn Vera Kamenko sich für die deutsche Sprache als Zugang zu dem entscheidet, was in ihrer »Vergangenheit passiert« ist. Indem Vera Kamenko ihre Muttersprache abwählt, entscheidet sie sich bewußt gegen eine zweifache Privatheit eines Tagebuches in einer fremden

---

2   Vgl. Sylvia Schwab, *Autobiographik und Lebenserfahrung. Versuch einer Topologie deutschsprachiger autobiographischer Schriften zwischen 1965 und 1975*, Würzburg 1981, und Manfred Schneider, *Die erkaltete Herzensschrift. Der autobiographische Text im 20. Jahrhundert*, München/Wien 1986.

3   Vgl. Sigrid Weigel, *Die Stimme der Medusa. Schreibweisen in der Gegenwartsliteratur von Frauen*, Hamburg 1989, S. 41-46.

4   Vera Kamenko, *Unter uns war Krieg. Autobiographie einer jugoslawischen Arbeiterin*, Mitgearbeitet: Marianne Herzog, Berlin [2]1979, S. 100. Aus der Ausgabe wird im Text fortlaufend zitiert.

5   Zu Andersartigkeit der Schreibmotivation bei Vera Kamenko vgl. Sigrid Weigel, *Die Stimme der Medusa*, ebd., Abschnitt »Texte aus der ›bleiernen Zeit‹«, S. 74-92.

Sprache. Durch ihren Entschluß verleiht sie dem Geschriebenen Öffentlichkeit als erkämpfte Möglichkeit, sich vor der Abschiebung aus dem deutschen Sprachraum zu schützen: »Damals konnte ich nicht so sprechen wie heute, nicht so schreiben wie heute, viele Worten fehlten, aber ich habe trotzdem versucht.« (S. 104)

Stellt man fest, daß es sich hier um ein sprachliches Vorgehen handelt, das dann eintritt, wenn ein Fremder in dieselbe Bedrängnis gerät, dann ist zu erkennen, daß hier der Übergang von Autobiographie als »das individuelle Schicksal eines einzelnen Menschen«[6] zur Reportage stattfindet, die sich wiederum aus Tatbeständen zusammensetzt, die ihre Gültigkeit aus ihrer Anschaulichkeit beziehen.[7]

Veras intersprachliche Verwirrung[8] im Flugzeug wird erst zu einem höchst anschaulichen Tatbestand, wenn die Verwirrung auf den Eineinungsprozeß der deutschen Sprache zurückgeführt wird und nicht auf einem gängigen Vorfall im Leben einer nicht akkulturierten Gastarbeiterin reduziert wird »von einmal mußte sprechen an meine Sprache und ich habe gelernt, an deutsch zu denken. Diese Umstellung hat mich unsicher gemacht, so daß ich von einmal nicht sprechen konnte. Ich müßte gut denken was ich sagen wollte. Ich fühlte mich wie Ausländerin.« (S. 97)

Die Tatsache, daß bei ihr weder Freude über die Entlassung noch über die sprachliche Begegnung mit der Heimat, sondern Sprachverwirrung aufkommt, ist vielschichtiger Natur. Sie offenbart die zielbewußte Aneignung des Deutschen als erweiterte Abwehrstrategie vor der eigenen Verantwortung, wie sie durch die Muttersprache artikuliert sein wird. Die Verbkonstellationen sprechen/lernen/denken und unsicher-sein/denken-müssen/sagen definieren eine funktionale Fremdheit gegenüber der Muttersprache. Sie besteht darin, daß der deutschen Sprache die Funktion eines Zufluchtsortes zugedacht wird, um sich vor Anklagen in der Heimat in Schutz nehmen zu lassen. Unter dem Zwang der Öffentlichkeit der deutschen Sprache hat die Ich-Erzählerin im Gefängnis Rechenschaft und Klarheit über sich erlangt. Dabei ist sie in der Objektivierung ihrer Lage so weit vorgedrungen, daß sie ihren gesamten Lebenslauf mit der zentralen Feststellung belegen kann *Unter uns war Krieg.* Das Bemerkenswerte an ihrem Vorgehen liegt darin, daß sie mit Hilfe einer fremden Sprache jede Verdrängung abgewendet und zugleich vermieden hat, daß die gerettete Erinnerung die Muttersprache in Frage stellt, die ihr nach der Entlassung aus dem Gefängnis Lebenskontinuität sichern muß. Gegen die ihr aufgezwungene Berührung der geretteten Erinnerung mit der Muttersprache wehrt Vera Kamenko sich bis zum Zusammenbruch:

---

6 Dieter Schlenstedt, *Die Reportage bei Egon Erwin Kisch*, Berlin 1959, S. 78.
7 Werner Mittenzwei, *Marxismus und Realismus. Die Brecht-Lukács-Debatte.* In: *Das Argument*, Nr. 46 Berlin 1968, S. 12, sowie Hanno Möbius, *Arbeiterliteratur in der BRD. Eine Analyse von Industriereportagen und Reportageromanen*, Köln 1970.
8 Als klassische intersprachliche Verwirrung vgl. Erik H. Erikson, *Der junge Mann Luther*, Frankfurt 1975, »Der Anfall im Chor«, S. 24-51.

»[Auf der Milizstation] mußte (ich) alles erzählen, aber mir war sehr schwer zu sprechen, weil wieder habe jugoslawische Sprache mit deutsch gemischt. ... Wann ich sprechen wollte, dann sind deutsche Worten da und jugoslawische Worten wie weg geblasen. Da habe mich ganz fertig gemacht. Meine Nerven sind durchgegangen und ich weiß, daß ich viel geweint habe.« (S. 97-98)

Der verzweifelte Versuch, Muttersprache und fremde Sprache durch abgesteckte Kompetenzbereiche auseinanderzuhalten, bestätigt die feste Absicht der Verfasserin, dem Lebenslauf einen reportageartigen Charakter zu verleihen. Indem durch die fremde Sprache der persönliche Zwang des Sich-Erinnern-Müssens in dem niedergeschriebenen Lebenslauf aufgelöst wird, erhält die Biographie der Vera Kamenko eine öffentliche, exemplarische Funktion, die sich mit der Kernabsicht der Frauenreportagen einer Erika Runge deckt:

»Ich wollte Vorbilder zeigen und Mut machen. [...] Ich habe keinen Fall solcher [gelungenen] Emanzipation gefunden. Das liegt weniger an den Frauen selbst, als an den Umständen, unter denen sie sich behaupten müssen. So liefert das Buch Material zum Nachdenken, zum Nachdenken über individuelle und gesellschaftliche Erfahrungen.«[9]

Erika Runges Vorhaben eignet sich zusätzlich dazu, das Engagement der Schriftstellerin Marianne Herzog für das Manuskript von Vera Kamenko in Hinblick auf ihren eigenen Bedarf an »Büchern, in denen eine ihr Leben beschreibt« (S. 6), zu verdeutlichen.

b) Paradigmatische Zusammenarbeit und Differenzierung.

Für Marianne Herzog, die sich zuvor mit dem Buch *Von der Hand in den Mund. Frauen im Akkord* (1976) im Bereich der Frauenreportage hervorgetan hatte, war das Manuskript genauso entscheidend wie die Lage der Verfasserin, da sie selbst zwei Jahre im Gefängnis war. Durch ihre Reise nach Jugoslawien, die dortigen Gespräche über das Manuskript und über das neue Leben von Vera Kamenko hat Marianne Herzog ein kreatives Stadium in der Reportage erreicht, das Autoren wie Günther Wallraff und Erika Runge versperrt geblieben ist.[10] Durch einen glücklichen Zufall hat die Verfasserin das vermeiden können, was in der Reportage am problematischsten ist, nämlich die konstitutive Auswahl der Inhaltslieferanten und deren spätere Befragung; denn beide Punkte stellen eine unausweichliche Einmischung der Verfasserin in Inhalte dar, die gegen den objektiven Wahrheitsgehalt der Information in der Reportage verstößt.[11] Vera Kamenkos Manuskript bot sich als selbständige

---

9 Erika Runge, *Frauen. Versuche zur Emanzipation*, Frankfurt [6]1976, S. 271.

10 Erika Runge, *Überlegungen beim Abschied von der Dokumentarliteratur*. In: *Kontext*, Uwe Timm/Gerd Fuchs (Hgg.), Nr. I *Literatur und Wirklichkeit*, München 1976, S. 97-119.

11 Erika Runge, *Die betonierte Fantasie*. In: *Konkret Literatur*, Herbst 1978, Hermann L. Gremliza (Hg.), Hamburg 1978, S. 9.

Inhaltsauswahl und als objektiver Befragungsgegenstand für eine Reportage über ein Leben an, die zusätzlich als Archetyp der engagierten Frauenreportagen herausgestellt werden könnte.

Es geht um den Lebenslauf einer Frau, die als Tagelöhnerkind in der Stadt von einem kleinen Angestellten adoptiert wird. Wiederholte Vergewaltigung in der Stadt. Frühheirat mit einem 17-jährigen. Kind und Scheitern der Ehe. Arbeitslosigkeit zu Hause und Auswanderung. Leben als Ausländerin und unstete Männerbekanntschaften. Feste Bindung mit dem verheirateten türkischen Gastarbeiter Hasan, der »nichts anderes im Kopf als Sex und Essen hatte« (S. 53). Ständige Mißhandlung durch den Lebensgefährten. Veras Sohn wird nach Berlin geholt. Tragödie am Bußtag: Milorad wird von der Mutter zu Tode geprügelt. Drei Jahre Gefängnis. Abschiebung nach Hause. Neuer Anfang in Jugoslawien.

Es lag nahe, das Archetypische im Manuskript über eine entsprechende Gliederung des Lebenslaufes von Vera Kamenko herauszustellen. Marianne Herzog hat dies getan, indem sie für das Manuskript thesenartige Zwischentitel entworfen hat, mit deren Hilfe sie das Leben der Vera Kamenko unter den Hauptstichwörtern aus der Frauenreportage zusammengefaßt hat. Und somit wird Marianne Herzogs Arbeit[12] am Lebenslauf Vera Kamenkos Teil des Paradigmas, denn sie dokumentiert eine solidarische Wahrnehmung der Fremden, die, wie bei Rainer Werner Fassbinder, aus der Solidarität zur eigenen soziokulturellen Lage als Homosexuelle, bzw. als Frau und Häftling erwächst.[13] Zu dieser zweifachen Solidarität als Auslöser der Wahrnehmung der Fremden bekennt sich Marianne Herzog, wenn sie ihre Beteiligung an dem Buch *Unter uns war Krieg* mit folgendem Satz beschließt:

> »Ich wünsche«, hatte Vera zu mir gesagt, »daß andere Frauen auch ihr Leben aufschreiben, verstehst du. Daß in Deutschland lesen, und die Frauen nachher schreiben, was sie denken davon und ihr Leben auch aufschreiben, so daß weitergeht, um zu sehen, wie Frauen überhaupt leben in Deutschland.« (S. 111)

Somit wird eine Übereinstimmung zwischen Vera Kamenkos Manuskript und Marianne Herzogs Beteiligung herausgestellt, die sich gegen jede funktionalisierte Rezeption der Ausländerliteratur als fremder Spiegel für Inländer wendet.[14] Indem Vera Kamenko deutsch schreibt und sie sich mit ihrem Lebenslauf spezifisch an die Frauen in Deutschland wendet, definiert sie eine Gemeinsamkeit der Erfahrungen als Ort gleichwertiger Begegnung, die per se auf gegenseitige Wahrnehmung angewiesen ist. Gerade diese Begegnung in einem geschlechtsspezifischen Niemandsland als Übergang zwischen Her-

---

12 Daß Marianne Herzogs Spracharbeit am Original hier nicht berücksichtigt wird, hat damit zu tun, daß diesbezüglich im Buch keine Dokumentation vorhanden ist.

13 Ricarda Schmidt, *Westdeutsche Frauenliteratur in den siebziger Jahren*, Frankfurt 1982.

14 Birte Lock, *Wir sehen uns im Spiegel. Ausländische Frauen in der Bundesrepublik*. In: *Frankfurter Rundschau* vom 13. August 1985, Frankfurt 1985, S. 9.

kunfts- und Aufnahmegesellschaft macht aus der Zusammenarbeit ein Paradigma.

Das Paradigma läßt sich am besten als Differenzierung der Prioritäten in den Werken ausländischer Autorinnen im Vergleich zu den Werken ausländischer Autoren herausarbeiten. Eine grundlegende Verschiebung von Prioritäten besteht darin, daß ausländische Autorinnen wie Vera Kamenko Frauenalltag und -emanzipation genauso eindringlich thematisieren wie die Vater-Figur, die ihre Erziehung zur Frau bestimmt hat, und die männliche Gewalt, der Ehefrauen und Kinder am Geburtsort und in der Fremde ausgesetzt sind.[15]

Männliche Autoren scheuen vor einer Problematisierung von Frauen-Männer-Konflikten in der Fremde sowie in der Kulturminderheit nicht zurück. Die Betrachtungsperspektive ist selten nach vorne gerichtet und der Konflikt ist von vornherein in einen unausweichlichen und widersprüchlichen Legitimationszwang gegenüber dem Gastland eingebettet. Der Legitimationszwang wird dann zum eigenen Widerspruch, wenn der Autor sich ihm nicht entzieht und seine Protagonisten tatsächlich auf Arbeitskräfte reduziert. Ein weiterer Aspekt des Widerspruches besteht darin, daß jede Darstellung der Protagonisten als Arbeitskräfte eine Verschärfung des Drucks der Öffentlichkeit nach sich zieht, der sich bis zum offenen Konflikt steigern kann, wenn die Voraussetzungen entfallen, die zur Anwerbung von ausländischen Arbeitskräften geführt haben. Da der Druck von außen bis heute zu keiner spürbaren öffentlichen Solidarität mit den Fremden geführt hat, wirkt er sich bei den Männern als Bestätigung der eigenen Entscheidungskompetenz über die Zukunft der gesamten Familie aus.

Entlang dieser zwangshaften Entwicklung sind in der Literatur ausländischer Autoren Protagonisten entstanden, die aus ihrem Standort gegenüber der Frau selten einen Ausweg finden. Und es trägt, wie zu sehen sein wird, zu keiner Verlagerung der Perspektive bei, ob nun die Frau aus der eigenen oder aus der fremden Kultur stammt.

Obwohl die Differenzierung der Prioritäten keineswegs von solchen äußeren Legitimationszwängen abzuleiten ist, liefert die feuilletonistische Rezeption der betreffenden Werke den Beweis dafür, daß sich die äußeren Zwänge mit den öffentlichen Erwartungen decken. In der Tat sind in der Tagespresse und in den Wochenzeitschriften Besprechungen zu lesen, wo nach wie vor geschlechtsspezifisch argumentiert wird. Von der fremden Schriftstellerin wird z. B. erwartet, und ihr wird gleichzeitig zugestanden, daß sie sich »vielfach« äußert, denn:»Ausländerin in der BRD zu sein, heißt oft genug, vielfacher Dis-

---

15 Zu diesem Themenkomplex vgl. die drei repräsentativen Anthologien aus der Mitte der achtziger Jahre: *Aufbruch aus dem Schweigen*, Hanne Egghardt/Ümit Güney (Hgg.), Hamburg 1984, *Freihändig auf dem Tandem. Dreißig Frauen aus elf Ländern*, Luisa Costa Hölzl/Eleni Torossi (Hgg.), Kiel 1985 u. *Eine Fremde wie ich. Berichte, Erzählungen und Gedichte von Ausländerinnen*, Hülya Özkan/Andrea Wörle (Hgg.), München 1985.

kriminierung ausgesetzt zu sein: als Ausländerin, als Frau, als Arbeiterin, als Hausfrau, als Bildungsbenachteiligte.«[16]

Der ausländische Autor hat im Gegenzug einen Alltagsbereich abzudecken, der zwischen diskriminierender Öffentlichkeit und problematischer Arbeitswelt angesiedelt ist.[17] Daß der Auslöser dieser Rezeption in den Werken selbst angelegt ist, steht außer Zweifel. Das Beharren auf der Bestätigung der eigenen Erwartungen an die Literatur der Ausländer von seiten der Rezeption hat dazu beigetragen, daß diese Bestandteile der betreffenden Werke ausgeklammert werden. Es geht um jene Komponenten, die eine Differenzierung der inhaltlichen ästhetischen Prioritäten bei weiblichen Autoren anders als bei männlichen begründen lassen; und es geht um Zielsetzungen, die sich nicht mit der akkreditierenden und doch ethnozentrischen These, diese Literatur spiegle die deutsche Realität wider, aufdecken lassen.[18] Von diesen Inhalten und Zielsetzungen wird hier die Rede sein.

c) Archaismen in den Werken ausländischer Autoren

Franco Biondi,

der sehr früh auf die höchst unsichere Ausgangslage für Begegnungen zwischen ausländischen Männern und deutschen Frauen hingewiesen hat, hat im Laufe der Zeit die Beweisführung seiner Annahme so ausgeweitet, daß es am Schluß für ihn nur noch Ausweglosigkeit geben kann.

In dem italienischsprachigen Drama *Isolde e Fernandez* (1978) und in der Novelle *Abschied der zerschellten Jahre* (1983), die inhaltliche und argumentative Kontinuität aufweisen, stehen gesellschaftliche Konflikte im Mittelpunkt, die kaum durch eine beziehungsinterne Solidarität zwischen den Partnern überwunden werden können. *Isolde und Fernandez* waren an der Unmöglichkeit gescheitert, Fernandez' Konflikt mit dem Ausländergesetz nicht zur Belastung ihres Zusammenlebens werden zu lassen. In der Novelle ergibt sich das Scheitern der Begegnung aus Dagmars altersbedingter Unfähigkeit, die existenzielle Ausweglosigkeit des Partners zu erkennen, und aus Mamos Mißtrauen, das ihn davor abhält, mit Dagmar über seine Verweigerung zu sprechen. Die heillose Verstrickung von gesetzlicher Gefährdung und persönlicher Überforderung zweier Jugendlicher wird für die beiden keine ge-

---

16 Helga Heinicke-Krabbe/Alice Münscher, *Deutschkurse mit ausländischen Frauen*, München 1983, S. 20.

17 Harald Weinrich, *Um eine deutsche Literatur von außen bittend*. In: *Merkur*, H. 8, Dezember 1983, Stuttgart 1983, S. 911-920. Lutz Tantow, *In den Hinterhöfen der deutschen Sprache. Ein Streifzug durch die deutsche Literatur der Ausländer*. In: *Die Zeit*, Nr. 15 vom 6. April 1984, Hamburg, S. 58.

18 Dietrich Krusche, *Die Deutschen und die Fremden. Zu einem durch fremde Augen »gebrochenen« Deutschlandbild*. Nachwort, in: *Als Fremder in Deutschland*, Irmgard Ackermann (Hg.), München 1982, S. 189-202.

meinsame Zukunft zulassen. Im Roman *Die Unversöhnlichen* wird das Scheitern des Zusammenlebens eines Ausländers mit einer deutschen Frau kaum in seinem multikulturellen Kontext begründet. Am Beispiel des Protagonisten Franco Biondi, der vor hat, sich von seiner deutschen Frau Hilde zu trennen, sobald er von Italien nach Frankfurt zurückgekehrt ist, wird das Scheitern als Fortsetzung der Unversöhnlichkeit zwischen den Geschlechtern dargelegt, der der Protagonist sich nicht einmal durch den soziokulturellen Anschluß an eine andere Gesellschaft entziehen kann.

Aras Ören.

Mit der zentralen Frage *Was will Niyazi in der Naunystraße* als Titel seines ersten Poems kündigt Aras Ören eine prioritäre Stellung des Mannes in der Fremde an. Sie wird ein wenig zurückgenommen, wenn er die Einwanderungskette mit folgender Priorität zusammenstellt:

> ihm nach drängten seine Landsleute,
> Frauen, Männer,
> Kinder und Kegel.[19]

Der Vorsprung des Mannes mag seine konkrete Begründung darin zu haben, daß für die türkische Minderheit das Anwerben der Männer und der Frauen ungleich verlaufen ist, da bei Arbeitskräften aus Nicht-EG-Mitgliedsstaaten das Nachkommen der Frau und der restlichen Mitglieder der Familie als regulatives Instrument der Einwanderung eingesetzt wird. Das besagt wiederum, daß die hiesige untergeordnete Stellung der türkischen Ehefrauen teilweise per Gesetz definiert ist, da ihnen bis 1991 kein persönliches Recht auf Aufenthalts- und Arbeitserlaubnis zuerkannt worden war.[20] Daß Aras Ören in seinem ersten Poem weiblichen Gestalten wie Frau Kutzer und Atifet gezielte Aufmerksamkeit widmet, läßt sich kaum als Reaktion auf die gesetzliche Diskriminierung türkischer Ehefrauen in der Bundesrepublik allein erklären. Sein Vorhaben ist komplexerer kulturpolitischer Natur. Bei ihm läßt sich die Emanzipation der türkischen Frau nicht als getrennte Priorität verfolgen, weil sie Teil des kollektiven Emanzipationsbestrebens einer gesamten Minderheit ist, die durch Anschluß an die proletarische Tradition vor Ort erfolgen sollte.

Aras Ören spricht sich ausdrücklich für eine paritätische Beteiligung der Frau am kollektiven Vorhaben der Minderheit aus indem, am Ende der *Trilogie* (1980) das Mädchen Emine Niyazi aus seiner soziopolitischen und kulturellen Priorität verdrängt. Die Ablösung wird vollzogen, indem sie die Ent-

---

19 Aras Ören, *Was will Niyazi in der Naunystraße*, Berlin 1980, S. 21.

20 Zu Auswirkungen des gesetzlichen Zustandes innerhalb der Familienplanung und Führung der Familienwirtschaft vgl. Hans-Günter Kleff, *Vom Bauern zum Industriearbeiter. Zur kollektiven Lebensgeschichte der Arbeitsemigranten aus der Türkei*, Ingelheim 1984, und Werner Schiffauer, *Die Emigranten aus Subay. Türken in Deutschland: eine Ethnographie*, Stuttgart 1991.

scheidungskompetenz eigenwillig an sich reißt und, indem sie eine Antwort auf die Kernfrage der Identität der türkischen Minderheit in Berlin ankündigt:

> Wer mich danach fragt, dem will ich
> ehrlich sagen, wer ich bin,
> ohne Scham, ohne Furcht
> und fast noch ein bißchen stolz darauf.[21]

In dem Roman _Eine verspätete Abrechnung_ (1987) wird Emines Fähigkeit, die rettende Identität einer gesamten Generation festzulegen, vertagt, denn dort zieht Aras Ören es vor, an die Lebenslage türkischer Ehefrauen anzuknüpfen, die er in dem Band _Bitte nix Polizei_ (1981) und in den Erzählungen _Eine seltsame Ehe_ oder _Der Nachtwächter_ aus _Der Gastkonsument_ (1982) umrissen hatte. Sie tragen würdevolle Namen wie Sultan, Kiymet oder Sevda und sie werden in Berlin wie in Istanbul allesamt unterdrückt,[22] mißbraucht und verstoßen[23] oder wegen ihrer Untreue umgebracht.[24] Aras Ören läßt es sich dennoch nicht nehmen, auf parallele Lebensläufe türkischer und deutscher Frauen hinzuweisen. Dies geschieht beispielsweise in der Erzählung _Bitte nix Polizei_, wo zwischen dem entmündigten Alltag von Frau Gramke und dem von Sultan kein gravierender Unterschied auszumachen ist. Aras Ören, der immer wieder schmerzvolle Lebensläufe von Frauen entwirft, verläßt mit seiner sozialkritischen Darstellung von Opfer und Täter niemals die Fußstapfen seines Vorbildes Nazim Hikmet. Aus seinem Roman geht hervor, daß erlebte soziale Gewalt keine Rechtfertigung von Gewaltanwendung gegen Frauen sein darf, die Gewalttäter aber werden mit ihrer Verantwortung nicht allein gelassen. Wie Nazim Hikmet in seinem Epos _Menschenlandschaften_[25] macht Aras Ören deutlich, daß es Männern und Frauen unmöglich ist, aus ihren kodifizierten Rollen auszubrechen, die Armut und soziale Unterdrückung über Jahrhunderte zu ihrer zweiten Natur hat werden lassen:

> »Draußen war eine lautlose Menschenmenge zu erkennen: Männer mit Mützen auf dem Kopf, deren Gesichter zwischen den Bartstoppeln kaum zu erkennen waren. Frauen, die mit ihren Kopftüchern und schwarzen Umhängen wie Gespenster aussahen, liefen hierhin und dorthin, Körbe, Säcke, Kupferkessel und sogar Kinder schleppend. Die Männer gaben sich herrisch und bestimmt, die in Gruppen zusammengescharten Frauen dagegen schweigsam und zurückhaltend.«[26]

Für dieselbe lautlose Menschenmenge hatte Nazim Hikmet in seinem Epos Hoffnung auf soziale Erneuerung in der Türkei besungen und dabei keinen Zweifel an der vollkommenen Unterdrückung der türkischen »Mütter, Frauen

---

21 Aras Ören, _Die Fremde ist auch ein Haus_, Berlin 1980, S. 66-67.
22 Aras Ören, _Eine verspätete Abrechnung oder der Aufstieg der Gündoğdus_, Frankfurt 1988.
23 Aras Ören, _Eine seltsame Ehe_, in: _Der Gastkonsument Konuk Tüketici und andere Erzählungen in fremden Sprachen_, Berlin 1982, S. 25-35.
24 Aras Ören, _Der Nachtwächter_, in: _Der Gastkonsument Konuk Tüketici_, ebd., S. 45-57.
25 Nazim Hikmet, _Menschenlandschaften_, 5 Bde., Bd. 3, Hamburg 1980, S. 111-117.
26 Aras Ören, _Eine verspätete Abrechnung_, ebd., S. 50-51.

und Geliebten«[27] aufkommen lassen. In seiner *Trilogie* macht Aras Ören Nazim Hikmets Hoffnung auf politische und soziokulturelle Emanzipation des Landes zu seiner eigenen und geht sogar noch weiter, indem er Frauengestalten wie Atifet und Emine den Kampf für soziale und kulturelle Emanzipation aufnehmen läßt, so wie namenlose Frauen sich bei Nazim Hikmet an dem Kampf für die türkische Republik des Atatürk beteiligt hatten. In dem Roman allerdings zählt nur noch Nilgüns erkämpfte Flucht vor dem Vater und vor dem Arbeitgeber. Ihre Hoffnung überlebt, solange sie sich auf der Flucht halten kann. In der Fremde wird sie zerbrechen, sobald sich Nilgün niederlassen muß, denn hier wird sie von einem mächtigen Vater erwartet. Er wird sie an einen Schwiegersohn veräußern, den er im Einklang mit seinen florierenden Import-Export-Geschäften aus der Türkei nach Berlin importiert hat. Der Personenaustausch, mit dem Aras Ören darauf hinweist, daß Emine/Nilgün von dem allgegenwärtigen türkischen Vater und Herrscher in Berlin eingeholt wird, ermöglicht es ihm zu verdeutlichen, daß die Flucht vor Verarmung im eigenen Land nicht automatisch mit dem Ausbruch aus der dortigen Unterdrückung der Frau gleichzusetzen ist, in jedem Fall nicht für die Generation, die die Flucht auf sich genommen hat.

Da im Roman zugleich die Begegnung des Ich-Erzählers mit einer deutschen Frau thematisiert wird, gewinnt das Schicksal der Nilgün durch das kontrastive Vorgehen an zusätzlicher Plastizität. Die selbständige Frau aus Berlin, die sich für die Türkei interessiert, bringt ihre Selbständigkeit damit zum Ausdruck, daß sie den türkischen Ich-Erzähler über Nacht zu sich nach Hause mitnimmt, um ihn am nächsten Tag zu entlassen. Von einer so unmittelbaren exotisch-erotischen Begegnung wird im Roman Abstand genommen, da der Ich-Erzähler sich Jahre später nicht dazu entscheiden kann, erneut bei ihr über Nacht zu bleiben. Von kontrastiver Bedeutung sind die Orte der Begegnung. Hatte sich ihre erste Begegnung im Haus eines aufgeklärten Berliner Professors ergeben, wird das letzte Wiedersehen bei Nilgüns Hochzeit in einem Kreuzberger Hinterhof stattfinden, da sich Renata in der Zwischenzeit zur Kulturaussteigerin entwickelt hat. Die Absage des Ich-Erzählers an Renata mutet wie eine Abrechnung an, sie ist aber als Unmöglichkeit eines Anfangs zu verstehen, da der Ich-Erzähler als ausländischer Arbeitsloser inzwischen am Rand der Gesellschaft lebt, wo ein Aussteigen aus der Gastgesellschaft eine Ghettoisierung des Fremden mit sich ziehen würde.

Güney Dal.

Die Tatsache, daß bei Güney Dal die Ausweglosigkeit der türkischen Mütter, Ehefrauen und Geliebten weder als selbständige Erzählsituation noch als Erzählmotiv aufgegriffen wird,[28] findet eine Erklärung in der programmati-

---

27 Nazim Hikmet, *Menschenlandschaften*, ebd., Bd. 2, Hamburg 1981, S. 124.
28 Vgl. Güney Dal, *Europastraße 5*, Hamburg 1981 u. Güney Dal, *Die Vögel des falschen Paradieses/Yaliş Cennetin Kuşlari*, Frankfurt 1985.

schen Haltung, mit der der Autor sich an das »Ereignis Auswanderung als
Chronist«[29] herantasten will. Ihr zufolge ist einer derartigen Ausweglosigkeit
nur dann beizukommen, wenn sie als Grundlage der Existenz der 150.000
Landsleute in der Stadt Berlin aufgefaßt wird. Eine Abspaltung der Ausweglosigkeit der Frauen von der kollektiven Existenz der Minderheit wird von
Güney Dal als unzulässig abgelehnt, da ein solches Vorgehen den Anspruch
des Chronisten auf den gesamten Sozialkontext in Frage stellen würde:

> »die Konflikte [meiner 150.000 Landsleute] mit diesem hochindustrialisierten Land,
> ihre Anpassungsschwierigkeiten, Entfremdungen und menschlichen Neigungen,
> ihre vielen geistigen und seelischen Auseinandersetzungen sind die thematischen
> Quellen meines literarischen Schaffens.«[30]

Anhand des skizzierten Chronikablaufs hat die lautlose Menschenmenge aus
der Türkei zuerst das Wort zu ergreifen, und zwar als Ausdruck der kollektiven
sozioökonomischen Emanzipation. Ob dann der Ausbruch der Mütter, Frauen
und Geliebten aus der verhärteten Ausweglosigkeit ihrer untergeordneten
Lage folgen wird, läßt sich weder bei Güney Dal, noch bei den anderen Autoren klären, weil sie vor der Fragestellung haltmachen. Und sie machen auch
dann halt, wenn die Frage unter zwei Erzählungs- oder Romanfiguren aufgeworfen wird, die an das Wort als Mittel der Diskussion gewohnt sind, wie in
Güney Dals Erzählung *Wenn Ali die Glocken läuten hört* (1976).

Selbst wenn in der Erzählung die Begegnung des marxistischen Studenten
Ali mit der Sozialdemokratin Helga günstiger verläuft als die Begegnung von
Renata mit dem Ich-Erzähler bei Aras Ören, kann das nicht darüber hinwegtäuschen, daß weder Ali noch Helga in der Lage sind, die Beweggründe des
sich Füreinander-Entscheidens zu erfassen. Daß am Ende der Erzählung Helga
gegen den Willen des Vaters zu Ali zieht, weil er sie womöglich dazu aufgefordert hat,[31] bedeutet nicht, daß Helgas Bruch mit der Familie eine Entscheidung für Ali ist. Geht man davon aus, daß der ungünstige Streikverlauf die Sozialdemokratin von der Mitverantwortung der eigenen Partei im Sinne der
marxistischen Kritik Alis überzeugt hat, signalisiert ihr Einzug in Alis Wohnung die doppelte Distanzierung von der Familie und von der Partei. Daß sich
Helga für Alis politische und kulturelle Andersartigkeit entscheidet, reicht
nicht dazu aus, ihre Entscheidung als eine oppositionelle Haltung gegenüber
ihrer Gesellschaft zu deuten. In Alis doppelter Andersartigkeit hat sie vorerst
einen Auslöser für einen ausstehenden persönlichen Ausbruch gefunden, der
keineswegs zum konstitutiven Inhalt der Entscheidung zu werden braucht.
Damit erhält sie die Möglichkeit, sich außerhalb der familialen und kulturellen

---

29 Güney Dal, *Chronik der Auswanderung*, in: *Eine nicht nur deutsche Literatur. Zur
    Standortbestimmung der »Ausländerliteratur«*, Irmgard Ackermann/Harald Wein-
    rich (Hgg.), München/Zürich 1986, S. 17.
30 Ebd. S. 17.
31 Hierzu vgl. Güney Dal, *Wenn Ali die Glocken läuten hört*, Berlin 1979, »›Darf ich dir
    jetzt die Frage beantworten, die du mir letzte Woche gestellt hast?‹ rief Helga. Ali
    war in die Küche gegangen.« S. 16.

Sozialkontrollen zu stellen, ohne die eigene Gesellschaft zu verlassen, wie es bei Ali der Fall ist.

Nicht anders verhält sich Ali bei der Suche nach einer Begründung für sein Verlangen nach Andersartigkeit. Durch die mitgebrachte Kultur, die ihm dabei geholfen hat, die Aufforderung an Helga zu formulieren, kann er sich seinen Wunsch zugestehen, jedoch nicht verdeutlichen. Die von Ali zitierten Verse des Dichters Yahya Kemal »Wer schläft mit seiner Liebsten zusammen, / den hält die Gunst des Schicksals gefangen«[32] nehmen das Ende der Erzählung vorweg. Sie helfen Ali jedoch nicht dabei, die Andersartigkeit der Erfahrung zu erfassen, weil sie das Austauschbare zwischen den Liebenden aussprechen und nicht die gegenseitige Fremde erfassen, die als Auslöser des gegenseitigen Verlangens zu betrachten ist. Daß bei Güney Dal, genau wie bei Aras Ören, das Zusammenwirken von Exotik-Erotik nur am Rande angedeutet und nicht weiter verfolgt wird, läßt auf eine anstehende Enttäuschung von Exotik-Erotik schließen, wovor sich die bisherige Literatur ausländischer Autoren eindeutig gescheut hat. Hier wird eine komplexe Steigerung grundsätzlicher Konflikte zwischen den Kulturen geahnt, die kaum mit Hilfe von gemeinsamen Interessen oder mit solidarischem Handeln aufgefangen werden können. Bei den Autoren, die sich an das Zusammenwirken von Exotik-Erotik gewagt haben, entpuppt sich dies entweder als kulturelle Unversöhnlichkeit unter den Geschlechtern, wie in Franco Biondis *Abschied der zerschellten Jahre*, aber es kann sich zur tödlichen Gefahr für einen der Partner steigern, wie in *So weit der Himmel reicht* (1985) von Chrisafis Lolakas und *Die Finsternis* von Kostas Karaoulis (1988).

Chrisafis Lolakas und Kostas Karaoulis.

Eine inhaltliche Gegenüberstellung der beiden Erzählungen ist deswegen von Interesse, weil Kostas Karaoulis dort einsetzt, wo Chrisafis Lolakas aufhört. Nachdem der Ich-Erzähler Stefanos aus *So weit der Himmel reicht* mit seinem Liebesvorhaben gescheitert ist, verlagert er seine restliche Lebenshoffnung auf die achtjährige Tochter, die er als politisch Exilierter nicht erreichen kann, weil sie bei der Oma in Griechenland untergebracht ist. Das Vorhaben des Ich-Erzählers besteht darin, sich von seiner griechischen Frau scheiden zu lassen, um sich offen und ohne Betrug zu seiner Liebe zu der jüngeren deutschen Margarethe bekennen zu können. Seine Hoffnung, daß die krebskranke griechische Ehefrau bei der Operation stirbt, geht nicht in Erfüllung. Nach der Operation wird sie ihr Leben im Rollstuhl fristen. Auf dem Weg zu einer Verabredung mit Margarethe gerät Stefanos in einen schweren Autounfall und erblindet. Als Margarethe von Stefanos' Unfall erfährt, erleidet sie einen psychischen Zusammenbruch, der sie in eine Heilanstalt führt, wo sie sich das Leben nimmt. Vor dem Nichts stehend, wendet sich der Ich-Erzähler der Tochter Elisabeth zu, die in der Heimat ist und acht Jahre alt wird.

---

32 Ebd., S. 18.

In der Erzählung *Die Finsternis*[33] entwickelt sich die Geschichte des griechischen Untertagearbeiters Alexandros Gerakaris um den unvermeidbaren Verlust der Tochter Tanja. Tanja, die aus der flüchtigen Bekanntschaft des Griechen mit der deutschen Frau eines deutschen Strafgefangenen geboren worden ist, darf den Vater einmal in der Woche sehen, weil die Frau zu dem freigelassenen Ehemann zurückgegangen ist. Tanjas Versuche, den fremdländischen Vater als schützenden Ausgleich zur Verwahrlosung im Eheleben der Mutter zu gewinnen, scheitern an der unsicheren Lebenslage des Vaters und der Tochter, wie auch an der ausländerfeindlichen Umgebung, in der der Grieche seit seiner Ankunft lebt. Mit sich allein gelassen versucht die heranwachsende Tanja eine Wende in ihrer Lebenssituation herbeizuführen, indem sie den Anschluß zu Gleichaltrigen sucht und sich schließlich zu einer Gruppe neonazistischer Jugendlicher schlägt. Gerade diese Gruppe wird den Vater in ihrer Anwesenheit erschlagen, nachdem er Tanja unter ihnen endlich wiedergefunden hat und ihr, dem blonden deutschen Mädchen, nachgerannt ist. Zum Vertuschen des Mordes wird der Tote an einem Auto festgebunden und nachgeschleift. Tanjas Dabeisein verleiht der Handlung eine symbolische Funktion, die darin besteht, die eigene Zugehörigkeit zum fremden Vater durch Schleifen unkenntlich zu machen.

Die deutliche Einseitigkeit in der Wahrnehmung der Umwelt bei dem griechischen Dolmetscher, der sich mit der Aufdeckung des Mordanschlages auf Alexandros Gerakaris beschäftigt, darf nicht dadurch abgetan werden, daß in diesem Teil des Romans keine differenzierte Darstellung des Lebensumfeldes des Opfers vorgenommen wird. Das Durchhaltevermögen des Dolmetschers ist gezielt eingesetzt, um mit der Erzählung zu einer spezifischen Fragestellung in der Ausländerliteratur zu gelangen. Indem zugelassen wird, daß der Dolmetscher vor keiner seiner Mutmaßungen gegenüber dem Gastland haltmacht, kann der Autor bis an die äußerste Grenze einer verdrängten existenziellen Unsicherheit gehen, die in der Frage gipfelt: Was, wenn aus Emine eine Tanja wird? Was, wenn die Generation der Töchter und der Söhne sich gegen die Hoffnung der ersten Generation bei ausländerfeindlichen Gruppen vor Lebensunsicherheiten, wie einer nicht-deutschen Herkunft, Zuflucht suchen wird? Dieser unvermeidbaren Frage beugt der Dolmetscher sofort vor, da er das Land für immer verläßt. Derselben Zwangslage war der Ich-Erzähler Stefanos aus Chrisafis Lolakas' *So weit der Himmel reicht* mit vorbeugender Vorsicht zunächst aus dem Weg gegangen, indem er die Tochter zur Oma zurückgebracht hatte. Und dennoch wird er von dem Unvermeidbaren eingeholt, sobald er sich aufmacht, die Begegnung mit Margarethe als Ablösung vom Ursprungsland zu begreifen. Und das Unvermeidbare hat bei Chrisafis Lolakas die erkennbaren zynischen Züge einer Strafe aus Dantes *Divina Commedia* angenommen. Über den erblindeten Stefanos erfährt der Leser am Ende, daß es ihm gut geht: »ja, vielleicht sehr gut gehen muß. Denn er kriegt Rente! Auch

---

33   Kostas Karaoulis, *Die Finsternis*, Frankfurt 1988.

geht er spazieren! Er schiebt den Rollstuhl mit der Gelähmten. Seine Frau erteilt ihm Hinweise, wohin er sie schieben soll, um nicht vom Weg abzukommen.«[34]

Vor derartigen Ergebnissen erscheinen die Unversöhnlichkeit der Geschlechter bei Franco Biondi und die Unmöglichkeit der Begegnung bei Aras Ören wenn nicht als bewußte Vorbeugung, dann zumindest als Zaudern vor der stets gefährdeten Zukunft einer gesamten Generation ausländischer Jugendlicher, wie Emine und Mamos, vor einer Zukunft, die um so mehr zu einer verhängnisvollen Sackgasse für Kinder aus bikulturellen Ehen, wie Tanja, werden kann, weil es bei ihnen kein Rückzug vor kulturellen Konflikten gibt, da die Entwicklung ihrer Identität auf beide Kulturen angewiesen ist.

22. Prioritäten und Unterschiede bei Luisa Costa Hölzl

Wenn es auch eine Selbstverständlichkeit ist, daß Paradigmen wie Frau-Mann, Mutter-Kinder, Frau-fremder Geliebter in Gedichten, Erzählungen und Romanen ausländischer Autorinnen auftreten, erfahren sie dort eine kultur- und geschlechtsspezifische Verlagerung, die einer kontrastiven Erläuterung bedarf. War z.B. für die männlichen Protagonisten die fremde Frau der angenommene (oder verweigerte) Anlaß, sich von Mutter und Frau, d.h. von der Muttersprache und vom Herkunftsland, abzulösen, um sich zu einer fremden Sprache und zu einem fremden Land zu bekennen (oder nicht); zeigt sich bei den Autorinnen, daß sie mit derselben linearen Metaphorik nicht auskommen. Es fällt z. B. auf, daß ihr Entscheidungsprozeß für die fremde Sprache keine grundsätzliche Auseindersetzung mit sich zieht. Die Option ist durchwegs positiv begründet. Und wenn die fremde Sprache, wie bei Vera Kamenko, als vorbeugender Abstand von negativen Erfahrungen in der Fremde eingesetzt wird, kann sie kaum als Täuschung ihrer selbst, des Adressaten oder des Gesprächpartners ausgelegt werden.

Da die Option für die fremde Sprache bei ausländischen Autorinnen, wie zu sehen ist, keineswegs mit einer Abstandsstrategie von der Muttersprache zusammenfällt, wird hier nach Prioritäten und Unterschieden gesucht, die allerdings nicht außerhalb eines geschlechtspezifischen Gesamtprogrammes liegen, das nach wie vor darin besteht, zuerst das Wort in eigener Sache zu ergreifen. Die Abfolge der Prioritäten und der Unterschiede wird dort um so prägnanter, wo die Muttersprache als die Sprache der Mutter des lyrischen Ichs thematisiert wird, die als Mutter in der Fremde zwischen die eigene Heimatsprache und die hiesige Sprache der Kinder geraten ist.

Obwohl bei Luisa Costa Hölzl das weibliche lyrische Ich sich zur Sprache der Fremde mit der Feststellung bekennt:»lernte ich doch mit dieser Sprache /

---

34   Chrisafis Lolakas, *So weit der Himmel reicht*, Köln 1985, S. 120.

denken und lieben«[35] bleibt ihm die Erfahrung nicht erspart, daß beim Vorsingen eines Kinderliedes die Heimatsprache »von selber ausgeht«.

> *Heimatsprache*
> versucht dem Kind ein Lied
> vorzusingen
> ein halber Satz und wortlos weiter
> summend
> bis auch die Melodie
> von selber ausgeht
> von dem Spruch nur Einzelwörter übrig
> Fingerspiele nur im Rhythmus
> sprachlose Gebete
> das Kind fest umarmen
> noch ein Kosewort
> ein Fundstück[36]

Und wenn sich in dem kurzen Prosatext *Der Tag danach*[37] die fremde Frau weigert, die Vorwürfe ihrer Landsmännin anzunehmen, wird Muttersprache eindeutig als Kulturraum definiert. Ein repressiver und lustfeindlicher Kulturraum, wogegen sich die Tochter auflehnen will, ohne zu einem endgültigen Bruch zu gelangen. Sie verquickt dies, indem sie sich gegenüber ihrer Landsmännin, als stellvertretender Mutter, zu ihrer nächtlichen Erfahrung offen bekennt und gleich danach ihren Studienpflichten im Ausland nachgeht.

In einem weiteren Gedicht mit dem Titel *Brief einer Mutter an ihre Tochter*[38] ist nicht ausdrücklich von Muttersprache die Rede, aber die Haltung der Tochter beim Vorlesen des Briefes macht deutlich, daß sie Position gegen die Lebensvorstellungen der Mutter bezieht und sich dennoch solidarisch zu ihr verhalten will. Vergleicht man das Gedicht mit dem Prosatext so wird ersichtlich, daß im Gedicht der Konflikt mit der Muttersprache stellvertretend über die Sprache der Mutter ausgetragen wird. Die Tochter wehrt sich gegen die Mutter, weil sie eine sprachliche Vermittlung zwischen Vater und Tochter anstrebt. Eine Vermittlung, die um so komplexer ist, weil die Mutter exemplarisch für das wirbt, was die Tochter an ihr ablehnt. Und diese muß es ablehnen, weil sie darin das Werk ihres Vaters sieht. Die Entscheidung für den deutschen Freund als Befreiung von der eigenen kulturellen Identität[39] fällt zwangsläufig mit einer Option für die fremde Sprache zusammen. Anderer-

---

35   Luisa Costa Hölzl, *fühle mich heimisch in dieser Sprache*, in: *Freihändig auf dem Tandem. Dreißig Frauen aus elf Ländern*, Luisa Costa Hölzl/Eleni Torossi (Hgg.), Kiel 1985, S. 75.

36   Ebd., *Heimatsprache*, S. 83.

37   Ebd., *Der Tag danach*, S. 106.

38   Ebd., *Brief einer Mutter an ihre Tochter*, S. 26-29.

39   Luisa Costa Hölzl, *Mit der Stadt schwanger*, in: *Eine Fremde wie ich. Berichte, Erzählungen und Gedichte von Ausländerinnen*, Hülya Özkan/Andrea Wörle (Hgg.) München 1985, S. 84-88.

seits macht gerade das Gedicht *Brief einer Mutter an ihre Tochter* mit der wiederkehrenden Aufforderung »wehr dich dagegen, Mutter«[40] deutlich, daß die Tochter das Verhältnis zwischen Mutter und Tochter auf die Ebene der Solidarität zwischen zwei Frauen heben möchte, die sich gemeinsam aus demselben Autoritätsmodell befreien sollen.

So gesehen ist die Heimatsprache, die bei Luisa Costa Hölzl »von selber ausgeht«, nicht zwangsläufig mit der Muttersprache eines fremden lyrischen Ichs gleichzusetzen, das sich in einer neuen Sprache angesiedelt hat, weil bei ihr die Heimatsprache nicht an der existentiellen Diskrepanz festgemacht wird, die die Lyrikerin Chantal Estran-Goecke mit folgender Genauigkeit auf den Punkt gebracht hat: »Du lebst weiter und ich bin nicht da.«[41]

Während sich bei Chantal Estran-Goecke das fremde lyrische Ich einer unaufhaltsamen Entrückung zwischen blockierter kultureigener Vergangenheit und expandierenden Erfahrungen in einer fremden Gegenwart ausgesetzt sieht, wird bei Luisa Costa Hölzl zuerst die Erschöpfung der Vergangenheit aus der Heimatsprache festgestellt, da sie nur noch als sprachliches »Fundstück« im lyrischen Ich auffindbar ist. Derartige Erschöpfung beeinträchtigt keineswegs die Kommunikation zwischen dem mütterlichen Ich und dem fremdsprachigen Kind, weil diese aus den gemeinsamen Mutter-Kind-Erfahrungen erwächst, selbst wenn sie vorläufig aus »Fingerspielen nur im Rhythmus und sprachlosen Gebeten« bestehen.

Die problematische Differenzierung zwischen Heimat- und Muttersprache des weiblichen Ichs auf der einen Seite, Sprache der Mutter und Landessprache des Kindes auf der anderen Seite, umreißt die Komplexität einer Erfahrung, die darauf abzielt, die Spannung zwischen Heimat- und Muttersprache aus der Perspektive des Kindes und zugleich aus der der fremdsprachigen Mutter einzulösen. Obwohl der Begriff »Heimatsprache« als Anhaltspunkt zwischen Mutter- und Fremdsprache für differenzierte Querverbindungen im Gedicht sorgt, kann die gesamte Tragweite seiner Bedeutung erst dann erfaßt werden, wenn das Gedicht als Suche nach einer gemeinsamen Sprachidentität für das mütterliche Ich und dessen fremdsprachiges Kind begründet werden kann.

Die Reduzierung der »Heimatsprache« auf ein Fundstück in Form eines »Kosewortes« für das fremdsprachige Kind weist darauf hin, daß das lyrische Ich mit der eigenen »Heimatsprache« gebrochen hat und daß diese nur als Ausdruck von Solidarität zwischen Frauen in ihm weiterlebt. Insofern ist »Heimatsprache« unmißverständlich als die Sprache der Väter und der Ehemänner definiert, von der das lyrische Ich durch seinen Gang in die Fremde Abstand gewonnen hat. Erst über die Geburt eines eigenen Kindes gerät das lyrische Ich erneut in eine soziokulturelle Kontinuität mit der Vergangenheit aus der Heimatsprache. Dieses Mal muß der Sprachabstand entweder als endgültiger

---

40   Ebd., S. 26-29.
41   Chantal Estran-Goecke, *Ich trauere um Dich*, in: *Freihändig auf dem Tandem. Dreißig Frauen aus elf Ländern*, Luisa Costa Hölzl/Eleni Torossi (Hgg.), ebd., S. 83.

Bruch bestätigt werden, was dem lyrischen Ich aufgrund der Solidarität mit der Mutter untersagt bleibt, oder über die Landessprache des Kindes in einer neuen Dimension aufgelöst werden. Die im Gedicht Heimatsprache angeführte Option für die Landessprache des Kindes ist die Voraussetzung dafür, daß das lyrische Ich und das Kind zu einer gemeinsamen Sprache kommen. Die gemeinsame Sprache soll zugleich in der Lage sein, den Begriff »Heimatsprache« von seiner bisherigen eindeutigen und zurückgewandten Konnotation zu lösen: ihm die ausstehende Ambivalenz zu verleihen, die aus der Landessprache des Kindes eine gemeinsame Heimatsprache für das Kind und das fremdsprachige lyrische Ich werden läßt.

Insofern deckt sich die Sehnsucht nach Heimatsprache bei Luisa Costa Hölzl mit dem Wunsch all jener, die Heimat nicht mehr über Väter und Ehemänner definieren wollen oder können, sondern über die Kinder; sei es als ein Akt der Emanzipation aus eigener Vergangenheit, sei es als Suche nach Identität zwischen Leben und Sprache in der Fremde. Auf diese Sehnsucht hat die französische Gesetzgebung zur Zeit der Revolution schon einmal eine positive Antwort gegeben, als in der Verfassung von 1793 festgelegt wurde, daß: »jeder Ausländer, der das Alter von 21 Jahren erlangt hat, in Frankreich seit einem Jahr ansässig ist und dort von seiner Arbeit lebt oder ein Besitztum erwirbt oder eine Französin geheiratet hat oder ein Kind annimmt oder einen Greis ernährt«[42] zur Ausübung der Rechte eines französischen Bürgers zugelassen war.

Da es hier kaum um eine belegbare Kontinuität zwischen der französischen Verfassung und dem Gedicht von Luisa Costa Hölzl gehen kann, soll nicht darauf verzichtet werden, die inhaltliche Korrespondenz zwischen der Begründung des Begriffes »Heimat« von 1793 und der nach vorne verlagerten Heimatsprache in dem Gedicht a posteriori herauszustellen. Dies erscheint um so zwingender, weil Lyrikerinnen und Erzählerinnen bei der Umpolung der positiven Ambivalenz von »Heimat« und »Heimatsprache« mit grundsätzlicher Entschiedenheit vorgehen. Die Glaubwürdigkeit ihres Ansatzes besteht darin, daß sie bei der Problematisierung des Lebens in der Fremde ihre bisherige Rolle als Frau nicht aussparen, gerade weil sie sich von der Autorität des Vaters und von dem Bild der Mutter befreien wollen. Männliche Autoren wie Aras Ören oder Chrisafis Lolakas nehmen zum Teil die Zerstörung ihrer Ich-Erzähler in Kauf, vermeiden jedoch, sie in ihrer Rolle als Mann, Ehemann, Vater und Bruder in Frage zu stellen. Zuerst könnte man darin eine Korrespondenz zwischen soziokultureller Männerrolle und Erwartung der deutschen Öffentlichkeit sehen. Als Vermittler von Erkenntnissen, die sich zwischen Ländern, Kulturen, Sprachen und Erfahrungen angesiedelt haben, nehmen die ange-

---

42   Zitiert nach Ingo von Münch, *Gegen »Blut« und »Boden«. Zu vernünftiger Ausländerpolitik gehören leichtere Einbürgerung und doppelte Staatsangehörigkeit.* In: *Die Zeit*, Nr. 2 Hamburg 1992, S. 49; ferner vgl. *Les constitutions de la France depuis 1789*, Jaques Godechot (Hg.), Paris 1970, S. 37-38. Womöglich zitiert Ingo von Münch eine ausführende Verfügung mit.

führten Autoren durchaus die positive Ambivalenz der »Heimat« und der »Heimatsprache« in Anspruch. Ihre männlichen Ich-Erzähler brauchen deswegen nicht ihre mitgebrachte »Rolle« als Männer, Ehemänner und Väter in Frage zu stellen, denn sie vertreten die Andersartigkeit in der fremden Öffentlichkeit, und genau dort werden die Gefahren vermutet, die mit allen Mitteln von der eigenen Familie und Minderheit abzuwenden sind. Ein In-Frage-Stellen ihrer kodifizierten Rolle würde sie in ihrer Wahrnehmung der Familie und Minderheit existentiellen Unsicherheiten aussetzen, denen nicht einmal über eine paritätische Teilung der Verantwortung mit der kultureigenen oder kulturfremden Ehefrau vorzubeugen ist.

Mit welcher Rigidität ausländische Ich-Erzähler an dieser Haltung des beschützenden *padre-padrone (mein Vater, mein Herr)* festhalten, soll hier durch die Tatsache belegt werden, daß sie ihren Vertretungsauftrag und ihre Schutzhaltung um so rigoroser gegenüber kulturfremden Männern gestalten. Abgesehen von politischen Begegnungen unter Männern verschiedener nationaler Herkunft, die eine geschlossene Solidarität unter den Ausgegrenzten gegenüber der Mehrheit demonstrieren sollen, kommen bei den Ich-Erzählern kaum Freundschaften vor, sei es unter Ausländern aus verschiedenen Herkunftskulturen, sei es zwischen Ausländern und Inländern. Dagegen finden sich bei ausländischen Ich-Erzählerinnen immer wieder Versuche, über Freundschaften mit Frauen aus anderen Kulturkreisen einen Ausweg aus ihrer Rolle als Frau und Ausländerin zu finden. Der Unterschied ist insofern von Bedeutung, weil hier Freundschaft für interkulturelle Annäherung zur Andersartigkeit jenseits betrieblicher Zwänge steht und die Bereitschaft zur persönlichen Veränderung fördert. Es liegt der Verdacht nahe, daß ausländische Autoren ihren Protagonisten all dies bewußt erspart haben in der Hoffnung, ihnen möge die Zerreißprobe beim Erlangen einer ambivalenten »Heimat« und »Heimatsprache« erspart bleiben, wie es in *So weit der Himmel reicht* und in *Die Finsternis* der Fall ist. Ob es sich hier um eine betrügerische Männerhoffnung oder um eine unvermeidbare soziokulturelle Sackgasse handelt, soll kontrastiv anhand der Werke von Aysel Özakin erläutert werden.

23. Aysel Özakin

a) Bundesdeutsche Frauenöffentlichkeit und Erwartungen

Noch vor Aysel Özakins Ankunft in der Bundesrepublik hat die hiesige Frauenbewegung immer wieder soziokulturelle Aufklärung zu Gunsten der ausländischen Frauen auch unter Einbezug der Kunst versucht. Die Mitarbeit von Marianne Herzog an Vera Kamenkos Buch *Unter uns war Krieg* (1978) und der Film *Das höchste Gut der Frau ist ihr Schweigen* (1980) von Gertrud Pinkus mit der Gastarbeiterin Maria Tucci-Lagamba stellen die markantesten Beweise dieser Bestrebungen dar.[43] Mit der Ankunft von Özakin am Anfang der achtziger Jahre steuerte die Frauenöffentlichkeit auf einen Glücksfall[44] hin, der sich aus der Tatsache ergeben sollte, daß mit Özakin eine türkische Schriftstellerin nach Kreuzberg gekommen war, die in ihren Werken das thematisiert, was von ihr erwartet wurde, nämlich modellhafte Lebensläufe zur Vermittlung der Situation und der Emanzipation der türkischen Frau.[45] Demgegenüber sieht sich die Autorin einer zweckmäßigen, einengenden Erwartung ausgesetzt, die in kurzer Zeit zu offenem Mißtrauen ihr gegenüber ausartet, da die Lebensläufe ihrer Protagonistinnen nicht der Vorstellung einer türkischen Mutter und Fließbandarbeiterin aus Kreuzberg entspricht. Dagegen nimmt Özakin sich und ihre Werke in Schutz, indem sie die Kluft zwischen abstrakten Erwartungen und sozialer Realität zum Inhalt der Diskussion macht, denn: »was die Deutschen nicht sehen wollen: [...] Emanzipation der Frau ist dort fast nur über Studium und qualifizierte Berufstätigkeit möglich.«[46]

Der äußere Drang zu einer Verdeutlichung ihrer Lage als Schriftstellerin ohne festgelegte Aufgaben reicht keineswegs aus, um die von Özakin mitangeführten »feinen Unterschiede« im Klassengeschmack und Lebensstil zwischen einer Türkin aus der Metropole und den Männern aus der anatolischen Provinz zu begründen: »Hier spüre ich eine ähnliche Spannung, die mich beim Betreten so eines Restaurants in Anatolien immer befällt, wenn ich allein bin. Dort machen mich die Blicke der provinziellen Männer, die einen dichten Schnurrbart tragen, unruhig. Hier ist es der Gedanke daran, ich könnte als Ausländerin, als türkische Frau, entlarvt werden.«[47]

---

43   Zur gesamten Publizistik der siebziger Jahre über ausländische Frauen in der Bundesrepublik Deutschland vgl. Alice Münscher, *Ausländische Frauen. Annotierte Bibliographie*, DJI-Verlag, München 1980, sowie Alice Münscher, *Ausländische Frauen. Annotierte Bibliographie*, Ergänzungen, Stand Frühjahr 1982.

44   Zur zweckmäßigen Wahrnehmung der Schriftstellerin Aysel Özakin sei darauf hingewiesen, daß dieselbe literarische Öffentlichkeit nach wie vor Fakir Baykurt ignoriert, ein Klassiker der türkischen Gegenwartsliteratur, der zur selben Zeit wie Aysel Özakin nach Deutschland auswandern mußte.

45   Hierzu haben beigetragen die Frauenthematik aus Aysel Özakin, *Die Preisvergabe. Ein Frauenroman*, Hamburg 1982, die bundesdeutschen Inhalte aus Aysel Özakin, *Soll ich hier alt werden?*, Hamburg 1982 und Aysel Özakin, *Die Leidenschaft der Anderen*, Hamburg 1983, sowie die Altonaer Gedichte aus Aysel Özakin, *Du bist willkommen*, Hamburg 1985.

46   Ursula Hempel-Cirkel, *Eine türkische Schriftstellerin in Berlin. Interview mit Aysel Özakin*. In: *Informationsdienst zur Ausländerarbeit*, Institut für Sozialarbeit und Sozialpädagogik (Hg.), Heft 4, Frankfurt 1983, S. 70.

47   Aysel Özakin, *Die Leidenschaft der Anderen*, ebd., S. 30. Hierzu vgl. Pierre Bourdieu, *Die feinen Unterschiede. Kritik der gesellschaftlichen Urteilskraft*, Frankfurt 1982, »die elementarsten Grundlagen der Identität und Einheit der Klasse, die im Unbewußten verankert sind, würden in der Tat in Mitleidenschaft gezogen, wenn an diesem entscheidenden Punkt, nämlich der Beziehung zum Körper, die Unterdrückten sich selbst als Klasse nur noch mit den Augen der Herrschenden wahrnähmen.« S. 601.

Die Erwartungen und die bedrängte Lage der Schriftstellerin haben sich inzwischen so verselbständigt, daß Özakin sich wiederholt zu krassen Distanzierungen von Anatolien,[48] von der türkischen Frau und von der Literatur der Ausländer[49] veranlaßt sieht. Dieser Kontext soll aber nicht mit der Tatsache in Verbindung gebracht werden, daß bei Özakin bis heute nirgends eine solidarische Stellungnahme »der Istanbuler Intellektuellen« zum inneren Leben der »entlegenen anatolischen Kleinstadt«[50] in Berlin zu lesen ist, in der Art wie sie etwa in Aras Örens Roman *Eine verspätete Abrechnung* vorkommt.[51] Die fehlende Erklärung ist ein Hinweis darauf, daß die Autorin sich mittels ihrer Literatur bewußt von Solidaritätsbestrebungen absetzt, in denen sie das integrierende Gleichgewicht zwischen Männer- und Frauenvorstellungen vermißt. Die Erwartung wäre zudem fehl am Platz, weil Özakin von Anfang an darauf bedacht ist, eine autonome Position sogar gegenüber der fortschrittlichen Tradition aus der männlichen Bibliothek ihres Vaters zu beziehen.[52]

Es kann kein Zufall sein, daß es nicht einmal aus der Nähe zur sozialrealistischen Literatur[53] von Nazim Hikmet, Yasar Kemal, Aziz Nesim, Orhan Kemal und Fakir Baykurt heraus bei Özakin zu einem solidarischen Bekenntnis zum Leben der türkischen Minderheit in der Bundesrepublik kommt. Die strikte Weigerung läßt sich durch die Annahme verdeutlichen, daß Vorstöße in diese Richtung leicht mißverstanden werden könnten:

> »[für] die männlichen Angehörigen der Linken aus der Türkei, [...] [für] die türkischen Frauen, die Angst vor dem Bewußtsein als Frau haben,[...] [für] die deutschen Frauen, die nicht wissen, wie sie sich verhalten sollen, um nicht ausländerfeindlich aufzutreten... Und für sie alle will ich einen gemeinsamen Punkt finden: Die Ablehnung des Nationalismus und des Sexismus...«[54]

Wenn Özakin im Jahre 1982 die Grundposition aus Verena Stefans *Häutungen* (1975) »Sexismus geht tiefer als Rassismus und Klassenkampf«,[55] für sich neu

---

48 Aysel Özakin, *Die Leidenschaft der Anderen*, ebd., S. 30.

49 Heidi Rösch, *Dokumentation des Werkstattgesprächs »Literatur im interkulturellen Kontext«*, in: *Literatur im interkulturellen Kontext*, Heidi Rösch (Red.), TUB-Dokumentation, Heft 20, Berlin 1989, S. 65.

50 In *Die blaue Maske*, Frankfurt 1989, ist Aysel Özakin noch entschiedener auf Distanz zu türkischen Frauen und Männern gegangen, sei es in Kreuzberg (S. 81-82), sei es in Zürich (S. 174-176), sei es in Den Haag (S. 184-186).

51 Aras Ören, *Eine verspätete Abrechnung*, ebd., S. 181.

52 Aysel Özakin, *Der fliegende Teppich. Auf der Spur meines Vaters*, Hamburg 1987, S. 13. Über die Bedeutung dieser Literatur als »Herzstück der neuen türkischen Literatur« vgl. Petra Kappert, *Barden, Bauern und Rebellen. Die anatolische Provinz in der türkischen Literatur*. In: *Frankfurter Allgemeine Zeitung*, Nr. 7 vom 9. Januar 1982, Frankfurt 1982.

53 Vgl. Ingeborg Drewitz' *Vorwort* zu Aysel Özakin, *Die Preisvergabe*, ebd., S. 6

54 Aysel Özakin, *Die Leidenschaft der Anderen*, ebd., S. 57.

55 Verena Stefan, *Häutungen*, München 1975, S. 34.

formuliert und wenn sie später die »Betroffenheit«[56] zu ihrer eigenen macht, soll dies zunächst als Suche nach Abstand und Neuorientierung gewertet werden. Entscheidend an der Übernahme von Parolen der bundesdeutschen Frauenliteratur wie Betroffenheit, die nach Sigrid Weigel als »eine der populärsten und zugleich abgegriffensten und leersten Formeln in der Literaturdebatte der siebziger Jahre«[57] gilt, ist allein die Umsetzung in ihren Werken, denn damit wird die Verlagerung von einer Literaturtradition in die andere, von der Autorin auf die Protagonistin, deutlich. Die Frage, wie es zur alltäglichen Verknüpfung von Nationalismus und Sexismus gegenüber der türkischen Frau in der Fremde kommen kann und wie man sich exemplarisch gegenseitig davon befreien kann, hat Özakin zuerst in *Die Leidenschaft der Anderen* angekündigt, bevor sie es zum Thema ihres Romans *Die blaue Maske* erheben wird. In *Die Leidenschaft der Anderen* ist zu lesen: »Aus seinem Gesicht war alles Draufgängerische, das nur auf die günstige Gelegenheit zu Annäherung gelauert zu haben schien, verschwunden. Für seine Hilfsbereitschaft war auch von Bedeutung, daß wir uns in Deutschland befanden. Hier hatte er mich auch noch vor den Fremden zu schützen.«[58]

Der türkische Mann, der zuerst in der fremden Frau auf dem Bahnhof keine Türkin hat vermuten können, muß nun die Priorität seiner Rollen revidieren und sich darüber bewußt werden, daß das höchste Gebot in der Fremde die Abwehr von Gefahren von der eigenen Minderheit ist. Und gerade dadurch verfängt er sich in jenes nationalistische Denken, das nach Özakin eng mit dem Machtanspruch auf die Frauen der eigenen Minderheit verknüpft ist. Die Weigerung der türkischen Frau, sich von ihm die Fahrkarte bezahlen zu lassen, durchkreuzt seine Ausführung von männlichen Prioritäten und entläßt ihn von jeglicher Schutzpflicht. In der Tat: »Als er zurückkommt, ist der Ausdruck von Trauer und Einsamkeit, Draufgängertum und Erniedrigung vollkommen verschwunden, mit dem er mich anfangs gemustert hat. Jetzt sagt er: Also dann, gute Reise, Schwester.«[59]

So gesehen kommt die Handlung der Frau einem solidarischen Bekenntnis zur Lage der männlichen Gastarbeiter gleich, das jedoch nicht auf der Basis gemeinsamer ethnischer oder soziopolitischer Abwehr von Unterdrückung in der Fremde ausgesprochen wird, sondern indem ein Mann erkennt, daß der emanzipatorische Lernprozeß bei einer Frau nicht zu verhindern ist.

Als Versuch einer vorläufigen Bilanz über die Umorientierung der fremden Ich-Erzählerin[60] aus dem Band *Die Leidenschaften der Anderen* läßt sich be-

---

56   Vgl. Aysel Özakin, *Die Leidenschaft der Anderen*, ebd., »Die Literatur entsteht aus dem Wunsch, durch die Betroffenheit der anderen die eigene Betroffenheit auszudrücken. Diese Definition gehörte nun uns beiden. Sie verband uns.« S. 86.
57   Sigrid Weigel, *Die Stimme der Medusa*, ebd., S. 100.
58   Aysel Özakin, *Die Leidenschaft der Anderen*, ebd., S. 63.
59   Ebd., S. 64, sowie Aysel Özakin, *Die blaue Maske*, ebd., S. 31, S. 166-67 u. S. 174-177.
60   Die ständige biographische Verweise in: Aysel Özakin, *Die Leidenschaft der Anderen*, ebd., das sich wie ein Bericht über die erste Lesereise einer ausländischen Schriftstellerin durch die Bundesrepublik liest, bestätigen eine Ambivalenz der Autorin und

haupten, daß gegenseitige Emanzipation nicht der einzige Vorschlag gegen Nationalismus und Sexismus ist. Gerade weil die Autorin bei ihrer Erkundungsreise, trotz der angeführten Bezugnahmen vor Ort, weiterhin an Simone de Beauvoirs Grundposition, die Liebe in der Ehe sei eine Falle,[61] festhält, sieht sie sich um so mehr dazu angespornt, nach Alternativen im Bereich des sozialen Zusammenlebens von Frau und Mann zu suchen. Als erster Vorschlag kündigt sich die »Verbundenheit der Angehörigen einer oppositionellen Minderheit«[62] an, die der Ich-Erzählerin das Gefühl emanzipierender Zugehörigkeit vermittelt. Das Gefühl wird als umsetzbarer Vorschlag angenommen, weil Zugehörigkeit zur oppositionellen Minderheit weder geschlechtsspezifisch noch national, noch lokal zu bestimmen ist: »Ich habe das Gefühl, als würde ich in dieser unbekannten Stadt bekannte Menschen treffen.«[63]

Wie »bekannte Menschen« auszusehen haben, hat die Ich-Erzählerin bei ihrer Ankunft in Berlin erlebt und dann in anderen Städten wieder erfahren: »Wir waren eine Minderheit und Fremde. Hausbesetzer, Türken, Frauen ... Frauen ohne Familie, ohne die vielfältigen Schleier der Konvention und der Anpassung, Frauen, die mit den bequemen und grausamen Sicherheiten der Vergangenheit gebrochen hatten.«[64]

Da, wie zu sehen sein wird, Özakin diese aufkommende »Verbundenheit« zur Kernfrage ihres Romans *Die blaue Maske* (1989) erhoben hat, wird im folgenden zuerst Bezug auf die Erzählungen aus dem Band *Das Lächeln des Bewußtseins* (1985) und auf das Poem *Zart erhob sie sich bis sie flog* (1986) genommen. Dies geschieht in der Annahme, daß Özakin dort an die zentralen Themen aus den Werken *Der fliegende Teppich* (1975) und *Die Preisvergabe* (1978) anknüpft, um gegen anfängliche Zwänge und Rezeptionserwartungen zu steuern, die sie durch kurzfristig angelegte Werken wie *Soll ich hier alt werden?* (1982) und *Die Leidenschaft der Anderen* (1983) bestätigt hatte.

b) Nicht eingehaltene Vaterschaft / abgebrochene Mutterschaft

Im Gesamtkontext der Werke von Özakin (1975-1992) ist der Erzählungsband *Das Lächeln des Bewußtseins* von besonderer Bedeutung, weil sie hier die

---

der Ich-Erzählerin, die bei Franco Biondi als Ich-Vielfalt zu beobachten ist. Die »Kleine Autobiographie« auf S. 7-12, die sich aus Zitaten aus *Der fliegende Teppich*, ebd., zusammensetzt, kündigt die Besonderheit der Beziehung zwischen der Autorin und ihrer Ich-Erzählerin.

61 Simone de Beauvoir, *Das andere Geschlecht. Sitte und Sexus der Frau*, Reinbek 1974, S. 407-408. Das Festhalten an dieser Unmöglichkeit aus *Die Preisvergabe* wird in *Die Leidenschaft der Anderen* dadurch streng bestätigt, daß die Ich-Erzählerin vor Hans aus Berlin geflohen ist und, daß sie unfähig ist, sich ihre Zuneigung zu Johannes zu gestehen.

62 Aysel Özakin, *Die Leidenschaft der Anderen*, ebd., S. 31.

63 Ebd., S. 31.

64 Ebd., S. 17.

darstellende Zentralität der Ich-Erzählerin aufgibt und dabei Frauengestalten entwirft, deren Lebensläufe zwischen damals und heute es ihr ermöglichen, Nähe zur westeuropäischen Frauenliteratur zu signalisieren, selbst dort, wo Andersartigkeit und Leben in der Fremde dominant bleiben.

Falsches Frauenbewußtsein und lebensgefährliche Gewalt des Ehemannes über die Frau bestimmen den Lebenslauf der Lehrerin N. aus der Erzählung *Die Lehrerin*. Die Verstümmelung ihres Körpers infolge einer Brustoperation leitet in der Erzählung *Seltsames Happy-End* die Emanzipation der schönen Su ein, die sich bisher ihrem Eheleben und dem damit verbundenen Wohlstand gedankenlos untergeordnet hat, und so entwickelt sie sich zur vielversprechenden Romanautorin. Die Unmöglichkeit der Liebe unter Frauen, bzw. die traditionelle Priorität der Liebe zum Mann wird in *Deine Stimme gehört dir* in den Mittelpunkt gerückt. In *Besuch beim Wahnsinn* geht es um verliebte Frauen, die aufgrund des prioritären Sozialstatus der von ihnen geliebten Männer in existentielle Gefährdung geraten sind. Zur Exilproblematik kehrt Özakin in der Erzählung *Anderswo unterwegs* zurück und dieses Mal bricht sie mit den Zwängen der Solidarität zwischen Mann und Frau in der Fremde. Es wird gezeigt, wie sich aus dem solidarischen Verhalten einer Frau, die dem Mann ins Exil nachgereist ist, Isolation und Einsamkeit ergeben.

In dem vielschichtigen Kontext der Sammlung gewinnt die Thematik aus der Erzählung *Schatten und Schritte* wegweisende Züge. Aus dem Blickwinkel der in Deutschland lebenden Talya stellt sich die Erzählung zuerst als Reflexion über zwei ungleichartige Kulturen dar. Durch den Besuch des Sohnes Simos wird Talya von der Vergangenheit mit ihrem Mann Parvis so eingeholt, daß das jetzige Zusammenleben mit dem Freund Uve unerwartete Reflexe annimmt. An Simos' Verhalten, der von der Mutter als »beherrschend wie Parvis und verschlossen wie Uve« erlebt wird, muß sie erkennen, daß jede Synthese aus kulturellen Gegensätzen in sich statisch ist und nicht zur Erneuerung führt. Allerdings trifft dies nur so lange zu wie die erfahrenen Gegensätze außerhalb ihrer Alltäglichkeit gehalten werden. Aufgrund ihres Ganges in die Fremde braucht Talya z.B. keine türkische Ehefrau mehr zu sein; sie muß aber bei der sozialen Kategorisierung ihres neuen Lebens das verwirklichen oder widerlegen, was eine in der Schweiz lebende Sizilianerin wie folgt auf den Punkt gebracht hat: »eine sizilianische Mutter werde ich immer bleiben, aber eine sizilianische Ehefrau bin ich lange nicht mehr.«[65]

Aus dem unlösbaren Konflikt einer Frau und Mutter heraus, die in eine äußerst schwierige Lebenssituation geraten ist, erträumt sich Talya die befreiende Hoffnung, »daß Simos in der Zukunft anders sein würde. Anders als Parvis, anders als Uve. Simos würde sich ändern. Er würde bestimmt nicht blei-

---

65 Andrea Hettlage-Varjas/Robert Hettlage, *Zur Theorie kultureller Zwischenwelten*. In: *Schweizerische Zeitschrift für Soziologie*, Schweizerische Gesellschaft für Soziologie (Hg.), Bd. 10, Nr. 2 1984. Montreux 1984, S. 390.

ben, wie er heute war. Und sie? Sie selbst? Würde sie so bleiben, wie sie heute war?«[66]

Versucht man Talyas lebenswichtige Fragen im Kontext der gesamten literarischen Entwicklung von Özakin zu beantworten, dann kann die Behauptung aufgestellt werden, daß die Erzählung *Schatten und Schritte* die weibliche Version von *Der fliegende Teppich* ist.

Hatte dort die Tochter den Vater wegen des Todes der Mutter in Kanada aufgesucht, besucht der Sohn hier die Mutter in der Bundesrepublik, da sie es sich gewünscht hat. In *Der fliegende Teppich* hatte der Vater am Ende seines Herumirrens und wegen ehelicher Untreue die Türkei verlassen. In Kanada hatte er sich mit einer deutschen Frau zusammengetan. In *Schatten und Schritte* rettet sich die untreue Ehefrau Talya vor der lebensgefährlichen Rache durch den Ehemann Parvis in die Bundesrepublik und geht hier eine paritätische Beziehung mit einem Mann ein, der über die Frauenbewegung zur eigenen Befreiung von männlichem Verhalten gefunden hat. Durch die Ankunft des heranwachsenden Sohnes Simos unterzieht die Mutter ihr neues Leben einer Bilanz, die für Talya keineswegs schmerzfrei oder eindeutig positiv ausgehen wird. Hier liegt der wesentliche Unterschied zwischen Roman und Erzählung. Während im Roman der Vater sich durch die Anwesenheit der Tochter zu keinen Erkenntnissen bzw. zu keiner Handlung angespornt fühlt, wird Talya durch die in ihr wachgerüttelte Mutterschaft so bedrängt, daß sie zur psychosomatischen Selbstbestrafung greift. Sie erkrankt am Eierstock, so daß ihr die Möglichkeit genommen ist, in der Nacht den täglichen Abstand zu Uve zu verringern.

Die herbeigeführte Asexualität, die konkrete Unfähigkeit, schwanger zu werden,[67] verschafft ihr die Voraussetzung, Simos treu zu sein, ihm näher zu kommen, erweist sich aber als Bruch in ihrem bisherigen harmonischen Leben mit Uve. Ein Bruch, der ihr Uves rationale Rücksicht auf die Frauen in ihrer Zwanghaftigkeit vor Augen führt. So entsteht eine Demontage des neuen Lebens, die jedoch nicht bis zum Bruch mit dem Partner reichen wird, so wie es davor bei Hans aus *Die Leidenschaft der Anderen* der Fall gewesen ist. Nach Simos' Abflug kehrt Talya zu Uve zurück wie der Vater aus *Der fliegende Teppich*, der sich nach dem Abflug der Tochter mehr um die deutsche Nachbarin kümmert. Der Bruch ist weder hier noch dort möglich, denn in beiden Fällen würde er einer Niederlage in der Fremde gleich kommen, die weder Talya gegenüber dem Sohn, noch der Vater gegenüber der Tochter zugeben kann. Talya wird sich in ihre Werkstatt zurückziehen und inmitten ihrer Bilder und Kunstobjekte weinen; der Vater wird sich, wie jede andere Nacht zuvor, neben die ausgeschaltete Labormaschine stellen und fortschrittliche türkische Literatur lesen.

Aus der Perspektive der Frauenliteratur wird der Unterschied zwischen Roman und Erzählung an der Unfähigkeit des Vaters deutlich, seine Erfahrun-

---

66 Aysel Özakin, *Schatten und Schritte*, in: *Das Lächeln des Bewußtsein*, Hamburg 1985, S. 39.

67 Vgl. Hélène Cixous, *Weiblichkeit in der Schrift*, Berlin 1980.

gen in der Fremde gegenüber der Tochter zu verbalisieren, und an der Absicht der Mutter, den Sohn entscheidenden Erfahrungen in der Fremde auszusetzen, so daß er sich so weit wie möglich von Parvis' Lebensführung emanzipieren kann. Die Kürze der Besuchszeit zwingt Talya, Erlebtes durch Gespräche nachzuholen und zu ersetzen. Und gerade das unterschiedliche Vorgehen unterstreicht, daß es in dem Roman und in der Erzählung um nicht eingehaltene Vaterschaft bzw. um abgebrochene Mutterschaft geht, von der die Protagonisten nach ihrer Flucht aus dem Eheleben eingeholt worden sind. Von zusätzlicher Bedeutung ist die Entscheidung der Autorin, die abgebrochene Mutterschaft durch eine handelnde Mutter und die nicht eingehaltene Vaterschaft durch einen schweigenden Vater vertreten zu lassen. Beide sind in der Fremde; jedoch lebt der Vater in dem Bewußtsein, seine Zeit hinter sich zu haben, dagegen strebt die Mutter danach, durch Kunst den Drang nach Unabhängigkeit einzulösen, der sie aus dem Land getrieben hat.

Da die nicht eingehaltene Vaterschaft zu den Kernthemen der Literatur der Ausländer[68] gehört und die abgebrochene Mutterschaft zu denen der Frauenliteratur,[69] stellt sich die Frage, inwieweit bei Özakin ein kumulatives Verfahren vorliegt, das als Erneuerungsvorstoß in beide Richtungen ausgelegt werden kann.

In dem Poem *Zart erhob sie sich bis sie flog*, in dem »die Erinnerungen durch meine gegenwärtige zweite Sprache [Deutsch] in Gedichten zum Ausdruck kamen,«[70] steht das Leben der Großmutter im Mittelpunkt. Ihr Tod im Alter von hundertundvier Jahren ist der Auslöser für die Enkelin, ein Jahrhundert türkischer Kulturgeschichte über den Lebenslauf der Großmutter, aus der doppelten Perspektive der Fremde und der Emanzipation der Frau, zu erfassen. Der Lernprozeß des in der Fremde lebenden lyrischen Ichs wird kurz vor dem Schluß des Poems auf die grundlegende Formel gebracht: »Emigriert aus dem Damals / Integriert in mir.«[71]

Das Ersetzen des geschichtlichen Lebenslaufs des Vaters aus *Der fliegende Teppich* durch die geschichtliche Emanzipation der Großmutter als »bestes

---

68 Vgl. Carmine Abate, *Das nahe ferne Idol*, in: *Den Koffer und weg!* Kiel 1984, S. 5-15. – Franco Biondi, *Abschied der zerschellten Jahre*, Kiel 1984. – Francesco Micieli, *Ich weiß nur, daß mein Vater große Hände hat*, Bern 1988. Ebenso die Abwesenheit von Vaterfiguren in Werken, wo es um die Kontinuität zwischen Vergangenheit und Gegenwart geht, vgl. Zvonko Plepelič, *Du Kommen um Sieben*, Berlin 1980, und José F. A. Oliver, *Heimat und andere fossile Träume*, Berlin 1987. Aber auch als verweigerte Vaterschaft bei einer kulturfremden Frau wie in den Werken von Aras Ören und Franco Biondi.

69 Vgl. auch Lisa Mazzi-Spiegelberg, *Der Kern und die Schale. Italienische Frauen in der BRD*, Frankfurt 1986, Melek Baklan, *Das Korsett* in: *Freihändig auf dem Tandem. Dreißig Frauen aus elf Ländern*, Luisa Costa Hölzl/Eleni Torossi (Hgg.), Kiel 1985, S. 124-148, und Emine Sevgi Özdamar, *Mutterzunge*, Berlin 1990.

70 Aysel Özakin, *Zart erhob sie sich bis sie flog. Ein Poem*, Hamburg 1986, S. 7.

71 Ebd., S. 40.

Vorbild«[72] für die Autorin entspricht der jüngsten Tradition der Frauenliteratur zu, die darauf abzielt, weibliche Trägerinnen des historischen Gedächtnisses als Gegenmodelle aufzustellen.[73] Nur die im Poem nachvollziehbare Kontinuität zwischen dem Lebenslauf der Großmutter und der Gegenwart der Enkelin in der Fremde ist so angelegt, daß man es hier mit einer Verschmelzung beider literarischer Zielrichtungen zu tun hat: War die Flucht der Großmutter vor den Schlägen des allmächtigen Scheichs und Ehemannes am Anfang die weibliche Einsicht in eine befreiende Notwendigkeit, die Großmutter und Enkelin quer durch Anatolien zur Westküste führt, so erweist sich »Das Meer / Das ich mit Großmutter / An jenem Tag sah,«[74] als ein Angebot zur »Freiheit«, die von den lyrischem Ich jenseits des Meeres zu erreichen ist.

Da in dem Poem mit dieser Feststellung eine Antwort auf die vorangestellte Frage »Bist du hier [in der Fremde] freier?« gegeben wird, kann die Aussage so verstanden werden, daß nicht der Freiheitsgrad von Bedeutung ist, sondern die Erkenntnis, daß die Enkelin, sei es als lyrisches Ich, sei es als Autorin, einen Auftrag zu erfüllen hat, für den die Großmutter Vorbild war. Der Auftrag lautet, weibliche Kontinuität in der Sozialgeschichte des eigenen Landes zu stiften. Das Fehlen der Mutter als vorbildhafte Verbindung zwischen Großmutter und Enkelin kann als Hinweis darauf gewertet werden, daß das großmütterliche Vorbild im Bereich eines selbstgefährdenden Sozialdissenses angelegt ist. Bei den Müttern sind inzwischen die Zeiten der unmittelbaren Gefahr durch den Ehemann vergessen, und dennoch münden ihre zaghaften Wünsche oder offenen Bestrebungen nach Emanzipation in Depression, Krankheit und Selbstmord.[75] Der Enkelin wird sich die Freiheit des Meeres als notwendigen Ausbruch aus einem kulturellen und soziopolitischen Raum, der weder Dissens noch Emanzipation duldet, deswegen aufzwingen, weil das Meer Grenze und Fluchtweg zugleich ist.

Daß der Autorin bewußt ist, daß es um keine kurzfristige Verlagerung des großmütterlichen Vorbildes außerhalb einer zum Teil patriarchalischen Kultur und Gesellschaft gehen kann, geht aus der Wiederkehr der Meeres-Metapher hervor, mit der das Poem abgeschlossen wird:

Ich bin ein Fluß
Der
Seine Quelle verlassen hat
Und sich
Nach dem weiten Meer sehnt

---

72 Ebd., S. 7.

73 *Triumpf und Scheitern in der Metropole. Zur Rolle der Weiblichkeit in der Geschichte Berlins*, Sigrun Anselm/Beck Barbara (Hgg.), Berlin 1987.

74 Aysel Özakin, *Zart erhob sie sich bis sie flog*, ebd., S. 15.

75 Vgl. die Mutterfiguren aus *Der fliegende Teppich* (1975), *Die Vögel auf der Stirn*, Frankfurt 1991 (jedoch Istanbul 1979), und *Die Preisvergabe* (1978). Erst in *Glaube, Liebe, Aircondition. Eine türkische Kindheit*, Hamburg/Zürich 1991, überlebt die Mutter den Vater.

Weil er weiß
Daß die Quelle
Erst dann
Eins wird
Mit dem weiten, großen Meer[76]

Ohne das Meer als psychoanalytischen Hinweis auf die rettende Priorität der Mutterschaft (Meer) vor der Vaterschaft (Fluß ins Meer) verkennen zu wollen, wird im folgenden versucht, das Meer als Hinweis auf einen gesellschaftlichen Zustand zu verdeutlichen, wie ihn Özakin in *Die blaue Maske* entworfen hat. Dies geschieht in der Annahme, daß sie nach einem Gesellschaftsmodell sucht, das in sich jede starre Gegenüberstellung von Schichten und Geschlechtern aufhebt, das aus ineinanderfließenden Sozialsphären besteht und das ihr dabei helfen soll, die Grenzsituationen aufzuheben, in die sich ihre Ich-Erzählerinnen auf dem Weg zur Emanzipation stets verstricken.

c) Auflösung der Zwischenwelten und Nomadisierung der Öffentlichkeit in *Die blaue Maske*

Da bei Özakin neuere Werke niemals ganz neu sind, kann es hier nur von Nutzen sein, auf den Prosaband *die Leidenschaft der Anderen* und auf die Erzählung *Anderswo unterwegs* aus *Das Lächeln des Bewußtseins* zurückzugreifen. Der Grund liegt in dem dort angelegten Abschied der weiblichen Hauptfiguren von der Hoffnung auf solidarische Unterstützung von seiten der Männer, die sich wie die Protagonistinnen dem kulturpolitischen Kampf gegen die Militärdiktatur in der Türkei verschrieben haben.

War die aus der Provinz entflohene Armagan in *Die Vögel auf der Stirn* noch auf Sinans Bekanntschaft angewiesen, um sich ein neues Leben in Istanbul aufzubauen,[77] und konnte die politisch unerfahrene Nuray aus *Die Preisvergabe* sich mit der unerwarteten Hilfe von Gilmaz von ihrem Eheleben befreien und sich damit zufriedengeben, so zeigen die allerersten Exilerfahrungen der Diyana aus der Erzählung *Anderswo unterwegs*, daß Frauenemanzipation selbst unter aufgeklärten Widerstandskämpfern nicht vorgesehen ist.

Das besagt aber noch nicht, daß eine Trennung von den eigenen Lands- und Ehemännern in der Fremde per se zur besseren Ausgangsposition führt. Der Ich-Erzählerin aus *Die Leidenschaft der Anderen* kann z.B. der angestrebte Anschluß an die westeuropäische Frauenbewegung nicht gelingen, weil sie sich nicht für die Aufklärung türkischer Frauen in der Bundesrepublik engagiert. Bei derselben Ich-Erzählerin kommt noch das irreführende Vorhaben einer Orientalin hinzu, die sich über *die Leidenschaft der Anderen* begreifen will. Aus dem Umgang mit aufgeklärten deutschen Männern, wie Hans und Johannes, erhofft sich die Orientalin einen für sie befreienden Zugang zu einem emanzipierten

---

76   Aysel Özakin, *Zart erhob sie sich bis sie flog*, ebd., S. 59.
77   Aysel Özakin, *Die Vögel auf der Stirn*, ebd., insbesondere Abschnitt 26, S. 164-165.

gemeinsamen Leben mit einem Mann und das noch bevor sie einen selbständigen Standort als Frau in der Fremde hat beziehen können.[78] Dieselbe Unklarheit bei der Festlegung der Prioritäten für ein Frauenleben in der Fremde stellt sich in der Erzählung *Schatten und Schritte* ein. Dort wird aus der abgebrochenen Mutterschaft keine eindeutige Priorität, selbst wenn es für Talya feststeht, daß ihre Beziehung zu Uve auf emanzipatorischer Mutterschaft-Verweigerung ruht.[79]

Gegen derartige Grenzerfahrungen und Verstrickungen in irreführende Fragestellungen reagiert Özakin mit dem Roman *Die blaue Maske*. Der erste Teil liest sich wie eine Revision der Emanzipationsvorstellungen, so wie sie von ihren bisherigen Protagonistinnen immer wieder gehegt worden sind. Im zweiten Teil wird eine meereshaft fluktuierende Gesellschaft als rettende Instanz für ein Frauenleben in der Fremde entworfen, die deswegen rettend sein kann, weil sie keiner zentralistischen, d. h. staatlichen, nationalen oder männlichen Priorität unterstellt ist.

Freundschaft zu Hause und Rivalität in der Fremde zwischen zwei schreibenden Frauen bilden das Leitmotiv des Romans. Während die deutschsprechende Dina K. nach Deutschland geht, weil sie »sich der aufsässigen Jugend in Europa anschließen wollte« (S. 79),[80] trennt sich die Ich-Erzählerin vom Ehemann und zieht mit Mutter und Tochter in ein Lehrerappartement der Schule, in der sie Französisch unterrichtet, und wird danach zufällig Mätresse des politischen Oppositionellen Musa. Damit leitet Özakin eine überfällige Abrechnung mit der politischen Naivität der Ich-Erzählerin Nuray aus ihrem Roman *Die Preisvergabe* ein. Ausgerüstet mit den Erfahrungen einer Diyana aus der Erzählung *Unterwegs anderswo*, ist sie nicht mehr gewillt, ihre Protagonistinnen der patriarchalischen Unbeweglichkeit politisch engagierter Männer auszuliefern. Trotz der Aufdeckung von Nationalismus und Sexismus unter den politisch fortschrittlichen Teilen der türkischen Gesellschaft, die auf eindeutige Korrespondenz zwischen der westeuropäischen Frauenliteratur und Özakins Werken verweist,[81] kann nicht behauptet werden, daß sie ihre Ausgangsposition als Autorin in der Fremde aufgegeben hat. Im Roman *Die blaue Maske* wird zugleich so aufmerksam gegen Polarisierung und Versöhnung der Geschlechter angegangen, daß es Özakin erneut gelingt, eine unverwechselbare Position zu beziehen.

Die Flucht nach Europa wird bei der Ich-Erzählerin als Weg ins politische Exil ausgewiesen (S. 139), dennoch bleibt der Wunsch nach Europa vom existenziellen Zwang unberührt, weil sie sich dort nicht von ihrem ursprünglichen Plan ablenken läßt, sich fern von den Urteilen Intellektueller ihrer Kultur zu einer selbständigen Autorin zu entfalten. Die zweifache Flucht, vor dem

78 Vgl. Karin Richter-Schröder, *Frauenliteratur und weibliche Identität*, Frankfurt 1986.

79 Aysel Özakin, *Schatten und Schritte*, ebd., S. 11.

80 Aysel Özakin, *Die blaue Maske*, ebd., aus der Ausgabe wird im Text fortlaufend zitiert.

81 Vgl. Brigitte Wartmann, *Schreiben als Angriff auf das Patriarchat*. In: *Literaturmagazin* Nr. 11/1979 »Schreiben oder Literatur«, N. Born/J. Manthey/D. Schmidt (Red.), Reinbek 1979, S. 108-132.

Nationalismus des Militärregimes und vor dem Sexismus patriarchalischer Linker, wird im Roman weder zu topoisierter Mann-Frau-Dichotomie noch zu hoffnungsvoller Versöhnung der Geschlechter führen. Die Suche der Ich-Erzählerin nach der Vergangenheit der unengagierten Freundin Dina K. dient der Autorin dazu, den Aufenthalt einer türkischen Frau in der Fremde zu entwerfen, deren Scheitern so grausam vor sich gegangen ist, daß es der Ich-Erzählerin nicht gelingen wird, ihr Leben zwischen Istanbul, Berlin und Zürich lückenlos zu rekonstruieren.

Stellt man die Suche nach der Vergangenheit der Freundin in ein Verhältnis zu den neuen Ordnungsformen im Spiegel der Großstadt, fungiert das Agieren der Ich-Erzählerin als Leitmotiv, um innerhalb der europäischen Städtekultur Orte auszumachen, die zu dem kodifizierten Leben in Widerspruch stehen. Es sind zuerst Orte der exotischen Zuflucht vor einem Alltag, dem sich sogar ein Teil der Träger der offiziellen Stadtkultur nicht mehr gewachsen fühlt. Aber derartige Orte sind keine existierenden Örtlichkeiten, denn sie entstehen erst mit der Ankunft ihrer Besucher oder Bewohner.

Dabei kann es sich um folgende Örtlichkeiten handeln: das Bahnhofsbistro, in dem viele Sprachen gesprochen werden (S. 12), die Frauenbuchhandlung (S. 70-73); die Rote Fabrik der Zürcher Alternative (S. 95-101); die Bank am Straßenrand, auf die sich ein manierlicher Obdachloser im Regen zurückzieht (S. 102-105); das Café Zähringer der Zürcher Alternative, wo sich türkische Asylanten treffen (S. 110); der Kellerraum eines Meditationszentrums (S. 113-119); die Therapiegruppe für Aussteiger aus der offiziellen Stadtkultur (S. 144-145); das namenlose Café als öffentlicher Treffpunkt der Homosexuellen (S. 146-153); die unerreichbare Wohnung der Lesben (S. 126) und die Asylantenunterkunft in den Bergen (S. 123); die Psychiatrie (S. 159) und die öffentlichen Parks. (S. 179 u. S. 189)

Es kann sich auch um ein Haus in der Niederdorfstraße handeln (S. 118-123) mit Zülfü, dem türkischen Wirtschaftsflüchtling, der in Zürich auf seine Braut aus der Türkei und auf bessere Zeiten wartet; mit der Türkin Fatma, die sich vor ihrem Mann versteckt und die womöglich auf den Strich gehen wird (S. 84-94); mit dem Schweizer Gerd, der Schmuck macht und am Limmatquai verkauft (S. 118); mit dem ex-deutschen Asylanten Nira, der nun in einer Schweizer Bank am Computer arbeitet (S. 82-83); mit dem Jungen im oberen Stockwerk, der nach Zülfüs Vermutungen, seine Zeitung klaut, weil er garantiert ein Heroinsüchtiger ist (S. 119-120); mit einer Ostasiatin und einer Afrikanerin, die in dem gegenüberliegenden Nachtlokal arbeiten (S. 68-69) und mit der Ich-Erzählerin, die von sich aus preisgibt: »Ich bin vor der Familie davongelaufen, vor dem Beruf, vor Anatolien, vor der Religion, vor den Soldaten, vor den Männern, vor Berlin.« (S. 162)

Es kann ein Platz wie der Hirschenplatz sein:

> »Wie am Abend zuvor ist er voller Trinker, Heroinsüchtiger, Arbeitsloser, Arbeitsemigranten, Punks, die sich Zucker in ihre grün, blau oder schwarz gefärbten Haare gekämmt haben. Ein junger Mann setzt sich eine Flasche mit Benzin an den Mund, nimmt einen Schluck und speit eine Flamme in die Luft. Zwei langhaarige, dunkelhäutige Lateinamerikaner in Ponchos machen Indianermusik auf allerlei Flöten und Schellen und sammeln Geld.« (S. 29)

Am Schluß kann ein ganzer Stadtteil wie Niederdorf zum Ort der alltäglichen Zuflucht in die billige erotisch-kulinarische Exotik der Zürcher Ausländer (S. 33) werden, oder zum Ort des jährlichen Karnevals, wenn die Grenze zwischen Flucht und Realität gänzlich aufgehoben wird. (S. 162-168)

Diesen Nomaden-Orten, die überall im Roman gegenwärtig sind, werden Orte aus der Vergangenheit beider Protagonistinnen gegenübergestellt. Die letzteren sind daran zu erkennen, daß sie festgeschriebene Strukturen der türkischen Gesellschaft ausmachen. Es sind Familienhäuser der Istanbuler Mittelschicht, Insider-Treffpunkte, wie die Taverne der linken Intellektuellen (S. 48-50) oder das Lokal der Istanbuler Intelligenzia am Rande der Stadt (S. 135-140), der geschlossene Bazar sowie Schulräume, Universitäts- und Gerichtssäle.

Es wäre zu naheliegend zu vermuten, daß die Autorin der wohlhabenden festgefahrenen Istanbuler Gesellschaft eine »meereshafte«, sich auflösende Züricher Gesellschaft gegenüberstellt oder daß die Autorin für ihre nicht anwesende Protagonistin Dina K. eine städtische Landschaft entworfen hat, die aus einem rhizomartigen Kommunikationssystem bestehen muß, weil Dina K. nicht zugestanden wird, sich an der offiziellen Stadtkultur zu beteiligen, die sich gegenüber den Fremden ethnozentrisch und abweisend verhält. Zugleich wäre es zuviel verlangt, diese Nomaden-Orte als Grundsteine einer Stadtkultur anzusehen, als »Ordnungsformen [...] mit einem Stich ins Nomadische«,[82] die aus der gegenseitigen Wahrnehmung der jeweiligen Interessengruppen ohne Solidaritätszwänge entstehen konnten. Das Beharren auf Nomaden-Orten, auf Gesellschaftsvielfalt ohne jegliche politische, kulturelle oder soziale Zweckmäßigkeit erlaubt es der Autorin, Dualismen und Versöhnungszwängen zu entgehen: Istanbul oder Berlin, Berlin oder Zürich, Stockholm oder Istanbul; Frau oder Mann, Ausländerin oder Inländer, Geliebte oder Ehefrau, Intellektuelle oder Putzfrau, Ansässige oder Flüchtling, Behinderte oder Nicht-Behinderte, Hetero- oder Homosexuelle, Mono- oder Heterosprachliche treten im Roman nicht mehr als Pole gesellschaftlicher Spannungen auf, die nach Auflösung verlangen. Ihre Gegenwart entspricht einer vorläufig negierten Urbanität, die bezeichnenderweise als Karneval zugelassen wird. Dieser Karneval (S. 160-197) findet nicht in der Zürcher Akademie statt, wo die Ich-Erzählerin ihre Literatur vorgetragen hat (S. 7), sondern in dem Stadtviertel um die Niederdorfstraße, wo kulturelle Vielfalt als Bachtinsche Auflösung der Monologe aus der Akademie tagtäglich ausgelebt wird.

Daß Özakin gerade mit *Die blaue Maske* bestrebt ist, Abstand von der türkischen Rezeption der westeuropäischen Frauenliteratur zu gewinnen,[83] ist

---

82 Bernhard Waldenfels, *Der Stachel des Fremden*, Frankfurt 1990, S. 260.

83 Vgl. Aysel Özakin, *Die blaue Maske*, ebd.: »Aber ich möchte nicht sein wie das einfache Volk, wollte heraus aus ihm. Ich wollte Miniröcke tragen und mir die Lippen bemalen, wollte allein bei den Schwänen im Park, im Café sitzen und Virginia Woolfes ›Leuchtturm‹ lesen, mich in der Konditorei mit meinem Geliebten treffen, wollte einen Orgasmus haben.« S. 54.

an der Stelle ausdrücklich formuliert, wo im Zusammenhang mit der neu zu bestimmenden Rolle der türkischen Intellektuellen der Satz zu lesen ist: »der Westen verachtet uns, weil wir ihn imitieren.« (S. 189)

Die Suche nach Autonomie ist bei Özakin kein additives Unterfangen in dem Sinn, daß westeuropäische Frauenliteratur mit orientalischen Komponenten zu erweitern wäre. Nichts liegt ihr ferner als Kulturaustausch mit Hilfe der Literatur zu betreiben oder eklektische Vorstellungen als Modelle der Vermittlung zwischen Orient und Okzident zu entwerfen. Die Geburt ihrer Literatur aus der zeitgenössischen türkischen Literatur, zu der Özakin sich auch in *Die blaue Maske* bekennt (S. 15), bildet den unverzichtbaren Zugang zur Literatur westeuropäischer Schriftstellerinnen wie Virginia Woolf und Simone de Beauvoir (S. 54). Das Verlangen nach künstlerischer Emanzipation ist bei Özakin daher als Beweis eines stets sich erneuernden Standortes zu bewerten, der an den zeit-räumlichen Grunderfahrungen in *Die blaue Maske* zu messen ist.

d) Zwischen damals und mir

Zeit-räumliche Grunderfahrungen in Roman

Das Verlangen der Schriftstellerin Dina K. nach Europa ist zuerst als Flucht vor dem Leben in Istanbul zu sehen (S. 21) und das Aufkommen der Frauenbewegung in Westeuropa ist für sie die Gelegenheit, um ihre Vorstellung zu verwirklichen. Nach Özakin handelt es sich um eine traditionsreiche Langeweile (S. 76-77), die Istanbuler Kinder aus wohlhabenden Familien immer wieder nach London, Paris, Rom, Berlin und Zürich getrieben hat. Aber selbst die festgefahrene Langeweile der Istanbuler Intellektuellen im Hinblick auf die stagnierende türkische Kultur und die Ausstrahlung der westeuropäischen Frauenbewegung werden dadurch relativiert, daß Özakin sie in *Die blaue Maske* durch Ereignisse aus der jüngsten Geschichte der Türkei durchkreuzt hat.

Ein markantes Beispiel dafür ist die Tatsache, daß die europäische Studenten- und Frauenbewegung im Roman (S. 36) durch Fakten türkischer Geschichte aus dem Jahre 1959 vorweggenommen wird (S. 151-152). Dadurch soll vergegenwärtigt werden, daß die türkischen Studenten, die sich an der 68er-Bewegung in Berlin oder in Rom beteiligen, Kampferfahrungen aus dem eigenen Lebenslauf und der eigenen Landesgeschichte mitbringen werden, die als prägende Komponenten des eigenen historischen und kulturellen Gedächtnisses vor dem nivellierenden Einfluß der Erfahrungen im Westen zu schützen sind. In *Die blaue Maske* sind die zurückgekehrten Intellektuellen sogar bestrebt, gegen die Einflüsse des Eurozentrismus (S. 52-55),[84] wie sie

---

84 Vgl. Sargut Şölçün, *Sein und Nichtsein. Zur Literatur in der multikulturellen Gesellschaft*, Bielefeld 1992, S. 9-10.

ihn in den Metropolen des Westens erlebt haben, im eigenen Land Widerstand zu leisten. Eine zweite zeit-räumliche Grunderfahrung im Roman ergibt sich aus der Tatsache, daß auf die Rückkehr kulturpolitisch engagierter Männer wie Cem, Musa oder Tekin die Abfahrt von Frauen wie Dina K., Selda und der Ich-Erzählerin als Absage an die geschlechtsspezifische Unbeweglichkeit der linken Intellektuellen folgt. Daß dieselbe Entscheidung von einer sozial des-interessierten Autorin wie Dina K., von einer sozial interessierten Reporterin wie Selda und von der Ich-Erzählerin in ihrer Funktion als politisch-engagier-ter Lehrerin getroffen wird, ist nicht so entscheidend wie die Tatsache, daß ihr Gang in die Fremde zu anderen Handlungen und Ergebnissen als bei den Män-nern führen wird. In jedem Fall hat keine von ihnen die Fremde als vorberei-tende Erfahrung auf eine erfolgreiche politische Eingliederung in die türki-sche Gesellschaft geplant. Ihre Begegnung mit der Fremde ist anderer Natur, auf jeden Fall ist sie weder ein abwechslungsreicher Aufenthalt noch ein be-fristeter politischer Lehrgang, und in der Tat wird keine von ihnen zurück-kehren.

Eine dritte zeit-räumliche Grunderfahrung im Roman ist die Tatsache, daß sich, obwohl das Werk auf einem ständigen Ortswechsel aufgebaut ist – Zürich, Istanbul, Berlin, London, Paris und Rom sind Schauplätze der im Roman thematisierten Handlungen oder Erinnerungen –, die weiblichen Hauptfiguren nicht mehr auf der Flucht vor der türkischen oder der westeu-ropäischen Männergesellschaft befinden, wie in *Die Leidenschaft der Ande-ren*, *Das Lächeln des Bewußtseins* oder *Zart erhob sie sich bis sie flog*. Denn in *Die blaue Maske* geht es um die Zeit nach der Flucht, um die Erkenntnis der Vorteile und der Nachteile der Flucht. Die Flucht kann zum vollkommenen Scheitern wie bei der Schriftstellerin Dina K. führen, oder zum Erlangen von Kompetenzen wie im Falle der Reporterin Selda (S. 154-156), oder zur Bestäti-gung der Emanzipation durch Kreativität bei der Ich-Erzählerin, die als aus-ländische Schriftstellerin sogar in der Zürcher Akademie ihre Werke vortra-gen darf.

Eine vierte zeit-räumliche Grunderfahrung im Roman leitet sich von der Gegenüberstellung der Lebensläufe der beiden Autorinnen ab. Es handelt sich um keine parallelen Lebensläufe als Beweis der Gemeinsamkeit der Er-fahrungen unter Einheimischen und Fremden, wie etwa bei Aras Ören. Das schriftstellerische Scheitern im Leben von Dina K., die als Frau genausoviel Erfolg oder Mißerfolg gehabt hat wie die Ich-Erzählerin (S. 159 u. S. 181), wird im Roman auf folgende Weise begründet: »In ihren Erzählungen ging es hauptsächlich um Istanbul. Geschichten, die in Hotelbars, in Kneipen, Restaurants, in griechischen Kirchen spielten oder von ihren Reisen nach Europa handelten, und die Ähnlichkeit mit ihrem eigenen Leben hatten.« (S. 182)

Das Scheitern ist darauf zurückzuführen, daß es Dina K. nicht gelungen ist, sich eine Berufsidentität aufzubauen, die ihr eine Neudefinition des eigenen Lebens in der Fremde, und zwar jenseits ihres Frauendaseins, er-möglicht hätte. Dinas spätere Entscheidung, als Sozialarbeiterin für Türken (S. 186) zu arbeiten, zeigt lediglich, daß für sie die »Gastarbeitermorbidität«, als das »Kranken an einer Zwischenexistenz«,[85] unvermeidbar geworden war. Ein Beweis dafür ist die Tatsache, daß Dina K. nicht versucht hat, vor ihr nach Istanbul zu fliehen, daß sie die eigene »Gastarbeitermorbidität« in Zürich ausleben wird (S. 184), genauso wie sie kein Ereignis aus ihrem Leben, sei es in der Türkei, sei es in der Fremde, jemals von sich abgewiesen hat.

Obwohl es im Kontext der zeit-räumlichen Grunderfahrungen zweifelhaft wäre, aus der »Gastarbeitermorbidität« bei Dina K. einen Hinweis auf Ungleichheit der Risiken, denen Frauen und Männer in der Fremde ausgesetzt sind, zu ziehen, muß hier untersucht werden, ob ihr Festhalten an dem Topos der Frauenpriorität in der Frauenliteratur eine Schärfung der Wahrnehmung gegenüber der Fremde hervorgebracht hat.

Zeit-räumliche Priorität der weiblichen Figuren im Gesamtwerk von Özakin

Während der ausländische Mann bei den ausländischen Autoren im Regelfall zwischen Arbeitswelt und politisiertem Alltag eingezwängt ist, der eng mit seiner Arbeit zusammenhängt, erfährt der Leser von *Die blaue Maske* nur am Rande, daß sich in der Bundesrepublik und in der Schweiz türkische Arbeitskräfte aufhalten, und zwar vorwiegend weibliche. Das Auslassen der männlichen Welt der Gastarbeiter kann auf verschiedene Art und Weise erklärt werden. Im vorliegenden Kontext wird es vorgezogen, dies als Resultat aus dem Prioritätstopos der Frauenliteratur zu verstehen, wonach sich die Ich-Erzählerin um weibliche Egozentrizität als Gegenmodell zu den Orten männlicher Priorität bemühen muß. Die positive Tendenz der Ich-Erzählerinnen zu deutschen Partnern offenbart Kontrast und Parellelität zur Literatur der ausländischen Autoren, deren Protagonisten an der kultureigenen Unfähigkeit scheitern, sich von einer matriarchalischen Erziehung loszusagen. In *Die blaue Maske* bejaht Özakin die matriarchalischen Zwänge bei den türkischen Männern (S. 22-23), nur erlaubt es ihr die zwingende Priorität des Weiblichen nicht mehr, ihnen aus ihrer Lage herauszuhelfen. So gesehen ist die Begegnung mit den deutschen Partnern in den Werken von Özakin genauso funktional ausgestattet wie die Begegnung mit der Frau bei männlichen Autoren, nur auf einer anderen Ebene.

Ist es der deutschen Frau möglich, von ihrer Herkunft Abstand zu nehmen und über ihre Beziehung zu einem Ausländer einen Zugang zu einer fremden Kultur zu suchen, so ist der emanzipierte und sexuell aufgeklärte deutsche

---

85 Für den Begriff »Gastarbeitermorbidität« als »Kranken an einer Zwischenexistenz« vgl. Andrea Hettlage-Varjas/Robert Hettlage, *Zur Theorie kultureller Zwischenwelten*, ebd., S. 381. Ferner Jean Starobinski, *La nostalgie. Théories médicales et expression Littéraire*, in: *Studies on Voltaire and the Eighteenth Century*, Genève 1962 und Delia Frigessi Castelnuovo/Michele Risso, *A mezza parete. Emigrazione, nostalgia, malattia mentale*, Torino 1982.

Partner in den Werken von Özakin die Möglichkeit für die Emanzipation der Ich-Erzählerin als Asiatin, Orientalin und Ausländerin. Daß diese Position bei Özakin nicht als Widerspruch in sich verstanden wird, hängt damit zusammen, daß es in ihren Werken stets um eine Frau geht, die sich von dem türkischen Mann als Vater, Bruder oder Ehemann trennen muß, weil sie Schriftstellerin werden will. Die Gleichzeitigkeit der gesellschaftlichen und der beruflichen Emanzipation der Frau ist um so mehr notwendig, weil es Özakin nur so in ihren Werken gelingen kann, die Überwindung des Mannes als Pol der weiblichen Identität in den Mittelpunkt des emanzipatorischen Vorgangs bei ihren Protagonistinnen zu rücken.

Wenn man die Lebensläufe der weiblichen Hauptfiguren aus den Werken von Özakin untersucht, ergibt sich die stringente Feststellung, daß alle an demselben Vorhaben festhalten: Die gesellschaftliche Emanzipation der Frau kann nur über einen kreativen Beruf erreicht werden. Insofern ist es stimmig, daß in ihren Werken der gesellschaftliche und familiale Stand der Männer über die Erzählperspektive der jeweiligen Protagonistin definiert wird. Er nimmt von Mal zu Mal die Züge des Vaters, des Bruders, des Ehemannes, des Geliebten und des Großvaters an, kaum die eines Freundes, eines Arbeitskollegen oder eines Lehrers. Die namenlose Protagonistin des Romans *Der fliegende Teppich* stellt auch wegen ihrer Nähe zu westdeutschen Literatur den Prototyp späterer weiblicher Lebensläufe dar. Die Tochter, die auf der Spur ihres Vaters nach Kanada fliegt, offenbart Nähe zur westdeutschen Frauenliteratur, die allerdings als thematische Vorwegnahme zu verstehen ist. Der Versuch des Verlags den Roman *Der fliegende Teppich* mittels des Untertitels *Auf der Spur des Vaters* als Vaterroman aufnehmen zu lassen, ist korrekt und irreführend zugleich: irreführend, weil *Der fliegende Teppich* vor 1976 entstanden ist, als Elisabeth Plessen mit ihrem Roman *Mitteilungen an den Adel* den Anfang machte; korrekt, weil der Roman *Der fliegende Teppich* eine autobiographische Perspektive im Sinne der deutschsprachigen Vaterromane in sich trägt[86] und er als Erstlingswerk eine der zentralen Thesen über die Genese von Frauenliteratur bestätigt, wie sie von Freud und Lacan abgeleitet worden ist. Durch das Schreiben als Eintritt in die Sprache befreit sich die Tochter von der Sprache der Mutter, die als Trägerin des väterlichen Gewalt erkannt wird.[87]

Das gesellschaftliche und literarische Vorhaben wird in *Der fliegende Teppich* dadurch verdeutlicht, daß die Tochter Abstand von der Bibliothek des Vaters nimmt und daß die Zentrierung der Schreibarbeit auf die Vaterfigur den gesamten Roman prägt.[88] Dennoch ist festzustellen, daß das Vorhaben sich in diesem Werk von Özakin zu keiner weiblichen Schreibweise hat konstitu-

---

86 Vgl. Loccumer Protokolle I 1981, *Deutsche Väter. Über das Vaterbild in der deutschsprachigen Gegenwartsliteratur*, Ev. Akademie Loccum (Hg.), 1981.

87 Rolf Haubl u. a. (Hgg.), *Die Sprache des Vaters im Körper der Mutter. Literarischer Sinn und Schreibprozeß*, Göttingen 1983.

88 Sigrid Weigel, *Die Stimme der Medusa*, ebd., S. 204.

ieren können.[89] *Der fliegende Teppich* ist der Tradition des sozialrealistischen Romans der türkischen Literatur der Gegenwart zuzuordnen. Daß Özakin bis hin zu *Die blaue Maske* dieser Tendenz aus »Romanen und Kurzgeschichten sozialistischer türkischer Schriftsteller«[90] durch ihr Engagement für die Frauen im Kern treu geblieben ist, ist dadurch zu erklären, daß für sie, die in der Fremde schreibt, gerade diese Tendenz die Kontinuität zur eigenen literarischen Kulturgeschichte darstellt. Sie ist ein Teil der vorläufig durch das Militärregime verbotenen Identität des eigenen Landes, die nicht zur Disposition steht, solange sie kein Recht auf freie Entfaltung in der Türkei hat.

In der Vorgeschichte der namenlosen Protagonistin aus *Die blaue Maske* kehren alle ihre Vorgängerinnen zurück. Das Neue kündigt sich erst durch die Begegnung mit der Autorin Dina K. in Istanbul an, die zum Auslöser für den Wunsch, in die Fremde zu ziehen, wird. In der Fremde wird die ehemalige Tochter, Ehefrau, Mutter und Mätresse zur erfolgreichen Autorin, und nicht einmal die Nähe zu kulturfremden Partnern gefährdet sie. Sobald der Niederdorfer Karneval vorbei ist, verläßt die namenlose Protagonistin Emil und kehrt allein in das Zimmer in der Niederdorfstraße zurück, denn nun ist sie endlich zu dem geworden, was sie sich am Anfang des Romans vorgenommen hatte: »Ein Wesen ohne Erinnerung und ohne Furcht vor der Zukunft. Und dabei leicht wie in einem Traum.« (S. 196)

Das Gefühl der Schwerelosigkeit bestätigt das Abwerfen von belastenden Erinnerungen an ihre Vergangenheit als Tochter, Ehefrau, Mutter und Mätresse sowie die Abkoppelung von der männlichen Zentralität, die aufgrund des soziokulturellen Lebenslaufs innerhalb des eigenen weiblichen Ichs geraten war.[91] Die bestätigte Fähigkeit zu Schreiben nimmt ihr die Angst vor der Zukunft. Daß in der Tat der Roman ein paar Zeilen weiter mit der Szene eines Straßenkehrers abgeschlossen wird, erweist sich als stringenter und zusammenfassender Beweis für erreichte Identität, die aus Schreiben in der Fremde besteht.

> »Als ich zu meinem Zimmer zurückgehe, um meine Sachen zu packen, sehe ich einen dunkelhäutigen, kleinen, dicken Mann im orangefarbenen Overall, einen Ausländer, der mit einer lärmenden Maschine den Abfall vom Karneval aufsammelt. ›Guten Morgen‹, rufe ich ihn zu. Er hört mich nicht.« (S. 197)

Die Intention der Ich-Erzählerin, die eigenen Sachen packen zu wollen, steht in einer visuellen Verbindung zum Sozialstatus des Ausländers als Straßenkehrer, so daß der Verweis auf ihre gemeinsame Zugehörigkeit über das Insistieren auf somatischen Merkmalen, wie »dunkelhäutig, klein und dick,«

---

89 Albrecht Schöne (Hg.), *Alte und neue Kontroverse,* Akten des VII. IGV-Kongresses, Göttingen 1985, Bd. 6, *Frauensprache-Frauenliteratur? – Für und wider eine Psychoanalyse literarischer Werke,* Inge Stephan/Carl Pietzcker (Hgg.), Tübingen 1986.

90 Aysel Özakin, *Der fliegende Teppich,* ebd., S. 133.

91 Vgl. Luce Irigaray, *Speculum. Spiegel des anderen Geschlechts,* Frankfurt 1980, und Inge Stephan, *Männliche Ordnung und weibliche Erfahrung. Überlegungen zum autobiographischen Schreiben bei Marie Luise Kaschnitz,* in: *Frauenliteratur ohne Tradition?* Inge Stephan/Regula Venke/Sigrid Weigel, Frankfurt 1987, S. 133-157.

jedem Zweifel enthoben wird. Der nicht genannte Koffer und der Abfall verlassen die Einseitigkeit der bisherigen Ausländeroptik, sobald sie mit Theodor W. Adorno als Hinweis auf das Schreiben in der Fremde, verstanden werden:

> »Wer keine Heimat mehr hat, dem wird wohl gar das Schreiben zum Wohnen. Und dabei produziert er, wie einst die Familie, unvermeidlicherweise auch Abfall und Bodenramsch. Aber er hat keinen Speicher mehr, und es ist überhaupt nicht leicht, vom Abhub sich zu trennen.«[92]

Die Frage, ob bei Özakin das Wegziehen von einem fremden Ort, wo das Schreiben stattgefunden hat, zum nächsten fremden Ort, wo das Schreiben möglich werden soll, Adornos Postulat außer Kraft setzten oder bestätigen will, kann vorläufig weder mit Ja noch mit Nein beantwortet werden. In ihrem jüngsten Roman *Glaube, Liebe, Aircondition. Eine türkische Kindheit* (1991), zeigt sich, daß Özakin nach der anatolischen Provinz, auch Ankara, Istanbul, Berlin und Zürich, als Nomaden-Orte im Leben ihrer Hauptfiguren verlassen, und sich in Richtung Florida in Bewegung gesetzt hat.[93] Und obwohl es klar ist, daß Özakin sich nach dem Türkisch aus Ankara und Istanbul, nach dem Deutsch aus Hamburg und Berlin, von ihrem Türkischen aus Worpswede zum Englischen von Cornwall abgesetzt hat, trifft es auch zu, daß die englische Sprache sie zu einer türkischen Kindheit zurückführt. Und indem sie sich einer dem Leser schon vertrauten Kindheit in der Türkei mit Hilfe einer weiteren fremden Sprache zuwendet, beweist sie die Unmöglichkeit, sich von irgendetwas zu trennen, um so mehr, wenn es um das Abheben des Eigenen in der Fremde geht.

e) Ein fremdsprachlicher Epilog

Auf die Frage, worin nun das Eigentliche in den Werken von Özakin gegenüber der deutschen und westeuropäischen Frauenliteratur und der Literatur der Ausländer besteht, kann nur eine vorläufige Antwort gegeben werden, auch wenn es sich heute deutlich abzeichnet, welcher Natur ihr Beitrag zu beiden Literaturen sein kann.

Obwohl die Rezeption in der Tagespresse immer wieder auf das Informative in ihren Werken hinweist,[94] stellt gerade das Informative bei Özakin zwar

---

92 Theodor W. Adorno, *Minima Moralia. Reflexionen aus dem beschädigten Leben,* Frankfurt 1975, S. 108. Hierzu vgl. auch Astrid Deuber-Mankowsky, *Grenzenlos und lokal. Gespräch mit der türkisch-deutschen Schriftstellerin Aysel Özakin.* In: *Die Wochenzeitung* vom 4. November 1989, Nürnberg 1989, S. 17-18.

93 S. Sch., *Die Gefühle blieben in der alten Heimat. Polarisierung zwischen Ost und West.* In: *Die Presse* vom 17./18. März 1990. Wien 1990. – Erika Printz, *Nomadin zwischen Orient & Okzident. Zu »Glaube, Liebe, Aircondition« von Aysel Özakin.* In: *Tages-Anzeiger Zürich* vom 29. November 1991, Zürich 1991.

94 Vgl. Maya Doetzkies, *Mit einer Lesung in Zürich fängt es an. Zwei türkische Frauen zwischen Tradition und Emanzipation.* In: *Tagesanzeiger Zürich* vom 2. März 1990, Zürich 1990, Ursula Eggenberger, *Demaskierung in Zürich. Aysel Özakins Roman*

eine Konstante, jedoch keinen Moment des Eigentlichen dar. Öffentliche Gegeninformation in eigener Sache ist nach wie vor Teil jenes Sozialrealismus, der die türkische Literatur der Gegenwart kennzeichnet, zu der sich Özakin in *Die blaue Maske* in Opposition zu »guter Literatur außerhalb der Gesellschaft« bekennt. (S. 136) In der Tat wird der Leser mit der kulturellen Entwicklung einer türkischen Gesellschaft des 20. Jahrhunderts konfrontiert, die aus provinziellem Kleinbürgertum und aus städtischer Mittelschicht besteht. Am Rand der beiden Kerne kann man sich ländliche Bevölkerung und städtische Slums vorstellen. Dieses festgelegte Paradigma der türkischen Gesellschaft ist um so mehr von Bedeutung, weil hier die Erklärung liegt, wieso Özakin trotz ihres sozialrealistischen Vorgehens kein Zugang zur türkischen Minderheit in der Bundesrepublik gelungen ist, selbst wenn sie sich die Frage nach deren Zukunft programmatisch gestellt hat. *Soll ich hier alt werden?* war der Titel ihres ersten Buches in der Bundesrepublik.

Nach dem Scheitern dieses Anfangs und anderer Versuche kehrt in Özakins späteren Werken ein kultureigenes Unbehagen über die Anwesenheit türkischer Männer und Frauen wieder, sei es in Zürich, sei es in Berlin, sei es in Den Haag. Ein ethnisches Unbehagen, das sich am besten mit Pierre Bourdieus Feststellung erfassen läßt:

> »Den Unterdrückten bleibt nur die Alternative zwischen der Treue zu sich selbst und ihrer Gruppe (wobei die Gefahr bestehen bleibt, daß man sich immer wieder über sich selbst schämt) und der individuellen Anstrengung, sich das dominierende Ideal zu eigen zu machen, die allerdings genau das Gegenteil des Unternehmens darstellt, sich die eigene gesellschaftliche Identität kollektiv neu wieder anzueigenen.«[95]

Geht man davon aus, daß das Militärregime in Ankara die Autorin mit Gewalt daran gehindert hat, für sich eine eigene schichtenspezifische Identität zu finden, ist ihr Weitersuchen in der Fremde zusätzlich dadurch belastet, daß sie in Berührung mit einem Teil jener Gesellschaft kommt, der ihr in Kreuzberg (S. 31) genauso unverständlich ist, wie er es in der Türkei war. Daß Özakin in ihren bishcrigen Werken das Unbehagen nicht geleugnet und es auch nicht problematisiert hat, kann mit Pierre Bourdieu als Entscheidung für »die Treue zu sich selbst« verstanden werden, und zwar durch die »individuelle Anstrengung, sich ein dominierendes Ideal« zu eigen zu machen. Infolgedessen erweisen sich Dina K. und die Ich-Erzählerin aus *Die blaue Maske* als ein und dieselbe Person. Aufgrund konträrer literarischer Zielsetzungen lehnen beide eine soziokulturelle Beteiligung an der Gegenwart ihrer Minderheit in der

---

»*Die blaue Maske*«. In: *Zürichsee-Zeitung* vom 28.April 1990, Zürich 1990, und Karl-Markus Gauss, *Nicht da, nicht dort zu Hause. Die türkische Schriftstellerin Aysel Özakin*. In: *Kommune, Forum für Politik Ökonomie Kultur*, Mai 1990, Wien 1990.

95 Pierre Bourdieu, *Die feinen Unterschiede*, ebd., S. 610 Hierzu vgl. Aysel Özakin, *Die blaue Maske*, ebd.: »Dennoch schämte ich mich, weil er [der türkische Mann, der die nackten deutschen Frauen betrachtete] so roh und rückständig war, als wäre ich mitschuldig daran.« S. 31.

Fremde ab, da die Treue zur Gruppe sie von ihrem dominierenden Ideal abbringen würde.

Definiert man das dominierende Ideal sämtlicher Ich-Erzählerinnen aus Özakins Werken mit Antoinette Fouque, einer der Mitbegründerinnen des *Mouvement de Libération des Femmes* (MFL), als Entscheidung für die schöpferische Kraft der Frauen, die die eigene Zivilisation bereichert,[96] dann wird deutlich, daß das Eigentliche in Özakins Werken jenseits der ethnischen Zugehörigkeit liegt. Das Eigentliche ist die reflektierende Fähigkeit, sich als Frau der Fremde zu stellen, sie auf sich als ständiges Unbehagen wirken zu lassen und sich doch nicht von ihrer Unmittelbarkeit verwirren zu lassen. Dadurch daß Özakin ihre Treue zum dominierenden Ideal nicht innerhalb der eigenen Kultur thematisiert, kommt in ihren Werken eine Dimension ans Licht, die als die Dimension der Vermittlung des Eigenen an einen kulturfremden Leser zu verstehen ist. Anders als bei den Autoren, die die eigene Fremdheit als paritätischen Teil des Alltags thematisieren, geht es bei Özakin um die Vermittlung einer türkischen Gesellschaft, die es nicht zuläßt, daß sich die schöpferische Kraft der Frauen als Potential aus der eigenen Kultur frei entfalten kann. Infolgedessen ist festzustellen, daß eine paritätische Begegnung des Eigenen mit dem Fremden außerhalb ihres Ansatzes liegt, selbst wenn der Ansatz inhaltlich kaum im Widerspruch zur paritätischen Begegnung zweier fremder Kulturen steht.

Auf der anderen Seite macht die Absage an die Erwartungen der Frauenöffentlichkeit deutlich, daß das Eigentliche im Verhältnis zur westeuropäischen Frauenliteratur nichts anderes als der Kampf um das eigene historische Gedächtnis ist, der wiederum ein zentrales Thema der Literatur der Ausländer ist. Insofern stimmt es, daß die Absage an eine Frauenliteratur für die Emanzipation türkischer Frauen in der Fremde, die als dominierendes Ideal wiederholt an sie herangetragen worden ist, keine Absage an das Leben der türkischen Frauen in der Fremde ist, selbst wenn die Absage hier und dort hart an die Grenze der Verachtung stößt. Thematisierung der Fremde und gleichzeitige Absage an die Frauenöffentlichkeit weisen darauf hin, daß Özakin bei der Vermittlung des Eigenen an fremde Leser gegen eine verkürzte Wahrnehmung und Darstellung der Anwesenheit der Ich-Erzählerin in der Fremde vorgeht.

Das Bestehen auf der Priorität der Vergangenheit ihrer Protagonistinnen erlaubt ihr, das Eigentliche in ihren Werken dahingehend zu definieren, daß kulturelle Gegeninformation und schöpferische Treue zum eigenen zweifachen Projekt nicht ungestraft als Einmischung in eine fremde Gegenwart verkürzt werden kann. Davor hütet sich Özakin so sehr, daß sie bewußt den Leser darüber aufklärt, daß es zwischen dem Ort der Handlung und dem Ort der Kreativität keine Korrespondenz gibt: Worpswede ist weder Zürich noch Istanbul; Cornwall ist weder Florida noch die anatolische Provinz.[97]

---

96 Antoinette Fouque, *Frauen in Bewegung*. In: *Freibeuter*, Klaus Wagenbach u. a. (Red.), Nr. 48 1991, Berlin 1991, S. 43.

97 Hierzu vgl. Orts- und Zeitangaben in: Aysel Özakin, *Die blaue Maske*, ebd., S. 197 sowie in *Glaube, Liebe, Aircondition. Eine türkische Kindheit*, ebd., S. 175.

24. Dritte Zwischenbilanz

Die Vielfalt der intersprachlichen und interkulturellen Ansätze widerlegt jeden Versuch, die Entstehungsphase der betreffenden Literatur unter einem Stichwort zusammenzufassen. Der Entstehungsprozeß der Werke kann dazu beitragen die Schnittpunkte zwischen Eigenem und Fremdem zu orten. Die Schnittpunkte können durch die Beiträge aus der Mutter- und Fremdsprache, sowie aus der fremden und der eigenen Literatur- und Kulturtradition konkretisiert werden. Die einzelnen Werke können einstimmige oder übergreifende Zugehörigkeitsmerkmale aufweisen. Während die Dramen und die frühen Gedichte von Franco Biondi zwischen dem Italienischen und dem Deutschen angesiedelt sind, verraten seine Erzählungen in deutscher Sprache eindeutige Nähe zu Ausläufern des italienischen Neorealismus, obwohl ihre Zugehörigkeit zur bundesdeutschen Literatur der Arbeitswelt kaum zu übersehen ist. Mit der Novelle *Abschied der zerschellten Jahre* werden interkulturelle Aspekte aus dem bundesdeutschen Alltag eines nicht deutschen Jugendlichen thematisiert. Mit dem Roman *Die Unversöhnlichen. Im Labyrinth der Herkunft* verläßt Franco Biondi die unmittelbare bundesdeutsche Gegenwart und kehrt mittels einer Fremdsprache zu einer Kindheit in der Romagna zurück.

Das Paradigmatische an Biondis Werdgang wird durch den Sprachwechsel zusätzlich herausgestellt, inhaltlich aber gestaltet es sich nicht anders als bei Autoren wie Aras Ören und Güney Dal, die nach wie vor in ihrer Muttersprache schreiben oder wie bei Aysel Özakin, die durch die Sprachen wandelt. Nach einer intensiven Phase der Annäherung an die bundesdeutsche Wirklichkeit folgt die Suche nach Abstand. Hier bietet sich eine Überprüfung des zurückgelegten Weges als Reflexion über die getroffenen Analysen und Entscheidungen an. Daß die Überprüfung des eigenen Standortes innerhalb der Gastgesellschaft in die Heimat zurückführt, hat inhaltliche und gestalterische Ursachen. Die Entscheidung zur Reise verschafft Abstand bevor festgelegt wird, wohin die Reise selbst führen wird. Die angetretene Reise befreit die Thematisierung der Auswanderung aus dokumentarischen Zwängen und verleiht der Einwanderung metaphorische Polyvalenz. Durch sie werden zeitlich-räumliche Überschreitungen zu einem Zeitpunkt möglich, wo die Berufsidentität in eine ethnische Sackgasse zu geraten droht. Die Wiederentdeckung der landfernen Kindheit dient nicht mehr dazu, die unausweichliche Notwendigkeit des Lebens in der Fremde zu erfassen, wie es in Biondis Erzählung *Passavantis Rückkehr* oder in Aras Örens *Trilogie* oder in Güney Dals Roman *Europastraße Nr. 5.* schon der Fall war. Da eine erneute Überprüfung der ersten Entscheidung nicht notwendig ist, ist anzunehmen, daß die Reise nur aufgrund der soziokulturellen Distanz zwischen erster Abfahrt und gefährdeter Gegenwart angetreten wird. Mit der Verlagerung der Aufmerksamkeit von den Ursachen auf die Entwicklung wird gerade die diachronische Voraussetzung in den Vordergrund gerückt, die das Schreiben eines Bildungsromanes innerhalb der Einwanderung ermöglicht.

Betrachtet man den Übergang zum Bildungsroman unter dem Gesichtspunkt eines Gattungswechsels innerhalb des Werdegangs der Autoren, ergibt sich eine bemerkswerte Übereinstimmung zwischen dem Zeitpunkt, an dem Aras Ören *Eine verspätete Abrechnung*, Aysel Özakins *Die blaue Maske* und Franco Biondis *Die Unversöhnlichen* entstanden sind, und dem thematisierten Lebenslauf. Es fällt auf, daß kein Protagonist aus diesen drei Romanen im Arbeitsalltag der Gastarbeiter tätig ist. Nicht daß der Arbeitsalltag negiert wird, ihm werden Lebensläufe gegenübergestellt, an denen eine erste sozio-ökonomische und kulturelle Diversifizierung der Minderheiten abzulesen ist. Um so mehr wird der Charakter des Bildungsromans durch die Tatsache herausgestellt, daß die Ich-Erzähler der drei Romane Fremde sind, die sich am Ende der Reise durch eine soziokulturelle Vergangenheit, die sie in die Fremde geführt hat, in ihrer erkämpften Identität als Schriftsteller bestätigt fühlen.

Das parallele Fortschreiten der beruflichen Diversifizierung in den Minderheiten und das Erlangen einer Berufsidentität bei den ausländischen Schriftstellern ist das Neue, das in den Romanen einen Eingang gefunden hat und das sich wiederum wie eine Zäsur in der Entwicklung der betreffenden Literatur ankündigen. Um die Zäsur aufzuheben, werden Werke notwendig sein, die das fortführen, was in den Romanen an Wegweisendem formuliert worden ist. Aber es werden auch Werke notwendig sein, die dort Erfolg haben werden, wo sie bis jetzt gescheitert sind, nämlich in der paritätischen Begegnung der Kulturen innerhalb der Gastgesellschaft. Hier ist noch wenig von der Emanzipation der Minderheiten gegenüber der Mehrheit zu spüren. Die Zäsur wird solange bestehen, bis diese Literatur der Minderheit sich von einer auf die Mehrheit fixierten Schreibweise befreit hat. Die Thematisierung einer gescheiterten Begegnung zwischen einem Portugiesen und einer Türkin wäre genauso aussagekräftig für den Zustand der kulturellen Vielfalt innerhalb der bundesdeutschen Gesellschaft wie die der wiederkehrenden Auswegslosigkeit zwischen ausländischen Männern und deutschen Frauen. Mit solchen Werken wäre die betreffende Literatur von dem Zwang befreit, die Anwesenheit der Ausländer stets im Verhältnis zur Gastgesellschaft zu legitimieren. An dem Werk eines Autors, der wie Akif Pirinçci der Meinung ist, jenseits seiner Zugehörigkeit zur Minderheit zu schreiben,[98] und zugleich einen Roman über die schwierige Liebe des Türken Akif für Christa aus Köln verfaßt, wird deutlich, daß die ausstehende Aufgabe nur im Gesamtkontext der Emanzipation von der Mehrheit einzulösen ist.

25. Vergleichender Ausblick

In bezug auf die Gattungen ist eine erste anschauliche Diskrepanz zwischen den drei Polen des Vergleiches in Bereich der Lyrik festzustellen. Während in der italienischen und in der bundesdeutschen Literatur kaum nennenswerte

---

98 Vgl. Klaus Pokatzky »*Ich bin ein Pressetürke.*« Akif Pirinçci und der deutsche Literaturbetrieb. In: *Die Zeit*, Nr. 37, Hamburg 1980, S. 54.

Gedichte über die Arbeitsmigration vorliegen, stellen Poeme und Gedichte nach wie vor den Hauptteil der Literatur ausländischer Autoren in der Bundesrepublik dar. Zur Verdeutlichung der Diskrepanz dienen situative Ursachen. Am Beispiel des nicht angelösten Lyrik-Vorhabens eines Giosuè Carducci und eines Antonio Fogazzaro ist zuerst an einen fehlenden Zugang zur Erfahrung als Quelle von lyrischen Pathos zu denken. Die Intensität, mit der ausländische Autoren Lyrik schreiben, bestätigt die Annahme, genauso wie die Tatsache, daß sie stets unmittelbare Erfahrungen in den Mittelpunkt ihrer Lyrik rücken. Da trotz unterschiedlicher Literaturtraditionen keine quantitative Divergenz oder Priorität unter den Minderheiten zu verzeichnen ist, wird die Hypothese aufgestellt, daß der Griff zur Lyrik bei ihnen weder kulturell noch thematisch bedingt ist. Angesichts der Tatsache, daß dieselbe Diskrepanz zwischen Lyrik und Prosa in der Literatur jeder zeitgenössischen Widerstands- und Protestbewegung vorkommt, ist anzunehmen, daß Lyrik über vielfältige Agilität verfügt, die es ihr erlaubt, den Fortgang des Konflikts und den Protest für die Beteiligten herauszuarbeiten. Daß in der Emigrationsliteratur diese Funktion der Lyrik und nicht dem Widerstands- und Protestlied oder dem Theater zugefallen ist, hat damit zu tun, daß der Zugang in eine fremdsprachliche Öffentlichkeit von der Gesprächsbereitschaft der Mehrheit als intendiertem Adressaten abhängig ist. Dagegen erweist sich Lyrik, aber auch Kurzprosa als ein geeignetes Kommunikationsmedium, um Öffentlichkeit unter den Minderheiten und in Verbindung zur Mehrheit zu erzielen.

In diesem Kommunikationskontext fällt der Veröffentlichung von deutschsprachigen Anthologien und Sonderheften von kulturpolitischen Zeitschriften in der ersten Hälfte der achtziger Jahre eine besondere Bedeutung zu. An der Herkunft der beteiligten Autoren und der Herausgeber der Anthologien, an der thematischen Unmittelbarkeit der Beiträge ist der Wunsch abzulesen, die Phase der getrennten Gespräche zu überwinden. Daß es in den Jahrbüchern namenhafter Verlage und in übergreifenden Anthologien glaubhafter Autoren aus derselben Zeit keinen Beitrag von ausländischen Autoren gibt, wird hier als Beleg dafür gewertet, daß die Mehrheit zu diesem Zeitpunkt bereit ist, sich als Adressat zu definieren, aber daß sie weiterhin ablehnt, sich als Mitbetroffene desselben Anliegens zu verstehen.

In dieser trennenden Haltung zwischen Wahrnehmung und Verantwortung, die in den sechziger und siebziger Jahren um so tiefgreifender war, mag der Grund gelegen haben, warum bundesdeutsche Autoren Ich-Erzähler und lyrische Ichs in ihren Texten über Gastarbeiter vermieden und dem Theater, den Sozialreportagen und der Kurzgeschichte den Vorzug gegeben haben. Die Grundtendenz zur Erkenntnis und zur Vermittlung des ausgewählten Genres korrespondiert mit der Haltung der Autoren gegenüber einem Sozialphänomen, das zuerst außerhalb der eigenen kulturpolitischen Kompetenz und Verantwortung vermutet wird. Für die bundesdeutsche Literatur stellt die Arbeitsmigration zuerst ein Problem der Erkenntnis und dann der Akzeptanz des Fremden dar. Nicht anders ist die italienische Literatur vorgegangen, als sie sich daraus eine Darlegung von Ursachen ohne Verantwortung gemacht hat. Die Frage nach der Verantwortung wird nach wie vor deswegen vermieden, weil die Freiwilligkeit der Entscheidung höher eingestuft wird als die Notwendigkeit, das Land zu verlassen, die für die politische Emigration vorgesehen ist. Insofern leuchtet es ein, daß die italienische und die bundesdeutsche Literatur bei der Thematisierung der Arbeitsmigration nach denselben gattungsspezifischen Prioritäten vorgegangen sind. Der Abstand von Mitverantwortung und Mitbeteiligung wird durch den Verzicht auf lyrisches Ich und Ich-Erzähler signalisiert, der Versuch, das Phänomen in seinem alten und neuen sozio-ökonomischen Kontext zu erfassen, wird hier wie dort durch Novellen, Romane und Theater unternommen.

Aber während in der italienischen Literatur des 20. Jahrhunderts die nichtbedingte Notwendigkeit zur Auswanderung zur strafbaren Entscheidung geworden ist, so daß der Auswanderer nur noch als Versager thematisiert wird,[99] kündigt sich in der bundesdeutschen Literatur der neunziger Jahre der Übergang vom Aufklärungsgebot zum mitbeteiligten Ich-Erzähler an. In Sten Nadolnys Roman *Selim oder die Gabe der Rede* wird der Übergang dadurch erzielt, daß der Ich-Erzähler Teil jener Gemeinsamkeit der Erfahrungen ist, zu dem die Schriftsteller Zugriff haben, die in einer Republik aufgewachsen sind, in der Ausländer schon in ihrer Kindheit lebten.

Dagegen ist festzustellen, daß die ersten Bildungsromane der ausländischen Autoren, die auf dieselbe diachronische Tiefe der Erfahrungen zurückgreifen, einen starken Rückzug aus der Gemeinsamkeit der Erfahrung aufweisen. Dies ist daran zu erkennen, daß dort die bundesdeutsche Wirklichkeit nur am Rande der Haupthandlungen berücksichtig wird. Man könnte von einer konstitutiven Wahrnehmungsdiskrepanz zwischen den Fremden und der Gastgesellschaft sprechen, die dazu führt, daß die jeweiligen Schriftsteller sich zwar derselben zentralen Erfahrungen, aber in versetzten Zeitabschnitten stellen.

Weitere aufschlußreiche Gegensätze und Parallelen ergeben sich aus den Strategien, die zu Verständnismodellen bei der Thematisierung der Arbeitsmigration im Herkunfts- und im Ankunftsland geführt haben. Die Freiwilligkeit der Auswanderer dient in der italienischen Literatur dazu, die Frage nach der staatlichen Verantwortung so zu verdrängen, daß letztendlich jede Verantwortung dem Auswanderer angelastet wird. Dies geschieht, indem ihm (angeborene) Sozialdevianz und Konfliktbereitschaft zugesprochen wird. In der bundesdeutschen Literatur wird der Einwanderer einem Verständnismodell unterworfen, das primär auf Akzeptanz abzielt. Ihm wird alte oder neuerworbene Berufsidentität abgesprochen; der Gastarbeiter tritt grundsätzlich als unqualifizierte Arbeitskraft auf, ist nicht mehr mit Adorno als Negation der Vergangenheit zu verstehen, denn sie wird als Strategie zu Akzeptanz des Fremden eingesetzt. Über eine generelle berufliche Disqualifizierung wird dem Adressaten signalisiert, daß der Gastarbeiter keine Konkurrenz auf dem

---

99 Aus der neuesten italienischen Literatur vgl. Paolo Volponi, *Memoriale*, Torino 1981, Raul Rossetti, *Schiena di vetro. Memorie di un minatore*, Torino 1989 und Lara Cardella, *Volevo i pantaloni*, Milano 1989, S. 27-28.

Arbeitsmarkt sein kann, denn er erledige, was von deutschen Arbeitnehmern in einer Wohlstandsgesellschaft nicht mehr verlangt werden darf. Der imaginierte Prolet als positive Diskriminierung kann deswegen nicht die zweckmäßige Disqualifizierung widerlegen, denn dort geht es lediglich um praktizierte Solidarität als gewerkschaftliche Eingliederung der Gastarbeiter, die keinen Rückzug auf qualifizierende Berufsidentität in der Fremde zuläßt.

Auf dieses Akzeptanzmodell haben ausländische Autoren wie Aras Ören mit der Rekonstruktion der sozio-historischen und beruflichen Vergangenheit ihrer Protagonisten reagiert. Die Mehrheit hat sich dagegen auf das Gebot der Gleichheit aller Menschen zurückgezogen und nicht darauf geachtet, daß die angeklagte Gleichheit nur auf Kosten der kulturellen Andersartigkeiten zu erzielen ist, die das Eigene im Leben der Fremden ausmacht.

Ein zweites Modell, mit dem in der italienischen und in der bundesdeutschen Literatur und Fachliteratur Verständnis für die Ein- und Rückwander und derer (Wieder)-Eingliederung gefördert wird, läßt sich mit dem Stichwort »Bereicherung« auf dem Punkt bringen. In der italienischen Emigrationsliteratur sowie auch in der türkischen »Alamania-Literatur« ist die Bereicherung des Abfahrtsortes die Voraussetzung dafür, daß der Rückwanderer aufgrund seines Auslandserfolges in einen höheren Sozialstand der Gemeinschaft erneut eingegliedert wird. In der bundesdeutschen Literatur (und Fachliteratur) wird eine öffentliche Akzeptanz der Gastarbeiter damit begründet, daß sie zum Aufbau der Wohlstandsgesellschaft beigetragen haben. Das anschauliche Primat der Ökonomie hat einen raschen Eingang in die Sekundärliteratur erhalten, um die Literatur der ausländischen Autoren in der Öffentlichkeit und in den Fachkreisen zu legitimieren. Während ausländische Autoren wie Franco Biondi und Rafik Schami die »Literatur der Betroffenheit« wörtlich als Bereicherung der deutschsprachigen Literatur definieren, macht die bundesdeutsche Sekundärliteratur den Leser der betreffenden Literatur immer wieder auf die gewinnbringende Spiegelfunktion einer Literatur zwischen den Kulturen aufmerksam.

In der Literatur der ausländischen Autoren sind inzwischen die anfänglichen Verständnis- und Akzeptanzmodelle abgelegt worden. Aus der Enttäuschung über die nicht eingetretene Verbrüderung des Stadtproletariats mit den Bauern- und Handwerkern aus dem Mittelmeer sind Vorschläge entstanden, die auf Diversifizierung abzielen. Als Gegenmodell zu einer ethnozentrischen Priorität des Gastlandes ist von Aras Ören und Yüksel Pazarkaya die Zukunft der Minderheiten in einem Europa aufgehoben worden, das aus der Vielfalt seiner Kulturen hervorgehen wird. Dabei bestehen Aras Ören, Franco Biondi und Aysel Özakin darauf, die Herausbildung neuer Berufsidentitäten in den Minderheiten als unausweichliche modellhafte paritätische Begegnung zwischen Einheimischen und Fremden vorzubereiten.

Von den drei Autoren hat Asyel Özakin von Anfang an und immer wieder die Herausbildung einer künstlerischen Berufsidentität als kreativen Weg zur Emanzipation postuliert. Aus dieser Nähe der Literatur von ausländischen Autorinnen zur westeuropäischen Frauenliteratur läßt sich eine weitere Gegenüberstellung ableiten, in der es um das Frauenbild in allen drei Vergleichskomponenten geht. In der italienischen Emigrationsliteratur weicht die Frau in allen ihren Rollen, als machtlose Mutter, als wartende Braut, als betrogene Ehefrau, als erotische Provokation und als Konfliktquelle unter rivalisierenden Männer, kaum von den sozialen Rollen ab, die ihr noch vor der Auswanderung zustanden. In der bundesdeutschen Literatur ist die ausländische Frau als Randfigur eines patriarchalischen Systems zu vernehmen, bis auf Hermann Spix, der sie zur imaginierten Proletin hochstilisiert hat. In der Literatur der ausländischen Autoren wird die bundesdeutsche Frau, sei es als Ehefrau, sei es als Freundin, als Unmöglichkeit zu kreativer Annäherung zwischen den Kulturen thematisiert. Dagegen ist die ausländische Frau in ihren Werken als Opfer ihres Ehemannes, Vaters oder Bruders anzutreffen. Erst über die Literatur ausländischer Autorinnen gewinnt die ausländische Frau an Konturen und wird zu einer selbständigen Figur, die durch ihre Bereitschaft, Konflikte auszutragen, zu neuer Identität findet. Die kontrastive Entscheidung für deutsche Männer als Ehepartner oder Freund mag in dem unvermeidbaren Bruch mit der eigenen Kulturtradition begründet werden, die nach wie vor als frauenfeindlich erlebt wird. Es fällt dennoch auf, daß im Kontext der Verhältnisse zwischen Mehrheit und Minderheit ihre Entscheidung genau so mehrheitsfixiert ist, wie bei den ausländischen Autoren ist. Nur bei bei den Autorinnen wird die Hoffnung auf eine gemeinsame Emanzipation zusammen mit einem Mann aus einer fremden Kultur nicht aufgegeben. Während die ausländischen Autoren an der Ausweglosigkeit der Begegnung zwischen Eigenem und Fremdem und an der Priorität einer kollektiven Emanzipation der Minderheiten gegenüber der Hegemonie der Mehrheit festhalten, verlagern die ausländischen Autorinnen die Emanzipation der Frauen außerhalb der Minderheit, weil sie dort anderen Prioritäten unterliegt.

Die unterschiedliche Festlegung der Prioritäten innerhalb derselben emanzipatorischen Interessen einer Minderheit ist insofern von Bedeutung, weil sie bestätigt, daß Erschließung und Thematisierung der Einwanderung nicht frei von Interferenzen aus übergreifenden literarischen Kontexten erfolgt, selbst bei Autoren, die sich der Arbeitsmigration allein verschrieben haben. Es geht hier nicht darum, das Verhältnis zwischen Autor und Werk außerhalb seiner Entstehungsepoche zu postulieren, sondern um die Feststellung, daß während der Verismus eines Verga oder das Antitheater eines Fassbinders autonome Wege zum Thema gewesen sind, aus der Zugehörigkeit der Autoren zum Sozialphämonen bis heute kein Weg zur Autonomie von vorhandenen literarischen Tendenzen geworden ist. Der intensivierte und parallele Druck auf die Mutter- und auf die Fremdsprache in den letzten Romanen von Aras Ören und von Franco Biondi bestätigt, daß die Autoren sich ihrer Lage bewußt sind, und er macht zusätzlich deutlich, daß sie einem stets wachsenden Spannungsfeld zwischen Fremd- und Muttersprache ausgesetzt sind. Daß bei den kommenden Werken aus dem Spannungsfeld ein Paradigma zur Autonomie der gesamten literarischen Strömung wird, ist genauso zu hoffen, wie daß sich nach Sten Nadolnys Roman *Selim oder die Gabe der Rede* ein Neuanfang in der bundesdeutschen Literatur herausbildet.

Bibliographischer Apparat

1. Allgemeine Fachliteratur zur Arbeitsmigration

Italien

Francesco Alberoni/Guido Baglioni, *L'integrazione dell'immigrato nella società industriale*, Bologna 1965.

Pino Arlacchi, *Mafia contadini e latifondo nella Calabria tradizionale*, Bologna 1980.

Mario Arpea, *Alle origini dell'emigrazione abruzzese*, Milano 1987.

Ugo Ascoli, *Movimenti migratori in Italia*, Bologna 1979.

Maurice Aymard/Giuseppe Giarrizzo (Hgg.), *La Sicilia*, Torino 1987.

Antonino Basile, *Moti contadini in Calabria dal 1848 al 1870*. In: *Archivio storico per la Calabria e la Lucania*, XXVII Roma 1958, S. 67-108.

Piero Bevilacqua/Augusto Placanica (Hgg.), *La Calabria*, Torino 1985.

Bruzio (Il), Giornale politico-letterario, Vincenzo Padula (Hg.), 1. März 1864 – 28. Juli 1865, Cosenza 1864/65.

Philip V. Cannistraro/Gianfausto Rosoli, *Emigrazione, chiesa e fascismo*, Roma 1979.

Luigi Agostino Caputo, *Di alcune quistioni economiche della Calabria. L'emigrazione dalla provincia di Cosenza*. In: *Il Giornale degli economisti,* Nr. 2 Bologna 1907, S. 1163-96.

Alberto Caracciolo, *Stato e società civile. Problemi dell'unificazione italiana*, Torino ³1971 (1960).

Umberto Cassinis, *Gli uomini si muovono. Breve storia dell'emigrazione italiana*, Torino 1978 (1975).

Napoleone Colajanni, *La delinquenza della Sicilia e le sue cause*, Palermo 1865.

Francesco Coletti, *Cinquanta anni di storia italiana 1860-1910*, 3 Bde., Bd. III »Dell'emigrazione italiana«, Milano 1911.

Gianfranco Cresciani (Hg.), *L'Australia. Gli australiani e la migrazione italiana*, Milano 1984.

Benedetto Croce, *Storia del Regno di Napoli* Bari 1925.

Ders., *Storia d'Italia dal 1871 al 1915*, Bari 1928.

Ders., *La rivoluzione napoletana del 1799*, Bari 1948.

Antonino Cusumano, *Il ritorno infelice*, Palermo 1976.

Emile De Laveleye, *Lettres d'Italie*. In: *Revue de Belgique,* 1re Livraison Bruxelles 1880.

Paolo Emilio De Luca, *Dell'emigrazione europea ed in particolare di quella italiana*, Torino 1909.

Giannino Di Stasio (Hg.), *Ti sono scritto questa lettera*, Milano 1991.

Grazia Dore, *La democrazia italiana e l'emigrazione in America*, Brescia 1964.

Luigi Einaudi, *Un principe mercante. Studio sulla espansione coloniale italiana*, Torino 1900.

Angelo Filipuzzi, *Il dibattito sull'emigrazione. Polemiche nazionali e stampa veneta (1861-1914)*, Firenze 1976.

Gianpaolo Fissore/Giancarlo Meinardi, *La questione meridionale*. In: *Documenti della storia* 17, Torino 1977 (1976).

Giustino Fortunato, *La questione demaniale nelle province meridionali*, Napoli, 1882.

Leopoldo Franchetti/Sidney Sonnino, *La Sicilia nel 1876*, Bd. II »I contadini«, Firenze 1925 (1876).

Dies., *Condizioni economiche e amministrative delle provincie napoletane. Appunti di viaggio – Diario del viaggio,* Antonio Jannazzo (Hg.), Bari 1985 (Firenze 1875).

Emilio Franzina, *Merica! Merica! Emigrazione e colonizzazione nelle lettere dei contadini veneti in America Latina 1876-1902*, Milano 1979.

Ders., *La grande emigrazione. L'esodo dei rurali dal Veneto durante il secolo XIX*, Venezia 1976.

Emilio Franzina/Antonio Parisella (Hgg.), *La Merica in piscinara. Emigrazione, bonifiche e colonizzazione veneta nell'Agro Romano e Pontino tra fascismo e post-fascismo*, Abano Terme 1986.

Delia Frigessi Castelnuovo, *Elvezia il tuo governo. Operai italiani emigrati in Svizzera*, Torino 1977.

Delia Frigessi Castelnuovo/Michele Risso, *A mezza parete. Emigrazione nostalgia malattia mentale*, Torino 1982.

Antonello Gerbi, *La disputa del nuovo mondo. Storia di una polemica 1750-1900.* Sandro Gerbi (Hg.), Milano/Napoli 1983, »Ultima metamorfosi della polemica. Immigrati ed espatriati«, S. 760-72.

Emiliano Giancristoforo, *Cara moglie ... Lettere a casa di emigranti abruzzesi*, Lanciano 1984.

Antonio Gramsci, *Quaderni del carcere*, Valentino Gerratana (Hg.), 4 Bde., Bd. I, Torino 1975.

Ders., *La questione meridionale*, Franco De Felice/Valentino Parlato (Hgg.), Roma [3]1973 (1966).

Eric J. Hobsbawn, *Sozialrebellen. Archaische Sozialbewegungen im 19. und 20. Jahrhundert*, Giessen 1979 (1959).

Ders., *Die Banditen*, Frankfurt 1972 (1969).

Costantino Ianni, *Il sangue degli emigranti*, Milano 1965.

ISTAT (Hg.), *Le rilevazioni statistiche in Italia dal 1861 al 1956.* In: *Statistiche demografiche e sociali*, Annali di statistica Anno 86, Serie VIII, Vol. 6, Roma 1957.

Sergio Landucci, *I filosofi e i selvaggi 1580-1780.* Bari 1972.

Antonio Lazzarini, *Campagne venete ed emigrazione di massa (1866-1900)*, Vicenza 1981.

Luigi M. Lombardi Satriani/Mariano Meligrana, *Un villaggio nella memoria*, Roma/Reggio Calabria 1983.

Fernando Manzotti, *La polemica sull'emigrazione nell'Italia unita*, Milano/Roma/Napoli/Città di Castello 1962.

Emilio Morpurgo, *Gli emigranti.* In: *Annuario delle scienze giuridiche e politiche*, H. IV, Milano 1883, S. 579-615.

Mino Milani, *La repressione dell'ultimo brigantaggio nelle Calabrie 1868-1869*, Pavia 1952.

Ministero degli Affari Esteri (Hg.), *Aspetti e problemi dell'emigrazione italiana all' estero nel 1974*, Roma 1975.

Franco Molfese, *Storia del brigantaggio dopo l'Unità*, Milano 1964.

Francesco Saverio Nitti, *L'emigrazione e i suoi avversari*, Torino/Napoli 1888, als: *L'emigrazione e l'Italia meridionale.* In: Francesco Saverio Nitti, *Scritti sulla questione meridionale,* Bd. I, Armando Saitta (Hg.), Bari 1958, S. 303-77.

Ders., *Sui provvedimenti per la Calabria e la Basilicata. Discorso tenuto alla Camera dei deputati il 28 giugno 1908.* In: Francesco Saverio Nitti, *Scritti sulla questione meridionale*, ebd., S. 534-50.

Ders., *Scritti sulla questione meridionale. Inchiesta sulle condizioni dei contadini in Basilicata e in Calabria (1910)*, Bd. IV, Teil I, Pasquale Villani/Angelo Massafra (Hgg.), Bari 1968.

Ders., *Inchiesta sulle condizioni dei contadini in Basilicata e Calabria (1910)*. In: Francesco Saverio Nitti, *Scritti sulla questione meridionale*, Pasquale Villani/Angelo Massafra (Hgg.), Bd. IV, Teil I Bari 1968.

Robert Paris, *L'Italia fuori d'Italia*. In: *Storia d'Italia*. Bd. 4 HBd. I, Torino 1975, S. 507-818.

Fortunata Piselli, *Parentela ed emigrazione. Mutamenti e continuità in una comunità calabrese*, Torino 1981.

Francesco Renda, *L'emigrazione in Sicilia*, Palermo 1963.

Rosario Romeo, *Il Risorgimento in Sicilia*, Bari 1982 (1950).

Gianfausto Rosoli (Hg.), *Un secolo di emigrazione italiana (1876-1976)*, CSER, Roma 1978.

Manlio Rossi-Doria, *Struttura e problemi dell'agricoltura meridionale*. In: *Riforma agraria ed azione meridionalista*, Bologna 1956 (1948).

Giuseppe Scalise, *L'emigrazione dalla Calabria. Saggio di economia sociale*, Napoli 1905.

Emilio Sereni, *Il capitalismo nelle campagne*, Torino 1974 (1968).

Ercole Sori, *L'emigrazione italiana dall'Unità alla seconda guerra mondiale*, Bologna 1979.

Stella degli emigranti (La), Anno 1, Polistena (CZ) 1904.

Dino Taruffi/Leonello De Nobili/Cesare Lori, *La questione agraria e l'emigrazione in Calabria*, Firenze 1908.

Luciano Tosi, *L'emigrazione italiana all'estero in età giolittiana. Il caso umbro*, Firenze 1983.

Pasquale Villari, *Lettere Meridionali*, Torino 1888.

Ders., *Scritti sulla emigrazione e sopra altri argomenti*, Bologna 1909, S. 1-77.

Bundesrepublik Deutschland

»Ausländer unter uns«, Ein Filmkatalog. In: *Deutsch lernen Nr. 2/83 u. 3/83*. Ingelheim [2]1983.

Tûgrul Ansay/Volkmar Gessner, *Gastarbeiter in Gesellschaft und Recht*, München 1974.

Georg Auernheimer (Hg.), *Ausländerarbeit. Handwörterbuch*, Weinheim/Basel 1984.

Klaus J. Bade, *Vom Auswanderungsland zum Einwanderungsland? Deutschland 1880-1980*, Berlin 1983.

Hermann Bausinger (Hg.), *Ausländer – Inländer*, Tübingen 1986, »Kulturelle Identität. Schlagwort und Wirklichkeit«, S. 141-160.

Walter Becker, *Ehen mit Ausländern*, Hamm 1974.

Meike Behrmann/Carmine Abate, *Die Germanesi. Geschichte und Leben einer süd-italienischen Dorfgemeinschaft und ihrer Emigranten*, Frankfurt/New York 1984.

Karl Bingemer/Edeltrud Meistermann-Seer/Edgard Neubert (Hgg.), *Leben als Gast-arbeiter*, Opladen 1972 (1970).

Helmut Birkenfeld (Hg.), *Gastarbeiterkinder aus der Türkei. Zwischen Eingliederung und Rückkehr*, München 1982.

Heiner Boehncke/Harald Wittich (Hgg.), *Buntesdeutschland. Ansichten zu einer multikulturellen Gesellschaft*, Reinbek 1991.

Peter Brückner, *Psychologie und Geschichte*, Berlin 1982.

Axel Buchholz/Martin Geiling (Hgg.), *Wohlstand für keinen. Perspektiven für die Bundesrepublik*, Frankfurt/M. 1982.

Manfred Budzinski, (Hg.) *Aktionshandbuch Ausländer*, Bornheim/Merten 1983.

Bundesanstalt für Arbeit (Hg.), *Ausländische Arbeitnehmer. Beschäftigung, Anwerbung, Vermittlung. Erfahrungsbericht 1968*, Nürnberg 1969.

Bundesanstalt für Arbeit (Hg.), *Repräsentativuntersuchung '72. Beschäftigung ausländischer Arbeitnehmer.* Nürnberg 1973.

Bundesanstalt für Arbeit (Hg.), *Ausländische Arbeitnehmer 1972/73. Beschäftigung, Anwerbung, Vermittlung.* Nürnberg 1974.

Stephen Castles, *Migration und Gesellschaftsstruktur – Klasse, Ethnizität oder Community.* In: Hermann Bausinger (Hg.), *Ausländer – Inländer*, ebd., S. 31-44.

Ders., *Rollenveränderungen der Arbeitsemigranten im westdeutschen Kapitalismus.* In: *Widersprüche* – »Ausländer – Sündenböcke werden gemacht«, ebd., S. 33-40.

Wolfgang Däubler, *Der Ausländer als Untertan – ein Dauerzustand?* In: *Das Parlament* B 24/88, ebd. S. 41-45.

Giuseppe De-Botazzi, *Italiani in Germania. Als Italiener im Deutschland der Jahrhundertwende*, (Hg.) Carmine Chiellino, Essen 1993 (1895).

Jesus Manuel Delgado, *Die »Gastarbeiter« in der Presse*, Opladen 1972.

Knuth Dohse, *Ausländische Arbeiter und bürgerlicher Staat. Genese und Funktion von staatlicher Ausländerpolitik und Ausländerrecht*, Berlin 1985 (1981).

Ders., *Ausländerbeschäftigung nach zehnjähriger Massenarbeitslosigkeit.* In: *Land der begrenzten Möglichkeiten*, ebd., S. 266-79.

Hans Eich/Hans Frevert (Hgg.), *Bürger auf Zeit. Junge Ausländer unter uns*, Baden-Baden 1967.

Martin Einsele, *Die zweite Ausländergeneration unter den Bedingungen von Stadtquartier und Nahumwelt.* In: *Land der begrenzten Möglichkeiten*, ebd., S. 258-62.

Lothar Elsner/Lehmann Joachim, *Ausländische Arbeiter unter dem deutschen Imperialismus 1900 bis 1985.* Berlin 1988.

Bernt Engelmann, *Du deutsch? Geschichte der Ausländer in unserem Land*, München 1984.

Regine Erichsen, *Zurückkehren oder bleiben? Zur wirtschaftlichen Situation von Ausländern in der Bundesrepublik Deutschland.* In: *Das Parlament* B 24/88, ebd., S. 14-25.

Fragen an die deutsche Geschichte. Ideen Kräfte Entscheidungen. Von 1800 bis zur Gegenwart, Ein Katalog. Stuttgart o. J. jedoch 1974.

Fritz Franz, *Einwanderung und Niederlassung im Fremdenrecht der Bundesrepublik Deutschland.* In: Hermann Bausinger (Hg.), *Ausländer – Inländer*, ebd., S. 73-82.

Ders., *Die Rechtsstellung der ausländischen Arbeitnehmer in der Bundesrepublik Deutschland.* In: Ernst Klee (Hg.), *Gastarbeiter*, ebd., S. 36-57.

Ders., *Plädoyer für ein Niederlassungsgesetz.* In: *Land der begrenzten Möglichkeiten*, ebd., S. 309-18.

Wolfgang Gehrmann u. a. *Vereint im Fremdenhaß*, Dossier. In: *Die Zeit* Nr. 4 Hamburg 1991, S. 17-20.

Dieter Goetze, *Probleme der Akkulturation und Assimilation.* In: Helga Reimann/Horst Reimann (Hgg.), *Gastarbeiter*, ebd., S. 66-94.

Metin Gür, *Meine fremde Heimat. Türkische Arbeiterfamilien in der BRD*, Köln 1987.

Peter Hanau, *Das Verhältnis von Arbeitsvertrag Arbeitserlaubnis und Aufenthaltserlaubnis ausländischer Arbeitnehmer.* In: *25 Jahre Bundesarbeitsgericht*, Franz Gamillscheg/Götz Hueck/Herbert Wiedemann (Hgg.), München 1979, S. 169-99.

Ulrich Herbert, *Geschichte der Ausländerbeschäftigung in Deutschland 1880 bis 1980. Saisonarbeiter Zwangsarbeiter Gastarbeiter*, Bonn 1986.

Eckart Hildebrandt, *Internationale Beschäftigungskonkurrenz. Zur Konkurrenz nationaler Arbeitsbevölkerung am Beispiel der Ausländerbeschäftigung in der Bundesrepublik Deutschland*, Frankfurt/New York 1986.

Lutz Hoffmann/Herbert Even, *Soziologie der Ausländerfeindlichkeit – Zwischen nationaler Identität und multikultureller Gesellschaft*, Weinheim/Basel 1984.

Hans-Joachim Hoffmnann-Nowotny, *Gastarbeiterwanderungen und soziale Spannungen*. In: Helga Reimann/Horst Reimann (Hgg.), *Gastarbeiter,* ebd., S.46-66.

Institut für angewandete Sozialwissenschaft (Hg.), *Deutsche und Ausländer ausländische Arbeiter im Spiegel der Meinung*. Bonn 1966.

Rolf Italiaander (Hg.), *»Fremde raus?« Fremdenangst und Ausländerfeindlichkeit*, Frankfurt 1983.

Sabine Karasan Dirks, *Die Geschichte der Fatma Hamin in Köln*, Göttingen 1983.

Peter Kammerer, *Sviluppo ed emigrazione in Europa. La Germania Federale*, Milano 1976.

Ernst Klee (Hg.), *Gastarbeiter. Analysen und Berichte*, Frankfurt [2]1972.

Hans-Günter Kleff, *Vom Bauern zum Industriearbeiter. Zur kollektiven Lebensgeschichte der Arbeitsmigranten aus der Türkei*. Ingelheim 1984.

Heiko Körner/Ursula Mehrländer (Hgg.), *Die »neue« Ausländerpolitik in Europa. Erfahrungen in den Aufnahme- und Entsendeländern*, Bonn 1986.

Land der begrenzten Möglichkeiten. Einwanderer in der Bundesrepublik, Förderverein Deutscher Schriftsteller in Hessen (Hg.), Frankfurt 1987.

Claus Leggewie, *Multi Kulti. Spielregeln für die Vielvölkerrepublik*, Berlin 1990.

René Leudesdorff/Horst Zilleßen (Hgg.), *Gastarbeiter = Mitbürger*, Gelnhausen 1971.

Giacomo Maturi, *Arbeitsplatz Deutschland. Wie man südländische Gastarbeiter verstehen lernt*, Mainz 1964.

Rolf Meinhardt (Hg.), *Türken raus?* Reinbek 1984.

Multikulturelle Gesellschaft, Widerspruch. In: *Münchner Zeischrift für Philosophie*, Nr. 21, Jahrgang 11, München 1991.

Muslime in Deutschland. Sekretariat der Deutschen Bischofskonferenz (Hg.), Arbeitshilfen Nr. 26, Bonn 1982.

Marios Nikolinakos, *Politische Ökonomie der Gastarbeiterfrage. Migration und Kapitalismus*, Reinbek 1973.

Hans-Jürgen Papier, *Verfassungsrechtliche Probleme des Ausländerwahlrechts*. In: *Das Parlament* B 24/88 ebd., S. 37-40.

Parlament (Das), Beilage zur Wochenzeitung *Das Parlament* B 24/1988, Bonn 1988.

Jürgen Quandt, *Berlin Stadt der Fremden – Fremde Stadt?* In: *Radius*, Evangelische Akademikerschaft in Deutschland (Hg.) Jg. 35 H. 1/90 Stuttgart 1990, S. 25-28.

Helmut Quaritsch, *Einwanderungsland Bundesrepublik Deutschland?* München 1982 (1981).

Helga Reimann/Horst Reimann (Hgg.), *Gastarbeiter. Analyse und Perspektiven eines sozialen Problems,* Opladen 1987 (1976).

Peter Schneider, *In Deutschland hat Saigon gesiegt. Warum Tausende von Vietnamesen aus der DDR in den Westen geflohen sind*. In: *Die Zeit* Nr. 27 Hamburg 1990, S. 72.

Peter Schönbach, *Sprache und Attitüden. Über den Einfluß der Bezeichnungen Fremdarbeiter und Gastarbeiter auf Einstellungen gegenüber ausländischen Arbeitern*, Bern/Stuttgart/Wien 1970.

Joseph Stingl, *Wie deutsch muß Deutschland bleiben? Ausländerintegration – eine Herausforderung für die Bundesrepublik.* In: *Wohlstand für keinen,* Axel Buchholz/ Martin Geiling (Hgg.), Frankfurt/Berlin/Wien 1982.

Dieter Thränhardt, *Die Bundesrepublik – ein unerklärtes Einwanderungsland.* In: *Das Parlament* B 24/88 ebd., S. 37-40.

Georgios Tsiakalos, *Multikulturelle Gesellschaft. Bedrohung oder Hoffnung?* In: *Land der begrenzten Möglichkeiten,* ebd., S. 295-308.

Ders., *Ausländerfeindlichkeit. Tatsachen und Erklärungsversuche,* München 1983.

Stefan Ulbrich, (Hg.), *Multikultopia. Gedanken zur multikulturellen Gesellschaft,* Vilsbiburg 1991.

Günter Wallraff, *Bilder aus Deutschland. »Gastarbeiter« oder der gewöhnliche Kapitalismus.* In: *Konkret* Nr. 2, S. 42-45; Nr. 4, S. 14-18 sowie Nr. 7, S. 34-37 Hamburg 1969.

Widersprüche – »Ausländer – Sündenböcke werden gemacht«, H. 9/1983, Offenbach 1983.

Giuseppe Zambon, *Francoforte è il nostro futuro. Emigrazione e lotta per la casa in Germania,* Milano 1978.

2. Fachliteratur zur Erschließung des Fremden in bezug auf die Arbeitsmigration in einem literarischen Kontext.

Theodor W. Adorno, *Minima Moralia. Reflexionen aus dem beschädigten Leben.* Frankfurt 1975 (1951).

Ders., *Gesammelte Schriften,* Bd. 9,2. *Soziologische Schriften II,* Frankfurt 1975, »Vorurteil und Charakter«, S. 360-73.

Gordon W. Allport, *Die Natur des Vorurteils,* Köln 1971.

Alberto Asor Rosa (Dir.), *Letteratura italiana,* Bd. III »L'età contemporanea«, Torino 1989.

Ders., *Scrittori e popolo. Il populismo nella letteratura italiana,* Roma 41972 (1965).

Michail M. Bachtin, *Rabelais und seine Welt. Volkskultur und Gegenkultur,* München 1969.

Mikhaïl Bakhtine, *Le principe dialogique suivi de Écrits du Cercle de Bakhtine,* Tzvetan Todorov (Hg.), Paris 1981.

Simone de Beauvoir, *Das andere Geschlecht. Sitte und Sexus der Frau,* Reinbek 1974.

Begegnung mit dem »Fremden«, Akten des VIII. Internationalen Germanisten-Kongresses, Tokyo 1990, Bd. 8 »Emigranten- und Immigrantenliteratur«, Yoshinori Shichiji (Hg.), München 1991.

Jan Berg u. a. *Sozialgeschichte der deutschen Literatur von 1918 bis zur Gegenwart,* Frankfurt/M. 1981.

Bestandsaufnahme. Gegenwartsliteratur, Text+Kritik (Hg.) Heinz Ludwig Arnold, München 1988.

Ernst Bloch, *Das Prinzip Hoffnung,* 3 Bde., Frankfurt 1974 (1959).

Pierre Bourdieu, *Die feinen Unterschiede. Kritik der gesellschaftlichen Urteilskraft,* Frankfurt 1982.

Klaus Briegleib/Sigrid Weigel, *Gegenwartsliteratur seit 1968,* »Hansers Sozialgeschichte der deutschen Literatur«, (Hg.) Rolf Grimminger, Bd. 12, München 1992.

Martin Buber, *Das dialogische Prinzip,* Heidelberg 31973 (1957).

Peter Burke, *Reden und Schweigen. Zur Geschichte sprachlicher Identität,* Berlin 1994.

Cesare Cases, *Saggi e note di letteratura tedesca,* Torino 1963.

Luca e Francesco Cavalli-Sforza, *Chi siamo. La storia della diversità umana,* Milano 1993.

Carmine Chiellino, *Die Reise hält an. Ausländische Künstler in der Bundesrepublik,* München 1988.

Gino Chiellino, *Literatur und Identität in der Fremde. Zur Literatur italienischer Autoren in der Bundesrepublik,* Kiel 1988 (1985).

Benedetto Croce, *La letteratura della Nuova Italia,* Bd. I-V, Bari 1973 (1913-1915).

Raffaele Crovi, *Meridione e letteratura.* In: *Il Menabò* Nr. 3 Torino 1960, S. 267-303.

Peter Demetz, *Fette Jahre magere Jahre. Deutschsprachige Literatur von 1965 bis 1985,* München/Zürich 1986 (New York 1986).

Ernst Doblhofer, *Exil und Emigration. Zum Erlebnis der Heimatferne in der römischen Literatur,* Darmstadt 1987.

Manfred Durzak, (Hg.) *Die deutsche Literatur der Gegenwart, Aspekte und Tendenzen,* Stuttgart 1971.

Ders., (Hg.), *Die deutsche Exilliteratur 1933-1945,* Stuttgart 1973.

Norbert Elias, *Über den Prozeß der Zivilisation,* 2 Bde., Bern/München 1969.

Ders., *Was ist Soziologie,* München 1971 (1970).

J. Elliot, u. a. (Hg.) *Stereotyp und Vorurteil in der Literatur,* Göttingen 1978.

Rolf Ehnert /Norbert Hopster, (Hgg.) *Die emigrierte Kultur,* 2 Bde., Ursula Frenser, »Bibliographie zum Bereich Migrantenliteratur in der Bundesrepublik Deutschland«, Bd. II, Frankfurt 1988.

Erik H. Erikson, *Dimensionen einer neuen Identität,* Frankfurt 1975.

Ders., *Der junge Mann Luther,* Frankfurt 1975.

Ethnologie dans le dialog interculturel (L'), Gerhard Baer/Pierre Gentlivres (Hgg.), V. Colloque de la SSSH, Fribourg 1980.

Alain Finkielkraut, *Die Niederlage des Denkens,* Reinbek 1989.

Manfred S. Fischer, *Nationale Images als Gegenstand vergleichender Literaturgeschichte,* Bonn 1981.

Emilio Franzina, *La lettera dell'emigrante fra letteratura giornalismo e realtà: dal »genere« al mercato del lavoro,* Referat zur Tagung »L'emigrazione italiana«, Bad-Homburg 28.-30.Oktober 1985 Typoskript S. 1-25.

Fremde und das Eigene (Das). Prolegòmena zu einer interkulturellen Germanistik, Alois Wierlacher (Hg.), München 1985.

Wolfgang Frühwald/Wolfgang Schieder, (Hgg.), *Leben im Exil. Probleme der Integration deutscher Flüchtlinge im Ausland 1933-1945,* Hamburg 1981.

Hans-Georg Gadamer, *Wahrheit und Methode,* Tübingen [4]1975 (1960).

Sigmund Freud, *Studienausgabe.* AlexanderMitscherlich/AngelaRichards/James Strachey (Hgg.), Psychologische Schriften, Bd. IV, »Das Unheimliche« (1919), S. 241-274.

Hans Wilmar Geppert, *Der »andere« historische Roman. Theorie und Strukturen einer diskontinuierlichen Gattung,* Tübingen 1976.

Enzo Golino, *Letteratura e classi sociali,* Bari 1976.

Hermeneutik der Fremde, Dietrich Krusche/Alois Wierlacher (Hgg.), München 1990.

Reinhold Grimm/Jost Hermand (Hgg.), *Exil und innere Emigration,* Frankfurt 1972.

Andrea Hettlage-Varjas/Robert Hettlage (Hgg.), *Zur Theorie kultureller Zwischenwelten.* In: *Schweizerische Zeitschrift für Soziologie* Vol. 10, Nr. 2/1984 Montreux 1984.

Max Horkeimer, *Über das Vorurteil,* Köln 1963.

Interkulturelle Germanistik. Dialog der Kulturen auf Deutsch? Peter Zimmermann (Hg.), Frankfurt/Bern/New York 1989.

Hans Robert Jauß, *Das Buch Jonas. Ein Paradigma der »Hermeneutik der Fremde«* *(1985)*. In: *Hermeneutik der Fremde*, Dietrich Krusche/Alois Wierlacher, ebd., S. 175-96.

Czeslaw Karolak, *Die Poetik des Vorurteils. Untersuchungen zum Fremdenstereotyp im westdeutschen Roman der fünfziger Jahre*, Poznan 1986.

Friedrich Anton Kittler, *Literatur und Provinz. Das Konzept »Heimat« in der neueren Literatur.* In: Schriften des Eichendorf-Instituts an der Universität Düsseldorf, München 1989.

Julia Kristeva, *Fremde sind wir uns selbst*, Frankfurt 1990.

Paul Konrad Kurz, *Zwischen Widerstand und Wohlstand. Zur Literatur der frühen 80er Jahre*, Frankfurt am Main 1986.

Michael Landmann, *Das Fremde und die Entfremdung.* In: *Entfremdung*, Heinz-Horst Schrey (Hg.), Darmstadt 1975, S. 180-217.

Literarische Imagologie – Formen und Funktionen nationaler Stereotype in der Literatur, H. 2 (1980), Komparatistische Hefte (Hg.) János Ritz, Bayreuth 1980.

Claude Lévi-Strauss, *Strukturale Anthropologie II*, Frankfurt 1975.

Jurij M. Lotman/Boris A. Uspenkij, *Tipologia della cultura*, Milano 1973.

Giorgio Luti, *La letteratura del ventennio fascista*, Firenze 1972.

Giuliano Manacorda, *Storia della letteratura italiana contemporanea (1940-1965)*, Roma 1976.

Jean-Jacques Marchand, *La letteratura dell'immigrazione italiana in Svizzera.* In: *Lingua e letteratura italiana nel mondo oggi*, (Hgg.) Ignazio Baldelli/Bianca Maria da Rif, Firenze 1991, S. 457-479.

Ders., (Hg.), *La letteratura dell'emigrazione. Gli scrittori di lingua italiana nel mondo*, Torino 1991.

Odo Marquardt/Karlheinz Stierle (Hgg.), *Identität*, München 1979.

Giuseppe Massara, *Americani. L'immagine letteraria degli Stati Uniti in Italia*, Palermo 1984.

Hans Mayer, *Außenseiter*, Frankfurt 1975.

J. Amati Mehler/S. Argentieri/J. Canestri, *La babele dell'inconscio. Lingua madre e lingue straniere nella dimensione psicoanalitica*, Milano 1990.

Alexander Mitscherlich, *Die Unwirtlichkeit unserer Städte. Anstiftung zum Unfrieden*, Frankfurt 1971 (1965).

Helmut L. Müller, *Die literarische Republik, Westdeutsche Schriftsteller und die Politik*, Weinheim/Basel 1982.

Carlo Muscetta, *Realismo neorealismo controrealismo*, Milano 1976.

Oskar Negt/Alexander Kluge, *Öffentlichkeit und Erfahrung. Zur Organisations-analyse von bürgerlicher und proletarischer Öffentlichkeit*, Frankfurt [5]1977 (1972).

Nostalgia. Storia di un sentimento, Antonio Prete (Hg.), Milano 1992.

Karlheinz Ohle, *Das Ich und das Andere. Grundzüge einer Soziologie des Fremden*, Stuttgart 1978.

Gladys Onega, *La immigración en la literatura argentina 1880-1910*, Santa Fé 1965.

Renzo Paris, *Il mito del proletariato nel romanzo italiano*, Milano 1977.

Olga Pergallo, *Italian-American authors and their contribution to American literature*, New York 1949.

Perspektiven und Verfahren interkultureller Germanistik, Alois Wierlacher (Hg.), München 1987.

Antonio Piromalli, *La letteratura calabrese*, Napoli 1977.

Joseph Pivato, *Contrasts, Comparative Essays on Italien-Canadian Writing.* Montréal 1985.

Folco Portinari, *Le parabole del reale*, Torino 1976.

Reisebericht (Der), (Hg.) Peter J. Brenner, Frankfurt 1989.

Paul Ricoeur, *Selbst als ipse*. In: *Freiheit und Interpretation*, (Hg.) Barbara Johnson, Frankfurt 1994, S. 108-123.

Horst-Eberhard Richter, *Patient Familie*, Hamburg 1970.

Jean-Paul Sartre, *Réflexions sur la question juive*, Paris 1948.

Werner Schiffauer, *Die Migranten aus Subay. Türken in Deutschland. Eine Ethnographie*, Stuttgart 1991.

Peter Schönbach, *Sprache und Attitüden. Über den Einfluß der Bezeichnungen Fremdarbeiter und Gastarbeiter auf Einstellungen gegenüber ausländischen Arbeitern*, Bern/Stuttgart/Wien 1970.

Schreiben im Exil. Zur Ästhetik der deutschen Exilliteratur 1933-1945, Alexander Stephan/Hans Wagener (Hgg.), Bonn 1985.

Helfried W. Seliger (Hg.), *Der Begriff »Heimat« in der deutschen Gegenwartsliteratur*, München 1987.

Georg Simmel, *Soziologie. Untersuchungen über die Formen der Vergesellschaftung*. Kap. IX »Der Raum und die räumlichen Ordnungen der Gesellschaft«, Leipzig 1908, S. 614-708.

Sargut Şölçün, *Sein und Nichtsein. Zur Literatur in der multikulturellen Gesellschaft*, Bielefeld 1992.

Leo Spitzer, *Das Eigene und das Fremde. Über Philologie und Nationalismus*. In: *Die Wandlung*, Dolf Sternberger (Hg.), Jg. 1 H. 7-12, Heidelberg 1945-46, S. 576-94.

Jean Starobinski, *La nostalgie. Théories médicales et expression littéraire*. In: *Studies on Voltaire and the Eighteenth Century*, Genève 1962.

George Steiner, *Nach Babel*, Frankfurt 1981.

Stichworte zur »geistigen Situation der Zeit«. Jürgen Habermas (Hg.), 2 Bde., Frankfurt 1979.

Joseph P. Strelka, *Exilliteratur*, Bern/Frankfurt/New York 1983.

Charles Taylor, *Multikulturalismus und die Politik der Anerkennung*. Frankfurt 1993.

Rudolf von Thadden/Michelle Magdelaine (Hgg.), *Die Hugenotten*, München 1986.

Todorov Tzvetan, *Nous et les autres. La réflexion française sur la diversité humaine*, Paris 1989.

Alberto Traldi, *La tematica dell'emigrazione nella narrativa italo-americana*, in: *Comunità* Nr. 176, Milano 1986, S. 245-72.

Bernhard Waldenfels, *Der Stachel des Fremden*, Frankfurt 1990.

Dietrich Weber (Hg.), *Deutsche Literatur seit 1945 im Einzeldarstellungen*, Stuttgart [2]1970.

Sigrid Weigel, *Die Stimme der Medusa. Schreibweisen in der Gegenwartsliteratur von Frauen*, Hamburg 1989.

Benno Wiese von, (Hg.), *Deutsche Dichter der Gegenwart. Ihr Leben und Werk*, Berlin 1973.

Leopold Wiese von, *Die Philosophie der persönlichen Fürwörter*, Tübingen 1965.

Friedrich Wolfzettel, *Literaturgeschichte der Verdrängung. Das Thema der Emigration in der erzählenden Literatur Italiens seit dem Ende des 19. Jahrhunderts*. In: *Italienische Studien*, 10/1987 Wien 1987, S. 5-25.

Zibaldone, (Hgg.) Helene Hart/Titus Heydenreich, Nr. 2 Oktober 1986, Schwerpunkt »Emigration«, München 1986.

3. Autorenzentrierte Bibliographie

a) Italienische Literatur (1870-1929/50)

Corrado Alvaro

Werke

L'amata alla finestra, Torino 1929.
Gente in Aspromonte, Firenze 1930.
La Signora dell'isola, Lanciano 1930.
Viaggio in Turchia, Milano 1932.
Itinerario italiano, Roma 1933.
Calabria, Firenze o.J., jedoch 1931.
Le più belle pagine di Tommaso Campanella, Corrado Alvaro, (Hg.) Milano 1935.
75 Racconti, Milano 1955.
Un treno nel Sud, Milano 1958.
Mastrangelina, Milano 1960.
La moglie e i quaranta racconti, Milano 1963.
Una sera ad Avignone. Racconto, Chiaravalle Centrale 1976.
Opere: Romanzi e racconti, (Hg.) Libero Bigiaretti, Milano 1974.

Sekundärliteratur

AA. VV., *Corrado Alvaro, l'Aspromonte e l'Europa*, Reggio Calabria 1981.
Alberto Asor Rosa, *Corrado Alvaro*, in: *Scrittori e popolo. Il populismo nella lettera-tura italiana contemporanea*, Roma 41972 (1965), S. 127-29.
Giorgio Bàrberi Squarotti, *La narrativa italiana del dopoguerra*, Bologna 1968, S. 70-75.
Alfredo Barbina (Hg.), *Cronache e scritti teatrali di Corrado Alvaro*, Roma 1976.
Francesco Besaldo, *La società meridionale in Corrado Alvaro*, Cosenza 1982.
Maria Letizia Cassata, *Corrado Alvaro*, Firenze 1979 (1974).
Emilio Cecchi, *Corrado Alvaro*. In: *Storia della letteratura italiana*, Bd. IX, Milano 1969, S. 652-657.
Gaetano Cingari, *Alvaro e il mezzogiorno*. In: AA. VV., *Corrado Alvaro*, ebd., S. 173-94.
Rosario Contarini, *Il Mezzogiorno e la Sicilia*. In: *Letteratura Italiana*, (Hg.) Alberto Asor Rosa, Bd. III, Torino 1989, S. 711-89.
Giuseppe Gigliozzi/Silvio Amelio (Hgg.), *Corrado Alvaro. Cultura mito e realtà*, Roma 1981.
Giorgio Luti, *La lezione politica e civile di Alvaro*. In: AA. VV., *Corrado Alvaro*, ebd., S. 249-73.
Giuliano Manacorda, *Corrado Alvaro*. In: *I Narratori* (1850-1957), Luigi Russo (Hg.), Milano-Messina 31958, S. 286-304.
Walter Mauro, *Invito alla lettura di Alvaro*, Milano 1973.
Francesco Muzzioli, *La realtà il mito la retorica in 'Gente in Aspromonte'*. In: *Corrado Alvaro*, Giuseppe Gigliozzi/Silvio Amelio (Hgg.), ebd., S. 17-39.
Ugo Ojetti, *Lettera a Piero Parini sugli scrittori sedentari*. In: *Pegaso*, Jg. II, Nr. 9 Firenze 1930, S. 340-42.
Vincenzo Paladino, *L'opera di Corrado Alvaro*, Firenze 1972 (1968).
Antonio Palermo, *Corrado Alvaro: I miti della società*, Napoli 1967.
Geno Pampaloni, *Alvaro scrittore*. In: AA. VV., *Corrado Alvaro*, ebd., S. 21-39.

Pietro Pancrazi, in: *Scrittori d'Italia*, Serie Quarta, Bari 1946-1953, Bd. II, *»L'arte di Corrado Alvaro«*, S. 130-35; Bd. III, *»Corrado Alvaro. Nel Labirinto«*, S. 103-09; Bd. IV, *»Poesie di Alvaro«*, S. 239-44.

Antonio Piromalli, *La letteratura calabrese*, Napoli 1977.

Ders., *Miti alvariani nell'»Itinerario Italiano« e nella »Calabria«*. In: AA. VV., *Corrado Alvaro*, ebd., S. 287-97.

Luigi Reina, *Sperimentalismo narrativo di Corrado Alvaro*. In: AA. VV., *Corrado Alvaro*, ebd., S.41-69.

Carlo Salinari, *Corrado Alvaro*. In: *La questione del realismo*, Milano 1964, S. 101-07.

Riccardo Scrivano, *Corrado Alvaro*. In: *I Contemporanei*, Vol. 2, Milano 1963.

Ders., *Alvaro Novelliere*. In: AA. VV., *Corrado Alvaro*, ebd., S. 71-81.

Maria Ida Tancredi, *Corrado Alvaro*, Firenze 1969.

Gaetano Trombatore, *Solitudine di Alvaro* u. *Alvaro e la crisi del suo tempo*. In: *Scrittori del nostro tempo*, Palermo 1959, S. 137-42 u. S. 189-92.

Luigi Vento, *La personalità e l'opera di Corrado Alvaro*, Chiaravalle Centrale 1979.

Elio Vittorini, *Scrittori Italiani: Alvaro*. In: *Solaria*, Nr. 5-6, Firenze 1930, zuletzt: *Diario in pubblico*, Torino 1980 (1957) S. 9-11.

Luigi Capuana

Werke

C'era una volta ... fiabe, Milano 1882.

Scurpiddu. Racconto illustrato per ragazzi, Torino 1898.

Scurpiddu u. *Il Marchese di Roccaverdina. Romanzo*, Milano 1901. In: *Narratori dell'Ottocento e del primo Novecento*. Bd. 64, HBd. 2 Aldo Borlenghi (Hg.), Milano Napoli 1962, S. 291-376 u. S. 377-593.

Gli »americani« di Ràbbato. Racconto illustrato da Alfredo Terzi, Milano/Palermo/Napoli 1912.

I racconti, 3 Bde., Enrico Ghidetti (Hg.), Roma 1973-74.

Gli »americani« di Ràbbato, Torino 1974.

Scritti critici, Ermanno Scuderi (Hg.), Catania 1972.

Scurpiddu. Milano 1981 (1980).

Sekundärliteratur

Dina Aristodemo/Pieter de Meijer, *Luigi Capuana. Fiabe*, Palermo 1980.

Alberto Asor Rosa, *Scrittori e popolo. Il populismo nella letteratura italiana*, Roma [4]1972 (1965).

Alfredo Barbina, *Luigi Capuana Inedito*, Bergamo 1974.

Aldo Cibaldi, *Luigi Capuana*, Brescia [3]1973 (1959).

Benedetto Croce, *Luigi Capuana*. In: *La Letteratura della Nuova Italia*, Bd. 3, Bari 1915.

Corrado Di Blasi, *Luigi Capuana. Gli »americani« di Ràbbato*. In: *Il popolo di Sicilia*, Catania 5. Oktober 1938.

Ders., *Luigi Capuana. Vita – Amicizie – Relazioni Letterarie*. Edizione »Biblioteca Capuana« Mineo, Catania 1954.

Vittorio Frosini, *Luigi Capuana. Il mulo di rosa. Scene siciliane*, Catania 1976.

Enrico Ghidetti, *L'ipotesi del realismo. (Capuana Verga Valera e altri)*, Padova 1982.

Carlo Alberto Madrignani, *Luigi Capuana e il naturalismo*, Bari 1970.

Gianni Oliva, *Luigi Capuana in archivio*, Caltanissetta/Roma 1979.

Giuseppe Massara, *Americani. L'immagine letteraria degli Stati Uniti in Italia*, Palermo 1984.
Geno Pampaloni (Hg.), Vorwort in *Luigi Capuana. Il Marchese di Roccaverdina*, Novara 1982.
Enzo Petrini, *Luigi Capuana*, Firenze 1966 (1954).
Gino Raya, *Carteggio Verga – Capuana*, Roma 1984.
F. Sapori, *Luigi Capuana. Gli »americani« di Ràbbato*. In: *Corriere di Catania*, Catania 5.Fcbruar 1913.
Leonardo Sciascia, *La corda pazza. Scrittori e cose della Sicilia*, Torino 1982 (1970).
Emanuella Scorano u. a., *Novelliere impenitente. Studi su Luigi Capuana*, Pisa 1985.
Vittorio Spinazzola, *Verismo e positivismo*, Milano 1977.
Giovanni Titta Rosa, *Capuana De Marchi De Roberto*. In: *L'Osservatore politico e letterario*, Jg. VI Nr. 6, Milano 1960.
Pietro Vetro, *Luigi Capuana: La vita e le opere*, Catania 1922.
Sarah Zappulla Mascarà, *Capuana e De Roberto*, Caltanissetta/Roma 1984.
Croce Zimbone (Hg.), *La biblioteca Capuana. Manoscritti e carteggi superstiti editi ed inediti*, Catania 1982.

Enrico Corradini

Werke

La Patria lontana, Milano 1910.
Le vie dell'Oceano, Milano 1913.

Sekundärliteratur

Alberto Asor Rosa, *Enrico Corradini*. In: *Scrittori e popolo, Il populismo nella letteratura italiana contemporanea*, Roma 41972 (1965) S. 78-82.
Giorgio Bertone, *Immagini letterarie dell'emigrazione tra Otto e Novecento*. In: *Un altro Veneto* (Hg.) Emilio Franzina, Abano Terme 1983, S. 405-46.
Noberto Bobbio, *Enrico Corradini*. In: *Profilo ideologico del Novecento, Storia della letteratura italiana* (Hg.)
Emilio Cecchi/Natalino Sapegno, Bd. IX, Milano 1973 (1969), S. 143 ff.
Delia Fregessi, *Introduzione alla cultura italiana attraverso le riviste*, Torino 1960.
Carlo Alberto Madrignani, *L'opera narrativa di Enrico Corradini*. In: AA. VV., *La cultura italiana tra '800 e '900 e le origini del nazionalismo*, Firenze 1981, S. 235-52.
Carlo Fumian, *La cultura proprietaria nella grande crisi, Letteratura rusticale e esodo dalle campagne*. In: *Un altro Veneto*, (Hg.) Emilio Franzina, ebd., S. 447-60.

Edmondo De Amicis

Werke

Gli emigranti in Poesie, Milano 81894 (1881), S. 221-25.
Ai fanciulli del Rio della Plata. In: *Fra scuola e casa*, Milano 71894 (1892), S. 125-34.
Quadri della Pampa und *I nostri contadini in America*. In: *In America*, Roma 1897.
Nella pampa argentina und *Nella baja di Rio Janerio*. In: *Memorie*, Milano 1899.
Sull'Oceano, Giorgio Bertone (Hg.), Genova/Ivrea 1983 (1889).
Nel regno del Cervino, Milano 81908, hier *»La mia officina«* u. *»Il sogno di Rio Janeiro«*, S. 101-26 u. S. 275-302.

Sekundärliteratur

Alberto Asor Rosa, *Edmondo De Amicis*. In: *Scrittori e popolo. Il populismo nella letteratura italiana contemporanea*, Roma ⁴1972 (1965), S. 57-58.
Edmondo De Amicis, Atti del Convegno nazionale di studi, F. Contorbia (Hg.), Imperia 30.4.-3.5.1985, Imperia 1985.
Benedetto Croce, *Edmondo De Amicis*. In: *La Letteratura della Nuova Italia*, Bari 1973 (1914), S. 151-69.
Giorgio Bertone, *Immagini letterarie dell'emigrazione tra Otto e Novecento*. In: *Un altro Veneto*, Emilio Franzina (Hg.), Abano Terme 1983, S. 405-46.
Lorenzo Gigli, *Edmondo de Amicis*, Torino 1962, S. 358-73.
Titus Heydenreich, *Italien an Bord. Edmondo De Amicis als Reporter der Massenemigration*. In: *Zibaldone*, Helene Harth/Titus Heydenreich (Hgg.) 2/1986, München 1986, S. 48-56.
Sebastiano Timpanaro, *Il socialismo di Edmondo de Amicis*, Verona 1983.
Bruno Traversetti, *Introduzione a De Amicis*, Bari 1991.
Francesco Torraca, *Il Costantinopoli e Le poesie di E. De Amicis*. In: *Saggi e Rassegne*, Livorno 1885, S. 92-106.
Pasquale Villari *Edmondo de Amicis e la letteratura sociale*. In: *L'Italia e la civiltà*, Giovanni Bonacci (Hg.), Milano 1916, S. 389-98.

Raffaele Martire

Werke

Racconti popolari calabresi, Sala Bolognese 1984, (1871).

Sekundärliteratur

Alberto Asor Rosa, *Scrittori e popolo. Il populismo nella letteratura italiana contemporanea*, Roma ⁴1972 (1965).
Giuseppe Massara, *Viaggiatori italiani in America (1860-1970)*, Roma 1976.
Ders., *Americani. L'immagine letteraria degli Stati Uniti in Italia*, Palermo 1984.
Carlo Muscetta (Hg.), *Vincenzo Padula. Persone in Calabria*, Roma 1950.
Vincenzo Padula (Hg.), *Il Bruzio. Giornale politico-letterario*, I. Marzo 1864 – 28. Luglio 1865, Cosenza.
Antonio Piromalli, *La letteratura calabrese*, Napoli 1977.
Antonio Piromalli/Domenico Scafoglio (Hgg.), *Terre e briganti. Il brigantaggio cantato dalle classi subalterne*, Messina/Firenze 1977.
A. Virgilio Savona/Michele L. Straniero (Hgg.), *Canti dell'emigrazione*, Milano 1976.

Giovanni Pascoli

Werke

Opere, Maurizio Perugi (Hg.), HBd. I-II, Milano/Napoli 1980.
Nuovi poemetti, Bologna 1909.
Opere, Cesare Federico Goffis (Hg.), *Una sagra* (Rede, 1900) u. *La grande proletaria si è mossa* (Rede, 1911). In: Bd. II, Milano 1978, S. 481-99 u. S. 607-19.

Sekundärliteratur

AA. VV., *Omaggio a Giovanni Pascoli nel centenario della nascita*, Milano 1955, S. 95-101.

Alberto Asor Rosa, *Giovanni Pascoli*. In: *Scrittori e popolo. Il populismo nella letteratura italiana contemporanea*, Roma ⁴1972 (1965), S. 73-78 u. S. 382-86.

Giorgio Bertone, *Immagini letterarie dell'emigrazione tra Otto e Novecento*. In: *Un altro Veneto*, Emilio Franzina (IIg.), Abano Terme 1983, S. 405-46.

Mario Biagini, *Il poeta solitario. Vita di Giovanni Pascoli*, Milano 1955.

Vittore Branca, *Romanzi da Broccolino*. In: *Il Sole/24 Ore* Nr. 185, Roma 1990, S. 17.

Giovanni Cena, *Sviluppo e missione della poesia di Giovanni Pascoli*. In: AA. VV., *Omaggio*, ebd., S. 95-101.

Benedetto Croce, *Giovanni Pascoli*. In: *Letteratura della Nuova Italia* Bd. IV, Bari 1973 (1915), S. 67-120.

Ders., *L'ultimo Pascoli*. In: *Letteratura della Nuova Italia*, Bd. VI, Bari 1974 (1940), S. 249-62.

Gabriele D'Annunzio, *L'arte letteraria nel 1892. La poesia*. In: AA. VV., *Omaggio*, ebd., S. 61-64.

Giacomo Debenedetti, *La »rivoluzione inconsapevole«*, Milano 1979.

Ders., *Statura di poeta*. In AA. VV., *Omaggio*, ebd., S. 226-32.

Giacomo Devoto, *Studi di stilistica*, Firenze 1950, »Decenni dal Pascoli«, S. 193-218.

Giovanni Getto, *Carducci e Pascoli*, Napoli 1965 (1957), »Pascoli e l'America« S. 171-96.

Arthur Livingston, *La Merica Sanemagogna*. In: *The Romanic Review*, (Hg.) Henry Alfred Todd/Raymond Weeks, Bd. IX, April-Juni 1918 Nr. 2, Columbia University Press 1918, S. 206-26.

Alberto Menarini, *Echi dell'Italo-Americano in Italia*. In: *Lingua Nostra*, Bruno Migliorini/Giacomo Devoto/Federico Gentile (Hgg.), Jg. II (XVII-XIX), Firenze 1940, S. 111-15.

Giovanni Pascoli, Poesie e poetica. Atti del convegno di studi pascoliani, S. Mauro Pascoli, Aprile 1982 Rimini 1984.

Maurizio Perugi, *Italy*. In: *Giovanni Pascoli Opere*, Maurizio Perugi (Hg.), Milano-Napoli 1980, HBd. I, S. 348-83.

Alfredo Schiaffini, *Giovanni Pascoli disintegratore della forma poetica tradizionale*. In: AA. VV., *Omaggio*, ebd., S. 240-46.

Renato Serra, *L'ispirazione ed il verso del Pascoli 1908-1909*. In: AA. VV., *Omaggio*, ebd., S. 90-94.

P. Vannucci, *Pascoli e gli Scolopi*, Roma 1950.

Claudio Varese, *Pascoli fra nazionalismo ed estetismo*. In: *I Contemporanei*, Bd. I, Gianni Grana (Hg.), Milano 1979, S. 315-26.

Gianfranco Verre, *Il »fanciullo« nella società capitalistica*. In: *I Contempo-ranei*, Bd. 1, ebd., S. 326-36.

Raffaello Viola, *Pascoli*, Padova ³1954 (1949).

Cesare Pavese

Werke

Lavorare stanca, Torino ⁶1984 (1935-43).
La luna e i falò, Torino 1971 (1950).
La letteratura americana e altri saggi, Torino 1962.

Sekundärliteratur

Nicola Carducci, *Gli intellettuali e l'ideologia americana nell'Italia degli anni trenta*, Manduria 1973.

Nemi D'Agostino, *Pavese e l'America.* In: *Studi Americani* (Dir.) Agostino Lombardo, H. 4 1958, Roma 1960, S. 399-413.

Elio Gioanola, *Cesare Pavese. La poetica dell'essere*, Milano 1971.

Armanda Guiducci, *Il mito pavese*, Firenze 1967.

Ruggero Puletti, *La maturità impossibile*, Padova 1961.

Claudine Reymond, *I temi dell'America e del ritorno in patria ne »Il fondo del sacco« di Martini e ne »La luna e i falò« di Pavese.* In: Etude de Lettres Nr. 4 Lausanne 1984, S. 29-43.

Francesco Perri

Werke

Emigranti, Pasquino Crupi (Hg.), Cosenza 1976 (1928).

Leggende calabresi, Milano 1929.

Problemi nuovi e forme vecchie. In: *La Fiera letteraria*, Jg. IV Nr. 30, Milano 1928, S. 1.

Sekundärliteratur

Giovanni Alessio, *Americanismi in Calabria.* In: *Lingua nostra*, Bruno Migliorini/ Giacomo Devoto/Federico Gentile (Hgg.) Jg. IV (1942), Firenze 1942, S. 41.

Corrado Alvaro, *Un treno nel sud*, Milano 1958.

Andrea da Barberino, *I Reali di Francia*, Giuseppe Vandelli/Giovanni Gambarin (Hgg.), Bari 1947.

Giorgio Bertone, *Immagini letterarie dell'emigrazione tra Otto e Novecento.* In: *Un altro Veneto*, Emilio Franzina (Hg.), Abano Terme 1983, S. 405-46.

Ottavio Cavalcanti, *La cultura subalterna in Calabria*, Roma 1982.

Rosario Contarini, *Il Mezzogiorno e la Sicilia.* In: *Letteratura Italiana*, Alberto Asor Rosa (Hg.), Bd. III, Torino 1989, S. 711-89.

Benedetto Croce, *Storia del Regno di Napoli*, Bari 1925, S. 268-69.

Ders., *Edmondo de Amicis.* In: *La letteratura della Nuova Italia*, Bari 1967 (1914), Kap. IX.

Raffaele Crovi, *Meridione e letteratura.* In: *Il Menabò*, Elio Vittorini/Italo Calvino (Hgg.), Nr. 3, Torino 1960, S. 267-303.

Pasquino Crupi, *Vorwort* in Francesco Perri *Emigranti*, Cosenza 1976, S. 7-13.

Giacomo Devoto, *Studi di stilistica*, Firenze 1950.

B.M. Diamante *L'emigrazione calabrese in Perri.* In: *L'emigrazione calabrese dall'Unità ad oggi*, CSER, Roma 1978.

Carlo Fumian, *La cultura proprietaria nella grande crisi. Letteratura rusticale e esodo dalle campagne.* In: *Un altro Veneto*, Emilio Franzina (Hg.), ebd., S. 447-60.

Maria Clotilde Giuliani-Balestrino, *L'emigrazione verso l'America in alcune pagine letterarie dell'Ottocento e del Novecento.* In: *Il Veltro*, H. 3-4 Jg. 34 Mai-August 1990, Roma 1990, S. 325-45.

Antonio Gramsci, *Opere*, Bd. V »Letteratura e vita nazionale«, Torino 1974, (1950).

Ders., *Quaderni del Carcere*, Valentino Gerratana (Hg.), Bd. II, Torino 1975.

Sebastiano Martelli, *Un romanzo sull'emigrazione. Emigranti di Francesco Perri.* In: *Civiltà italiana*, Giulia Mastrelli Anzilotti (Hg.), Jg. IX-X, Nr. 4 1984 u. Nr. 1-3 1985, Verona o.J., S. 40-64.

Giuseppe Massara, *Americani. L'immagine letteraria degli Stati Uniti in Italia*, Palermo 1984.

Alberto Menarini, *»L'Italo-Americano degli Stati Uniti«* In: *Lingua nostra*, Bruno Migliorini/Giacomo Devoto/Federico Gentile (Hgg.), Jg. I, Firenze 1939, S. 152-60.

Ders. *Echi dell'Italo-americano in Italia*. In: *Lingua Nostra*, ebd., Jg. II (1940), S. 111-15.

Rocco Mario Morano, *Gramsci, la letteratura regionale e due scrittori calabresi del primo novecento* (F. Perri e L. Repaci). In: *La Procellaria*, Nr. 1 Mantova 1977, S. 29-55.

Vincenzo Padula (Hg.), *Il Bruzio. Giornale politico-letterario*, vom 1. März 1864 – 28. Juli 1865, Cosenza 1864/65.

Antonio Palermo, *Corrado Alvaro. I miti della società*, Napoli 1967, Kap. VI »Memoria d'Aspromonte«, S. 96-98.

Renzo Paris, *Il Mito del proletariato nel romanzo italiano*, Milano 1977.

Antonio Piromalli, *La letteratura calabrese*, Napoli 1977.

Natalino Sapegno, *Disegno storico della letteratura italiana*, Firenze [18]1963 (1948).

Luigi M. Satriani Lombardi/Mariano Meligrana, *Un villaggio nella memoria*, Reggio Calabria 1983.

A. Virgilio Savona/Michele L. Straniero (Hgg.), *Canti dell'emigrazione*, Milano 1976.

Luigi Pirandello

Werke

Novelle per un anno, Mario Costanzo (Hg.), Bd. 1-2, Milano 1987.

Opere di Luigi Pirandello. Maschere Nude, Bd. 1-6, Giansiro Ferrata (Hg.), Milano 1971.

Novelle per un anno. Candelora, Corrado Simioni (Hg.), Milano [3]1977 (1969).

Einer nach dem anderen und andere sizilianische Novellen, Michael Rössner (Hg.), Mindelheim 1989.

Sekundärliteratur

Roberto Alonge, *Pirandello tra realismo e mistificazione*, Napoli 1977 (1972).

Corrado Alvaro, *Pirandello parla della Germania del cinema sonoro e di altre cose*. In: *L'Italia letteraria*, Jg. VII, 14. April 1929, Roma 1929, S. 1.

Gösta Andersson, *Le varianti testuali nelle successive edizioni delle novelle*. In: *Le novelle di Pirandello*, ebd., S. 55-64.

Atti unici di Pirandello (Gli). Tra narrativa e teatro, Stefano Milioto (Hg.), Agrigento 1878.

Mario Baratto, *Relazione conclusiva*. In: *Le novelle di Pirandello*, ebd., S. 361-69.

Alfredo Barbina, *Bibliografia della critica pirandelliana 1889-1961*, Firenze 1967.

Renato Barilli, *La barriera del naturalismo*, Milano 1970 (1964), Teil I S. 9-61.

Nino Borsellino, *Ritratto di Pirandello*, Bari 1983.

Ders., *Tra narrativa e teatro. Lo spazio dell'istrione*. In: *Gli atti unici di Pirandello*, ebd., S. 9-20.

Andrea Camilleri, *Le cosidette quattro storie girgentane. Lumìe in Sicilia, l'altro figlio, la giara e la sagra del signore della nave*. In: *Gli atti unici di Pirandello*, ebd., S. 81-87.

Giovanna Cerina, *Pirandello o la scienza della fantasia*, Pisa 1983.

Benedetto Croce, *Luigi Pirandello*. In: *La letteratura della Nuova Italia*, Bari 1974 (1940), Bd. VI, S. 335-52.

Willi Hirdt, (Übers. u. Einf.) *Bonn im Werk von Luigi Pirandello*, Tübingen 1986.
Antonio Gramsci, *Il teatro di Pirandello*. In: *Letteratura e vita nazionale*, Torino [8]1974 (1950), S. 46-53 u. S. 281-84.
Enzo Lauretta, *Luigi Pirandello*, Milano 1980.
A. Leone de Castris, *Storia di Pirandello*, Bari 1971 (1962).
Lucio Lugnani u. a., *Dalla raccolta al corpus*. In: *Le novelle di Pirandello*, ebd., S. 341-60.
Giorgio Luti, *Struttura degli atti unici di Pirandello*. In: *Gli atti unici di Pirandello*, ebd., S. 143-61.
Giovanni Macchia, *Pirandello o la stanza della tortura*, Milano [3]1986 (1981).
Giancarlo Mazzacurati, *Il personaggio: l'imputato di turno*. In: *Gli atti unici di Pirandello*, ebd., S. 181-88.
Ettore Mazzali, *Nota sulla struttura della novella pirandelliana*. In: *Atti del Congresso internazionale di studi pirandelliani*, Venezia 1961, Firenze 1967, S. 687-92.
Emilia Mirmina, *Pirandello Novelliere*, Ravenna 1973.
Jorn Moestrup, *Gli atti unici e le novelle*. In: *Gli atti unici di Pirandello*, ebd., S. 337-50.
Silvana Monti, *Pirandello*, Palermo 1974.
Novelle di Pirandello (Le), Atti del 6. convegno internazionale di studi pirandelliani, Stefano Milioto (Hg.), Agrigento 1980.
Karl August Ott, *Novelle per un anno*. In: *Kindlers Literatur Lexikon*, München 1974, Bd. 16, S. 6826-6827.
Giuseppe Petronio, *Pirandello novelliere e la crisi del realismo*, Lucca 1950.
Ders., *Le novelle »surrealistiche« di Pirandello*. In: *Le novelle di Pirandello*, ebd., S. 211-28.
Mario Pomilio, *La formazione critico-estetica di Pirandello*, Napoli 1966.
Franz Rauhut, *Der junge Pirandello oder das Werden eines existentiellen Geistes*, München 1964.
Carlo Salinari, *Miti e coscienza del decadentismo italiano*, Milano [14]1978 (1960), »La coscienza della crisi«, S. 249-284.
Ulrich Schulz-Buschhaus, *Pirandello e la »novellistica dell'assurdo«*. In: *Le novelle di Pirandello*, ebd., S. 229-37.
Benvenuto Terracini, *Analisi stilistica. Teoria storia problemi*, Milano 1966, Kap. VII »Le *novelle per un anno* di Luigi Pirandello«, S. 283-395.
Franco Zangrilli, *L'arte novellistica di Pirandello*, Ravenna 1983.
Ders., *La funzione del paesaggio nella novellistica pirandelliana*. In: *Le novelle di Pirandello*, ebd., S. 129-72.

Giovanni Verga

Werke

Tutti i romanzi, Enrico Ghidetti (Hg.), 3 Bde., Firenze 1983.
I grandi romanzi. I Malavoglia – Mastro-don Gesualdo, Ferruccio Cecco/Carla Riccardi (Hgg.), Milano [3]1981 (1972).
Le novelle, Nicola Merola (Hg.), 2 Bde., Milano 1983 (1980).

Sekundärliteratur

Mario Alicata, *Appunti per una sceneggiatura dei »Malavoglia« (1943)*. In: Enrico Ghidetti, *Verga. Guida storico-critica*, Roma 1979, S. 240-42.

Alberto Asor Rosa, *Scrittori e popolo. Il populismo nella letteratura italiana contemporanea*, Roma ⁴1972 (1965).

Ders., *Il caso Verga*, Palermo 1972.

Ders., *Il punto di vista dell'ottica verghiana*. In: *Letteratura e critica. Studi in onore di Natalino Sapegno*, Walter Binni u. a. (Hgg.), Roma 1975, Bd. II, S. 721-76.

Ders., *»Amor del vero«. Sperimentalismo e verismo*. In: *Storia d'Italia*, Bd. IV, HBd. 2 »La cultura«, Torino 1975, S. 955-79.

Riccardo Bacchelli, *Confessioni letterarie*, Milano 1932, »L'ammirabile Verga«; S. 219-26.

Pio Baldelli, *Luchino Visconti*, Milano 1973.

Massimo Bontempelli, *Giovanni Verga. Discorso tenuto nel centenario della nascita*. In: *Reale Accademia d'Italia*, Nr. 36, Roma 1940.

Capuana Luigi, Verga e D'Annunzio, Mario Pomilio (Hg.), Bologna 1972.

Dorothe Böhm, *Zeitlosigkeit und entgleitende Zeit als konstitutive Dialektik im Werke von Giovanni Verga*, Münster 1967.

Giuseppe Antonio Borgese, *Tempo di edificare*, Milano 1923.

Nino Borsellino, *Storia di Verga*, Bari 1982.

Nino Cappellani, *Vita di Giovanni Verga*, 2 Bde., Firenze 1940.

Giulio Cattaneo, *Giovanni Verga*, Torino 1963.

S. Bernard Chandler, *La storicità del mondo primitivo de I Malavoglia*. In: *Giornale Storico della letteratura italiana*, E. Bigi u. a. (Hgg.), Torino 1978, Bd. 155, S. 258-67.

Ders., *La forma e il significato dei Malavoglia*. In: *Esperienze letterarie*, Jg. V, Nr. 1 Januar-März 1980, Napoli 1980, S. 47-50.

Alberto M. Cirese, *Il mondo popolare nei Malavoglia*. In: *Letteratura III*, Roma 1955, S. 69-89.

Benjamin Crémieux, *L'arte epica del Verga*. In: Enrico Ghidetti, *Verga*, ebd., S.205-208.

Benedetto Croce, *Giovanni Verga*. In: *La letteratura della Nuova Italia*, Bd. 3. Bari 1973 (1915), S. 5-30.

Giacomo Debenedetti, *Presagi del Verga* (1954), zuletzt in: Giacomo Debenedetti: *Saggi*, Franco Contorbia (Hg.), Milano 1982, S. 207-21.

Pieter De Meijer, *Costanti del mondo verghiano*, Caltanissetta/Roma 1969.

Maria de las Nieves Muniz Muniz, *La struttura dei »Malavoglia«*. In: *Problemi*, Giuseppe Petronio (Hg.), Nr. 6 Settembre-Dicembre, Palermo 1981, S. 236-47.

Federico De Roberto, *Casa Verga e altri saggi*, Carmelo Musumarra (Hg.), Firenze 1964.

Dominique Fernandez, *Mère Mediterranée*, Paris 1965.

Pio Fontana, *Coscienza storico-esistenziale e mito nei »Malavoglia«*. In: *Italianistica*, Milano 1976, Jg. V H. 1, S. 20-45.

Dino Garrone, *Giovanni Verga*, Firenze 1941.

Emerico Giachery, *Verga e D'Annunzio*, Milano 1968.

Enrico Ghidetti, *Verga. Guida storico-critica*, Roma 1979.

P. Guarino, *A proposito della conversione del Verga*. In: *Belfagor*, Jg. XXII Nr. 2, Firenze 1967, S. 186-94.

Wido Hempel, *Giovanni Vergas Roman I Malavoglia und die Wiederholung als erzählerisches Kunstmittel*, Köln/Graz 1959.

N. Jonard *Le temps dans l'oeuvre de Verga*. In: *Revue des études italiennes*, Paris 1973, S. 75-101.

Romano Luperini, *Pessimismo e verismo in Giovanni Verga*, Padova 1971 (1968).

Ders., *Giovanni Verga*. In: *La letteratura italiana storia e testi*, Carlo Muscetta (Hg.), Bd. VII HBd. I, Bari 1975, S. 189-326.

Ders., (Hg.). *Interpretazioni di Verga*, Roma 1976.

Ders., *Sulla costruzione dei »Malavoglia«. Nuove ipotesi di lavoro*. In: *Verga, L'ideologia le strutture narrative il »caso« critico*, Romano Luperini (Hg.), Lecce 1982, S. 61-114.

Carlo Alberto Madrignani, *Ideologia e narrativa dopo l'Unificazione. Ricerche e discussioni*, Roma 1974.

Vitilio Masiello, *Verga tra ideologia e realtà*, Bari [4]1975 (1970).

Helmut Meter, *Figur und Erzählauffassung im veristischen Roman. Studien zu Verga De Roberto und Capuana vor dem Hintergrund der französischen Realisten und Naturalisten*, Frankfurt 1986.

Carmelo Musumarra, *Verga e la sua eredità novecentesca*, Brescia 1981.

Marina Paladini Musitelli, *Tipologie sociali e ideologia nei »Malavoglia«*. In: *Problemi*, Giuseppe Petronio (Hg.), ebd., S. 221-35.

Lina Perroni, *Lettere di Giovanni Verga a sua madre*. In: *L'Italia Letteraria*, Jg. VI, 20. Juli 1930, S. 1-2; 27. Juli 1930, S. 1-2; 3. August 1930, S. 3; 10. August 1930, S. 3; 17. August 1930, S. 3 u. 24. August 1930, S. 3 Roma 1930.

Lina Perroni/Vito Perroni, *Storia de »I Malavoglia«*. In: *Nuova Antologia*, Roma 1940, Jg. LXXV, S. 105-31 u. S. 237-51.

Giuseppe Petronio, *I »Malavoglia« fra storia ideologia e arte*. In: *Problemi*, Giuseppe Petronio (Hg.), ebd., S. 196-219.

Ders., *Restauri letterari. Da Verga a Pirandello*, Bari 1990.

Gino Raya, *Carteggio Verga-Capuana*, Roma 1984.

Luigi Russo, *Giovanni Verga*, Napoli 1920.

Ders., *Giovanni Verga*, Bari 1974 (1955).

Natalino Sapegno, *Ritratto di Manzoni*, Bari 1961.

Leonardo Sciascia, *Verga e la libertà*. In: *La corda pazza*, Torino 1982 (1970), S. 79-84.

Paolo Mario Sipala, *Scienza e storia nella letteratura verista*, Bologna 1981.

Ders., *Il romanzo di 'Ntoni Malavoglia e altri saggi sulla narrativa italiana da Verga a Bonaviri*, Bologna 1983.

Vittorio Spinazzola, *Verismo e positivismo*, Milano 1977.

Leo Spitzer, *L'originalità della narrazione nei »Malavoglia«*. In: *Belfagor*, Luigi Russo (Hg.), Bd. XI, Messina-Firenze 1956, S. 37-53.

Francesco Torraca, *I Malavoglia*. In: *Saggi e rassegne*, Livorno 1885, S. 211-24.

Gaetano Trombatore, *Riflessi letterari del Risorgimento in Sicilia ed altri studi sull'Ottocento*, Palermo [3]1967 (1960).

Gorizio Viti, *Verga verista. Introduzione e guida da »Nedda« a »Mastro-don Gesualdo«. Storia e antologia della critica*, Firenze 1982.

Elio Vittorini

Werke

Opere di Elio Vittorini, Bd. 4, *Conversazione in Sicilia*, Torino 1966 (*Nome e Lagrime*, Firenze 1941).

Diario in pubblico, Bd. 9, Torino 1980 (1957).

Elio Vittorini (Hg.), *Americana*, 2 Bde., Milano [3]1991 (1941).

Sekundärliteratur.

Dominique Fernandez, *Il mito dell'America negli intellettuali italiani. Dal 1930 al 1950*, Caltanissetta/Roma 1969.

Alberto Moravia, *Vittorini »Gran Lombardo«*. In: *Documento* Nr. 4, Roma 1941.

Sergio Pautasso, *Guida a Vittorini*. Milano 1977.
Geno Pampaloni, *Elio Vittorini*. In: *Storia della letteratura italiana*, Bd. IX, Milano 1969.
Domenica Perrone, *I sensi e le idee. Brancati Vittorini Joppolo*, Palermo 1985.
Antonio Pietropaoli, *Freud e Vittorini in America*. In: *Letteratura fra centro e periferia. Studi in memoria di Pasquale Alberto De Lisio*, Paparelli Gioacchino/ Sebastiano Martelli (Hgg.), Napoli/Roma 1987, S. 1117-1137.
Edoardo Sanguineti (Hg.), *Conversazione in Sicilia*, Vorwort, Torino 1966.
Gaetano Trombatore, *Il prima e il poi di Vittorini*. In: *Scrittori del nostro tempo*, Palermo 1959, S. 234-40.

Giacomo Zanella

Werke

Poesie di Giacomo Zanella, Arturo Graf (Hg.), 2 Bde., Firenze 1910.
Opere di Giacomo Zanella, Bd. I. *Le poesie*, Bd. II. *Poesie Rifiutate, Disperse, Inedite*. Ginetta Auzzas/Manilio Pastore Stocchi, (Hgg.) Vicenza 1988/1991.

Sekundärliteratur

Luigi Baldacci, *Giacomo Zanella*. In: *Poeti minori dell'Ottocento*, Ricciardi, Bd. I, Milano/Napoli 1958, S. XXXI-XXXV u. S. 691-749.
Giorgio Bertone, *La partenza il viaggio la patria. Appunti su letteratura e emigrazione tra Otto e Novecento*. In: *Movimento operaio e socialista 1/2*, Roma 1981, S. 91-107.
Benedetto Croce, *Giacomo Zanella* (1904). In: *La letteratura della Nuova Italia*, Bd. I, Bari 1973 (1914), S. 277-93.
Stelio Fongaro, *Giacomo Zanella. Poeta antico della nuova Italia*, Firenze 1988.
Mario Guderzo, *Bibliografia di Giacomo Zanella*, Firenze 1986.
Mario Isneghi, *Il Veneto nella »Merica«. Tracce di una letteratura popolare in emigrazione*. In: *Un altro Veneto*, Emilio Franzina (Hg.), Abano Terme 1983, S. 461-81.
Rosa Maria Monastra, *Il classicismo eclettico dei moderati. Giacomo Zanella e seguaci*. In: *Letteratura italiana storia e testi*, Carlo Muscetta (Hg.), Bd. 9, HBd. II, Bari 1975, S. 27-36.
Silvio Pasquazi, *Giacomo Zanell*a. In: *Letteratura Italiana*, Bd. 4 »I Minori«, Marzorati Milano 1969, S. 2765-2806.
Giuseppe Petronio, *Giacomo Zanella*. In: *Poeti Minori dell'Ottocento*, Utet Torino 1959, S. 47-48 u. 459-533.
Giacomo Zanella, in: *Dizionario enciclopedico della letteratura italiana*, Bd. V, Bari 1968, S. 506-08.

Weitere Autoren die in ihrem Werk auf die Auswanderung eingehen (eine Auswahl).

Carmelo Abate, *Gli Emigranti. Dramma in 4 atti*, Catania 1921 (1905).
Vincenzo Bonazza, *L'emigrant (Lyrik)*, Bari 1976.
Dino Campana, *Opere e contributi*, Enrico Falqui (Hg.), Firenze 1973.
Canti dell'emigrazione, A. Virgilio Savona/Michele L. Straniero (Hgg.), Milano 1976.
Giosuè Carducci, *Lettere*, Edizione Nazionale Firenze 1973, Bd. XIII Brief Nr. 2911, S. 300 u. Bd. XIV Briefe Nr. 2995 u. Nr. 3005, S. 77.

Gabriele D'Annunzio, *Messaggio per gli Italiani del Sud America*. In: Corrado Zoli, *Sud America. Note ed impressioni di viaggio*, Roma 1927, Anhang Blatt 1-8.

Giuseppe Fava, *Passione di Michele* (Roman), Roma 1980.

Antonio Fogazzaro, *Discorso per gli operai emigranti* (o.J.). In: *Minime, Studi Discorsi Pensieri*, Milano 1908, S. 207-17.

Francesco Domenico Guerrazzi, *Il secolo che muore* (Roman), Roma 1885.

Francesco Jovine, *Il pastore sepolto* (Erzählungen), Torino 1981 (1945).

Ders., *Le terre del Sacramento* (Roman), Torino 1950.

Gavino Ledda, *Padre padrone* (Roman), Milano 1975.

Carlo Levi, *Cristo si è fermato a Eboli* (Prosa), Torino 1945.

Primo Levi, *La chiave a stella* (Roman), Torino 1979.

Lucio Lombardo Radice, *La Germania che amiamo* (Prosa), Roma 1978.

Claudio Magris, *Il Danubio* (Prosa), Milano 1986.

Maria Messina, *Piccoli gorghi*, Milano o.J. jedoch 1910.

Paolo Monelli, *Io e i Tedeschi* (Prosa), Milano 1929.

Cesare Pascarella, *Taccuini*, Milano 1961.

Felice Pagani, *Vivendo in Germania* (Prosa), Milano 1909.

Pier Paolo Pasolini, *Il sogno di una cosa* (Roman), Milano 1962.

Guido Piovene, *De America* (Prosa), Milano 1953.

Vasco Pratolini, *Metello* (Roman), Milano [13]1980 (1955).

Giuseppe Prezzolini, *I trapiantati*, Milano 1963.

Ders., *Diario 1900-1941*, Milano 1978.

Fabrizia Ramondino, *Taccuino tedesco* (Prosa), Milano 1987.

Giosé Rimanelli, *Biglietto di terza* (Prosa), Milano 1959.

Leonardo Sciascia, *Le parrocchie di Regalpietra. Morte dell'inquisitore* (Prosa), Bari 1956.

Ders., *La zia d'America*. In: *Gli zii di Sicilia* (Erzählung), Torino 1958.

Ders., *La corda pazza. Scrittori e cose della Sicilia* (Prosa), Torino 1970.

Ders., *Il mare colore del vino* (Erzählungen), Torino 1973.

Ders., *La Sicilia come metafora. Intervista di Marcelle Padovani*, Milano 1979.

Rocco Scotellaro, *L'uva puttanella – Contadini del Sud* (Lyrik u. Prosa), Bari 1977 (1956 bzw. 1954).

Ignazio Silone, *Il seme sotto la neve* (Roman), Milano 1982 (1945/61).

Ders., *La volpe e le camelie* (Roman), Milano 1982 (1960).

Carlo Sgorlon, *La contrada* (Roman), Milano 1981.

Leonardo Sinisgalli, *Belliboschi* (Erzählungen), Milano 1979.

Gustavo Strafforello, *Il nuovo Monte-Cristo* (Roman), Firenze 1856.

Saverio Strati, *Mani vuote* (Roman), Milano 1960.

Ders., *Tibi e Tascia* (Kinderbuch), Milano 1957.

Ders., *Gente in viaggio* (Roman), Milano 1966.

Ders., *Noi lazzaroni* (Roman), Milano 1972.

Ders., *E' il nostro turno* (Roman), Milano 1975.

Ders., *Il selvaggio di Santa Venere* (Roman), Milano 1977.

Ders., *Il visionario e il ciabattino* (Erzählungen), Milano 1978.

Ders., *Il diavolaro* (Roman), Milano 1979.

Bonaventura Tecchi, *La terra abbandonata* (Roman), Milano 1980.

Stefano Vilardo, *Tutti dicono Germania Germania* (Lyrik), Milano 1975.

Giuseppe Ungaretti, *L'allegria* (1914-1919, Lyrik), *Vita d'un uomo. Tutte le poesie*, Leone Piccioni (Hg.), Milano 1982 (1969).

Italienische Autoren in der Schweiz

Dante Andrea Franzetti, *Der Großvater* (Erzählung), Zürich 1985.
Ders., *Cosimo und Hamlet* (Roman), Zürich 1987.
Il pane degli altri. Autori italiani emigrati in Svizzera (Prosa u. Lyrik), Rolf Mäder
(Hg.), Bern 1972.
Marcello Lazzarini, *Gente di nessuno* (Bilder u. Gedichte), Lugano 1976.
Saraccio Maretta, *Allegro svizzero* (Prosa), Liebefeld 1976.
Ders., *Il paese finiva alla stazione / Am Ende stand der Bahnhof* (Erzählung It.-Dt.),
Bern 1977.
Francesco Micieli, *Ich weiß nur, daß mein Vater große Hände hat* (Lyrik), Bern 1988.
Ders., *Das Lachen der Schafe* (Prosa), Bern 1989.
Antonio Serra, *Cosa accadde veramente quella notte* (Prosa), Milano 1974.
Fiorenza Venturini, *Nudi con il passaporto* (Prosa), Milano 1969.
Ders., *Stagionali e rami secchi* (Prosa), Milano 1976.
Ders., *Storia dei trafori del San Gottardo* (Prosa), Milano 1980.
Leonardo Zanier, *Risposte ai ragazzi di Fagagna. Cos'è l'emigrazione? Perché si
emigra? Siamo anche noi emigrati?* (Prosa), Bellinzona 1975.
Ders., *Libers... di scugni la* (Gedichte 1960-1962), Milano 1977.
Ders., *Che Diaz... us al merit* (Gedichte), Udine 1979.
Ders., *Sboradura e sanc,* (Gedichte), Firenze 1982.

b) Bundesdeutsche Literatur

Heinrich Böll

Werke

Heinrich Böll Werke, Bd. 1-5, Bd. 5: Romane und Erzählungen 1971-1977
Bernd Balzer (Hg.), Köln 1977.
Heinrich Böll Werke, Bernd Balzer (Hg.), Bd. 1-4, Köln 1987 (1977).

Sekundärliteratur.

Bernd Balzer, *Humanität als ästhetisches Prinzip. Die Romane von Heinrich Böll.* In:
Heinrich Böll. Eine Einführung in das Gesamtwerk in Einzelinterpretationen,
Hanno Beth (Hg.), Kronberg/Ts. 1975, S. 1-27.
Ders., *Einigkeit der Einzelgänger.* In: *Die subversive Madonna*, Renate Matthaei (Hg.),
ebd. S. 11-33.
Hans Joachim Bernhard/Kurt Batt, *Exkurs. Heinrich Bölls Gegenposition.* In: *Revolte
intern. Betrachtungen zur Literatur in der Bundesrepublik Deutschland*, München
1975, S. 169-74.
Hans Joachim Bernhard, *Der Clown als »Verf,«.* In: *Neue Deutsche Literatur*, Helmut
Hauptmann u. a. (Hgg.) H. 4 Bonn 1972, S. 157-64.
'Arpád Bernáth, *Gruppenbild mit Dame. Eine neue Phase im Schaffen Bölls*, H. 107 der
Dortmunder Vorträge, Dortmund 1972.
Ders., *Zur Stellung des Romans Gruppenbild mit Dame in Bölls Werk.* In:
Die subversive Madonna, Renate Matthaei (Hg.), ebd., S. 34-57.
Ders., *Das »Ur-Böll-Werk«. Über Heinrich Bölls schriftstellerische Anfänge.* In: *Heinrich
Böll*, Heinz Ludwig Arnold (Hg.), ebd., S. 21-37.

Hanno Beth (Hg.), *Heinrich Böll. Eine Einführung in das Gesamtwerk in Einzel-interpretationen*, Kronberg/Ts. 1975.

Heinrich Böll, in: *Text + Kritik*, Heinz Ludwig Arnold (Hg.), H. 33, München ³1982.

Ingeborg L. Carlson, *Heinrich Bölls Gruppenbild mit Dame als frohe Botschaft der Weltverbrüderung*. In: *The University of Dayton Review Nr. 2*, Dayton 1974, S. 51-64.

Manfred Durzak, *Heinrich Bölls epische Summe? Zur Analyse und Wirkung seines Romans Gruppenbild mit Dame*. In: *Basis* 3, Jahrbuch für deutsche Gegenwarts-literatur, Reinhold Grimm/Jost Hermand (Hgg.), Frankfurt 1972, S. 174-97.

Ders., *Leistungsverweigerung als Utopie?* in Renate Matthaei (Hg.), *Die subversive Madonna*, ebd. S. 82-99.

Ders., *Entfaltung oder Reduktion des Erzählers? Vom »Verf.« des Gruppenbildes zum Berichterstatter der Katharina Blum*. In: *Böll*, Manfred Jurgensen (Hg.), ebd., S. 31-53.

Wilhelm H. Grothmann, *Zur Struktur des Humors in Heinrich Bölls Gruppenbild mit Dame*. In: *The German Quarterly* Vol. I Nr. 1, New York 1977, S. 150-59.

Rudolf Hartung, *Heinrich Böll Gruppenbild mit Dame*. In: *Neue Rundschau*, Golo Mann u. a. (Hgg.), H. 3 Frankfurt 1971, S. 753-60.

Helmut Heissenbüttel/Hans Schwab-Felisch, *Wie man dokumentarisch erzählen kann. Zwei Stimmen zu Heinrich Bölls neuem Roman*. In: *Merkur*, H. 7 Stuttgart 1971, S. 911-16.

Friedrich Hitzer, *Verweigerte Größe oder große Verweigerung?* In: *Kürbiskern*, Walter Fritsche u. a. (Hgg.), H. 4 München 1973, S. 769-86.

Raoul Hübner, *Der diffamiert-integrierte »Anarchismus«. Zu Heinrich Bölls Erfolgs-roman Gruppenbild mit Dame*. In: *Deutsche Bestseller- Deutsche Ideologie*, Heinz Ludwig Arnold (Hg.), Reihe: Literaturwissenschaft – Gesellschaftswissenschaft, Theo Buck/Dietrich Steinbach (Hgg.), H. 15, Stuttgart 1975, S. 113-44.

Manfred Jurgensen (Hg.), *Böll. Untersuchungen zum Werk*, Bern/München 1975.

Herbert Kaiser, *Die Botschaft der Sprachlosigkeit in Heinrich Bölls Roman Gruppen-bild mit Dame*. In: *Wirkendes Wort*, Theodor Lewandowski u. a. (Hgg.), H. 4 Düsseldorf 1978, S. 221-32.

Grete Lübbe-Grothues, *Sinnlichkeit und Religion in H. Bölls Gruppenbild mit Dame*. In: *Festschrift für Frau Hedwig Klöber*, Peter Conrady/Hermann Friedrich Hugenroth (Hgg.), Münster ²1979, S. 75-102.

Renate Matthaei (Hg.), *Die subversive Madonna. Ein Schlüssel zum Werk Heinrich Bölls*, Köln 1975.

Dorothea Rapp, *Mysterien – jenseits von Pathos und Theorie. Heinrich Bölls Gruppen-bild mit Dame*. In: *Die Drei*, Jg. 44 Stuttgart 1974, S. 205-11.

Werner Rieck, *Heinrich Böll in der Rolle des Rechercheurs – Gedanken zur Erzähl-weise im Roman Gruppenbild mit Dame*. In: *Wissenschaftliche Zeitschrift der Pädagogischen Hochschule »Karl Liebknecht« II. 2*, Potsdam 1974, S. 249-55.

Hanna Schnedl-Bubenicek, *Relationen. Zur Verfremdung des Christlichen in Texten von Heinrich Böll Barbara Frischmuth Günter Herburger Jutta Schutting u. a.*, Stuttgart 1984.

Klaus Schröter, *Heinrich Böll in Selbstzeugnissen und Bilddokumenten*, Reinbek 1982.

Sargut Şölçün, *Türkische Gastarbeiter in der deutschen Gegenwartsliteratur*. In: *Kürbiskern*, Walter Fritsche u. a. (Hgg.) H. 3, München 1979, S. 74-81.

Jochen Vogt, *Heinrich Böll*, München 1987.

Wir und Dostojewskij. Eine Debatte mit Heinrich Böll u. a., geführt von Manès Sperber, Hamburg 1972, S. 61-72.

Rainer Werner Fassbinder

Werke

Antiteater – Katzelmacher / Preparadise sorry now / Die Bettleroper, Frankfurt [3]1973.
(1969/70).
Antiteater 2 – Das Kaffeehaus- Bremer Freiheit – Blut am Hals der Katze, Frankfurt
1972.
Katzelmacher – Preparadise sorry now. Zwei Stücke, Frankfurt 1982 (1969).
Antiteater – Fünf Stücke nach Stücken, Frankfurt 1986.
Die Kinofilme 1, Michael Töteberg (Hg.), München 1987.

Sekundärliteratur

Karl-Heinz Assenmacher, *Das engagierte Theater Fassbinders.* In: *Sprachnetze.
Studien zur literarischen Sprachverwendung.* Gerhard Charles Rump (Hg.),
Hildesheim/New York 1976, S. 1-86.
Harry Baer (Hg.), *Schlafen kann ich wenn ich tot bin – Das atemlose Leben des
Fassbinder*, Köln 1982.
Volker Baer, *Stationen einer Einsamkeit. Rainer Werner Fassbinders Film Angst essen
Seele auf.* In: *Der Tagesspiegel* Nr. 8721, Berlin 23. Mai 1974, S. 5.
Klaus Bohnen, *»Raum-Höllen« der bürgerlichen Welt. »Gefühlsrealismus« in der
Theater- und Filmproduktion Rainer Werner Fassbinders.* In: *Studien zur
Dramatik in der Bundesrepublik Deutschland*, Gerhard Kluge (Hg.),
Amsterdamer Beiträge zur Neueren Germanistik, Bd. 16/1983 Amsterdam 1983.
S. 141-162.
Torsten Bügner, *Annäherungen an die Wirklichkeit. Gattung und Autoren des neuen
Volksstückes*, Frankfurt/Bern/New York 1986.
Frank Busch, *Mitten ins Herz. Werner Schroeter inszeniert Fassbinders Katzelmacher
in Düsseldorf.* In: *Süddeutsche Zeitung* vom 30./31. Mai 1987, München 1987.
Volker Canaris, *Fassbinder Katzelmacher in Wuppertal.* In: *Theater Heute*, H. 10 1970
Velber 1970, S. 116-17.
Deutsche und Gastarbeiter, Ausländische Arbeiter im Spiegel der Meinung. INFAS
(Hg.), Bonn September 1966.
Bernd Eckhard, *Fassbinder*, München 1982.
Rainer Werner Fassbinder mit Beiträgen von Karsunke Yaak u. a. München 1974.
Rainer Werner Fassbinder. In: *Text + Kritik*, Heinz Ludwig Arnold (Hg.), H. 103,
München 1989.
Marieluise Fleisser, *Alle meine Söhne.* In: *Theater Heute*, Jahressonderheft 1972, Velber
1972, »Fassbinder« S. 86-87.
Hans-Jürgen Greif, *Zum modernen Drama. Walser Bauer Fassbinder Lenz
Hildesheimer.* In: *Studien zur Germanistik Anglistik und Komparatistik*,
Armin Arnold/Alois M. Haas (Hgg.), Bd. 25/1973, Bonn 1973, S. 56-65.
Wolgang Ismayr, »Andorra und Vorurteil« S. 152-60, »Rainer Werner Fassbinder«
S. 375-86, in: *Das politische Theater in Westdeutschland*, Regensburg 1977.
Peter W. Jansen, *Der Griech aus Griechenland.* In: *Frankfurter Rundschau* Nr. 230,
Frankfurt 4.Okt. 1969, S. VII.
Karl Korn, *Die Unbehausten. Eine filmische Bestandaufnahme von R.W. Fassbinder.*
In: *Frankfurter Allgemeine Zeitung*, Nr. 282 Frankfurt, 5. Dez. 1969, S. 32.
Wolfgang Limmer, *Fassbinder – Filmemacher*, Reinbek 1981.
Alexander Mitscherlich, *Die Idee des Friedens und die menschliche Aggressivität*,
Frankfurt 1969.

Werner Mittenzwei, *Die Spur der Brechtschen Lehrstücktheorie. Gedanken zur neueren Lehrstück-Interpretation.* In: *Brechts Modell der Lehrstücke. Zeugnisse Diskussion Erfahrungen*, Reiner Steinweg (Hg.), Frankfurt 1976.

Johannes G. Pankau, *Figurationen des Bayerischen. Sperr Fassbinder Achternbusch.* In: *Der Begriff »Heimat« in der deutschen Gegenwartsliteratur*, Helfried W. Seliger (Hg.), München 1987, S. 133-47.

Günther Pflaum, *Zu Gunsten der Realität. Gespräch mit R.W. Fassbinder über seinen neuen Film Angst essen Seele auf.* In: *Film-Korrespondenz* Nr. 2 Köln 1974, S. 3-6.

H.G. Pflaum/R.W. Fassbinder, *Das bißchen Realität das ich brauche. Wie Filme entstehen*, München 1976.

Teodoro Scamardi, *Il teatro di Rainer Werner Fassbinder. Fra reperto sociale e modello antropologico.* In: *Annali Studi Tedeschi* XXVII 3, Istituto Universitario Orientale Napoli 1984, S. 45-78.

Peter Schönbach, *Sprache und Attitüden. Über den Einfluß der Bezeichnungen Fremdarbeiter und Gastarbeiter auf Einstellungen gegenüber ausländischen Arbeitern*, Bern/Stuttgart/Wien 1970.

Jochen Schumann, *Karge Figuren in kargem Rahmen. Rainer Werner Fassbinders Film Katzelmacher.* In: *Publik*, Nr. 51/52 Frankfurt 1969, S. 22.

Wolfram Schütte, *Momentaufnahmen aus den Vorstädten. Rainer Werner Fassbinders zweiter Film Katzelmacher in Frankfurt.* In: *Frankfurter Rundschau* Nr. 290 Frankfurt, 3. Dez. 1969, S. 15.

Heide Simon, *Fassbinder, das geniale Monster.* In: *Theater Heute* H. 6 1983 Velber 1983, S. 26-33.

Michael Skasa, *Fassbinders Anfänge.* In: *Theater Heute* H. 8 1982 Velber 1982, S. 24-27.

Charles W. Socarides, *Der offene Homosexuelle*, Frankfurt 1973.

Reiner Steinweg, *Das Lehrstück. Brechts Theorie einer politisch-ästhetischen Erziehung.* Stuttgart 1972.

Inge Stephan, *Zeitstück Volkstück und Lehrstück – Das Drama.* In: *Deutsche Literaturgeschichte. Von den Anfängen bis zur Gegenwart*, Wolfgang Beutin u.a. (Hgg.), Stuttgart 1979, S. 292-98.

Michael Töteberg (Hg.), *Fassbinder – Die Anarchie der Phantasie – Gespräche und Interviews*, Frankfurt 1986.

Vokabular der Psychoanalyse (Das), J. Laplanche/J.B. Pontalis (Hgg.), »Identifizierung mit dem Eingreifer«, Frankfurt 1973), S. 224-25.

Siegfried Lenz.

Werke.

Es waren Habichte in der Luft, Hamburg 1951.
Leute von Hamburg, Hamburg 1968.
Gesammelte Erzählungen. Nachwort von Colin Russ, Hamburg 1970.
Beziehungen. Ansichten und Bekenntnisse zur Literatur, Hamburg 1970.
Deutschstunde, Hamburg 1973.
Das Vorbild, Hamburg 1973.
Der Geist der Mirabellen. Geschichten aus Bollerup, Hamburg 1975.
Heimatmuseum, Hamburg 1978.
Der Verlust, Hamburg 1981.
Elfenbeinturm und Barrikade. Erfahrungen am Schreibtisch, Hamburg 1983.
Über Phantasie. Gespräche mit Heinrich Böll, Günter Grass, Walter Kempowski, Pavel Kohout, Alfred Mensak (Hg.), Hamburg 1985.

Sekundärliteratur.

Winfried Baßmann, *Siegfried Lenz. Sein Werk als Beispiel für Weg und Standort der Literatur in der Bundesrepublik Deutschland*, Bonn 1976.

Wolfgang Beutin, *Ein Kriegsende von Siegfried Lenz. Eine Kritik.* In: *Siegfried Lenz*, Rudolf Wolff (Hg.), ebd., S. 55-77.

Gordon J.A. Burgess, *Pflicht und Verantwortungsgefühl. Es waren Habichte in der Luft Deutschstunde und Ein Kriegsende.* In: *Siegfried Lenz*, Rudolf Wolff (Hg.), ebd., S. 26-34.

Manfred Durzak, *Das Amerika-Bild in der deutschen Gegenwartsliteratur*, Stuttgart 1979, S. 112-28.

John Ellis, *Siegfried Lenz' dialogische Monologe. Ball der Wohltäter und Vorgeschichte.* In: *Siegfried Lenz*, Colin Russ (Hg.), ebd., S. 205-12.

Kenneth Eltis, *Siegfried Lenz und die Politik.* In: *Siegfried Lenz*, Colin Russ (Hg.), ebd., S. 75-94.

Martin Gregor-Dellin, *Das Phantastische gehört zur Wirklichkeit. Eine Lanze für Lenz.* In: *Die Zeit* Nr. 38, Hamburg 1975, S. 38.

Geno Hartlaub, *Gespräch mit Siegfried Lenz – König Midas der Geschichtenerzähler und der Märchenfischer.* In: *Deutsches Allgemeines Sonntagsblatt* Nr. 52, Hamburg 1966, S. 24.

Interview mit Marcel Reich-Ranicki (1969), jetzt in: Siegfried Lenz, *Beziehungen Ansichten und Bekenntnisse zur Literatur*, Hamburg 1970, S. 207-15.

Werner Jentsch, *Konflikte. Theologische Grundfragen im Werk von Siegfried Lenz (I) (II) und (Schluß).* In: *Zeitwende. Die neue Furche*, Wolfgang Böhme/Hermann Greifenstein/Eberhard Müller/Reinold von Thadden-Trieglaff (Hgg.) Jg. 37 Hamburg 1966, S. 174-85, S. 247-59 u. S. 316-23, nachzulesen in *Siegfried Lenz*, Colin Russ (Hg.), ebd., S. 107-27.

Johann Lachinger, *Siegfried Lenz.* In: *Deutsche Literatur seit 1945 in Einzeldarstellungen*, Dietrich Weber (Hg.), Stuttgart ²1970, S. 457-83.
Siegfried Lenz. Urteile und Standpunkte, Colin Russ, (Hg.), Hamburg 1973.
Siegfried Lenz. Werk und Wirkung, Rudolf Wolff (Hg.), Bonn 1985.

Margaret Mac Haffie, *Siegfried Lenz' Lukas sanftmütiger Knecht. Eine Analyse.* In: *Siegfried Lenz*, Colin Russ (Hg.), ebd., S. 179-90.

Hagen Meyerhoff, *Die Figur des Alten im Werk von Siegfried Lenz*, Frankfurt 1979.

Trudis Reber, *Siegfried Lenz* Berlin 1976 (1973).

Nikolaus Reiter, *Wertstrukturen im erzählerischen Werk von Siegfried Lenz*, Frankfurt 1982.

Franz Rottensteiner, *Einsteins Theorien in der Literatur.* In: *Kürbiskern*, H. 1, München 1980, S. 88-101.

Wilhelm Johannes Schwarz, *Der Erzähler Siegfried Lenz*, Bern/München 1974.

Sargut Şölçün, *Sein und Nichtsein. Integrationsvorschläge der Literatur.* In: *Literatur im interkulturellen Kontext*, Heidi Rösch (Red.), TUB-Dokumentation Weiterbildung, H. 20 Berlin 1989, S. 35-41.

Hans Wagener, *Siegfried Lenz*, München ³1979 (1969).

Peter Wapnewski, *Zumutungen*, München 1982 (1979).

Albrecht Weber, *Lehrergestalten und Schule im Werk von Siegfried Lenz.* In: *Pädagogische Welt*, Jg. 22 H. 6 u. 7 Donauwörth 1968, S. 325-31 u. S. 389-93.

Benno von Wiese, (Hg.), *Deutsche Dichter der Gegenwart. Ihr Leben und Werk*, Berlin 1973.

Nikolai Gogol

Werke

Nikolai Gogol, *Die toten Seelen oder Tschitschikows Abenteuer,* Eliasberg Alexander (Übers.), Frankfurt 1965.
Hans Günther, *Das Groteske bei N.V. Gogol. Formen und Funktionen.* In: *Slavistische Beiträge*, Bd. 34, A. Schmaus (Hg.), München 1968, S. 191-282.

Autoren und Werke aus dem Zweiten Teil: 11.

Peter O. Chotjewitz, *Der dreißigjährige Friede*, Düsseldorf 1977.
Franz Josef Degenhardt, *Laßt nicht die roten Hähne flattern ehe der Habicht schreit*, München 1974, »Tonio Schiavo«, S. 36-39.
Ingeborg Drewitz (Hg.), *Wortmeldungen. Ein bundesdeutsches Lesebuch*, Berlin 1983.
Jürg Federspiel, *Paratuga kehrt zurück. Erzählungen*, Frankfurt 1982 (1973), »Der Türke«, S. 46-67.
Max Frisch, *Die Tagebücher 1946-49 u. 1966-71*, Frankfurt 1983 (1950 u. 1972), »Vorsatz«, S. 415-16.
Max von der Grün, *Menschen in Deutschland. Sieben Porträts*, Darmstadt/Neuwied 1973.
Ders., *Leben im gelobten Land. Gastarbeiterporträts*, Darmstadt/Neuwied ⁹1983 (1975).
Ders., *Stellenweise Glatteis*, Darmstadt/Neuwied 1973.
Ders., *Flächenbrand*, Reinbek/Darmstadt/Neuwied 1979.
Günther Herburger, *Gastarbeiter*. In: *Stuttgarter Zeitung* Nr. 303, Stuttgart 1963, S. 67.
Ders., *Die Eroberung der Zitadelle. Erzählungen*, Darmstadt/Neuwied 1972, S. 205-331.
Horst Kammrad, *»Gast«-Arbeiter-Report*, München 1971.
Heiner Müller, *Die Kanakenrepublik,* Typoskript.
Ders., *Zur Lage der Nation*, Berlin 1990.
Hans Werner Richter, *Menschen in freundlicher Umgebung.* Berlin 1981 (1965).
Hermann Spix, *Elephteria oder die Reise ins Paradies*, Frankfurt 1975.
Clara Viebig, *Das Miseräbelchen und andere Erzählungen*, Bernd Jentzsch (Hg.), Olten/Freiburg 1981, »Der Käse«, S. 31-60.
Günter Wallraff, *Wir brauchen dich. Als Arbeiter in deutschen Industriebetrieben. Reportagen*, München 1966.
Ders., *Kuli oder Kollege. Gastarbeiter in Deutschland war.* In: *Konkret* Nr. 11 1966, S. 22-27.
Ders., *Bilder aus Deutschland – »Gastarbeiter« oder der gewöhnliche Kapitalismus.* In: *Konkret*, Hamburg 1969 Nr. 2, S. 42-45 Nr. 4, S. 14-18 u. Nr. 7, S. 34-37; als: *»Gastarbeiter« oder der gewöhn-liche Kapitalismus.* In: Günter Wallraff, *Neue Reportagen Untersuchungen und Lehrbeispiele*, Hamburg ⁴1976 (Köln 1972).
Ders., *Ganz unten*, Köln 1985.

Sekundärliteratur

Jürgen Alberts, *Arbeiteröffentlichkeit und Literatur*, Hamburg/Westberlin 1977.
Heinz Ludwig Arnold, *Gespräche mit Schriftstellern*, München 1975, Gespräch mit Max von der Grün S. 142-197 u. Gespräch mit Günter Wallraff S. 198-243.
Harald Eggerbrecht, *Du mußt mit dem Sieg rechnen. Von Türken und Deutschen. Sten Nadolnys Roman Selim oder die Gabe der Rede.* In: *Süddeutsche Zeitung*, Nr. 10 München 1990, S. 192.

Peter Fischbach/Horst Hensel/Uwe Naumann (Hgg.), *Zehn Jahre Werkkreis Literatur der Arbeitswelt. Dokumente Analysen Hintergründe*, Frankfurt 1979.

Czeslaw Karolak, *Die Poetik des Vorurteils. Untersuchungen zum Fremdstereotyp im westdeutschen Roman der fünfziger Jahre*, Poznan 1986.

Jürgen Manthey, *Am besten nichts Neues. Sten Nadolnys Roman Selim oder die Gabe der Rede.* In: *Die Zeit* Nr. 15, Hamburg 1990, »Die Zeit-Literatur« S. 2.

Hanno Möbius, *Arbeiterliteratur in der BRD. Eine Analyse von Industriereportagen und Reportageromanen. Max von der Grün Christian Giessler Günter Wallraff*, Köln 1970.

Krystyna Nowak, *Arbeiter und Arbeit in der westdeutschen Literatur 1945-1961*, Köln 1977.

Anna Picardi-Montesardo, *Die Gastarbeiter in der Literatur der Bundesrepublik Deutschland*, Berlin 1985.

Franz Schnauer, *Max von der Grün*, München 1978.

Deutschsprachige Autoren,
die in ihrem Werk die Einwanderung thematisieren, (eine Auswahl)

Erzählungen Gedichte Kurzprosa Romane und Theaterstücke

Knut Becker, *Gast-Arbeiter – Nachbarn. Zwei Gedichte*, Stadtbibliothek, Duisburg o.J.

Karl D. Bredthauer, u. a. *Ein Baukran stürzt um*, München 1970.

Deutsche Autoren zur Ausländerproblematik, Teil I u. II, Kassettenprogramme für ausländische Mitbürger e.V. (Hg.), München 1984.

Elisabeth Endres, *Menschen kamen zu uns*, Stadtbibliothek Duisburg (Hg.), Reihe Deutsche Autoren zur Ausländerproblematik, Duisburg o.J.

Manfred Esser, *Ostend* (Roman), Berlin 1978.

Barbara Frischmuth, *Das Verschwinden des Schattens in der Sonne* (Roman), München 1980.

Peter Greiner, *Türkischer Halbmond* (Bühnenmanuskript), Frankfurt 1977.

Gerd Heidenreich, *Vielleicht ein Freund* (Erzählung), Stadtbibliothek, Duisburg o.J.

Heinz Knappe, *Wolfslämmer*, Baden-Baden 1984.

Renke Korn, *Die Reise des Engin Özkartal von Nevsehir nach Herne und zurück.* In: *Theater heute*, Jg. 16 H. 8, 1975 Velber S. 49-60.

Gisela Kraft, *Auf der Mauer-Diwan* (Gedichte), Düsseldorf 1983.

Ursula Krechel, *Nach Mainz!* (Gedichte), »Im Untergrund« Darmstadt/Neuwied 1977.

Ky (Bosetzky Horst), *Feuer für den großen Drachen*, (Roman), Reinbek 1978.

Sten Nadolny, *Selim oder die Gabe der Rede*, München/Zürich 1990.

Christoph Nix, *Als hätten sie den Westerwald mit Olivenbäumen bepflanzt* (Erzählungen), Hamburg 1983.

Leonie Ossowski, *Grips-Theater. Voll auf der Rolle. Ein Stück zur Ausländerfeindlichkeit*, München/Berlin 1984.

Fried Piesker, *Mehmet und andere* (Kurzgeschichten), Berlin 1983.

Luise Rinser, *Kriegsspielzeug* – Tagebuch 1972-1978, Frankfurt 1978.

Paul Schallück, *Lakrizza und andere Erzählungen*, Baden-Baden o. J. jedoch 1966.

Herbert Koch (Hg.), *Stimmen aus ihrer Zeit. Stimmen deutscher und ausländischer Arbeiterinnen und Arbeiter*, Dortmund 1977.

Peter Schütt, *Was von den Tränen blieb* (Gedichte), Dortmund 1983.

Botho Strauss, *Rumor* (Roman), München 1980.

Klaus-Peter Wolf, *Die Abschiebung oder Wer tötet Mahmut Perver* (Roman), Köln 1984.

Berichte Dokumentationen und Reportagen.

Carl Amery *In Sachen Jannis Giovanni Juan Amet.* In: *Wie links dürfen Jusos sein*, Volker Maurersberger (Hg.), Reinbek 1974.

Christiane F., *Wir Kinder vom Bahnhof-Zoo*, Hamburg 1979.

Heiner Dorroch, *Wer Gewalt sät – Reportagen und Protokolle*, Frankfurt 1974.

Ingeborg Drewitz, *Liebeserklärung an die türkischen Mitbewohner*, Stadtbibliothek Duisburg o.J.

Gudrun Ebert-Behr, *Ayse. Vom Leben einer Türkin in Deutschland.* Bild-Texte-Montage, Berlin 1980.

Bernt Engelmann, *Du deutsch? Geschichte der Ausländer in unserem Land*, München 1984, »Professor Koyos Wiedersehen mit der Bundesrepublik Deutschland«, S. 7-24.

Paul Geiersbach, *Brüder muß zusammen Zwiebel und Wasser Essen. Eine türkische Familie in Deutschland*, Bonn 1982.

Ders., *Wie Mutlu Öztürk schwimmen lernen muß. Ein Lebenslauf*, Bonn 1983.

Ezra Gerhardt, *Türkenaufstand am Kottbusser Platz. Recherchen für eine Zukunft.* In: *Transatlantik* Nr. 12 München 1980, S. 68-80.

Peter Greiner, *Wie Bombenleger-Charly leben. Sozialverhalten Geschichte und Szenen*, Frankfurt 1986.

Rainer Grodzki, *Arbeit macht frei. Für Gastarbeiter ist das Dritte Reich noch nicht zu Ende.* In: *Konkret* Nr. 2, Hamburg 1971, S. 5-48.

Ilse van Heyst, *Alles für Karagöz*, Stuttgart 1976.

Michael Höhn, *Verdammt und zugedreht*, Dortmund 1983 (1979).

Margarete Jehn, *Papa hat nichts gegen Italiener.* In: *Papa Charly hat gesagt*, Bd. I, Reinbek 1975, S. 39-45.

Klaus Staeck/Inge Karst (Hgg.), *Macht Ali deutsches Volk Kaputt?* Göttingen 1982.

Gerhard Kromschröder, *Als ich ein Türke war*, Frankfurt 1983.

Heinz-Dieter Schilling, *Ich bin wer.* Stadtreportagen, Berlin 1983.

Johanna Vogel, *Fremd auf deutschen Straßen*, Stuttgart/Berlin 1981.

Sammelbände deutscher Autoren.

Das Eigene und das Fremde, Lutz Arnold u. a. (Hgg.), H. 43/1987, Köln 1987.

Das Fremde und das Andere, Evangelia Kroupi/Wolfgang Neumann (Hgg.), München 1983.

Land der begrenzten Möglichkeiten, Einwanderer in der Bundesrepublik, Förderverein Deutscher Schriftsteller in Hessen (Hg.), Frankfurt 1987.

Sehnsucht im Koffer, Werkkreis Literatur der Arbeitswelt (Hg.), Frankfurt 1981.

Sie haben mich zu einem Ausländer gemacht. Ich bin einer geworden, Nobert Ney (Hg.), Reinbek 1984.

Sindbads neue Abenteuer, Fremdengeschichte, Horst Heitmann (Hg.), Baden-Baden 1987.

Stimmen aus ihrer Zeit, Stimmen deutscher und ausländischer Arbeiterinnen und Arbeiter, Herbert Koch (Hg.), Dortmund 1981.

Wortmeldungen. Ein bundesdeutsches Lesebuch. Ingeborg Drewitz (Hg.), Berlin 1984.

Zuhause bin ich »die aus Deutschland«. Ausländerinnen erzählen, Hanne Straube/Karin König (Hgg.), Ravensburg 1983.

Zu Hause in der Fremde. Ein bundesdeutsches Ausländer-Lesebuch, Christian Schaffernicht (Hg.), Fischerhude 1981.

c) Literatur ausländischer Autoren in der Bundesrepublik

Franco Biondi

Werke

R. F. T. una favola, Dramma, Quaderno Alfa Nr. 6, Antonio Pesciaioli (Hg.), Nordrach 1975.

Corsa verso il mito, Poesie, Quaderno Alfa Nr. 1, Antonio Pesciaioli (Hg.), Nordrach 1976.

Tra due sponde, Poesie c ballatc, Quaderno Alfa Nr. 2, Antonio Pesciaioli (Hg.), Nordrach 1978.

Isolde e Fernandez, Dramma in 13 quadri, Poggibonsi 1978.

Nicht nur gastarbeiterdeutsch (Gedichte), Klein Winterheim 1979 (Eigendruck).

Brief eines Fiat-Arbeiters an seinen Bruder in der BRD. In: Werkkreis Literatur der Arbeitswelt, *Da bleibst du auf der Strecke,* Helmut Barnick u.a (Hgg.), Frankfurt 1977, S. 35-38.

Die Entdeckung. In: Werkkreis Literatur der Arbeitswelt, *Geschichten aus der Kindheit,* Tove von Arb u. a. (Hgg.), Frankfurt 1978, S. 18-28.

Die bessere Mannschaft. In: Werkkreis Literatur der Arbeitswelt *Sportgeschichten,* Ferdinand Hanke u. a. (Hgg.), Frankfurt 1980, S. 20-29.

Deutsche Sprache schwere Sprache. In: Werkkreis Literatur der Arbeitswelt, *Sehnsucht im Koffer,* Franco Biondi u. a. (Hgg.), Frankfurt 1981, S. 44-46.

Passavantis Rückkehr (Erzählungen), Fischerhude 1982. *Die Tarantel* (Erzählungen), Fischerhude 1982.

Ein Trottoir entlang der Liebe (Gedichtzyklus) 1983-1984. (unveröffentlicht).

Abschied der zerschellten Jahre (Novelle), Kiel 1984.

Passavantis Rückkehr (Erzählungen in einem Band), München 1985.

Minos & Sapedon in Badehose. Kretische Tagebuchgedichte, 1966 (unveröffentlicht).

L'italia mia, (Ein Zyklus auf italienisch), 1989 (unveröffentlicht).

Ritratti oder Wortnisse von Vexierbildern (Gedichte) 1983-1987, (unveröffentlicht).

Die Unversöhnlichen oder Im Labyrinth der Herkunft (Roman), Tübingen 1991.

Ode an die Fremde (Gedichte), Sankt Augustin 1995.

Essays

Kultur der Ausländer. »Von den Tränen zu den Bürgerrechten«. In: *LiLi* (Zeitschrift für Literaturwissenschaft und Linguistik), Helmut Kreuzer (Hg.), Gastarbeiterliteratur, H. 56/1984, Göttingen 1985, S. 75-100; zuletzt als Sonderdruck des Hessischen VHS-Verbandes, Frankfurt 1984.

Einige Betrachtungen zur »Gastarbeiterliteratur«. In: *Fremdworte,* Suleman Taufiq/Michael Albers (Hgg.), H. 4/1984 Aachen 1984, S. 13-15.

Die Fremde wohnt in der Sprache. In: *Eine nicht nur deutsche Literatur. Zur Standortbestimmung der »Ausländerliteratur«,* Irmgard Ackermann/Harald Weinrich (Hgg.), München/Zürich 1986, S. 25-32.

Ders./ Rafik Schami, *Literatur der Betroffenheit.* In: *Zu Hause in der Fremde. Ein bundesdeutsches Ausländer-Lesebuch,* Christian Schaffernicht (Hg.), Reinbek 1984 (1981), S. 124-36.

Dies., *Ein Gastarbeiter ist ein Türke.* In: *Kürbiskern,* Friedrich Hitzer u. a. (Hgg.), »Ausländer – Sündenbock oder Mitbürger«, H. 1/1983, München 1983, S. 94-106.

Dies., *Mit Worten Brücken bauen.* In: *Türken raus?,* Rolf Meinhardt (Hg.), Reinbek 1984, S. 66-77.

Dies., *Über den literarischen Umgang mit der Gastarbeiteridentität.* In: *PoLiKunst/Jahrbuch 83,* Augsburg 1983, S. 21-26.

Sekundärliteratur

Theodor W. Adorno, *Minima Moralia. Reflexionen aus dem beschädigten Leben*, Frankfurt 1975 (1951).

Immacolata Amodeo, *La Gastarbeiterliteratur come tipo di Minderheitenliteratur. La letteratura dell'emigrazione nella Repubblica Federale Tedesca*, Annali della Fac. di Lettere e Filosofia dell'Università degli Studi di Perugia, Bd. XXIII neue Serie IX 1985/86 3 Studi Linguistico-Letterari Perugia 1986, S. 5-34.

Dies., *Gastarbeiterliteratur – Literatur einer Minderheit in Buch und Bibliothek*, Georg Braune (Hg.), Jg. 40 H. 5 1988, Bad Honnef 1988, S. 468-76.

Aris Awgernos, *Franco Biondi. Unversöhnlicher poetischer Realist oder im Labyrinth der herkünftigen Apokalypse*. In: *Die Brücke* Nr. 64, Saarbrücken 1992, S. 34-36.

Carmine Chiellino, *Die Reise hält an. Ausländische Künstler in der Bundesrepublik*, München 1988, Gespräch mit Franco Biondi S. 22-35.

Gino Chiellino, *Literatur und Identität in der Fremde. Zur Literatur italienischer Autoren in der Bundesrepublik*, Kiel 1988 (1985).

Ruth Dröse, *Suche nach dem Hort in fremder Sprache*. In: *Frankfurter Lokal-Rundschau*, 27. September 1991, Frankfurt 1991.

Klaus Farin, *Südwind für die deutsche Endzeit-Literatur, Vorwärts* Nr. 29 Bonn 1984, S. 24.

Fremdworte. Suleman Taufiq (Hg.), Nr. 1/1985 »Schreiben ohne Muster«, Essen 1985.

Maria Frisé, *Abschied von der zweiten Heimat. Eine Erzählung über die Abschiebung junger Ausländer*. In: *Frankfurter Allgemeine Zeitung*, 23. August 1984 Frankfurt 1984.

Horst Hamm, *Wenn die zweite Heimat zur ersten wird. Zu Franco Biondis »Abschied der zerschellten Jahre«*. In: *Darmstädter Echo*, 20. Oktober 1984, Darmstadt 1984.

Ders., *Fremdgegangen freigeschrieben. Einführung in die deutschsprachige Gastarbeiterliteratur*, Würzburg 1988.

Andrea Hettlage-Varjas/Robert Hettlage, *Zur Theorie kultureller Zwischenwelten*. In: *Schweizerische Zeitschrift für Soziologie*, Schweizerische Gesellschaft für Soziologie (Hg.), Bd. 10 Nr. 2 1984, Montreux 1984, S. 355-403.

Rüdiger Krechel/Ulrike Reeg (Hgg.), *Franco Biondi*. Werkheft Literatur, München 1989.

Letteratura de-centrata. Italienische Autorinnen und Autoren in Deutschland, Caroline Lüderssen/Salvatore A. Sanna (Hgg.), Frankfurt 1995.

Gerhard Mack, *Familiensaga von archaischer Wucht. Franco Biondis Roman »Die Unversöhnlichen oder Im Labyrinth der Herkunft«*. In: *Stuttgarter Zeitung* Nr. 256 5. Nov. 1991, Stuttgart 1991.

Walter Raitz, *Einfache Strukturen deutliche Worte. Zur Poetik der »Gastarbeiterliteratur«*. In: *Muttersprache*, (Hg.), GfdS Bd. 99, »Literatur und Sprachalltag – Ausländer in Deutschland«, Mainz 1989, S. 289-98.

Johannes Röhrig *Worte in der Fremde. Gespräche mit italienischen Autoren in Deutschland*, Bd. 21 in »Romania Occidentalis« Johannes Kramer (Hg.), Gerbrunn bei Würzburg 1992, Franco Biondi S. 48-64.

Heidi Rösch (Red.), *Literatur im interkulturellen Kontext*, TUB-Dokumentation, H. 20. Berlin 1989.

Dies., *Interkulturelle Erzählformen in der deutschen Migrationsliteratur*, Typoskript des Vortrages beim Germanistentag in Augsburg. Augsburg Oktober 1991.

Peter Seibert, *Zur »Rettung der Zungen«. Ausländerliteratur in ihren konzeptionellen Ansätzen*. In: *LiLi*, (Zeitschrift für Literaturwissenschaft und Linguistik), Helmut Kreuzer (Hg.), »Gastarbeiterliteratur«, H. 56/1984, Göttingen 1985, S. 40-61.

Christian Schaffernicht, *Fremde Worte. Formen und Stile der Ausländerliteratur.* In: *Tagungsprotokoll 26/85*, Ev. Akademie, Iserlohn 1985, S. 44-62.

Lutz Tantow, *Franco Biondi.* In: *Kritisches Lexikon zur deutschen Gegenwartsliteratur*, Heinz-Ludwig Arnold (Hg.), München 1986, 24. Nlg. S. 1-5.

Ders., *Die Fremde wohnt in der Sprache.* »*Gastarbeiter« außer Dienst. Der Schriftsteller Franco Biondi*, in: *Süddeutsche Zeitung* 16. Februar 1987, München 1987, S. 36.

Oliver Tolmein, *Franco Biondi. Abschied der zerschellten Jahre, Bücher im Gespräch*, Deutschlandfunk, 22. Juli 1984 Typoskript S. 1-10.

Erika Werner, *Die Bundesrepublik in der Gastarbeiter-Literatur.* In: *Buch und Bibliothek*, Georg Braune u. a. (Hgg.), Jg. 36 H. 4/1984 Bad Honnef 1984, S. 314-20.

Hermann Wetzel, *Franco Biondi,* Referat für die Tagung »Letteratura de-centrata«, im Frankfurter Literatur-Haus 7.- 8. Juni 1991, Typoskript S. 1-4.

Cornelia Wilß, *Franco Biondi. Die Unversöhnlichen.* In: *Die Brücke* Nr. 52, März-April 1991/92, Saarbrücken 1992, S. 60.

Luisa Costa Hölzl

Gedichte und Prosa in:

Freihändig auf dem Tandem. Dreißig Frauen aus elf Ländern, Luisa Costa Hölzl/Eleni Torossi (Hgg.), Kiel 1985.

Eine Fremde wie ich, Berichte Erzählungen und Gedichte von Ausländerinnen, Hülya Özkan/Andrea Wörle (Hgg.), München 1985.

Giuseppe Giambusso

Werke

Wurzeln hier / Radici qui. Gedichte italienischer Emigranten, Giuseppe Giambusso (Hg.), Fröndenberg/Bremen 1982.

Jenseits des Horizonts / Al di là dell'orizzonte, (Gedichte It.-Dt.), Bremen 1985.

Partenze – Abfahrten. 1986-1991 (Gedichte It.-Dt.), Cosenza 1991.

Sekundärliteratur

Franco Biondi, *Sul lavoro lirico di Giuseppe Giambusso*, in: *Giuseppe Giambusso Jenseits des Horizonts / Al di là dell'orizzonte*, ebd., S. 6-9.

Gino Chiellino, *Literatur und Identität in der Fremde. Zur Literatur italienischer Autoren in der Bundesrepublik*, Kiel 1988 (1985).

Letteratura de-centrata. Italienische Autorinnen und Autoren in Deutschland, Caroline Lüderssen/Salvatore A. Sanna (Hgg.), Frankfurt 1995.

Johannes Röhrig, *Worte in der Fremde, Gespräche mit italienischen Autoren in Deutschland*, Bd. 21 in »Romania Occidentalis«, Johannes Kramer (Hg.), Gerbrunn bei Würzburg 1992, Giuseppe Giambusso S. 97-108.

Vera Kamenko

Werke

Unter uns war Krieg. Autobiographie einer jugoslawischen Arbeiterin, Mitgearbeitet Marianne Herzog, Berlin 1979 (1978).

Sekundärliteratur

Helga Heinicke-Krabbe/Alice Münscher, *Deutschkurse mit ausländischen Frauen*, München. DJI Verlag 1983.

Dietrich Krusche, *Die Deutschen und die Fremden. Zu einem durch fremde Augen »gebrochenen« Deutschlandbild*, Nachwort in: *Als Fremder in Deutschland*, Irmgard Ackermann (Hg.), München 1982, S. 189-202.

Birte Lock, *Wir sehen uns im Spiegel. Ausländische Frauen in der Bundesrepublik.* In: *Frankfurter Rundschau* vom 13. August 1985 Frankfurt 1985, S. 9.

Werner Mittenzwei, *Marxismus und Realismus. Die Brecht-Lukács-Debatte.* In: *Das Argument* Nr. 46 Berlin 1968, S. 12.

Hanno Möbius, *Arbeiterliteratur in der BRD. Eine Analyse von Industriereportagen und Reportageromanen*, Köln 1970.

Erika Runge, *Frauen. Versuche zur Emanzipation*, Frankfurt S. [6]1976 (1970).

Dies., *Die betonierte Fantasie.* In: *Konkret Literatur* Herbst 1978, Hermann L. Gremliza (Hg.), Hamburg 1978.

Dieter Schlenstedt, *Die Reportage bei Egon Erwin Kisch*, Berlin 1959.

Lutz Tantow, *In den Hinterhöfen der deutschen Sprache. Ein Streifzug durch die deutsche Literatur der Ausländer.* In: *Die Zeit* Nr. 15 6. April 1984, Hamburg 1984, S. 58.

Sigrid Weigel, *Die Stimme der Medusa. Schreibweisen in der Gegenwartsliteratur von Frauen*, Hamburg 1989 (1987), »Die vorliterarische Kultur der Frauenbewegung«, S. 41-46.

Aras Ören

Werke

Disteln für Blumen (Gedichte), Berlin 1970.
Hinterhof U-Bahn (Gedichte), Berlin 1972.
Was will Niyazi in der Naunynstraße (Poem), Berlin 1973.
Der kurze Traum aus Kagithane (Poem), Berlin 1974.
Privatexil (Gedichte), Berlin 1977.
Deutschland. Ein türkisches Märchen (Gedichte), Düsseldorf 1978.
Alte Märchen neu erzählt, Berlin 1979.
Die Fremde ist auch ein Haus (Poem), Berlin 1980.
Mitten in der Odyssee (Gedichte), Düsseldorf 1980.
Bitte nix Polizei (Kriminalerzählung), Düsseldorf 1981.
Der Gastkonsument Konuk Tüketici und andere Erzählungen in fremden Sprachen (Türkisch u. Deutsch), Berlin 1982.
Manege (Erzählung), Düsseldorf 1983.
Ich anders sprechen lernen (Kinderbuch), Berlin 1983.
Widersinnige Sinnsprüche (Kinderbuch), Berlin 1984.
Der Wrack. Second-hand Bilder (Gedichte), Frankfurt 1986.
Paradies kaputt (Erzählungen), München 1986.
Gefühllosigkeiten/Reisen von Berlin nach Berlin (Gedichte), Frankfurt 1987.
Dazwischen (Gedichte), Frankfurt 1987.
Eine verspätete Abrechnung oder der Aufstieg der Gündoğdus (Roman), Frankfurt 1987.
Ders./Peter Schneider, *Wie die Spree in den Bosporus fließt. Briefe zwischen Istanbul und Berlin 1990/91,* Berlin 1991.

Sekundärliteratur

Peter von Becker, *Kurzer Traum vom langen Abschied.* In: *Die Zeit* 8. Juli 1977,
Hamburg 1977, S. 38.

Hans Bender, *Bekir Uçal ein Türke in Berlin.* In: *Aras Örens neue Erzählung
»Manege«.* In: *Süddeutsche Zeitung* 14. Juli 1983, München 1983, S. 11.

Harald D. Budde, *Kulturarbeit als Brückenschlag.* In: *Vorwärts* 17. Nov. 1977 Bonn
1977, S. 26.

Ders., *Brücke ohne Ufer. Ein Gespräch mit dem in West-Berlin lebenden türkischen
Schriftsteller Aras Ören.* In: *Frankfurter Rundschau* 10. August 1977, Frankfurt 1977.

Ders., *Wie ein Verbannter im privaten Exil.* In: *Die Tat* 30. April 1982 Frankfurt 1982,
S. 12.

Ingeborg Drewitz, *Poem von den Kreuzberger Türken / Aras Ören Was will Niyazi in
der Naunynstraße.* In: *Der Tagesspiegel* 16. Dezember 1973, Berlin 1973.

Dies., *Türken-Schicksale. Aras Ören Der kurze Traum aus Kagithane.* In: *Der
Tagesspiegel* 16. Februar 1975 Berlin 1975, S.51.

Elisabeth Endres, *Das Graue ins Graue gemalt. Aras Ören Bitte nix Polizei.* In:
Süddeutsche Zeitung 3./4.Oktober 1981 München 1981.

Ludwig Fels, *Vom Slum ins Ghetto. Aras Örens Poem »Was will Niyazi in der
Naunynstraße.«* In: *Frankfurter Rundschau* 22. Dezember 1973.

Ders., *Horizontverfärbung. Ein Poem aus dem Türkischen. Aras Ören Der kurze
Traum aus Kagithane.* In: *Deutsche Volkszeitung* 28. November 1974, Düsseldorf
1974, S. 19.

Monika Frederking, *Schreiben gegen Vorurteile. Literatur türkischer Migranten in der
Bundesrepublik Deutschland,* Berlin 1985, S. 57-81 u. S. 128-30.

Erich Fried, *Sinnlichkeit statt Innerlichkeit. Aras Ören Deutschland ein türkisches
Märchen.* In: *Konkret Literatur* Herbst 1978, Hermann L. Gremliza (Hg.), Hamburg
1978, S. 37.

Rolf Haufs, *Privatexil. Neue Gedichte des Türken Aras Ören.* In: *Süddeutsche Zeitung*
1. Dezember 1977, München 1977.

Hans-Jürgen Heise, *Orientale in Kreuzberg. Neue Gedichte von Aras Ören.* In: *Die
Weltwoche* Nr. 47 22. Nov. 1978, Zürich 1978, S. 33.

Ulrich Hohoff, *Aras Ören.* In: *Kritisches Lexikon zur deutschsprachigen Gegenwartsliteratur,* Heinz Ludwig Arnold (Hg.), München 1987, 27 Nlg. S. 1-8.

Karl H. Kaarst, *Dauernder Bruch mit der Geschichte.* In: *Kölner Stadtanzeiger,*
7. Oktober 1981, Köln 1981, S. 10.

Petra K. Kappert, *Die Verse der Sprachlosen.* In: *Frankfurter Allgemeine Zeitung*
12. März 1981, Frankfurt 1981, S. 26.

Heidi Pataki, *Aras Ören. Der Kurze Traum aus Kagithane.* In: *Forum* H. 259/60 Wien
1975, S. 66-67.

Yüksel Pazarkaya, *Rosen im Frost. Einblicke in die türkische Kultur,* Zürich 1982.

Ders., *Türkiye Mutterland – Almanya Bitterland. Das Phänomen der türkischen
Migration als Thema der Literatur.* In: *LiLi* (Zeitschrift für Literaturwissenschaft
und Linguistik) Helmut Kreuzer (Hg.), »Gastarbeiterliteratur« H. 56/1984, Göttingen
1985, S. 101-24.

Ders., *Über Aras Ören.* In: *Chamissos Enkel. Zur Literatur von Ausländern in
Deutschland,* Heinz Friedrich (Hg.), München 1986, S. 15-21.

Ders., *Stimmen des Zornes und der Einsamkeit in Bitterland. Wie die Bundesrepublik
Deutschland zum Thema der neuen türkischen Literatur wurde.* In: *Zeitschrift für
Kulturaustausch,* Günter W. Lorenz/Yüksel Pazarkaya (Hgg.), 35 Jg., H. 1/1985,
Stuttgart 1985, S. 16-27.

Heidi Rösch, *Interkulturelle Erzählformen in der deutschen Migrationsliteratur,* Typoskript des Vortrages beim Germanistentag in Augsburg, Oktober 1991, S. 1-21.
Michael Zeller, *Kleider der Geliebten. Kämpferische und andere Gedichte.* In: *Kölner Stadtanzeiger,* 2. Dezember 1980 Köln 1980, Buchbeilage S. 2.

Werke von Nazim Hikmet und Jannis Ritsos.

Nazim Hikmet, *Menschenlandschaften* Bd. 1-5 (Übrss. Ümit Güney/Norbert Ney) Hamburg 1980.
Nazim Hikmet *Sie haben Angst vor unseren Liedern,* Türkische Akademiker- und Künstlerverein e.V. (Hg.), Berlin 1977.
Jannis Ritsos, *Steine Wiederholungen Gitter,* (Übers. Erasmus Schöfer), Berlin 1980.
Jannis Ritsos, *Die Nachbarschaften der Welt* (Übers. Erasmus Schöfer) Köln 1984.
Jannis Ritsos, *Steine Knochen Wurzeln. Essays und Interviews* (Hg. u. Übers. Asteris Kutulas), Leipzig/Weimar 1989.

Yüksel Pazarkaya

Werke

Utku (Kinderbuch), München 1974.
Heimat in der Fremde (Kurzgeschichte), Berlin 1979.
Ich möchte Freuden singen, (Gedichtzyklen), Fischerhude 1983.
Warmer Schnee lachender Baum (Kinderbuch), München 1984.
Irrwege (Gedichte Türk./Dt.), Frankfurt 1985.
Die Liebe von der Liebe. Gedichte mit Zeichnungen von Franz Handschuh, Stuttgart 1968.
Der Babylonbus, Gedichte, Frankfurt 1989.

Übersetzungen

Orhan Veli Kanik, *Fremdartig* (Gedichte), Frankfurt 1985.
Die Wasser sind weiser als wir. Türkische Lyrik der Gegenwart, München 1985.

Essays

Rosen im Frost. Einblicke in die türkische Kultur, Zürich 1982.
Spuren des Brots. Zur Lage der ausländischen Arbeiter, Zürich 1983.
Türkiye Mutterland – Almanya Bitterland ... Das Phänomen der türkischen Migration als Thema der Literatur. In: *LiLi* (Zeitschrift für Literaturwissenschaft und Linguistik), Helmut Kreuzer (Hg.), »Gastarbeiterliteratur« H. 56/1984, Göttingen 1985, S. 101-24.
Stimmen des Zornes und der Eimsamkeit in Bitterland. Wie die Bundesrepublik Deutschland zum Thema der neuen türkischen Literatur wurde. In: *Zeitschrift für Kulturaustausch,* Günter W. Lorenz/Yüksel Pazarkaya (Hgg.), 35 Jg., H. 1/1985, Stuttgart 1985, S. 16-27.
Das Chaos als Vorphase einer Symbiose. Störung des Systems durch Einwirken eines anderen Systems – türkische Originaltexte von Aras Ören unter dem Einfluß des deutschen Sprachraums. In: *Begegnung mit dem »Fremden«,* Akten des VIII. Internationalen Germanisten-Kongresses, Tokyo 1990, Bd. 8 »Emigranten- und Immigrantenliteratur«, Yoshinori Shichiji (Hg.), München 1991, S. 101-08.

Sekundärliteratur

Hans-Jürgen Heise, *Weg von der Diwan-Poesie*, in: *Süddeutsche Zeitung*, Nr. 68
    München 1986, S. 144.
Carmine Chiellino, *Die Reise hält an. Ausländische Künstler in der Bundesrepublik*,
    München 1988, Gespräch mit Yüksel Pazarkaya S. 100-110.

Aysel Özakin

Werke

Die Preisvergabe (Roman, lit. Überarb. Cornelius Retting), Istanbul 1979/Hamburg
    1982.
Soll ich hier alt werden? (Prosa), Hamburg 1982.
Die Leidenschaft der Anderen (Erzählungen), Hamburg 1983.
Das Lächeln des Bewußtseins (Erzählungen, Übers. Hanne Egghardt), Hamburg 1985.
Du bist willkommen (Gedichte), Hamburg 1985.
Zart erhob sie sich bis sie flog (Poem), Hamburg 1986.
Der fliegende Teppich. Auf der Spur meines Vaters (Roman, Übers. Cornelius Bischoff),
    Istanbul 1975/Hamburg 1987.
Die Vögel auf der Stirn, (Roman, Übers. Cark Koß), Istanbul 1978/Frankfurt 1991.
Die blaue Maske, (Roman, Übers. Cark Koß), Frankfurt 1989.
Glaube Liebe Aircondition. Eine türkische Kindheit – (Roman, aus dem Englischen
    von Cornelia Holfelder von der Tann), Hamburg/Zürich 1991.
Ali hinter den Spiegeln. In: *Literatur Konkret* 1986, H. 11 1986/87 Hamburg 1986,
    S. 6-9.

Sekundärliteratur

Pierre Bourdieu, *Die feinen Unterschiede, Kritik der gesellschaftlichen Urteilskraft*,
    Frankfurt 1982 (1979).
Rolf Brockschmidt, *Leben in zwei anderen Welten. Zwei Romane von Aysel Özakin*.
    In: *Der Tagesspiegel* Nr. 13996, 9. Okt. 1991, Berlin 1991, S. IX.
Hélène Cixous, *Weiblichkeit in der Schrift*, Berlin 1980.
Astrid Deuber-Mankowsky, *Grenzenlos und lokal. Gespräch mit der türkisch-
    deutschen Schriftstellerin Aysel Özakin*. In: *Die Wochenzeitung* 24. Nov. 1989,
    Nürnberg 1989, S. 17-18.
Maya Doetzkies, *Mit einer Lesung in Zürich fängt es an. Zwei türkische Frauen
    zwischen Tradition und Emanzipation*. In: *Tagesanzeiger Zürich*, 2. März 1990,
    Zürich 1990.
Ursula Eggenberger, *Demaskierung in Zürich. Aysel Özakins Roman »Die blaue
    Maske«*, in: *Zürichsee Zeitung* 28. April 1990 Zürich 1990.
Karl-Markus Gauß, *Ein Abschied ohne Ankunft*. In: *Der Standard* 1. April 1990, Wien
    1990.
Ders., *Nicht da nicht dort zu Hause. Die türkische Schriftstellerin Aysel Özakin*. In:
    Kommune Forum für Politik Ökonomie Kultur, Mai 1990, Wien 1990.
Ders., *Zwischen zwei Welten. Aysel Özakins Roman »Die blaue Maske«*. In: *Neue
    Zürcher Zeitung* 21. März 1990 Zürich 1990.
Ursula Hempel-Cirkel, *Eine türkische Schriftstellerin in Berlin. Interview mit Aysel
    Özakin*. In: *Informationsdienst zur Ausländerarbeit*. Institut für Sozialarbeit und
    Sozialpädagogik (Hg.), H. 4 Frankfurt a. M. 1983, S. 69-70.

Dies., *Roman einer Frau aus der Türkei.* Rezension in: *Informationsdienst zur Ausländerarbeit.* Institut für Sozialarbeit und Sozialpädagogik (Hg.), H. 4, Frankfurt 1983, S. 71-72.

Luce Irigaray, *Speculum. Spiegel des anderen Geschlechts,* Frankfurt 1980 (1974).

Hans-Günter Kleff, *Vom Bauern zum Industriearbeiter. Zur kollektiven Lebensgeschichte der Arbeitsemigranten aus der Türkei.* Ingelheim 1984.

Birte Lock, *Wir sehen uns im Spiegel. Ausländische Frauen in der Bundesrepublik.* In: *Frankfurter Rundschau* 13. August 1985 Frankfurt 1985, S. 9.

Renate Miehle, *Sehnsucht nach dem starken Mann. Ein türkischer Emanzipationsroman wirft viele Fragen auf.* In: *Frankfurter Allgemeine Zeitung* 26. März 1990 Frankfurt 1990.

Erika Printz, *Nomadin zwischen Orient & Okzident. Zu Glaube Liebe Aircondition von Aysel Özakin.* In: *Tagesanzeiger* 29. November 1991, Zürich 1991.

Karin Richter-Schröder, *Frauenliteratur und weibliche Identität,* Frankfurt 1986.

Erika Runge, *Überlegungen beim Abschied von der Dokumentarliteratur.* In: *Kontext,* Uwe Timm/Gerd Fuchs (Hgg.), Nr. I »Literatur und Wirklichkeit«, München 1976, S. 97-119.

Michael Santak, *Auf der Suche nach Leidenschaft. Aysel Özakins multikulturelle Emanzipationsromane.* In: *Frankfurter Rundschau* 26. März 1990 Frankfurt 1990.

S. Sch. *Die Gefühle blieben in der alten Heimat. Polarisierung zwischen Ost und West.* In: *Die Presse* 17./18. März 1990, Wien 1990.

Werner Schiffauer, *Die Emigranten aus Subay. Türken in Deutschland. eine Ethnographie,* Stuttgart 1991.

Sylvia Schwab, *Autobiographik und Lebenserfahrung. Versuch einer Topologi deutschsprachiger autobiographischer Schriften zwischen 1965 und 1975,* Würzburg 1981.

Sargut Şölçün, *Sein und Nichtsein. Zur Literatur in der multikulturellen Gesellschaft,* Bielefeld 1992.

Guido Stefani, *Erinnerungen und Suche in Zürich. Aysel Özakin. Die blaue Maske.* In: *St. Galler Tagblatt* 26. März 1990, Altstaetten 1990.

R. W. *Ein Sommer auf dem Land. Geschichte einer Kindheit in der Türkei.* In: *Neue Osnabrücker Zeitung* 9. April 1992, Osnabrück 1992.

Inge Stephan, *Männliche Ordnung und weibliche Erfahrung. Überlegungen zum autobiographischen Schreiben bei Marie Luise Kaschnitz.* In: Inge Stephan/Regula Venke/Sigrid Weigel, *Frauenliteratur ohne Tradition?* Frankfurt 1987, S. 133-57.

Weitere ausländische Autoren aus Anwerbestaaten (eine Auswahl, Stand 1992)

Griechenland

Chrisafis Lolakas, *So weit der Himmel reicht* (Roman), Köln 1985.

Kostas Karaoulis, *Die Finsternis* (Roman), Frankfurt 1988.

J. Papadopoulos, *Kinder der Fremde* (Erzählungen Gr.-Dt.), Berlin 1988.

Eleni Torossi, *Tanz der Tintenfische* (Gutenachtgeschichte), Kiel 1986.

Eleni Torossi, *Paganinis Traum* (Märchen und Fabeln), Kiel 1988.

Italien

Carmine Abate, *Nel labirinto della vita* (Gedichte), Roma 1977.

Ders., *Den Koffer und weg!* (Erzählungen), Kiel 1984.

Ders., *Il ballo tondo*, Genova 1991.

Anonimo, *Gardenie e proletari. Storia di una comune di Francoforte 1968*, Milano 1979.

Franco A. Belgiorno, *Quaderno tedesco* (Gedichte), Modica 1974.

Gianni Bertagnoli *Arrivederci Deutschland!* (Prosa), Stuttgart 1964.

Chiellino Gino, *Mein fremder Alltag* (Gedichte), Kiel 1984.

Ders., *Sehnsucht nach Sprache* (Gedichte), Kiel 1987.

Ders., *Hommage à Augsburg.* Drei Graphiken von Gjelosh Gjokaj. Drei Gedichte von Gino Chiellino, Augsburg 1991.

Ders., *Equilibri estranei* (Gedichte), Bergamo 1991.

Ders., *Sich die Fremde nehmen* (Gedichte), Kiel 1992.

Giuseppe Fiorenza dill'Elba, *La chiamerei Anna* (Gedichte), Poggibonsi 1981.

Ders., *Adernò. Roma della mia infanzia* (Roman), Poggibonsi 1984.

Ders., *Fast ein Leben / Quasi una vita* (Gedichte u. Erzählungen), Walter Raitz (Hg.), Rüsselsheim 1991.

Ders., *Un freddo estraneo. Memorie di un emigrato in Svizzera*, Cosenza 1991.

Lisa Mazzi-Spiegelberg, *Der Kern und die Schale* (Prosa), Frankfurt 1986.

Antonio Mura, *Und wir die klugen Mondmeister,* München 1981 (Nuoro 1971).

Ciro Pasquale, *Vagabondaggi in versi* (Gedichte), Poggibonsi 1981.

Fruttuoso Piccolo, *1970-1980. Dieci anni fra due mondi* (Gedichte), Hannover 1980, (Eigendruck).

Ders., *Arlecchino »Gastarbeiter«* (Gedichte u. Collagen), Hannover 1985.

Ders., *Durch die Sprache ein ander(es) ich* (Gedichte u. Collagen), Hannover 1987.

Salvatore A. Sanna, *Fünfzehn Jahre – Augenblicke* (Gedichte It.- Dt.), Frankfurt 1978 (Eigendruck).

Ders., *Wachholderblüte* (Gedichte It.- Dt.), Frankfurt 1984 (Eigendruck).

Ders., *Löwen-Maul* (Gedichte It.- Dt.), Aarau/Frankfurt 1988.

Ders., *Feste* (Gedichte It.- Dt.), München/Mainz 1991.

Franco Sepe, *Elegiette Berlinesi* (Gedichte), Firenze 1987.

Ders., *L'incontro. Commedia in tre atti* (1987) u. *Berlinturcomedea. Tragedia in un atto* (1984). In: *Sipario* Jg. XLV Nr. 501 Milano 1990, S. 34-40 u. S. 41-42.

Kroatien

Zvonko Plepelič, *Jedem das Seine oder auch nicht* (Gedichte), Berlin 1978.

Ders., *Du Kommen um Sieben* (Gedichte), Berlin 1980.

Ders., *Marthas Kimono.* Kurze Geschichten, London 1992.

Spanien

Guillermo Aparicio, *Meine Wehen vergehen* (Gedichte), Stuttgart 1979.

Antonio Hernando, *Emigration – Emigración* (Gedichte – Poesias, Berlin 1989.

José F.A. Oliver, *Auf-Bruch* (Gedichte), Berlin 1987.

Ders., *Heimat und andere Fossile Träume* (Gedichte), Berlin 1987.

Ders., *Vater unser in Lima* (Gedichte), Tübingen 1991.

Ders., *Weil ich dieses Land liebe* (Gedichte), Berlin 1991.

Ders., *Gastling* (Gedichte), Berlin 1993.

Türkei

Levent Aktoprak, *Ein Stein der blühen kann* (Gedichte), Berlin 1985.

Ders., *Unterm Arm die Odyssee* (Lyrik u. Prosa), Frankfurt 1987.

Fakir Baykurt, *Die Friedenstorte* (Prosa Türkisch-Deutsch), Stuttgart 1980.

Ders., *Nachtschicht und andere Geschichten aus Deutschland* (Prosa), Zürich 1984.

Habib Bektaş, *Die Belagerung des Lebens* (Gedichte u. Geschichten), Berlin 1981.

Ders., *Ohne dich ist jede Stadt eine Wüste* (Gedichte), München 1984.

Ders., *Reden die Sterne* (Kindergedichte für Erwachsene, Türk./Dt.), München 1985.

Zehra Çirak, *Flugfänger* (Gedichte), Stuttgart o.J. jedoch 1988.

Dies., *Vogel auf dem Rücken eines Elefanten* (Gedichte), Köln 1991.

Güney Dal, *Wenn Ali die Glocken läuten hört* (Erzählung, aus dem Türkischen von
   Brigitte Schreiber-Grabitz) Berlin 1979.

Ders., *Europastraße 5* (Roman), Hamburg 1979.

Ders, *Die Vögel des falschen Paradies/ Yaliş Cennetin Kuşlari* (Erzählungen in zwei
   Sprachen, aus dem Türkischen von Eva Wart-Karabulut), Frankfurt 1985.

Ders., *Der enthaarte Affe* (Roman), München 1988.

Hasan Dewran, *Entlang des Euphrat* (Gedichte), Berlin 1983.

Şinasi Dikmen, *Wir werden das Knoblauchkind schon schaukeln* (Satiren), Berlin 1983.

Ders., *Der andere Türke* (Satiren), Berlin 1986.

Ders., *Fünf Geschichten. Texte in zwei Sprachen*, Stuttgart 1979.

Kemal Kurt, *Bilder einer Kindheit* (Erzählung), Berlin 1986.

Ders., *Scheingedichte*, (Dt./Türk.), Berlin 1986.

Emine Sevgi Özdamar, *Mutterzunge* (Erzählungen), Berlin 1990.

Dies., *Das Leben ist eine Karavanserei* (Roman), Köln 1992.

Akif Pirinçci, *Tränen sind immer das Ende* (Roman), München 1980.

Fethi Savaşçi, *Bei laufenden Maschinen* (Erzählungen Türk./Dt.), Frankfurt 1983.

Ders., *München im Frühlingsregen* (Gedichte u. Erzählungen), Frankfurt 1987.

Zafer Şenocak, *Elektrisches Blau* (Gedichte), München 1983.

Ders., *Verkauf der Morgenstimmungen am Markt* (Gedichte), München 1983.

Ders., *Flammentropfen* (Gedichte), Frankfurt 1985.

Ders., *Ritual der Jugend* (Gedichte), Frankfurt 1987.

Ders., *Das senkrechte Meer* (Gedichte), Frankfurt 1991.

Ausländische Autoren / Sammelbände

Emigrantenbriefe / Lettere di emigrati ai compagni del Mezzogiorno d'Italia, Barry
   C. Hyams/Helge-Ulrike Peter (Hgg.), Marburg 1974.

Probleme der türkischen Jugendlichen. Selbstzeugnisse, Arbeitsgemeinschaft
   katholischer Studenten und Hochschulgemeinden (Hg.), Bonn 1977.

Gastland und Getto. Bundesrepublik Deutschland. Kürbiskern H. 3/1979, München
   1979.

Wir sind fremd – wir gehen fremd, Guillermo Aparicio/B. Böhm/Suleman Taufiq
   (Hgg.), Aachen 1980.

Im Neuen Land. Südwind gastarbeiterdeutsch, Franco Biondi/Jusuf Naoum/Rafik Schami/
   Suleman Taufiq (Hgg.), Bremen 1980.

Täglich eine Reise von der Türkei nach Deutschland, Förderzentrum Jugend schreibt
   (Hg.), Fischerhude 1980.

Wurzeln hier / Radici qui. Gedichte italienischer Emigranten, Giuseppe Giambusso
   (Hg.), ²1982 Bremen.

Gast, Antologia di opere di emigrati, Antonio Polidori (Hg.), Hüflingen/Baden 1981.

Sehnsucht im Koffer, Werkkreis Literatur der Arbeitswelt (Hg.), Frankfurt 1981.

Zu Hause in der Fremde, Ein bundesdeutsches Ausländer-Lesebuch, Christian
   Schaffernicht (Hg.), Fischerhude 1981.

Zwischen Fabrik und Bahnhof, Prosa Lyrik und Grafiken aus dem Gastarbeiter-alltag. Südwind gastarbeiterdeutsch, Franco Biondi/Jusuf Naoum/Rafik Schami/ Suleman Taufiq (Hgg.), Bremen 1981.

Als Fremder in Deutschland, Berichte, Erzählungen Gedichte von Ausländern, Irmgard Ackermann (Hg.), München 1982.

Annäherungen, Prosa Lyrik und Fotographien aus dem Gastarbeiteralltag. Südwind gastarbeiterdeutsch, Franco Biondi/Jusuf Naoum/Rafik Schami/Suleman Taufiq (Hgg.), Bremen 1982.

Deutsches Heim Glück allein, Wie Türken Deutsche sehen, Dursum Akcam (Hg.), Bornheim-Merten 1982.

Alltag in einem feindlichen Land, Pit Kinzer (Hg.), Sprachlos H. 9/1983, Augsburg 1983.

Ausländer – Sündenbock oder Mitbürger. Kürbiskern, H. 1/1983, München 1983,

Das Fremde und das Andere, Verständigungstexte, Evangelia Kroupi/Wolfgang Neumann (Hgg.), München 1983.

Das Unsichtbare sagen! Prosa und Lyrik aus dem Alltag des Gastarbeiters, Habib Bektaş/Biondi Franco/Gino Chiellino/Jusuf Naoum/Rafik Schami (Hgg.), Kiel 1983.

Ein Gastarbeiter ist ein Türke, PoLiKunst/Jahrbuch, (Hg.), Augsburg 1983.

Ausländer schreiben deutsche Gedichte, Ring & Schlegel (Hg.), München 1983.

Dies ist nicht die Welt die wir suchen. Ausländer in Deutschland. Prosa Lyrik & Fotos, Suleman Taufiq (Hg.), Essen 1983.

In zwei Sprachen leben. Berichte, Erzählungen Gedichte von Ausländern, Irmgard Ackermann (Hg.), München 1983.

Nach dem Gestern/Dopo ieri, Aus dem Alltag italienischer Emigranten, Südwind zweisprachig, Gino Chiellino (Hg.), Bremen 1983.

Testi di emigrazione, Alice Romberg/Wunderlich Monika (Hgg.), Bielefeld 1983.

Zwischen zwei Giganten. Prosa Lyrik und Grafiken aus dem Gastarbeiteralltag. Südwind gastarbeiterdeutsch, Biondi Franco/Naoum Jusuf/Schami Rafik/Taufiq Suleman (Hgg.), Bremen 1983.

Aufbruch aus dem Schweigen, Egghardt/Güney (Hgg.), Hamburg 1984.

Der Tanz der Fremden, PoLiKunst/Jahrbuch (Hg.), Augsburg 1984.

Im neuen Land, Südwind gastarbeiterdeutsch, Biondi Franco/Naoum Jusuf/Schami Rafik/Taufiq Suleman (Hgg.), Bremen 1984.

Sie haben mich zu einem Ausländer gemacht. Ich bin einer geworden. Ausländer schreiben von Leben bei uns, Nobert Ney (Hg.), Reinbek 1984.

*Türken deutscher Sprache, Berichte Erzählungen Gedichte von Ausländer*n, Irmgard Ackermann (Hg.), München 1984.

Aber die Fremde ist in mir. Migrationserfahrungen und Deutschlandbild in der türkischen Literatur der Gegenwart, Zeitschrift für Kulturaustausch, H. 1/1985. Stuttgart 1985.

Dimitrakis, *'86 »Um eine Heimat bittend«*, Niki Eideneier (Hg.), Köln 1985.

Eine Fremde wie ich, Berichte Erzählungen und Gedichte von Ausländerin-nen, Hülya Özkan/Andrea Wörle (Hgg.) München 1985.

Freihändig auf dem Tandem. Dreißig Frauen aus elf Ländern, Luisa Costa Hölzl/Eleni Torossi (Hgg.), Kiel 1985.

Lachen aus dem Getto, PoLiKunst/Jahrbuch (Hg.), Klingelbach 1985.

Chamissos Enkel, Zur Literatur von Ausländern in Deutschland, Heinz Friedrich (Hg.), München 1985.

Eine nicht nur deutsche Literatur, Zur Standortbestimmung der »Ausländerliteratur«, Irmgard Ackermann/Harald Weinrich (Hgg.), München/Zürich 1985.

Zu Gast bei den »Entwickelten«, Siegfried Pater/Sulema Taufiq (Hgg.), Dortmund 1987.

Das Eigene und das Fremde, L'80, Lutz Arnold u. a. (Hgg.), H. 43/1987, Köln 1987.

In questa terra altrove. Testi letterari di emigrati italiani in Germania, Carmine Abate (Hg.), Cosenza 1987.

Land der begrenzten Möglichkeiten. Einwanderer in der Bundesrepublik, Förderverein Deutscher Schriftsteller in Hessen (Hg.), Frankfurt 1987.

Über Grenzen. Berichte Erzählungen Gedichte von Ausländern, Karl Esselborn (Hg.), München 1988.

Gute Reise meine Augen. Texte von Griechinnen und Griechen in Deutschland, Zacharias G. Mathioudakis (Hg.), Stuttgart/Dresden 1992.

Autorenübergreifende Sekundärliteratur

Irmgard Ackermann, *»Gastarbeiter«literatur als Herausforderung*. In: *Frankfurter Hefte*, H. 1/1983, Frankfurt 1983, S. 56-64.

Dies., *Ein Mauerblümchen in der deutschen Kulturlandschaft?* In: *Fremdworte*. H. 4/1984, ebd., Aachen 1984, S. 5 ff.

Dies., *Integrationsvorstellungen und Integrationsdarstellungen in der Ausländerliteratur*. In: *LiLi*, ebd., S. 23-39.

Dies., *In der Fremde hat man eine dünne Haut*. In: *Zeitschrift für Kulturaustausch*, H. 1/1985, ebd. 28-32.

Dies./Harald Weinrich (Hgg.), *Eine nicht nur deutsche Literatur. Zur Standortbestimmung der »Ausländerliteratur«*, München/Zürich 1986.

Franco Biondi, *Kultur der Ausländer. »Von den Tränen zu den Bürgerrechten«*. In: *LiLi*, ebd. S. 75-100; zuletzt als Sonderdruck des Hessischen VHS-Verbandes, Frankfurt 1984.

Ders., *Einige Betrachtungen zur »Gastarbeiterliteratur«*. In: *Fremdworte*, H. 4/1984, ebd., S. 13-15.

Ders., *Die Fremde wohnt in der Sprache*. In: *Eine nicht nur deutsche Literatur. Zur Standortbestimmung der »Ausländerliteratur«*, Irmgard Ackermann/Harald Weinrich (Hgg.), München/Zürich 1986, S. 25-32.

Franco Biondi/Rafik Schami, *Literatur der Betroffenheit*. In: *Zu Hause in der Fremde. Ein bundesdeutsches Ausländer-Lesebuch*, Christian Schaffernicht (Hg.), Reinbek ²1984 (1981), S. 124-36.

Dies., *Ein Gastarbeiter ist ein Türke*. In: *Kürbiskern*, H. 1/1983, ebd., S. 94-106.

Dies., *Mit Worten Brücken bauen*. In: *Türken raus?*, Rolf Meinhardt (Hg.), Reinbek 1984, S. 66-77.

Dies., *Über den literarischen Umgang mit der Gastarbeiteridentität*. In: *PoLiKunst/Jahrbuch 83*, ebd., S. 21-26.

Martin Čaveliš/Horst Hamm, *Nicht nur Gastarbeiterdeutsch. Gedanken zur literarischen Migrantenkultur in der Bundesrepublik Deutschland*. In: *Ausländerkinder, Forum für Schule & Sozialpädagogik*, H. 19 Jg. 1984 Freiburg 1984, S. 22-64.

Carmine Chiellino, *Die Reise hält an. Ausländische Künstler in der Bundesrepublik*, München 1988.

Ders., *Zwischen Solidarität und Klischee. Eine literarische Zwischenbilanz*. In: *Kürbiskern*, H. 1/1983, ebd. S. 107- 02.

Ders., *Gastarbeiterdeutsch? Zur Sprache der Literatur von Ausländer in der Bundesrepublik Deutschland*. In: *Arbitrium*, Wolfgang Frühwald u. Wolfgang Harms (Hgg.), München 1986, S. 323-328.

Gino Chiellino, *Literatur und Identität in der Fremde. Zur Literatur italienischer Autoren in der Bundesrepublik*, Kiel 1988 (1985).

Ders., *Gemeinsamkeiten die trennen – Unterschiede die verbinden*. In: *Tagungsprotokoll 34/88*, ebd., S. 2-10.

Ders., *Über die Notwendigkeit, die Sprache, nicht die Inhalte zu lesen.* In: *Mutter-sprache,* GfdS (Hg.), Bd. 99, ebd., S. 299-302.

Ders., *Fragen zum heutigen Stand der Rezeption der Ausländerliteratur in der Bundesrepublik Deutschland.* In: *Zielsprache Deutsch,* Helmar Winters-Ohle (Red.), München 1991, S. 237-242.

Ders., *Mehrsprachigkeit: Muttersprache als literarisches Substrat? Gastarbeiterdeutsch als Notwendigkeit? Standartdeutsch für eine nichtnationale Literatur?* In: Akten des VIII. IVG Internationalen Germanisten-Kongresses Tokio 1990, Bd. 8, »Emigranten-und Immigrantenliteratur«, München 1992, S. 63-70.

Ders., *Continuità e alternativa alla letteratura nazionale. Autori italiani nella Repubblica Federale Tedesca.* In: *La letteratura dell'emigrazione. Gli scrittori di lingua italiana nel mondo,* Jean-Jacques Marchand (Hg.), Torino 1991, S. 95-106.

Ders., *Die Stimmen der Literatur ausländischer Autoren in der Bundesrepublik Deutschland.* In: *Deutsche Vorträge,* Universität Waseda, Tokyo 1992, S. 31-50.

Ders., *Fragen eines Lesers an die Literatur der ausländischen Autoren in der BRD,* in: »*Buchstäblich*«, Katalog zur Ausstellung Grenzüberschreitender Literatur, Hannover 1993, S. 8-17.

Rolf Ehnert, *Literatur der europäischen Arbeitsemigration.* In: *Jahrbuch DaF,* Nr. 13/1987, S. 31-41.

Rolf Ehnert /Norbert Hopster, (Hgg.) *Die emigrierte Kultur,* 2 Bde., Ursula Frenser, »Bibliographie zum Bereich Migrantenliteratur in der Bundesrepublik Deutsch-land«, Bd. II, Frankfurt 1988.

Karl Esselborn, *Wer bist du in dieser Stadt in diesem Land in dieser neuen Welt? Zur Bedeutung kultureller Aktivitäten für ethnische Minderheiten in der Bundes-republik.* In: *Jahresring* 86-87 (Hg.), Stuttgart 1986, S. 6-20.

Monika Frederking, *Schreiben gegen Vorurteile. Literatur türkischer Migranten in der Bundesrepublik Deutschland,* Berlin 1985.

Fremdworte, Zeitschrift zur gegenseitigen Annäherung. Suleman Taufiq (Hg.), Suleman Taufiq/Michael Albers (Hgg.), H. 4/1984 u. Sondernummer »Schreiben ohne Muster«, H. 1/1985, Essen 1985.

Heinz Friedrich (Hg.), *Chamissos Enkel. Zur Literatur von Ausländern in Deutsch-land,* München 1986.

Hans-Dieter Grünefeld, *Literatur und Arbeitsmigration. Probleme literatur-wissenschaftlicher Gegenstands- und Begriffsbestimmung.* In: *Tagungsprotokoll 25/85,* ebd., S. 4-31.

Ders., *Materialien zur Geschichte der Migrationsliteratur.* In: *Fremdworte* 1/1985, ebd., S. 16-19.

Jutta Grützbacher, *Die Darstellung der Ausländerproblematik in der deutschen Kinder- und Jugendliteratur.* In: *Eltern Kinder und Erzieher,* H. 21/1984 Freiburg 1984.

Horst Hamm, *Fremdgegangen freigeschrieben. Einführung in die deutschsprachige Gastarbeiterliteratur,* Würzburg 1988.

Franz Hebel, *Das Bild der Deutschen in der Literatur von Arbeitsemigranten.* In: *Muttersprache,* GfdS (Hg.), Bd. 99, ebd., S. 334-48.

Hartmut Heinze, *Migrantenliteratur in der Bundesrepublik Deutschland,* Berlin 1986.

Dieter Horn, *Schreiben aus Betroffenheit. Die Migrantenliteratur in der Bundes-republik.* In: *Migration und Integration. Ein Reader,* Alfred J. Tumat (Hg.), Baltmannsweiler 1986.

Irmingard Karger, *Die Situation der Ausländerkinder im Spiegel von Kinder- und Jugendbüchern.* In: *Praxis Deutsch,* Sonderheft 1980, »Deutsch als Zweitsprache«, S. 133-138, München 1980.

Rainer Krems, *Geschrieben von »inländischen Ausländern«. Die Migrationsliteratur in der Bundesrepublik Deutschland.* Info DaF, DAAD (Hg.), Nr. 17 Bonn 1990, S. 46-60.

Kürbiskern, Friedrich Hitzer u. a. (Hgg.), »Ausländer Sündenbock oder Mitbürger«, H. 1/1983, München 1983.

Letteratura de-centrata. Italienische Autorinnen und Autoren in Deutschland, Caroline Lüderssen/Salvatore A. Sanna (Hgg.), Frankfurt 1995.

LiLi (Zeitschrift für Literaturwissenschaft und Linguistik), Helmut Kreuzer (Hg.), »Gastarbeiterliteratur«, H. 56/1984, Göttingen 1985.

Literatur ausländischer Arbeitnehmer in der Bundesrepublik Deutschland »Gastarbeiterliteratur«. In: *Materialien Deutsch als Fremdsprache* H. 22/1983, Arbeitskreis Deutsch als Fremdsprache beim DAAD (Hg.), Regensburg 1983.

Karin Meißenburg, *Signale verdichteter Verständigung. Literatur ethnischer Minoritäten und Migrantenliteratur in ihrer soziokulturellen Bedeutung.* In: *Informationsdienst zur Ausländerarbeit*, Nr. 4/1983 Frankfurt 1983, S. 61-66.

Ingrid Mönch, *Aus verschiedenen Sichten.* In: *Sprache im technischen Zeitalter*, Nr. 82/1982, Themenheft: »Die türkische Nachbarschaft«, S. 133-136 Berlin 1982.

Muttersprache, GfdS (Hg.), Bd. 99, »Literatur und Sprachalltag – Ausländer in Deutschland«, Mainz 1989.

Yüksel Pazarkaya, *Rosen im Frost. Einblicke in die türkische Kultur*, Zürich 1982.

Ders., *Türkiye Mutterland -Alamanya Bitterland. Das Phänomen der türkischen Migration als Thema der Literatur.* In: *LiLi*, ebd. S. 101-24.

Anna Picardi-Montesardo, *Die Gastarbeiter in der Literatur der Bundesrepublik Deutschland.* Berlin 1985.

PoLikunst 1980-1987. Erfahrungen mit einem Traum. In: Gino Chiellino, Mechthild Borries/Hartmut Retzlaff (Hgg.), München 1992, S. 51-56.

PoLikunst/Jahrbuch 83, »Ein Gastarbeiter ist ein Türke«, Augsburg 1983.

PoLikunst/Jahrbuch 84, »Der Tanz der Fremden«, Augsburg 1984.

PoLikunst/Jahrbuch 85, »Lachen aus dem Getto«, Klingelbach 1985.

Ulrike Reeg, *Schreiben in der Fremde. Literatur nationaler Minderheiten in der Bundesrepublik Deutschland*, Essen 1988.

Wolfgang Riemann, *Das Deutschlandbild in der modernen türkischen Literatur*, Wiesbaden 1983.

Röhrig Johannes, *Begegnung über Grenzen hinweg. Italienische Emigrantenlyrik in der BRD und ihre Traditionen*, Gerbrunn bei Würzburg 1989.

Ders., *Worte in der Fremde. Gespräche mit italienischen Autoren in Deutschland*, Gerbrunn bei Würzburg 1992.

Heidi Rösch (Red.), *Literatur im interkulturellen Kontext*, TUB-Dokumentation, H. 20, Berlin 1989.

Peter Seibert, *Zur »Rettung der Zungen«. Ausländerliteratur in ihren konzeptionellen Ansätzen.* In: *LiLi*, ebd. S. 40-61.

Christian Schaffernicht (Hg.), *Zu Hause in der Fremde. Ein bundesdeutsches Ausländer-Lesebuch*, Reinbek 1984 (1981).

Ders., *Fremde Worte. Formen und Stile der Ausländerliteratur.* In: *Tagungsprotokoll 26/85*, ebd. S. 44-62.

Heimke Schierloh, *Das alles für ein Stück Brot. Migrantenliteratur als Objektivierung des »Gastarbeiterdaseins«*, Frankfurt 1984.

Olaf Schwencke/Beate Winkler-Pöhler (Hgg.), *Kulturelles Wirken in einem anderen Land. Dokumentation*, 31. Loccumer Protokolle 03/87, Rehburg-Loccum 1987.

Erhard Stölting, *Goldene Stadt und arkadische Heimat. Mechanismen im Emigrationsdiskurs.* In: *Zibaldone* (Hgg.) Helene Harth/Titus Heydenreich Nr. 2/1986 »Emigration«, München 1986, S. 4-17.

Tagungsprotokoll 25/85, »Ausländer- oder Gastarbeiterliteratur? Geschichte und aktuelle Situation einer neuen Literatur in Deutschland.« Evangelische Akademie Iserlohn (Hg.), Iserlohn 1985.

Tagungsprotokoll 34/88, »Gemeinsamkeiten die trennen – Unterschiede die verbinden.« Evangelische Akademie Iserlohn (Hg.), Iserlohn 1988.

Frank Wagner, *Ausländerproblematik Ausländerfeindlichkeit Rassismus in der BRD. Ein Literaturbericht.* In: *Weimarer Beiträge*, Siegfried Rönisch u. a. (Hgg.), Jg. 29/1983 H. 4 Weimar 1983, S. 715-721.

Sigrid Weigel *Migrantenliteratur*, in: Briegleib Klaus/Sigrid Weigel, *Gegenwartsliteratur seit 1968*, München 1992, S. 207-229.

Harald Weinrich, Vorwort, in: *Als Fremder in Deutschland*, Irmgard Ackermann (Hg.), München 1982, S. 9-11.

Ders., *Um eine deutsche Literatur von außen bittend.* In: *Merkur* Jg. 37 H. 8/1983 Stuttgart 1983, S. 911-20.

Ders., *Deutschland – ein türkisches Märchen. Zu Hause in der Fremde. Gastarbeiterliteratur.* In: *Deutsche Literatur* ³1983, Volker Hage (Hg.), Stuttgart 1984, S. 230-37.

Ders., *Ein Berg wächst zwischen Haus und Straße.* In: *Rheinischer Merkur/Christ und Welt* Nr. 29 Köln 1984.

Ders., *Gastarbeiterliteratur in der Bundesrepublik Deutschland.* In: *LiLi*, ebd. S. 12-22.

Ders., *Betroffenheit der Zeugen – Zeugen der Betroffenheit. Einige Überlegungen zur Ausländerliteratur in der Bundesrepublik.* In: *Zeitschrift für Kulturaustausch*, ebd. S. 14-15.

Ders., *Der Adelbert-von-Chamisso-Preis,* In: *Chamissos Enkel. Zur Literatur von Ausländern in Deutschland*, Heinz Friedrich (Hg.), München 1986, S. 11-13.

Zeitschrift für Kulturaustausch, Günter W. Lorenz/Yüksel Pazarkaya (Hgg.), 35 Jg., H. 1/1985 »... aber die Fremde ist in mir. Migrationserfahrungen und Deutschlandbild in der türkischen Literatur der Gegenwart«, Stuttgart 1985.

Andrea Zielke, *Standortbestimmung der »Gastarbeiter-Literatur« in deutscher Sprache in der bundesdeutschen Literaturszene*, Kasseler Materialien 6 zur Ausländerpädagogik, I. Haller/G. Neuner (Hgg.), Kassel 1985.

Personenregister